欧盟报废电子电气设备（WEEE）指令研究

国家发展和改革委员会资源节约和环境保护司
巴　塞　尔　公　约　亚　太　区　域　中　心　编译

中国环境出版集团·北京

图书在版编目（CIP）数据

欧盟报废电子电气设备（WEEE）指令研究/国家发展和改革委员会资源节约和环境保护司，巴塞尔公约亚太区域中心编译. —北京：中国环境出版集团，2018.6
ISBN 978-7-5111-3507-0

Ⅰ. ①欧… Ⅱ. ①国…②巴… Ⅲ. ①欧洲联盟—电子产品—环境保护法—文件—汇编 Ⅳ. ①D912.609

中国版本图书馆 CIP 数据核字（2018）第 013436 号

出 版 人 武德凯
责任编辑 侯华华
责任校对 任 丽
封面设计 宋 瑞

更多信息，请关注
中国环境出版集团
第一分社

出版发行 中国环境出版集团
（100062 北京市东城区广渠门内大街 16 号）
网　址：http://www.cesp.com.cn
电子邮箱：bjgl@cesp.com.cn
联系电话：010-67112765（编辑管理部）
发行热线：010-67125803，010-67113405（传真）
印　刷 北京建宏印刷有限公司
经　销 各地新华书店
版　次 2018 年 6 月第 1 版
印　次 2018 年 6 月第 1 次印刷
开　本 787×1092 1/16
印　张 34.5
字　数 758 千字
定　价 98.00 元

《欧盟报废电子电气设备（WEEE）指令研究》

编 委 会

序　言

电子电气设备（EEE）行业是制造业中发展最快的行业之一，与之相对应的是报废电子电气设备（WEEE）数量的不断增加。在欧洲，WEEE 的增长速度比一般市政垃圾高 3 倍。报废电子电气设备是含不同材料和成分的复杂废物流，包括一些有毒物质，这些物质如果不进行恰当处理会释放到环境中并且危害人体健康。因此，2003 年 2 月 13 日，欧洲议会和欧盟委员会在广泛征求了各相关方意见之后，正式发布了 WEEE 指令（2002/96/EC，以下称旧版 WEEE 指令），其目的是通过系统及环保地回收处理 WEEE 来防止 WEEE 的不当处置对环境及人类产生的不利影响，同时促进资源的循环利用。根据欧盟委员会网站中对欧盟 WEEE 回收处理的数据显示，欧盟大多数国家 WEEE 的收集量都在逐年提高。但在 WEEE 指令实施的近 6 年中也暴露了一些问题，如单一“一刀切”的收集目标不太合理、缺乏整机再使用的目标，以及生产者注册要求在各成员国之间不通用等问题。因此，欧盟委员会于 2008 年年底提出了指令修改的最终提案，以加强对欧盟 WEEE 的管理。经过 3 年多的评估、咨询、讨论及协商等，最终于 2012 年 7 月 4 日发布了新版 WEEE 指令（2012/19/EU，以下称新版 WEEE 指令）。

国家发展和改革委员会委托巴塞尔公约亚太区域中心开展了欧盟新版 WEEE 指令比较研究。基于该项目研究，巴塞尔公约亚太区域中心调研了欧盟 WEEE 指令的制定和发展历程，并翻译汇编了《欧盟报废电子电气设备（WEEE）指令研究》。该汇编材料包含了 12 篇翻译文件，涵盖欧盟 WEEE 指令制定和修订过程的支持文件、技术标准文件，以及典型欧盟国家德国 WEEE 管理报告等。

《欧盟报废电子电气设备（WEEE）指令研究》的翻译和出版是在国家发展和改革委员会的支持和全力合作下完成的，在此深表感谢。本书的出版受到清华大学环境学院承担的2014年国家科技支撑计划“电子废弃物清洁化处理与利用技术研究及示范”项目之课题四废旧电子电器资源化过程污染控制及资源化产品环境安全控制技术研究（课题号2014BAC03B04）的资助。由于时间所限，编译不当之处，敬请读者予以指正。

编译者

2017年6月

目　录

一、修订旧版欧盟 WEEE 指令的问题与解答

Questions and answers on the revised directive on waste electrical and electronic equipment（WEEE）

由欧盟委员会在其欧盟官方网站首次发布英文版本

http: //ec.europa.eu/environment/waste/weee/history_en.htm

1 当前 WEEE 指令的目的和主要规定是什么？

WEEE 指令[①]旨在防止电器和电子废物的产生以及促进再利用、再循环和其他形式的回收，以减少废物弃置的数量。规定了报废电子电气设备（WEEE）的收集以及所收集废物的回收、再利用或再循环。

该指令规定了分类收集的要求和人均每年收集至少 4 kg 来自私人家庭的 WEEE 的收集目标。与所谓的废物层级一致，对收集的 WEEE 优先进行整机再利用。此外，该指令规定了组件再利用和再循环的最低综合目标和最低回收目标。该指令规定根据其附件 II 中制定的要求，对所有分类收集的电子电气设备进行处理。

该指令基于欧共体条约所列的生产者责任延伸制和污染者付费原则。私人家庭用设备的生产商，负责为投放到收集设施内的 WEEE 的收集、处理、回收和无害化处置筹措资金。非私人家庭用设备的生产商负责收集、处理、回收和环境无害化处置的成本费用。

各成员国须建立生产者记录，并以年为单位，收集其国家范围内投放到市场上的电子电气设备的数量和种类，收集、再利用、再循环和回收情况，以及被收集废物的出口信息。

2 为什么欧盟委员会提议修改指令？

WEEE 指令于 2003 年 2 月 13 日生效。指令实施的几年中，一些技术、法律和行政困难凸显，导致市场参与者和政府承担预期外的成本及负担。因此，WEEE 指令被包含在欧盟委员会的滚动计划中以更新和简化。

实践经验表明，以目前的收集和再循环率，难以实现该指令保护环境和健康的期望。因此需要重新评估，将收集和回收目标提高，设定在一个最造福社会的水平，因此该指令的修订是可以预见的。指令要求欧盟委员会在 2008 年 12 月 31 日前，提出新的 WEEE 的强制性收集目标，包括整机再利用在内的新的回收和再利用或再循环的目标，以及对电器和电子医疗设备设定的目标。

3 哪些问题值得关注？

据报道，只有大约 1/3 的 WEEE 依照法律规范处理（33%），其余的进入了填埋区（13%），

---

① 关于报废电子电气设备的 2002/96/EC 指令。

以及可能在欧盟内部或外部进行低于标准的处理（54%），对非欧盟国家的非法贸易也普遍存在。

能够回收利用以替代原材料的材料资源没有被加以利用，材料的最佳回收方式也没有得到使用。收集的报废电子电气设备的不当处理导致欧盟，特别是非欧盟国家的环境破坏和健康风险的增加。

指令范围的不明确，使竞争变得扭曲以及指令的实施变得复杂，造成了较大的行政负担。此项负担更多地与对生产商的统一登记和报告要求的缺乏有关。

4 欧盟委员会提出哪些变更？

- 统一生产者的登记和报告责任，使国家性的生产商登记可交互操作，从而生产商只需在一个成员国登记和报告其在欧盟的所有活动。预计这样可能节约 6 000 万欧元。
- 明确范围和定义。
- 将收集目标从当前的人均每年 4 kg（“一刀切”）变更为考虑到各个成员国经济的变量目标。新的目标设定为前两年投放到市场的产品的平均质量的 65%。尽管许多成员国已经达到这个目标，该目标仍于 2016 年开始实行，以便于给其他成员国调整适应的时间。
- 注重社会效益和环保的再循环和再利用的组合目标，使再利用起到相应的作用。
- 通过添加医疗设备的回收和再循环/再利用目标，提高环境效益并节省材料。
- 设置成员国的最低检查要求，以加强指令的执行；并包含报废电子电气设备运输的最低监测要求。
- 使成员国在适当的情况下鼓励生产者为分类收集的费用提供资金支持。
- 没有时间限制且对于所有设备，允许生产商在出售设备时向消费者展示以环境无害化方式收集、处理和处置产品的成本。这与可持续消费和生产的原则相符，并确保消费者可以做出知情的购买选择。

5 预期得到怎样的总体改善？

- 在不降低环境保护水平的同时，大幅减少生产商的行政负担。
- 通过简化和改进执行，提高指令的有效性。
- 降低 WEEE 的收集、处理和回收的环境影响，为社会提供最大限度的利益。

6 主要措施说明

6.1 统一生产者登记注册和报告

6.1.1 提出了什么建议？

法令增加了一条新规，通过国家登记的交互操作来统一欧盟范围内生产者的注册和报告。

6.1.2 为什么提出该建议？

目前的指令要求生产商在每一个其产品投放市场的成员国都要登记注册和报告，给生产商带来了严重的行政负担。为了降低实施 WEEE 指令的负担，欧盟委员会提出通过使登记注册的可交互操作，统一生产商的登记注册和报告责任。这样，生产商只需在一个成员国登记注册就可以在整个欧盟地区通用。

预计统一登记注册和报告带来的总成本节省约为 6 000 万欧元。

6.2 明确范围和定义

6.2.1 提出了什么建议？

- 将某些现行的 WEEE 指令范围内的附件转移到 RoHS 指令（根据条约第 95 条）。WEEE 指令的范围将参考 RoHS 指令的某一附件列出的 10 类产品。
- 明确哪些设备被排除在指令范围之外（如固定装置）。
- 欧盟执行委员会一个未来的决议将把各类电器分类为家用电器（B2C——企业到用户）和非家用电器（B2B——企业到企业）。
- 使指令中的定义与废物框架指令以及《产品包装营销》中的定义相一致。增加了“移除”的定义。

6.2.2 为什么提出该建议？

- 该提案明确了 WEEE 指令和 RoHS 指令的范围。RoHS 指令的附件中所涵盖的 10 种产品类别的所有电子电气设备将包含在 WEEE 指令范围内。对于 WEEE 指令，成员国的电子电气设备产品类别可以在这 10 个产品类别之外（条约第 175 条）。

- 该提案明确了从指令范围内排除某些产品。这些指令范围排除项有些包含在当前的 WEEE 指令中，也有些包含在欧盟委员会 WEEE 指令的常见问题及解答文件中。
- 将电子电气设备分类为从企业到消费者（B2C），企业对企业（B2B）将明确生产者的财务和组织方面的责任（对于这两个类别或者产品是不同的），旨在减少市场上的“搭便车”现象。
- 协调定义可以提高与其他欧盟立法相关部分的一致性。该指令明确了“移除”这个术语。

6.3 回收目标

6.3.1 提出了什么建议？

建议 65%的 WEEE 回收率，参考前两年投放到市场上的电子电气设备数量的平均值。从 2016 年开始，生产商每年都需要达到拟议的收集率。该比率适用于来自私人家庭和私人家庭以外的 WEEE。

成员国如果由于某些特定的国情难以满足这些要求，将通过执行委员会得到过渡期的安排。

鉴于如果可以，在欧盟委员会报告及提案的基础上要对冷却和冷冻设备设置可能的单独回收目标；拟议的收集率将在 2012 年由欧洲议会和理事会重新审查。

6.3.2 为什么提出该建议？

作为投放到市场上的电子电气设备数量的函数，一个可变的回收目标的提出反映了成员国在电子电气设备/WEEE 市场上的差距。对于户均电子废物产生量大的成员国，目前固定的收集目标是不够的；同时，对于电子废物产生水平较低的新成员国，该目标有些过高。

目前只有一部分的 WEEE 被收集和报告，并以规范的方式处理（WEEE 指令的附件Ⅱ）。大部分的废弃设备被收集，并运送到低于标准的处理厂或非法出口。每年将有约为前一年投放到市场上的电子电气设备的等效质量的 80%成为电子废物。80%被分解为：26%为被规范的收集和处理并上报的，2%为被再利用，10%进入填埋场，42%为被分类收集但未上报。提议的收集目标是根据目前估计的 WEEE 的收集水平（68%：26%+42%）。生产商负责实现该目标，确保收集的废物得到适当回收处理及核算。

新的目标还包括非私人家庭的废物，这将更好地控制这一废物流，以避免只有小部分被收集。

6.4 再利用和再循环目标

6.4.1 提出了什么建议？

- 将整机的再利用纳入再循环和再利用目标。
- 将该目标提高 5%。
- 将医疗设备的回收和再循环/再利用目标设置为监控仪表的水平（第 9 类电器产品）。

6.4.2 为什么提出该建议？

- 包括整机的再利用、使其成为现有的再利用/再循环目标的一部分，将鼓励设备的再利用，并获得更大的环境效益。保持一直能灵活地选择最可持续的处理选项（再利用或再循环），这将避免需要满足更高的再循环目标时，再利用成为一个不具吸引力的选项，即使再利用可能更具经济价值和社会价值。
- 约 5%的 WEEE 适合整机再利用，因而再利用/再循环的整体目标增加 5%。
- 医疗设备的回收/再利用和再循环的目标，将确保该类设备的高回收率，并有利于环境。

6.5 成员国的最低检查和监测要求

6.5.1 提出了什么建议？

- 加强对成员国的检查和监测，特别是在控制废物处理和废物运输方面。
- 提出对 WEEE 运输的最低监测要求。
- 通过执行委员会建立附加的检查和监测规则。

6.5.2 为什么提出该建议？

WEEE 指令的经验显示出了实施方面的问题，如大量的 WEEE 未依照指令要求处理。同时也显示，大量有污染的电子废物非法运输到发展中国家，影响当地居民的健康。为了缩小执行差距，欧盟委员会提出加强 WEEE 指令的执行。

6.6 生产者责任/资金供给

6.6.1 提出了什么建议？

在适当情况下，成员国应鼓励生产商为来自私人家庭的 WEEE 的收集提供资金。

6.6.2 为什么提出该建议？

- 确保生产者能够获得废弃产品，以避免分类收集的 WEEE 进入低于规范标准的处理设施或被非法运送到国外。
- 协调欧盟范围内的生产者资金供给。一些成员国已经促使生产者全权负责 WEEE 分类收集的资金支持。
- WEEE 的收集费用的支付可以通过生产者从纳税人转移到电器电子设备的消费者，使资金供给与条约中规定的污染者付费原则保持一致。
- 为选择通过集体生产者责任或选择通过个人解决方案来履行责任的两类生产者创造一个公平性的执行环境。

更多信息：

参考欧盟委员会电子电气设备网站

http：//ec.europa.eu/environment/waste/weee/index_en.htm

二、新版欧盟 WEEE 指令提案影响评估报告

Proposal for a directive of the European parliament and of the council on waste electrical and electronic equipment（WEEE）（recast）Impact Assessment

由欧盟委员会在其欧盟官方网站首次发布英文版本

http: //ec.europa.eu/environment/waste/weee/history_en.htm

摘要和总结

（1）问题

报废电子电气设备指令（WEEE 指令）的目的在于解决报废电子电气设备（WEEE）的不恰当处理，这是欧盟增长最迅速的废物流，2005 年产生了 8 300 万～9 100 万 t 的 WEEE，到 2020 年这一数字将会增长到 1.23 亿 t。

在 WEEE 指令的计划期和未来，关于 WEEE 存在两个中心问题：①WEEE 的填埋处置；②非最优化的再循环与回收过程中会释放或产生的有害物质。在欧盟和发展中国家中，二者最终都会损失重要而有价值的可循环资源并且对环境和健康产生危害。

针对利益相关方和成员国的为期 3 年的回顾评估的收集经验指出，该指令并没有如预期那样有效发挥作用，在达成其目标时存在一些不必要的成本，因而降低了效率。

（2）指令效率方面的问题

在指令生效之后，WEEE 在收集和处理模式上已经有了显著的改变。在越来越高的全球金属价格和 WEEE 指令有组织收集激励的联合作用下，从生活垃圾中分类收集的 WEEE 量很大。据估计只有 13%的 WEEE 被填埋或者焚烧。

有迹象表明，产生的 WEEE 中有 85%已经被分类收集，但官方报道数据只有 33%。WEEE 指令规定所有被分类收集的 WEEE 都有以避免环境损害的方式处理的义务。但据估计实际上收集量的 50%（产生量的 40%）都可能没有按照指令的目标和要求进行处理。收集但未被报道的大部分 WEEE 可能会以两种方式被处理：一种是在欧盟内部处理但是缺乏应有的环境影响考虑；另一种是非法运输到发展中国家，或是将其中有价值的材料以对环境和健康有害的方式再循环，或者直接倾倒。

目前情况显示，这个问题会加剧而并非缓和。2005 年有 340 万 t 不当处理的垃圾，这一数字到 2020 年会增加到每年 430 万 t。WEEE 的收集与终端处置的预测值估计如图 2-1 所示。

环境问题

欧盟 WEEE 的不当处理会导致环境损害，特别是重金属的释放。例如，节能灯和平板显示器中的汞和电视中的铅。2011—2020 年，冷却冷冻设备平均每年会释放超过 6 720 t 的温室气体消耗臭氧层，其导致的气候损害会带来每年 10 亿欧元左右的经济损失。

在发展中国家，对废物不恰当的处理和倾倒是一个健康问题。当成年工人和童工在提取 WEEE 中有价值的材料时，没有健康和环境安全程序，他们会暴露在高浓度的有害物质中。未采用最佳方法的再循环处理过程会浪费可再循环的贵金属和塑料，从而间接导致原材料生产过程中的能源消耗和环境损害的产生。

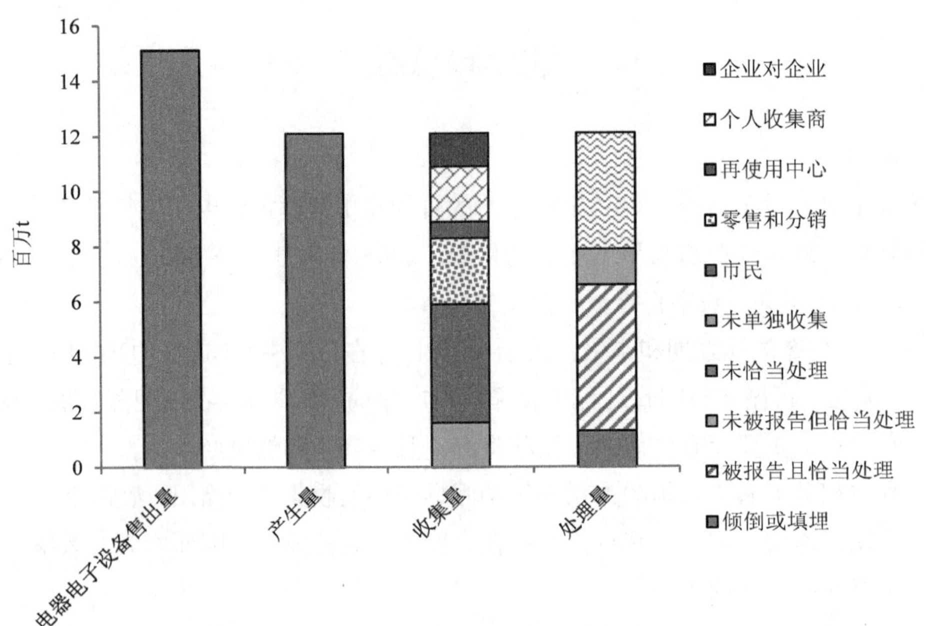

图 2-1 2020 年基线情境——收集和处理

经济和社会问题

WEEE 本身是一种经济资源，每年的材料价值约在 20 亿欧元的量级。据估计到 2020 年，包括公共和非正式部门的行动，收集处理和处置 WEEE 的社会经济成本将增长到 56 亿欧元/年。由于大部分废物管理行动都发生在欧盟，该行动将会给雇佣大量体力劳动的废物处理部门带来税收和就业的增加。

（3）在指令有效性方面的主要问题

在指令操作运转的过程中的不必要成本，主要是来自指令范围和要求的不确定性，以及在所有销售的成员国都要登记和注册。使用欧盟标准的成本估算方法，从此类以及其他可以避免的管理成本中可以节约大约 6 600 万欧元/a。

指令的有效性问题不可避免地会继续，如登记落实行动的区别也会导致远程卖家不必要的“搭便车”行为，而成本则转移到登记在册的生产者上。

（4）目标

评估报告最重要的目标在于解决指令在有效性和效率方面的问题：落实那些能实现所有收集的 WEEE 的正确处理、减少填埋的 WEEE 量以及去除实现目标过程中所有不必要成本的条件。同时也存在与欧盟其他政策一致的目标，包括促进不熟练、低技术水平工人的就业以及推动具有高出口潜力的高新技术革新的发展。

（5）可选方案

委员会的服务项目和利益相关方一起在评估中考虑了很多可选方案。一些被考虑但是没有在影响评估报告中被描述的可选方案包含在附录 12 中。

在本影响评估报告中被分析的可选方案如下。

处理有效性方面的问题：

可选方案 1：不采取行动。

可选方案 2：对于 WEEE 处理的最低限度的检察和执法行为。

可选方案 3：对于废物运输的最低限度的检察和执法行为。

可选方案 4：提高废物收集的目标，从而与已经收集的数量（产生的 WEEE 总量的 85%）匹配，让生产者对该目标负责，并且在收集的目标中包括企业对企业销售的设备。

可选方案 5：对环境相关性最大的物质流设置收集目标。

可选方案 6：将制定目标的方法从人均的千克数变为上一年度投放市场的电子电气设备数量的百分比。

处理效率方面的问题：

可选方案 1：不采取行动。

明确范围和分类（替代选择）：

可选方案 2：用确定的清单明确范围。

可选方案 3：在 RoHS 指令下确定 WEEE 的范围。

可选方案 4：将电子废物分为来自私人家庭（B2C）和企业对企业（B2B）的不同类别的 WEEE。

减少登记和报告中的管理负担（替代选择）：

可选方案 5：国家登记的交互操作性以及报告要求的一致性。

可选方案 6：由欧盟操作的登记。

同样存在着另外两种表现出更小影响的可选方案：将再利用包括进收集目标中（可选方案 7）；为医疗设备设定再循环与回收目标比例，并代替如已经回收的其他类型的 WEEE 的设定目标（可选方案 8）。

（6）可选方案的影响分析与比较

为实现目标需要提高执法力度还是设置更高的指标？

据推测，该指令对于所有分类收集的 WEEE 的妥善处理要求之所以无效是由于 WEEE 材料的高价值（非正式的电子废弃物的收集和贸易有利可图）和按照指令的要求进行处理的额外成本（为不当处理提供了激励）。

提高 WEEE 处理和运输的执法力度（可选方案 2 和可选方案 3）的一些努力似乎并不能高效地促进对于 WEEE 进行符合指令要求的管理。二者都会提高对于 WEEE 不当处理的抑制，但考虑到未进行恰当报告和处理的分类收集的 WEEE 的估计量，成员国要想使不当处理不具有吸引力，将需要投入大量的物力。此类用于执法行动的物力成本将会给社会造成很高的额外经济负担。

根据 WEEE 分类收集的现有水平，即WEEE 产生量的 85%，设定目标（可选方案 4）将会更有效地达到收集水平，并且不会产生额外的执法成本。在更高的收集目标下，为了完成处理所有分类收集的 WEEE 的义务，生产者需要为分类收集 WEEE 的组织提供足够的激励，使他们能够将 WEEE 妥善收集并处理。举例来说，生产者将需要提供相比于违规的再循环者在灰色市场中给出的 WEEE 的价格有足够吸引力的激励。

在该情况下，收集活动（包括正规和非正规的）的水平不会发生变化，但是通过非正规途径收集和贸易的 WEEE 的目的地将会改变。相比于基线情况，由于 WEEE 的收集活动的程度不变，该可选方案中社会为收集承担的成本不变。如指令设想的，生产者不仅将要继续支付避免环境损害所要求的额外处理过程的成本，还要承担所有分类收集 WEEE 的成本。

利益相关方必然会支持更大程度的执法行为，特别是关系到 WEEE 的运输时。同时在利益相关方的磋商中这两种可能性并不会被列出来相互抵触。

针对有效性的可选方案影响力汇总见表 2-1。

表 2-1 有效性的可选方案影响力汇总

<table>
<tr><th colspan="2">可选方案</th><th>无变化
（可选方案 1）</th><th>更强执法力度
（可选方案 2 和可选方案 3）</th><th>85%收集目标
（可选方案 4）</th><th>特定目标
（可选方案 5）</th></tr>
<tr><td rowspan="3">WEEE 终端处置/%</td><td>填埋和非法处置</td><td>11</td><td>11</td><td>11</td><td>11</td></tr>
<tr><td>符合指令要求的处理</td><td>54</td><td>59</td><td>85</td><td>60</td></tr>
<tr><td>不当处理</td><td>35</td><td>30</td><td>4</td><td>29</td></tr>
<tr><td rowspan="6">年均成本/欧元</td><td>总成本</td><td>56 亿+执法成本</td><td>60 亿～63 亿+基础执法成本</td><td>68 亿+基础执法成本</td><td>65 亿～68 亿+基础执法成本</td></tr>
<tr><td>收集和运输</td><td>18 亿</td><td>18 亿</td><td>18 亿</td><td>18 亿</td></tr>
<tr><td>额外成本</td><td>9 亿</td><td>9 亿</td><td>11 亿</td><td>11 亿</td></tr>
<tr><td>基本处理</td><td>13 亿</td><td>13 亿</td><td>13 亿</td><td>13 亿</td></tr>
<tr><td>为达到法律标准的额外处理</td><td>16 亿</td><td>18 亿</td><td>26 亿</td><td>22 亿</td></tr>
<tr><td>执法成本</td><td>委员会不详</td><td>有 2 亿～5 亿的增长</td><td>无增长</td><td>可能有 1 亿～3 亿的增长</td></tr>
</table>

可选方案			无变化（可选方案 1）	更强执法力度（可选方案 2 和可选方案 3）	85%收集目标（可选方案 4）	特定目标（可选方案 5）
年均收益	回收材料的价值/欧元		22 亿	22 亿	22 亿	22 亿
	环境损害	通常在欧盟境内外的量	基线情况：6 720 t 臭氧层消耗物质释放造成的臭氧层损耗。10 亿美元的气候损害	可能有气候损害的下降：但无法计量	取决于目标的生效日期：气候损害每年减少 2 亿～20 亿欧元。臭氧消耗减少 12 00～12 000 t	取决于目标的生效日期：气候损害每年减少 2 亿～20 亿欧元。臭氧消耗减少 1 200～12 000 t
			约有 430 万 t 在欧盟内或之外不当处理	约有 370 万 t 在欧盟内或之外不当处理	约有 50 万 t 在欧盟内或之外不当处理	约有 350 万 t 在欧盟内或之外不当处理
	创新和出口市场		对分拣和再循环技术的发展几乎没有额外激励	对成长的全球市场上的技术发展有小幅激励	对成长的全球市场上的技术发展有显著激励	对成长的全球市场上的技术发展有一定激励
	欧盟的就业		基线情况：欧盟约有数万个处理 WEEE 的行业工作岗位	欧盟的体力劳动就业有小幅增长，废物行业收益提高约 1 亿欧元	欧盟的高新技术和体力劳动就业大幅增长，废物行业收益提高约 6 亿欧元	欧盟的高新技术和体力劳动就业水平有所提高，废物行业收益约提高 4 亿欧元

设定目标的种类和水平

影响评估中有证据显示，产生的 WEEE 中有 85%被分类收集，尽管不是所有的都被列入报告中了。该 85%的分类收集量中包括几乎所有大中型设备，因为它们收集起来成本较低。数据显示，当收集量为产生量的 25%～85%时，每一单位的收集成本是相同的。

设定现有 WEEE 的收集水平之上的目标（可选方案 4 中）将会要求从混合废物中对小型的 WEEE 进行进一步分离，这将会带来更大的环境效益。此种效益不仅来自于从填埋中回收的材料，而且特别来自于某些物质流（见下文），但是每吨的收集成本将会更高。

设定远低于现有 WEEE 收集水平的目标将会明显偏离指令的目标并且会使得执法行为的成本变得更高，将会有更多的 WEEE 仍将会在灰色市场中完成收集。

为了达成目标，收集目标最好恰好设定在现有的 WEEE 收集水平上（产生量的 85%）。在该水平下，大部分小型 WEEE（包括节能灯）将会有进入未分拣废物的风险。据估计目前节能灯正处于收集而未分拣的生活垃圾状况中。

对所有分类收集的 WEEE 进行恰当处理会使得指令在对几乎所有大中型 WEEE 进行处理方面变得有效，将会有更多的 WEEE 依照更高的环境标准进行处理，但是成本会增加。据估计，若没有进一步行动，除每年 56 亿欧元用于收集、处置和处理的总成本外，额外成本约为 10 亿欧元/年。

由于处理的 WEEE 只有数量改变而种类不变，因此每单位处理成本将会保持不变或是根据经济规模而改变。现有的正规与非正规的收集设施不需要扩大规模，这意味着设定85%的目标不会降低收集和处理的成本有效性，但是可能（可能性较小）会降低达到指令的环境效益的单位成本。

在可选方案5中，最有可能造成环境损害的WEEE如冷却冷冻设备，会被收集并进行（昂贵的）处理。在此情况下，通过对冷却冷冻设备废物产生量设定100%的收集目标，这些设备所造成的特定气候和臭氧层的损害会被大幅度避免。

相比于可选方案4，可选方案5的优势在于环境危害较小的WEEE不需要被收集并正式报告。特别是对于一些大型家用电器，避免环境损害的再循环和处理不需要很高的额外成本。对于这些物流来说，正规市场的一部分组织成本将会节约下来。相比于可选方案4，该可选方案会具有将更大比例的更有危害而质量轻的WEEE（如节能灯）排除出生活垃圾流的收益（和成本）。

可选方案5对避免发展中国家在恶劣条件下进行废物处理的情况发生不太有效。产生的没有在收集目标下进行处理的WEEE中有高达29%都可能被非法处理。废物的非法运输可以通过加大执行力度来降低，但由于在生产者目标之外的WEEE比例较大，WEEE的灰色交易的影响更加显著，使得相比可选方案4执法行为成本变高，效果变差。

通常来说，相比于环境权重目标，利益相关方更希望将WEEE中危险物质的控制和设备的充分处理联系起来。关于目标的水平，只有极少数表达了一个所期望的水平。再循环行业想要一个不少于投放市场量65%的比率。

两个目标设定的可选方案都会将企业对企业的电子电气设备产生的废物包括在收集目标内。此类废物原先是被包括在指令中来自家庭的废物进行分类收集的，而非填埋或非法倾倒。现在两者都会被收集，将二者包含在同一目标之中会避免“搭便车”的问题——两用废物的处理由家庭消费者付费（见下文）。

设定目标应用的日期

委员会建议在2016年年末设定修订目标。

灰色市场中WEEE的不当处理所造成的最大环境问题之一是冰箱中含氯氟烃（CFCs）和氢氯氟烃（HCFCs）的释放。该问题造成的气候损失在2011年约为10亿欧元，到2020年该数字将会逐年下降。此外还有非常显著的臭氧层损耗效应。不过这些物质只存在于2002年之前售出的冷却冷冻设备之中，WEEE中的含氯氟烃/氢氯氟烃冰箱数量在逐年下降，预计2020年之后将会降到一个极低的水平。

因此，目标生效日期的不同将会对指令获得的气候和臭氧层损耗效益有着显著不同的影响。2016年开始生效的目标可能会在第一年节约5亿欧元左右（到2020年降低到较低水平），这取决于含氯氟烃/氢氯氟烃设备退出使用的速率。接近2011年开始生效的目标每年挽回10亿欧元的气候损害损失，中间各年也会带来5亿～10亿欧元的收益。

因此，除了 2016 年生效的目标，委员会提议对到 2012 年之前冷却冷冻设备的单独目标的适当性进行考虑，从而推动分类收集的冷却冷冻设备（无论正式或者非正式的）的恰当处理。

委员会和欧洲议会可能会在 2011 年采用修订的指令并且将其加入各成员国的法律中。由于冷却冷冻设备的收集设施（包括非正式收集）已经到位，如要按照指令妥善处理所有分类收集的 WEEE，需要增加足够的处理能力。

建设一个合适的处理厂并投入运营需要一年的时间，安装新的处理设施的成本不会随着时间的增加而减少。

成本的发生率以及使目标执法力度更强

在可选方案 4 中，生产者需要采取措施以确保 WEEE 的收集量，从而能够履行所有分类收集的 WEEE 的处理义务。虽然回收处理需要成本，但是据估计，收到的 WEEE 中材料的回收价值会完全抵消成本甚至还有超出。举例而言，为了避免 WEEE 的违规处理，生产者付出的最大成本是 WEEE 在违规的再循环者手中的价值，该价格是从 WEEE 的再循环（不合标准的条件下）中可以获得的利润，即 WEEE 中材料的价值减去再循环成本。

当生产者支付成本的同时，也将获得通过再循环过程从 WEEE 中回收材料的（相比成本更高的）价值，因此获取 WEEE 可能不存在任何净成本。实际上，通过从市民或经销商手中以低于市场价值直接接收，生产者有可能会以低于材料净价值的成本获得大部分 WEEE，这些价值可以被用于完成生产者的其他义务。

将更强的执法力度和更高的收集目标结合起来（可选方案 2 和可选方案 3）将会提高违规处理的风险，因为会降低经济上的吸引力和生产者获取 WEEE 的激励，采取执法行为会有成本。

可选方案 4 包括统一对生产者承担对家庭 WEEE 的收集的财务责任的要求。该收集成本将以每年约 3 亿欧元的成本从纳税人转移到消费者身上，低于被公共部门收集和传送的 WEEE 的材料价值，估计有 10 亿欧元。统一要求会避免单一市场上由于可能对国内生产者有利的国家财政政策而产生的扭曲。

生产者将有责任去支付恰当处理的额外成本（这代表处理经营者的收入）。电子电气设备是一个竞争市场，所有竞争产品都将受到同等的影响，生产者支付的费用将通过采购价格被传递给新电子电气设备的采购者，来自 WEEE 额外成本的采购价格的增长可能很小（不到 1 欧元），而设备的价格在 150～450 欧元，因此电气设备的销售不会受影响，生产者的股东收益也不会下降。

怎样设定吨数目标

按照 WEEE 产生量百分比设定的目标也需要确定以物理单位统计的量以便于监督。当前目标是按照人均千克数设定的。对于 EU15 的成员国（这些国家的电子产品市场趋于饱和）而言，上一年电子产品进入市场的量与第二年 WEEE 的产生量（尽管不是相同的设备）有着较为稳定的关系：WEEE 的量约为上一年售出的电子电气设备量的 80%。

WEEE 产生量的 85%的收集目标将等于上一年市场上电子电气设备销售量的 65%（在对电子电气设备和 WEEE 产生量之间关系的保守估计之下，是电子电气设备的 80%再乘以 85%）。

该方法的缺点在于，在那些进入市场的电子电气设备和 WEEE 产生量之间的关系不稳定的地方，WEEE 的实际产生量和目标之间的相关关系有着更大的不确定性。据推测，EU12 的市场相对不饱和，电子电气设备购买量相比 WEEE 的产生量要少得多，二者之间的关系很不稳定。评估报告预计 EU12 电子电气设备市场上的关系将会到 2020 年的时候趋于稳定。

利益相关方磋商时对该可选方案颇为支持，固定方案的目标因为不足以反映成员国之间的差异以及无法提高 WEEE 量而不受支持。此外，大多数利益相关方还表达了他们对于保持目标执法力度特点的支持。

（7）在提高效率方面对于各可选方案的比较

明确范围和种类

这两种可选方案都使得 WEEE 指令的适用范围和分类更为明确，且二者在效果上的差异很小。它们都提高了指令适用范围的精确度，也都要求成员国或委员会就范围内的产品出版一份清单。对于那些是否包含在范围内尚不确定的新产品，二者也都无法减小不确定性。

如果运用清单来明确适用范围得到支持，那么各利益相关方会有使用一个准许和一个禁止清单的想法。各方支持在 WEEE 指令而非 RoHS 指令下协调适用范围，然而鉴于参照以协调范围为目标的 RoHS 指令可以达到相似的效果，这将需要在 WEEE 指令中引入一个双重法律依据。

将特定种类的产品定为商业废物可以避免“两用”废物带来的问题。与家用设备非常相似（如 IT 设备）的商业设备进入生活垃圾中，其处理费用由家用设备的生产者来支付。如果更多的 WEEE 通过正规渠道收集，这种“搭便车”现象将更为普遍。

减少登记和报告的不必要成本

有三种方案被认为可以减少由生产者的登记和报告中的重复与差别带来的不必要成本。引入欧盟的信息交换中心或是单一的欧盟登记都必将减少不要成本：单一的欧盟登记会给欧盟委员会（从而给纳税人）带来更多的成本费用，收益是成员国的操作成本会削减。从法律上要求成员国的登记具有互用性很有可能在生产者登记上达到相同的效果，不需要欧盟额外提供资源。但是由于实际上 WEEE 的跨国处理，但该做法不能协调 WEEE 跨境处理的资金流。

其他变化

将整机的再利用纳入现有的再利用/再循环目标中将会无成本地带来环境效益，同时最可持续的处理方式（再利用和再循环）的灵活性也会继续保持。这将有助于避免在需要达到更高的回收目标时，再利用就不再具有吸引力的情况的发生，即使再利用具有更好的环境价值和经济效益。

将医疗设备（类别 8）的目标设定达到监测设备（类别 9）的目标水平将不会产生大的影响；但对于一部分医疗设备（每年约为 10 000 t）则将会有更大份额的材料被回收。

（8）可选方案及其影响的推荐设置

本影响评估报告中的分析推荐采用各个可选方案的结合以提高达成 WEEE 指令现有目标的有效性和效率。这些可选方案的关键影响的描述见表 2-2。

表 2-2 可选方案的关键影响

推荐的政策可选方案	关键影响（与基线相比）
提高有效性	
为生产者设定接近现有收集水平的收集目标，将企业对企业的也设备包括在目标内	● 每年会有额外的 10 亿欧元的处理费用，其中很大一部分未知的费用是欧盟处理企业增加的收入。 ● 这些费用将落在生产者身上，生产者会将这些转移给消费者。 ● 直到 2020 年，每年对于大气环境的危害都会有所降低（10 亿欧元/年），欧盟本地和发展中国家的工人将会在更加安全地工作环境下处理约 430 万 t WEEE
根据上一年度电子电气设备进入市场的量设定目标，所有成员国都是电子电气设备进入市场量的 65%（WEEE 产生量的 85%）	
设定成员国检察和执法行为的最低要求，这些要求会在专门委员会中确定	
提高效率	
按照《限制危险物质指令》确定《指令》的适用范围（根据条约的 95 款），并且要求成员国在国内发布产品清单	产品适用范围的清晰度有所增长，但仍不完全，各成员国有可能在本国范围内扩展适用范围
要求成员国的生产者登记具有互用性和数据交换	通过准许一次登记适用于欧盟的所有义务，并且协调报告和处理的要求，每年会削减生产者的不必要开支 6 600 万欧元，特别是中小型企业受益最大
将整机再利用包括在再循环与再利用相结合的目标中	对于再利用比再循环更经济的产品，排除对再利用产生的不利因素
将医疗设备的目标（种类 8）设定到监测设备（种类 9）的目标水平	对一部分医疗设备而言，更大份额的材料将被回收（约 1 万 t/a）

相比于其他可选方案，该套可选方案：

最有可能激励产生于家庭垃圾流之外的所有 WEEE 得到妥善处理，但不会有额外的社会收集成本负担，同时会提高当前指令的成本效益。

预期可以带来创新和出口的额外收益。对再循环技术的技术支撑公司会有更多的投资，在快速发展的出口市场上，欧盟企业通常是全球的领导者，这将会带来部门高技术职位的增加，以及成本的降低和新的材料市场的开拓。

预计使欧盟的 WEEE 的处理和回收部门的工作岗位进一步增长，这些经常是提供给低技能劳动力的体力工作。再利用部门的发展也会给社会弱势群体提供更多的工作岗位，同时让贫困人群更容易买到更便宜的二手产品。

1 政策背景、程序问题和有关各方的磋商

1.1 政策背景

1.1.1 大背景

电子电气设备非常多样化，且其创新周期越来越快，是世界制造业一个发展非常迅速的领域。目前，据估计仅欧盟每年就要出售 1 030 万 t 电子电气设备，就质量而言，其中最大的一部分是大型家用电器和信息通信设备。

当市场扩张，创新周期越来越短，设备的更换加速，使得电子电气设备成为欧盟市场上增长最快的废物流。

如今，EU15 成员国的居民每人每年平均会丢弃 14～24 kg WEEE，对于 12 个新成员国，据估计每人每年的平均丢弃量为 6～12 kg。2005 年 WEEE 的年产生量为 830 万～910 万 t，预计到 2020 年会增长到 1 230 万 t。

现在的 WEEE 量是以前各年投放到商场上的产品量，但产品从手机（2 年）到冰箱（大约 15 年），平均寿命差别非常大。

WEEE 是含不同材料和成分的复杂废物流，包括一些有毒物质，这些物质如果不进行恰当处理会释放到环境中并且危害人体健康。在发展中国家，由于原材料需求的增长以及 WEEE 的非法运输供应的不合标准的再循环/回收操作将会进一步增加对环境和人体健康的潜在风险。①

对于 WEEE 的健全的管理将显著降低这些风险。健全的管理包含如下要素：将 WEEE 与其他废物分开从而促进在充分技术水平下的针对性处理；应用有害物质释放最小化的处理标准；尽可能地回收废物中的材料和能源。这些措施之外还可以加上电子电气设备的创新设计。这将会在一定程度上帮助避免一些物质特别是有害物质的使用，降低工人和消费者暴露在危险的工作环境中的可能并且有助于废物的拆解和分拣。

原则上，这种方法为废物管理部门、设备制造商和电子电气设备生产者提供了机会（先发优势），但是从历史上来看，仅仅市场力量本身并不足以促进 WEEE 管理水平的显著提高，20 世纪 90 年代，超过 90%的 WEEE 仍旧采用填埋、焚烧或是没有预处理的回收等手

① Environment and human health concerns in the processing of electrical and electronic waste，Greenpeace Research Laboratories，University of Exeter，Technical note 04/2006，May 2006；"High-Tech Trash" by C.Caroll，National Geographic，published January 2008；The recycling and disposal of electrical and electronic waste in China – legislative and market responses，Environmental Impact Assessment review 25（2005），p.461，462；Heavy metals concentrations of surface dust from e-waste recycling and its human Health implications in Southeast China，Anna W.Leung et al.，January 2008.

段处理。一些主要原因可能包括：

- 在短期内有害物质仍是最廉价的技术解决方案。
- WEEE 环保再循环或处置会给企业带来额外的经济成本，然而收益却属于社会。
- 过去几十年原材料的低价格抑制了收集和再循环设施的投资以及再循环技术的发展。即使是现在，原材料的价格也只能确保欧盟内极少数废物材料的再循环能够有利可图，并且对于价格周期性变化的恐惧抑制了投资。

作为对此的反应，20 世纪 90 年代末几个成员国就出台了国家法律发布了与 WEEE 的管理相关的环境问题。2000 年，委员会提议①在该领域进行欧盟立法，从而应对快速增长的 WEEE 量以及可能带来的环境与人体健康问题并且与各成员国中与产品相关的立法达成一致性。最终使得 WEEE 指令②与 RoHS 指令③于 2003 年出台。

1.1.2 WEEE 指令与 RoHS 指令的目标与理念

WEEE 指令的目标在于通过收集的 WEEE 的妥善处理减少其对于环境的负面影响。

WEEE 指令要求成员国确保制定收集和处理的方案，设定了最小收集目标以提高分类收集并规定生产者④承担 WEEE 管理的经济成本。因此指令使得有利于高效收集、处理和再循环涉及的市场机制和经济激励成为可能。

同时通过立法的 RoHS 指令禁止了某些有害物质在国内生产或进口电子电气设备中的使用，与各成员国的国内法律接近从而确保了商品的自由流通。它的目标是保护人体和环境免受这些物质的侵害以及促进从 WEEE 中进行材料的再循环与回收。当为所有的生产者建立了约束性的最低要求时，可以使得那些可以更高效地遵守物质禁令的创新产品和技术具有竞争优势。

最近的研究已经确认了这些指令在环境保护上的必要性。例如，通过恰当处理含有氟氯烃的废冰箱，每台冰箱可以减少相当于超过 2 000 kg 二氧化碳的全球变暖潜能。将 WEEE 中的金属和塑料再循环而带来的节能也具有重要意义，例如，相比于对原材料的提取与精炼，再循环铜的能量需求降低 85%，再循环铁降低 74%。

表 2-3 与原材料相比再循环材料的节能率（BIO 2006）

材料	铝	铜	铁和钢	铅	锌	纸	塑料
节能率/%	95	85	74	65	60	64	＞80

① COM（2000）347 final.

② OJ L 37，13.2.2003，p.24.

③ Directive on the restriction of the use of hazardous substances in electrical and electronic equipment（RoHS），OJ L 37，13.2.2003，p.19.

④“生产者”是指欧盟内电子电气设备的制造商，自主品牌下的经销商和将电子电气设备进口到欧盟的第一手进口商。

1.1.3 指令执行的经验

旧版 WEEE 指令和 RoHS 指令都须在 2004 年 8 月 13 日之前被各成员国转化到国内法令。在 2005 年 8 月 13 日之前，收集和处理系统需要就位且电子电气设备的生产者要开始提供相应收集处理费用。到 2006 年 12 月 31 日，需要完成收集和回收目标，到 2006 年 7 月 1 日，物质禁令要生效，因此执行指令的实际经验仍在增长中，在此过程中下列结果已经实现：

- 140 个召回方案使得将近 5 亿欧洲人无偿返还他们的 WEEE。
- 相比于 20 世纪 90 年代，通过选择性收集与之后的处理操作，自 2005 年起欧盟内没有预处理而进行处置的 WEEE 量每年减少了大约 200 万 t。
- RoHS 指令的实施，使得被处置并可能释放到环境中的禁止的物质量得到降低：每年减少铅 89 800 t，镉 4 300 t，六价铬 537 t，汞 22 t，八溴二苯醚 12 600 t。①
- 处理设施上实现重大投资（EU-15 的新收集设施加上新的处理设施可以同时服务几个新的成员国）并且 WEEE 再循环业增长为一个产值数十亿欧元，雇佣几万名员工的产业。
- 超过 39 500 名生产者已经登记并承担他们生产者金融责任的承付款项。
- 到目前为止，并没有报道表明 WEEE 指令的执行使得电子电气设备的购买量出现下降。

1.1.4 评论

目前已经有足够的知识和经验对指令在处理那些不能完成目标或是本可以更有效地完成目标的地区的手段进行影响评估。

指令自身要求对于一些特定的条款进行影响评估，尤其是依据 RoHS 指令的 2008 年的收集与再循环目标；禁用物质的清单以及物质禁令中涉及的设备的清单。②

这份影响评估形成了可能促进更好地完成指令目标的委员会简化策略的一部分③。例如，通过在国家层面提高指令执行和执法行为力度以及消除不必要的管理负担。

1.2 专家意见与信息

报告的主要但并不唯一的依据是从各成员国收集的信息。信息的收集或是通过直接的

---

① Arcadis/Ecolas & RPA 2008，table 4.55.

②见《限制在电子电气产品中有害物质使用指令》的条款 4（3）和 6 以及《报废电子电气设备指令》的条款 5（5），7（4），17（5）。

③ COM（2005） 535 final. http：//europa.eu.int/comm/enterprise/regulation/better_regulation/simplification.htm.

咨询，或是在欧盟委员会委托的一系列调查的背景下展开的，2005—2007 年开展的以 WEEE 指令评估为背景的主要调查见附录 1。近年来分配给该数据收集过程的预算累计已达约 54 万欧元，包括调查研究以及数据信息收集行动。

1.2.1 履行情况评估

以充分了解成员国 WEEE 指令履行情况、获取可能执行修订版并在 2005 年形成了一份地区反馈为目的的调查研究报告（见附录 1）。

1.2.2 数据收集行动

利益相关方有机会在影响评估的早期阶段为接下来的影响评估过程提供可能作为依据的信息。在 2006 年 6—8 月的 8 周内，利益相关方被要求除其他信息外，提交与各种不同的问题有关的信息，公共和私人部门的数据，在运营、成本以及收益方面的信息，列在 http：//ec.europa.eu/environment/waste/weee/pdf/info_gath_ex.pdf 上的问题科学和技术方面的信息。

该项目最主要的 3 个目标是：①收集现有文件的相关信息；②使信息能够以一种用户友好的方式被获得；③确定重大的数据缺口，并联系利益相关方补足这些缺口。

调查研究的承包者和一般公众可以在 CIRCA 的页面 http：//circa.europa.eu/Public/irc/env/weee_2008/library 上获得综合报告，更多信息见附录 1。

1.2.3 调查研究

研究由联合国大学（以下简称 UNU）以及分包商 Ökopol 和 Ecolas 开展（详情见附录 1 和参考书目）。需要注意的是，研究中一些主题，特别是有关环境影响和成本方面的量化数据并不是总能获得详细信息的，这种情况下，分析主要关注的是列入考虑的可选方案中更偏定性研究的内容。

1.2.4 一致性检查研究

委员会开展了检查各成员国在履行指令的一致性方面的研究。

其结果是，对于成员国的侵害诉讼程序已经开放，其他情况将可能在接下来的几个月内开放。委员会将确定一些条款未被转化或是不正确转化的情况。

有相当数量的案件涉及成员国根据国内市场而非使用欧盟对于生产者的定义对电子电气设备生产者进行定义。

1.2.5 成员国对于履行情况的报告

从 2003 年年初 WEEE 指令实施以来，在科学技术进步适应委员会[①]（TAC）的会议上各成员国获得并交换了大量的经验。此外，成员国第一次需要向欧盟委员会报告履行情况，基于委员会 2005/249/EC 决议[②]，应在 2007 年 9 月制定覆盖 2004—2006 年该时期的报告调查表。建立允许最终处理人和经销商免费获得来自私人家庭的 WEEE 系统的最后期限是 2005 年 8 月 13 日，因此对于履行情况的分析是基于近期的经验。

成员国的另一个报告义务涉及对投放市场的、从各种途径收集的以及在成员国内再利用、再循环和回收的电子电气设备的数量和种类还有出口的被收集废物信息的报告。报告应该按照质量，若不可行的话，也可以按照数量[③]。报告的第一个截止日期是 2008 年 7 月。到 2008 年 8 月末委员会收到了 13 个成员国的报告。这些报告进一步为 WEEE 指令影响评估所进行的研究提供了数据。

1.2.6 对于管理负担的研究

一个包括 WEEE 指令的法律层面对于管理负担的研究正在进行。在研究的第一和第二模块中，来自欧盟法律和成员国履行情况的信息义务被分别映射处理，接下来的模块会对已被识别的信息义务进行实地测量，并将据此对减少管理负担给出建议和提案。

1.2.7 其他来源

欧盟经济与社会委员会准备在 WEEE 的管理中采用自主倡议意见的方式。负责为委员会准备该主题工作的农业、农村发展与环境分委会将会提出一份意见草案，草案将在今年晚些时候举行的全体大会上进行投票表决。预备文件可以在欧洲经济与社会委员会登记表的参考 NAT/389 中找到。http：//www.toad.eesc.europa.eu/EESCWIPListing.aspx？folder=NAT&WipLang=EN.

1.3 直接磋商

这份影响评估是根据与利益相关方的广泛磋商以及大量的数据、信息和观点的收集完成的。

---

① 《报废电子电气设备指令》的条款 14。

② 2004/249/EC：2004 年 3 月 11 日的委员会决议涉及一份成员国对于欧洲议会和欧盟理事会《报废电子电气设备指令》2002/96/EC 履行情况报告的调查表，OJ L 78，16.3.2004，p.56。

③ 2005/369/EC：2005 年 5 月 3 日的委员会决议制定了关于为执行欧洲议会和欧盟理事会《报废电子电气设备指令》2002/96/EC 而监测成员国承诺并且建立数据格式的规则，OJ L 119，11.5.2005，p.13。

在整个过程中与利益相关方一直在不断进行信息的交换。为了使成员国、生产者、收集方案、国家登记、工业部门、非政府组织和其他的利益相关方都参与到影响评估过程中，组织了一个在线的公开的利益相关方的磋商，磋商针对可能做出改变的可选方案，从 2008 年 4 月 11 日持续到 2008 年 6 月 5 日。

磋商文件可以在如下网页中获得：http：//circa.europa.eu/Public/irc/env/weee_2008_review/library，利益相关方在政策可选方案的经济、社会和环境影响方面提供详细的证据支持提出的意见，特别是欢迎任何额外的量化数据、研究和评估去分析指令操作可能的改变所带来的所有成本费用和收益。

建立了一个用于接收信息和意见的功能性电子邮箱。除非有另外的要求，从利益相关方收到的信息和意见也可以在相同的网站的“利益相关方”中找到，这可以让各利益相关方看到已经提供了哪些信息并且阅读其他方的意见。

对各利益相关方进行总结，提出了以下意见：

- 成员国提出了各种意见，主要与各成员国的履行指令的问题相关。
- 生产者和生产者协会明确地表达了需要更多的协调，特别是在登记和报告的要求方面。并且支持由废物收集站对生产者的强制“返还”，因为并不是所有分类收集的 WEEE 都会回到他们构建的方案中。
- 市民和市民协会不支持强制“返还”，希望能够由生产者为收集的全部成本提供资金。他们支持对于产品的再利用以及更加清晰的 WEEE 处理标准。
- 零售部门强调需要明确适用范围和生产者定义，从而明确与生产者相关的责任。
- 再利用部门明显地支持设定再利用的目标从而使得再利用活动更可见。同时他们也支持提高质量的措施（早期选择、再利用标准、处理标准）。
- 处理经营商支持按照投放市场量的百分比制定的强制收集目标，特别要求对高环境负担的设备设定高目标。他们也支持处理标准的发展以及对废物流动链进行更多的评审与监测。最后，他们要求保持现有的再循环和回收目标。
- 环境非政府组织支持按照投放市场量所制定的更高的收集率、更高的回收/再循环目标，增加再利用目标。他们要求生产者恰当地履行自己的责任，并且在整个成员国更好地履行指令。

对于咨询结果的完整概要以及给出意见的利益相关方的综述可以在相同网址的“相关方意见概要”找到。

此外，研究同样对中小型企业进行了咨询。在 2006 年年末进行了一场“中小型企业面板调查”，目的是运用中小型企业在履行 WEEE 指令时的经历、遇到的困难与成本的知识。一份调查表被寄给了在 WEEE 指令下被定义为或是充当生产者、进口商和经销商的中小型企业或是作为处理运营商、收集者和零售商的中小型企业。总计有 456 家中小型企业参与其中，并得到了欧盟信息中心的帮助，欧盟信息中心也将结果总结在了国家报告中。

考虑到单个中小型企业信息的保密性，从该面板调查中得到的数据以汇总表的形式转交给了承包人。这些数据使得我们能够对中小型企业的经历和关注点有一个很好的了解，在这些方面小企业通常是与大（跨国）企业不同的。

对于咨询过程的说明：科学技术发展适应委员会自WEEE指令实施以来的19次会议，在开放的CIRCA网站上的188份参考文件，1个专家研讨会，1次中小型企业面板调查，26份国家履行情况报告和大约170份意见，还包括从作为公共咨询的一部分得到的额外信息。

根据上文，评估过程中对于利益相关方的咨询是按照欧盟的一般原则和咨询的最低标准开展的。①

此外，为了保证评估过程中必要的内部协调，欧盟委员会中建立了一个包含所有相关服务②的交互服务小组。

最终，2008年7月7日，影响评估委员会接受了影响评估草案中的一份意见。所有改进建议都被列入了现有的影响评估中，特别是：

- 正文中包含了一个基准情境，包括对于WEEE年产生量以及它们的处理路线与成本的估计。依据重新关注的问题定义，目标和重选方案部分被调整。
- 对在初期被舍弃的可选方案的讨论以及对相应理由的解释被添加进了报告的附录中。
- 加强了对于收集目标可能的新方案的分析，并显示出所需水平。
- 加深了对于影响，包括社会影响的分析。
- 加深并提炼了对管理负担的分析并放在报告的一个附录中。注意新的研究提供的数据以及由独立利益相关方于2008年9月18日对管理负担的支持性评估。
- 利益相关方的意见，特别是那些在公共咨询中表达的，在正文中体现得更为一致。
- 最后，为方便参考，先前包含在各种附录中的信息被整合到正文中。

---

① COM（2002） 704 final.

② 交互服务小组由来自秘书处，法律服务出，DGENV，ENTR，TREN，RTD，JRC，TRADE，INFSO 和 SANCO 的代表组成。

2 问题定义

2.1 问题介绍及影响人群

2.1.1 问题介绍

电子电气设备（EEE）如果在使用或丢弃过程中，没有妥善地设计或处理，则含有大量对人类健康和环境有害的物质。欧盟 WEEE 的年度数量持续快速地增长（见 1.1.1）。

采用 WEEE 指令，是为了通过建立要求，确保 WEEE 的收集和环境无害化处置，从而减少上述风险。它补充了危险性物质限制指令（RoHS Directive），该指令禁止了某些危险物质在电子电气设备中的应用。WEEE 的有效管理，减少了环境有害物质的释放，节约了物质资源，降低了能源的使用。WEEE 指令原本应该于两年前在国家层面实施。

然而：

- 每年产生的 WEEE 只有 1/3 依照 WEEE 法规（the WEEE legislation）被收集、处理并报告；WEEE 与第三国的非法贸易非常普遍，尽管对废物装船有规定，非法倾倒在欧盟仍旧很普遍。
- 对 WEEE 不正确或不合规格的处理，给欧盟国家特别是第三方国家造成了环境破坏，增加了健康风险。回收这些材料最优的经济方式没有被采用，丢失了可以用来代替原始材料的潜在的物质资源。
- WEEE 指令实施前几年的经验表明，在指令运作过程中产生了不必要的成本，从而降低了指令目标达成的效率和指令的效果。相关技术、法律、管理方面的问题影响了市场活动者和行政机构，扭曲了竞争，并带来了不必要的行政负担。
- 此类成本部分来自现有 WEEE 指令中某些规定的分散执行，如指令的实行范围、生产者登记/报告要求。

在本部分余下的内容中，将对这个预估会发生变化的问题进行更详细的描述。为了表述清楚，这个问题将分成两个部分：限制指令效果的问题（见 2.3）和降低效率的问题（见 2.4）。中间存在一些关联的同时，不同情况下问题产生的原因是十分不同的，需要分别进行描述。

2.1.2 影响人群及途径

WEEE 的处置及指令，涉及许多将在本报告（review）中提到的变化所影响的利益相关方。

- 成员国权力机关：指令实施的成员国家，他们需要在国家层面上实施此指令。
- 电子电气设备的生产者：对 WEEE 融资、收集、处理、回收和无害化处置负有首要责任，此外，他们需要兼顾生态设计。
- 电子电气设备的消费者：设备的生产者将处理成本通过电子电气设备的购买价格转嫁给消费者，消费者也承担着废弃电子电气设备分类收集的角色。
- 零售与分销部门：在众多成员国家的收集系统中承担了部分作用。
- 处理运营商：处理 WEEE，通过监视 WEEE 进入和离开处理设施的数量，为建立数据流做出了贡献。
- 回收者及回收运营商：提供 WEEE 分类回收，监控回收的 WEEE 流量。
- 生产者责任组织：代表生产者去履行他们的义务。
- WEEE 贸易商及运货商。
- 欧盟社会整体：涉及欧盟成员国和第三方国家受到由欧盟产生废物的环境和健康破坏性影响的人群。
- 第三方国家正在承受由处理非法 WEEE 的健康影响或受益于非法贸易的居民及贸易商。

2.2 WEEE 出现的基线情景 2011—2020 年

本报告介绍的任何改变被期待在成员国家中于 2011 年转化成法律效力。在描述这个问题时，基于当前情况和合理的假设推断，该问题在 2011 年之后几年内的可能情景被建立起来，以在之后进行政策选择时与基线情景进行比对。

2.2.1 WEEE 出现：大量的 WEEE

20 世纪 90 年代做出的预测估计在欧盟 15 国的市场上电子电气设备有 700 万 t。从欧盟 15 国扩展到欧盟 27 国，基于众多不同的来源和不同的估算方法，联合国大学估计在 2005 年欧盟 27 国市场上新产生的电子电气设备数量为每年 1 030 万 t。基于目前的趋势，新的电子电气设备销量于 2011 年上升至每年 1 200 万 t，年增长率为 2.6%。

在 WEEE 指令的解释性备忘录中，随着目前 WEEE 数量的上升，电子电气设备数量 1998 年在欧盟 15 国市场上达到 600 万 t。在联合国大学对 WEEE 数量上升的新的估算中，2005 年欧盟 27 国市场产生的 WEEE 数量在 830 万～910 万 t/a。1998 年以来，WEEE 产生上升的原因在于欧盟的扩张、家庭数量的增长以及人均消费量的增长。

欧盟大约有 87%的 WEEE（按质量计）产生于私人家庭使用者（从企业到消费者的模式：B2C），13%的 WEEE 并非产生于家庭使用者（企业对企业的模式：B2B[①]）。

联合国大学的研究预测，家庭产生 WEEE 每年增长率在 2.5%～2.7%，将于 2020 年达到大约 1 060 万 t。从此能够推测，总的 WEEE 产生量（包括 B2B 模式产生的 WEEE）可能在 2020 年达到 1 230 万 t。

不同的成员国之间产生的 WEEE 质量具有很大的不同，最大的差距在 2005 年加入欧盟的“新”成员国和欧盟已有的成员之间，这些差异产生于新成员国过去几年中家庭电子产品的相对较低的消费。当这些国家中电子产品消费量快速上升，增速超过欧盟 15 国时，WEEE 的量也预期以更高的速率增长。根据联合国大学对 2011—2020 年的研究，年增长率将达到 5.3%。

根据联合国大学研究计算，2005 年的 WEEE 产生量在以下数据范围：

- 欧盟 15 国：14～24 kg/（人·年）。
- 新成员国（欧盟 12 国）：6～12 kg/（人·年）。

由于在当时没有成员国家的报告，该情景是基于研究收集的数据。2008 年 8 月委员会收到了来自 13 个成员国家的报告，这些报告与研究收集的数据相差不大。因此，委员会在持续推进成员国家数据核验的过程的同时，影响评估也是基于研究收集的数据。

2.2.2 WEEE 出现：设备类型组成

计算出的欧盟内的平均组成分类如图 2-2 所示。

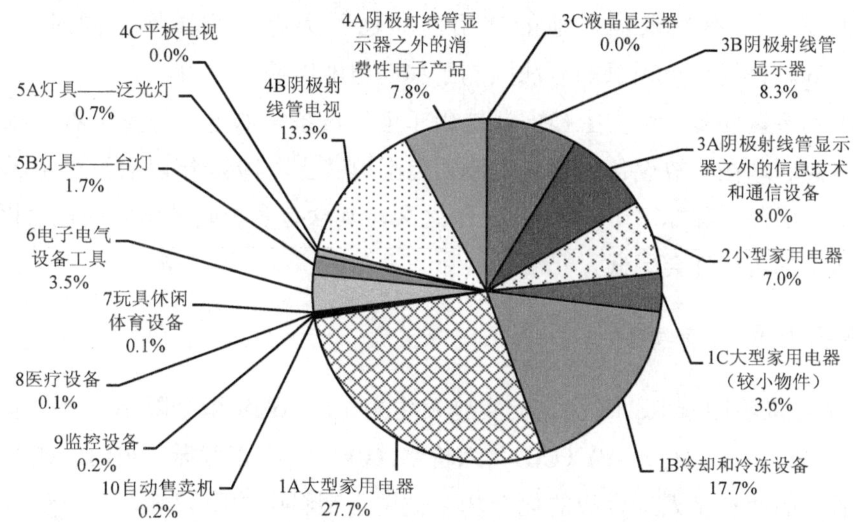

图 2-2　2005 年产生的 WEEE 的类型组成（以质量计）

① 此计算基于联合国大学研究收集的英国数据。

由于电子电气设备在过去几年中的销量的变化，在未来的几年中，预测此成分组成将发生变化。随着WEEE数量的上升，阴极射线管显示器逐步被平板显示屏替代，数量逐渐减少，而相应的平板显示屏的数量将在未来有所增长。其他的变化在此难以估计，例如，由于消费者行为的变化或者市场上新出现的电子设备和应用。

2.2.3 WEEE 材料组成

随着WEEE数量增加而增加的三种主要的材料为金属、玻璃和塑料。含铁金属约占产生的WEEE的50%，不含铁金属占5%，塑料占其中的20%～25%。其他的材料，如冰箱、冰柜以及空调中的油与冷却设备、洗衣机中的混凝土以及电视中的木料。在WEEE增长中，更详细的与环境相关物质清单见附录2。正如当今市场上电子电气设备组成与过去不同一样，未来WEEE组成也将发生变化。

- 平板显示屏代替了阴极射线管显示器。按质量计，2000年销售的电视机中的99.9%为阴极射线管电视机，预计到2010年这个比例将下降到21%。考虑到质量的差异，到那时，液晶显示电视机的销量将达到总销量的52%。
- 含氯氟烃（CFCs）、氢氯氟烃（HCFCs[①]）一直被用于冰箱与冰柜的制造，直到20世纪90年代早期发现这些含氯气体会破坏臭氧层，法规2037/2000是在法规3093/1994的基础上修订的，禁止了冷却冷冻设备的生产并对其处置进行了规定。由于冷却设备的生命周期很长，这些气体仍是当今WEEE废物流的重要组成部分，但是将来该物质会减少。
- 除此之外，存在镍镉电池的使用向其他种类电池的转换，同时，电池指令2006/66/EC通过免税额的方法限制了移动电池中镉的使用。
- 考虑到多氯联苯，历史上被广泛地用于电气设备，如电容与变压器。然而，1972年多氯联苯在开放设备中的应用被大范围地禁止，1986年以后没有用于新设备的制造。因此，除非一个设备有20年之久，其含有多氯联苯电容的机会微乎其微，在将来的可能性会更低。

2.2.3.1 WEEE 中的有害物质

WEEE的组成将随着RoHS指令的实施发生变化。RoHS指令限制了一些危险性物质的使用：铅（Pb）、汞（Hg）、镉（Cd）、六价铬（Cr^{6+}）、多溴联苯（PBB）或多溴联苯醚（PBDE）。后面的两种是人工合成的化合物，被用于塑料中的阻燃剂，此类塑料被广泛应用于家用的物品如电脑、电视、家具（硬的和软的）、立体音响等。它们被认为对环境有

① Hydro chlorofluorocarbons.

害，危害野生动物的健康，可能也会威胁人类的健康。一些其他物质的例子：水银被用于一些灯具和一些特定的电子元器件；镉铜合金，是一种金属电镀材料，被长期用于电池中；铅被用于电路板的印制；六价铬被广泛用于防止铁合金腐蚀。

然而，尽管出台了 RoHS 指令，有害物质仍旧存在于当今的 WEEE 中，如：

- RoHS 指令只适用于自 2006 年 6 月 1 日起市场上新生产的电子电气设备。由于电子电气设备的平均寿命是变化的①，有的能够达到 15 年，因此回收的废物流将持续包含这些指令未实施时的废物，至少到 2020 年。
- 除被 RoHS 指令涵盖的物质外，其他的有害物质或者一些可能具有这种特征的物质，每年大量被使用于电子电气设备中，例如，不反应的四溴双酚 A②（4 万 t）、六溴环十二烷③（210 t）、邻苯二甲酸二异辛酯④（2.9 万 t）和氧化铍（1.5 t）。这些物质还没有在当前指令的限制之中。
- RoHS 指令允许限制的物质少量存在⑤。
- 许多应用设备未包含在 RoHS 指令中，这些应用设备的替代品是“技术上和科学上不能实现的”或替代品的积极影响超过了其自身的效益。然而这些危险物质总量的估计是难以达到的，与数量最有关的一个估算是玻璃阴极射线管的估算（超过 5 万 t 铅）⑥，灯具中的汞（43 t/a）和作为背光源的液晶显示屏幕中的汞（28 t/a）。
- RoHS 指令实施的证据表明大量不被允许的设备非法地出现于市场上，而后进入到废物流中。
- 废物流中的多氯联苯仍由旧的电力传输设备产生，在将来此部分将下降。

因此，预计在未来的几年中，危险物质将仍旧存在于 WEEE 流中，包括 2006 年 7 月 1 日以前投放在市场上的正在回收的电子电气设备，至少持续到 2020 年。

2.2.3.2 基于组成的 WEEE 类别的环境重要性

不同类别的 WEEE 组成差别巨大（一个玩具包含的电子产品与电视的），同时组成也影响着类别的经济价值和环境特征，更多的细节描述，详见附录 2。

设备的不同组成使其环境重要程度不同。例如，大型家用电器（不包括制冷和冷冻电器）占质量比的 27%，按环境重要性计只占原来的一半。

---

① 医疗设备的寿命一般达到 20～30 年（Goodman，2006），冰箱大约 15 年，移动电话 23 个月。

② 四溴双酚 A，阻燃剂。

③ 六溴环十二烷，阻燃剂。

④ 邻苯二甲酸 2-乙基己酯，聚氯乙烯增塑剂。

⑤ 针对禁止的物质存在“最大允许浓度”；允许的限值占均匀材料质量的 0.1%，除汞以外，而汞的限值比此低 10 倍。

⑥ 此数据呈现了未来几年中阴极射线管使用铅的累计数量。对于 2005 年，欧盟 25 国销售了 3 180 万台电视，平均质量为 31 kg。随着电视阴极射线管市场的年均增长率为–13%（见 MEEUP2006 研究关于电视的章节中的图 6），电视年均销量在下降。对于阴极射线管屏幕，平均屏幕的质量为 22 kg，其中含有 450 g 铅。

包括冰箱在内的冷却冷冻设备是回收转化中最重要的，另外源于涉及的物质，下述设备在特殊的环境类别中也有重大作用：

- 毒性作用在液晶显示屏和灯具中占有重要作用。
- 冷冻与制冷设备的使用情况下，避免臭氧层空洞和全球变暖潜力。
- 冷冻与制冷设备以及阴极射线显示屏的使用，带来了持续的能源需求和资源消耗。
- 信息技术设备和电信设备（阴极射线管除外）和液晶显示屏的使用所带来的酸雨。
- 液晶显示屏和电子电气工具的使用带来的富营养化。

2.3 2011—2020 年指令基线的效能问题

2.3.1 现行的 WEEE 收集

在《通往可持续发展的 WEEE 回收》报告中，欧洲废电子回收协会（European Electronics Recyclers Association，EERA）声称只有 20%～33%的市场投放包括在成员国申报的分类收集统计数字中，与成员国申报的数字吻合：2005 年在 834 万～910 万 t 的 WEEE 增长中，有 260 万 t[①]被分类收集（联合国大学研究）。

可是，证据显示大多数 WEEE（按质量算）都被分类收集，即没有进入混合市政垃圾，但却没有被包括在申报的分类收集数字里。欧洲废电子回收协会的解释如下：重大比例的 WEEE 被擅自处理和非法出口。欧洲废电子回收协会利用图 2-3 呈现消费者 WEEE 的不同部分。

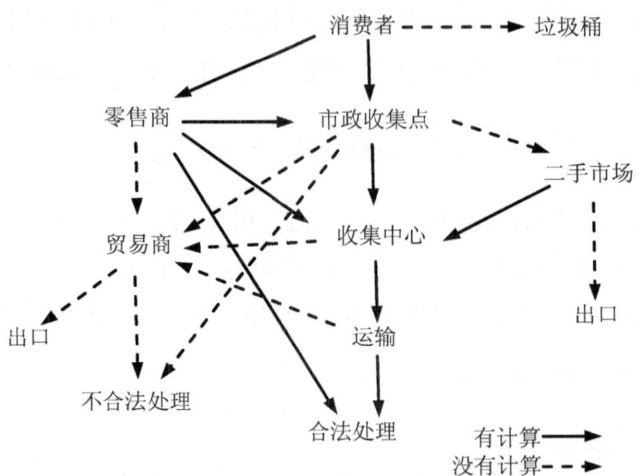

图 2-3 来自私人家庭的电子废弃物在回收物流中的遗漏[②]

① 每个居民 5.31 kg×492 000 000 居民。

② 城市站点：由市政府或由委托公司操作，往往有自己的商业利益；收集中心：把报废电子电器设备交给可能会或可能不会有自己商业利益的回收计划、委托回收/物流公司，或商业代理。

实线箭头代表被适当监控和申报的部分，证据显示这部分只是少数。

虚线箭头代表量、目的地和/或处理未被申报的部分，因此并不能确定在多大程度上这些部分遭受不达标甚至不法的处理和交易。

2.3.1.1 家庭 WEEE 的收集

由家庭产生的 WEEE 估计占总 WEEE 产生量的 87%。

目前的法律要求家庭 WEEE 的分类收集由生产者、零售商（分销商）或市民，或者以上组织的组合负责。成员国之间的情况存在极大差异，某些成员国只有生产者需要承担责任（如保加利亚），而在其他成员国则只有市民需要负责（如丹麦）。

回收的财务责任分配经常与物理责任不一样，如在奥地利，分销商、市民和生产者需要负有物理责任，但只有分销商和生产商负有财务责任。附录 3 呈现了一个显示欧盟 27 国的不同法律处理方式的图表（Ökopol，2007）。实际上消费者和 WEEE 的所有人有时被要求把 WEEE 拿到回收点或分销商处。证据显示大部分 WEEE 由私人处理商非正式地直接向消费者、分销商或回收点收集而来。

2.3.1.2 企业对企业 WEEE 的分类收集

企业对企业设备主要以生产者合约制管理（联合国大学研究）。这些设备目前占市政回收点或者零售点 WEEE 的比例少于 1%（WEEE 协会 2005，ERP2006）。

欧洲废电子回收协会提出以上是引起不良操作和非法出口到非经合组织成员国的可能成因。

2.3.1.3 成员国分类收集记录之间的差异

成员国按照经验记录的 WEEE 收集量与《国家承诺计划》（national compliance scheme）的数据存在很大差异。2005 年表现最好的成员国所记录的是最高 70%在其国内产生的 WEEE 被收集（相当于 WEEE 市场上的 60%或者每人 14 kg）。

其他成员国所记录的收集量较低。在新成员国（欧盟 12 国）记录的回收量更少，低回收水平最可能反映电子电气设备的市场并不饱和，新购置的电子电气设备并不会替代已有的电子电气设备，不会产生 WEEE。

2.3.1.4 各类 WEEE 分类收集数字的差异

表 2-4 描述了在产生的 WEEE 中不同类别的设备所占的份额和多少不同类别的设备目前报称被回收。大家庭电器、冷冻与制冷设备、阴极管和小家电据报收集量特别低，没有申报（或没有回收）的 WEEE 分别占总 WEEE 产量的 23%、13%、15%和 6%。

表 2-4 所产生的 WEEE 按照种类的收集

处理类别	每类 WEEE 所占的百分比/%	被申报为分类收集的 WEEE 所占的百分比/%	没有申报为分类收集的 WEEE 所占的百分比/%	没有申报为分类收集的 WEEE 占全部 WEEE 的百分比/%
大型家用电器	27.7	16.3	83.7	23.2
冷却与冷冻	17.7	27.3	72.7	12.9
大型家用电器（较小的）	3.6	40	60	2.2
家用小电器，照明设备——灯具和家用医疗器械	7.7	26.6	73.4	5.7
信息科技与电信（不包括阴极射线管显示屏）	8	27.8	72.2	5.8
阴极射线管显示屏	8.3	35.3	64.7	5.4
液晶体显示屏	0	40.5	59.5	0
消费者电子产品（不包括阴极射线管）	7.8	40.1	59.9	4.7
阴极射线管电视	13.3	29.9	70.1	9.3
平板电视	0	40.5	59.5	0
照明设备——灯	1.7	27.9	72.1	1.2
电气与电子工具	3.5	20.8	79.2	2.8
玩具、休闲与体育设备	0.1	24.	75.7	0.1
医疗装置	0.1	49.7	50.3	0.1
监测与控制工具	0.2	65.2	34.8	0.1
自动售货机	0.2	59.4	40.6	0.1
总数	100	不适用	不适用	73.6

2.3.2 目前 WEEE 的目的地

分类收集的 WEEE 能够被转移到不同的目的地，材料商人在 WEEE 最终目的地的决定上扮演主要的角色。

利益相关方提供的资料，如前述的欧洲废电子回收协会的书面报告指出欧盟 WEEE 的主要目的地有以下这些：

- 分类收集和废物再利用（对于整个电器）；
- 在欧盟内按照指令分类收集和处理；
- 在欧盟内不按照指令分类收集和处理；
- 分类收集并非法运往第三方国家；
- 没有分类收集但与混合市政垃圾一起收集和处理（主要是填埋和焚烧）。

例如，来自荷兰的数据表明来自家庭的 WEEE 收集和流向的相关目的地占比如下：

- 由生产者处理（由市政当局和零售商收集以后）：31%

- 卖给金属交易商（由市政当局收集）：13%
- 流到资源循环/处理营运商（由零售商和其他）：45%
- 没有分类收集：11%

2.3.2.1 关于回收和目的地的影响评估中的证据、推论和假设

如上所述，欧洲废电子回收协会估计在市场上买卖的 WEEE 当中只有最多 33%被申报为分类收集量。WEEE 市场买卖量的数字在很大程度上与 WEEE 的产生量成一定比例。假定 67%的 WEEE 产生量没有被申报，WEEE 回收活动和目的地的估算需要基于可获得证据的推断。本节描述那些证据并使推断和假定变得透明。改变三个最重要假定的影响会在后面的影响评估中通过灵敏性分析考虑。

2.3.2.2 WEEE 与市政垃圾混合处置

基于在联合国大学研究中对于产生的 WEEE 种类和大小的分析，WEEE 市场买卖的知识，以及根据小家电目前回收水平的证据（例如，只有约 26.6%产生的废物，从小型家用电器、照明设备、家用医疗器械据报被分类收集），委员会估计，小家电的一大部分不从本地废物中分类出来而进入了混合生活垃圾处理程序（通常是填埋或焚烧），占所产生的 WEEE 质量的 10%。

按照数量计算大部分 WEEE 包含来自本地废物的大或中型电器①，很容易从一般本地废物之中分辨出来，而实际上在消费者丢弃 WEEE 的时候已经把它们“分类”出来——放不进垃圾桶。由于这些 WEEE 对于资源循环具有材料价值，因此不太进入不分类的垃圾收集，不论是填埋或焚烧。

另外 13%是企业对企业的 WEEE，依据指令被零星处理，通常是被分类收集的，但其中大约 10%为非法处置，约占全部所产生的 WEEE 的 1%。

假定一些大型和中型的家用电器未被分类收集，被非法丢弃或回收和运到垃圾填埋场，这占全部所产生的 WEEE 的 2%。

作为影响评估的工作假设，委员会估计 13%的 WEEE 目前没有被分类而是连同市政固体垃圾一起被混合收集。

2.3.2.3 WEEE 除市政垃圾路线外的其他目的地

因为所产生的 WEEE 中 13%是不被单独收集的，所以假定剩下的 87%是被单独收集的（不论是否被申报）。

---

① 由大型家用电器、部分设备、冷却和冷冻设备、电视机和显示器组成的。

WEEE 再利用

分类收集的 WEEE 有时也准备再利用。由英国的电脑再利用经验和冰箱回收实验（DTI 2000 Defra 2003）表明，再利用和翻新往往因为存在这些商品的市场且市场价格覆盖翻新/维修成本。在利润率低的地方，再利用的活动往往由慈善机构来运作，一般都集中在洗衣机和信息科技设备的再利用，对冰箱其达到的翻新率很低（约 2%用过的冰箱可以再利用，主要是因为设备的机龄使之很难或不可能获得零配件，如层架和冰箱门）。在其他地方，一般 5%～10%分类收集得来的设备是可重复使用的。

许多消费者都是因为小问题而弃置产品，因此多达 75%的产品往往是可修复的，但消费者往往会因为维修费用较高而将其弃置，并购买新产品。然而，RREUSE 指出再利用 WEEE 是经济可行的，因为消费者对二手电子电气设备的需求大于二手电子电气设备的供应。RREUSE，一个欧洲国家和地区社会经济组织和企业网络，专门开展资源再利用和循环活动，由 16 个成员组织的覆盖 10 个成员国及 2 个国际组织构成，共有 1 200 个回收中心、修复和循环再生的 WEEE 达到 30 万 t。

在此影响评估报告中采用的是保守估计估算再利用：假定少于 2%所产生的 WEEE 被再利用。

按照指令的规定处理的 WEEE

被申报的 WEEE：在欧洲废电子回收协会数据的基础上，假定 33%所产生的 WEEE 被申报为分类收集，假定所有由成员国申报的被分类收集的 WEEE 是被按照指令处理的（主要按照附录 2 的要求）。

上报的回收数据可以表明被分类收集并按照指令规定处理的 WEEE 的最小体积。

合法转运的 WEEE：如果欧盟外的 WEEE 的处理是按照相当于指令规定的标准，则 WEEE 可以在欧盟外国家处理。贸易统计数据显示，每年 2.5 万 t 的 WEEE 被申报合法地运出欧盟，但这个数字明显低于假定的总出口。

没有申报的 WEEE：存在一定量的 WEEE 依照指令标准处理而没有申报，然而也可以认为该数量的 WEEE 被不当处理。遵守指令通常需要额外的环境措施造成的额外费用而与有价值的材料的回收率增长不匹配。对于 WEEE 的一些类型，特别是含有有害物质的设备，这些费用相对于材料的价值是很显著的。

因此，显著的成本费用的节约成为对如冷冻与制冷设备和其他具有特定环境危害的电子废弃物进行不达标处理的一种诱因，但这种风险对于如洗碗机和洗衣机等其物质价值可以通过不太复杂和昂贵的过程处理的 WEEE 则较低。

目前申报的按照《指令》标准处理 WEEE 的能力可以充分满足 2006—2007 年上报的 WEEE 的分类收集，甚至有一些成员国有过剩的能力。由于这些报告只覆盖了 33%的 WEEE，这可能是目前欧盟内正当处理所有产生的 WEEE 的能力不足所造成的，欧洲废电子回收协会信息所支持该假设①。

基于本影响评估的目的，假设只有 10%没有被申报的 WEEE 按照指令标准被处理。

没有按照指令处理的 WEEE

以上的证据和工作可以假定约 58%所产生的 WEEE②没有按照指令标准处理，其余 42%为依据规范处理的。

Witteveen-bos 最近关于荷兰情况的一项研究表明③，除被生产者责任组织分类收集外，WEEE 还通过其他途径被分类收集。据估计，在荷兰人均所产生的 18.5 kg WEEE 总量中，1/3 是依据荷兰集体计划分类收集并合理处理，另外 1/3 通过其他渠道到了荷兰回收厂，剩余 1/3 的 WEEE 去向不明。作为生产者责任组织，荷兰的公共废物系统和私人废物处理行业已经比较完善，但其他成员国的情况有可能会不同或者形势比荷兰更加严峻。

根据联合国大学的研究表明④，任何具有价值的 WEEE 都会发生大量外流，如大型家用电器（主要包含金属）、台式电脑、电视和移动电话，有完善的“灰色市场”提供给这些项目。

对于企业对企业的 WEEE，目前 WEEE 分类收集和处理的量记录为预计所产生的 WEEE 的百分比，仍有 35%～50%的企业对企业 WEEE 没有被记录。欧洲废电子回收协会指出这个结果是不当处理和非法出口到非经合组织国家的一个源头⑤。

也有大量证据和研究表明，WEEE 的处理经常不按照 WEEE 指令的规定进行，大多集中在有价材料的回收，而对于环境损害和健康预防的成本费用则是最少的。

WEEE 非法运到第三方国家：各种证据表明，大量的电子废弃物运往发展中国家进行不达标的处理。这些货物通常被伪装成二手设备的出口，但事实上被装运的只是其物质价值。由于这些货物的非法性质，无法获取整体出货量的数据，但在一些特定的情况下，有些非法装运被委员会注意到而进行调查。一些 WEEE 经过维修被作为二手设备而非废物出口，作为可以再利用的产品运送到发展中国家，这些产品可重复使用，这些都不计入不按照《指令》处理的 WEEE 的记录中。

联合国大学的研究提到 WEEE 的货物伪装成来自汉堡的港口商品的报告（德意志 umwelthilfe 2007），28%的企业（回收商和出口商）被发现从荷兰非法出口 WEEE（vrom 2007）。在英国的一项研究表明，10%的 WEEE 被非法运往非经合组织国家。

在欧盟内不按照指令的规定处理：据报道，在欧盟内有部分 WEEE 不依照 WEEE 指令附录 2 的标准规定处理：大型家用电器，特别是冷冻与制冷设备在没有将污染处理干净

① 欧洲废电子回收协会与委员会相符合，表明假如营运商开始每天日以继夜地工作，总报废电子电气设备产生的 50%目前可被处理。需要 1 年时间去建额外空间和获得权限后，才能开始营运。

② 58%中 33%被申报，2%被回收，10%也许按《指令》处理，未被分拣的占 13%。

③ http：//www.weee-forum.org/att/literature/2008_Electronic%20waste%20parallel%20streams_Witteveen_Bos.pdf.

④ 第 10.2 节。

⑤ 第 4 节。

的情况下破碎，阴极管玻璃与建筑垃圾。例如，根据最近提供的信息①，含有氯氟烃的冰箱是在汽车切碎工厂而不是专门设施进行处理，结果造成氯氟烃泄漏。

委员会来自利益相关方的信息表明，一些 WEEE 运营商在收集 WEEE 时有选择地收集价值高的 WEEE（如高贵金属含量的设备），将其从 WEEE 中取出运到回收厂或非法出口。

2.3.3 定量估计 2005 年的 WEEE 的回收量和目的地

基于以上 2005 年的证据和数据、推断和假定，以下的工作情景可以在 2005 年建立（所产生的 WEEE 采用联合国大学估计值的下限 830 万 t）。

- 所产生的 WEEE 质量的 13%（110 万 t）未从生活垃圾中分离出来，或是非法处置，如消费者将 WEEE 作为未分类的市政垃圾来处置，特别是对于一些小型家电，很容易放在市政垃圾垃圾桶内。
- 所产生的 WEEE 质量的 33%（270 万 t）被成员国申报进行了分类收集且进入授权的处理实施按照指令相关规定处理的 WEEE。
- 剩余的 54%（450 万 t）为被分类收集但没有计入 WEEE 处理量中：

– WEEE 的再利用预计为低于 2%所产生的 WEEE 总量的水平，小于 20 万 t。

– 按照指令规定处理的 WEEE（特别是大家电），但没有被申报的占所产生的 WEEE 的 11%，或者 90 万 t。

– 没有足够的信息去估算那些去向不明的 WEEE 中被非法运出欧盟的比例，以及没有按照指令相关规定进行处理、回收、再利用的比例分别是多少。最坏的情景就是分类收集的 WEEE 在欧盟内外被不当处理的占所产生的 WEEE 的 41%左右，约为 340 万 t。

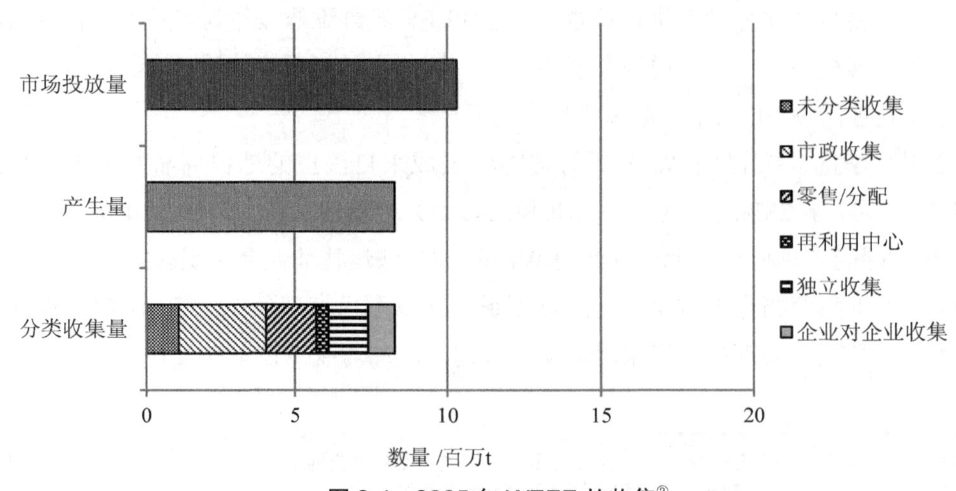

图 2-4 2005 年 WEEE 的收集②

① Capital 09/2008“Klimatskandal：Deutschland stümpert bei FDKW-Entsorgung”.

② 产生：电子电气设备一年的产生量。

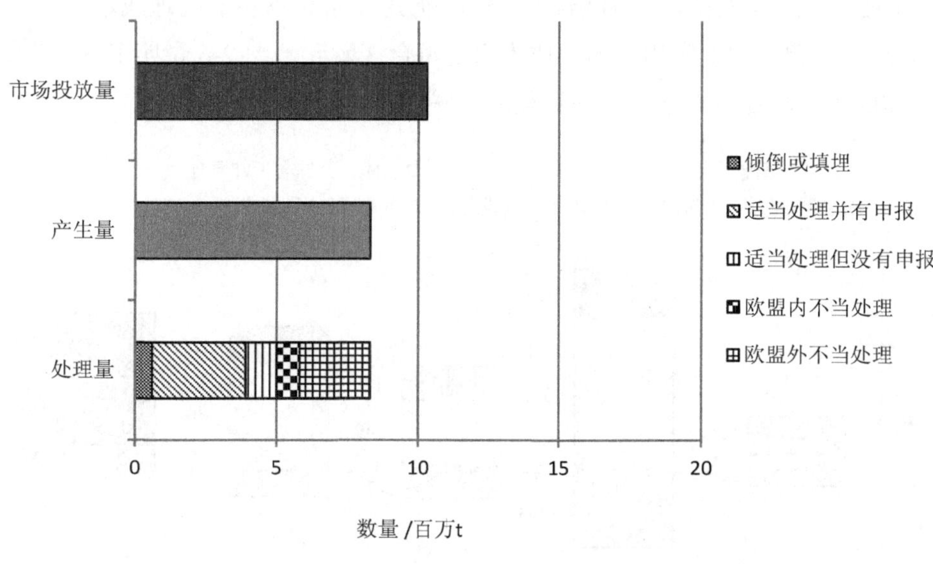

图 2-5 2005 年 WEEE 的处理

2.3.4 效率问题的影响因素

以上所述很大一部分所产生的 WEEE 被不当处理的问题主要有三个影响因素：

- WEEE 的物料价值高；
- 按照 WEEE 指令适当处理 WEEE 会增加额外成本；
- 国家层次上 WEEE 指令处理要求的执法力度较低。

影响因素的背景

物料价值：WEEE 中所产生的三种主要的物料是金属、玻璃和塑料。有色金属约占所产生的 WEEE 的 50%，非有色金属占 5%，塑料占 20%～25%。存在完善的金属回收市场和部分面向塑料的市场。需要重点注意的是，在评估这些影响因素时，必须考虑到市场价格的变化。联合国大学研究强调物料价值从 2005 年的 50 欧元/t 上升到了 2007 年的 100 欧元/t。

WEEE 间的差异：有些产品的提取有价值物料的成本高于物料的价值，而其他材料，特别是那些金属含量高的材料价值更高（参见图 2-6）。

全球市场：WEEE 的运输成本与物料价值相比较低，因而形成了一个 WEEE 再循环利用的全球市场。在许多发展中国家（如非洲、印度次大陆和中国），由于手动拆除劳动力成本较低以及低于标准的处理操作，WEEE 的处理成本较低。这些相比于欧盟境内的低回收成本，使发展中国家的 WEEE 贸易（通常是非法的）有利可图，将引起某些贸易商与以欧盟为基地的回收商就 WEEE 中有价值部分的竞争。

按照指令进行处理的额外费用：使 WEEE 回收符合指令规定的预处理（如去除有害物

质）所产生的额外费用。例如，根据联合国大学的研究[①]，每台冰箱的处理成本估计为 21.84 欧元，而处理小问题的大型家用电器的成本只是每台 3 欧元。图 2-6 说明了符合指令规定的处理中 2005 年（联合国大学）一些种类的这些差异。

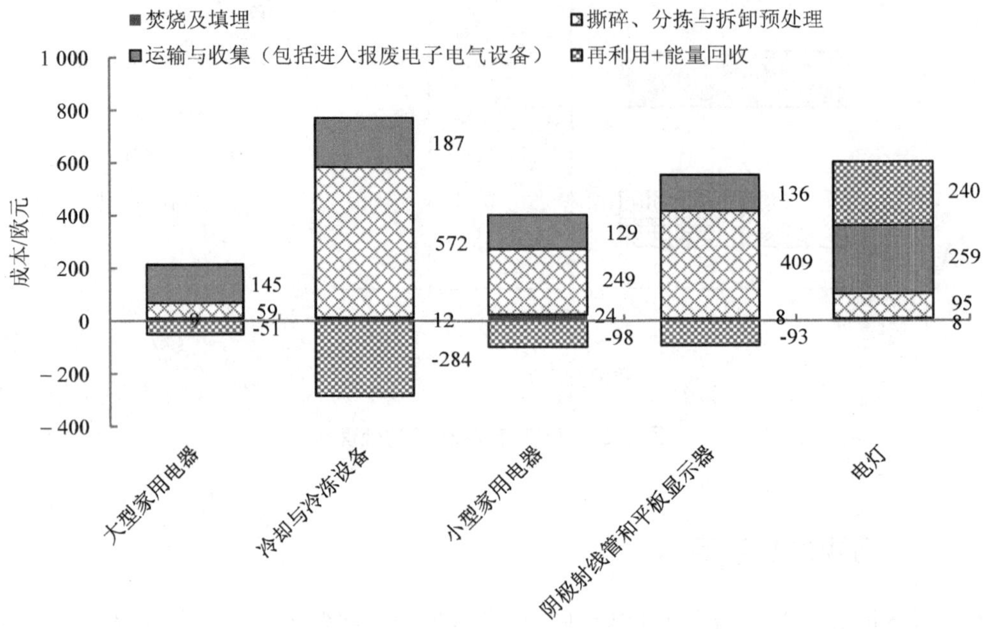

图 2-6　电子设备的分类收集和处理的成本分析

执法水平低：根据来自利益相关方咨询的相关信息以及联合国大学的研究，在许多层面上都缺乏 WEEE 指令的执行，联合国大学研究指出不是所有生产者都有注册，当处罚低于财政义务时则是故意的。

部分成员国的有效执法水平低，是因为缺乏执法能力所导致的。

2.3.5　有效性问题的演变：2011—2020 年（没有行动/基准情景）

本节介绍在政策不变的情况下，WEEE 的回收和目的地在 2011—2020 年预计的变化（2011—2020 年之后审查可能已进入立法）。

2.3.5.1　问题的影响因素有什么变化？

市场变化

预测投放市场的产品量会进一步成长，联合国大学估计 WEEE 产生量将持续增长

① 第 11.5.2 节。

2.5%～2.7%。

基于世界经济对金属的长期需求，回收金属的价值可能仍然很高，保持全球对含有大比例可回收金属的 WEEE 的需求不会改变。

受高油价以及低成本分拣的影响，再生塑料的一些市场可能随着时间和新技术的推移逐渐成熟，更高纯度的再生材料以及材料的新用途将会出现，这将造成对一些再生塑料需求的增长。

WEEE 指令目前的目标是 27 个成员国需要每人每年回收 4 kg WEEE，只占所有产生的 WEEE 总量的 22%①。随着消费的增长，该比例将变得更低，预计在 2014 年将只有 19%②，这意味着对环境的保护相对变少。相对于可能出现更高的分类收集目标，这个目标已经不能激励 WEEE 的分类收集。

其他产品与废物政策的影响

- 其他与设计相关的欧盟法例，如 RoHS、REACH③和 EuP④并不认为分类收集水平会产生即时的影响。然而，如果有利于更好地回收利用的设计要求和物质选择被建立，可以对未来的处理产生积极的影响（从而间接地影响分类收集）。然而，REACH 和 EuP 可能会只能在更长时间内对 WEEE 的组成带来影响，因为它们只能以很缓慢的速度影响多数电子电气设备而任何对 WEEE 的影响将进一步被电子电气设备的平均寿命所延迟。
- 新的废物管理立法，特别是修订后的《废物框架指令》及其废物预防规定，可能会影响长期的 WEEE 产生和回收率。然而，由于这些措施仍然是在一个初级的发展阶段，并没有任何定量估计的充足证据。
- 更好地执行废物转运规定可能对未来减少非法 WEEE 装运产生积极影响。然而，逃避成本或从高需求的资源中获益的刺激因素仍然存在。
- 更好地执行《填埋指令》可能会在长期过程中减少 WEEE 丢弃的负面影响。
- 由于电子废物的问题在 WEEE 指令内处理，预计对臭氧消耗层物质（ODS）⑤的规定不会产生影响。否则，所假设问题的影响因素在很大程度上会在基线情景期间保持不变。

2.3.5.2 WEEE 的分类收集和目的地

在这些影响因素的基础上，可以假设未来更多的被分类收集的 WEEE 将会申报——可

---

① 2008 年报废电子电气设备的总产量为每人 18.2 kg（4.92 亿人产生 896 万 t 垃圾）。
② 2014 年报废电子电气设备的总产量为每人 21.3 kg（4.92 亿人产生 1 046 万 t 垃圾）。
③ 化学物质的注册、评估、授权和限制，30.12.2006，ojeu L 1 P396。
④ 能源使用产品，OJEU L 191，22.7.2005，p.29-58。
⑤ OJ L 244，29.9.2000，P1。

以在 2020 年的基线情景中预测：

- 投放到市场上的总电子电气设备量为 1 510 万 t[①]。
- 在欧盟 27 国产生的 WEEE 总量将增加到 1 230 万 t。
- 少量的（约 11%）WEEE 将被当作生活垃圾丢弃或非法倾倒（140 万 t）。预期这个数字下降的主要原因是消费者开始更加有意识地不将 WEEE 作为未分类的市政垃圾丢弃。
- 仍然有 2%（25 万 t）的 WEEE 将被再利用。
- 较大比例的 WEEE——占所产生的 WEEE 约 42%（510 万 t）[②]将被申报为按照指令规定的分类收集和处理操作。该假设是在一个类似于生产者责任组织计划运行了 5 年或以上的增长的基础上设定的，增长是基于各方面成长、指令的进一步实施和按照指令规定的分类收集和处理但之前并没有申报部分的加入。关于该比例将会增加的更多理由参见附录 4。
- 所产生的 WEEE 中有 45%（550 万 t）仍然去向不明：

– 在去向不明的部分中，约有 1/4 弱（10%）按照指令在欧盟境内被回收；

– 其余 35%（430 万 t）在欧盟或者欧盟之外未按指令规定处理。

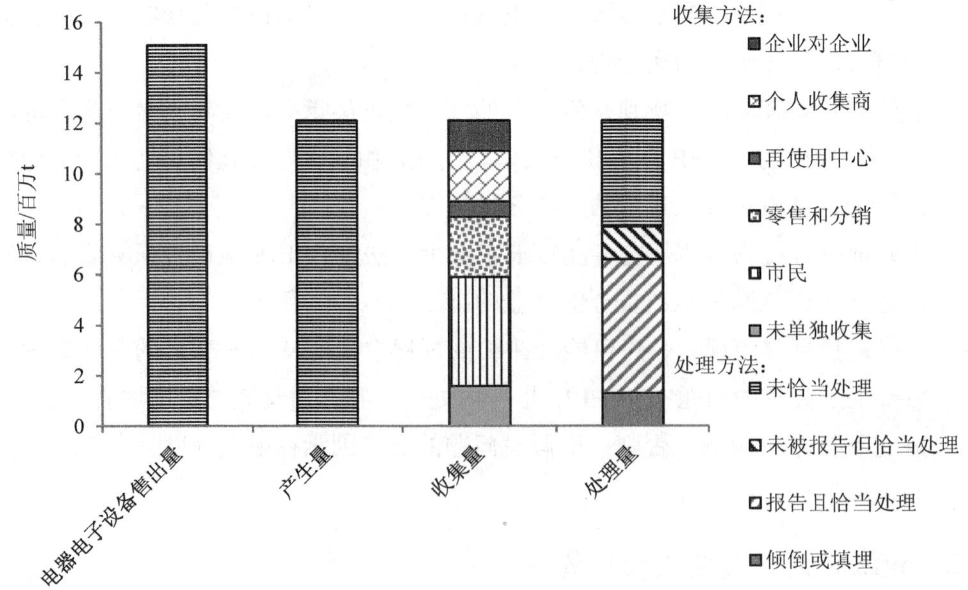

图 2-7 根据 2020 年基准情景 WEEE 的收集和目的地

① 这是按年增长率 6%计算，基础值为 2005 年投放在市场上的 10.3 t/a。

② 这一数额符合欧盟居民每年大约每人 10 kg 的量，假设所有国家的人口在 2020 年前增长率达到零，而且目前的增长率服从当前的增长率和 2020 年的预期收益率之间的线性关系。

2.3.5.3 持续改变的关键假设如何对基线造成影响?

考虑到三个改变会对未来的基线带来影响。

与 2007 年相比金属和塑料价格的下跌：在此情况下，WEEE 分类收集的经济驱动力会在更大比例的 WEEE 中消失（物质价值低于回收总成本）。

未申报的 WEEE 在现实中被妥善处理比例的高低问题：WEEE 是否按照《指令》规定处理会带来显著的差别，特别是在不当处理会带来更大环境损害从而带来更高处理成本的 WEEE 类别（如冷冻与制冷设备）。假如未被申报的 WEEE 适当处理的比例比预测更高，则来自低于标准的处理带来的环境损害会减少。

值得注意的是，有超过 11% 的 WEEE 被送到填埋场：如果有更多的 WEEE 被填埋，则 WEEE 在欧盟的潜在影响会变得更高（尤其是能源和资源的损失；在低于标准丢弃的情况下产生的污染），处理费用将变得更低，但对社会影响有显著的净成本。如联合国大学的研究表明来自填埋区的 WEEE 的危害甚至大于处理不当的 WEEE。

2.3.6 有效性问题的影响：2011—2020 年（没有行动/基准情景）

2.3.6.1 环境影响

由于不同 WEEE 含有的材料差别很大，WEEE 的环境影响取决于 WEEE 的种类和其被处理的途径，同时影响是全球性和本地性的。

（1）来自 WEEE 材料的一般影响

按照质量约 50%的 WEEE 含有铁类金属，主要是钢。回收和循环这种材料如果与原钢生产相比，通常会减少 74%的能源消耗、76%的水污染和 86%的空气污染。

在基准情景下，在假设的基础上大量的电子废弃物被分类收集，在计算中假设 87%的 WEEE 被分类收集，最多 350 万 t（相当于欧盟钢材年生产量的 1.8%）钢可从单一废物流向中再生[①]。

（2）潜在环境影响

WEEE 的潜在环境影响取决于报废设备。潜在影响包括有毒物质的排放量以及材料和能源的低效利用。它们能够带来全球问题（如气候相关的影响），以及对欧盟境内和第三方国家产生影响（如生态毒性排放、损害人类健康）。

主要的气候相关影响来自因冷冻与制冷设备处理不当所释放的含氯氟烃，以及当材料再生带来的能源节省未能实现却带来不必要的能源使用（二氧化碳排放量）。根据目前的

---

① 在欧盟，全年粗钢产量约为 2 亿 t（资料来源为 Eurofer：http：//www.eurofer.org/index.php/eng/home）。

趋势，在 2011 年冷冻与制冷设备排放的温室气体量约相当于 3 500 t 二氧化碳（与可能的基线相比），以货币价值折合的损害约为 10 亿欧元/年，预计到 2020 年前逐年下降到较低水平[①]，这个下降是由于指令中对冷却和冻结设备中的含氯氟烃的禁止使用所带来的。

在本地和区域层面破坏生态系统和人类健康的有毒有害物质的排放是由不受控制的倾倒垃圾和不达标处理所造成的，包括所有阶段管理不合标准的储存、运输、回收利用和处置。

如果 WEEE 是被分类收集并运用最先进的处理方式，这样所有被提到的潜在影响都可以被很好地管理。关于环境影响的更多细节可参见附录 6。货币价值的估计只提供了一部分（温室气体）环境损害的影响。

2.3.6.2 经济影响

总经济成本（不包括环境损害的经济成本）是在 WEEE 的回收、处理、再生和处置过程中付出的努力和花费。当所产生的 WEEE 体积增加，WEEE 管理的总成本也会增加，但不会以同样的速度增加。回收和处理的规模可能会降低每吨的经济成本，处理操作的技术开发也会进一步降低处理成本。

（1）成本构成

- 消费者、公共部门和零售部门收集 WEEE 的成本；
- 运输 WEEE 到欧盟或海外处理中心的成本；
- 处理、准备再利用、修复、回收过程中的成本和其他部分的处置费用；
- 其他成本（用作控制、报告、管理）；
- 未分类的 WEEE 部分的社会成本（填埋和焚烧）。

此外，生产商需要申报和贴标签，增加了行政成本。

对于所有分类收集的 WEEE，一些社会收集者把 WEEE 从消费者设施运送到回收设施。这类成本在欧盟内有很大程度上的差异，许多地理和经济因素影响这些成本，这种差异很可能比由不同的社会收集者进行收集所造成的收集成本差异更大。在本影响评估中，假设每吨 WEEE 由独立收集者和贸易商负责收集和运输 WEEE，其成本与生产者责任组织负责收集与运输大致相同。

按照指令规定处理 WEEE 会增加过程中像防止污染或去除含氯氟烃需要减少环境危害等步骤的成本。这些额外的成本取决于 WEEE 的类型和所进行的处理过程。后者主要取决于指令的附录 2。在该影响评估中的额外费用的估计中，委员会基于目前和 2020 年之间的成本和技术变化，要求以最小可能的费用消除环境危害。

---

① 这一估计的基础是附录 6。

在联合国大学的研究中，已在 2005 年被报告为分类收集和处理（260 万 t）的 WEEE 的净成本（包括以上提到的第一个四大重点）约为 9.4 亿欧元（358 欧元/t）。数字是根据 2005 年的材料价格和由按照 WEEE 指令规定分类收集处理产生的费用与由电子废物填埋产生的费用的对比，从消费者到回收中心的运输费用不包括在内。此数据由 WEEE 协会网页上较新的数据所证实①。

以基线的 WEEE 收集和最终处理处置假设为基础，能够估算部分尚未申报的 WEEE 的成本。关键数据给出的整体总成本组成（WEEE forum，2007）可以作为参考来估算各部分的成本：收集（17%）、物流（29%）、处理（33%）和额外的成本（21%）。假设物流和收集的成本保持相当，则不存在额外的成本而且未申报的 WEEE 的处理成本低于按照指令处理的成本，目前没有申报的部分预计成本最高为 12 亿欧元，则 2005 年的总成本约为 21 亿欧元。

根据以上对 2020 年基线的描述（更大比例的 WEEE 被报告为分类收集和依照指令和规模经济的效果来处理）总年度净成本在 2020 年前估计为 34 亿欧元，相当于每吨 WEEE 的成本为 328 欧元。

对此还应该补充成员国当局的执法成本。

（2）应该注意的问题

- 这些估计都是高度敏感的一些假设。例如，一个由联合国大学进行研究的敏感性分析表明，2007 年的材料价格与 2005 年相比，回收 WEEE 收入由每吨 50 欧元增加至 100 欧元②。
- 影响净成本的其他因素，即下游部分和二手原材料的高级别再应用/价值增值的发展和市场的可利用性以及 WEEE 组分改变，例如，由于汞去除一步骤费用昂贵导致平板显示屏的总成本显著的上升。
- 长期运行的优化系统的影响，这在成本方面起着重要的作用。在欧盟长期运行的系统中，最大和最小的成本水平之间的差距（技术及附加的）相差不太多（联合国大学，2007）。
- 回收和再循环厂的规模经济和投资（生产能力和技术）。

目前的回收和再循环的目标在现有的技术下通常可以实现。目前的收集水平将为用于（预）处理、再循环和回收的投资和创新的工艺和技术提供较小的推动力。

（3）再利用的经济影响

联合国大学的研究阐述了基于英国的经验：可再利用的活动都集中在洗衣机和通信设

① 关键数据 2007，http：//www.报废电子电气设备-forum.org/att/news/2007%20Key%20Figures_Final.pdf.

② 研究发表之后，石油和金属价格上升，使大部分收支平衡。在进一步循环/修复之前需要进行处理的部分成本不变，如冷却和冷冻设备、阴极管玻璃、灯及设有汞背光灯的液晶显示屏。

备，但冰箱的翻新实现率很低（约为使用过的电器的 2%）。对于其他设备，通常发现只有 5%～10%的设备是可再利用的。

2.3.6.3 社会影响

（1）就业

废旧材料回收带来的就业机会是焚烧的 5～7 倍、堆填的 10 倍[①]。

委员会预防浪费和回收的主题策略估计欧盟 25 国的废物管理和回收行业提供 120 万～150 万个就业机会。废物收集和处理部门通常采用低技术工人和专家技术人员。

虽然关于 WEEE 指令对就业影响的数据有限，但收集和拆解电子废弃物带来的收入通常被认为是弱势群体在第一劳动力市场上的很好的工作机会（RREUSE 2006a，第 2 页，WILLIAMS 2006）。

2001 年 NeWET 的早期假设中提到，在德国约有 3 870 个工作岗位是由 WEEE 指令创造的；在立陶宛，据估计创造了 290 个就业机会（ecgl 2003，第 7 页）；对于荷兰，据报道，地方当局已经创造了一小部分的工作机会。在收集计划的管理方面，为了降低成本，额外岗位应尽量保持在最少的数量，同时，集体计划的架构导致在回收部门与小组织，包括社会福利组织的位移间的重大整合。在这些小团体的就业机会的消失可能已经抵消了在大公司因为 WEEE 增加的就业机会（DG env 2001a，第Ⅳ页）。

在基准情景中，净就业人数预期保持不变。

（2）再利用的社会影响

WEEE 的再利用对社会具有积极的影响。根据 Anderson 介绍，RREUSE 网络中约有 1.7 万人在社会组织中的 1 200 个工作中心收集、修理和回收约 30 万 t 设备，并主要提供给范围外的市场。对于那些低价值部分，或者再利用利润率的部分，再利用的活动往往是由雇佣和培养低技能人才的慈善组织所经营，该行业从业人员有 4 万人，此外还有 11 万欧洲的志愿者参与进来[②]，成为 WEEE 工作的重要部分。这些人通常是长期失业者，残疾或处于风险中的人。鉴于其市场份额的大小，RREUSE 认为这对工作机会有限的人来说是重要的就业机会。

电子废物的再利用提供了高质量的产品以合理的价格提供给低收入人群，是提高他们的生活水平和参与社会活动的一种重要手段，特别是在信息科技领域缩小“数字鸿沟”或以商业或文化目的交流的必要手段[③]。但如果电子电气设备只有在价值被用尽后才会进入

---

①（资料来源：欧洲有色金属修复和循环协会）。

② 见 http：//rreuse.org/t3/。

③ “i2010–欧洲信息社会的经济增长和就业”由委员会在 2015 年 6 月 1 日倡议发起，作为一个在 2010 年前以解决应对信息社会和媒体行业中主要的挑战和发展的框架，其推动开放和电子化的竞争经济，并资讯通信科技是生活共融和质量的驱动。这一倡议包含了一系列的欧盟政策工去鼓励发展数字经济，如监管工具，研究和与利益相关者的伙伴关系。

废物链，它可能不再为这些社会方面提供支持。

在一个联合国大学研究组织的专家研讨会中，有人提到，翻新、转售和再使用设备可以创造工作机会，但这种情况大多在进入废物流之前发生。

2.4 2011—2020 年基准情景中的效率问题

2.4.1 问题描述

WEEE 指令的操作经验发现了几个问题，他们具有为生产商、处理运营商和遵从指令的有关当局减少成本的潜力：

- 行政负担，特别是在国家生产登记注册运作上的差异。附录 8 给出了 WEEE 指令的行政负担的完整概述。
- 某些生产商不履行其财务责任（“搭便车”者）。这会导致遵守指令的生产商负担额外的成本，带来生产商竞争扭曲的风险。
- 把一些 WEEE 从再利用中分流——当其具有较高的经济和社会价值时。

2.4.2 效率问题的影响因素

该指令的效力问题有两个影响因素，一个涉及指令的范围和产品类别的解释，另一个涉及生产商注册要求的差异。

2.4.2.1 适用范围和产品类别的解释差异

WEEE 指令适用于“电子电气设备”的十大类别，目前由非详尽清单中的例子进行解释说明。一些设备被排除在指令范围外[①]，成员国有权决定超越该指令的要求，包括在其国家层面的 WEEE 法律中附加产品（WEEE 是基于欧共体条约第 175 条）。

在指令实施期间，欧盟委员会、成员国和各利益相关方共同采取措施来澄清该范围，出版了《RoHS 和报废 WEEE 指令常见问题》文件。但是仍然在以下特定领域存在不确定性：

- “灰色地带”中的各种产品是否被十个设备类别按照电子电气设备的定义和豁免范围涵盖（如一个教堂的管风琴，它的铅管依赖于电风扇来正常工作）。
- 根据产品类别进行分类会影响某些产品的回收和再循环目标的降低。
- 某些电子电气设备是否应归类为来自私人家庭的 WEEE（称为企业对消费者）或产生自非私人家庭的 WEEE（称为企业对企业）。这种分类直接关系到目标的制定和实现，以及对财政负担制度的建立和实现。

① 作为另一个设备的一部分的设备和与保护各成员国、武器、弹药和战争物资等基本利益保护有关的设备不包括在该指令的范围内。

基于上述问题，在实施过程中，在许多情况下成员国推迟在国家范围的决定直到他们收到了委员会的指导，这导致减缓了实施和延长了企业和行政的不确定性。试图在成员国之间达成关于分类的协议通常是一个缓慢且未必能成功的过程。

在其他情况下，不同的成员国和机构在范围的解读上也会出现分歧，这就导致生产者或运营商不确定产品是被 WEEE 指令涵盖以及是否需要遵守（财政的）生产者责任制度和申报要求。

不确定性造成了生产者之间关于他们需要遵守的规则的混乱，也给了一些生产者选择最适合的定义范围的机会。

这种情况导致了以下成本的产生：

- 一些生产者通过错误地把产品分类为企业产生的 WEEE（这种要求不存在），规避成本和财务担保，很多企业对企业的废物最终进入了家庭 WEEE，并将费用落到了那些注册为家用 WEEE 的生产商上。
- 通过不同的产品分类来避免较高的回收/再循环要求，会导致环境保护的水平较低。
- 对符合该指令（特别是财务指令）要求的生产者与有相似产品但未履行指令要求的生产者相比，在竞争中处于劣势。
- 在企业向多个成员国售卖产品的情况下，公司需要履行多个责任并带来预期之外的成本。预期外的成本包括成员国需要评估企业有没有履行各成员国的义务和分类所带来的行政工作的费用，例如，评估他们的两用产品是否被分类为家用 WEEE。

2.4.2.2 生产登记注册要求的差异

为了使生产者的财政责任能够强制执行，成员国必须知道生产者的身份和投放到市场上的电子电气设备的数量。

WEEE 指令因此要求成员国起草生产者注册登记表并收集投放在市场上再利用、回收和再循环以及出口的电子电气设备的数量和类别。

成员国应针对以下内容采取不同的方法：

- 谁需要登记？
- 谁需要报告？
- 什么需要被报告？
- 对“生产者”一词的解释（国家与欧洲法）。
- 远程销售商的义务。

进一步的细节可见附录 1。

这些不同的解释导致大量不同的注册方案和要求。业界利益相关方最大的关注在于国家对生产者登记的要求不同所造成的行政成本的重复，登记和报告义务的差异。参与者把电子电气设备投放到欧盟市场的时候可能需要遵从 27 个不同的要求。

2.4.3 效率问题的演变：2011—2020 年（没有行动/基准情景）

如果没有采取行动，生产的不必要的费用和“搭便车”的问题将持续下去。然而，由于问题影响因素所预期的变化，问题的范围可能会改变：

2.4.3.1 在范围和分类的解释方面，不同的影响因素预期的变化

2010—2020 年，许多现有产品的不确定性都将得到解决。然而，对范围和类别的不同解释带来的某些问题可能会继续，而且新产品的开发会带来新的问题。

- 由于 WEEE Forum[①]未能就哪些产品与收集点有关，哪些产品可能不能被指令的附录 1 所涵盖建立指引，该问题的影响驱动力不会发生改变。
- 共同开发了决策树的成员国之间应该可以在十个类别上协调统一，但是，并不确定成员国是否会使用该决策树。
- 因为没有企业对消费者和企业对企业类别的共同的决策树，因此不确定性将会持续。

2.4.3.2 在生产商登记要求方面的差异所造成的影响产生的预期的变化

尽管已采取了行动去解决问题，但预测该影响因素会持续到基线期：

成立了欧洲 WEEE 指令登记网络（EWRN），其一直致力于与所有生产注册登记者接触并开始为登记者提出协调/适用于解决一些上述关键问题的一致做法。这项工作是在自愿的基础上完成的，并不代表所有的成员国，因此在解决这些问题方面进展比较缓慢，而且在内部市场不一致。

委员会在 2007 年和 2008 年对采取“国家方法”的成员国进行违约诉讼。

目前的生产商将在 2011—2020 年基本完成登记并适应于不同成员国的要求。然而，复杂性依然存在并影响该时期内的新生产商[②]。

对于目前的生产商，虽然以上提及的欧洲 WEEE 指令登记网络缓解了注册登记工作，然而当有新产品投放到市场上时，以不同格式申报的义务将会持续，仍然会有预期外的成本。

2.5 欧盟行动的权利

本次审查是在欧盟内发展更好的环境监管的一个组成部分。这将有助于欧洲在尊重辅

① 欧洲电子电气设备回收协会的回收系统：http：//www.weee-forum.org/。
② 因为新的生产商可以被理解成在市场上引入新的商品，但也可以理解成取代离开了市场的生产者进入市场的。

助性和适度性原则基础之上制定最高标准的监管。简化使立法在欧盟和国家层面的负担较少，更容易适用因而更有效。委员会在维持环境保护水平的同时，致力于减少不必要的负担。

此外，欧盟理事会和欧洲议会已经明确呼吁欧盟委员会审查 WEEE 指令第 5 条和第 7 条中规定的目标。

3 目标

3.1 总体、具体和操作目标

本影响评估的总体目标是更有效和高效地完成 WEEE 指令的目标，通过指令要求的立法、行政、经济行动最大化社会整体福利，从而构建一个简单的、易懂的、有效的、可执行的、更好的监管环境，在推进可持续发展和环境保护的同时帮助企业维持其竞争力和增加、创造就业岗位的能力。

具体目标包括：

- 在不降低环境保护水平的同时，通过去除所有不必要的行政负担降低生产者和处理人员的成本。
- 对于遵守 WEEE 指令的生产商，通过消除其由于其他生产商“搭便车”行为或扭曲的竞争造成的成本来降低其成本。
- 为使所有被分类收集的 WEEE 得到符合指令规定的妥善处理创造有利条件。
- 更进一步将 WEEE 与生活垃圾分开。

这就要求以下 4 条操作目标，定义如下：

①使经济经营者明确其产品的定义、范围和类别。

②消除成员国间对遵守指令（包括报告和注册）的要求的差异并减少重复报告。

③创造适当的激励机制，使所有被分类收集的 WEEE 得到符合指令要求的正当处理，而不是使之在欧盟内部被不恰当处理，或被违法运输到第三方国家进行处理。

④提供激励机制，使 WEEE 从生活垃圾中分流。

3.2 政策连贯性

指令是欧盟立法的一部分，旨在欧盟内部创造一个循环型社会。该指令与社会总体战略及附录 9 所说明的欧盟产品设计、废物管理相关立法是相关联的。

通过支撑欧盟废物产业的发展，同时又不引起生产商之间的扭曲竞争，指令对欧盟就业和技术发展有正面影响，从而支持了《就业与增长的里斯本战略》的目标。2006 年，欧盟的电气与电子工程营业总额接近 320 亿欧元，有超过 1.8 万个公司为约 280 万人提供了就业机会[①]。

4 提升指令有效性的可选方案

4.1 可选方案描述

委员会与利益相关方共同提出了众多备选方案，旨在为使所有分类收集的 WEEE 得到与指令要求相符的处理创造激励机制，并促进 WEEE 进一步从生活垃圾中分流。方案描述如下：

这些方案之间不是相互排斥的（除与方案“无行动”外），因而可以结合使用：

①无行动：对指令不做任何改变，包括保持各成员国 4 kg/（人·年）（等于 WEEE 产生量的 33%）的最低 WEEE 收集目标。

②进行更严格执法，对 WEEE 处理设定最低检验标准。

③进行更严格执法，对废物运输引入最低检验要求。

④增加收集目标，规定生产者对该目标负责，并将企业对企业电子商务设备纳入收集目标（收集目标为 WEEE 产生量的 85%）。

⑤对与环境最相关的废物流（冷却冷冻设备、阴极射线管、节能灯、液晶显示屏等含汞设备）设定 100%收集目标。

⑥将设定目标的方法从 kg/人转变为上一年（或前几年）投入市场的电子电气设备量的百分比。

在审查指令影响期间，还曾在考虑后否决了（尤其在利益相关方磋商之后）其他许多可选方案，涵盖收集目标、再利用、再循环和回收目标、范围、生产者责任、处理要求和小额补贴规定。这些可选方案及它们被否决的原因在附录 12 中说明。

4.2 影响分析

4.2.1 可选方案①：无行动

根据该方案，将不对指令做任何改动，且不会有其他新的有关 WEEE 的委员会提案。委员会将继续监控指令的实施，并在有证据的情况下，对没有恰当实施指令（如未遵守设备处理要求）的成员国进行制裁。然而在该阶段，无法判断委员会是否确实对不合格成员

---

① http：//ec.europa.eu/enterprise/electr_equipment/electra.htm.

国采取了制裁，也无法判断任何制裁行动的法律和实践结果。

如果制裁成功，成员国可能会随之采取一些措施增加分类收集的 WEEE 的记录和处理。成员国间采取的行动可能不同。

一些成员国已经使用第 175 条赋予的法定权为分类收集制定目标（因而使 WEEE 确实得到恰当处理），且该目标超过了指令所设定的 4 kg/（人·年），如比利时就设定了 8.5 kg/（人·年）的目标。

这里评估的“无行动”情景假定了一些其他成员国设定了更高的收集目标（在 2011—2020 年生效），且成员国为使更高比例的 WEEE 得到恰当处理采取了额外行动（详见本报告第 2.2 节对 2011—2020 年的情景描述）。

影响分析：在无政策变化情况下，认为产生的 WEEE（4 300 万 t/a）中有 35%被不恰当处理（在欧盟内部或外部）。第 2.3.6 节评估了该方案的环境，经济和社会影响。

4.2.2 可选方案②：对 WEEE 处理设定最低检查要求

根据该方案，《指令》的第 16 条将被修改，以使执行委员会在欧盟议会监督下设定执法行动的最低要求。

为遵守指令中的处理规定，委员会向执行委员会建议对处理商和回收商是否遵守了指令的处理要求设定最低检查要求。这些最低要求，根据其评估，提供了足够的激励使 WEEE 相关经营商遵守这些要求。同时，考虑到技术和科学进步，附录 2 中列出的处理要求需要被修改。执行委员会有关此影响的决策正在酝酿之中。

由于在一些成员国存在废物执法中资源配置不足的历史问题，这些要求有可能会被成员国抵制。

该要求的执法大致如下：对典型 WEEE 按附录 2 要求进行处理，成本以 2008 年的数据确定，其附加成本约在 250 欧元/t WEEE。该部分成本未被生产商支付的费用抵消，对于一个每年处理 5 万 t WEEE 的处理厂商来说，从不恰当处理半数设备中可获得的经济收益约有 625 万欧元。即使将这类违法行为的罚款金额设置的非常高（1 250 万欧元），还需要检查的足够严格（能查出 50%以上的违约行为）才能提供足够的不违约激励。如果委员会打算设定最低检查要求，则需要考虑这些影响。

根据成员国报告，目前在欧盟内部估计有 4 000 座经授权的处理厂和 200 个需要检查的粉碎机。对目前未经授权的处理厂还需要有额外的检查。

证据显示一些关于 WEEE 指令的执法行动是有效的，如荷兰的相关违法行为在 2004—2006 年有所下降。①

① 2004 年有超过 60%的零售商有违法行为，到 2006 年这一数字仅为 11%。同时，电视的收集量增长了 50%。据此我们得出结论，执法行为是有效的，且电子废物收集处理流程中的遵约水平有显著提高。

对处理要求遵守情况的更强执法将有两个更广泛的影响，其均与附录 2 的 WEEE 最低处理要求对处理量和方式的影响有关：

- 更多的处理商将能按指令要求处理更多的 WEEE。
- 与在欧盟内不恰当处理 WEEE 相比，在欧盟外以低成本对其进行处理成为一个相对来说更有吸引力的方案。因而，WEEE 的违法运输量可能增多。

（1）环境影响

若 WEEE 得到符合指令要求的处理，则会有更小的环境影响。环境影响是否切实减小需要由成员国检查的质与量来决定，其定量估计是无法实现的。假定目前约有 1/3 的 WEEE 被不恰当处理，该方案将可以显著降低环境与健康危害。然而，在该方案下，很难使相关方完全遵守指令规定的处理要求。

（2）经济影响

WEEE 指令已在第 16 条中规定，成员国必须确保其检查和监控行动能使指令得到妥善实施。在国家层面，在法律文本中增加最低监测要求可能会给部分目前执法行动较弱的成员国增加额外的检查成本。任何可能导致该效应的委员会提案必须考虑到其给国家当局带来的额外成本。

成员国的任何额外检查可能给处理商施加额外行政成本，由于其需要在检查期间为当局提供信息。若估计每次检查耗时 1 h，每年有 4 次额外检查，总共有 2 000 个厂需要检查，则对企业而言总行政成本约为 16.8 万欧元/年（21.55①欧元/h 检查），对每个厂来说就是 84 欧元/年。

联合国大学的一项研究评估了利益相关方目前是否感觉或体验到监测和控制执法方面的行政负担。81%的回应认为这样的行动是必要的，然而他们呼吁报告标准和格式需具备一致性。

（3）社会影响

该方案理论上没有社会影响，除了一些隐性就业（特别是在处理行业）的减少。但该影响很难量化，且其对就业的整体影响很低。

4.2.3 可选方案③：对废物运输的最低检查要求

该方案对 WEEE 的运输是否合法的检查设定最低数量要求。该最低要求将由执行委员会设定，从而使与成员国中废物运输代理商达成一致的 WEEE 运输导则具备法律约束力。②制定这些导则是为了帮助成员国当局掌控该国废物运输过程，但其应用现在对各成员国而

① 此为欧盟 27 国的平均值，来源：奥地利统计局：劳工成本调查。http：//www.statistik.at/web_en/statistics/social_statistics/labour_costs/ labour_cost_survey/index.html.

② http：//ec.europa.edu/environment/waste/shipments/pdf/correspondents_guidelines_en.pdf.

言不是强制的。

在方案②中，检查和执法行动数量需要大幅增加才能提供足够的反违法运输激励（起码在金属价格居高不下的情况下）。

更强的监控行动将增加 WEEE 违法运输受到经济惩罚的可能性，从而减少该处理路径对相关销售商的经济吸引力。

增强设定最低要求产生的影响需要靠在成员国现有检查和执法水平之上设定最低标准。有法律约束力的导则有助于高效执法行动的开展。正如在前一方案中提到的，有记录表明针对电子废物的有效执法行动可以带来切实的利益和更少的违法行为。

（1）环境影响

环境改善的程度将取决于设定的最低要求的水平。然而有理由假定，若对违法运输具有法律约束力，将能减少 WEEE 向欧盟外部违法运输的数量，尤其减少对第三方国家带来的环境和健康方面的严重负面影响（此影响具体在第 2.3.6 节中有说明）。

（2）经济影响

在法律文本中增加最低检查要求将给目前执法行动少的成员国带来额外的检查成本。执行委员会草拟提案时将需考虑这部分的可能额外成本。

（3）社会影响

该可选方案预计在欧盟内没有社会影响，但可能对一些国家的交易商和违法雇佣劳工和雇佣童工现象带来冲击：更多检查会导致更少违法运输，并减少低于标准处理条件下的人员的健康问题，以及使部分隐性就业转变为正式就业。

4.2.4 可选方案④：提高收集目标（WEEE 产生量的 85%），让生产者对该目标负责，并将企业对企业电子商务设备纳入收集目标的范围

该方案将：

- 提高分类收集目标，以与估计的目前被分类收集的 WEEE（由所有团体）水平相匹配，将企业对企业电子商务设备纳入收集目标范围。
- 使生产者对保证该比例的 WEEE 得到回收以及回收的费用负责。

4.2.4.1 使生产者对收集负全责，并承担为收集活动提供资金（融资）的义务

在基线水平，据估计产生的 WEEE 中有超过 85%的被分类收集，尽管仅有略超过 30%的回收被报告，该部分被认为是根据指令要求进行处理的。有研究认为，剩下的 55%的 WEEE 中有很大一部分被违法运输到第三方国家，并在低于标准的条件下被处理，其他部分在欧盟内部并未按照指令要求进行处理。

在该方案下，生产商需要对达成该目标负责。该方案在提高得到恰当处理的分类收集

的 WEEE 的比例方面是有效的。生产者出于历史、道德和商业原因，很可能愿意确保他们负责的 WEEE 得到了恰当处理，该驱动力多来自商业和法律方面。生产商在消费者中的声誉在电子电工产品市场中经常是关键因素。[①]让生产者对整个环节（从收集到恰当处理）负责的确能避免在第 2.3.2.3 节中阐述的“泄漏”问题。同时，成员国必要的针对生产商的执法行动以及生产者责任组织也是使其遵守方案的激励。

该方案将限制目前在第 8 条中对生厂商“为存放在第五条第二款中设立的收集设施中 WEEE 的收集……提供资金”的义务的措辞，这将统一为收集成本提供资金的责任，即使生产商同时承担 WEEE 在到达收集设施前后的经济责任。

（1）环境影响

虽然目前无法准确评估该方案可以多大比例减少 WEEE 的违法处理，但考虑到声誉压力将给所有生产者提供对其范围内所有 WEEE 恰当处理的巨大激励，不恰当处理将显著减少。我们可以合理地推测，在第 2.3.6 节中所描述的负面环境影响将随着 WEEE 不恰当处理的减少而成比例降低。

（2）经济影响

目前有 9 个成员国规定由生产者对所有收集成本负经济责任，而其他 9 个则实行包括生产者在内的经济责任分摊制。附录 3 说明了成员国间有关融资责任和有形责任的不同管理体制。在成员国间将生产者经济责任协调一致，使资助从私人家庭中收集的 WEEE 成为生产商的职责，则将避免由于国内融资制度不同（偏袒本国生产商）而在该地产生市场扭曲的现象。

同时，该方案也为在进行 WEEE 分类收集时选择独立行动方案和选择利用现有市政回收点、将部分分类收集成本转嫁给他人的集体行动方案的生产商提供了公平竞争的环境。该公平性将鼓励更多私人收集机制在更成本有效（与另一种集体机制相比）的情况下建立。

目前约有 45%分类收集的 WEEE 被公共主管部门收集，剩余部分通过其他渠道收集。前者包括已由生产商负责（处理）的及由消费者投放在收集点的，另外还有一小部分由市政当局从家庭实地收集而来。生产者将要负担由市政当局收集 WEEE 的成本，预计在 3 亿欧元/年[②]，但比由公共主管部门收集和流通的 WEEE 的材料价值（预计在 10 亿欧元/年）低很多。

收集成本也受金属和石油（塑料）价格波动的影响。举例而言，回收再利用的金属价格在 2005—2007 年增长了约 70 欧元/t。这使 1 200 万 t WEEE 的价值增长了约 5 亿欧元，WEEE 的生产商或交易商最有可能获得这部分价值收益。

确立落实适用于所有生产商的市政当局分类收集 WEEE 成本的生产商资金义务制无

---

① 这一因素的表现之一是利益相关者的批评对改变电子产品企业行为的相对有效性。（可见绿色和平组织对苹果和戴尔公司的影响）

② Akron，“Cost calculation for the collection of household waste at municipal collection sites：an analysis in the frame of the take-back obligation”，2004/12，at http：//admin.vvsg.be/cmsmedia/LNdms3716%20Studie%20kostprijs%20 containerpark %2021122004. pdf? uri= ff80808100d54ff90100e0f8a79c01cd&action=viewWorkingAttachement.

法阻止生产商拓展采取其他已有的、可替代市政回收的收集途径。这些成本更低的替代途径帮助生产商在市政当局试图收取过度的收集费用的情况下，避免 WEEE 在流通过程中传递到市政当局一方，这就需要生产者和市政当局之间展开协商。然而，如果生产者财务责任的实施措施的措辞不恰当，则可能导致市政当局向生产商收取高于在其收集成本中实际用于分类收集 WEEE 的部分的费用。

然而，如果生产商在考虑 WEEE 材料价值后依然产生净成本，一般而言他们会将由生产者责任义务带来的成本通过提高电子电气设备价格来转嫁给消费者，因而这些成本不能代表生产者的损失。生产商倾向于把成本转嫁给消费者是由于电子电气设备市场上激烈的竞争使他们很难在其小额利润基础上再负担额外的成本。对所有向欧盟市场售卖电子电气设备的生产商而言，其财务责任是平等的，因而每一个生产商都会将成本转嫁给消费者，且无须担心其出售价格会因高于其他竞争者而造成竞争劣势。

在此方案的该部分中，这些收集成本将从所有纳税人转嫁到电子电气设备购买人，与污染者付费原则相符。

（3）社会影响

在该方案下，根据指令，2020 年将有 244 万 t（基线，具体数值取决于收集组合水平）WEEE 被处理，欧盟 WEEE 的相关废物处理部门将增多就业岗位。有理由假定所有分类收集的 WEEE 不会全都在欧盟境内处理：随着废物贸易的全球化，第三方国家的资源回收商可以在回收价格上与欧盟境内的处理商竞争。指令允许 WEEE 在第三方国家处理，只要其处理符合指令规定的标准且符合《废物运输管理规则》的相关规定即可。

欧盟境内的处理能力也将显著提升，处理能力的提升不仅带来就业岗位的增加和从第三方国家接管 WEEE 处理的趋势，对处理能力的投资也将促进处理和循环利用技术的商业创新。该领域未来在全球将有巨大成长潜力，而欧盟企业则有领先优势（随着指令生效带来的刺激作用）。

该方案预计将促进目前处理技术的创新。对 WEEE 处理和循环利用的融资以及处理义务长期由生产者切实承担使得对研究开发的投资和商业化成为可能，而该点由于废物部门以往的投资匮乏和惰性（其目前结构也是如此）本来无法实现。这同样有潜力在一个新兴部门开辟一个全球技术市场。

4.2.4.2 将收集目标设定在目前估计被收集的水平上(约为 WEEE 产生量的 85%)基本上等同于收集了投放在市场上的电子电气设备总量的 65%

（1）环境影响

在基准情况下，估计有超过 85%的 WEEE 被分类收集，尽管只有 30%多的设备收集被报告。在该方案下，所有分类收集的 WEEE 都将根据指令要求进行处理。该方案的环境影响取决于附录 2 中所列的指令要求的处理操作及其他在基线情况下可能采取的替代性处理方法的环境影响的不同。

举例而言，据估计随着 1990CFC/HCFC 禁令带来的 WEEE 流，若所有冷冻制冷设备都得到恰当处理，由温室气体释放带来的环境损害在 2011—2020 年可以减少 2 亿 t CO_2 当量（与该阶段的可能基线相比），其货币化价值 2011 年约为 10 亿欧元，此后逐年下降，到 2020 年达到低值。[①]

高收集目标选择进入生效的时间将使指令的环境效益有所差别。到目前为止，冷冻制冷设备中 CFCs 和 HCFCs 释放带来的环境危害的减少是该政策方案带来的最大的环境效益。举例而言，仍有超过 3/4 的 H/CFC 是从冷冻制冷设备的制冷剂和泡沫中释放的（由于在 2011—2020 年前半段时期对这些设备可能的不恰当处理），尽管这还取决于不同类含 H/CFC 设备进入废物流的比例。

该方案将意味着绝大部分阴极射线管和液晶显示屏需要被收集。考虑到目前二者的低收集率，这意味着在目前现状的基础上还需额外收集 67%的阴极射线管电视和 60%的液晶显示屏。这些设备中额外的汞和铅也需要得到管理，以防进入环境。

随着再循环利用和预处理活动的成交量增高，投资可能会进一步增加以实现 WEEE 中一部分塑料（构成设备的 20%～25%）的再循环利用，其将在 2011 年之后有循环利用价值。使用循环利用塑料的环境收益取决于其循环利用的预处理（特别是能源消耗）和用循环利用材料替代的原材料的环境影响。

（2）经济影响

若方案中 WEEE 产生量的 85%已经得到收集和循环利用（无论是在欧盟境内还是海外），其主要经济影响来源于为满足指令要求处理所有收集的 WEEE 带来的额外成本。这些处理要求主要包含于指令的附录 2 中。

需注意，该方案下开展的收集活动与方案“无行动”下类似，因而不会有由于收集行动改变带来的显著成本：仅可能有负担收集费用的主体的变化。已有的收集基础架构可以继续使用，且不应有每吨收集成本的增加。尽管在本分析中没有涉及，但更高比例的正规收集的确能通过规模经济的形成而降低每吨收集费用。收集和运输成本预计至 2020 年将一直维持在 18 亿欧元/年。

目前很难定量估计收集的额外成本。此处给出该成本的大致数量级，通过估计 2020 年 WEEE 的产生种类及每个种类（附录 2 处理）的额外成本，结果表明，生产者需要负担的 WEEE 额外处理成本粗略估计要比基线高出 10 亿欧元/年，如图 2-8 所示。

① 估价标准详见附录 6。

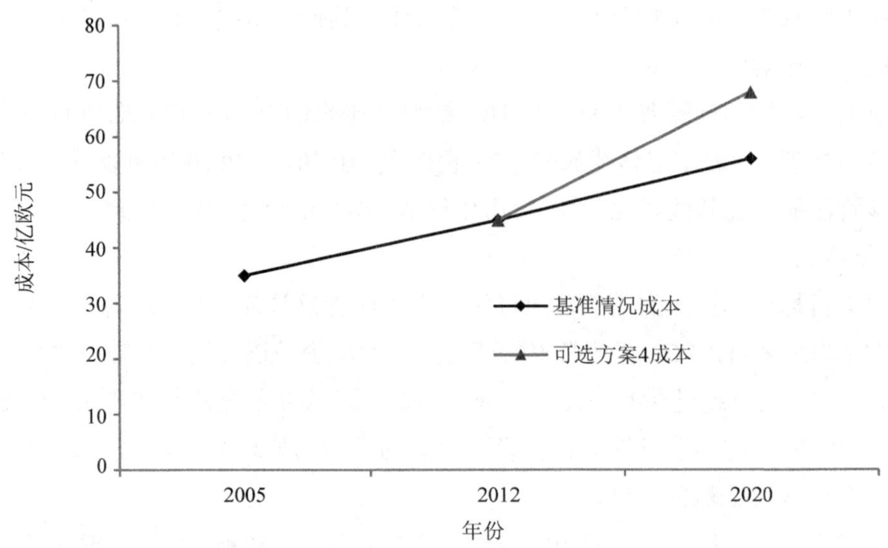

图 2-8 本方案下 WEEE 收集处理总成本

生产者可能会通过提高电子电气设备购买价格而将生产者责任义务制带来的成本转嫁给消费者。这些成本未必能代表生产者的损失：电子电气设备市场上激烈的竞争使他们很难在其小额利润的基础上再负担额外的成本；而参与欧盟市场的所有生产商都需负担相同的生产者责任义务（没有“搭便车”者），因而他们每一个都会将成本转嫁给消费者且无须担心因提高价格而造成竞争劣势。

在 2020 年的基线下，处理欧盟 WEEE 的废物处理部门将得到额外的业务（约 10 亿欧元/年），该部门工作机会也将增多。欧盟境内的 WEEE 处理能力有望显著提升。除了营业额和工作岗位的增多，对处理能力的投资还将促进处理和循环利用技术的商业创新。

根据联合国大学的研究数据，可以假定每吨 WEEE 收集处理成本与收集量间的关系（从收集上一年投入市场的电子电气设备量的 20%～65%）几乎是线性的。然而，可以预期的是在高收集率（接近收集 WEEE 产生量的 100%时）下成本增加不再是成比例的。举例而言，这可能是由于需要从未分类的生活垃圾中提取小型 WEEE。然而，特别是在目前，很难从消费者手中回收质量小于 1 kg 的小型 WEEE（这解释了未分类收集的 WEEE 中的至少 11%）。

任何显著低于估计的实际 WEEE 收集率（产生量的 85%）水平的收集目标，如目标收集率仅为 60%，将会把很大一部分分类收集的 WEEE（的成本）从生产者义务中排除，从而无法保证其得到恰当处理。即使在这样一个收集目标下，与当前基线相比仍可能将有更多的 WEEE 被恰当处理，更低目标收集率和假定的实际收集率之间的平衡依旧受制于可能的低于标准处理和违法运输。

此外，设定一个比目前估计的 WEEE 分类收集率更低的收集目标会使成员国检查和执法机构的工作负担更重，而且如果机构间资源分配不恰当，不恰当处理和违法交易被发现的风险及其惩罚力度都会更低。

（3）社会影响

可以预期，伴随着收集（处理和回收）更多 WEEE 的激励的存在，消费者对分类收集的积极贡献态度将会增强。生产商将该方案带给他们的成本通过购买价格转嫁给个体消费者的行为带来的影响相当低。①

收集激励也将为电子废物部门提供的新就业机会，且倾向于雇佣更高比例的低技术工人。

4.2.4.3 将报废企业对企业电子商务设备纳入收集目标范围

根据联合国大学的研究，2005 年欧盟内 WEEE 产生量约为 830 万 t，其中包括约 100 万 t 企业对企业销售的设备。WEEE 数量在 2014 年将上升至 1 020 万 t，且预计企业对企业销售的设备也将随之成比例上升。

报废企业对企业商务设备在很多情况下是生产者和使用者之间的直接纽带，因而相比企业对消费者销售的设备，前者最终流入未分类的生活垃圾的可能性（风险）更低。然而，就目前 WEEE 收集处理量占产生量的比例来看，仍有 35%～50%的企业对企业的商务设备未被分类收集。

为企业对企业和企业对消费者废物设定不同法律要求的最初动机是考虑到大部分企业对消费者废物流入填埋场，而绝大多数企业对企业废物已通过商业途径大量分类收集。该废物流上的差异目前已消失，将企业对企业设备纳入收集目标范围也将提高收集目前尚未进行分类收集的其他 WEEE 的激励。

（1）环境影响

对所有企业对企业 WEEE 进行恰当处理将创造环境效益，该环境效益由附录 2 所列处理要求和不恰当处理标准带来的环境影响的差异造成。

（2）经济影响

生产者已经确保从非私人家庭用户的商业用户中收集 WEEE，且负担在 2005 年 8 月 13 日后投放入市场的 WEEE 收集、处理、回收和环境友好处理的成本。生产者是否承担对不再流通的企业对企业 WEEE 收集的财政义务取决于这类产品是否已被其他产品取代。

设定报告义务时已经预见到了将被报告收集的报废企业对企业设备的量，因而在目标中加入报告义务不会增加报告的行政成本。恰当处理更大比例的 WEEE（包括企业对企业

---

① 10 亿欧元成本分摊到 1.25 亿家庭约为 8 欧元/（家·年）。

电子设备）带来的额外成本在前文中已说明。

（3）社会影响

该方案除略微增加电子废物部门的就业机会外预期没有特定的社会影响。

4.2.5 可选方案⑤：对与环境相关性最强的废物流设定100%回收目标

给最有可能造成环境危害的各类WEEE（如冷冻制冷设备及其他）设定总体收集目标可能给恰当处理带来额外成本。在这种情况下，通过对冷冻制冷设备设定100%收集目标（正如《关于电池及报废汽车的指令》中所做的），可以很大程度上避免由这类设备带来的对特定气候和臭氧层的危害。

该方案也将包括降低对一些收益最大化处理方式和指令的处理方式带来环境损害差别很小的WEEE流的收集目标。这并未减免生产者处理所有分类收集的WEEE的义务。

（1）环境影响

在WEEE总体收集目标低，且对分类收集的设备没有具体收集目标的情况下，预计很大一部分（40%～60%）报废冷冻制冷电子电气设备由于相对高的处理成本（要去除CFCs和HCFCs[①]）以及生产者通过处理其他循环利用利润更大的电器来实现要求更低的总体目标的可能性而无法得到恰当处理。若对冷冻制冷设备设定附加的具体目标，则不会再有此类问题。

同样的推理也适用于其他对环境有显著影响（导致昂贵的处理费用），或质量小且循环利用价值低的WEEE（后者如含汞气体放电灯和液晶背光板等[②]）。对于这些废物流，即使在不收集这些轻量级WEEE流的情况下也能实现基于废物质量计的收集目标，因而很大一部分轻量级WEEE依然得不到分类收集（而是留存于混合废物中），也不会得到分类处理。若能保证最有可能带来环境影响的WEEE得到处理，则能最大限度上从WEEE处理中取得环境效益。

然而，如果这样的目标仅仅应用于带来（潜在）环境危害最大的WEEE流，则WEEE造成环境危害的问题在接收其他废物流的发展中国家依然存在，且会损失本可以通过更好回收环境危害较小的WEEE中的物质、能源而获得的潜在环境收益，因为未被该方案覆盖的WEEE依然有巨大的灰色市场，此类设备最终很可能在发展中国家被违法处理，而这些地区对所有WEEE流的处理技术会造成环境和健康损害。

（2）经济影响

该方案的处理额外成本估计略低于85%收集目标方案：对设备需要进行的额外处理要求更低，但得到处理的更多是处理成本最高的设备。这两者结合后最终的经济影响和可选

① 此外，含CFC冰箱的臭氧层损耗和全球变暖潜力也使最小化未受控收集和循环利用的CFC冰箱量非常有价值，因为处理冰箱可阻止的全球变暖潜力大于2 000 kg CO_2当量/冰箱（联合国大学，2007）。

② 2006年内，欧盟内共销售了6.6亿盏灯，其中包含约4.3 t剧毒汞；当年销售的液晶背光板中还含有2.8 t剧毒汞。

方案④相近。

在对部分废物流设定 100%收集处理目标的情景下，需要以高成本收集（和处理）很大比例的某些目前流入生活垃圾的 WEEE。举例而言，联合国大学的研究估计灯具的收集成本在 270 欧元/t，而其他 WEEE 的收集成本仅为 140 欧元/t。根据该定量研究，由于此类设备需要特别的预防和处理措施（如去除其中的危险有害部分），因而单位处理成本更高。

对于利润最大化循环利用处理方式与指令要求的处理方式差别不显著的废物流，其成本差异也会较小。

在该方案下，对特定 WEEE 流进行分类收集的成本（每单位该类设备收集处理量）会比要求收集更多 WEEE 流（不限定设备类别）的方案更高，因为前者在收集过程中需要挑出体积更小的物品（如灯泡），而这些物品本将流入混合废物之中。

从报告收集处理设备量的角度来看，不会产生净额外行政负担：报告的负担从目前收集的 WEEE 类别的生产者转移到了收集环境危害更大的废物流的生产者身上。

（3）社会影响

与可选方案④相同。

4.2.6　可选方案⑥：将收集目标与前一年投入市场的电子电气设备量相关联

该方案将构建以上一年投入市场的电子电气设备量的百分比来设定收集目标的计算方法。有证据表明每年投入市场的电子电气设备量与来年产生的 WEEE 量之间有比较稳定的关联。

与对所有成员国采用“*X* kg/居民”的统一收集目标相比，该方案提出计算收集目标的方法，从而将成员国之间 WEEE 产生量的差异纳入考量。对欧盟的 15 个成员国（其国内电子产品市场几乎饱和）而言，其某一年电子产品市场投放量和第二年 WEEE 产生量间有稳定的关系（即使上一年投放的设备并不就在第二年报废）：WEEE 产生量约是上一年出售的电子电气设备量的 80%。举例而言，设定一个“收集 85%WEEE 产生量”的目标相当于设定一个“收集 65%上一年电子电气设备出售量”的目标（在欧盟 15 国）。这样的目标用灵活的方式将成员国间经济发展和消费的不同纳入考量，因而使成员国间的收集任务分配更加均衡。这使得报废电子电气产生量多的国家能更好地发掘其中的环境效益潜能，同时避免让人均 WEEE 产生量少的经济体过度承担负荷。

该方案的劣势在于，当投放市场的电子电气设备量与产生的 WEEE 量间关系不稳定时，实际报废电子电气产生量和此目标下计算所得量之间的关系会有极大不确定性。可以假定欧盟 12 国的电子产品市场饱和度较低，WEEE 产生量远小于购买量，且二者间关系更加不稳定。在本影响评估报告中，我们假定欧盟 12 国产生量与购买量间的关系到 2020

年可以稳定下来。

在本影响评估报告中，我们同时假定欧盟12国的电子产品市场也将在2020年达到饱和。

（1）环境影响

本方案的环境影响取决于收集目标的实际水平（见可选方案④），且与目标的计算方法无直接联系。与现状相比，当设定一个相当高的目标时环境效益可能增加。

（2）经济影响

拟采用的收集目标计算方法需要投放入成员国国内市场的电子电气设备的数量。考虑到指令目前已要求各国监控和报告该数据（详见委员会第2005/369/EC号决议），该方案预期不会产生额外行政成本。

（3）社会影响

除在电子废物部门略微增加就业机会外，该方案预期将不会产生特定的社会影响。

4.3 分析对估计的收集率和设备投放量与报废设备产生量间关系的变化的灵敏性

与实际的收集水平比较，若发现“无行动”方案中的基准收集率估计有误，则85%收集目标的收益和成本会有不太显著的变化。如果实际上已经得到收集的WEEE的比例低于85%，即更多的报废电子电气最终流入混合废物，则设定85%设计目标将强化WEEE从生活垃圾中的分流。为实现该分拣将有额外成本，但同时带来更大的环境效益：避免WEEE被倾倒和填埋，同时回收其中的材料有很高的环境效益。目前的收集实践表明，不需要通过费用高昂的过程（将WEEE从生活垃圾中分拣出来）就可以实现WEEE产生量85%的分类收集率（按质量计）。但若设定高于85%的目标，每吨的收集成本将迅速上升。

如果85%是对现实情况的低估（即目标设定低于实际回收量），则报废设备的处理实践有更大的可能与指令已有的法律要求背道而驰。前文已对这种目标显著低于实际收集率的现状进行了讨论：在该情况下，指令的执行成本将更加高昂，而用于将WEEE带出灰色市场的价格激励也需要更高。

在讨论来年WEEE产生量占当年电子电气设备投放市场量的比例是低于还是高于预计的80%时，将会出现与之前讨论中提到的类似的情况。如果该比例更低（如任意一年WEEE产生量是电子电气设备出售量的77%），则基于报废设备占出售设备比例80%，该假设设定的收集产生的WEEE中的85%的收集量目标意味着实际上需要收集超过85%的WEEE（实际情况报废设备为产生设备的a%，$a<80$）（注：具体的收集目标为收集量而非收集率，因而会有此偏差）。当WEEE/EEE比值更高时，则会出现相反的情况（实际收集率小于85%）。

目标的实际收集率高于85%可使更多的WEEE被分类收集。这将带来额外的收集处理成本，且随着体积更小的 WEEE 被纳入收集范围，这部分处理成本随实际收集率的上升成比例增加，同时如前所述，也将带来更显著的环境效益。

若与电子电气设备投放量相比，WEEE 产生量所占比例降低，则按占投放市场的电子电气设备的比例设定的 WEEE 收集目标可为 65%，即收集 85%的 WEEE，而任意一年 WEEE 产生量占电子电气设备出售量的比例为 77%（85%×77%=65%）。

表 2-5 不同可选方案的成本收益综述

可选方案			无行动	更强执法	85%收集目标	60%收集目标+具体目标
流向/（%报废 WEEE）	填埋场和违法处置		11	11	11	11
	按指令规定处理		54	59	85	60
	不恰当处理		35	30	4	29
年成本	毛总成本/欧元		56 亿+执法	60 亿～63 亿+基本执法	68 亿+基本执法	65 亿～68 亿+基本执法
	收集和运输/欧元		18 亿	18 亿	18 亿	18 亿
	额外成本/欧元		9 亿	9 亿	11 亿	11 亿
	基本处理/欧元		13 亿	13 亿	13 亿	13 亿
	额外处理以满足法律标准		16 亿	18 亿	26 亿	22 亿
	执法成本/欧元		不明	预计增加 2 亿～5 亿	无增加	可能增加 1 亿～3 亿
年收益	回收材料的价值/欧元		22 亿	22 亿	22 亿	22 亿
	环境损害	总体	基线：6 720 t 臭氧层消耗物质释放造成臭氧损耗，带来的气候灾害为 10 亿欧元	气候灾害可能有一定减少，无法定量评估	取决于目标开始实施的时间，气候灾害可以减少 2 亿～20 亿欧元/年，臭氧损耗减少 1 200～12 000 t	取决于目标开始实施的时间：气候损害减少 2 亿～20 亿欧元/年，臭氧损耗减少 1 200～12 000 t
		在欧盟内/外	预计将有约 430 万 t 设备在欧盟内/外被不恰当处理	预计将有约 370 万 t 设备在欧盟内/外被不恰当处理	预计将有约 50 万 t 设备在欧盟内/外被不恰当处理	预计将有约 350 万 t 设备在欧盟内/外被不恰当处理
	创新和出口市场		对分类和循环利用技术发展几乎没有激励	在增长的全球市场中对技术发展有略微激励	在增长的全球市场中对技术发展有显著激励	在发展的全球市场中对技术发展有一定激励
	欧盟内就业		基线：欧盟内有关处理 WEEE 的工作岗位量约有几万个	欧盟内体力劳动工作岗位有略微增加，废物产业收入预计增加 1 亿欧元	欧盟内体力和高科技工作岗位数量均增多，废物产业收入预计增长 6 亿欧元	欧盟内体力和高科技工作岗位数量显著增多，废物产业收入预计增长 4 亿欧元

4.4 提高有效性可选方案的比较

（1）为达到目的，是否采取更强有力的执法措施和/或者更高的目标？

人们认为指令在对已产生的分类收集来的 WEEE 进行恰当处理的要求方面并不具备效力，原因如下：WEEE 本身具有较高的材料价值（这使得非正规的 WEEE 收集和交易变得有利可图），同时指令的要求会带来额外的处理费用（这也为不符合标准的处理方式提供了动机）。

加强处理和运输 WEEE 过程中的执法力度（可选方案②和可选方案③）在提高 WEEE 和指令管理能力方面似乎效力和效率都不足。尽管两种措施都能对不恰当处理 WEEE 的举措都有抑制作用，但是考虑到有一定假定体积、从各个渠道收集来的 WEEE，它们没能被恰当曝光和正确处理，成员国将要耗费大量资源来阻止不恰当的处理方式继续大行其道。这种执法措施的花费将会给社会增加额外的负担，影响重大。

评估现有的分类收集 WEEE 的水平并制定目标（可选方案④），占据 WEEE 回收量的 85%，将会在不增加执法成本的前提下更有效地达到收集目标。在更高的收集目标下，生产者将要在公开透明的情况下合法处理分类收集来的 WEEE，为达到此目标，他们给分类收集 WEEE 的组织提供激励，让它们将收集来的 WEEE 付诸恰当处理。例如，生产者将会提出一种激励方式，这种方式和那些非法回收者在地下市场收购 WEEE 时的价格优势相比，毫不逊色。

在此情况下，（正规和非正规的）收集行为的水平不会改变但是非法收集和买卖 WEEE 的结果将会改变。因为 WEEE 收集行为不变，所以社会负担在此措施中与最初设定相比不会改变。生产者将继续为回收中防止环境破坏的其他过程额外付费，同时也为这些分类收集来的 WEEE 承担费用，这正是指令想要的效果。

这两种可能性措施还没有在利益相关方磋商会上针锋相对，当然会有利益相关方支持加强执法力度的举措，尤其是在涉及 WEEE 运输问题时。

（2）设定目标的水平和类别

影响评估显示已有 85%产生的 WEEE 被分类收集，尽管没有都被报告。这些分类收集来的 85%WEEE 中包括几乎所有具有回收价值的大中型 WEEE。数据表明每单位的收集成本不变，介于现有 WEEE 价值的 25%～85%。

（在可选方案④中）设定高于已收集来的 WEEE 标准的目标，需要对小型 WEEE 与混合垃圾进行更细致的分类。这将带来更高的环境价值，不仅有利于从填埋场回收材料，特别是一些废物流的材料回收（见下文），但这也会增加收集成本。

如果标准设定低于目前 WEEE 收集水平，会与指令现有的意图相违背，并且造成执法行动成本更高，因为地下市场将会收集更大量的 WEEE。

所以为了实现目标，收集目标最好设定为目前 WEEE 估计收集水平（WEEE 产生量的 85%）。在此目标水平下，目前被估计为混入了未分类生活垃圾中的，包括紧凑型荧光灯在内的相当一定比例的小型 WEEE 家用电器，将面临不被分类收集的危险。

正确处理所有分类收集来的 WEEE 将会使指令在处理和回收几乎所有大中型 WEEE 上行之有效。这些举措将会在增加 WEEE 处理数量和提高环境标准上带来更多成本：据悉在不增加其他行动的前提下，这项成本将达到每年 10 亿欧元左右，这还不包括每年初步收集、处理处置 WEEE 所花的 56 亿欧元。

因为被处理的 WEEE 种类并不会改变，所以 WEEE 的数量和单位处理成本要么保持不变，要么随规模经济递减。现存的正规和非正规收集设施并不需要扩建。这意味着设定 85%的目标并不会减少收集和处理的成本效益，相反，为达到指令设置的环境效益目标，很有可能减少单位处理成本。

在可选方案⑤中，诸如冷冻与制冷设备这样带有危害环境潜在因素的 WEEE 收集后将会被高价处理。在此情况下，针对会对气候和臭氧层造成危害的冷冻与制冷设备设定 100%的收集目标，即收集所有产生的这类设备废物，将会最大限度地避免危害。

与可选方案④相比，可选方案⑤的优势在于，相当一部分对环境危害较小的 WEEE 废物流并不需要收集和正式报告。尤其是一些大型家用电器用具，回收和处理它们并不需要为避免危害环境而付出额外代价。这些 WEEE 废物流为官方节省了一部分的组织成本。与可选方案⑤相比，该措施将会产生收益（与成本），这些收益与成本来自于从生活垃圾中去除更大比例的更危险但是轻质的 WEEE（如紧凑型荧光灯）。

在发展中国家的恶劣情况下，可选方案⑤在避免错误处理方面收效甚微。收集目标中高达 29%的现存 WEEE 并未按照规定处理，并且很有可能会被非法处理。加强执法可以减少非法运输，但是因为有相当大一部分 WEEE 是在生产商目标外的，所以 WEEE 的地下交易数量很可能相当庞大，这使得相比可选方案④，可选方案⑤的执法成本更高并且成效更小。

总体来说，利益相关方更倾向于把对 WEEE 中危险物质的控制和对它们的安全处理相联系，而不是基于对环境压力的考量。当涉及环境目标时，只有很少的利益相关方表明了一个想要达到的水平。回收产业欢迎不少于 65%的可用 WEEE 再次进入市场。

两种设定目标的可选方案都将在市场中售出的 EEE 包括在设定的目标中。这些废物之前被单独包括在指令中，与家庭垃圾分开来，因为在之前它们已经被分类收集，而不是被丢进垃圾堆或者被非法倾倒。现在这两种垃圾都被分类收集，包括进入同一目标的两类垃圾，这样家庭消费者不用为两用垃圾的处理埋单，避免了“搭便车”的情况。

（3）设定目标应用的时间

欧盟委员会提议设定截至 2016 年年底的修正目标。

在地下市场中不恰当处理 WEEE 造成的最大环境问题之一就是从冰箱中逸出的 CFCs 和 HCFCs。2011 年起，它们每年给环境带来的危害折算成货币高达 10 亿欧元，这种趋势每年递减，到 2020 年将达到一个较低的水平，同时造成非常严重的臭氧层消耗。因为这些影响只存在于 2002 年前卖出的冷冻与制冷设备中，所以在 WEEE 中 CFC/HCFC 冰箱的数量逐年减少，预计到 2020 年将所剩无几。

因此，根据修改后的指令，何时将目标付诸行动将给环境和臭氧层消耗带来全然不同的影响。若目标在 2016 年年底生效，那在第一年将减少大约 5 亿欧元的环境损失，到 2020 年损失将非常低，当然这取决于哪种 CFC/HCFC 设备会以怎样的比例被回收。而如果目标离 2011 年更近，平均每年将减少 10 亿欧元的气候变化损失，在 2011—2016 年的目标对应的每年损失减少量介于两者之间。

所以，在 2016 年实施的目标之外，欧盟委员会提议考虑一个截至 2012 年针对冷冻与制冷设备单独适用的目标，来专门正确处理分类收集来的（正规或非正规）的冷冻与制冷设备。

修正后的指令可能在 2011 年被欧洲议会和理事会采纳，然后在各成员国立法。对于那些已有的用于处理冷冻与制冷设备（包括非正规收集）的基础设施，需要增加处理能力，以按照指令要求进行分类处理。

建成一家符合标准的处理工厂并投入使用通常需要大约 1 年的时间，在相当长的一段时间内，提高处理能力的费用投入不太可能会减少。

（4）成本归宿和将目标与执法的结合

在可选方案④中，生产商被要求逐步完善对 WEEE 的安全保障，以此承担起他们处理分类收集 WEEE 的责任。这会产生费用，根据评估，该费用比他们从回收利用收集来的 WEEE 中得到的价值补偿高。例如，从非法处理商手中拿到 WEEE，生产商可能支付的最大成本大约是非法回收商可以从 WEEE 中得到的价值。而该价格是（非标准情况下）从回收 WEEE 中可以赚取的利润，即 WEEE 的材料价值减去回收利用的成本。

当生产商愿意负担该成本的时候，他们能够从回收利用 WEEE 中得到（更高的）材料价值，并且不太可能为占有 WEEE 付出净成本。在实际操作中，生产商能够以比材料净价值低的成本得到很大比例的 WEEE：他们通常以比市场价格低的价格直接从市民和经销商手中收集。这些剩余价值可以用来帮助实现生产者其他的责任。

将更强的执法行动（可选方案②和可选方案③）和更高的收集目标结合起来会增加非正规处理行为的风险，使这些行为从经济上而言失去吸引力，并且帮助生产商保障 WEEE 合法收集，抵制诱惑，但是这些执法行动是要付出代价的。

可选方案④包括帮助平衡对生产商从经济上承担从居民家中收集 WEEE 责任的要求。该收集成本的转移将使当地纳税人每年少承担 3 亿欧元的税收—— 但是比公开的正规处理者所收集和处理的 WEEE 材料价值，即每年 10 亿欧元要少。平衡该需求能够避免在任何单一市场出现国家财政倾斜偏向国内生产者的情况。

生产商将承担正确处理 WEEE 所产生的额外费用，这将显示在处理者的收益表中。因为 EEE 是一个竞争市场，所有其中的竞争品都会面临同等影响，所以生产商付出的成本将传递到以市场价格购买新的 EEE 产品的消费者那里，实际上是由他们来承担该成本。购买一台价值 150～450 欧元的家用电器，仅需要为 WEEE 处理成本支付很少的（少于 1 欧元）的额外费用，因此家用电器的销售量不会受到影响，生产商的利益相关方利益并不会减少。

（5）如何按吨设定目标

85%的 WEEE 产生量仍需要以物理单位进行鉴定和检查。所以设定收集目标是必需的。目前目标的设定方式是每位居民产生多少千克。对于欧盟 15 国（它们的电子产品市场接近饱和）来说，每年电子产品市场新增量和次年市场 WEEE 产生量之间有一个稳定的关系（即使针对不同的设备也是一样）。当年的 WEEE 相当于上一年售出的 EEE 的 80%。

把 WEEE 收集目标设定为产生的 WEEE 的 85%等同于把目标设定为收集上一年售出 EEE 的 65%：即售出 EEE 的 80%中的 85%，同时考虑到对 EEE 和 WEEE 产生量关系的估计较为保守。

这种方式的弊端在于，当市场上 EEE 和产生的 WEEE 之间的关系不稳定时，产生的 WEEE 和目标的相关性减弱，不确定性增加。据推测，欧盟 12 国的市场还未饱和，相比于购买数量，产生的 WEEE 要少得多，两者之间的关系很不稳定。对此影响评估预测欧盟 12 国的这种情况将在 2020 年前得到稳定。

在利益相关方磋商会上，对于采取该措施的呼声很高。但是关于设定固定目标的措施却鲜有支持，因为它没有体现出成员国之间的不同，对 WEEE 数量的增长也反应迟钝。另外，大多数利益相关方支持强制性维护收集目标。

5 提高指令效率的可选方案

5.1 对选项的描述

为了提高 WEEE 指令的效率，以下方案已经经过了评估。

除了“无行动的方案”，其他的方案除了方案②和方案③，方案⑤和方案⑥这两对可替代选项外，均可以进行结合。

①无行动（按照常态进行贸易）。

②运用一个固定的产品列表来明确范围：在该方案下，可以发展出两个列表，一个定义在范围内的产品（积极列表），另一个定义处于范围之外的产品（消极列表）。这些列表

可以替代现存的对 WEEE 指令中的附录 IB 中含不同类型 WEEE 的产品列表。委员会将被授权来通过专家委员会程序更新这些列表，并且可能是每年都要更新。

③在 RoHS 指令之下来明确范围：根据欧共体条约第 95 条，该方案将会给 RoHS 指令带来详细的指令范围（WEEE 指令中的附录 IA）。WEEE 指令将参照此范围进行，然而 WEEE 的范围将继续根据欧共体条约第 175 条来确定。成员国将有义务在指令之下发布国家水平的产品清单。

④定义私人家庭或者企业到企业的商务模式产生的 WEEE 的种类：指令的法律条文将被修改来提供对于来自家庭（B2C）或者除了家庭与外其他使用者（B2B）产生的 WEEE 的设备种类的澄清。这是通过定义 B2C 中种类 1～7 以及 B2B 中种类 8～10 来实现的。

⑤引入对于成员国的互操作性和定义及报告标准之间的统一性要求的法律要求。这将由成员国进行操作。

⑥建立一个统一的欧盟产品注册程序，这将作为信息交换和义务转移的框架。这些将通过欧盟机构来操作。此选项包括统一的定义和报告标准。

⑦包括整个设备中的组件、材料和物质的再循环以及增加了 5%的再循环的回收目标。

⑧包括一个为第 8 类设备（医疗器械）制定的与第 9 类设备（控制和监视设备）回收和再循环的目标相似的目标。

5.2 影响分析

5.2.1 可选方案①：无行动

（1）环境影响

如果不采取任何行动，成员国对指令仍将有不同的理解，因而有些应被考虑的产品可能不被纳入该国执行法内。这些产品将不用按 WEEE 指令和《危险物质限制指令》的要求收集和处理。若更少的产品被纳入管制范围，将会造成更大的负面环境影响。举例而言，这些产品可以继续在其中利用《危险物质限制指令》禁止的有害物质，且报废后不需要对其进行收集和循环利用。

欧盟各国国家登记部门效能低下的现状也间接阻碍了发掘“搭便车”者及更好地执行 WEEE 指令的要求。

（2）经济影响

若不明确应纳入考虑范围的产品的清单，在部分成员国生产者责任延伸制将不能覆盖部分产品，而这将进一步导致利益相关方间公平竞争的环境被破坏。

若不明确区分已被纳入考虑范围的产品是企业对企业产品还是企业对消费者产品，也将带来产生持续市场扭曲和“搭便车”现象（生产者宣称自己的产品是企业对企业产品，因而不需要做出资金担保）的风险。尤其是对于双重用途产品（生产者在登记时宣称该产品是企业对企业产品，但最终被用作企业对消费者产品）而言，该问题就更加突出。在这种情况下，这类双重用途产品的收集和处理费用就将由登记其产品为企业对消费者产品的生产者负担。对于成功逃避出资担保的个体生产者而言，其节省的成本数量级可达几万欧元。该双重用途产品问题最有可能出现在计算机、通信和消费类设备中，而这些设备类构成了电子电气设备市场投放量的 20%以上。

国内生产者登记规则在各国间的不一致问题将持续带来行政负担，尤其是对于在多个成员国有业务的商人来说。

在该方案下，信息流不完整的问题仍将存在，更进一步导致指令执行效果的下降。

（3）社会影响

若某一应该被纳入考虑范围的产品在国家层面上并未纳入考虑，则指令的相关要求（限制有害物质使用、报废设备收集和循环利用）对此产品不适用，这将带来负面社会影响，如损害人类健康。

此外，由于各国对产品登记的要求不一致，这种不一致使得小企业不愿参与某些成员国国内 WEEE 市场，从而带来社会影响。

5.2.2 可选方案②：将一个固定的产品清单内的产品纳入考虑范围

（1）环境影响

该方案大致区分了哪些产品需要按要求收集和处理，以及其收集处理程度，因而能够带来环境改善。更进一步，这将帮助实现指令的环境目标。

（2）经济影响

该方案明晰了生产者责任的范围，从而减少了 WEEE 处理收集产业的行政负担，并在各成员国间营造了公平竞争的市场环境。更新一个详细完整的产品清单使得《指令》要求更加清晰，从而减少了成员国执行指令的行政负担。

（3）社会影响

该方案的社会影响可能在于其使相关企业（尤其是小型企业）的跨成员国间运作得到简化。

5.2.3 可选方案③：根据《危险物质限制指令》确定需纳入考虑的产品

（1）环境影响

在该方案下，需要被纳入考虑的产品清单更加明确，可以预期将有更多的产品需要遵守指令要求。这将带来积极的环境影响：将有更多产品被收集和循环利用，且更多产品将需遵守《危险物质控制指令》。

（2）经济影响

根据《危险物质控制指令》设定固定的受控产品范围将为生产者提供公平的竞争环境，并将进一步降低不确定性和行政负担。

（3）社会影响

此方案的社会影响可能在于其提高了 WEEE 处理的法律保障，因而使相关企业（尤其是小型企业）的跨成员国运作得到简化。

5.2.4 可选方案④：明确划分 WEEE 类别

（1）经济影响

对 WEEE 类别加以区分（来自于私人家庭使用者还是企业对企业使用者）对明晰《指令》应用范围而言非常重要。当企业对企业和企业对消费者产品间的差别不那么明确时，该产品应被归为企业对消费者产品（除非被证实确为企业对企业产品）。该行动将使来自私人家庭使用者和来自企业对企业使用者的 WEEE 间的划分更加明晰，并从法律上明确生产者需要满足哪些融资和报告要求，通过遏制“搭便车”行为为这些生产者提供一个公平的竞争环境。

该方案的经济影响取决于分类情况。对于被划分为企业对企业类的产品，生产者不需再对其做出财政担保。对于被划分为企业对消费者类的产品，生产者不会再因“搭便车”者的存在而被施加不公平的负担。

（2）环境影响

对产品进行明确分类尤其将对有双重功能的产品产生影响，这类产品占 WEEE 产生量的至少 20%。该方案使这类产品逃避执行指令要求的可能性更小，使其必须由生产商资助得到恰当处理和循环利用，从而带来正面环境影响。

（3）社会影响

该方案不会带来的特定的社会影响。

5.2.5 可选方案⑤：提升各国间登记部门的交互操作性和报告要求的一致性

（1）经济影响

该方案将显著减少不必要的行政负担。WEEE 指令在第 12 条中制定了目前采用的登记和报告要求。登记带来的总行政成本预计在 1 400 万欧元/年（假设对于 WEEE 指令的 14 个成员国，每年在欧盟 27 国内登记的新增生产商平均为 4 000 个/国，每次登记成本为 250 欧元）。

WEEE 指令第 12 条第 1 款同时要求各成员国收集每年投放入该国市场的电子电气设备的数量和种类、各种途径的收集情况、国内再利用再循环和回收情况及收集废物出口数量或质量的信息（可为证实的估计）。该要求是否对企业施加提供相关信息的义务取决于各国收集这些数据的方法。举例而言，《指令》允许各成员国在数据收集中使用证实的估计。有关减轻行政负担的初步研究显示，成员国国内信息收集义务要求高于欧盟的规定，因而会采用不同的数据测量方法。在实际行动中，所有成员国预期都将要求生产者和处理者提供这些信息。在这种情况下，预期有关企业已逐步将信息记录纳入常规商业运作之中。若各成员国在实施指令的过程中要求各企业将这些已有数据传递给他们，这将引起一些行政成本，估计在 5 700 万欧元/年（估计 14 个成员国每国平均有 40 000 个生产商需要报告数据，再加上欧盟内 10 000 个授权的处理设施，其每年花费在此行动上的时间为 4 h，每小时工资按欧盟平均工资 25 欧元/h 计算）。生产商由于每年 13 次报告带来的行政负担估计在 5 200 万欧元。

WEEE 指令第 12 条第 1 款同时要求设备卖方提供其生产者财政责任义务制履行情况，并报告投放入市场的电子电气设备的数量。该要求用来监控远程销售商是否遵守生产者责任义务制，从而保障采用不同销售手段的生产者间公平的竞争环境。认为投放入市场的电子电气设备数量的信息目前已可获得，因而不再在此方案中以法律条款形式进行要求，从而不会产生任何行政负担。行政成本预计在 4 万欧元/年（假设欧盟内有 400 个远程销售商，每个销售商耗费在信息提供上的时间为 4 h/a，欧盟平均工资为 25 欧元/h）。登记规则带来的行政成本预计在 140 万欧元/年（假定 14 个成员国国均有 400 个卖方，通过远距沟通出售产品，每次登记成本为 250 欧元）。因而总行政成本为 144 万欧元/年，而行政负担为 140 万欧元。

在此方案下，各国间的登记规则将能保持一致，使得每个生产者在欧盟境内运营时只需登记一次。此外，为减小指令第 12 条第 1 款的信息收集操作带来的行政成本，本方案将授权指令委员会通过专家委员会制订统一的信息（数据）衡量方法。这将解决目前由于各成员国信息衡量方法不一致而带来的报告困难。根据前两段中有关卖方数量、生产商数量、行政工作所需时间及工资标准的假设，本方案对登记和信息报告采取的改进措施至多可以将成本降低 14 倍，或每年减少 6 640 万欧元的行政负担。

Ökopol 通过与监管措施相关的众多电子数据库的成本对此方案在成本的影响进行了计算。在他们的计算中，假定各国国家机构的正规网络的创立成本是一次性的，而网络和欧盟信息交换站（负责转移资金和超网络职责）的运作成本将持续花费 12 年。

由于在成员国层面简少了登记要求，电子电气设备产业的登记更新和信息报告操作得以简化，从而实现成本节约。国家主管机关和主要企业的年成本和总现值可在 12 年内降低 4%，这意味着本方案在 12 年中可以节约 2.88 亿～4.1 亿欧元的成本。

该方案为欧盟内各利益相关方提供了公平的竞争环境，并帮助指令的跨国界执行，因而预期将对欧盟内的竞争营造积极健康的环境（尤其对远程销售来说）。

附录 13 进一步说明了此方案的成本计算过程及关键因素。

（2）环境影响

本方案预期不会产生特定的环境影响。

（3）社会影响

本方案预期不会产生特定的社会影响。

5.2.6 可选方案⑥：欧盟运作的登记制度

（1）经济影响

很难准确评估在欧盟水平上支持一个统一的登记系统的成本，因为不存在精确的模型。例如，欧洲化学品管理局曾经与之做过对比。然而，可以假定国家当局和行业成本与欧盟信息交换中心给出的成本数据相符。

如果假设登记的生产者数量翻倍，当局的运作成本也会翻倍，因为假定成本与登记生产者的数量成正比。在目前情况下，这些成本将达到每年 3 660 万欧元。然而当前成本与欧盟多种登记制度有关。欧盟 27 国内的每一种登记制度的运作成本会减小至每年 110 万～340 万欧元（额外的协调人员成本 120 万欧元）。正如前面所讨论的那样（Ökopol，2007），在年均成本与欧洲化学品管理局成本相近之前，登记的生产者数量至少会增加 10 倍。

如果欧盟统一登记的成本被假定为类似于欧盟化学品管理局的成本，很难证实建立欧盟统一登记制度的额外成本，无论是对所有 EEE 生产商的登记成本，还是新登记者的成本。

或者，可以假定欧盟登记制度的运作成本不会高于 27 个国家系统的成本之和，因为工作量相似，并且有可能通过有效节约减少成本。然而，仍然需要在成员国水平设置工作人员，因为市场监测要求。这些工作人员的成本可能类似欧盟信息交换中心。然而，欧盟登记系统仍然会产生一些开发成本并且仍将使新成立的国家登记制度显得冗余。

（2）环境影响

没有可以预期的特别影响。

（3）社会影响

没有可以预期的特别影响。

5.2.7 可选方案⑦：将整机再利用纳入零件、材料与物质的再利用与再循环目标中

（1）环境影响

在该可选方案中，再利用的部分可以纳入目标范围内，不论考虑每种目标需要多少有

效的再利用，因为这由市场决定。研究显示，5%～10%的被收集设备被发现可以再利用。因此，在该可选方案中，将整机的再利用纳入目标，会伴随着再利用/再循环目标 5%的增长，以保持同样的环境目标水平。

该可选方案将允许继续运行当前再利用的模式，但会去除对于整机再利用的约束。

维修与再利用的环境效益来自于产品及其零件（过早）成为废品的推迟/避免，减少他们整体的生态影响并节约宝贵的自然资源，因为它减少了对新产品的需求。相比于再循环，再利用/维修需要更少的能源消耗。

然而，旧家电往往比新产品消耗更多的能源，并且在本来不应该再使用时或本来应该被新产品取代时继续使用旧的产品，会增加能耗。5%的目标增量，对应于市场现在允许的数量（5%～10%），使再利用与更新换代之间的权衡被扭曲的风险较低。

在该可选方案下，成员国将不得不决定在现实中哪种操作（对整机的再利用，零件/材料/物质的再利用或再循环）对于环境保护最好。因此，不可能进一步量化其环境影响。

（2）经济影响

没有预期的显著经济影响，因为此目标包括了对于设备再循环/回收和对于整机的再利用的现有实践（与成本）。

（3）社会影响

预期该可选方案将推动更多的整机再利用，从而为社会贫困阶层提供更廉价的家电。

对行政负担的影响：对零件与组件的再利用已经与再循环数据一起报告。而监测和报告整机的再利用与之没有区别，甚至成员国已经有更大的可能性自愿对这种再利用进行报告。因此，认为此可选方案对行政负担没有影响。

5.2.8 可选方案⑧：将医疗设备纳入再循环与回收目标

据估计每年有 3.2 万 t 的医疗设备被投放在欧盟市场。很难设定这些设备的回收，再利用和再循环目标，因为这些设备对应的技术和尺寸是不同的。然而，收集到的再循环比例的数据（UNU 2007）表明，这些家电的回收和再循环率非常接近于监测和控制仪器[①]。因此在此可选方案下，这些家电的目标被建议设定在与控制和监测仪器相同的水平。

（1）环境影响

医疗设备目前被排除在 RoHS 指令[②]之外，因此在这些设备中使用的有害物质在时至今日都没有被阻止。据估计，在欧盟每年销售的医疗设备中包含以下数量的有害物质：

① 联合国大学（2007），10.3 节。

② 当医疗设备被纳入 RoHS 指令中时，设定目标的长期中的环境影响，特别是为了保证恰当处理，有可能更低。更多信息见 RoHS 指令回顾的影响评估。

1 160 t 铅，1.8 t 镉与大约 20 kg 汞。为医疗设备设置目标会减小环境效益，因为它会减小不可控处置的风险并会节约资源。

（2）经济影响

收集到的被申报的再循环百分比（UNU 2007）数据显示，拟议的回收、再利用与再循环目标不需要过量成本即能够实现。对于医疗设备收集和再循环的成本取决于相关家电的大小，回收医疗设备的技术成本被估计在每吨 162～304 欧元。

（3）社会影响

没有预期的直接影响。

对行政负担的影响：目前对于正在被处理的医疗设备数量的报告还不是义务的。为医疗设备设置一个目标意味着增加了报告义务，并可能导致生产者的行政成本增加，取决于成员国的实施方式。因为仅与 0.3%的 WEEE 总产生量相关，此可选方案对于生产者造成的行政负担的影响被假定为很小。

5.3 比较可选方案以提高指令的效率

（1）明确范围和类别

进一步明确 WEEE 指令的范围与分类的两个可选方案中，这些影响几乎没有差别；两者都通过成员国或者是此范围内包括产品的委员会，对范围提供更大的法律精确度并要求公布清单。两个可选方案都不能解决任何有关于新产品的新的不确定性，这些新产品在范围内外都不清晰。

对于对使用清单明确范围的支持，利益相关方有一个积极清单和一个消极清单。协调 WEEE 范围而不是根据 RoHS 指令规定的范围的意见被支持，然而，这要求在 WEEE 指令中引入双重法律基础，而类似的效果可以通过参考 RoHS 的范围实现，因为 RoHS 已经形成了统一的目标范围。

当与消费者设备非常类似的商业设备（如信息技术设备）进入生活垃圾，且它的处理费用由国内设备的生产者负担时，某些类别的产品的被归为商业废物将避免的废物“双重用途”问题。如果更多的 WEEE 被正规收集，这种“搭便车”现象可能会更常见。

（2）减少登记和报告中不必要的行政成本

有三个可选方案被认为能够削减生产者登记与报告时重复与差异带来的不必要的成本。引入欧盟信息交换中心或统一的欧盟登记制度必然有助于削减不必要的成本：统一的欧盟登记制度因为减少成员国运作成本的能够带来一些好处，并且为欧盟委员会（与纳税人）节约成本。对成员国的登记制度间的协同能力引入法律要求是一个很好的机会，使生产者登记制度达到同样的结果，避免对于欧盟委员会额外资源的需求，但不太可能为协调计划与实际中 WEEE 跨境处理的资金提供服务。

（3）其他变化

将整机的再利用/再循环纳入目标会带来环境效益，且很有可能没有成本，因为最可持续的处理方法（再利用或再循环）会保持灵活性。这将有助于避免再利用因为更高的再循环目标而变得没有吸引力，即使它可能在经济上和社会上更有价值。

设定医疗设备（种类 8）与监测设备（种类 9）相同的目标会有相对较小的影响：一些材料比例略大的医疗设备（可能是 1 万 t/年）会被回收。

6 监测和评估

6.1 达到目标过程的指标

通过分类收集完善环境与健康保护过程的核心指标，以及此影响评估中对于 WEEE 专门处理的建议如下：

①在欧盟和成员国水平上行政负担被削减的程度，至少应维持目前的环境保护水平。

②成员国和生产者有效实现 WEEE 指令中设定目标的程度，包括废除“搭便车”。

③在何种程度上产生的 WEEE 被按照 WEEE 指令和其他相关的欧共体法律要求的较高环境与健康保护标准进行分类收集和处理。

6.2 监测和评估安排概要

对使用以上指标和 WEEE 指令第 12 条中的其他信息要求对于完成目标的过程进行监测与回顾，欧盟委员会将评估这项政策的结果每 3 年对欧洲议会和理事会进行报告。

这些监测和评估将遵循 WEEE 指令第 12 条规定的成员国的报告要求。报告基于欧盟委员会向成员国统一发放的调查问卷。问卷内容通过欧盟专家委员会程序设定。

以下问题将在监测和评估安排的设定中被专门考虑：

- 集中关注监测和报告重点数据，即对评估法律目标实现程度所必需的数据；
- 通过引入和实施修正后的法律以继续对成员国提供支持。

7 结论

2011—2020 年，预测将会有 85%（质量比）的欧盟 WEEE 在收集过程中同生活垃圾分开，但是如果不采取行动，尽管目前存在着法律规定，估计仍会有 4.3 t、约占 35%比例的 WEEE 不按指令规定来处理。目前的情况是 WEEE 总量中只有不到 1/3 的被回收，情况和制冷及冷冻设备相类似，这将会导致巨大的环境危害。

这些 WEEE 可能不被按照合适的方式来处理。因此需要将生产者义务同执法行为结合起来，从而提供一些可以使得 WEEE 被合适处理并且符合 WEEE 指令目标的激励。

目前由于执行 WEEE 指令而产生大量非必要成本，另外，注册中差异和重复的状况将会持续下去。

推荐的方案及其影响：

这篇影响评估（IA）建议通过结合不同的方案来提高实现 WEEE 指令现存目标的效力及效率。这些方案及其关键影响的描述见表 2-6。

表 2-6　推荐的政策方案的关键影响

<table>
<tr><th>推荐的政策方案</th><th>关键影响（同基准情景比较）</th></tr>
<tr><td colspan="2">提高有效性</td></tr>
<tr><td>为生产者设立同目前正在执行的分类标准水平相近的分类目标，这些分类目标包括 B2B 废物</td><td rowspan="3">• 额外的处理每年花费 10 亿欧元，其中很显著却未知的一部分是欧盟处理业务增加的利润
• 这些落到生产者身上的成本很容易转移到消费者上
• 由于对 430 万 t 的 WEEE 的更安全的处置导致逐年减少的对于大气环境（相当于 10 亿欧元/年）、欧盟地区以及对发展中国家工人的环境危害
• 没有来自物质回收的外利润——这与通过由于对处理技术更大投资而激发的更大的革新有所不同</td></tr>
<tr><td>基于前一年电子电气设备的市场投放数量水平来设立目标，约为所有缔约国电子电气设备的市场投放量的 65%</td></tr>
<tr><td>利用欧盟专家委员会文件中的要求为成员国的监察和执行设立最小标准</td></tr>
<tr><td colspan="2">提高效率</td></tr>
<tr><td>在 RoHS 指令基础上上确定 WEEE 指令的范围（根据条约第 95 条），并且要求成员国在本国范围内发行产品清单</td><td>逐步增加，而非一蹴而就地对产品适用范围的明确，成员国在本国境内可扩大适用范围</td></tr>
<tr><td>要求成员国生产者之间的互操作性和数据传输</td><td>• 减少生产者每年支付的 6 640 万欧元的不必要成本。该不必要成本的减少源自：利用对报告和过程的统一要求将所有欧盟的义务登记在一起。这么做使得中小企业获得最大比例的好处</td></tr>
<tr><td>将对整机的再利用包括进回收再利用的目标之中</td><td>基于再利用要比回收更有经济价值的状况，减少对再利用产品的不当激励</td></tr>
<tr><td>对医疗设备（种类 8）设立与监测设备（种类 9）相同的目标</td><td>影响小对于一些医疗设备（大概 1 万 t/年的材料回用）</td></tr>
</table>

同其他可能的方案相比，该系列方案具有以下特点：

- 最容易促进产生于生活垃圾流之外的 WEEE 的妥当处理。

- 考虑到估计过程中的不确定性以及未来的不确定性：该系列方案是应对假设发生改变这类情况的最好的方案。其中，主要假设包括金属价格以及在基准线上被倾倒或者焚烧并且妥当处理的垃圾的比例。
- 预计将会由于革新和出口而产生额外的利益。对于回收技术的更大投资会增加技术公司在向该快速发展的出口市场的国际竞争力，此前，欧盟在该出口市场上一向处于全球领导地位。除此之外，该系列方案还会拓宽该领域的高技术工作。另外，还会减少成本并且开拓新的材料市场。
- 预计会增加 WEEE 处理和回收领域的工作岗位，为技术水平相对较低的劳动力提供较多劳动力需求型工作。对于回收再利用部门的激发同样会为在社会上处于不利地位的人群提供工作机会，并且会为穷人购买更便宜的二手消费产品提供便利。

附录 1　对调查（研究）的描述

对主要调查（研究）的总结可以在一个公共网站上获得。

1．通过 DG JRC/IPTS to AEA 技术进行的研究

本研究的目的是对成员国执行 WEEE 指令的状况拥有一个完整的了解并且获得潜在领域的修改反馈。在欧盟成员国中对 WEEE 指令的执行进行审查，而报告是基于该审查的并且时由欧洲委员会（DG 联合研究中心，前瞻性技术研究所）通过 AEA 方法同中东欧区域环境中心相联系而实施的。

该研究在全球水平上定义并描述了 WEEE 相关的规范和管理方法。它概述了 WEEE 指令执行中的主要趋势并描述了其中的主要优点与存在的问题。它也定义了 WEEE 指令在成员国之间协调和提高的机会。

该报告可从 http：//www.jrc.es/publications/pub.cfm？prs=1408 网站上获得。

2．通过生物智能服务进行信息采集练习的综合报告

由生物智能服务公司领导的共同体在下列方面协助欧盟工作：

- 从利益相关方及其他第三方中获得的信息，作为 WEEE 审查管理的一部分。
- 识别资料的进一步来源以及收集这些信息，并说服各利益相关方分享这些信息以减少信息来源障碍。
- 参考一组将要在 WEEE 审查中运用的观点来交叉引用所有目前可利用的信息。
- 在现有的信息中识别出显著的数据差距和/或数据矛盾。

该联盟没有对所提取的信息进行详细分析，这是其他机构的研究任务。这项实施产生了对 132 个可以从网络上获得的参考文献评估的综合报告。该报告提供了对这些参考文献

内容的系统概述，同时评估了可能出现的重叠、矛盾以及有关审查所需的信息知识差距。该结果可作为承包者调查研究的直接输入，并且可以从 CIRCA 网页上获得：

http：//circa.europa.eu/Public/irc/env/weee_2008/library。

3．联合国大学以及分项研究者主导的研究

该研究的目的是补全对选项进行分析的信息来对指令进行审查，并且提供该分析，尤其是通过运用环境和经济以及尽可能的社会视角来分析对不同类型 WEEE 的管理（收集、处理），进而对指令的影响、效果和效益进行的全面评估。这些信息和分析将被视为审查指令选项的未来影响评估的主要内容。

详见http：//ec.europa.eu/environment/waste/weee/studies_en.htm。

作为这项研究合同的一部分，利益相关方专家研讨会与 2007 年 3 月 15 日举行。该研讨会建立在个人邀请的基础上并且结合了展示以及工作小组讨论。讨论的结果可以对承包商最终报告草案的起草工作进行协助。研讨会的结论以及展示可以从 CIRCA 网站上获得：

http：//circa.europa.eu/Public/irc/env/weee_2008_ws/home。

4．ÖKOPOL 以及分项研究者主导的研究

这项研究的目的是对有关 WEEE 生产者责任义务指令规定的操作进行一个全面的评估，并且考虑一些方案来提高欧盟对于这些义务的操作。这项研究将提供有关会员国如何做到换位并且实施生产者责任义务以及指令中生产者定义的一个完整的画面。研究将会检查成员国建立的系统与对实现指令目标以及业务的影响之间的相互关系。研究将会提供一个对生产者注册功能，即会员国应制定并进一步改进、发展和简化的方案的全面评估。研究将会评估这些选项来提高 WEEE 社区环境政策（尤其是指令本身）实现的目标，尤其是配合更好的沟通而对指令进行的发展和简化。

详见http：//ec.europa.eu/environment/waste/weee/studies_en.htm。

5．ECOLAS 以及分项研究者主导的研究

该研究的目的是评估 WEEE 需求中创新以及竞争的影响，确定拥有关键的正面或负面影响的因素和需求以及比较 WEEE 指令采取的方法与欧盟内外对于不同废物流采取的处理方法。该比较需要明确这些方法在创新和竞争方面的优点和缺点。最后，这项研究将制订修改指令的建议，以提高其成本效益。这项研究已明确列入评估中小企业的最终影响的研究中。

详见 http：//ec.europa.eu/environment/waste/weee/studies_en.htm。

附录 2　废物中所产生的环境相关材料（联合国大学研究，2007）

表 2-7　废物中所产生的环境相关材料

产生量/t	cat1a	cat1b	cat1c	2；5a；8	3a	3b	3c	4a	4b	4c	5b	6
Ag	0.31	0.00	0.13	0.09	118.77	19.60	0.00	2.08	11.29	1.65	12.73	2.24
Au	0.07	0.00	0.00	0.00	0.27	0.00	0.00	0.00	0.70	0.11	4.90	0.55
Au	0.00	0.00	0.04	0.03	19.55	2.61	0.00	0.23	0.00	0.00	0.00	0.00
Be	0.00	0.00	0.00	0.00	1.29	0.00	0.00	0.02	0.00	0.00	0.00	0.00
Bi	0.00	0.00	0.00	0.00	11.88	9.80	0.00	0.00	51.07	0.41	0.00	0.00
Br	0.00	0.00	9.15	5.85	366.22	58.81	0.17	0.00	213.41	12.68	0.00	0.00
Cd	0.00	0.00	10.30	37.25	51.96	17.97	23.15	6.63	0.00	0.00	0.00	0.00
Cl	0.00	0.00	10.87	7.18	2.47	169.89	0.21	0.00	0.00	2.35	0.00	0.00
Co	0.00	0.00	13.16	47.89	66.81	22.87	3.48	8.36	9.68	0.13	0.00	0.00
Cr	0.20	0.00	0.80	0.53	155.89	6.86	0.02	0.00	203.20	2.33	2.01	3.09
阴极射线管玻锥	0.00	0.00	0.00	0.00	0.00	0.00	0.00	0.00	149 496.83	3 685.90	0.00	0.00
阴极射线管玻璃屏	0.00	0.00	0.00	0.00	0.00	0.00	0.00	0.00	303 562.97	7 372.43	0.00	0.00
Cu	68 201.40	33 027.65	54 694.57	128 773.83	39 343.88	69 099.79	2 903.34	737.68	38 865.95	603.75	7 587.25	4 104.02
环氧树脂	0.00	0.00	480.58	313.95	0.00	2 809.73	9.37	0.00	3 418.91	395.45	0.00	0.00
荧光粉	0.00	0.00	0.00	0.00	0.00	0.00	0.00	0.00	0.00	0.00	0.00	0.00
Hg	0.00	0.00	0.01	0.01	0.01	0.01	0.00	0.00	0.00	0.00	0.15	0.37
玻璃（LCD）	0.00	0.00	8.01	15.17	987.31	8.98	0.23	5.19	0.00	0.00	6 069.80	0.00
液晶	0.00	0.00	0.00	0.00	59.39	0.00	0.00	0.00	0.00	0.00	0.00	0.00
Mn	0.00	0.00	0.69	2.66	3.71	1.23	0.19	0.46	0.00	0.00	0.00	0.00
Ni	0.98	0.00	36.04	122.39	779.45	145.39	36.46	35.18	478.97	7.15	90.31	15.94
Oil	66.00	7 067.50	531.50	1 021.68	0.00	0.00	0.00	0.00	0.00	0.00	0.00	0.00
Pb	29.46	0.00	28.61	18.62	262.29	357.75	0.57	2.25	822.47	15.36	57.27	60.27
PCB	27.89	0.00	0.35	0.67	0.00	0.00	0.00	0.00	0.00	0.00	0.00	0.00
Pd	0.04	0.00	0.08	0.05	7.42	0.47	0.00	0.02	0.26	0.04	1.00	0.17
PVC	7 503.73	827.41	1 161.40	1 436.73	2 128.03	127.42	55.91	0.00	2 806.09	65.29	2 246.81	1 255.11
Sb	1.77	0.00	1.66	1.09	47.01	39.21	0.03	0.00	162.34	3.58	3.92	3.54
Sn	1 001.81	0.00	16.02	244.78	979.89	269.54	5.56	21.63	43.54	8.08	12.97	91.15
不锈钢	35 632.87	34 475.62	12 929.89	18 544.50	12 743.46	27 607.24	72.11	0.00	0.00	0.00	0.00	0.00
环戊烷	0.00	1 620.35	0.00	0.00	0.00	0.00	0.00	0.00	0.00	0.00	0.00	0.00
异丁烷	0.00	379.23	0.00	0.00	0.00	0.00	0.00	0.00	0.00	0.00	0.00	0.00
CFC11	0.00	8 446.53	0.00	0.00	0.00	0.00	0.00	0.00	0.00	0.00	0.00	0.00
CFC12	0.00	3 351.03	0.00	0.00	0.00	0.00	0.00	0.00	0.00	0.00	0.00	0.00
Zn	301.33	0.00	33.76	125.05	987.31	529.27	5.70	9.80	1 392.29	3.99	25.21	114.55
总计	1 269 894	925 677	470 233	413 618	695 159	395 607	9 940	113 778	580 670	12 824	66 708	56 981

附录 3 收集过程中的物理责任和经济责任

表 2-8 欧盟国家中对于 WEEE 收集的法律责任分配情况（Ökopol）

成员国	物理责任	经济责任
奥地利	D/M/P	D/P
比利时（布鲁塞尔）	D/M	D
保加利亚	P	P
塞浦路斯	P	P
捷克共和国	D/P	D/P
丹麦	M	M
爱沙尼亚	D/P	D/P
芬兰	D①/P	P
法国	D/M/P	D/P
德国	M	M
希腊	P	P
汉堡	P	P
爱尔兰	D/M	D//P
意大利	D/M	D/M
拉脱维亚	P	P
立陶宛②	D/M/P	P
卢森堡	D/M	D/M
马耳他	D/P	D/P
瑞典	D/M	D/M
波兰	D	D
葡萄牙	D/M/P	D/P
罗马尼亚	M	M
斯洛伐克	D/P	D/P
斯洛文尼亚	D/M	D/M
西班牙	D/M	P
瑞典	P	P
英国	D/P	D/P

注：D—销售商，M—市政当局，P—产生者。

（在不同国家和不同方法之间的定义各不相同）

①在废物行动计划第 18（2）条中指出，相较于购买类似的产品而言，电子电气设备的销售者应当接受来自私人家庭的报废电子电气设备，或者指导购买者去其他的接收站。

②基于法律文件以及其他政策文件。

附录 4　回收方法为满足目标的改进

记录的数据同现有的成员国回收目标相一致，该证据表明生产者近年来做出了较大的进步，他们的行动并不是接近预期目标，而是已经领先于预期目标了。由图 2-9 可知，似乎是以对数函数的形式朝着 WEEE 产生的总量目标迈进。（见图 2-10 的虚线）

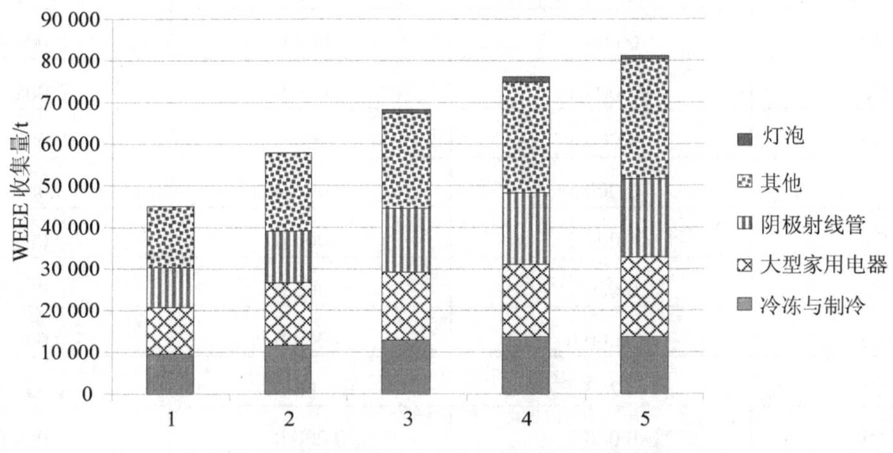

图 2-9　建立后 5 年内比利时废物收集情况

该点可由 WEEE 指令生效之前就已经存在的计划看出。例如，比利时的收集目标在 5 年时间里从 2003 年的 4.5 万 t，人均 4.5 kg，增加到了 2007 年的 8.1 万 t（由以下基于每年报道数据而制成的图表可见）。同时，产生废物收集数量的增加有更强的激励（2007 年人均收集 8.5 kg）①。该增长趋势可以通过每年的消费增长（促进废物产生）以及体系的进一步执行来部分解释。其中很可能包含一部分已经被分类收集而没有被报道的废物。

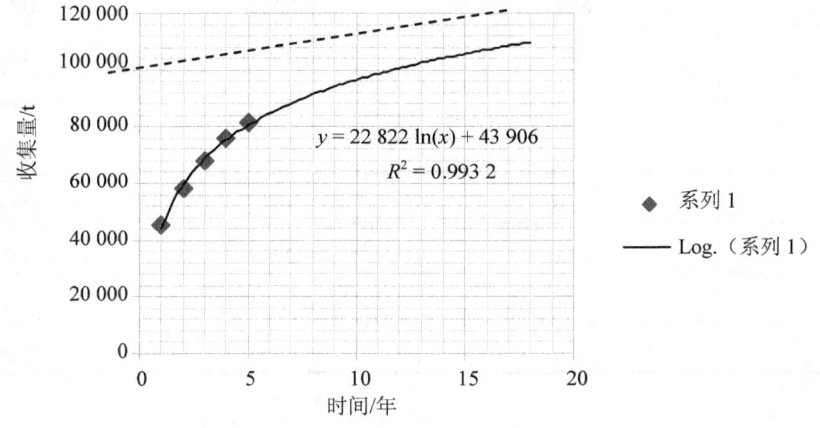

图 2-10　收集的表现随时间的变化（以比利时为例）

① VLAREA art.3.5.3（Vlaams reglement inzake afvalvoorkoming and beheer）.

附录 5 处置 WEEE 过程中的金属浸出物

表 2-9 消费类电子垃圾在有控制的填埋过程中金属浸出物的估计（BIO 2006） 单位：%

元素	进入土壤	进入空气	进入水体
Hg	0.000 4	0.000 0	0.007 1
Cd	0.000 1	0.000 0	0.002 6
As	0.000 1	0.000 0	0.002 2
Cr	0.000 1	0.000 0	0.001 9
Cu	0.000 2	0.000 0	0.004 5
Pb	0.000 1	0.000 0	0.001 6
Zn	0.000 0	0.000 0	0.000 6
Cl	0.293 3	0.103 5	1.437 3
Ni	0.000 2	0.000 0	0.004 0

表 2-10 消费类电子垃圾焚烧过程中金属浸出物的估计*（BIO 2006） 单位：%

元素	进入烟道气	进入空气	进入水体
Hg	93.0	0.442 0	0.001 1
Cd	77.0	0.050 0	0.055 5
As	29.0	0.100 0	0.000 2
Se	68.0	0.200 0	0.000 0
Cr	8.0	0.000 0	0.000 6
Sb	36.0	0.000 0	0.000 0
Cu	4.0	0.000 0	0.000 1
Pb	32.8	0.198 8	0.001 1
Zn	37.0	0.200 0	0.000 7
Sn	33.0	0.200 0	0.003 7
Ni	5.0	0.000 0	0.007 4

注：*城市固体废物。

附录 6 WEEE 具体的环境影响

1．WEEE 材料的普遍影响

（1）铁金属

WEEE 中铁金属约占 50%质量百分比，其中很大一部分是钢制品。收集和回收再利用这种物质和初级钢的生产相比，通常会节约 74%的能源、76%的水污染以及 86%的空气污染。

（2）贵金属

贵金属，尤其是金、钯、铂和银可作为电子电气设备中电触电以及连接点的覆盖物。他们的绝对数量只占总质量中很少的一部分。然而，从 WEEE 中回收这些物质将回收有助于减少温室气体排放，减少初级资源的使用并且减少初级生产对环境的影响。

（3）塑料

塑料的回收在节约能源和减少污染方面同样具有很高的理论潜能：如果用非常纯净的废物物质作为回收再利用的原料，与塑料的初级生产相比，节约比例将高达 80%。然而，对于多种聚合物来说，目前回收再利用中的分类过程将消耗同利用生物质生产聚合物相当的能源[①]。与填埋和焚烧这类没有能源回收的过程相比，WEEE 中塑料部分的能源回收将是一个非常有利的方案。

（4）有害物质

WEEE 中许多有害物质的产生已经在 2.2.3.1 中进行了描述。

2．特定种类 WEEE 的环境影响

（1）与气候有关的影响

- 冷冻与制冷装置

目前我们只能给出含氯氟烃和含氢含氯氟烃对气候变化造成影响的数量级，并不能给出准确估计值。以下部分展示了为了得出影响的数量级而做出的假设，而且这些都是基于对生物智能研究和联合国大学研究的：

冷冻与制冷（C&F）设备约占产生的 WEEE 的 17.7%。其中，只有 27%此类物质的收集和处理被报道。剩下的 73%的冷冻与制冷设备质量约为 100 万 t。这类设备的平均质量约 48 kg，表明高达 2 100 万 t 的冷冻与制冷物质没有经过合适的处理。若每个设备的冷却剂和绝缘泡沫中含有 0.4 kg 的含氯氟烃，那么在 2008 年，预计大约 80%的设备含有臭氧消耗物质（ODS）。

到 2011 年，将会有更少的最终变成 WEEE 的冷冻与制冷物质包含臭氧消耗物质。假

① 详见 http://circa.europa.eu/Public/irc/env/weee_2008/library？l=/recycling_techniques/ltu-lic-0536sepdf/_EN_1.0_&a=d。

设该水平与2008年相比下降70%，那么设备的数量将会变到大约1 500万件，相当于6 000 t的含氯氟烃。这些物质将等价于4 500万t CO_2当量。根据每吨CO_2当量相当于30欧元的损害成本该经济估计，2011年由于冷冻与制冷装置而产生的损害的经济成本约13.5亿欧元。该成本在10亿的数量级上。

含有臭氧消耗物质的冷冻与制冷设备的比例预计正在减少。预计到2020年，该比例约为2008年的10%。而由于臭氧消耗物质释放导致的货币化的温室气体损害成本将降到1亿的数量级。

尽管由旧的WEEE而释放的臭氧消耗物质占欧盟臭氧消耗物质排放总量的很大一部分，臭氧消耗物质的释放对臭氧层的破坏却难以被货币化。

由于适当处理而减少排放的臭氧消耗物质的比例取决于处理厂采用标准的严格性。若采用最佳的实践方法，将会造成一个明显的差异。而WEEE的处理标准将通过附录2中专家委员会程序的指令来确定。

- 高等级线路板中的金属和贵金属

印刷线路板通常应用于消费类设备以及信息和通信设备之中（WEEE指令中的种类3和种类4）。它们含有贵金属以及大量的有害物质，包括砷、锑、铍、溴化阻燃剂、镉、铅等。尽管有100万t的种类3和种类4的物质被报道经过收集并假定为进行过适当的处理，仍有高达180万t的物质在欧盟的内部或者外部没有经过妥善的处理。该状况造成了相关的健康和环境影响。

- 含塑料的装置

据估计，有20%～25%（160万～200万t）的WEEE由塑料组成。主要由塑料组成的产品包括小型家用电器、信息和通信设备、消费类电子产品、电子电气工具及玩具，以及休闲和运动设备（联合国大学的一项研究）。由于回收塑料造成的能源节约，从这些类别的装置中回收材料和能源将有利于整体的资源节约和CO_2减排。

（2）对欧盟本地的环境影响

- 处理

当WEEE在垃圾填埋场填埋或者倾倒处理时，有可能会产生一些有害物质，如汞、镉、六价铬和多氯联苯等。这些物质会浸出到土壤和地下水中。另外一个值得关注的问题是在WEEE[①]中发现了汽化的汞。还有一个风险是受控的填埋区的金属浸出问题，包括汞、镉等，如附录5中的表格所示。

- 焚烧

在焚烧WEEE的时候，镉、汞、铅等物质将会存在于底灰和飞灰上。这会造成重金属

① 生物智能服务，2006年8.1板块。

向空气中的排放并且降低飞灰和底灰（焚烧残渣）[①]的质量和潜在用途。溴化阻燃剂和聚氯乙烯的燃烧会产生剧毒的二噁英和呋喃。铜也是作为反应的催化剂。在附录 5 的表格中也可以找到在焚烧消费类电子产品时泄漏重金属的实例。

- WEEE 管理不当而产生潜在的对当地环境的具体影响

（1）灯、液晶显示器以及电视机对陆地生态毒性和生态系统的质量有特别的影响，这主要是因为这些物体中含有汞物质；类似的，电池组的危害在于其中含有镉物质。

（2）酸化主要是由于信息和通信设备产生的，其中不包括阴极射线管和液晶显示器。这是因为存在贵金属的存在和富营养化主要由液晶显示器和电子电气工具造成的。

（3）家电的环境影响

联合国大学的研究运用生态指标 99 计算出了 10 种 WEEE 各自的平均单位质量（kg）的环境影响。上述影响是基于以下假设：WEEE 被收集和再循环而不是同城市固体垃圾一起处理，如焚烧或者在填埋场处置。[②]

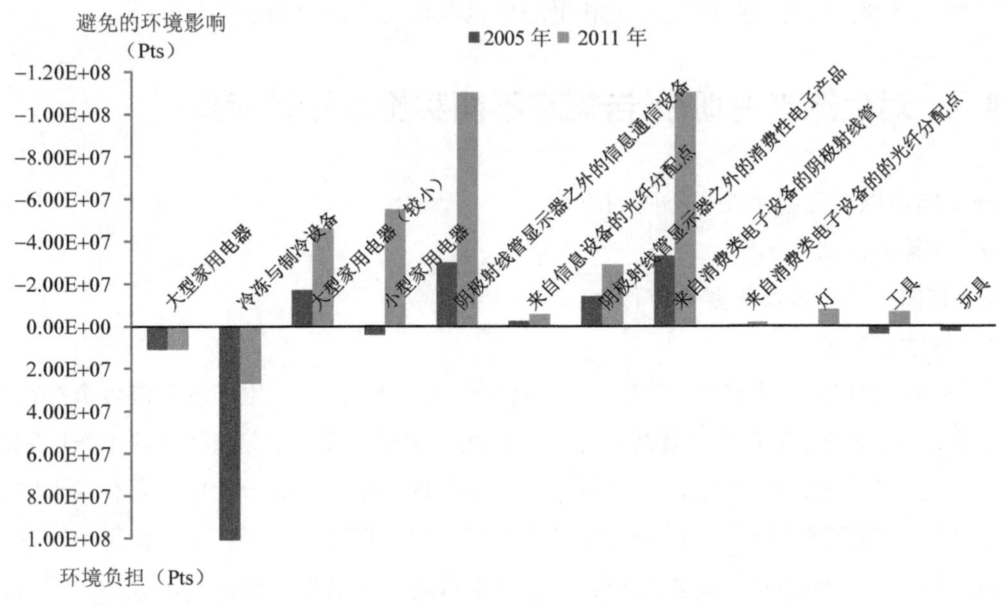

图 2-11　2005 年*总环境影响同 2011 年**相比（EI99 H/A）

* 目前 2005 年回收（左边）；** 2011 年最大回收（右边）

① 电池指令扩展影响评估 SEC（2003）1343。

② 这里的一个重要假设是，对于完整的收集方案，应当是基于 2005 年值的影响，而不考虑产品的变化以及废物流的组合，以及在发展中应用的回收技术。特别是从阴极射线管显示器过渡到平板显示器以及从氟氯烃到烃的冰箱会对下面的图产生影响。目前还没有足够的数据以确定随着时间的推移如何影响废物流组成。同时，其他一些社会立法的可能影响，如 REACH 及欧盟委员会指令没有在这些计算中考虑。

3. 废物非法运输到第三国的环境影响

WEEE 处理对第三国的影响由于缺乏数据难以被量化。在任何情况下，他们必须被假定为远远高于处理这种废物对欧盟的影响。该假定的原因在于欧盟出口 WEEE 的国家普遍具有很低的环保和安全标准。

发展中国家不合标准的 WEEE 处理过程中最严重的案例在巴塞尔行动网络（BAN）[①]和绿色和平[②]的报道中有所描述。巴塞尔行动网络目睹了许多由废物处理和处置的导致的化学物质在环境中的强烈排放以及人类对这些物质的严重暴露。由于这些操作许多都是非法的，没有统计数据可以量化或货币化这些影响。然而，这些影响却被认为是很严重的。

4. 再利用的环境影响

根据 Rechberger（2006）再利用的环境效益是非常有限的。他检查了两种极端情形：一种是没有产品的再利用，另一种是对所有的产品再利用，增加它们 50%～100%的产品寿命。研究发现，即使是最密集的电子电气设备的产品再利用在高度发达的国家也仅会减少资源消耗总量（材料和能源）不到 1%的比例。该结论被 Rose 和 Stevels（2001）进一步证实，他们发现同资源回收相比，再利用的环境效益是非常小的。

附录 7 对生产者注册/报告规定不同实施激励的背景

成员国对以下问题采取了不同的方法：

- 谁需要注册；
- 谁需要报告以及需要报告什么。

1. 谁需要注册？

从该指令的措辞，很显然 “生产者” 必须注册，但对于 “生产者” 该术语存在着不同的解释。20 个国家采取了“国家办法”，即如果该国市场上没有该品牌的生产厂家，那么第一个进入某一成员国的进口者就被认为是生产者。在这些成员国中，只有基于国家市场来出售产品的法律实体才有权利注册成为具有法律责任的生产者。这就使得特定的成员国出现一种情况，即品牌厂商要么开启一个国家市场，而这将导致额外的成本，要么将该负担转移到第一进口者上。

3 个其他成员国采取了一种“欧洲”办法，即生产者必须目前存在于欧盟之内，但并不一定在成员国拥有一个法律实体[③]。

其他 4 个国家采用的方法要么界定模糊要么没有明确定义。

---

① 巴塞尔行动网络。“出口危害”http：//www.ban.org/E-waste/technotrashfinalcomp.pdf 以及“数字化转储”http：//www.ban.org/BANreports/10-24-05/documents/TheDigitalDump_Print.pdf。

② 绿色和平：在加纳的穷人，电子废物中毒，2008 年 8 月。

③ 这三个成员国在法律定义生产者上应用了一种欧洲办法。但实际上，生产者报告这些国家的市场投放情况。

对于将遥远的销售商者看作生产者的情况，出现了一个与其销售技术[①]无关的特定问题，对此，成员国之间也有不同的解释。由成员国组织的研讨会表明这些不同的方法导致了远距离销售商可能在本国以及购买其货物的成员国承担双重注册和报告的责任，或者可能在两个国家均不承担注册和报告的责任这些问题。

远距离销售商必须在他们销售产品的最终消费者所在的国家进行注册，并且他们出售产品的最终消费者所在的国家必须只能是允许国家层面上的参与者作为生产者的国家。这些远距离销售商不能满足他们的生产者责任义务，也因此不情愿地成为"搭便车"者（Ökopol，2007）。生产者经过注册并且做出财政贡献对于防止"搭便车"来说是很重要的，对该点的控制却很少。VROM（住房、空间规划和环境）估计由于"搭便车"现象，15%的 WEEE 流没有被收集。例如，生产者或者进口者销售了电子电气设备却没有承担义务，或者没有达到他们有关回收 WEEE 的义务标准（ETC/RWM，2007）。

在一半的成员国中，生产者组织协会合规体系中，注册的其生产商信息可以同一些具有相同成员国注册功能的生产者组织协会共享。在另一半成员国中，不论其成员是否参与合规计划，生产商必须单独注册，这也创造了额外的行政负担。

2．谁需要报告以及需要报告什么？

对市场上产品进行报告的要求在以下方面有所不同：

- 报告的频率；
- 报告的格式；
- 提供的数据[②]。

此外，注册的功能没有被进一步定义，一些也需要生产者来证明符合设定的财务保证（在大多数情况下，在合适的计划中生产者的参与是作为保证的，这与生产者责任组有着直接的联系）。

（1）报告的频率

产品投放市场报告的频率少则每月，多则每年 1～2 次。报告应该足够频繁以防不法生产商，例如，如果他们只出现在市场上的销售高峰时段上，可能能够避免报告。对报告期的方案可能会在不同方面影响生产商，由于某些季节变化可能导致销售额的变化，这对产品何时变为 WEEE 也有影响。

（2）报告的格式

同样由于报告格式的多样性，当报告投入市场的产品数量时，国家登记者在登记不同类别设备时，必须将销量列入报告。这会导致至少在最初建立内部系统来处理不同的报告

---

① 远距离销售者没有被这样定义，然而却被定义为通过远距离通信技术销售技术的人，见欧洲议会 1997/7 指令以及 1997 年 5 月 20 日合同上关于保护同远距离销售者有关的消费者，OJ L 144，4.6.1997，p.19。

② 关于不同国家的报告需要可在附录 8 中找到。

格式时增加行政负担和成本。

（3）提供的数据：缺乏共同定义的质量

和上述观点类似，成员国之间在应用质量的定义时有一个很大的分歧，这会使得当产品投放市场时出现不必要的行政负担。在某些情况下，成员国中应用的定义使得合法的生产者收集“材料清单”数据并准确地报告产品的质量变得不可能。在这种情况下，当一个新的产品在市场上推出时，生产者为了满足在不同成员国中质量的定义，必须对产品及其组分进行物理的称量。这需要额外的资源规划软件和工作时间。

（4）提供的数据：对于“投放于市场”的定义

成员国同样在内部贸易中哪些电子电气设备可被视为“投放于市场”采用了不同的方法。这些差异或者不明晰可能会给生产者带来困惑，他们不知道。在大多数成员国，只有发生产生财政税的财政交易，产品才能说在理论上“投放于国家市场”。另外，销量应当有将其投入市场的生产者来汇报。取决于国家注册者是否允许原产于其他成员国的外国产品进行注册，生产者可能会是执行者、制造商、分销商/批发商甚至零售商其中之一。然而，同生产者的讨论解释了大多数制造商以及大的分销商/批发商，如果他们知道客户（可以是在成员国的合法生产者）将随后出货产品到另一市场，他们将不会报告他们在全国市场上的销量来进行注册。从生产者的角度来看这是有道理的，因为报告给国家注册的任何销售将被用来计算其市场份额。

附录 8　对 WEEE 管理负担的映射

表 2-11　对 WEEE 管理负担的映射

规定	信息义务（IO）	管理负担	管理成本
Art. 12（1）	各成员国制定生产者的名册	1 400 万欧元	1 400 万欧元
	各成员国需要收集信息，包括每年对市场上电子电气设备的数量和种类进行实证估计；在国家范围内通过各种途径收集的、再利用的、再循环的以及回收的设备数量；废物出口的质量或数量信息等	5 200 万欧元	5 700 万欧元
	各成员国保证远程距离卖家提供其遵守生产者财政责任义务以及投放在成员国市场上的电子电气设备数量的信息	140 万欧元	144 万欧元
Art. 10（1），（4）	各成员国保证在私人家庭使用电子电气设备时提供必要的信息。各成员国可能需要生产者和/或分销商提供一些（相关）信息	n/a；信息义务发生在国家一级	n/a；信息义务发生在国家一级

规定	信息义务（IO）	管理负担	管理成本
Art. 10（3）	各成员国保证生产者在电子电气设备上标记打叉带轮垃圾桶标志	200 万欧元	200 万欧元
Art. 11（1）	各成员国保证生产者提供每一种新的电子电气设备的处理信息	75 万欧元	75 万欧元
Art. 11（2）	各成员国保证电子电气设备的生产者可以通过设备上的记号被识别	0	0
Art. 7（3）	各成员国确保生产者（或者第三方代表）在进入（输入）或离开（输出）处理设施以及/或者进入（输入）回收或再循环设施的时候记录 WEEE 整体、各组分、材料或者材料的质量	0	100 万欧元
Art. 6（2）	各成员国确保所有的处理公司根据废弃物框架指令获得许可证。成员国对处理设备开展的检查因许可证要求减损而受益	n/a	n/a
Art. 6（6）	各出口商证明对废弃电子电气设备的回收、再利用和/或再循环操作要在满足指令要求的条件下进行	n/a；信息义务发生在国家一级	n/a；信息义务发生在国家一级

附录 9　政策一致性

指令的目标完全符合一般社会战略，包括里斯本战略、可持续发展战略、能源和气候一揽子方案、第六环境行动纲领及其中期审查、综合产品政策、可持续利用自然资源以及废物预防和回收的主题战略、产品行销套案和委员会最近的铅市场倡议。

委员会的简化方案中对指令的审查进行了预测，并实现了共同体里斯本方案[①]。该指令的审查应消除欧洲企业和社会面临的不必要的障碍和负担，同时应当符合欧盟的“增长和就业”战略。

全面实施欧洲废物立法，包括欧洲的 WEEE 和 RoHS 指令，会有助于减少二氧化碳排放量，从而有助于达成京都议定书中的欧洲气候减排目标[②]。

材料禁令，设计要求和 WEEE 指令以及 RoHS 指令中的废物管理方法有助于实现可持续利用自然资源专题战略[③]的目标。其目标是在经济增长中降低资源利用对总体环境的影响。RoHS 指令通过以下方面反映该目标：一是允许材料禁令中存在例外情况。在这些情况中，可能是替换材料在技术上或科学上不实际，或是替代品本身对环境健康或消费者安

① 简化方案的目的是对有助于在分项项目和相称的原则下实现欧洲监管框架的最高标准。简化是为了使立法不那么烦琐，更容易申请，从而更有效地实现其目标。遵循这些原则，一个监管行动不应该超越一些必要调教以实现政策目标追求，它必须是成本有效的，并应采取最轻形式的监管要求。

② Prognos 研究，2008 年 5 月，http：//www.prognos.com/Singleview.306+M5c828d79ff6.0.html。

③ http: //europa.eu.int/comm./environment/natves/index.htm。

全的负面影响大于原材料的环境影响、健康和消费者安全的利益[①]。二是要求利用科学证据[②]对材料禁令进行定期回顾材料。而 WEEE 指令通过降低单位材料的环境和健康影响来反映该目标。这些材料要么是无限制使用，要么是有数量限制。

WEEE 以及 RoHS 指令同样有助于实现废物预防和回收专题战略[③]的目标。该目标要求减少废物产生的毒性（“定性废物预防”）和质量（“定量废物预防”），并且要求着眼于整体环境和健康效益而进行再循环的最优化。RoHS 指令通过对于“定性废物预防”的特殊要求来实现该目标。而 WEEE 指令响应最优化的再利用、再循环和其他保护环境和健康水平较高的回收目标，通过有约束力的征收对象和废物处理的统一标准提供规划来保障经济行为者。

与综合产品政策方法[④]相一致，RoHS 指令引入将生命周期考虑作为允许例外情况[⑤]发生的重要标准。WEEE 指令旨在提高电子电气设备生命周期中的所有因素在环境方面的表现，这些因素如分销商、消费者以及处理装置。

WEEE 指令以及 RoHS 指令有助于实现第六环境行动纲领[⑥]及其中期审查的目标[⑦]。这些目标要求在将要被处理的废物数量以及产生的有害材料体积上有一个明显的减少，同时避免增加空气和水中的排放量。除此之外，RoHS 指令明确提到第六次环境行动计划，它重点强调在 RoHS 指令下阻止额外的有害材料产生的未来目标。[⑧]

确保与“产品营销”一揽子计划的一致性在 RoHS 的审查中是特别重要的。该揽子立法目的是简化和改进现有的商品内部市场立法，这是通过在市场上提供一个明确和一致的法律框架同是保证市场上产品的安全而实现的。在 RoHS 指令下，对于经济运营商的一致的定义和义务会产生巨大的经济利益（减少行政部门和生产者管理的负担）并导致在社区层面更有效和协调的执行。

WEEE 指令是铅市场倡议[⑨]中提到的政策工具之一，其目的是促进再回收市场，创造促进更多更好的再回收产生的环境以及促进其经济效益。

---

① RoHS Article 5。

② RoHS Article6。

③ http：//europa.eu.int/comm/environment/waste/strategy.htm。

④ Reterence IPP。

⑤ 从物质禁令允许豁免是这里的“替代在技术上或科学上不实用或造成变电站对环境的负面健康和/或消费者安全的影响可能大于对环境，健康和/或消费者安全利益体。Regulation（EC） No 1907/2006 of the European Parliament and of the Council of 18 December 2006 关于化学品注册，评估，许可和限制（REACH），建立了一个欧洲化学品代理机构，修正了欧盟 1999/45/EC 指令并且重复了安理会指令（EEC） No 793/93 以及委员会规定（EC） No 1488/94 最为安理会指令 76/769/EEC 以及委员会规定 91/155/EEC，93/67/EEC，93/105/EC and 2000/21/EC，OJ L 396 of 30 December 2006。

⑥ Decision No 1600/2002/EC of the European Parliament and of the Council of 22 July 2002 laying down the Sixth Community Environment Action Programme OJ L 242，10.9.2002，pp. 1–15.

⑦ COM（2007） 225 final.

⑧ Article 4（3） of RoHS.

⑨ COM（2007）860 final.

同欧盟产品设计与废物管理立法相连贯。

指令的规定同下文中其他欧盟法规对产品设计和废物管理的要求是一致的。

（1）电气、电子设备中限制使用某些有害材料的指令（RoHS）与化学品的注册、评估、授权和限制（REACH）

REACH[①]的目标是通过要求特别是制造商和进口商收集关于其化学品性质的信息创造一个欧盟范围内的化学品及其安全使用的管理系统来保障化学品的安全处置，并且在欧盟化学品管理局（ECHA）的中心数据库中注册这些信息。RoHS 指令旨在保护人类健康以及对 WEEE 对环境无害化的回收和处理，另外，消除会员国的国家法律之间的差距。为此，它对 2006 年 7 月 1 日以后市场上电子电气设备使用某些特定有害材料进行了限定。由于这两个立法的目标和方法不同，不能被相互替代。

事实上，这两项立法是互补的：REACH 通过要求在化学品安全报告中提供化学材料生命周期中各个阶段的信息强调了管理废物生命周期中化学品的排放的重要性，而该点也是 RoHS 的核心。REACH 是基于阐述材料利用中产生的风险，而 RoHS 建立在一个预防的方法之上，基于材料的危害层面。目前，如果一个在 REACH 授权体系之下的材料在电子电气设备的使用方面限制于 RoHS 指令中，这样该材料的应用就可以免除 REACH 的授权要求。

然而，由于 REACH 是在 RoHS 之后建立的，并且相比较而言 REACH 的范围更广泛并且更细化，RoHS 的条款将会按照 REACH 更加明确和深入细化。例如，在 REACH 基础上，可以基于电子电气设备中其他有害材料根据 RoHS 条款 4（3）[②]进一步进行限制的原则来增加标准。运用 REACH 的模型，我们应当在 RoHS 指令下明确：那些需要在 RoHS 下获得免除的电子电气设备生产者应当提供对电子电气设备特定使用方面的安全信息以及可获得的替换物及其特点的信息。

（2）电子电气设备使用某些特定有害材料指令（RoHS）、WEEE 指令以及欧洲议会和理事会指令

欧盟 2005 年第 32 指令[③]建立了一个对于能源消耗产品设立生态需求设计的框架并且修正了欧洲经济共同体 94/42 理事会指令、欧盟 96/57 指令以及欧洲议会和理事会 2000/55 指令（“EuP 指令”）。

---

① Regulation（EC） No 1907/2006 of the European Parliament and of the Council of 18 December 2006 关于化学品注册，评估，许可和限制（REACH），建立了一个欧洲化学品代理机构，修正了欧盟 1999/45/EC 指令并且重复了安理会指令（EEC） No 793/93 以及委员会规定（EC） No 1488/94 最为安理会指令 76/769/EEC 以及委员会规定 91/155/EEC，93/67/EEC，93/105/EC and 2000/21/EC，OJ L 396 of 30 December 2006。

② 虽然 RoHS 指令只是说进一步的禁令可以基于现有的科学证据，另外这些物质可以被更环保的替代品从而对消费者进行保障，至少和现有物质对消费者的影响相当，然而却不提供这些标准的任何定义，REACH 规定进行了详细的风险识别物质及其替代品。

③ OJ L 191，22.7.2005，p.29.

在 EuP 指令基础上，基于专家委员会程序基础上的委员会将要采取一个明确的实施措施来明确能源消耗产品的生态设计需要，该需要可能同样被 RoHS 指令以及 WEEE 指令所覆盖。

尽管委员会可以同样在 RoHS 指令以及 WEEE 指令中覆盖的产品作为在 EuP 指令下实施措施的代表，在这些指令的方法上存在一些不同。EuP 指令目标是提高能源效率但是仅仅建立在不损害产品生命周期的其他环境影响的危害的基础上，并且考虑到了经济上的可行性。

RoHS 指令要求在所有范围内的电子电气设备中对被禁止的材料进行替换，不做成本效益相关的考虑。只有当替代品在技术上或者理论上不可行或者是替换带来的负面影响超过了正面影响时，免除才被允许。RoHS 指令因此对于有害材料提供了一个更加直接的环境和人类健康的保护。

对于在三种指令中可能涉及的电子电气设备，需要避免其含混不清。通过 RoHS 指令禁止使用的材料能够避免歧义，是因为 EuP 指令没有偏见地适用于 RoHS 指令。对于 WEEE 指令，可能出现歧义，是因为 WEEE 指令中对成员国的一般要求是鼓励回收设计（见 WEEE 指令第 4 条）。然而，尽管这是一个一般的要求，该要求可以被看作是对于 EuP 下其他明确的设计要求的一个补充。

（3）电气、电子设备中限制使用某些有害材料的指令（RoHS）、WEEE 指令（WEEE）以及欧盟废物管理立法

WEEE 指令以及 RoHS 指令在应用于共同体关于安全和健康的立法的要求上是没有偏见的，它们强调保护所有和 WEEE 相接触的因素，该点同具体社区废物管理立法，比如说电池指令[①]和报废车辆指令相类似。

委员会已经明确了在这些指南文件中的一些立法的关联。例如，在限制使用危险材料上，电池的管理由电池指令[②]的规定所覆盖，而不是 RoHS 指令。目前，只有 WEEE 指令的要求涉及电池，然而，当电池被丢弃时，还是被看成是电气或电子设备。如果一些电气和电子设备专门设计用于车辆，那么这些电子电气设备则由报废车辆指令管理，否则应依照 WEEE 和 RoHS 指令来处置。

（4）WEEE 指令（WEEE）以及欧盟废物管理立法

WEEE 指令对一般的欧盟废物立法有所补充，例如，废物框架指令[③]，填埋[④]和焚烧[⑤]指令。它涉及了这些指令中设置的一般定义，例如，关于废物和一般废物管理操作如回收和

① Recital 10 and Article 2（2）. 它也需要“老”电池指令在 WEEE 指令下进行修订，recital 11.
② OJ L 266，26.9.2006，p.1.
③ OJ L 114，27.4.2006，p.9.
④ OJ L 182，16.7.1999，p.1.
⑤ OJ L 332，28.12.2000，p.91.

处理[①]的定义，以及对废物装运规则的一般规定。[②]

（5）WEEE 指令（WEEE）以及关于消耗臭氧层材料的法规

欧盟 2000/2037 法规要求制冷，空调和热泵设备中的臭氧消耗材料应在设备的维修和保养或设备的拆除或处置之前回收销毁，再循环或再生。原则上，WEEE 指令中所涉及设备的排放应当被避免。然而，近来的评估指出弱的再循环率。提高 WEEE 法令中所涉及的如冰箱和冷冻机这类臭氧消耗材料的回收可以通过加强法令中的规定来实现，特别是以废物产品设备中臭氧消耗材料的最小回收率的形式设立标准，或者是通过扩大较大装置中 WEEE 的范围，如商业制冷机和空调。

附录 10　二手材料市场

很多再循环材料的市场正在增长。WEEE 包括三种主要的材料：金属、玻璃和塑料。

WEEE 数量的增长大约 50%是由铁金属导致的，而 5%是由非铁金属导致的。目前存在从 WEEE 中回收金属的稳定市场。金属是很容易从 WEEE 中提取的，另外，回收金属的质量同原金属的质量相当。

显示器（特别是阴极射线管）在电子电气设备中占玻璃数量的最大部分。然而，技术已经发生了变化，在显示器和电视机中，平板显示器逐渐取代了阴极射线管。再循环阴极射线管的主要市场是新的阴极射线管制造。然而，随着阴极射线管预期生产的下降，需要找到其他的源自阴极射线管屏幕的再循环玻璃市场，而其潜在市场可以为砖、瓦等市场。

塑料占 WEEE 总质量的 20%～25%。目前已经存在从 WEEE 中回收塑料的技术，但是由于聚合物的异质性，在回收塑料的环境和成本有效性上还存在着一些困难。因此，目前再循环塑料的市场似乎有限。然而，相较于塑料的初级生产，塑料的再循环在能源节约方面有很大的潜力（高达 80%）。[③]

欧盟委员会[④]的铅市场倡议强调了回收市场潜力的重要性，以及市场发展的障碍需要加以解决。该倡议预测塑料回收领域的市场拥有很大的潜力去提供再循环技术。铅市场倡议推出了一项行动计划，列举了促进再循环市场的政策工具，有助于创造更好的循环收益环境和经济效益。该行动还旨在进一步发展未来的塑料再循环市场。

---

① 详见 Article 3 of the WEEE Directive.

② 详见 Article 6 of the WEEE Directive.

③ 欧洲铅市场研究方法的一个铅市场倡议：方法论和理论基础（附录 II）{COM（2007）860 final SEC（2007）1729}.

④ COM（2007）860 final.

附录 11 电子电气设备分类收集、处理和报道

表 2-12 比利时（Recupel）和荷兰（NVMP）生产者责任组织实现回收和再循环比例，以及相对于 EERA（欧洲电子产品回收协会）提供的数据

	EERA 2005		Recupel 2006				NVMP 2005	
类别	再循环	回收	再循环	回收	焚烧	填埋	再循环	回收
LHHA	75%～90%	80%～91%	84.3%	84.5%	0.1%	14.7%	77.0%	79.6%
C&F	80%～95%	90%～98%	77.3%	90.7%	1.0%	8.3%	79.4%	93.0%
SHHA	55%～80%	65%～85%	79.7%	83.8%	0.9%	15.4%	67.3%	72.7%
IT ex CRT	65%～80%	70%～90%	79.7%	83.8%	0.9%	15.4%	N.A.	
IT CRT	65%～96%	80%～100%	84.3%	86.5%	3.6%	9.3%		
CE ex CRT	65%～80%	70%～85%	79.7%	83.8%	0.9%	15.4%	67.3%	72.7%
CE CRT	70%～96%	75%～100%	84.3%	86.5%	3.6%	9.3%	83.7%	93.4%
IT/CE FDP	N.A.							
灯具	70%～80%	74%～80%	93.3%	0.0%	0.0%	6.7%	93.2%	93.2%
电动工具	40%～70%	45%～85%	79.7%	83.8%	0.9%	15.4%	67.3%	72.7%
玩具	50%～70%	54%～70%	79.7%	83.8%	0.9%	15.4%	67.3%	72.7%
医疗设备	70%～90%	80%～90%	79.7%	83.8%	0.9%	15.4%	67.3%	72.7%
监控仪表	65%～95%	65%～95%	79.7%	83.8%	0.9%	15.4%	67.3%	72.7%
自动售货机	70%～80%	80%～85%	84.3%	84.5%	0.1%	14.7%	76.7%	80.5%

附录 12 在审查过程中，特别是利益相关方协商后拒绝的选项

（1）收集目标的方案

- 对所有成员国采用固定的强制目标或者对不同成员国在特定期限内要达到的每人每年的收集质量采用不同目标；除非对各国的固定收集目标有区别，否则不支持一个固定的收集目标。这些差异可能会满足不同成员国消费量不同而产生的差异，然而，由于成员国报告的不完整以及对未来消费量难以预测，该目标可能缺乏强制性。
- 收集点（当地市政、零售商、分销商、经纪人、贸易商、回收店等）向生产者责任组织（PRO’s）或者个体体系的义务性反馈。该方案主要被经历过不是所有的

WEEE 通过体系来收回的生产者所支持；市政不倾向于支持该方案，由于他们更喜欢从收集的部分中获得直接的利益来弥补生产者没有承担的回收费用。随着该情况可以在市场上的运行者之间被解决，这也不再被看作是一个方案。

（2）再循环/回收目标的方案

- 材料层面的目标是针对 WEEE 整体或者每种产品的；该方案只有当材料层面的目标是在现存的每种产品的目标之上时才会得到支持；大多数利益相关方会将该方案与能够实现较高材料回收率的必要处理设备联系在一起，尤其是对于阴极射线管玻璃和塑料回收率较高的设备。该方案由于这些目标在设立的时候需要考虑很多影响收集过程的因素以及材料层面目标中回收组分的组成，因此已经被抛弃。
- 鼓励材料再循环和回收，尤其是具有高的材料再利用率的出口市场。然而，很少有针对该方案的行动，并且这种激励主要同产品的再利用有关，因此该方案已经在废物立法中被丢弃。

（3）再利用的方案

- 为对整体装置的再利用设置一个实现的目标期限；该方案被再利用部门支持。然而，由于再利用市场的现状是限制于几个装置中而不是所有的装置中，而且设置精确和现实的目标所需要的数据存在一定的限制，该方案被丢弃。再利用的激励是通过其他方案来实现的。
- 对再利用部门/组织收集 WEEE 设立强制性的目标，使他们的方案能够满足再利用、翻新或维修标准的装置。在巴塞尔公约下，针对移动电话的类似标准已经制定，针对计算机设备的标准正在制定中。鉴于同废物运输之间的联系，该在 WEEE 指令之下设立标准的方案被丢弃。

（4）与明确范围有关的方案

- 通过http：//ec.europa.eu/environment/waste/weee/pdf/faq_weee.pdf 文件中对于常见问题运用的正规标准来明确范围；该方案在利益相关方中被广泛支持，然而由于该方案被认为更适合具有法律约束力的办法，因此也被丢弃。

与范围的宽度有关的方案（包括排除和最大范围）均被丢弃，这是由于大多数利益相关方在协商过程中并没有表达意见，所以认为当前的范围是适当的，另外，排除的方案将在对该范围的澄清的方案中加以解决。

（5）同生产者责任条款相关的方案

- 通过对电子电气设备再利用、再循环和回收定义目标来激励生态设计。利益相关方对该方案的支持非常少。除此之外，为了设立该目标，需要进行很多调查，以便拥有衡量这些目标的合适方法。虽然该方案在交通工具类型批准指令中实现了，在该指令下，对于其他大量的设备，该方法却很不适用，该方法也因此被抛弃。

处理必要条件相关的方案（引入标准，定义“去除”并且修改附录II中的条目）均被抛弃，由于其可以通过欧盟委员会的决定解决而该决定正在准备之中。

引进了最低限度规则的方案在利益相关方的磋商中被建议。最低限度规则可以包括在特定相关条件下免除小的生产者，尤其是在财政方面。该方法的一个不足是它从本质上会导致“搭便车”现象，进而使之更难执行。最低限度规则带来的利益减少将发生在全国层面，故目前评估它们是不可能的。然而，当前的执行已经给予成员国在国家实施层面运用最低限度规则一定的灵活性，只要这些同生产者负全部财政责任这样的指令目标一致即可。例如，允许会员国报告合理的财政估算。他们因此可以要求在特定规模之下的公司做更细致的报告，并且成员国可以为非常小的公司提供非常简化的注册程序。因此，该方案也被丢弃。

附录 13 对于互用性方案的详细成本计算

成本影响是基于与各种电子数据库相关的成本计算的，以及与其他控制措施相关（Ökopol，2007）。

据推测，国家行为体建立一个正式的（电子）网络将会促进沟通，沟通的方面包括生产者的注册，第 0 年投放于市场上的电子电气设备的数量以及第 1 年至第 12 年每年产生的运行成本。对每年的 40 000 欧元以 4%的贴现率进行贴现，12 年中在欧洲层面运行该网络将导致总现值为 375 400 欧元的成本。将该成本同可能的建设成本相联系，可以得到建设和运营网络所消耗成本的总现值在 495 000～853 000 欧元[①]。这些成本可能会由委员会产生（这是可比较的电子数据库的情况，Ökopol，2007）。

在正式的电子网络顶端，欧盟信息交换中心必须处理资金和义务转移的问题。相同时间跨度的假设（12 年）会加大网络的建立成本。对在欧洲水平上运行该网络 12 年每年的 80 万～325 万欧元的成本进行贴现，得到一个 710 万～3 050 万欧元的净现值。将这些成本同可能的建设成本相联系，可以得到由委员会产生 12 年建设和运营网络所消耗成本，总现值在 1 560 万～6 550 万欧元。然而，需要注意的是，消费税运动与控制系统[②]正在被开发，用于监控跨界产品的运动；WEEE 网络可能会有潜力在某些方面利用该系统，因此减少建设费用以及潜在的运行费用（Ökopol，2007）。

欧盟信息交换中心可能需要成员国行动的增加来增加与其他成员国之间有关远距离销售以及二手产品出口信息交流。目前还没有电子电气设备销售总量方面的信息。然而，假设它会导致成员国 10%额外的工作，这将会导致每年 183 万欧元的额外管理费用，其 12

① 在不同的基准下该范围对应的值。

② 详见 http：//ec.europa.eu/taxation_customs/common/faq/faq_2898_en.htm。

年的总现值为 1 700 万欧元（Ökopol，2007）。

然而，由于减少了成员国水平上的注册，减少了注册更新以及工业报告，可以实现成本节约。国家主管部门和企业 12 年每年的成本以及总现值以 4%的贴现率进行贴现，说明 12 年中该方案可能导致 2.88 亿～4.1 亿欧元的成本节约。

该情况因此说明该方案通过给不同利益相关方提供一个更加公平的竞争环境（尤其是远距离销售者）并且协助 WEEE 指令的跨境执法，给欧盟的内部竞争带来了正面的影响。由于在现存系统的负面影响上没有可以获得的数据，该利益也难以量化。而难以获得数据是因为从开始执行以来经过的时间非常短。对于远距离的销售者，可能存在增加的成本，这是因为它们需要在每一个销售其产品的国家进行注册，这和以前的情况有所不同。然而，目前我们不知道该情况设计多少远距离销售者。这会迫使所有国家采用“国家”的方法，保留了进口商作为“生产者”的作用（在欧盟范围内操作），因此限制了收集和处理可能会影响电子电气设备设计的程度。

行政负担的影响：

最后，为了建立一个国家的注册或者清算部门，很大一部分利益相关方会在执行该活动时承担一些负担，尤其是考虑到超过 46%的利益相关方不需要应付这些活动。给予回复的人中 93%认为该活动有必要，即使该活动必须由主管部门来进行。

当判断资源的可获得性的时候，绝大多数的利益相关方回答说他们拥有足够的资源，这主要是因为他们没有进行这项活动。

下列问题被认为是至关重要的：

①频率：这对报告的负担有影响（频率越高，报告所需的时间越高，因此，经济和行政负担越高）。另外，报告的频率可以提高对“搭便车”者数量的控制（更高的频率提供增强对“搭便车”者的控制，特别是在一年之内可能进入和离开市场的生产者）。当投放于市场上的数量被用来定义为生产者或合规计划的融资义务，利益相关方认为，对于一些市场来说波动可能是非常高的，因此低频率的报告（年度）对于精确分配义务可能是不充足的。

②基础：在大多数注册中，运用投放于市场上设备的质量（只有很少一部分要求按数量单元来计算），其中主要的问题是缺乏对质量一致性的定义（即包括或不包括电池、电缆、配件）。

③分组：报告中细节的水平可能随着信息的需要而发生变化（如爱尔兰的分类利用可视费用子类别）；其他类型的分组可能依赖于单独的集合群（如澳大利亚）。

④区分企业到企业以及企业到客户的电子商务模式：在报告中对于企业到企业以及企业到客户的电子商务模式的区分在不同国家间都是有差别的。对于区分以企业到企业以及以企业到客户的电子商务模式投放于市场的电子设备的需求，尤其是对企业到企业以及以

企业到客户的电子商务模式定义的需求，在 WEEE 的资金方面有很大的影响。尤其是当没有任何定义的规则或者标准来区分设备时，可能由于第 8 和第 9 WEEE 指令定义的不同的融资机制导致潜在的不对称市场。特别是，当在以下方面存在不同的义务或方案时。

为了将成本通篇好的方案相联系，表 2-13 展示了每位利益相关方每年或一次性的成本以及成本的总现值：

表 2-13 每位利益相关方每年或一次性的成本以及成本的总现值

利益相关方	成本		节约（收益）	
	每年（或一次）/百万欧元	总现值（1～12 年的贴现率为 4%）/百万欧元	每年/百万欧元	总现值（1～12 年的贴现率为 4%）/百万欧元
网络委员会（一次性）	8.5～35.0	8.5～35.0	—	—
欧盟委员会网络运营成本	0.8～3.3	7.1～30.5	—	—
成员国：网络运营成本	1.2	11.2	—	—
成员国：减少的注册费用	—	—	14.9～17.1	139.5～160.9
工业：减少的注册更新	—	—	4.6～5.3	43.4～50.1
工业：减少的报告数量	—	—	19.4～24.1	182.4～225.8
总计	2.0～4.5	26.8～76.7	38.9～46.5	365.3～436.9
净现值/百万欧元				288.6～410.1

对于制造商来说，它将成本的减少同对于在不止一个成员国进行生产销售活动的制造商的注册和报告要求的减少结合起来。然而，一些制造商可能会承担目前由进口商、分销商开展的活动，因此增加了成本。对中小型企业来说，由于他们在更少的国家进行销售，这可能会使其收益变小。

参考文献

[1] Arcadis/Ecolas & RPA 2008. “Study on RoHS and WEEE Directives”, final report. Via http：//ec. europa. eu/enterprise/environment/reports_studies/studies/study_on_rohs_and_weee_directives_fin al_ report.pdf.

[2] BIO Intelligence Service 2006. “Synthesis report”, final version. Via http：//circa.europa.eu/ Public/irc/ env/weee_2008/library.

[3] EERA – European Electronics Recyclers Association. 2008. “Towards sustainable WEEE recycling”, position paper. Via http：//www.eerarecyclers.com/member/files/EERA%20Report%20TOWARDS %20SUSTAINABLE%20WEEE%2 0RECYCLING%2020071224.pdf.

[4] IPTS 2006. “Implementation of the WEEE Directive in EU 25”. Via http：//ftp.jrc.es/EURdoc/eur22231en.pdf.

[5] Ökopol. 2007. “The producer responsibility principle of Directive 2002/96/EC on waste electrical and electronic equipment（WEEE）”，final report. Via http：//ec.europa.eu/environment/waste/weee/pdf/final_rep_Ökopol.pdf.

[6] United Nations University（UNU）. 2007. “2008 review of Directive 2002/96/EC on Waste Electrical and Electronic Equipment（WEEE）”，final report and annexes. Via http：//ec.europa.eu/environment/waste/weee/pdf/final_rep_unu.pdf and http：//ec.europa.eu/environment/waste/weee/pdf/final_rep_unu_annexes.pdf.

[7] WEEE Forum. 2007. “Key Figures 2006”，quantitative benchmarking. Via http：//www.weeeforum.org/index.php？section=services&page=services_bench&subpage=services_bench_quantitati ve.

术语表

B2B——企业对企业

B2C——企业对消费者

BAN——巴塞尔行动网络

CE——消费类电子产品

CE ex CRT——不包括阴极射线管显示器的消费类电子产品

CE CRT——消费类电子设备中的阴极射线管显示器

CE FDP——消费类电子设备中的平板显示器

C&F——冷却和冷冻

CFC——氯氟烃

CRT——阴极射线管显示器

EEE——电子电气设备

EU——欧盟

EU12——2004 年 5 月 1 日后加入欧盟的国家

EU15——2004 年 5 月 1 日前加入欧盟的国家

EuP——耗能产品指令

FDP——平板显示器

HCFC——氢氯氟烃

LCD——液晶显示

LHHA——大型家用电器

MSW——城市生活垃圾

ODS——臭氧消耗材料

PBB——多溴联苯

PBDE——多溴联苯醚

PCB——多氯联苯

POM——投放市场

PRO——生产者责任组织

REACH——关于化学品注册、评估、授权和限制的法规

RoHS——限制在电子电气设备中使用某些有害成分的指令

SHHA——小型家用电器

IT ex CRT——不包括阴极射线管显示器的信息设备

IT CRT——信息设备中的阴极射线管显示器

IT FDP——信息设备中的平板显示器

SME——中小型企业

WEEE——报废电子电气设备

三、新版欧盟 WEEE 指令提案的解释性备忘录

Proposal for a directive of the European parliament and of the council on waste electrical and electronic equipment（WEEE）(recast)

由欧盟委员会在其欧盟官方网站首次发布英文版本

http: //ec.europa.eu/environment/waste/weee/history_en.htm

1　提案背景

1.1　提案的原因及目标

报废电子电气设备（WEEE）指令 2002/96/EC 于 2003 年 1 月 27 日通过，并于 2003 年 2 月 13 日生效。各成员国需在 2004 年 8 月 13 日将该指令转化成国内法令。指令生效后，WEEE 的收集和回收目标以及技术体系都没有发生改变。

但由于以下原因，提出了 WEEE 指令新的提案：

- WEEE 指令实施几年的经验表明：一些技术、法律和行政困难凸显，导致市场参与者和政府承担预期外的成本及负担；同时环境危害的持续，较低的废物收集和处理的创新水平，以及缺乏公平甚至扭曲的竞争环境和不必要的行政负担也促使了指令的重新修订。
- 欧盟委员会致力于开发一个简单的、易于理解的、有效且可执行的监管环境。欧盟通信委员会实施里斯本社区计划《环境监管的简化策略》时，就预计 WEEE 指令将于 2008 年重新提案。
- WEEE 指令在经过一段时间的应用实践后进行了可预见性的修改，出台了新的 WEEE 指令。同时，WEEE 指令还收集了欧盟委员会在 2008 年 12 月 31 日提出的关于 WEEE 的强制收集；新的再循环和再利用目标，其中包括整机的再利用和再循环；以及附件 IA 中的产品类别 8 的新收集目标的制定。

因此，WEEE 指令的具体审核目标如下：

- 通过减少不必要的行政支出来减少管理成本，而不是采取低水平的环保措施。
- 通过减少“搭便车”的行为，增强指令的实施效果。
- 通过对 WEEE 的收集、处理和回收来减少对环境的影响，从而实现社会净效益的最大化。

1.2　大背景

在 WEEE 指令的审查过程中的大量的分析部分识别出了该指令应用过程中的以下问题：

- 当前的 WEEE 指令中的产品分类不够明确，不同的成员国和利益相关方对当前的规定都有不同的解释。
- 目前大约 65%的投放到市场中的电子电气设备（EEE）被分类收集，但只有不到一半的处理和上报是符合指令规定的，其余的可能存在不合格的处理以及被非法出口到非经合组织的第三方国家。导致有价值原材料的损失，同时增加有害物质释放到环境中的风险，特别是臭氧层耗尽和全球变暖的高潜在风险①。除此之外，目前的收集率——每年来自于私人家庭的 4 kg/居民的 WEEE（“一刀切”）不能反映各成员国的经济水平，从而导致此目标对于一些国家过于宏大而对于其他一些国家则显得不够。

- 目前，指令 2002/96/EC 中没有设定整机再利用目标。
- 由于在指令 2002/96/EC 没有详细的执法要求，这使得各成员国并没有对其进行贯彻实施。
- 各成员国都要求生产商在该国进行注册登记，这使得经济主体必须遵守 27 种不同的生产商注册方案，从而造成了不必要的管理负担。
- 存在欧盟中不合规格的 WEEE 处理和欧盟外的非法 WEEE 出口。

如果不采取改进措施，上述问题将一直存在。

1.3 本提案的现行规定

与本提案有关的法案为指令 2002/96/EC（以及修订本）和欧盟委员会提出的关于指令的合理建议。

1.4 与欧盟其他政策和目标的一致性

指令修改的目标是为了完全符合区域战略，包括里斯本战略、可持续发展战略、能源和气候计划、第六届环保行动计划及其中期检查，整合性产品政策、自然资源可持续利用和废物预防与回收的主题战略、“产品营销”包装，欧盟委员会最新的市场主导权，以及被重提的重塑臭氧层消耗物质的监管。

2 利益相关方咨询及影响评估

2.1 利益相关方咨询

（1）咨询方法，有针对性的主要部门及受访者情况

对 WEEE 指令中的大量数据进行了收集和研究。通过研究发现，利益相关人员存在持续的信息交换，建立了中小企业组群和利益相关人员的在线讨论。这些咨询和研究有助于确定和分析一些具体的政策选项。

本次协商在评估框架下进行，除利益相关人员外还包括各成员国，非政府组织，电器

---

① COM（2008）505 和 SEC（2008）2367.

电子产品生产、销售和分销的部门、市民、处理人员、再循环回收人员、生产责任管理组织以及生产者的国家登记注册相关人员。

（2）对策总结及其考虑内容

利益相关方被要求对以下的政策意见做出回应，主要包括明确 WEEE 指令的范围，WEEE 在收集、回收再利用和再循环的修订目标，生产商登记以及处理要求。公共协商文件和意见总结都将公之于众。意见相关的对策提案和回应也将进行充分考虑。

在 2008 年 4 月 11 日—6 月 5 日进行了公开讨论，共得到 168 个回应。相关结果公布在以下网址：http：//circa.europa.eu/Public/irc/env/weee_2008_review/library。

2.2 专业知识的收集和应用

（1）相关领域科学/专业知识

①信息收集由 Bio 智能信息服务咨询公司进行，收集了 132 个与 WEEE 指令相关的文献并汇总为一个综合评估报告。本报告对这些参考文献进行了系统的概述，同时对相关所需信息进行了可能的重叠、矛盾和空缺评估，作为该研究报告的直接结果输出，可在 CIRCA 网页查询：http：//circa.europa.eu/Public/irc/env/weee_2008/library。

②有 4 个研究报告作为对于指令审查的信息输入，以帮助欧盟委员会获得指令执行情况的说明，同时找出指令审查过程中存在的问题；为政治选择完成信息分析，特别是在指令发展和简化方面需与监管交流一致。其中包含了生产者的责任和义务，WEEE 的管理和创新竞争的影响。更多的研究信息（研究名称、人员和日期）可在下面网站查询：http：//ec.europa.eu/environment/waste/weee/studies_weee_en.htm。

③与本研究利益相关的专家研讨会于 2007 年 3 月 15 日举行。其相关结论可在 CIRCA 网页上查找：http：//circa.europa.eu/Public/irc/env/weee_2008_ws/home。

（2）所用方法

Bio 智能信息服务咨询公司收集的信息经过系统的整理后最终形成了一篇综合的报告。其他的研究（United Nations University，Ökopol，Arcadis/Ecolas）为调查研究，欧洲信息中心网络的专家研讨会和中小企业小组是联合国大学进行研究的一部分。

（3）主要的组织/专家咨询

AEA 技术公司，Bio 智能信息服务咨询公司，联合国大学和分包商 Ökopol，分包商 Ecolas 及其他分包商。

（4）收到及使用过的建议总结

文中没有对潜在的不可逆风险进行说明。

上述研究给出的全部建议在行政摘要中进行了总结，且应用于可以影响政策选择的评估中，同时给出了影响评估结果的文本。

（5）公开专家意见的方法

公示网站：http：//circa.europa.eu/Public/irc/env/weee_2008_review/library。

2.3 影响评估

已有几个政策选项被选定为指令的修订选项，包括没有采取行动的选项。这些选择主要基于其对经济、社会和环境的影响的评估，并且确定了环境监管的简化程度。这些选项主要涉及以下两方面：改善 WEEE 指令的有效性以及提高指令的效率。

- 以下两个选项用于改善指令的有效性：处理和废物装运的最低检查和执法要求；生产者的收集目标设置为 WEEE 产生量的 85%（相当于投放市场的 EEE 量的 65%，这是目前已分类收集的量），这一收集率包括来自企业的 WEEE，收集的与环境相关的所有数据流，收集率目标也可以投放市场的 EEE 数量为基数来表示。最低检查要求将生产者的收集目标设置为上一年度投放市场的 EEE 量的 65%，这一方案是环境、经济和社会最优的解决方案。影响评估报告中表明，65%的收集率反映了欧盟各成员国现在能够分类收集的平均水平，这一比率包含了几乎所有能够被收集的大中型 WEEE 设备。数据表明当更多分类收集的 WEEE 被妥善处理的情况下，每一单元的分类收集成本保持不变，但是环境效益可以得到有效的增长。
- 以下选项被认为可以有效提高指令的效率：使用固定的产品列表清单明确指令范围；根据欧盟委员会（EC Treaty）条约第 175 条按照 RoHS 指令中的范围来定义 WEEE 指令的范围；将设备种类按照来自私人家庭的 WEEE（B2C）和来自非私人家庭的 WEEE（B2B）来定义。影响研究表明，不采取行动不是有效可行的政策选项，将后面两个选项结合起来将是确定 WEEE 指令范围的最佳方案。这将会同时在环境和经济方面产生积极的影响，且将生产者责任明晰，从而减少“搭便车”的行为。
- 统一生产者的登记和报告责任，使国家性的生产商登记可交互操作，有效建立统一的生产注册方式并降低不必要的行政管理负担。考虑到降低发生成本及行政负担，建立可交互操作的统一的国家登记注册的要求将会是最为可行的选择方案。
- 将整机再利用包含到再循环目标中以及建立一个新的医疗器械设备收集目标。在影响评估过程中，上述两项选项已被证明是可行的。

本提案已被列入欧盟委员会立法和工作计划的影响评估中，并可以访问。

3 提案的法律基础

3.1 建议措施总结

WEEE 指令的修订主要提出了以下措施：

WEEE 指令的范围：包含指令 2002/96/EC 附件 IA 和 IB 中的描述的 WEEE 和 RoHS 指令的范围，RoHS 指令以欧盟条约第 95 条为基准。WEEE 指令以欧盟条约第 175 条为基准。

明确定义：根据欧盟委员会体系程序要求将 WEEE 分为来自私人家庭（B2C）或来自非私人家庭用户（B2B）的设备，并且制订这两种电子废物的分类方法。这将有助于进一步明确包含在 WEEE 指令中的产品，为不同的设备生产者建立公平的竞争环境。

收集目标：提出了一个基于前两年投放市场的 EEE 数量的 65%的收集率（包括 B2B 设备）。此目标反映了目前各成员国分类收集的 WEEE 的量并考虑了某些成员国的 EEE 的消费水平。因此，将鼓励各成员国最优化的分类收集 WEEE。从 2016 年开始，生产商每年都需要达到拟议的收集率，成员国如果由于某些特定的国情难以满足这些要求，将通过执行委员会得到过渡期的安排，并将拟议的收集率在 2012 年由欧洲议会和理事会重新审查。

循环目标：为鼓励所有 WEEE 整机的再利用，将整机的再利用结合到再循环目标中，并将再循环率提高 5%。医疗设备（第 8 类设备）的再循环率设为监测和控制设备（第 9 类设备）的同一目标水平。

生产登记：为了减少实施 WEEE 指令的行政管理负担，欧盟委员会提出通过使登记注册可以交互操作，统一生产商的登记注册和报告责任。

执行：为了弥补指令实施间的差距，设定了要求各成员国加强指令执行的最低检查要求，提出了废物运输方面的最低检查和监测要求。

3.2 法律依据

条约第 175 条。

3.3 辅助性原则

辅助性原则只适用于提案，而不属于欧盟共同体的专属职权。

由于下述原因，本提案的目标不能充分地在各成员国实现。

环境保护措施属于欧盟共同体和所有成员国的共同管辖范围。WEEE 的污染具有跨越性，这是由于 WEEE 的焚烧、填埋及不符合标准的再循环利用造成严重的大气、水和土壤污染。因此，提高 WEEE 管理的目标不能由各成员国单独实现，需要共同完成。此外，不同国家层面的 WEEE 管理政策妨碍了循环政策。生产者在不同国家的登记和报告要求也造成了不必要的行政管理负担。基于上述原因，应该在共同体水平上采取行动。

各成员国单独实行将会降低环保水平，对经营者增加经济和管理负担。

欧共体共同实行将会更好地达到本提案的目标，其原因如下：

有关 WEEE 指令的审查问题的跨国性质使它们适合在欧盟层面上加以调控；协调整个欧盟内对主管部门和制造商的要求将会增加成本效率，有利于简化指令的执行和提高整个欧盟环保水平。

指标：

①根据指令规定的含义和指令范围，通过建立确定性的经济运营商来避免内部市场问题；

②根据欧盟水平，设立最低的收集和再循环目标，从而达最优的环境结果；

③在各成员国交易过程中简化登记和报告程序，从而减少行政负担；

④在欧盟层面上加强对生产者和废物管理的监测和执法，从而更有效应用 WEEE 指令。

欧盟理事会和欧洲议会要求指令 2002/96/EC 修订 WEEE 收集、再循环和回收的目标，并将整机的再利用添加到再循环中，重新设立产品类别 8（医疗设备）的各项目标。此次审查对欧盟建立更好的监管环境是不可或缺的一部分。确定指令中的范围和定义、设立目标、确定相互的登记制度不应只依靠成员国单独进行而获得。

因此，提案遵守辅助性原则。

3.4 对称性原则

基于如下，提案符合对称性原则：

本提案对建立 WEEE 收集和再循环的区域性战略提出了法律要求，但同时允许各成员国自由选择更加合适的措施以达到提案的目标。指令基于条约第 175 条，为进一步的国家层面的措施留有余地。WEEE 指令中所提出的审查应对指令 2002/96/EC 在实施过程中遇到的问题以及欧洲议会和欧盟理事会提出的问题提供相应的措施。

减少行政负担：

- 减少在多个成员国之间进行产品销售的生产者的行政负担；
- 预计统一登记注册和报告带来的总成本节省约为 6 630 万欧元。

3.5 修订文件选择

拟议修订文件：WEEE 指令。

由于下述原因，其他措施不符合要求。

最近研究证实，无论指令问题的影响因素还是 WEEE 收集回收基础的改变，所提出的措施都是对现有指令的审查。

4 财政预算影响

本提案对总体性预算无影响。

5 附加信息

5.1 简化

该提案规定了简化立法、简化私人当事人的行政程序，通过以下方式来实现：

- 将 WEEE 指令和 RoHS 指令中的设备范围进行区分；
- 统一有关生产者登记和报告的格式和频率。

本提案包含在欧盟委员会最新的长期计划中，共同体基础既存制度的简化以及参考文献 2008/ENV/002 中的工作和立法过程。

5.2 审查/修正/“日落”条款

本提案包含一个审核条款。

5.3 重新修订

本提案包含重新修订。

5.4 相关表格

各成员国须以书面形式将指令转化到国内法令，并给出国家法令规定与本指令之间的对应表格。

5.5 提案的详细说明

重新修订指令 2002/96/EC 的提案如下所示：

条款 2：指令的范围参考 RoHS 指令范围的相关内容。其主要说明指令中何种设备可以豁免。

条款 3：通过采纳定义和增加新的定义来强化法律与其他欧盟委员会的立法的必要性和一致性。

条款 7：以前两年投放市场的 EEE 量的平均水平为基础，定义 65%的 WEEE 回收率。从 2016 年开始，提案中设立的回收率将会被记录。成员国可以有一些变化，成员国如果由于某些特定的国情难以满足这些要求，将通过执行委员会得到过渡期的安排。鉴于如果可以，在欧盟委员会报告及提案的基础上要对冷却和冷冻设备设置可能的单独回收目标；拟议的收集率将在 2012 年由欧洲议会和理事会重新审查。

条款 11：修改的回收和再循环目标将包含整机和医疗设备的再利用。

条款 12：成员国在适当的时候应鼓励生产者承担所有回收设施点的来自私人家庭的 WEEE 所产生的费用。

条款 14：在所有产品可持续消费和生产的原则下，允许生产者在消费者购买 EEE 时提供该产品在报废后收集、处理和对环境友好处置的成本。被告知成本不能超过实际产生费用的估计值。

条款 16：为了减少行政管理的负担，增加统一生产者的登记和报告责任的新规定，使国家性的生产商登记可交互操作。

条款 20：加入最低检查要求以提高 WEEE 指令在欧盟的执行水平。

指令 2002/96/EC 的附件 I 被删除并且建立了一个新的附件，并规定了 WEEE 处理的最低监测要求。

指令 2002/96/EC 的附件Ⅱ、附件Ⅲ、附件Ⅳ保持不变，但根据专家欧盟委员会程序其应根据科技发展定期进行更新。

四、关于新版 WEEE 指令的一些常见问题解答

Frequently Asked Questions on Directive 2012/19/EU on waste electrical and electronic equipment（WEEE）

由欧盟委员会在其欧盟官方网站首次发布英文版本

http://ec.europa.eu/environment/waste/weee/legis_en.htm

前 言

发布此《常见问题》(FAQ)文件的目的是为澄清指令 2012/19/EU 的一些重要法律规定。新版 WEEE 指令已于 2012 年 8 月 13 日生效，各成员国须在 2014 年 2 月 14 日前转化为本国法例，而指令 2002/96/EC(旧版 WEEE 指令)也于当日废除。

该文件主要是为了帮助主管政府部门和经营者正确理解指令的规定，以确保符合指令的要求。该指令只针对各成员国，而对于私营机构的权利及责任则完全由各成员国所实施的法例而非指令本身来规定。

在《常见问题》文件中，对常见问题的解答是遵循以下两个标准制订的：

- 除非相关法律条例文本发生改变，解答不应偏离 2006 年 8 月制定的关于 WEEE 指令的《常见问题解答》中给出的答案，且新的解答需要比旧解答更精确，或者在某些情况下如果被证明有必要给出不同的解释或解答。
- 解答也不应偏离在关于新版 RoHS 指令中的《常见问题》文件中所包含的相关问题的解答，除非是由于这两个指令的目标和性质的不同需要不同的答案。

《常见问题》文件不是固定不变的，欧盟委员会可以根据新指令执行后所得的经验以及未来的需要在必要时及时更新《常见问题》文件。本文件取代旧版 WEEE 指令《常见问题》文件，旧文件就此废止。

最后，按照惯例，此《常见问题》文件仅代表环境总署的观点，不具有法律约束力。欧盟司法法院拥有对于欧盟法律的唯一权威解释。

2014 年 4 月

1 关于新版指令执行的一般常规问题

1.1 新版指令什么时间开始执行？

新版《报废电子电气设备指令 2012/19/EU》(以下简称指令)已于 2012 年 8 月 13 日生效，各成员国须在 2014 年 2 月 14 日前转化为本国法例，而旧版《报废电子电气设备指令 2002/96/EC》也于当日废除。

2012 年 8 月 13 日—2018 年 8 月 14 日为过渡阶段，在过渡阶段，指令目录范围与旧版指令基本相同，仍然是原指令中给出的十大类电子电气设备，新版《指令》只在第四大类产品中增加了“光伏电池板”。

从2018年8月15日开始，新版指令将适用于所有的电子电气设备，产品类别由原来的十大类转变为六大类。

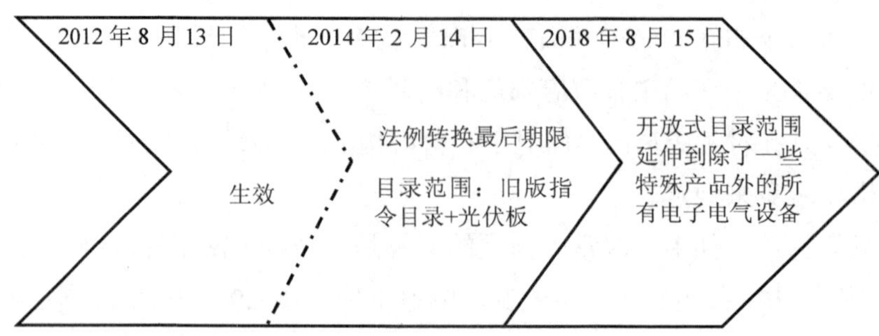

图4-1　欧盟WEEE指令执行

1.2　在哪里可以获得指令规定的条款的相关信息？

个人主体和法人所需遵守的立法主要是欧盟成员国将指令转化到各国家的法律条例。因此，关于个人利益相关者的问题，可向负责指令转换和执行的国家有关部门咨询，具体各国家的咨询部门列表可参考如下网址：http：//ec.europa.eu/environment/waste/weee/contacts_en.htm。

关于生产者注册的实际问题可以咨询国家注册登记部门，各国家注册部门信息的联系名单可以从欧洲报废电子电气设备登记注册信息网（EWRN）获得，此注册信息网包含了大多数成员国的国家注册信息，可以提供关于这些成员国登记注册的实施信息。可以通过这个网址进入EWRN信息网：https：//www.ewrn.org/contact-us。

关于欧盟委员会的问题可以发送到欧盟环境公署进行咨询，欧盟委员会的相关可用网络链接地址如下：http：//ec.europa.eu/environment/waste/weee/links_en.htm。

2　指令的主体以及目标——第1条

指令的总体目标是什么？

该指令的目的是防止或减少报废电子电气设备的产生和管理以及资源的利用对环境产生的负面影响。

鉴于对该指令第 6 条的一系列详述，其主要目的是将通过再利用、再循环和其他形式的废物回收防止报废电子电气设备的产生，促进可持续生产和消费作为第一要务。因此，该指令符合 2008/98/EC 废物框架指令①第 4 条建立的废物层级结构。

3 范围——第 2 条

3.1 确定产品是否在指令范围内的标准是什么？

要回答该问题，应该从以下两个关键点进行考虑：

①此设备是否满足电子电气设备的定义？

②此设备是否在任一豁免范围内？

指令的第 2 条规定了指令的范围，并列出了排除范围之外的设备。

本《常见问题》文档附录第一部分包含了一个用来确定具体的设备是否符合电子电气设备的定义和指令范围内的“决策树”。

附录的第二部分则提供了一个用于确定某种产品是否属于指令适用范围的准则说明，以及一些范围删减的相关例子。

3.2 2018 年 8 月 15 日起指令的范围是什么？

从 2018 年 8 月 15 日起，指令将采取“开放式范围”，并将覆盖到几乎所有的电子电气设备，适用于附件Ⅲ列出的重新分类的 6 大类的电子电气设备，在开放式范围下，任何符合第 3（1）（a）条有关电子电气设备的定义的设备均被列入指令范围内。

从开放式范围开始，仅列于指令第 2 条第（3）和（4）项目中的电子电气设备排除在指令范围之外。

3.3 在过渡时期，各成员国必须更改或重新设计本指令附件一中的目录类别吗？

不用，直到过渡期结束（2018 年 8 月 14 日），指令的适用范围以及目标和报告义务基本没变，仍然是原指令给出的十大类电子电气设备。然而，在新的指令中，在指令附件 I 的第四大类增加了“光伏板电池”，因此在过渡期间，目录第 4 类不仅包括消费设备，而且包括光伏板。

从 2015 年 8 月 15 日起，所有电子电气设备将根据指令附录Ⅲ分为六大类并重新设定

① 欧洲议会和理事会的指令 2008/98/EC（废物框架指令）（OJ L 312，22.11.2008，第 3 页）。

收集目标及报告义务。

各成员国和其他有关行为者可以自由设计和使用附加（子）类，但需向欧盟委员会报告。

3.4 用于专门用途的电子电气设备是否在指令范围内?

是的，序言第 9 条明确规定，该指令涵盖消费者使用的和供专业人士使用的所有电子电气设备。符合指令第 3（1）（a）条关于电子电气设备定义的所有电器和电子设备均包含在指令范围内，除非他们满足指令第 2 条的豁免范围而排除在外。然而，应当指出的是：

①根据指令第 7（1）条，截至 2015 年，收集目标[4 kg/（人·年）]仅涉及来自私人家庭的报废电子电气设备，从 2016 年起，收集目标将包括全部两种类型的报废电子电气设备（参见问题 7.8）。

②对于来自私人家庭的报废电子电气设备的资金承担条款见指令第 12 条，来自私人家庭以外的报废电子电气设备的资金承担条款见指令第 13 条。

3.5 电池是否在指令范围内?

含有电池的电器和电子设备的生产者也被视为在《电池指令》[①]范围内的电池生产者。这是为了确保不论投放到欧盟市场上的电池是单独商品还是包含在电子电气设备当中，所有类型的电池都能找到一个生产责任者。当按《报废电子电气设备指令》收集内置于废旧电器及电子设备的电池时，各成员国应避免对生产者的双重收费。

在废旧电器及电子设备中内置的电池应按《报废电子电气设备指令》收集，然而根据指令附件Ⅶ，在收集后，电池必须从废旧电器及电子设备中移除（手动、机械、化学或冶金处理），计入《电池指令》的回收目标，移除后的电池按《电池指令》的循环再造规定要求进行管理。

3.6 组件产品是否在指令范围内?

组件包括在项目范围内，且组装后能够使电子电气设备正常工作。如果组件与电子电气设备分开投放市场，并用于制造及/或维修电子电气设备时，原则上这样的组件在指令的适用范围之外。但若组件本身有独立的功能，则属于指令范围内。

---

① 2009 年 9 月 6 日发布的欧洲议会和欧盟理事会关于电池、蓄电池、废弃电池和蓄电池的第 2006/66/EC 号指令和撤销第 81/157/EEC 号指令（OJL266，26.9.2006，第 1 页），2013 年 12 月 10 日欧盟官方公报正式公布了欧盟电池指令 2006/66/EC 的修订指令 2013/56/EC，取消无线电动工具中电池的镉豁免及禁止纽扣电池中含汞（OJ L 329，10.12.2013，第 5 页）。

然而，由多个部件组成的自组装套件，在组装后成为电器及电子设备的除外（如以组装套件形式装配的遥控电动直升机），在以组装套件销售时就算作电器及电子设备组件。

3.7 无线射频识别标签是否在指令范围内？

是的，无线射频识别（RFID）标签（有源和无源）符合指令第 3（1）（a）条有关电子电气设备的定义，除非根据第 2 条获得豁免，属于指令的适用范围。

3.8 天线和电缆是否在指令范围内？

用于传输电流及电磁场的天线和电缆符合指令第 3（1）（a）条有关电器及电子设备的定义，因此属于指令的适用范围。

然而，如果电缆是属于一个电子电气设备的组件（永久连接在设备内，或是外部连接并可移除，但与电子电气设备一起销售或交付使用），则不属于指令适用范围。在市场上分开投放而不属于其他电子电气设备一部分的电缆，可视为电器及电子设备。

3.9 打印机墨盒是否在指令范围内？

这取决于打印机墨盒的类型。

若打印机墨盒符合指令第 3（1）（a）条有关电子电气设备的定义，而且不属于第 2 条所列的豁免项，则会纳入指令的适用范围。因此，含有电气零件并依靠电流或电磁场来正常运行的打印机墨盒属于指令的适用范围。

如果仅是由油墨及容器组成而没有电气零件的打印机墨盒则不在指令范围内。

3.10 变频器是否在指令范围内？

逆变器［即将直流电（DC）变换到交流电（AC）的电气装置，通常用于提供从太阳能电池板或电池等获得的直流电源交换到交流电源］符合指令第 3（1）（a）条有关电子电气设备的定义，从而在指令的使用范围内。应用于光伏设备的逆变器就是逆变器设备在指令范围内的一个示例。

然而，在以下情况下的逆变器将不属于指令范围：

- 当逆变器被设计为另外一个电子电气设备的一个组件投放到市场。
- 当它属于第 2 条所列的豁免项：例如，逆变器是作为另一种类型的设备的一部分而专门设计和安装的，且仅作为这一设备的一部分时才能发挥作用，则不属于指令规定的逆变器范围内。

3.11　是否所有包含光伏电池、模块或者面板的设备都包含在指令附件 I 中所列的第 4 类目录中的光伏面板中？

不是的，这取决于设备的具体内容。光伏（PV）面板是一块电气设备，其设计的唯一目的就是利用太阳光发电供给公共、商业、工业、农业和住宅应用。这个定义不包括与设备集成的光伏电池，光伏电池的作用是产生电力使设备运转。下面是一个非详尽的清单，说明了设备中包含有太阳能电池，但是不被视为光伏板，而在指令的其他类别的设备范围内：太阳能空调、太阳能背包、太阳能手机充电器、太阳能风扇、太阳能键盘、太阳能灯具、太阳能笔记本、太阳能计算器、太阳能喷泉、太阳能收音机、太阳能冰箱、太阳能手表、太阳能道钉、太阳能庭院灯。

这种设备不应该作为附件第 4 类光伏板被上报，但应在各自的类别中报告（例如，一个袖珍计算器的小光伏板应按附件 I 第 3 类上报，带有小型光伏面板的应该归为附件 I 第 5 类报告）。

3.12　是否任何超过 100 cm^2 的屏幕都包含在指令附件 III 的第二类目录范围中？

不是的，当电子电气设备的屏幕大于 100 cm^2，但其使用重点又不同于一般的在屏幕上显示图像或动画或非动画信息的电器产品，不应被视为属于附件III的第 2 类，因为这样会误导报告信息内容。洗衣机、冰箱和打印机类产品（这些类产品中包含有大于 100 cm^2 的屏幕，但其主要功能又与一般的显示器不同）应属于其特定的类别，而不是根据附件 III 的第 2 类报告。

3.13　是否所有的照明设备都在指令范围内？

是的，为过渡期间以及开放范围时期，所有种类的灯泡和灯具产品都在指令范围内，除非它们属于第 2 条所列的豁免项。从开放式范围开始，“家庭用灯具”属于豁免项（见该指令附件II第 5 类）将不再适用，但灯丝灯泡将继续被列入指令范围外。

无论光线来源是否符合指令第 3（1）（a）条电子电气设备设备的定义，灯都属于指令范围内。这包括使用 LED 或 OLED 技术和投放市场的个别产品上的 LED 改型灯具的光源。然而，投放到市场上的用 LED 芯片或集成模块为光源集成或内置于 LED 灯或照明设备的，不属于该指令的范围之内，因为它们只是电子电气设备的组件。

被列入电子电气设备的照明设备为：

- 在过渡期内，所有不同类型的照明设备（包括灯和灯具）属于附件 I 第 5 类“照明设备”。

- 在开放范围期间，根据类型和的设备的尺寸，照明设备可以具体分为附件III的三种不同类型：所有不同类型的光源属于第 3 类（“灯”）；根据灯具的尺寸大小，包含在第 4 类（大型设备）或在第 5 类（小型设备）中。

3.14 哪种类型的设备包含在第 2 条（3）（b）中作为“经过专门设计作为其他设备的组件”的豁免条款内？

如果是作为另一种类型的设备的一部分而专门设计和安装的，且仅作为这一设备的一部分时才能发挥作用，则此类设备被指令排除在外而不属于指令范围内，这样的设备是作为“专门设计的”，根据指令第 2 条（3）（b）被认定为在指令范围外。在这些情况下，“专门设计”的设备意味着它是一个定制的，因为它是专为满足设备的特定应用的需要而设计的设备的一部分。

专门设计的安装在另一种类型设备的部分组件，因此被排除在指令范围外的设备包括：

- 专门设计的，尺寸是按照一个具体的大型固定安装部分（LSFI）定制的（如特定尺寸的传感器设备，适用于内部钻头安装特性的特定的电气接口）。
- 专门设计的作为一个大型固定工业工具（LSSIT）部分设计安装的（如设计用于大型固定工业工具冷却润滑剂运输的泵）。

作为另一种类型的设备的一部分而专门设计和安装的排除在指令范围外的设备示例包括用于某些特定汽车模型或载入汽车内部的导航设备，为一个单独的飞机或飞机系列设计的厨房设备。相反地，设备旨在装配而不是专门设计时将不从指令范围内排除在外，诸如装配于任一汽车的免提电话系统和改型的卫星导航设备。

3.15 处于研发阶段的设备是否排除在指令范围外？

根据指令第 2 条（4）（f），只在企业对企业层面专门用于研究和开发（R&D）而设计的设备将被排除在指令范围之外，这将有助于减少给欧盟的研究、科技进步、发展和创新带来不必要的负担。

标准设备，如用于化学分析和其他实验室设备的监控设备或仪器，可同时应用于设备研发或其他商业用途中，将不列入指令的豁免项，仍属于指令范围内。豁免项同样不适用于设计投放到市场上的用于验证或监控研发设备和/或原型的设备。

列入指令豁免项，从指令范围内排除的用于研发的电子电气设备示例包括：

- 非成品，如样品或电子电气设备测试品（这些产品仍属于开发和预生产过程的一部分，而不用于出售）。
- 在内部定制的仅用于开发、测试、验证和评估的非成品“开发工具”，这些非成品可用于产品合规性，产品性能和客户接受程度的评估。

这种类型的电子电气设备属于概念、开发、设计或试生产阶段，是专门用于研发阶段而设计的。

3.16 是否所有的医疗设备都排除在指令范围外？

不是的，根据指令第 2 条（4）（g）规定，排除在指令范围外的豁免项包括在使用寿命结束之前可能具有感染性或引起潜在感染的医疗器械、体外诊断医疗器械，此外，有源植入型医疗器械也包含在指令的豁免项中以避免需要从死者身上取下电子电气设备。

使用寿命结束之前可能具有感染性或引起潜在感染的医疗器械设备包括：

- 单一使用医疗设备（例如，用于连接婴儿头部以监测婴儿在出生时的健康状况的电极，电极被作为感染的医疗废物弃置；监测本身与患者无接触的设备不包括在豁免项内）。
- 根据国家规定收集，并通过健康感染危害制度处理的医疗设备（临床废物）。

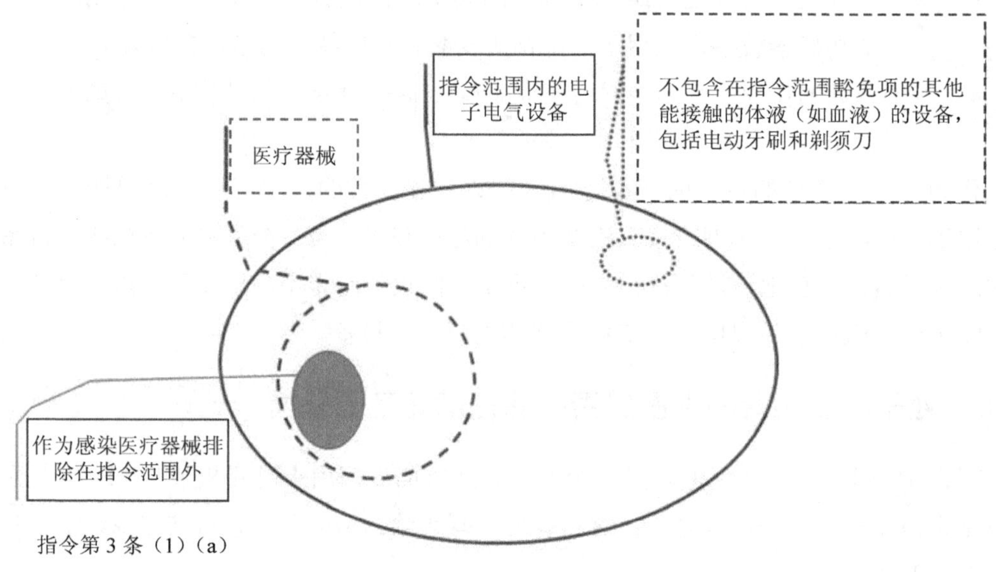

图 4-2 欧盟 WEEE 指令的范围及豁免

3.17 在大型固定装置或大型固定工业工具上的 IT 和通信设备是否排除在指令范围外？

这需要视情况而定，没有专门设计作为设备或工具的一部分进行安装的设备不属于指令豁免项范围，如烟雾探测器、计算机以及电缆就是包含在指令范围内的例子。只有当计算机是专为大型设备或工具而设计的（如一个集成和固定在大型固定装置的工业用电脑），如果该计算机只能在大型固定装置（因为其特殊的硬件和/或结构）中使用，它将作为大型固定装置的一部分被排除在指令范围外；如果不放置在大型固定装置内，这样的计算机本身不具有特定的功能，应包含在指令范围内。

3.18 安装在大型固定装置中的照明设备是否排除在指令范围外？

不是的，指令第 2 条（4）（b）规定，任何未被特别设计和安装的设备，仅是作为一个大型固定装置的一部分，将不会被排除在指令范围外。照明设备通常不是专门设计的，只是一个特定装置的一部分，因此包含在指令的范围内。

4 定义——第 3 条

4.1 “依靠电流或电磁场来正常运行”是什么意思？

“依靠电流或电磁场来正常运行”意味着设备需要电流或电磁场（而不是汽油或气体等）来满足其基本功能（即当电流关闭时，设备不能满足其基本功能）。如果电能只用于支持或控制功能，这种类型的设备不在指令范围内，不需要电力发挥其基本功能（例如，仅需要一个电火花来启动）的设备示例包括汽油割草机和电子点火燃气灶等（见附录第二部分）。

某些设备类型属于新版 RoHS 指令（指令 2011/65/EU）①的第 3 条（2）中定义的更具体 “依赖”（电力）中，但是不属于电子电气设备指令中规定的需要电流或电磁场完成至少一个预期功能的电子电气设备，这些设备类型将不包含在电子电气设备指令范围内。

4.2 “大型固定装置（LSFI）和大型固定工业工具（LSSIT）”指的是什么？

指令第 2（4）条列出了指令的两个豁免项范围，在专业环境下组装的电子电气设备，即“大型固定工业工具”[第 2 条（4）（b）] 和“大型固定装置”[第 2 条（4）（c）]。

在指令的第 3 条（1）（b）和第 3 条（1）（c）中分别给出了 “大型固定工业工具”和“大型固定装置”的定义。更多关于“大型装置”的信息可以参见新的 RoHS 指令的常见问题文件（Q 3.1）。②

---

① 2011 年 6 月 8 日发布的欧盟议会和欧盟理事会关于限制某些有害物质在电子电气设备中使用的指令 2011/65/EU（重新修订版）（OJ L 174，1.7.2011，第 88 页）。

② 4.RoHS 2 指令的常见问题文件列在下面网页中，http：//ec.europa.eu/environment/waste/rohs_eee/pdf/faq.pdf。

4.3 欧盟成员国中的电子电气设备生产公司制造的货物全部出口，此公司是否还被视为这个成员国的生产者?

不是的，根据指令第 3 条（1）（f）（i）的规定，在某个欧盟成员国境内建立的生产制造电器商品的电子电气设备制造公司，只有当它在这一成员国境内用自己的名字或商标生产或销售电子电气设备时，才会被视为这个成员国的电子电气设备生产者。

4.4 不属于欧盟国家的电子电气设备生产制造商或者销售商是否可以作为生产者?

是的，根据指令第 3 条（1）（f）（iv），如果电子电气设备生产商或销售商在非欧盟成员国设立，并通过远程通信方式直接出售电子电气设备给欧盟国家的消费者，这些电子电气设备的制造商或销售者也必须要遵守指令的各项规定（即必须在所销售电子电气设备的欧盟成员国注册、履行回收义务、报告投放到欧盟成员国市场的电子电气设备的数量）。

但是，如果电子电气设备生产商或销售商在非欧盟成员国设立，并将电子电气设备卖给欧盟成员国境内的销售商进行出售的话，后者将按照指令第 3 条（1）（f）（iii）被定义为电子电气设备的生产者并履行指令规定的生产者的相关责任。

4.5 任何一个欧盟国家的自然人或法人将另外一个欧盟成员国或第三方国家的电子电气设备投放到市场中时，是否需要设备在自己的品牌或商标下才能作为设备的生产者?

不是的，任何一个欧盟国家的自然人或法人将另外一个欧盟成员国或第三方国家的电子电气设备投放到市场中时只要满足指令第 3 条（1）（f）（iii）中对生产者的定义即可作为设备的生产者，不论是否将电子电气设备纳入自己的品牌或商标内。

4.6 “电子电气设备可以被用于私人家庭用户和私人家庭以外”（其报废产品“在任何情况下均被作为来自私人家庭的报废电子电气设备”），这个术语指的是什么?

这个术语“来自私人家庭的报废电子电气设备”已经添加到指令的定义条例中第 3（1）（h）条，指的是由于其本质可以被认为是由私人家庭和私人家庭以外的用户使用（专业用户）。这种设备应该作为家用设备登记和报告，报废产品应该作为来自私人家庭的报废电子电气设备。

这种设备的例子包括：

- 可以在私人家庭和在商业/工业环境中使用的个人电脑和电话；

- 标准光伏电池板的功率消耗或发电工作电压在私人家庭范围内。

由于其性质不应被假定为私人家庭使用的电子电气设备的例子包括：

- 仅在医院和医疗中心使用的医疗设备（如医用 X 射线设备）；
- 电子电气设备的功率消耗或发电工作电压在私人家庭范围以外（如设计供专业使用的大型光伏系统）和需要专业执照或入门介绍服务授权才能进行操作的电子电气设备（如需要电信监管许可证的基站）。

4.7 某一成员国的二手电子电气设备经过专业途径投放到另一成员国境内时是否仍然满足“投放市场”的定义？

是的，当设备在最初投放市场的成员国范围内移动时，该指令在所有成员国内均适用。

如果一个成员国的电子电气设备经过专业途径投放到另一个成员国的市场上时，根据指令第 3 条（1）（k）将被视为一种新的“投放市场”。这种解释适用于任何在专业基础上销售的二手、翻新或再利用的产品，但是不适用于由最终的用户转售的使用过的电子电气设备。

5 分类收集——第 5 条

5.1 报废电子电气设备的分类收集中销售商的责任是什么？

指令第 5 条（2）（b）要求经销商在出售新产品时需同时接受同等项目的废弃物品。如果成员国想要违背这一规定，成员国可以执行要求它们确保报废电子电气设备回收不对最后拥有者造成更大困难和这些系统对最后拥有者免费的条款。

指令第 5 条（2）（c）要求经销商在销售电子电气设备的至少 400 m^2 以内的零售商店免费收集最终用户返回的小型报废电子电气设备（外部尺寸不超过 25 cm），且最终用户没有义务购买同等型号的电子电气设备。如果成员国希望通过采用替代现有的收集方案，必须证明替代方案至少是有效的，而且必须向公众展示方案的评估结果。

5.2 如何测定可被认定为“超小型”电子电气设备的外部尺寸？

依据指令第 5 条（2）（c）“超小型”电子电气设备指的是外部尺寸不超过 25 cm 的设备。测量的外部尺寸包括：

（1）“超小型”的具有弯曲表面的设备

简单地在设备周围画一个包装盒子线，然后测量包装盒子线的尺寸。

（2）“超小型”的设备零件

通过围绕没有任何可以移除的配件的设备的周围画一个包装盒子线来分别测量设备和配件的尺寸。例如，一个手机产品，在这种情况下，去掉电池的手机与其电池是两个商品，且手机和电池的尺寸需分别测量，测量方法就是在手机和电池周围分别画一个包装盒子线来测量。

（3）电缆

将电缆以最紧凑的方式捆绑起来，然后在其周围画一个包装盒子线来测量电缆的尺寸。

6 再利用中心——第6条

再利用中心是否有权访问收集点?

是的，指令第6（2）条要求欧盟各成员国提供报表推进收集方案或设施，在合适的收集点提供报废电子电气设备的分类，以备于进行再使用和通过授权人员从再使用中心进入报废电子电气产品，根据欧盟废弃物框架指令2008/98/EC的附件四（第16条）为再利用中心提供授权。

关于再利用中心对收集点的访问及使用，可以应用成员国现有存在的一些不同的做法。例如，如果生产者责任制度建立收集点，他们也可以控制访问所有收集点的权限，并与认可的再利用中心进行合作。也可以根据各运营商和再利用中心之间的授权合同获得访问权限；“运营商”可以包括市政或协会（经营市政收集中心）、私人废物公司（经营合规计划的区域收集中心）或社会企业（为市政当局服务的收集中心和/或合规计划的承包商）。

7 收集率——第7条

7.1 哪个责任方负责收集率目标的实现?

根据指令第7（1）条的规定，各成员国应确保达到指令第7（1）款规定的收集率。

为了实现收集率，成员国应确保建立集体的和/或单独的收集系统，建立充分和可访问的收集点，并采取行动增加收集和促进（如全国宣传活动）。

7.2 成员国是否可以设定更高的收集率目标？

是的，根据指令第 7（1）条的最后一个条款，各成员国可以设定更高的报废电子电气设备的分类收集目标，但在这种情况下，需向欧盟委员会上报。

7.3 成员国是否需要在“占前 3 年投放市场的电子电气设备的平均质量的 65%”或“各成员国境内产生报废电子电气设备总质量的 85%”两个目标中确定选择需要达到哪一个目标？

不需要，指令第 7（1）条规定成员国不需要做出选择。从 2019 年起（指令生效 7 年后），指令第 7（1）条只要求成员国满足其中任意一个收集率，这意味着，成员国的年度收集率被允许符合无论是前者还是后者的规定，且他们不需要事先上报所选择的收集率选项。

7.4 各成员国应如何计算基于前 3 年投放市场的电子电气设备的平均质量的 65%或本国境内产生报废电子电气设备总质量的 85%的收集率？

根据指令第 7（1）条，从 2019 年起，每年应实现的最低收集率是基于前 3 年成员国投放市场的电子电气设备的平均质量的 65%或该成员国产生报废电子电气设备总质量的 85%。

如果成员国更倾向于满足某一年（*x*）的 65%的收集率，应计算该成员国前 3 年投放市场的电子电气设备的平均质量，即（*x*–1）、（*x*–2）和（*x*–3）年。因此，作为第一个应用这一目标的年份，2019 年，收集率应为基于 2018 年、2017 年和 2016 年投放市场的电子电气设备的平均质量的百分比。

若成员国更愿意符合某一年（*x*）的 85%的收集率，应计算当年（*x*）该成员国境内产生的废弃电气电子设备产生的质量。作为第一个应用这一目标的年份，2019 年，收集率应按 2019 年该成员国当年所产生的报废电子电气设备总质量的百分比计算。

成员国全国投放市场的电子电气设备的质量以及在该成员国境内产生的报废电子电气设备的质量的计算应参考指令第 7（5）条中欧盟委员会建立的计算方法。

7.5 欧盟成员国是否可以免费获得通过各种途径分类收集的所有报废电子电气设备的报告信息？

是的，指令第 7（2）条规定各成员国需收集所有分类收集的报废电子电气设备信息。成员国需收集回收和处理设施、销售商和生产者或第三方代理的资料信息且这些信息应免费上报给成员国。然而，成员国国家数据收集系统的实施细则根据成员国的情况不同而有较大的变化空间。

7.6　欧盟各成员国是否需要收集通过各种途径收集的报废电子电气设备的信息？

是的，根据指令第 16（4）条的规定，成员国需要通过各种途径收集报废电子电气设备的信息。这意味着，各成员国应采取措施收集涉及报废电子电气设备所有方面的信息并接收通过各种途径收集的报废电子电气设备的数量和目录类别的信息。

在由生产者设立和操作的生产者责任制度以外的报废电子电气设备废物流也是非常重要的，特别是对于需将通过不同途径分类收集的所有的报废电子电气设备计算在内的收集率。这些被称为"赠送的报废电子电气设备废物流"是由一系列相关者收集的，从小规模的上门回收到大规模废品经销商和回收商都包括在内。各成员国所面临的挑战是确保这些单独分类收集的免费的报废电子电气设备废物流能够得到准确的度量以及适当的处理。

鉴于报废电子电气设备废物流的复杂性，在指令第 16（4）条的基础上，各成员国可以选择使用证实的估算方法来估算通过各种途径收集的报废电子电气设备的量来证明或帮助他们证明已经达到指令第 7（1）条规定的收集目标。证实的估算方法须有独立的科学方法的支持，并尽可能以真实的市场数据为依据。

7.7　是否有应用于专门产品目录类别的单独的收集率？

没有，指令第 7（1）条所规定的收集率不为特定的产品类别设定单独的收集率。指令只规定了通用报废电子电气设备所需要达到的收集率目标，并没有针对不同类别中报废电子电气设备制定单独收集率目标。

指令第 7（6）条规定，欧盟委员应检查列于附件III的一个或多个目录类别的各种收集率的设置可能性，特别是对温度交换设备、光伏板、小型设备、小型 IT 和电信设备以及含汞灯具。2015 年 8 月 14 日欧盟委员会将会就这一问题提交一份报告，如果可行的话，立法提案将随之提出。

7.8　如何设定在第 7 条（1）中的来自私人家庭以外的使用者的报废电子电气设备的收集率？

在 2015 年 12 月 31 日前，分类收集率为每年每人至少收集 4 kg 来自私人家庭的报废电子电气设备，或是成员国前三年收集的报废电子电气设备总质量的均值，以二者中较大的收集率为准。

但是，从 2016 年起，各成员国每年的最低收集率是收集到的报废电子电气设备的总质量占前 3 年投放到该成员国市场的电子电气设备平均质量的 45%（2013 年、2014 年、

2015 年）。这就意味着从 2016 年开始，一个单一的最低收集率将适用于报废电子电气设备总量，包括来自私人家庭以及私人家庭以外的用户。

8 关于使用者以及处理设施的信息——第 14 条和第 15 条

当电子电器设备被标记后投放到某个欧盟成员国市场并在成员国之间进行交易，这件产品是否需要被重新标记？

不用，如果电子电气设备的生产商（或在供应链中合作的任一方）将标记过的电子电气设备投放在某个成员国市场且在与另一个成员国进行贸易时，另一个成员国负责标记电子电气设备的一方（如生产商）将不需要再重新标记电子电气设备，因为根据指令第 14（4）条和第 15（2）条要求的标记信息已经在电子电气设备中存在了。

如果电子电气设备的生产商（或在供应链中合作的任一方）将没有标记的电子电气设备投放在某个成员国市场，那么在与另一个成员国进行贸易时，负责在该成员国销售电子电气设备的一方须在产品上做出标记。

9 授权代表——第 17 条

生产者是否有权利选择授权代表注册来替代在其销售产品的成员国注册？

是的，根据指令第 17（1）条规定，各成员国应确保在指令第 3 条（1）（f）（i）到（iii）条定义的生产者可以是在另外一个成员国中成立的，作为指令第 3 条（1）（f）（i）到（iii）的特例，可以指定一个法人或自然人在该成员国境内设立授权代表，负责履行在该区域内的生产者的相关责任。

为了说明这一点，假设一个公司 A 在某个成员国（成员国 1）建立后向另一个成员国（成员国 2）的一个或一个以上公司（如公司 X、Y）出售电子电气设备，根据指令第 17（1）条，成员国 2 允许公司 A 指定一名授权代表负责履行公司在成员国 2 的相关责任。这就意味着公司 A 投放在成员国 2 市场上的所有产品都可以由授权代表负责履行相关的义务（如注册、申报方案等）；同时也意味着公司 X、Y［根据指令第 3 条（1）（f）（iii）作为在成员国 2 的生产者］可以作为授权代表履行在成员国 2 的生产者的责任。

对于在指令第 3 条（1）（f）（iv）中所定义的成产者，指令第 17（2）条规定电子电气设备生产商在某个欧盟成员国设立，并通过远程通信方式销售产品，即没有在其销售产品的成员国设立，该成员国需确保这类生产商在其销售的成员国内指定一名授权代表以保证能有责任人来负责履行相关责任。

在指令第 3 条（1）（f）（iv）中的通过远程通信方式销售电子电气设备的生产商在非欧盟国家设立，则须在他们销售电器及电子设备的欧盟成员国注册，若该生产商没有在其销售产品的成员国注册，则应通过授权代表注册。

10 检查和监督——第 23 条

10.1 指令第 23（2）条中是否意味着欧盟各成员国的所有二手电子电气设备的装运都必须符合附件 VI 的实施标准？

不是的，根据指令第 23（2）条，各成员国只有在下列情况下才需要符合附件Ⅵ要求的实施标准，即如果怀疑装运的二手电子电气设备为报废电子电气设备，对于装运的最低要求是不得阻碍二手设备的合法贸易；如果怀疑有非法货物装运垃圾，附件Ⅵ中包含供成员国澄清情况的法律文件[①]。

例如，可能会由于二手电子电气设备包装不当而引起怀疑，没有符合标准的包装来避免设备在运输、装卸过程中免受损坏，这样的装运就表明装运的货物有可能是报废产品，即妥善包装的二手电子电气设备被怀疑为报废电子电气设备的可能性就很小。

10.2 指令第 23（2）条是否也适用于二手电子电气设备在欧盟成员国之间的装运？

是的，指令第 23（2）条既适用于运入与运出欧盟境内的二手电子电气设备，同时也适用于欧盟各成员国之间的二手电子电气设备的装运。

10.3 一些使用过的电子电气设备只是怀疑而被证明不属于废弃电子电气设备，其生产者或责任人是否还需负责支付此类产品的装运以及存储费用？

是的，指令第 23（3）条允许成员国对被疑似为报废电子电气设备的二手设备进行分析和检查，分析和检查的费用（包括储存的成本）应向生产者、生产者的代理商或安排被疑似为报废电子电气设备的二手设备的装运的其他相关责任人进行收取，而不管这些二手电子电气设备是否被证明为属于报废电子电气设备。

---

① 2012 年欧盟委员会通信 COM（2012）139 Final/11.4.2012。

11 装运的最低要求——附件Ⅵ

11.1 二手电子电气设备的“持有人”一定是其合法拥有者吗？

不是的，附件Ⅵ第（1）点所说的“设备的持有人”是指想要或者正在装运二手电子电气设备的人；而附件Ⅵ第（1）（c）点和第（5）点指的是“安排装运的人”。“设备的持有人”是指拥有（直接或间接）二手电子电气设备的自然人或法人，而不一定是二手电子电气设备的合法拥有者。

11.2 在设备运输、装卸过程中，为了保护设备不被损坏是否需要足够的包装和负载的适当堆叠？

是的，当装运的二手电子电气设备是用于再利用的，那么就需要通过足够的包装和适当的堆叠（类似于保护新产品的运输）来妥善保护。

11.3 在附件Ⅵ的第 2（a）点中，“保修”的含义是什么？

在附件Ⅵ的第 2（a）点中，“保修”可以被认为是在生产国家的法律规定的生产者对于出售给消费者不合格的设备产品的一项义务，或任何由卖方或生产商签署的如果设备不符合保证声明或相关广告规定的维修或更换设备的书面协议。

保修的具体示例包括在指令 1999/44/EC 中的法律和消费者的保障以及制造商和销售商所提供的涉及电子电气设备商家对商家的交易模式中的保修。该术语还涵盖了其他的合同承诺，如延长保修，或在销售、服务、保养和维修范围内所需承担的责任和义务。

11.4 当所需装运的二手电子电气设备用于租赁时，附件Ⅵ第 2 点中的减损需求是否还适用？

根据指令第 3 条（1）（e）的定义，当电子电气设备的持有者丢弃、准备或需要丢弃这些设备时，设备即转成报废电子电气设备。但在有效的租赁合同内的二手电子电气设备，如果是由一个有专业基础的人来装运，这将是一个租赁业务，而只要持有人没有打算丢弃它就不能认定为是报废电子电气设备。因此，这种电子电气设备不是疑似报废电子电气设备，除非还有足够的证据来证明这些二手设备将不再适用（如没有足够的包装和适当的堆叠存放）。

11.5 哪种情况可以适用附件Ⅵ第2（b）点的减损情况？

附件Ⅵ第2（b）点适用于在以再利用为目的的合同下的专业翻新和维修的二手电子电气设备，送至：生产者；或生产者的代理商；或履行经济合作与发展组织欧盟委员会理事会第C（2001）107/FINAL号决定的第三方国家，此决定是对其先前关于对拟作回收处理的废物的越境转移实行控制的第C（92）39/FINAL号决定的修订。

11.6 “责任人声明”的目的是什么？这个声明应该采取什么形式？

附件Ⅵ第4（b）点所指的“责任人声明”的目的是指在附件Ⅵ规定的自然人或法人采取附件Ⅵ中所要求的装运的责任，该责任人是安排装运的人。该声明可以通过在附件Ⅵ第1（c）点的要求下添加适当的文本来实现。

11.7 是否有必要满足附件Ⅵ中第5点提到所有信息以证明一个电气电气设备是二手的？

不用，在附件Ⅵ第2点的减损范围内的二手电子电气设备在装运时不需要附带第1（a）和1（b）点以及第3点下的文档。不然的话，附件Ⅵ第5点的措辞可能会被误解而导致额外的文件要求，但二手电子电气设备装运时，根据附件Ⅵ第2点的减损要求这个文件是不需要的。

11.8 排除在指令范围外的二手电子电气设备的装运是否需要满足附件Ⅵ的要求？

不需要，排除在指令范围外的电子电气设备（如有缺陷的大型固定工业工具和大型固定装置）不受附件Ⅵ中装运的最低要求的管制。

附录

本附录的目的是帮助说明该指令的范围。

附录分为两部分：

第一部分：提出了一个“决策树”，协助生产者如何找出该指令是否适用于他们的产品，以及由国家主管部门来决定具体的设备是否在指令范围内。

第二部分：提出了用于确定某种产品是否属于指令适用范围的准则说明，并提供了具体的实例以供参考。

第一部分："决策树"——如何才能发现该指令是否适用于我的产品?

要查明该指令是否适用于你的产品可遵循图 4-3 所示的决策树。查看每一个信息盒子，如果你能对第一个信息盒子中的标准 1 或标准 2～5 之一回答"是"，那么这个设备将被认为是电子电气设备，并作为指令的适用范围的一个出发点。如果对于第一个盒子的所有标准的答案都是否定的，那么你的设备就不在指令规定的范围内。

如果你可以对第二个信息盒子中的标准 A～J 回答"是"，则你的设备可能被排除在指令范围之外。前 3 个标准（A、B、C）已经被应用于过渡时期，而其余的标准将会从 2018 年 8 月 15 日起适用。如有疑问，请联系各成员国的国家相关主管部门。如果没有任一排除标准适用于你的设备，则设备属于指令的范围内。

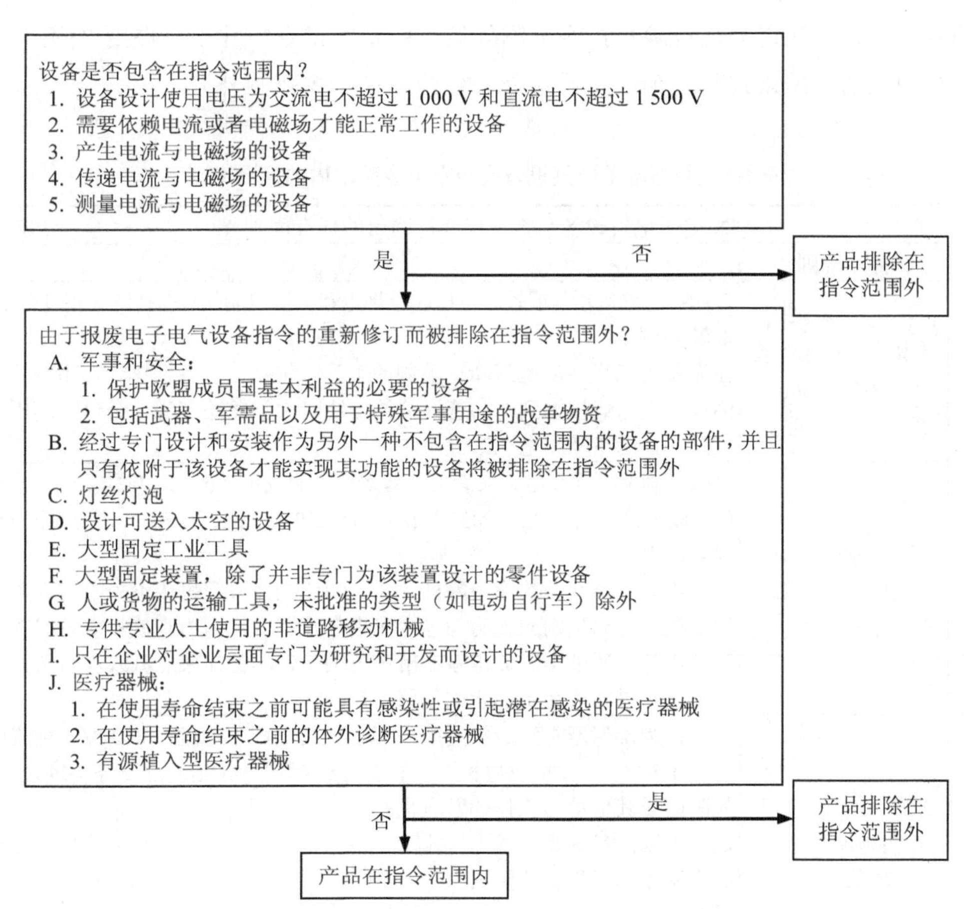

图 4-3 WEEE 指令产品判定"决策树"

第二部分：确定某种特定设备是否属于指令使用范围的准则说明

本附录部分给出了 15 个关于设备是否在新的报废电子电气设备指令范围内的界定标准，每个标准都给出了一个对指令标准有所误解的例子，以澄清每个标准中可能存在的灰色区域。

列表第一列是本附录中所使用的数字：包括属于指令范围内的标准 1～5 和排除在指令范围外的标准 A～J；第二列是指令所给出的标准的具体内容；第三列是所列标准的目的（为什么给出这个标准）和可能会被误解的例子。推出这个准则说明是为了在讨论电子电气设备是否在指令范围内时，避免某些句子可能经常给出不同的解释、理解和翻译而失去其原始的最初的意义。

例如，在旧版报废电子电气设备指令 2002/96/EC 中存在一个常见的“误解”：固定在墙上的专业设备被认定为是排除在指令范围外的。但是在指令中并没有提到“固定”可以作为一个独立的判据来判断一个通用设备是否被排除在指令范围外。

表 4-1 判断电子电气设备是否在指令范围内的标准准则

判断电子电气设备是否在指令范围内的标准准则①		
序号	标准准则	解释
1	设计用于额定电压不超过 1 000 V 的交流电和 1 500 V 的直流电的设备	目的：将电气输入或输出电压超过规定和共同限制的设备排除在指令范围外。 误解的例子： 在设备内部显示的电压超过限制的工具、机械、设备被排除在指令范围外，例如，当苍蝇接触到电动苍蝇拍的电线时由于短路产生一个瞬时高压，尽管它只是由两节 AA 电池来工作的
2	需要依赖电流或者电磁场才能正常工作的设备	目的：确保不需要电力来满足其基本功能的设备（例如，仅需要一个点火花就能启动）是不包含在指令范围内的，如汽油割草机、打火机、电子点火燃气灶。 误解的例子： 通过电动功能区分的设备除外，如电动牙刷，按照报废电子电气设备指令中的定义，电动牙刷应该明确包含在指令范围内，因为它依赖电流或者电磁场正常工作，所以不能被排除在指令范围外，尽管如果电流或电磁场关闭的话它仍然可以作为简单的牙刷使用
3	产生电流与电磁场的设备	目的：为确保所有发电机使用的额定交流电压不超过 1 000 V，直流电压不超过 1 500 V，此类发电机包含在指令范围内，包括通过燃烧、风力、水利、太阳能或其他动力工作的发电机。 这个准则的目的是将发电厂排除在指令范围外，仅是实现电流与电磁场产生的设备才属于指令范围内。 误解的例子： 属于整个发电厂的范围但是却被排除在指令范围外的发电机设备：如专门设计和作为部分安装在另一种设备类型上的发电机将不属于指令的范围

① 任何符合电子电气设备定义的设备都包含在指令范围内，除非它满足指令第 2 条所列的豁免条款。

判断电子电气设备是否在指令范围内的标准准则		
序号	标准准则	解释
4	电流与电磁场的传递的设备	目的：为确保所有用于传递电流或电磁场的媒介（包括电线、电流、变压器和天线）都被纳入电子电气设备范围内，除非他们属于任何指令豁免条款。 误解的例子： 没有独立功能的电缆和天线被排除在指令范围外，尽管它们的核心功能也是传递电流和电磁场
5	测量电流与电磁场的设备	目的：为了确保所有测量电流与电磁场的设备都纳入指令范围内，尽管设备本身可能不耗电，如电压计。 误解的例子： 没有确定

表 4-2 判断电子电气设备排除在指令范围外的标准准则

排除在指令范围外		
序号	标准准则	解释
A	为了保护成员国安全和基本利益所必需的设备，包括武器、军需品和用于特殊军事用途的战争物资	目的： 为了确保各成员国保护安全和基本利益所必需的设备（如军事情报设备）和用于特殊军事用途的战争物资，这些设备可以由其他违禁成分或需要妥善处置的成分构成而不需要将其组成公开给民众。一般来说，这些设备仅用于国家安全和军事力量而不会出售给普通用户，以此也不会进入普通的废物流。 误解的例子： 如果设备是一个可以公开获得的如军事武器库存的一部分或者是监视器则不包含在该准则中。类似于军用手电筒或军用物资的设备，其保密性对于国家安全没有太大关系，那么此类设备属于指令范围
B	经过专门设计和安装作为另外一种不包含在指令范围内的设备的部件，并且只有依附于该设备才能实现其功能的设备	目的： 确保设计和安装作为另外一种不包含在指令范围内的设备的部件，并且只有依附于该设备才能实现其功能的设备不会包含在新版报废电子电气设备指令范围内。 示例： ● 设计用于作为零件安装在船或汽车上的设备且只有在它是船或车的一部分时才能发挥其功能，且根据报废车辆和船舶的法律法规进行处置的设备包含在此排除准则内，如一个集成的无线电或导航设备。 ● 设备设计安装为一个大型固定装置的一部分。 误解的例子： 这一排除准则还包括具有独立功能的设备，但根据具体情况可能会作为一部分安装在另一个设备上，例如，将集成冰箱排除在指令范围外就是错误的，因为如果这样的话它可以作为厨房橱柜的一部分而被排除在指令范围外；或者是一个普通电视机面板，它可以被永久性地安装在墙上，如果这样就认为它是墙的一部分而被排除在指令范围外就是错误的

排除在指令范围外		
序号	标准准则	解释
C	灯丝灯泡	目的： 为了将那些已经在欧洲市场淘汰的设备排除在指令范围外。 误解的例子： 将那些在新的报废电子电气设备指令附录Ⅳ中明确提到属于指令范围的灯具也排除在指令范围外
D	设计可送入太空的设备	目的： 将那些设计为不会返回地球的设备排除在指令范围外。 误解的例子： 将用于控制卫星但是从来没有离开过地面的设备也排除在指令范围外。 将最初设计用于发送到太空却在后来发现在地面也有应用的设备排除在指令范围外
E	大型固定工业工具（LSSIT）①	目的： 理念是将经过专业安装、维护、使用以及拆除的大型固定工业工具/机器排除在新版报废电子电气设备指令范围外。 误解的例子： 将所有工业工具都排除在指令范围外。 只有那些满足大型固定工业工具定义的设备被排除在指令范围外
F	大型固定装置，除了并非专门为该装置设计的零件设备（LSFI）②	目的： 理念是具有大尺寸但不是工业工具的固定的专业电子电气设备，如果它符合“大型固定装置”的标准将属于豁免条款范围。 在指令陈述部分 9 中提到石油平台、机场行李传送系统以及电梯作为大型固定装置的例子不包含在指令范围内。 误解的例子： 认为路灯或固定在柱子上的体育场的灯或安装在墙上的电视机是固定装置。 认为不是专门为大型固定装置设计安装的零件部分也排除在指令范围外
G	人或货物的运输工具，未批准的类型（如电动自行车）除外	目的： 将卡车、汽车、摩托车、火车、船、飞机以及其他运输工具排除在指令范围外，其目的是区分经过认证和未经型式认证的不同交通工具类型。 误解的例子： 将可以容纳 1～2 个孩子坐在里面的电动玩具车排除在指令范围外。这样的玩具车应该首先被看作是一个玩具，玩具是包含在指令范围内的。 类型未被认可的电动自行车和电动滚筒排除在指令范围外

① 指令第 2 条（1）（b）对于“大型固定工业工具”的定义：指一种大型的由机器、设备和/或部件组装在一起有特殊用途的工具，在给定的场所长期固定，必须由专业人员安装或拆卸并由专业人员使用和维护，用于工业生产或研究开发。

② 指令第 2 条（1）（c）对于“大型固定装置”的定义：指由多种类型的设备和其他设备由专业人员组装和安装的大型装置，设计在预先限定的专用地点长期使用并由专业人员拆卸：

（i）由专业人员组装、安装和拆卸；

（ii）设计在预先确定的、在固定位置上的建筑物或结构的一部分，并被永久地使用；

（iii）只能由专门设计的同一种设备所替换。

排除在指令范围外		
序号	标准准则	解释
H	供专业人士使用的非道路移动机械①	目的： 将供专业使用的电力驱动的运输设备和移动机械（工作时四处移动）排除在指令范围外，如叉车、草坪搬运机、电动独轮车以及移动式起重机。 误解的例子： 将设计用来把面团做成面包的专业设备，因为它也可以在面包房里四处移动而排除在指令范围外。 将一个混凝土搅拌机，因为它可以从一个建筑工地移动到另一个建筑工地而被排除在指令范围外。 一种非固定的可以移动的水泵，将其排除在指令范围外的前提条件是它有轮子或类似的装置，当它泵水（工作）时，它是可以在这些轮子上移动的
I	只在企业对企业层面专门为研究和开发（研发）而设计的设备	目的： 一些研发设备可以是特殊设计的，且生产者不想公开其构成的设备，如果一些设备仅是用来研究和开发的，那么为了不给研究、科学进步以及欧盟的发展创新带来负担，此类设备是排除在指令范围外的。 误解的例子： 很难界定研发设备的界限，是为了私人家庭用户还是为了非私人家庭用户的使用者。如果一个设备已经广泛应用，还认为设备仍然被排除在指令范围外，这是对豁免条款的一个误解。 将既可以用于研发又可以用于如医院和教育目的等一般用途的离心机或血液气体测量仪排除在指令范围外
J	在使用寿命结束前可能具有感染性或引起潜在感染的医疗器械、体外诊断医疗器械以及有源植入型医疗器械②	目的： 为了避免从死者身上取下电子电气设备。 为了避免使被感染的设备进入废物流，从而造成人类健康风险。 误解的例子： 将任何与人体内的液体有接触的设备都排除在指令范围外，包括温度计、可重复使用的医疗设备，其中该设备有可能被感染的一小部分（小管）在设备每次使用后都扔掉，且关键设备可以进行消毒。 具体示例：一个可以重复使用的自动控制输注胰岛素的电动装置，包含一个通过人体皮肤的阀门和一个连接电子设备和阀门的管子，如果将电控输注装置排除在指令范围外将是对于指令的错误理解

① 指令第 2 条（1）（d）对于“非公路机动车”的定义：带有车载电源，在工作室，其运转需要机动地、连续不断地或者半连续地在固定场所范围内移动。

② 指令第 2 条（1）（m）对于“医疗器械”的定义：指 1993 年 6 月 14 日发布的关于医疗器械的第 93/42/EC 号指令的第 1（2）条（a）或（b）规定的医疗器械或者配件，同时也是电子电气设备。

指令第 2 条（1）（n）对于“体外诊断医疗器械”的定义：指 1998 年 10 月 27 日发布的欧洲议会和欧盟理事会关于体外诊断医疗器械的第 98/79/EC 号指令第 1（2）条（b）或（c）规定的替我诊断医疗器械或者配件，同时也是电子电气设备。

指令第 2 条（1）（o）对于“有源植入型医疗器械”的定义：指 1990 年 6 月 20 日发布的欧盟委员会关于成员国有源植入型医疗器械的第 90/385/EEC 号指令第 1（2）条（c）规定的有源植入型医疗器械，同时也是电子电气设备。

五、光伏板研究报告①
——WEEE 指令重新修订的影响评估补充

Study on photovoltaic panels-supplementing the impact assessment for a recast of the WEEEdirective

由欧盟委员会在其欧盟官方网站首次发布英文版本

http: //ec.europa.eu/environment/waste/weee/events_weee_en.htm

① BIO 信息服务公司，光伏板研究，以补充《报废电子电气设备指令》变动的影响评估。

免责声明

其他机构或者个人如果因为使用本报告或内容而导致了任何直接或者间接损失，本项目团队不承担任何责任。

本报告里面包含了作者的研究结果，不可视作欧洲委员会的观点。

1 摘要与结论

1.1 背景

欧盟委员会于 2008 年 12 月提议重新修订 WEEE 指令（2002/96/EC）。在指令重新修订的过程中涉及的指令范围，委员会旨在澄清指令的范围而不是修改。将光伏板纳入 WEEE 指令的范围这一潜在扩展在支持文件——新版指令提案影响评估报告 SEC（2008）2934 中并没有被提及。在共同决策程序的讨论以及光伏行业提交的关于环境协议的负面评估显示，将光伏板纳入 WEEE 指令的范围需要进行分析，从而为立法委员讨论这一问题提供基础。

光伏板是一种可再生能源，可以将太阳辐射直接转化为电流。目前，光伏板有多种类型，三代技术，材料构成也不尽相同。光伏行业是一个非常活跃的行业，竞争日趋激烈，预计未来太阳能的使用将会呈现快速增长。

近些年来，进入欧盟市场的光伏板数量快速增长，预计未来几年还会出现强劲增长。虽然目前废弃光伏板的量还微不足道，假设光伏板的使用寿命为 25 年，那么到了 2025 年或者 2030 年，废物的数量就不容忽视了。预计 2050 年寿命到期的光伏板总量达到 957 万 t[①]。若这些光伏板没有得到妥善处置，那么导致的主要环境问题有：铅滤出、镉滤出、传统资源损失（主要是铝和玻璃）以及稀有金属的损失（银、铟、镓和锗）。

1.2 研究目标

本研究的目标，与本研究所补充的新版指令提案影响评估报告 SEC（2008）2934 的目标一致：

- 确定报废的光伏板最重要的环境影响；
- 描述能够确保该 WEEE 废物流能从其他废物流中，并且为这种 WEEE 废物流的妥善处理创造可持续条件的基本政策选项；
- 将政策选项的环境、经济和社会成本和收益与基础情景进行对比。

1.3 光伏板的再循环

目前，光伏板的再循环从经济上不具有可行性，因为所产生的废物的数量还很少；到 2025 年或者 2030 年，大量的报废光伏板才会出现。虽然目前全球范围内正在大力修建光

① 不考虑新兴技术型光伏板，废物数量合计约为 920 万 t。在本研究中，由于缺乏新兴技术型光伏板的构成信息，因此这些光伏板没有考虑在内。

伏板处理和再循环设施，但是，针对光伏板，目前只有两种处理和再循环方法经过测试并投入应用：Deutsche Solar 公司对晶体硅光伏板的处理和回收流程，以及 First Solar 公司对碲化镉光伏板的处理和回收流程。由光伏行业资助的一个欧洲光伏协会“PV Cycle”实施了一个回收和再循环项目，而且提供再循环服务。

光伏板的处理和再回收流程与液晶显示屏、投影屏玻璃、镜子、汽车挡风玻璃、其他夹层玻璃以及气体放电灯等的处理和再回收方式类似，因为这些产品的玻璃比重都比较大。目前的再循环选项，除 Deutsche Solar 公司和 First Solar 公司研发的专业技术以外，重心都是玻璃再循环，因为光伏板里面成分最大的就是玻璃。光伏板厂商希望有一种简单的材料再循环流程来处理他们的生产废物，目前采用的方法是浮式玻璃再循环或者纤维玻璃再循环。

虽然目前有关于光伏板的新型再循环技术的研究、开发和测试工作，但此类工作的结果如何还很难评估。光伏板再循环的一个难点在于其寿命较长，预计有 25 年，其技术寿命甚至可以长达 30～40 年。但目前还没有足够的时间来区分光伏技术在技术寿命方面的区别。

2010 年 12 月，PV Cycle 提交了《光伏板分类收集和再循环的环境协议》，提议光伏行业自愿收集并拟定再循环计划，该协议需要欧盟委员会审批才能生效。欧盟委员会评估了这一份协议，不过并没有认可和推荐，因为欧盟委员会有诸多顾虑，包括融资和目标设定等问题。本报告没有考虑 PV Cycle 提交的这份自愿协议，因为该协议目前还不具有法律效力。

1.4 情景评估

两个潜在的基础情景（无政策行为、光伏板不纳入 WEEE 指令）纳入了考虑：其中一个涉及不妥善处置（“最糟糕的情况”），另一个涉及目前的再循环和处理实践的持续性（自愿行为）。两个潜在的政策选项（政策行为、光伏板纳入 WEEE 指令范围之内）纳入了考虑：其中一个涉及仅将民用光伏板纳入 WEEE 指令范围之内（以下称“民用光伏板纳入 WEEE 指令范围之内”选项），另外一个涉及将所有的光伏板纳入 WEEE 指令范围之内（以下称“所有光伏板纳入 WEEE 指令范围之内”选项）。在本研究中，使用了“妥善处置”的说法，是指预处理（物理分离，有时候还包括热分离）和再循环（材料再循环），包括根据 WEEE 指令以及《废物框架指令》的规定对危险物质进行密闭式处置。

由于目前光伏技术以及再循环技术的快速发展，再加上未来光伏产品再循环很多方面的具体数据的缺乏，因此，根据目前能够获得的信息，进行了假设，以预估未来光伏产品再循环的潜在景象。

1.5 结论

通过评估所考虑的4个情景，可以得出结论：将光伏板纳入WEEE指令范围之内，可以降低因没有妥善处置光伏产品所导致的潜在环境影响，并产生经济收益。未妥善处置的光伏板会导致铅和镉滤出，此外，未回收的光伏板中珍贵的传统资源和稀有金属会导致潜在的资源损失。因此，限制未妥善处置的光伏板的数量，对环境有积极的影响。

将民用光伏产品纳入WEEE指令范围之内（政策选项A），与不进行预处理或者再循环光伏板的基准情景（基准情景 A）进行对比，那么前者造成的环境影响只有后者的1/4。如果将所有光伏产品纳入WEEE指令范围之内（政策选项B），与不进行预处理或者再循环光伏板的基准情景（基准 A）进行对比，那么前者造成的环境影响只有后者的1/6。基准情景B认为简单再循环的收入并不能抵消材料再循环成本；不过，这两种政策选项都涉及将光伏产品纳入WEEE指令范围之内，如果考虑到这两种政策的高效性，那么再循环产生的收入将不仅可以抵消物流以及预处理再循环成本等。随着报废的光伏板数量的增加，以及报废光伏板再循环技术的提高，创造工作岗位的可能性也会增加。

政策选项B(将所有光伏产品纳入WEEE指令范围之内)已经被视作推荐的政策选项。考虑到收集的收益和成本，基于目前的知识以及所描述的假设而进行的妥善处理和再循环，政策选项B会产生最高的净收益。到2050年，年净收益将达到166亿欧元（较之于基准情景A)，165亿欧元（较之于基准情景B)，16.7亿欧元（较之于政策选项A)。政策选项A（将民用光伏产品纳入WEEE指令范围之内）同样具有很明显的积极影响，到2050年，年净收益将达到149亿欧元（较之于基准情景A)，接近148亿欧元（较之于基准情景B)。

从再循环产生的资源效益来看，推荐的政策选项B会产生更高的收益。

2 初步简介

2.1 定义与技术

光伏板（PV）是一种可再生能源，可以将太阳辐射直接转化为电流。太阳能电池是光伏技术最基本的构成元件。太阳能电池是由具有光伏效应的半导体材料（如硅）构成的。

太阳能电池可以分为很多种。目前全球范围内生产的太阳能电池，90%都含有圆形的水晶硅电池。常用的太阳能电池原料为碲化镉，其市场份额也在不断增长，这使得薄膜电池的生产成为可能，而薄膜电池的生产成本要低于以硅为原料生产的太阳能电池。但以镉为原料的太阳能电池效率低于以硅为原料生产的太阳能电池，因此，如果要维持相同的性能，前者就需要较大的暴露面积①。

光伏板技术种类较多，可以分为第 1 代技术、第 2 代技术和第 3 代技术。晶体硅电池属于第 1 代技术，碲化镉电池属于第 2 代技术（接近其他薄膜技术），第 3 代技术为还没有大规模投入商业化的技术。

光伏板种类②：

（1）第 1 代技术：晶体硅（c-Si）

①单晶（效率极高，但是昂贵，最高纯度的硅，先进的生产流程）。

②多晶（从多面硅晶体上切割下来的太阳能电池，最普遍的类型，比单晶便宜）。

（2）第 2 代技术：薄膜（表面有一层或者多层光伏材料，如玻璃、不锈钢或塑料）

①非晶硅（硅的非晶体形式，使用较少的稀有原料）。

②碲化镉（CdTe，镉和碲的半导体复合体，性价比高，但是效率不如晶体硅，镉有较高的毒性）。

③铜铟镓硒（CIS 或者 CIGS，新技术，薄膜技术产品中效率最高者，生产成本较高，因为流程比较复杂）。

（3）第 3 代技术：聚光光伏（CPV）以及新兴技术

①聚光光伏技术使用镜片将太阳光聚焦到太阳能电池上。电池是由微量的高效但昂贵的半导体光伏材料生产的。聚光光伏电池可以采用硅或者Ⅲ-Ⅴ复合材料（砷化镓、GaA）生产。

②染料敏化太阳能电池成本较低，可以从用吸光色素包裹的二氧化钛等物质中释放电子。

③有机太阳能电池由可以生物降解的材料（如有机高分子或者有机小分子）构成；由于成本较低，因而面临着材料降解和不稳定等风险。

④湿式电池融入了目前市场上的多种技术，由有机和无机半导体材料构成。

光伏板、光伏模块、太阳能面板以及太阳能模块等术语都是指的同一个单元，即由独立的光伏电池或者太阳能电池构成的单元。本报告里面使用“光伏板”这一术语。关于本报告所使用术语的详细信息，参见附件 B 第 9 节。

峰瓦可以用于计算一定光照强度下（25℃下光照强度为 1 000 W/m^2）光伏产品的额定

① EC（2009）光伏太阳能——发展和现状研究 http：//etc.europa.eu/energy/publicaions/doc/2009_report-solar-energy.pdf。

② NTSA（2009） 光伏技术概述；

EPIA & Greenpeace（2011） 太阳能发电：太阳光伏电主宰全球；

Larsen，Kari（2009 年 8 月 3 日）：“光伏板寿命到期：如何处置？再循环太阳能光伏板，”可再生能源重点 http：//www.renewableenergyfocus.com/view/3005/endoflife-pv-then-what-recycling-solar-pv-panels/。

功率，该单位可以用于对比不同的面板。标准的晶体硅面板，其额定功率在 120～300 Wp，具体取决于面板的尺寸和效率。标准的薄膜面板，其额定功率要低一些（60～120 Wp），而且尺寸也要小一些[①]。

尺寸的选择取决于面板的技术：晶体硅面板的常见尺寸为 1.4～1.7 m^2，不过厂商也会生产大一点的面板（最大的有 2.5 m^2），对于碲化镉（CdTe）以及铜铟镓硒（CIGS）面板，尺寸在 0.6～1.0 m^2，而以硅为原料生产的薄膜，尺寸在 1.4～5.7 m^2。面板技术不同，产品的质量也不尽相同。例如，常见的碲化镉（CdTe）面板 1 m^2 大约重 15 kg，而铜铟镓硒（CIGS）面板 1 m^2 重 17～20 kg。

表 5-1 概述了光伏板的常见质量和尺寸规格。表 5-2 按照技术种类详述了几种面板构成，以及关于光伏板规格和构成的更多信息，参见附件 G 第 14.1 节。

表 5-1　按技术划分的光伏板规格[①②]

	晶体硅模块	薄膜模块		
		a-Si	CdTe	CIS/CIGS
每个模块的总质量	5～28 kg	11.7～20 kg	9～15 kg	10.2～20 kg
正常容量	120～300 Wp	60～120 Wp		
尺寸规格	常见尺寸为 1.4～1.7 m^2，最大可达到 2.5 m^2	1.4～5.7 m^2	0.6～1.0 m^2	

表 5-2　常见光伏产品构成举例[③]

材料	晶体硅模块	薄膜模块		
		a-Si	CdTe	CIS/CIGS
玻璃	74%	86%	95%	84%
铝	10%*	＜1%	＜1%	12%
其他组件（包括稀有金属）	16%	14%	4%	4%
其他主要材料（占 1%以上的成分）	EVA，特能（Tedlar）背板薄膜，硅，胶黏剂	多元醇（polyol），MDI	EVA	EVA
包括稀有金属	银	铟、锗		铟、镓
存在镉和铅	铅		镉	镉

*代表框架，主要是铝。

由于不同纬度地区的太阳辐射分布不同，且光照强度决定了各个电池的电能产量，因此，光伏系统的能力会因为地理位置的不同而不同。因此，要提供相同数量的电能，较之

① EPIA & Greenpeace（2011）　太阳能发电 6：太阳光伏电主宰全球。

② Ökopol et al.（2007）《光伏产品回收系统开发研究》。

③ Ökopol et al.（2007）《光伏产品回收系统开发研究》。

BIO Intelligence Service for ADEME（2010）　Etude de potentiel de recyclage de certains métaux rares：Partie 2。

于阳光充足的地区，光照较少的地区需要更大面积地覆盖光伏板。

光伏系统的成本一般用价格/Wp（如欧元/Wp 或者美元/Wp）来衡量。过去几年里，价格出现了大幅下降。目前的价格主要取决于来源以及尺寸（较小的屋顶设施，较大的光伏系统等）。批量订购的价格为 2.9 欧元/Wp 或 1.67 欧元/1.35 欧元/0.95 欧元/面板（单晶硅价格最低，其次是多晶硅，最后是薄膜）[①]。预计价格还会进一步下降：到 2030 年，价格会可能下降到 0.70～0.93 欧元/Wp，到 2050 年，价格甚至会下降到 0.56 欧元/Wp[②]。

2.2 光伏行业与市场

光伏行业是一个非常活跃的行业，竞争日趋激烈。2009 年，中国大陆地区连续第二年成为光伏板的主要生产国。中国大陆地区和台湾地区生产的光伏产品之和占比为 49%。以前的行业领导者日本、德国和美国，则丧失了巨大的市场份额，中国大陆地区和台湾地区后来居上。

中国生产的光伏板，95%用于出口，主要出口到德国，德国是欧洲光伏板使用大国，所安装的光伏板占欧洲 27 国光伏板总量（15 861 204 MWp）的 2/3（参见附件 D 第 11 节）[③]。德国后面远远地跟着西班牙、意大利、捷克共和国、比利时、法国和葡萄牙。

在整个欧盟，大约有 7 万人从事光伏行业[④]。

2.3 目前的再循环实践

专家认为，目前光伏板的再循环从经济上不具有可行性，因为所产生的废物的数量还很少；到 2025 年或者 2030 年，报废光伏板才会大量出现（参见附件 E 第 12 节：关于报废光伏板数量的更多信息）。尽管其产品具有较高的能源强度，但在光伏电池板生产中使用的原材料是比较便宜的。对于硅制面板来说就是如此，因为硅可以作为大量供给的原材料；而铜铟镓硒（CIS 或者 CIGS）以及碲化镉（CdTe）面板则具有更多潜在的经济刺激措施，因为铟、碲和其他稀有金属比较稀少，与未来日益增长的光伏行业相比，以及与未来对原材料的大幅增长相比，更是显得稀少。

虽然目前全球范围内正在修建大量的光伏板处理和再循环设施[⑤]，但针对光伏板，目前只有两种处理和再循环方法经过了测试并投入了应用：Deutsche Solar 过程（以前是在德

① Solarbuzz（2011）面板价格 http：//www.solarbuzz.com/facts-and-figures/retail-price-environment/panel-prices。

② EPIA & Greenpeace（2011） 太阳能发电 6：太阳能光伏发电主宰全球。

③ Earth Policy Institute（2009）太阳能电池的生产于 2009 年创造了新的纪录 http：//www.earth-policy.org/index.php？/indicators/C47/。

④ EC（2009）光伏太阳能——发展和现状研究 http：//etc.europa.eu/energy/publicaions/doc/2009_report-solar-energy.pdf。

⑤ 目前正在开发多种不同的再循环和处理方法，各厂商的再循环和处理方法不尽相同，由于光伏技术的类型不同，这些再循环和处理方法也不尽相同。附件 G 第 14 节表 5-42 概述了一些已知的再循环活动，目前正在开发之中，已经完成了大部分所需的实验室测试。

国）主要用于对晶体硅面板[①]的处理，以及 First Solar 过程（目前主要是在美国、德国和马来西亚运行）主要是用于处理碲化镉（CdTe）面板。由光伏行业资助的一个欧洲光伏协会“PV Cycle”实施了一个回收和再循环项目，而且提供再循环服务。

光伏板的处理和再回收流程与液晶显示屏、投影屏玻璃、镜子、汽车挡风玻璃、其他夹层玻璃以及气体放电灯等的处理和再回收方式类似，因为这些产品的玻璃比重都比较大。Deutsche Solar 公司和 First Solar 公司的流程，以及 PV Cycle 公司提议的自愿回收和再循环系统，下面有详细的描述。

Deutsche Solar 公司的晶体硅光伏板处理流程

- 起始日期：2003 年。
- 现状：Deutsche Solar 公司的试验项目由于成本问题（由于报废光伏板数量少）目前已经停止了；不过，公司正在考虑在以后的某个时间建立一个示范性工厂。
- 运营地址：德国（以前）。
- 可用容量和废品类型：目前无，如果存在将会仅用于处理生产过程中产生的废品，因为目前报废的光伏板数量非常有限。
- 所使用的技术：第 1 代光伏板技术，以晶体硅面板为代表。该技术用于多种类型和尺寸的硅制光伏板。

First Solar 公司的碲化镉（CdTe）光伏板处理流程

- 起始日期：2003 年。
- 现状：First Solar 公司的各个生产地点都进行再循环，主要是处理生产过程中产生的废品。First Solar 公司在售出的各个光伏板背面附上了再循环联系信息，消费者收集和再循环都是免费的。First Solar 公司提供包装材料，消费者可以将陈旧的光伏板运到最近的 First Solar 公司生产基地。该项目的融资方式，是在售出各个面板时，在托管信托账户里面存一笔钱，这笔钱的金额等于面板的收集、运输和再循环成本；从 2003 年开始第一次商业再循环运营时起，到 2009 年，First Solar 公司合计投入了 8 600 万美元来资助面板的收集和再循环。
- 运营地址：美国、德国、马来西亚。

① Deutsche Solar 公司的处理流程，于 2003 年推出，由于成本问题（因为报废光伏板数量少）已经停止了；不过，公司正在考虑以后建立一个示范性工厂。

- 可用容量和废品类型：目前的可用容量用于各个生产工厂在生产过程中产生的废品；管理报废光伏板需要容量的大幅提升。
- 所使用的技术：第 2 代光伏板，以碲化镉（CdTe）为代表。First Solar 公司与其他生产商共享技术知识，在其他碲化镉（CdTe）面板上测试了自己的流程，完成了铜铟镓硒（CIS 或者 CIGS）技术的测试。

目前的再循环选项，除 Deutsche Solar 公司和 First Solar 公司研发的专业技术以外，重心都在玻璃再循环，毕竟光伏板里面成分最大的就是玻璃。光伏板厂商希望有一种简单的材料再循环流程来处理他们的生产废物，他们目前采用的方法是浮式玻璃再循环或者纤维玻璃再循环。浮式玻璃再循环以后会生成高质量的碎玻璃，这些碎玻璃可以用于多个行业和多种产品；纤维玻璃再循环以后会生成较低质量的碎玻璃，这些碎玻璃可以用于绝缘，建筑行业以及其他用途。Deutsche Solar 公司和 First Solar 公司高效的再循环流程包含了物理分离和热分离，可以回收铅和镉供再次利用；而简单的玻璃再循环只进行物理分离，仅可以回收玻璃以及一些可控制的废弃物，不能回收铅和镉。本研究中有关再循环流程的更多信息，可以参见附件 H 第 15.1 节。

PV Cycle 的报废光伏板回收和再循环项目

- 起始日期：2007 年。
- 现状：截至 2011 年，PV Cycle 报告在整个欧洲范围内一共设立了 91 个获得认证的收集点收集光伏板用于再循环，发展了 180 多个会员公司。这些会员公司向 PV Cycle 缴纳年费，部分是根据他们所生产的光伏面板的质量，这些年费还包括运输和再循环成本。2010 年，PV Cycle 一共收集了 80 t 报废光伏板。预估 2011 年可以收集 1 500 t，不包括生产过程中产生的废品。
- 运营地址：在德国进行再循环，总部在布鲁塞尔，在 27 个欧盟成员国中收集。
- 可用容量和废品类型：PV Cycle 估计，目前欧洲报废光伏板再循环容量为 6 万 t。
- 所使用的技术：PV Cycle 拥有各种光伏技术，可以将硅制技术与薄膜技术区分开来。

虽然目前有关于光伏板和新的再循环技术的研究、开发和测试工作，但是这些工作的结果如何还很难情景预测。新兴技术可以降低有害物质的含量，但是需要新型的再循环技术。例如，湿式电池，包含了目前市场上的多种技术，可以使用与目前市场上类似的再循环技术进行处理；染料敏化太阳能电池，可能含有其他化学物质；有机太阳能电池很可能需要一种完全不同的再循环技术来处理。光伏板再循环的一个难点就在于其寿命较长，预计有 25 年。理论上的技术寿命甚至可以长达 30～40 年。目前还没有足够的时间来区分光伏技术在技术寿命方面的区别。

关于目前再循环实践的更多信息，可以参见附件 G 第 14 节。

2010 年 12 月，PV Cycle 提交了《光伏板分类收集和再循环的环境协议》，提议光伏行业自愿收集并拟定再循环计划，但该协议需要欧盟委员会审批才能生效①。欧盟委员会评估了这一份协议，不过并没有认可和推荐，因为欧盟委员会有诸多顾虑，包括融资和目标设定等问题②。本报告没有考虑 PV Cycle 提交的这份自愿协议，因为该协议目前还不具有法律效力。

2.4 政策背景

欧盟委员会于 2008 年 12 月提议重新修订 WEEE 指令（2002/96/EC）。在指令重新修订的过程中涉及的指令范围，委员会旨在澄清指令的范围而不是修改。将光伏板纳入 WEEE 指令的范围这一潜在扩展在支持文件——新版指令提案影响评估报告 SEC（2008）2934 中并没有被提及。在共同决策程序的讨论以及光伏行业提交的关于环境协议的负面评估显示，将光伏板纳入 WEEE 指令的范围需要进行分析，从而为立法委员讨论这一问题提供基础。

3 问题定义与研究目标

3.1 问题定义

近些年来，进入欧盟市场的光伏板数量快速增长，预计未来几年还会出现强劲增长。假定这些光伏板的平均寿命是 25 年，报废光伏板的产生量信息如下（附件 E 第 12 节提供了关于预计和计算的详细信息）。

请注意，本报告中的图表以及其他附图和表格，指的是一年的值，而不是超过一年的值③。

目前报废光伏板的数量还可以忽略不计，第一批值得注意的量出现在 2025—2030 年（分别为 188MW 和 2 033 MW），到 2050 年，将达到 6.8 万 MW。

---

① PV Cycle（2010）《关于光伏板分类收集和再循环的环境协议》http：//www.pvcycle.org/uploads/media/ENVI_Agreementfinal_ 2010.pdf。

② EC（2011）《欧洲委员会多个部门对 PV Cycle 公司 2010 年 12 月 3 日提交的环境协议的评估》http：//ec.europa.eu/environment/waste/weee/pdf/Evaluation%20PV%20Cycle%20Environmental%20Agreement.pdf。

③ 例如，2035 年的值指的是 2035 年这一年的值，而不是 2030—2035 年的值。

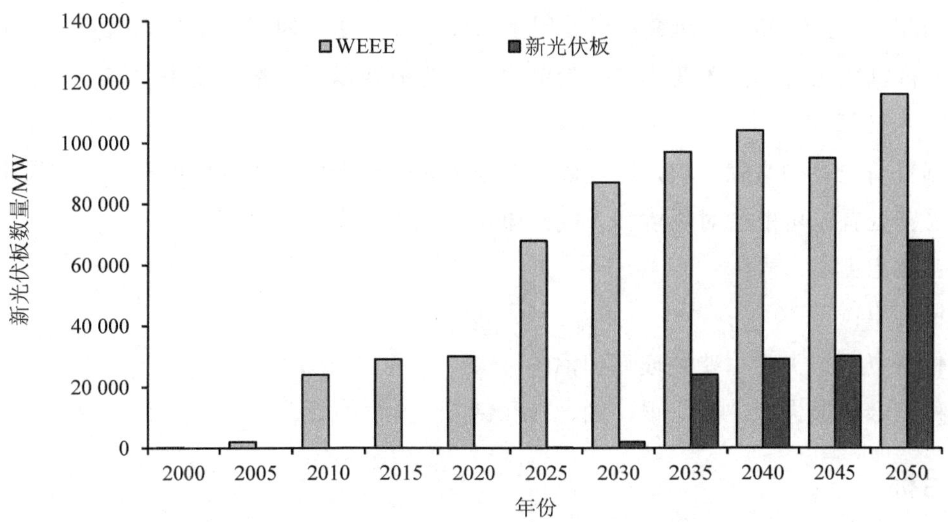

图 5-1 欧盟 27 个成员国每年投放市场的光伏板以及所产生的 WEEE[①]

按技术分类，图 5-2 所示的报废光伏板数量预计在未来的几十年里将会增加。预计 2050 年，报废光伏板总量会达到 950 万 t。这些报废产品里面，最重要的是晶体硅（c-Si）光伏板（第 1 代）（超过 40%）；其次是第 2 代技术（多晶硅、碲化镉、铜铟镓硒），在未来几年里将会稳步增加；到 2050 年[②]，第 3 代面板（新兴技术和聚光光伏面板）的报废数量才会初步引起注意。

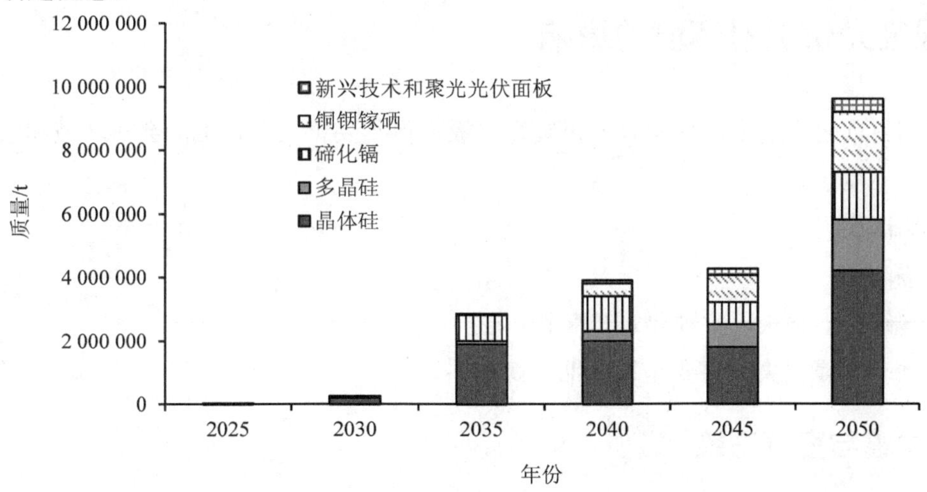

图 5-2 欧盟 27 个成员国每年由于技术而产生的光伏电子废品[③]

① BIO 信息咨询服务公司计算得出。

② 由于废品数量有限，对新兴技术下的光伏板的构成不确定，以及对再循环技术发展情况的不确定，本研究并没有评估新兴技术下的光伏板。

③ BIO 信息咨询服务公司计算得出。

Ökopol 公司《2007 年研究》里使用了另外一种方法，使用一个换算因子（不是按技术分类）将以兆瓦为单位改变为以吨为单位，换算成吨以后数量级要小一些，详细信息可以参见附件 E 第 12 节。

根据目前已有的文献资料，这些数量的报废光伏板产生的主要问题在于，如果报废光伏板未妥善处置，可能会对环境和人类健康带来以下不良影响：

①铅滤出；

②镉滤出；

③传统资源损失，主要是玻璃和铝；

④稀有金属损失，主要是银、铟、镓和锗。

3.2　目标

本研究的目标，与本研究所补充的新版 WEEE 指令提案影响评估报告 SEC（2008）2934 的目标一致：

- 确定报废的光伏板最重要的环境影响；
- 描述能够确保该 WEEE 废物流能从其他废物流中，并且为这种 WEEE 废物流的妥善处理创造可持续条件的基本政策选项；
- 将政策选项的环境、经济和社会成本和收益与基础情景进行对比。

4　报废光伏板对环境的影响

根据目前已有的文献资料，若报废光伏板未得到妥善处置，可能会对环境和人类健康带来以下不良影响：

①铅滤出；

②镉滤出；

③传统资源损失，主要是玻璃和铝；

④稀有金属损失，主要是银、铟、镓和锗。

4.1　土壤与空气污染

铅是一种重金属，易在人体和环境中富集，一旦进入人体，会随血液循环进入全身，并在骨骼里面逐渐积累。根据暴露程度，铅会对神经系统、肾功能、免疫系统、生殖系统和发育系统以及心血管系统产生不良影响。铅滤出的地方，其周围的生态系统也会遭到各种破坏，包括生物多样性丧失，植物和动物的生长和繁殖率下降，脊椎动物的神经也会受到影响。

铅滤出，基本上是第 1 代晶体硅光伏面板才会产生的问题。如果晶体硅光伏板里的铅与面板处于 pH 值相同的环境里，那么铅滤出就是微不足道的；如果暴露在 pH 值较低的环境中，如硝酸或者雨水中，就会刺激铅滤出，平均来看，晶体硅光伏板里面会有 13%～90%的铅滤出。每一个晶体硅面板（大约 22 kg）平均含有 12.67 g 铅，因此每一个面板可能滤出到环境里面的铅为 1.64～11.4 g，1 t 面板可能滤出到环境里面的铅为 75～518 g。

镉是一种重金属，可以在有机体中富集，其生物半衰期为 30 年；轻度镉中毒就可以导致严重的严重疾病，其潜伏期可以长达 10 年。镉是一种剧毒物质，极容易在人体里面富集，同时镉是一种公认的致癌物质，如果长期暴露在有镉的环境里，可能会导致病理改变。

只有第 2 代薄膜光伏板（尤其是碲化镉和铜铟镓硒技术）存在镉滤出风险。碲化镉光伏面板，如果面板中的镉与面板处于 pH 值相同的环境中，那么平均会有大约 7%的镉滤出。不过，如果镉处于较低的 pH 环境中，如硝酸或者雨水里面（如填埋场环境），那么镉滤出率会达到 29%～40%。每一个碲化镉面板（大约 12 kg）里面平均含有大约 4.60 g 镉，因此每个面板可能滤出到环境里面的镉为 0.32～1.84 g，1 t 面板可能滤出到环境里面的铅为 27～153 g。

铅和镉污染的外部成本，预计分别为 1.174 欧元/g 和 0.046 欧元/g。铅和镉滤出到土壤和空气中的成本可能会更高，但本研究中仅用金钱量化了它们滤出后对人体的伤害。更多信息参见附件 F 第 13 节。

4.2 资源损失

光伏板的生产原料里面，铝和玻璃占了很大比例（关于光伏板构成的详细信息参见附件 F 第 13 节）。这意味着要生产各种类型的光伏板，都要消耗可以再次使用的资源。例如，晶体硅面板（第 1 代）含有 74.16%的玻璃、10.30%的框架，该框架主要是铝构成的。如果用质量来表示，意味着每块面板（总质量 22 kg）里面，玻璃占 16.6 kg，铝占 2.3 kg。这些玻璃和铝都可以再循环。一个标准的铜铟镓硒（CIS 或者 CIGS）模块（第 2 代技术）最多含有 84%的玻璃和 12%的铝，即每块面板（总质量 11.7 kg）含有 8～9 kg 玻璃和 1.4 kg 铝，这些玻璃和铝也都可以再循环。2000—2009 年，玻璃的市场价格相对稳定，50 欧元/t。2011 年 2 月，铝的价格大约是 1 200 欧元/t[①]。FORWAST 项目组发布的一份研究评估了各种废品和处理方法对环境的影响，指出铝制废品和玻璃制废品的再循环最有可能降低废品对环境的影响[②]。

① 2001—2005 年，铝的市场价格逐步上涨，2006—2008 年达到价格波峰。2009 年急剧下降，然后又相对快速地上升，一直持续至今。

② FORWAST（2010）贡献分析和不确定评估文件。关于识别重点材料的结果解释，与废品预防、再循环以及废品处理方法的选择等有关。政策建议。http：//forwast.brgm.fr/Documents/Deliverables/Forwast_D63.pdf。

稀有金属的损失，尤其是银、铟、镓和锗等，是光伏板不进行再循环产生的另外一个影响，多种面板里面都含有上述各种稀有金属。虽然这些稀有金属占光伏板的比例仅为1%，但是它们的价值却是非常重大的。表4-3显示了光伏板所含的一些重要稀有金属的目前价值。

表5-3 光伏板中的稀有金属以及市场价格信息（2011年2月）①

稀有金属	每千克价格	含有稀有金属的光伏板的类型
银（Ag）	650欧元	晶体硅
铟（In）	442欧元	非晶硅，铜铟镓硒面板
镓（Ga）	515欧元	铜铟镓硒、聚光光伏（CPV）以及新兴技术面板
锗（Ge）	957欧元	非晶硅、聚光光伏（CPV）以及新兴技术面板

由于资源的价格的上涨，光伏板中传统资源和稀有金属损失的成本在未来还会继续增长。铝、玻璃和稀有金属未来的市场价格变化，取决于自然存量的消耗程度、未来需求以及提供可多次使用材料的再循环技术的可用情况。根据截至2011年2月的市场价格，传统资源和稀有资源损失导致的经济损失高达：每个晶体硅面板损失146欧元，每个薄膜光伏面板损失123欧元。这些数据是假设将这两种类型的面板中的全部材料都再循环而得出的。然而，需考虑到实际的再循环效率，本研究估计的再循环率的输出数据为铝100%、玻璃95%、稀有金属30%。②

如果考虑到目前实际的原料回收率（按材料分类）——本研究即将完成这一个问题，则由于原料损失导致的经济损失下降到了：晶体硅光伏板46欧元/板，薄膜光伏板37欧元/板。③这一组数据也可以这样表示：晶体硅光伏板2 105欧元/t，薄膜光伏板2 349欧元/t。关于目前再循环实践，以及由于报废光伏板未妥善处置和再循环导致的潜在经济损失的更多信息，可以分别参见附件G第14.2节以及附件H第15节。附件H第15.2节详细阐述了部分原料回收假设，本研究在计算潜在经济损失和再循环的潜在收益时使用了这些假设。

---

① BIO Intelligence Service for ADEME（2010） Etude de potentiel de recyclage de certains métaux rares：Partie 2.

② 铝回收率100%，玻璃回收率95%，稀有金属回收率30%，基于PVCylc公司和Ökopol公司《2007年研究》里的数据。

③ PV Cycle（2010）让光伏行业“双倍绿色”http：//www.pvcycle.eu/fileadmin/pvcycle_docs/documents/membership/PVCYCLE_11_2010.pdf。

Ökopol et. al.（2007）《光伏产品回收系统开发研究》。

表 5-4 预计 2011 年 2 月由于光伏板（每一个面板）缺乏妥善处置和再循环导致的经济损失——各种原料的高效再循环、不同回收率①

材料	价格/（欧元/kg）	回收率/%	晶体硅（第 1 代）质量/（kg/Wp）	晶体硅（第 1 代）价格/（欧元/Wp）	a-Si 模块（第 2 代）质量/（kg/Wp）	a-Si 模块（第 2 代）价格/（欧元/Wp）
玻璃	0.05	95	0.073 4	0.003 7	0.237 1	0.011 9
铝	1.20	100	0.010 7	0.012 8	0.000 1	0.000 1
稀有金属	变化的*	30	0.000 3	0.198 9	0.000 9	0.608 6
共计				0.22		0.62
每个平均模块				46.31		37.23
每吨				2 105		2349

* 估计晶体硅面板（含银）为 650 欧元，多晶硅面板（含铟和锗）为 700 欧元，基于 2011 年 2 月的市场价格。

4.3 环境影响概述

表 5-5、表 5-6 和表 5-7 概述了第 6 节评估政策选项时所用面板的环境影响。

表 5-5 弃置各个光伏板的影响①

	每单位光伏板模块弃置后的影响分析
土壤和大气污染	
从 c-Si 光伏模块的铅滤出	75～518 g/t
从镉硒光伏模块的镉滤出	27～153 g/t
资源流失	
玻璃	
c-Si 光伏模块的玻璃	0.073 4 kg/Wp
薄膜光伏模块的玻璃	0.237 1 kg/Wp
铝	
c-Si 光伏模块的铝	0.010 7 kg/Wp
薄膜光伏模块的铝	0.000 1 kg/Wp
稀有金属（Rm）	
c-Si 光伏模块的稀有金属	0.000 9 kg/Wp
薄膜光伏模块的稀有金属	0.002 5 kg/Wp

表 5-6 弃置每吨光伏板的外部成本（土壤污染的外部成本）①

	每吨镉/铅的外部成本/欧元	每吨光伏板的外部成本/欧元
大气和土壤污染的外部成本		
从 c-Si 光伏模块的铅滤出	1 174 000	348 000
从镉硒光伏模块的镉滤出	46 000	12

① BIO 信息服务公司计算得出。

表 5-7 弃置每吨光伏板导致的经济损失，假定原料能够通过多种方式回收并高效再循环（2011 年 2 月）[①②]

	弃置每吨光伏板导致的经济损失/欧元
资源流失导致的经济损失	
c-Si 光伏模块	2 105
薄膜光伏模块	2 349

计算经济损失时使用的是 Ökopol 公司《2007 年研究》里面的综合性信息[③]，以晶体硅作为晶体硅光伏板系列里面的代表，非晶硅作为薄膜光伏板系列里面的代表。之所以将非晶硅作为薄膜面板系列里面的代表，是因为缺乏各种薄膜光伏板详细的综合性数据。不过，较之于晶体硅光伏板，非晶硅光伏板的玻璃成分要大，而且使用了稀有金属（铟和锗），因此非晶硅从材料构成方面完全可以代表其他薄膜光伏板（碲化镉面板和铜铟镓硒面板）。

在计算经济损失时，假定了较高的再回收率，铝为 100%，玻璃为 95%，稀有金属为 30%。所使用的价格是基于目前（截至 2011 年 2 月）的市场价格，而且假定回收后的材料价格与未加工的原材料价格一样。在假定再循环收益时，假设了不同材料回收效率不同，详细信息请参见附件 H 第 15.2 节。

备注：在使用传统资源和稀有金属目前的市场价格时，没有考虑到通货膨胀；可以估计欧盟 27 国的通货膨胀率为每年 2%，在预测未来的市场价格时，可以逐年递增。市场价格还可能会因为需求、自然存储的损耗以及提供旧材料的再循环技术等原因而波动。

5 情景描述与政策选项

如果有合适的基础设施以及可持续的基金机制来收集报废光伏板，报废光伏板的负面影响可以大幅降低，光伏板中含有的贵重金属可以再循环。这些条件会根据以下两个政策选项而不同。

两个潜在的基准情景（无政策行为、光伏板不纳入 WEEE 指令范围）纳入了考虑：其中一个涉及不妥善处置——没有处理和再循环报废光伏板（最糟糕的情况），另一个涉及目前的再循环和处理实践的持续性（自愿行为）。两个潜在的政策选项（政策行为、光伏板纳入 WEEE 指令范围之内）被纳入考虑：其中一个涉及仅将民用光伏板纳入 WEEE 指令

---

① BIO 信息服务公司计算得出。
② 铝 100%，玻璃 95%，稀有金属 30%；政策选择 A 和政策选择 B 均使用了这些假设，参见附件 F 第 13.4 节。
③ Ökopol et. al.（2007）《光伏产品回收系统开发研究》。

范围之内（以下称“民用光伏板纳入 WEEE 指令范围之内”），另外一个涉及将所有的光伏板纳入 WEEE 指令范围之内（以下称“所有光伏板纳入 WEEE 指令范围之内”）。

备注：由于到了 2050 年，较之于其他光伏板技术，第 3 代技术（新兴技术）光伏板的数量极少[①]，再加上缺乏综合信息，新兴技术光伏板中所使用的材料不确定，再加上目前还没有新兴技术光伏板的再循环技术，因此，本研究没有考虑新兴技术光伏产品的数量。关于报废新兴技术光伏产品的估计数量的更多信息，可以参见附件 E 第 12 节；到 2050 年，合计达到 406 304 t。

备注：很难准确确定基准情景 B（自愿行为）：因为目前报废的面板数量很少，少量的报废光伏板很难形成经济刺激，缺乏光伏板原料再循环的技术，以及各成员国之间的基础设施和再循环设施数量不尽相同。假设是基于 2030—2050 年的再循环率，没有铜铟镓硒面板技术，因为目前缺乏这些类型的模板的再循环流程，而且，一直到 2050 年，该类型的光伏板技术再循环开发技术方向还不明确（因此该类型光伏面板在基准情景 A 里面没有经过处理和再循环就处置了）。关于在确定基准情景 B 时所使用假设的更多信息，可以参见附件 I 第 16.2 节。

5.1 基准情景 A：“最糟糕的情况”

基准情景 A（无政策行为、废品未妥善处置）意味着，相关法律中不包括报废光伏面板，相关行动方并不会自愿采用合适的技术收集、妥善处理和再循环报废产品。到 2050 年，没有处置和再循环的废品数量预计超过 900 万 t。关于基准情景 A 的更多信息可以参见 I 第 16.1 节。

表 5-8 欧盟 27 国各年光伏板数量（基准情景 A）

光伏板技术	*a* 产生的废物量/百万 t			*b* 收集率/%			*c* 适当处理后回收利用量/百万 t（$c=a\times b$）			*d* 没有适当处理和回收利用的量/百万 t（$d=a-c$）		
	2030 年	2040 年	2050 年	2030 年	2040 年	2050 年	2030 年	2040 年	2050 年	2030 年	2040 年	2050 年
c-Si	0.20	2.00	4.21	0	0	0	0.00	0.00	0.00	0.20	2.00	4.21
a-Si	0.02	0.33	1.57	0	0	0	0.00	0.00	0.00	0.02	0.33	1.57
CdTe	0.01	0.79	1.49	0	0	0	0.00	0.00	0.00	0.01	0.79	1.49
CIGS/CIS	0.00	0.05	1.89	0	0	0	0.00	0.00	0.00	0.00	0.05	1.89
总计	0.22	3.18	9.16	0	0	0	0.00	0.00	0.00	0.22	3.18	9.16

① 2050 年，寿命到期的新兴技术光伏板仅占 4%多一点。

5.2 基准情景 B：“自愿行为”

基准情景 B（无政策行为），光伏板不纳入 WEEE 指令范围。目前有收集、处理和再循环系统的地方（现行法律或者现行实践），预计这些系统将来仍然会继续运转，所占 WEEE 的比例会仍与目前相同。

Ökopol 公司的 Knut Sander（Ökopol 公司《2007 光伏产品回收系统开发研究》的主要作者）认为，目前报废光伏产品的收集率为 20%～30%[①]。所收集的报废产品几乎全部都会投入再循环设施，这些收集和再循环假设包括了 First Solar 公司以及其他光伏产品制造商目前的回收实践。因此，为 2040 年设定的回收率为 20%，为 2050 年设定的回收率为 30%。再循环率已经使用于晶体硅、非晶硅和碲化镉技术下生产的光伏板，因为目前已经有了这些技术下生产的光伏板的再循环技术，由于处理和再循环该类型光伏板技术的缺乏以及对这些产品未来的发展还不明确，预计到 2050 年，铜铟镓硒技术下生产的光伏板的回收率仍为 0。

到 2050 年，未处理处置的报废产品数量预计会低于 700 万 t。关于基准情景 B 的更多信息，可以参见附件 I 第 16.2 节。

表 5-9　欧盟 27 国各年光伏板数量（基准情景 B）[②]

<table>
<tr><th rowspan="2">光伏板技术</th><th colspan="3">a 产生的废物量/百万 t</th><th colspan="3">b 收集率/%</th><th colspan="3">c 适当处理后回收利用量/百万 t（c=a×b）</th><th colspan="3">d 没有适当处理和回收利用的量/百万 t（d=a–c）</th></tr>
<tr><th>2030 年</th><th>2040 年</th><th>2050 年</th><th>2030 年</th><th>2040 年</th><th>2050 年</th><th>2030 年</th><th>2040 年</th><th>2050 年</th><th>2030 年</th><th>2040 年</th><th>2050 年</th></tr>
<tr><td>c-Si</td><td>0.20</td><td>2.00</td><td>4.21</td><td>20</td><td>25</td><td>30</td><td>0.04</td><td>0.50</td><td>1.26</td><td>0.16</td><td>1.50</td><td>2.95</td></tr>
<tr><td>a-Si</td><td>0.02</td><td>0.33</td><td>1.57</td><td>20</td><td>25</td><td>30</td><td>0.00</td><td>0.08</td><td>0.47</td><td>0.01</td><td>0.25</td><td>1.10</td></tr>
<tr><td>CdTe</td><td>0.01</td><td>0.79</td><td>1.49</td><td>20</td><td>25</td><td>30</td><td>0.00</td><td>0.20</td><td>0.45</td><td>0.01</td><td>0.59</td><td>1.04</td></tr>
<tr><td>CIGS/CIS</td><td>0.00</td><td>0.05</td><td>1.89</td><td>0</td><td>0</td><td>0</td><td>0.00</td><td>0.00</td><td>0.00</td><td>0.00</td><td>0.05</td><td>1.89</td></tr>
<tr><td>总计</td><td>0.22</td><td>3.18</td><td>9.16</td><td>18</td><td>25</td><td>24</td><td>0.04</td><td>0.78</td><td>2.18</td><td>0.18</td><td>2.39</td><td>6.98</td></tr>
</table>

① 2011 年 3 月 3 日的采访。

② 2030 年、2040 年、2050 年的总再循环率指的是进行寿命到期的光伏板投入再循环的总量，应当注意的是，2050 年的数值低于 2040 年，因为到了 2050 年，大量的铜铟镓硒板进入市场，而这些面板的再循环率为 0。

5.3 政策选项 A：将民用光伏产品纳入 WEEE 指令范围之内

政策选项 A（将民用光伏产品纳入重新修订的 WEEE 指令范围之内）：将出售给私人家庭以及安装在私人家庭中的光伏板（“民用”）以及所有报废民用光伏板纳入 WEEE 指令范围之内，其规定类似于该指令范围内其他电子废品的规定。因此，预测民用光伏板废品的收集率为 85%，且几乎全部都会投入再循环设施，以避免对环境和人类健康的负面影响。也许一开始会认为假设光伏板的再循环率为 100%有一点高，但目前收集的全部光伏板都投入了再循环，将光伏板纳入 WEEE 指令范围以后，该趋势还会继续保持。因为通过高效再循环，可以从光伏板当中回收贵重金属，为将来收集的光伏面板投入再循环提供了经济刺激。

根据市场份额报告和趋势，预计从 2014 年开始，民用光伏板将占光伏板市场的 86%，商用（非民用）光伏板只占据 14%的市场份额。[①]

基于 85%的收集率，可以假定在各种技术下（晶体硅、非晶硅、碲化镉和铜铟镓硒）的民用光伏板有 86%可以再循环，剩下的 14%的商用光伏板会按照基准情景 B 进行再循环（20%～30%的收集和再循环率，适用于晶体硅、非晶硅和碲化镉技术）。WEEE 指令规定的政策选项 A 中民用光伏板 85%的收集和再循环率的更多信息，可以参见附件 I 第 16.3 节。到 2050 年，预计仍然未妥善处理、不能进行预处理和再循环的废品数量约为 200 万 t。关于政策选项 A 的更多信息，可以参见附件 I 第 16.3 节。

表 5-10 欧盟 27 国各年民用光伏板数量（政策选项 A）

光伏板技术	*a* 民用光伏模块装置产生的废物量/百万 t			*b* 收集率/%			*c* 适当处理后回收利用量/百万 t（*c*=*a*×*b*）			*d* 没有适当处理和回收利用的量/百万 t（*d*=*a*–*c*）		
	2030 年	2040 年	2050 年	2030 年	2040 年	2050 年	2030 年	2040 年	2050 年	2030 年	2040 年	2050 年
c-Si	0.17	1.72	3.62	85	85	85	0.14	1.46	3.08	0.03	0.26	0.54
a-Si	0.02	0.29	1.35	85	85	85	0.01	0.24	1.15	0.002	0.04	0.20
CdTe	0.01	0.68	1.28	85	85	85	0.01	0.58	1.09	0.001	0.10	0.19
CIGS/CIS	0.00	0.04	1.63	85	85	85	0.00	0.03	1.39	0.00	0.01	0.24
总计	0.19	2.73	7.88	85	85	85	0.16	2.32	6.70	0.03	0.41	1.18

① WinterGreen Research Inc.（2008）民用太阳能光伏板的市场份额，情景和战略，2008—2014 http：//www.researchandmarkets.com/reports/650926/solar_residential_panel_market_shares_forecasts。
WinterGreen Research Inc.（2008） 企业逐步环保：全球商用太阳能光伏板的市场份额，战略和情景，2008—2014 http：//www.marketresearch.com/product/display.asp？productid=1912877。

表 5-11 欧盟 27 国各年商用光伏板数量（政策选项 A）

光伏板技术	*a* 商用光伏模块装置产生的废物量/百万 t			*b* 收集率/%			*c* 适当处理后回收利用量/百万 t（*c*=*a*×*b*）			*d* 没有适当处理和回收利用的量/百万 t（*d*=*a*–*c*）		
	2030 年	2040 年	2050 年	2030 年	2040 年	2050 年	2030 年	2040 年	2050 年	2030 年	2040 年	2050 年
c-Si	0.03	0.28	0.59	20	25	30	0.01	0.07	0.18	0.02	0.21	0.41
a-Si	0.002	0.05	0.22	20	25	30	0.000 5	0.01	0.07	0.002	0.04	0.15
CdTe	0.001	0.11	0.21	20	25	30	0.000 2	0.03	0.06	0.001	0.08	0.15
CIGS/CIS	0.00	0.01	0.27	0	0	0	0.00	0.00	0.00	0.00	0.01	0.27
总计	0.03	0.44	1.28	20	25	24	0.006	0.11	0.31	0.02	0.34	0.98

表 5-12 欧盟 27 国各年光伏板总量（民用和商用）（政策选项 A）

光伏板技术	所有（民用和商用）光伏模块装置产生的废物量/百万 t			收集量/百万 t			*d* 没有适当处理和回收利用的量/百万 t		
	2030 年	2040 年	2050 年	2030 年	2040 年	2050 年	2030 年	2040 年	2050 年
c-Si	0.20	2.00	4.21	0.15	1.53	3.25	0.05	0.47	0.96
a-Si	0.02	0.33	1.57	0.01	0.26	1.21	0.004	0.08	0.36
CdTe	0.01	0.79	1.49	0.01	0.61	1.15	0.002	0.19	0.34
CIGS/CIS	0.00	0.05	1.89	0.00	0.03	1.39	0.00	0.01	0.51
总计	0.22	3.18	9.16	0.17	2.43	7.00	0.05	0.74	2.16

5.4 政策选项 B：将所有光伏板纳入 WEEE 指令范围之内

政策选项 B（将所有光伏板纳入重新修订的 WEEE 指令范围之内，包括民用光伏板和非民用光伏板）：将出售给私人家庭以及安装在商业设施里面的所有光伏板，纳入 WEEE 指令范围之内，其规定类似于该指令范围内其他电子废品的规定。因此，预计所有光伏板报废产品的收集率为 85%，且几乎都会进行预处理和再循环，以避免对环境和人类健康的负面影响。

到 2050 年，再循环的光伏板接近 800 万 t，只有 140 万 t 光伏板没有得到处理和再循环。关于政策选项 B 的更多信息，可以参见附件 I 第 16.4 节。

表 5-13 欧盟 27 国各年光伏板数量（政策选项 B）

光伏板技术	*a* 产生的废物量/百万 t			*b* 收集率/%			*c* 适当处理后回收利用量/百万 t（*c*=*a*×*b*）			*d* 没有适当处理和回收利用的量/百万 t（*d*=*a*−*c*）		
	2030 年	2040 年	2050 年	2030 年	2040 年	2050 年	2030 年	2040 年	2050 年	2030 年	2040 年	2050 年
c-Si	0.20	2.00	4.21	85	85	85	0.17	1.70	3.58	0.03	0.30	0.63
a-Si	0.02	0.33	1.57	85	85	85	0.02	0.28	1.33	0.003	0.05	0.24
CdTe	0.01	0.79	1.49	85	85	85	0.01	0.67	1.27	0.001	0.12	0.22
CIGS/CIS	0.00	0.05	1.89	85	85	85	0.00	0.04	1.61	0.00	0.01	0.28
总计	0.22	3.18	9.16	85	85	85	0.19	2.70	7.79	0.03	0.48	1.37

6 政策选项评估

6.1 主要假设

由于目前光伏技术以及再循环技术的快速发展，以及未来光伏产品的再循环技术方面的具体数据的缺乏，本研究根据目前能够获得的信息进行了假设，以预测未来光伏产品再循环情况。基于报废光伏板的数量以及针对报废光伏板再循环而提出的四个情景的环境影响、经济影响和社会影响的假设的详情如下。

本节所评估的所有影响均指的是到 2050 年的影响。需注意，本节以及本报告里面的数据，表示的是一年的值，而不是超过一年的值。[①]

备注：在计算经济损失、物流成本和再循环成本以及再循环收益时，没有考虑到通货膨胀；不过，可以估计欧盟 27 国的通货膨胀率为每年 2%，在预估未来的成本和收益时，可据此逐年递增。

6.1.1 数量

所有情景里面，所估计的报废光伏板的数量均为 916 万 t/a，各情景中，妥善收集、处理和再循环百分比与未妥善处置的百分比不尽相同。数量概述参见第 5 章——政策选项定义。关于报废光伏板收集数量的更多信息，参见附件 E 第 12 节。

① 例如，2050 年的值指的是 2050 年这一年的值，而不是 2011—2050 年的值。

6.1.2 环境影响

在评估未妥善处置光伏板的环境影响时，是假定光伏面板没有被收集、预处理或者再循环的，未妥善处置导致的环境影响指的是将报废光伏板遗留在自然环境中（参见第 4 章——报废光伏板的环境影响）。铅和镉滤出分析是基于目前铅和镉在光伏板中所占的比例。这些滤出的外部成本，以及传统金属和稀有金属没有回收导致的经济损失，根据 2011 年的数据折算成了金钱损失，但没有考虑到通货膨胀。需要注意的是，未来光伏板中的有害物质（如铅和镉）可能会减少，但目前没有考虑这一问题，因为对该趋势的确定程度还不明确。未来，滤出的外部成本可能会发生变化，但是现在还不能预计这些变化的方向或者程度。

每千克镉的外部成本为 46 欧元（或者 46 000 欧元/t），未妥善处置 1 t 碲化镉光伏板的外部成本为 12.04 欧元。铅滤出的外部成本为 1 174 欧元/kg（或者 1 174 000 欧元/t），未妥善处置 1 t 晶体硅光伏板的外部成本为 348 255 欧元。这两个值表示的都是对人类健康有害。晶体硅光伏板中铅的含量（每个面板中包含 1.64～11.4 g）比碲化镉光伏板中镉的含量要高（每个面板中包括 0.32～11.4 g）。在 pH 值较低的环境里，铅滤出量（13%～90%）要高于镉滤出量（29%～40%）。与晶体硅光伏面板相比，碲化镉光伏板中含镉较少，镉滤出的可能性要低于铅滤出，且镉滤出的外部成本要低于铅滤出的外部成本，所以可以明确，光伏板里镉的外部成本较之于铅是非常有限的。

国际癌症研究署（IARC）将镉列为第 1 组（能让人致癌），将铅列为 2B 组（可能会让人致癌）。一直以来，人们就认为铅会导致更高的外部成本，尤其是铅更容易进入人体。[①]铅的危险性未必低于镉，而且，较之于镉，铅更容易通过多种渠道进入人体，尤其是通过大气中的污染物，另外，铅导致的影响也很难控制。铅和镉滤出到土壤和空气中的成本可能会更高，但在本研究中仅用金钱量化了铅和镉滤出后对人体的伤害。

关于外部成本计算的更多信息，可以参见附件 F 第 13.2 节。

6.1.3 经济影响

对报废光伏板物流成本和再循环成本的假设，是基于一些专业公司（如 Deutsche Solar 公司和 Ökopol 公司）对目前光伏板再循环价格的评估。需要注意的是，随着报废光伏产品量的增加，以及由此而带来的经济规模的扩大，预计报废光伏板的物流成本、预处理成本以及再循环成本等都会下降。不过，由于目前对该趋势的程度还不确定，以及预计光伏板循环未来的成本信息的有限性（因为技术很可能会发生变化），物流成本和再循环成本

① 国际癌症研究署（2010），国际癌症研究署作品里对代理的分类，1-100 http：//monographs.iarc.fr/ENG/Classification/ClassificationsAlphaOrder.pdf。

是基于 2011 年的数据。

所有情景都使用了统一的物流成本，所有情景里面，收集和再循环成本均为 150 欧元/t，这是基于 PV Cycle 2010 年报告的收集和再循环活动得出的①。实际上，物流成本可能会因为所选项的收集和运输系统不同而不同，以及收集点与再循环中心的距离不同而不同。再循环成本因为技术不同而不同，与 Ökopol 公司《2007 年研究》里面预计的再循环成本一致，其概述参见表 5-14。

表 5-14 基准情景 B 以及政策选项 A 和 B 里的物流、处理和再循环单位成本 单位：欧元

基准情景 B			
	物流单元成本	回收处理单元成本	全部成本（收集每吨产品）
c-Si	150.00	25.00	175.00
a-Si	150.00	25.00	175.00
CdTe	150.00	25.00	175.00
CIGS/CIS	150.00	25.00	175.00
政策选项 A 和 B			
	物流单元成本	回收处理单元成本	全部成本（收集每吨产品）
c-Si	150.00	140.00	290.00
a-Si	150.00	60.00	210.00
CdTe	150.00	119.00	269.00
CIGS/CIS	150.00	120.00	270.00

在评估通过光伏板再循环可以实现的收益时，基准情景 B 与政策选项 A 和政策选项 B 所使用的假定是不同的。在基准情景 B 里面，假定通过浮式玻璃厂进行再循环，合计成本为 25 欧元/t，因此实现的收益为 15 欧元/t，这种简单的再循环中，假定只有玻璃进行了再循环。在未来，净收益可能会更加乐观，但目前还不容易评估这种趋势。在政策选项 A 和政策选项 B 中，由于报废光伏板的量很大，再循环大量的光伏板时将会实现规模经济，因此假定材料的回收效率很高，假定铝回收率为 100%、玻璃回收率为 95%、稀有金属回收率为 30%。

在计算收益时，假设回收的原料以目前（2011 年 2 月）未经加工的原材料价格为准。由于缺乏 2050 年前的价格趋势信息（虽然为了分析潜在趋势进行了假设），因此使用了上述假设。详情可以参见附件 F 第 13.3 节。

在基准情景 B 中，每吨光伏板的收集、物流、预处理和再循环成本合计为 175 欧元，

① Sunicon 公司 Karsten Wambach 博士的报告；2011 年 3 月 3 日的采访，2011 年 3 月 16 日的采访。

各种技术下的光伏板没有区别。这些成本代表了收集、运输、预处理和浮式玻璃再循环的成本。该情况中没有试图去回收报废光伏模块中的铝和稀有金属，再循环的过程主要是粉碎玻璃以及重新销售玻璃碴。此种类型的再循环，每吨合计总收益为 15 欧元。虽然此种类型的玻璃简单再循环对于生产商来说利润不大，但其可以发生，因为光伏板生产商需关注品牌化和更多的责任，尤其是太阳能被视作“绿色”能源。

在政策选项 A 和 B 里面，物流成本、预处理成本以及再循环成本会因为技术不同而不同。这是由于不同的材料循环有不同的要求，这些要求因技术类型的不同而不同，其成本范围为 210～290 欧元。在这些情景中的再循环效率较高，涉及报废光伏板当中的铝、玻璃、稀有金属等的分离和材料回收。这种再循环的收益为 2 105～2 349 欧元/t。关于本研究里光伏板的物流成本和再循环成本的更多信息，可以参见附件 H 第 15.1 节。

需要注意的是，物流成本和再循环成本应在同一数量级，虽然再循环成本会因为技术不同而不同。在基准情景 B 种，报废光伏板的再循环成本被视作是统一的，为 175 欧元/t，但是在政策选项 A 和政策选项 B 中，物流和再循环总成本在 210～290 欧元/t，因为再循环技术和需要的预处理有差异。在基准情景 B 中，收益为 15 欧元/t，但是在政策选项 A 和政策选项 B 中，收益介于 2 105～2 349 欧元/t。假定回收后的材料的销售价格与目前（2011 年 2 月之前）未经加工的原材料的价格一样，那么晶体硅面板的收益是其再循环和物流成本的 7～10 倍。对于薄膜面板，材料再循环产生的收益是再循环和物流成本的 8～11 倍，具体取决于所用技术。

需要指出的是，因为技术局限性以及目前较少的光伏产品报废数量，这些类型的收益可能并不能立即获得，但这些假设已经作为 2050 年最可能的收益假设。

6.1.4 社会影响

社会影响指的是基于专家意见的基础上所估计的创造就业的潜力。若光伏板所采用的再循环技术不同，则创造工作机会的潜力也不同。在基准情景 A 中，光伏板不投入再循环，没有新的就业机会产生，在基准情景 B 中，对光伏板进行了妥善的处理和简单的再循环，创造了一些工作岗位。在政策选项 A 和 B 中，对报废光伏板采用妥善的处理和高效的原料回收技术，可以增加创造工作岗位的潜力，因为该过程中要使用专业的技术，尤其是需要建设新的预处理和再循环设施来实施这些技术。关于社会影响评估的更多信息，可以参见附件 I 第 16.6 节。

表 5-15 概述了所考察的两个基准情景和两个政策选项的环境、经济和社会影响。下面是详细的影响阐释。

表 5-15 情景和政策选项评估概述（2050 年）

2050 年	基准情景 A “最坏的情况”	基准情景 B “志愿行动”	政策选项 A “WEEE 中的民用光伏板”	政策选项 B “WEEE 中的所有光伏板”
数量				
产生的光伏板废物量/百万 t	9.16	9.16	9.16	9.16
收集的光伏板模块经过妥善处理并回收利用的量/百万 t	0.00	2.18	7.00	7.79
没有妥善处理的光伏板废物的量/百万 t	9.16	6.98	2.16	1.37
政策行为带来的环境效益				
土壤和大气污染/t				
c-Si 光伏板模块铅滤出	316～2 181	221～1 527	72～495	47～327
CdTe 光伏板模块镉滤出	40～228	28～159	9～52	6～34
土壤和大气污染（平均外部成本）/10 亿欧元				
c-Si 光伏板模块铅滤出	–1.47	–1.03	–0.33	–0.22
CdTe 光伏板模块镉滤出	–0.01	–0.004	–0.001	–0.001
外部成本总计	–1.47	–1.03	–0.33	–0.22
资源增益（回收利用输入）/百万 t				
c-Si 光伏板模块和薄膜模块中的玻璃	0.00	1.82	6.00	6.68
c-Si 光伏板模块和薄膜模块中的铝	0.00	0.13	0.34	0.38
c-Si 光伏板模块和薄膜模块中的稀有金属	0.00	0.02	0.07	0.08
资源增益（回收利用输出）/百万 t				
c-Si 光伏板模块和薄膜模块中的玻璃	0.00	1.73	5.70	6.35
c-Si 光伏板模块和薄膜模块中的铝	0.00	0.00	0.34	0.38
c-Si 光伏板模块和薄膜模块中的稀有金属	0.00	0.00	0.022	0.025
资源增益（回收利用输出）/10 亿欧元				
c-Si 光伏板模块和薄膜模块中的玻璃	0.00	0.03	0.29	0.32
c-Si 光伏板模块和薄膜模块中的铝	0.00	0.00	0.41	0.45
c-Si 光伏板模块和薄膜模块中的稀有金属	0.00	0.00	14.96	16.65
资源增益总量	0.00	0.03	15.66	17.42
政策行为的经济成本				
成本				
物流成本/10 亿欧元	0.00	–0.33	–1.05	–1.17
妥善处理以及回收利用成本/10 亿欧元	0.00	–0.05	–0.83	–0.92
成本总计/10 亿欧元	0.00	–0.38	–1.88	–2.09
社会影响				
对就业的影响（创造的工作数量）				
创造的工作数量	0	400	13 000	20 000
净收益				
独立净收益/10 亿欧元	–1.47	–1.39	13.44	15.11
基准 A 下的净收益/10 亿欧元	N/A	0.09	14.91	16.58
基准 B 下的净收益/10 亿欧元	N/A	N/A	14.83	16.49

注：薄膜指的是非晶硅、碲化镉和铜铟镓硒技术。

6.2 基准情景 A：“最糟糕的情况”

6.2.1 数量

在基准情景 A 中，未采取政策行为，假定光伏板也没有妥善处理，那么就没有光伏板投入再循环，即接近 900 万 t 报废光伏板没有得到妥善处置，对比所产生报废光伏板总量的再回收率为 0。

6.2.2 环境影响

到 2050 年，近 100 万 t 报废光伏板没有得到妥善处置，有 320～2 200 t 铅以及 40～230 t 镉滤出到环境中，其产生的土壤和空气污染将导致大约平均 15 亿欧元的外部成本。与基准情景 A 相关的资源收入合计为 0 欧元，因为所有报废光伏板都没有得到预处理或者投入再循环，所以没有玻璃、铝和稀有金属回收。

6.2.3 经济影响

由于基准情景 A 里面，未收集、预处理和再循环光伏板，所以假定物流和再循环成本为 0，那么光伏板再循环的收益也为 0。

6.2.4 社会影响

因为没有对光伏板再循环相关的光伏行业产生影响，所以基准情景 A 里面对社会就业没有影响。

6.3 基准情景 B：“自愿行为”

6.3.1 数量

在基准情景 B 中，预计会继续进行目前程度的光伏板再循环，即仅有 200 多万 t 的光伏板投入了再循环，接近 700 万 t 报废光伏板没有得到妥善处置；对比所产生报废光伏板总量的再回收率（即投入再循环设施的量）为 24%。

6.3.2 环境影响

环境影响低于基准情景 A，但估计滤出到环境中的铅为 220～1 500 t，滤出到环境中的镉为 30～160 t。该滤出数量导致的外部成本影响为 10 亿多欧元。基准情景 B 中的再循环投入合计为 182 万 t 玻璃、13 万 t 铝和 2 万 t 稀有金属。在基准情景 B 中仅进行了简单的再循环，再循环的投入仅为玻璃再循环，合计为 173 万 t，产生的资源收益合计为 0.3 亿欧元。

6.3.3 经济影响

假定主要的再循环活动是在浮式玻璃厂预处理和再循环报废光伏板，预处理和再循环成本为 175 欧元/t，再循环收益为 15 欧元/t。基准情景 B 中的物流、预处理和再循环成本合计为 38 万欧元。

6.3.4 社会影响

由于玻璃再循环工厂中存在报废的光伏板的预处理和再循环流程，预计会产生新的工作岗位，从而提高目前处理大量报废光伏板的能力。预计到 2050 年能产生 400 个新的工作岗位。

6.4 政策选项 A：将民用光伏产品纳入 WEEE 指令范围之内

6.4.1 数量

在政策选项 A 中，民用光伏板（占全部报废产品的 86%）在 WEEE 指令的规定下进行再循环，约有 700 万 t 光伏板会投入再循环，其余 200 多万 t 报废光伏板未得到妥善处置。对比所产生报废光伏板总量的再回收率（即投入再循环设施的量）为 76%。

6.4.2 环境影响

政策选项 A 所产生的环境影响低于基准情景 A 和 B。滤出到环境中的铅合计为 70～500 t，滤出到环境中的镉合计在 10～50 t。由该滤出数量导致的外部成本估计约为 3.3 亿欧元。政策选项 A 中的资源投入合计为 600 万 t 玻璃、34 万 t 铝、7 万 t 稀有金属，合计资源收入为 156.6 亿欧元。

6.4.3 经济影响

本选项中，到 2050 年，预处理和再循环民用光伏板的总成本为接近 20 亿欧元/年。再循环效率很高（因为量大，所以被认为是可能的），铝的回收率为 100%，玻璃的回收率为 95%，稀有金属的回收率为 30%，如果按市场价格出售此类回收的材料，每年产生的收入在 150 亿欧元左右。即报废光伏板的数量越大，再循环的利润越高。若同时提高再循环技术，尤其是稀有金属，经济收益可能还会增加。

对于中小企业来说，虽然目前还没有可用的良好数据，但可以预计，高的再循环利润将会为中小企业带来积极的影响。WEEE 指令规定了生产商的废物管理义务，通过多方参与者在相连的利益链中的合作得以实施。最终再循环和处置作业一般是由大型的、财力雄厚的再循环工厂实施的，而收集和预处理作业一般是由中小企业实施的。对于光伏板而言，拆卸、收集和预处理相关的作业很可能由经常安装面板的中小企业来实施。因此，将利益链延长到废物管理将会额外地需要这些中小企业提供服务。但需要注意的是，小公司很难独立大规模地设立收集系统，虽然设立大型系统并使用这些系统可以快速降低单位报废产品的收集成本。因此，小型的光伏板生产商可以加入合作性计划（WEEE 指令预计这也是一个选项），从而可以获得更大比例的收益。

6.4.4 社会影响

到 2050 年，预计的高效再循环将会为光伏板再循环行业创造工作岗位 13 000 个。

6.5 政策选项 B：将所有光伏板纳入 WEEE 指令范围之内

6.5.1 数量

在政策选项 B 面，所有光伏板都在 WEEE 指令的规定下再循环，约有 800 万 t 光伏板会投入再循环，仅有 140 多万 t 报废光伏板没有得到妥善处置。对比所产生报废光伏板总量的再回收率（即投入再循环设施的量）为 85%。

6.5.2 环境影响

政策选项 B 的环境影响低于政策选项 A，铅滤出为 50～330 t，镉滤出 5～35 t，导致的外部成本合计大约为 2.2 亿欧元。资源投入总数为 668 万 t 玻璃、38 万 t 铝、8 万 t 稀有金属，总资源收入为 174.2 亿欧元。

6.5.3 经济影响

本选项中，到 2050 年，预处理和再循环民用光伏板的总成本为 20 多亿欧元/年。再循环效率很高(因为量大，所以被认为是可能的)，铝的回收率为 100%，玻璃的回收率为 95%，稀有金属的回收率为 30%，如果按照市场价格出售这些回收的材料，每年产生的收入接近 175 亿欧元，即报废光伏板的数量越大，再循环的利润越高。若同时提高再循环技术，尤其是稀有金属，经济收益可能还会增加。

如上面政策选项 A 中的描述，会对中小企业产生积极的影响。

6.5.4 社会影响

由于实现了高效的再循环，预计到 2050 年，会为光伏板再循环行业创造工作岗位 20 000 个。

6.6 政策选项评估

对比政策选项 A 和 B 与基准情景 A 和 B，如表 5-15 所示，基准情景和政策选项所实现的利益有很大的差别。如政策选项 A 比基准情景 A 的光伏板再循环增加 76%；政策选项 B 比基准情景 A 的光伏板再循环增加 85%。对比政策选项 A 和基准情景 B，前者能够实现的净利润大约是后者的 10 倍；若对比政策选项 B 和基准情景 B，前者能够实现的净利润大约是后者的 11 倍。

对比政策选项 A 和 B 与基准情景 A 和 B，前者不但可以实现更高的再回收率，而且环境影响也要低于后者。例如，对比政策选项 A 与基准情景 A，前者金属滤出导致的外部成本要比后者低 11.4 亿欧元；对比政策选项 B 与基准情景 A，前者金属滤出导致的外部成本要比后者低 12.5 亿欧元。

如果对比政策选项 A 和政策选项 B，后者实现的经济利益明显要高于前者。在政策选项 A 中，有 76%的报废光伏板投入了再循环，而在政策选项 B 中，该比例为 85%，后者导致的环境影响更低，经济损失更低，外部成本也更低。两个选项的净利润都是正数，从再循环得到的资源收益大于再循环成本，而且，还增加了潜在就业机会。从所评估的各类光伏板来看，政策选项 B 实现的总体收益比政策选项 A 要高大约 6%。从社会影响来看，可以预期政策选项 A 和 B 比基准情景 A 和 B 创造的工作岗位要多。

尽管如此，仍然有论点认为应当维持现状，不要将光伏板纳入 WEEE 指令范围内。该论点主要是担心基准情景 B 中自愿行为的可能性，以及辅助性问题。

正如本报告所假定的情况，关于基准情景 B 中提及的自愿行为，可以肯定地假设有一些自愿行为是一定会发生的。光伏板生产商非常清楚自己的环境责任和公共形象，且随着时间的推移，光伏板中的回收材料使得再循环流程是有利可图的。然而，为了使再循环流程变得有利可图，需要在长期规划期内有大量的报废光伏产品。同时，原材料的价格以及新型光伏板的市场状况，有可能大幅波动。因此，必须在各个生产商之间达成长期的基金机制，以确保可持续的收集、预处理和再循环活动，即使是在原材料价格很低，甚至其中的一些流程还没有盈利的时期。正如光伏行业试图达成一个自愿协议所表现出来的那样，在对市场和价格不确定的情况下，制定这种有前瞻性的机制是一个很大的挑战。因此，无法预期基准情景 B 能否实现与政策选项 A 和 B 相当的环境和资源收益。

关于辅助性原则，早在 2003 年的 WEEE 指令（指令 2002/96/EC）被采纳时，就大体分析和决定了这一个问题，其解释方法与报废光伏板大体相同。当前指令的第 8 条详述规定：

“提高 WEEE 管理的目标是不能由成员国单独行动来有效地实现的。特别是对生产者责任原则，不同国家的应用程序可能会导致经济运营商的财政负担差距相当大。各成员国对 WEEE 的管理的不同政策阻碍了回收政策的有效性。鉴于此，应当以共同体为基准来建立必要的标准。”

对净利润进行了计算，在计算时考虑了被避免的外部成本，将资源收入视作收益，减去了物流、收集、妥善处置和再循环导致的成本。

净利润的计算公式如下：

（避免的外部成本+资源收入）–（总的物流、收集、妥善处置和再循环导致成本）=净利润

更多信息可以参见附件 I 第 16 节。

7 结论

将光伏板纳入 WEEE 指令，可以降低没有妥善处置的报废光伏板对环境产生的潜在负面影响，而且可以产生经济收益。未妥善处置的报废光伏板会导致铅和镉滤出，此外，若未回收光伏板中的传统资源和稀有金属会导致潜在的资源损失。因此，限制没有得到妥善处置的光伏板的数量，对环境有着积极的影响。

对比政策选项 A 和基准情景 A，前者滤出到环境中的铅是后者的 1/4；对比政策选项 B 和基准情景 B，前者滤出到环境中的铅是后者的 1/6，铅滤出导致的外部成本也同样如此。到 2030 年、2040 年和 2050 年，预计光伏板的再循环是有利可图的，从高效的原料再循环中获得的收益将超过物流和再循环成本。

政策选项 B（将所有光伏产品纳入 WEEE 指令范围之内）被视作推荐的政策选项。考虑到收集的收益和成本，基于目前的知识以及所描述的假设而进行的妥善处理和再循环，政策选项 B 会产生最高的净收益。到 2050 年，年净收益将达到 166 亿欧元（较之于基准情景 A），165 亿欧元（较之于基准情景 B），16.7 亿欧元（较之于政策选项 A）。政策选项 A（将民用光伏产品纳入 WEEE 指令范围之内）同样也具有很明显的积极影响，到 2050 年，年净收益将达到 149 亿欧元（较之于基准情景 A），接近 148 亿欧元（较之于基准情景 B）。

从再循环产生的资源效益来看，推荐的政策选项 B 会产生很高比例的收益。

目前的分析寻求展示出 2050 年的光伏板再循环境况；应当注意的是，本分析没有考虑从现在到 2050 年这一时间段里潜在成本和技术的转变，但转变是有可能影响光伏板的再循环的。关于环境影响、再循环成本以及潜在的再循环收益的假设，是基于目前而做出

的，因为目前没有未来这些因素变化趋势的具体信息。再循环数量实现规模经济，通过光伏技术改变废品质量，采取行动鼓励收集报废光伏板以便增加报废产品的数量，这些因素可能会影响所评估的成本和收益。但由于目前缺乏这些趋势的具体数据，所以本研究没有考虑这些因素。可以明显地看出，再循环效率的提高会提高两种政策选项的收益，与此同时，还会如基准情景 B 所述的提高自愿再循环的动力。

8 附件 A：参考文献

[1] ADEME（2007）Monétarisation des impacts environnementaux du recyclage：méthodologie et applications.

[2] BIO Intelligence Service for ADEME（2010）Etude de potentiel de recyclage de certains métaux rares：Partie 1.

[3] BIO Intelligence Service for ADEME（2010）Etude de potentiel de recyclage de certains métaux rares：Partie 2.

[4] Earth Policy Institute（2009）Solar cell production climbs to another record in 2009. http：//www.earth-policy.org/index.php？/indicators/C47/.

[5] EC（2008）Proposal for a Directive of the European Parliament and of the Council on waste electrical and electronic equipment（WEEE）（Recast）http：//eur-lex.europa.eu/LexUriServ/LexUriServ.do？uri=CELEX：52008PC0810：EN：NOT.

[6] EC（2009）Photovoltaic solar energy–Development and current research. http：//ec.europa.eu/energy/publications/doc/2009_report-solar-energy.pdf.

[7] EC（2011）European Parliament legislative resolution of 3 February 2011 on the proposal of the European Parliament and of the Council on waste electrical and electronic equipment（WEEE）（recast）. http：//www.europarl.europa.eu/sides/getDoc.do？type=TA&language=EN&reference=P7-TA-2011-0037.

[8] EC（2011）Evaluation by the Commission services concerning an Environmental Agreement submitted by PV Cycle to the Commission on 03 December 2010. http：//ec.europa.eu/environment/waste/weee/pdf/Evaluation%20PV%20Cycle%20Environmental%20Ag reement.pdf.

[9] ECN & EEA（2011）Renewable energy projections as published in the national renewable energy action plans of the European Member States.

[10] EPIA（2007）Global Market Outlook for Photovoltaics until 2012.

[11] EPIA & Greenpeace（2011）Solar Generation 6：Solar photovoltaic electricity empowering the world. Eurobserver（2009）Photovoltaic barometer. http：//www.eurobserv-er.org/pdf/baro190.pdf.

[12] European Environmental Agency（2010）The European Environment：State and Outlook 2010，Material

Resources and Waste. http：//www.eea.europa.eu/soer/europe/material-resources-and-waste.

[13] Eurostat（2010）Environmental statistics and accounts in Europe. http：//epp.Eurostat.ec.europa.eu/cache/ITY_OFFPUB/KS-32-10-283/EN/KS-32-10-283-EN.PDF.

[14] ExterneE-Pol（2005）Externalities of Energy：Extension of accounting framework and PolicyApplications.

[15] First Solar（2011）Panel collection and recycling programme. http：//www.firstsolar.com/en/recycle_program.php.

[16] FORWAST（2010）Documentation of the contribution analysis and uncertainty assessment.Results interpretation identifying priority material flows and wastes for waste prevention，recycling and choiceof waste treatment options.Policy recomme-ndations. http：//forwast.brgm.fr/Documents/Deliverables/Forwast_D63.pdf.

[17] International Agency for Research on Cancer（2010）Agents classified by the IARC Monographs，Volume 1-100. http：//monographs.iarc.fr/ENG/Classification/ClassificationsAlphaOrder.pdf.

[18] Larsen，Kari（3 August 2009）'End of life PV：then what？ Recycling solar PV panels，'Renewable energy focus. http：//www.renewableenergyfocus.com/view/3005/endoflife-pv-then-what-recycling-solar-pv- panels/.

[19] Metal prices website（Accessed February 2011）. http：//www.metalprices.com/.

[20] Method Ex Project（February 2007）BeTa-MethodEx–Version 2.

[21] NGI（2010）Leaching from mc-Si PV panel material–results from batch，column and availability tests.Comparison with thin film CdTe PV panels.

[22] NTSA（2009）An overview of photovoltaic technologies.

[23] OECD（2009）OECD Environmental Data：Compendium2006-2008，Waste. http：//www. oecd.org/dataoecd/22/58/41878186.pdf.

[24] Ökopol et.al.（2007）Study on the development of a take back and recovery system for photovoltaic products.

[25] PRé（1999）The Eco-indicator 99：A damage oriented method for Life Cycle Impact Assessment.

[26] PV Cycle（2010）Environmental agreement on the separate collection and recycling of photovoltaic panels. http：//www.pvcycle.org/uploads/media/ENVI_Agreementfinal_2010.pdf.

[27] PV Cycle（2010）Making the photovoltaic industry 'double green'. http：//www.pvcycle.eu/ fileadmin/pvcycle_docs/documents/membership/PVCYCLE_11_2010.pdf.

[28] RPA（2009）Socio-economic impact of a potential update of the restrictions on the marketing and use of cadmium.

[29] Solarbuzz（2011）Panel pricing. http：//www.solarbuzz.com/facts-and-figures/retail-price- environment/panel-prices.

[30] WinterGreen Research Inc.（2008）Solar residential panel market shares，forecasts and strategies，

2008-2014. http://www.researchandmarkets.com/reports/650926/solar_residential_panel_market_shares_ forecast.

[31] WinterGreen Research Inc.（2008）The enterprise goes green：worldwide commercial solar panel market shares， strategies and forecasts 2008-2014. http：//www.marketresearch.com/product/display.asp？productid=1912877.

[32] Wuppertal Institute（2010）Appraisal of laboratory analyses conducted on CdTe photovoltaic panels. http：//www. ntsa.eu/resources/Wuppertal+Institute+CdTe+lab+tests+appraisal$2C+Aug+2010+final.pdf.

9 附件 B：术语表

第 1 代技术：以晶体硅技术系列为代表，包括单晶硅和多晶硅光伏板。

第 2 代技术：以薄膜技术为代表，包括非晶硅、碲化镉、铜铟镓硒。

第 3 代技术：以新兴的光伏板技术系列为代表，目前还没有大规模商业化。这一类的技术包括聚光光伏、染料敏化太阳能电池、有机太阳能电池和湿式电池。

非晶硅光伏板：一种第二代薄膜光伏技术，较之于其他薄膜面板，该技术使用非晶形式的硅以及并不算稀有的材料。

10 亿吨（BT）：指 10^9 t。

碲化镉光伏板：一种第二代薄膜光伏技术，使用半导体复合形式的碲和镉，性价比很高，但是效率不如晶体硅高。镉有很高的毒性。

铜铟镓硒光伏板：一种第二代薄膜光伏技术，这是一种较为新颖的技术，使得目前的薄膜技术实现了最高的效率，但由于生产流程非常复杂，生产成本较高。较之于其他光伏板，铜铟镓硒光伏板含有的稀有金属更多，如铟和镓。

晶体硅光伏板：第一代光伏板，特征是硅的含量很高，包括单晶硅和多晶硅技术。

新兴技术：代表第三代技术光伏板，目前还没有大规模商业化。这一类里的技术包括聚光光伏、染料敏化太阳能电池、有机太阳能电池和湿式电池。

高效再循环：指《废物框架指令》下的再循环，但是要考虑到需要大型设施以及（或者）大量投资才能经济地运转的作业。由于这一步利润高，预计超出了 WEEE 指令第 11 条的要求。值得一提的是，预计玻璃的回收率为 95%，铝的回收率为 100%，稀有金属的回收率为 30%，碲和镉也会被回收，“高效再循环”被假定为在政策选项 A 和 B 中发生。

原料再循环：光伏板各种组成原料的再循环。如可能会涉及铝、玻璃以及稀有金属的回收。

百万 t（MT）：指 10^6 t。

单晶硅光伏板：一种第一代晶体硅面板，效率很高，但是生产成本昂贵，因为要使用到高纯硅和复杂的生产流程。

多晶硅光伏板：一种第一代晶体硅面板，由多面硅晶体上切割下来的太阳能电池构成。这是一种最常见的晶体硅光伏板，比单晶硅光伏板生产起来要便宜。

光伏阵列：一系列互联的光伏板。

光伏板：即太阳能板或者面板；指由各个独立光伏电池构成的单元。

光伏模块：即太阳能板或者面板；指由各个独立光伏电池构成的单元。

光伏/太阳能电池：构成光伏板或者太阳能板的独立单元。

预处理：指再循环流程的最初阶段，包括报废光伏板的物理分离，还可能包括粉碎或者热分离（具体取决于再循环类型）。产生的废物比如玻璃、铝、镉、铅和稀有金属，进入后面的各个再循环流程。

妥善处置：指预处理（物理分离，有时候还包括热分离）和再循环（材料再循环），包括根据 WEEE 指令以及《废物框架指令》的规定对危险物质进行密闭式处置。

妥善处理：指依据 WEEE 指令的要求进行处理，尤其是依据该指令第 8 条和附件 II 的要求进行处理。预计基准情景 B 以及政策情景 A 和 B 中，所有分类收集的报废光伏产品都会这样处理。

再循环：依据《废物框架指令》，再循环的定义是出于最初的目的或者其他目的，在废物材料生产流程中进行重新处理，但是不包括能源回收，能源回收指的是与其他废物（或者可能没有其他废物）一起，通过直接焚烧的方式将易燃的废物作为一种产能方式，回收其热能。

简单再循环：指《废物框架指令》中的定义，但是仅仅指不需要大型投资，只是在小型设施中进行的常见作业。尤其是，假定只有玻璃回收，没有其他物质回收，比如铝、镉、铅和稀有金属等。“简单再循环”假定为在基准情景 B 中发生。

太阳能光伏板：即光伏板；指由各个独立光伏电池构成的单元。

太阳能模块：即光伏板或者太阳能面板；指由各个独立光伏电池构成的单元。

薄膜光伏板：第二代光伏板，特征是表面有一层或者多层光伏材料，如玻璃、不锈钢或者塑料。技术包括：非晶硅、碲化镉，铜铟镓硒。

报废光伏板：依据 WEEE 指令以及经修订的《废物框架指令》（2006），报废光伏产品被定义为持有人放弃或者打算放弃或者必须放弃的设备。

峰瓦（Wp）：可以用于计算一定光照强度下（25℃下光照强度 1 000 W/m^2）光伏产品的额定功率。可以通过这种单位对比不同的面板。标准的晶体硅面板，其额定功率为 120～300 Wp，具体要取决于大小和效率。标准的薄膜面板，其额定功率要低一些（60～120 Wp），而且尺寸也要小一些。

10 附件 C：咨询专家列表

- Giorgia CONCAS 和 Alexandre ROESCH，EPIA 采访，2011 年 2 月 17 日
- Jan CLYNCKE 和 Virginia GOMEZ，PV Cycle 公司 2011 年 2 月 17 日采访，2011 年 3 月 8 日采访，2011 年 5 月 14 日采访
- Tone KNUDSEN，Bellona，EEB 成员 2011 年 2 月 15 日采访
- Lisa KRUEGER，First Solar 公司 2011 年 3 月 3 日采访，2011 年 3 月 25 日采访
- Knut SANDER，ÖKOPOL 公司 2011 年 3 月 3 日采访，2011 年 3 月 14 日采访
- Karsten WAMBACH 博士，Sunicon 公司 2011 年 3 月 3 日采访，2011 年 3 月 16 日采访

11 附件 D：新光伏板——假设与补充信息

11.1 欧洲目前的光伏产品容量

表 5-16 预计截至 2008 年和 2009 年欧盟国家累积的光伏容量（MWp）①

	2008 年			2009 年*		
	并网	离网	共计	并网	离网	共计
德国	5 979.000	40.000	6 019.000	9 875.300	45.000	9 830.300
西班牙	3 402.235	18.836	3 421.071	3 500.000	20.082	3 520.082
意大利	445.000	13.300	458.300	1 019.000	13.400	1 032.400
捷克共和国	54.294	0.380	54.674	465.321	0.580	465.901
比利时	70.870	0.053	70.923	362.970	0.053	363.023
法国	82.990	20.912	103.902	268.230	21.119	289.349
葡萄牙	65.011	2.941	67.952	99.164	3.041	102.205
荷兰	52.000	5.200	57.200	58.433	5.200	63.633
希腊	12.000	6.500	18.500	48.300	6.700	55.000
奥地利	29.030	3.357	32.387	34.130	3.357	37.487
英国	20.920	1.590	22.510	30.920	1.690	32.610
卢森堡	24.562	0.000	24.562	26.322	0.000	26.322
瑞典	3.079	4.831	7.910	3.579	5.131	8.710
斯洛文尼亚	1.906	0.100	2.006	8.302	0.100	8.402
芬兰	0.170	5.479	5.649	0.170	7.479	7.649

① EurobseOrver（2009） 光伏气压表 http：//www.eurobserv-er.org/pdf/baro190.pdf。

	2008 年			2009 年*		
	并网	离网	共计	并网	离网	共计
保加利亚	1.375	0.032	1.407	5.300	0.400	5.700
丹麦	2.825	0.440	3.265	4.025	0.540	4.565
塞浦路斯	1.586	0.571	2.157	2.695	0.633	3.328
马耳他	0.238	0.000	0.238	1.527	0.000	1.527
波兰	0.179	0.832	1.011	0.179	0.832	1.011
匈牙利	0.270	0.180	0.450	0.290	0.360	0.650
罗马尼亚	0.245	0.205	0.450	0.365	0.270	0.635
爱尔兰	0.100	0.300	0.400	0.100	0.300	0.400
斯洛伐克	0.046	0.020	0.066	0.176	0.020	0.196
爱沙尼亚	0.000	0.012	0.012	0.000	0.060	0.060
立陶宛	0.000	0.055	0.055	0.000	0.055	0.055
拉脱维亚	0.000	0.004	0.004	0.000	0.004	0.004
EU-27 共计	10 249.931	126.130	10 376.061	15 724.798	136.406	15 861.204

* 估计值

数据来源：EurObserv'ER 2010。

11.2 市场增长

存在多种方案模式与光伏板市场的增长相关①：

- 模式转变情境

假定：目前的支持力度会通过多种手段和行政措施强化、深化，这些手段和措施将会推动光伏产品的部署。

- 加速情境

假定：可以视作目前支持政策的延续，在未来 20 年的时间里，在无须电力行业出现重大技术进步的情况下即可轻松实现。

在计算市场增长以及所产生的报废光伏板时，用到的增长率可能是典型转变情景和加速情景的平均值（也就是说，2021—2025 年，为每年设定的增长率为 12.5%）。

表 5-17 EPIA/绿色和平模式转变情境概述

EPIA/GREENPEACE 模式转变情境概述				
	2011—2020 年	2021—2030 年	2031—2040 年	2041—2050 年
模式转换下的平均市场增长率	42%	5 年 11%，然后是 9%	5 年 7%，然后是 5%	4%
EPIA/GREENPEACE 加速情境概述				
	2011—2020 年	2021—2030 年	2031—2040 年	2041—2050 年
加速下的平均市场增长率	26%	5 年 14%，然后是 10%	5 年 7%，然后是 6%	4%

① EPIA & Greenpeace（2011） 太阳能发电 6：太阳光伏电主宰全球。

11.3 技术市场份额情景

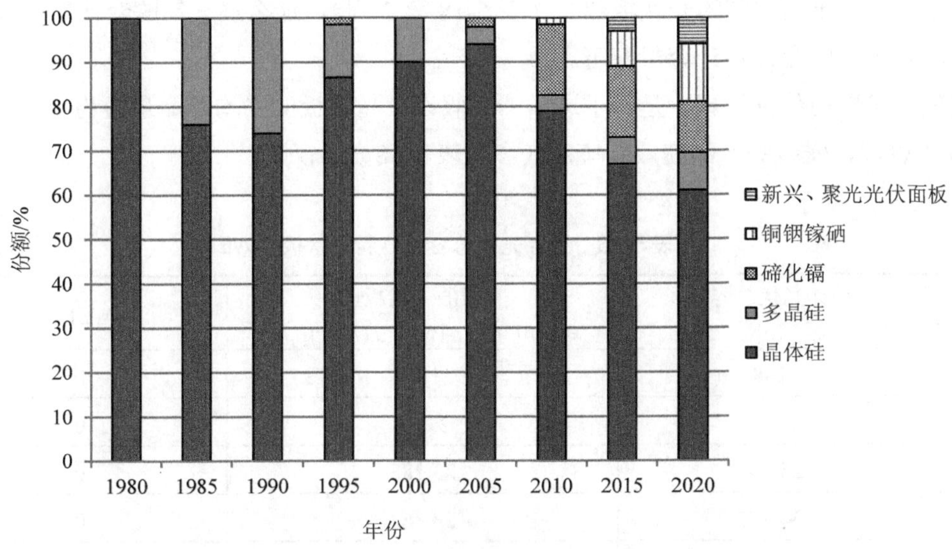

图 5-3 技术市场份额的历史演变以及未来趋势①

12 附件 E：报废光伏板——假设与补充信息

12.1 本报告所使用的计算方法

本节详述了 BIO 信息咨询服务公司是如何计算未来几十年里报废光伏板的预计数量的。

下述步骤的实现方法：

计算新安装的光伏板以及报废光伏板的预计合计容量（单位：MW）

为了获得相关年份预计的光伏板容量（参见表 5-18 第 1 列），用到了如下数据：

— 2002 年的数据源于《2012 年前光伏产品全球市场概述》②，2005—2020 年的数据源于《可再生能源情景》。③

— 2025—2050 年的数据，是 BIO 公司使用 2025—2050 年的光伏产品总容量年均增长率计算得出的，参见表 5-19。这些数据的计算是基于《新能源一代——2010 年报告》

① EPIA & Greenpeace（2011） 太阳能发电：太阳光伏电主宰全球基于 Navigant Consulting 公司的历史数据（截至 2009 年）基于 EPIA 分析的估计。

② EPIA（2007）《2012 年前光伏产品全球市场概述》。

③ ECN & EEA（2011）欧盟成员国国家可再生能源行动规划里所颁布的可再生能源情景。

所详述的两个不同的情景，参见附件 D 第 11 节。对于各个年份使用这些平均增长率（如 2021—2025 年，每年设定 12.5%的增长率），即可得出总容量，参见表 5-20。

为了得到每年新安装的光伏板数量（表 5-18 第 2 列），那么从 *n* 年的合计预计容量中减去前面 *n*–1 年的合计预计容量即可。

报废光伏板的数量计算，是基于这样一个假设：光伏板的平均寿命最短为 25 年。因此，25 年以后，安装的产品就成了废品（参见表 5-18 第 3 列）。①

表 5-18 预计光伏总容量、新光伏板、WEEE 单位：MW

年份	预计光伏总容量 [*a*]	新的光伏板 [*b*] = [*a* (*N*) – *a* (*N*–1)]	WEEE
2000	188	188	0
2005	2 221	2 033	0
2010	25 509	23 288	0
2015	54 377	28 868	0
2020	84 376	29 999	0
2025	152 048	67 672	188
2030	239 360	87 312	2 033
2035	335 715	96 355	23 288
2040	438 766	103 051	28 868
2045	533 826	95 060	29 999
2050	649 481	115 655	67 672

表 5-19 光伏市场平均增长率 单位：%

年份	模式转变情境	加速情境	平均
2025	11	14	12.50
2030	9	10	9.50
2035	7	7	7.00
2040	5	6	5.50
2050	4	4	4.00

① 延长光伏系统的生命周期，可以增加整体电力输出，并降低每千瓦时的成本大多数生产商为面板提供的质保是 25 年，但是，现在 25 年被视作光伏板的最短寿命。影响产品寿命周期最大的组件是封包材料。这个领域里正在进行大力研究。不过，光伏行业对于引入替代性材料持谨慎态度，替代性材料需要经过长时间的测试。现在，生产的光伏板寿命至少 25 年。目标是到了 2020 年，将其寿命提高到 40 年。

表 5-20　预计光伏总容量　　单位：MW

年份	预计光伏总容量	年份	预计光伏总容量
2021	94 923	2036	354 179.556
2022	106 788.375	2037	373 659.431 6
2023	120 136.921 9	2038	394 210.700 3
2024	135 154.037 1	2039	415 892.288 8
2025	152 048.291 7	2040	438 766.364 7
2026	166 492.879 5	2041	456 317.019 3
2027	182 309.703	2042	474 569.700 1
2028	199 629.124 8	2043	493 552.488 1
2029	218 593.891 7	2044	513 294.587 6
2030	239 360.311 4	2045	533 826.371 1
2031	256 115.533 2	2046	555 179.426
2032	274 043.620 5	2047	577 386.603
2033	293 226.673 9	2048	600 482.067 1
2034	313 752.541 1	2049	624 501.349 8
2035	335 715.219	2050	649 481.403 8

报废光伏产品（按技术划分）的计算

为了搞清楚各种技术的比例情况，使用了下述情景。请注意，由于无法弄到原始数据，这些情景是基于一个图表（参见附件 D《技术市场份额情景》第 11 节）。此外，由于 2025 年的比例重新分配的数据，所以假定与 2020 年的情况相同。

表 5-21　按技术划分的光伏板比例　　单位：%

		按技术划分				
		c-Si	a-Si	CdTe	CIGS	新兴和聚光光伏产品
2000	2025	0.9	0.1			
2005	2030	0.95	0.03	0.02		
2010	2035	0.8	0.02	0.17	0.01	
2015	2040	0.68	0.04	0.18	0.08	0.02
2020	2045	0.61	0.08	0.11	0.14	0.06
2025	2050	0.61	0.08	0.11	0.14	0.06

为了弄清楚各种技术下报废光伏板的数量，计算是基于表 5-21 中的系数。晶体硅和非晶硅的系数是根据 Ökopol 公司 2007 年的报告中的数据计算出来的，附件 G 第 14.1 节有详细的描述。关于碲化镉、铜铟镓硒和新兴技术以及聚光光伏技术面板的假设，是专家的判断。判断依据是：预计薄膜光伏板的质量会下降，新兴技术光伏板的质量也会进一步下降，因为这些光伏板要使用替代性材料而不是目前可以获得的材料。

表 5-22 各种技术光伏板的平均质量 单位：kg/W

技术	平均质量
c-Si	0.102
a-Si	0.29
CdTe	0.2
CIGS	0.2
新兴和聚光光伏产品	0.1

以 t 为单位的报废光伏板，是根据以 MW 为单位的报废光伏板而计算的（表 5-18）。

解释：

为了搞清楚各个数量（单位 kg），按 MW（转化为 W）计算的 WEEE 乘以比例系数和平均质量。得到的以 kg 为单位的质量，然后转化为以 t 为单位的质量。

以 2025（晶体硅）为例：（188×1 000 000×0.9×0.102）/1 000= 17 258.4 t

表 5-23 各技术下的废品质量 单位：t

		每个技术下的废物量					
		c-Si	a-Si	CdTe	CIGS	新兴和聚光光伏产品	总计
2000	2025	17 258	5 452				22 710
2005	2030	196 998	17 687	8 132			222 817
2010	2035	1 900 301	135 070	791 792	46 576		2 873 739
2015	2040	2002 284	334 869	1 039 248	461 888	57 736	3 896 025
2020	2045	1 866 538	695 977	659 978	839 972	179 994	4 242 459
2025	2050	4 210 570	1 569 997	1 488 790	1 894 824	406 034	9 570 215

12.2 利用不同的方法来计量光伏废物（以 MW 为单位改变为以 t 为单位）举例

另外一个将以 t 为单位的报废产品转化为已知的以 MW 为单位的方法，就是乘以

Ökopol 公司研究中的一个系数（1MW=75 t），①这种方法没有假定各个技术下产品的具体质量，仅仅用一个系数去适应所有的技术。如果将这个系数应用于此前计算出的以 MW 为单位的量，那么就可以得到表 5-24，以及相关的图（参见图 5-4）。同一个技术下，得到的总质量（如根据我们的方法计算出来合计 9.6 t，而使用 Ökopol 公司的转化系数，得到的数据是 4.9 t）是不同的。

表 5-24　使用 Ökopol 公司的转化系数计算出的各技术下的废品质量　单位：t

		每个技术下的废物量					
		c-Si	a-Si	CdTe	CIGS	新兴和聚光光伏产品	总计
2000	2025	12 690	1 410				14 100
2005	2030	144 851	4 574	3 050			152 475
2010	2035	1 397 280	34 932	296 922	17 466		1 746 600
2015	2040	1 472 268	86 604	389 718	173 208	43 302	2 165 100
2020	2045	1 372 454	179 994	247 492	314 990	134 996	2 249 925
2025	2050	3 096 007	406 034	558 296	558 296	304 525	4 923 159

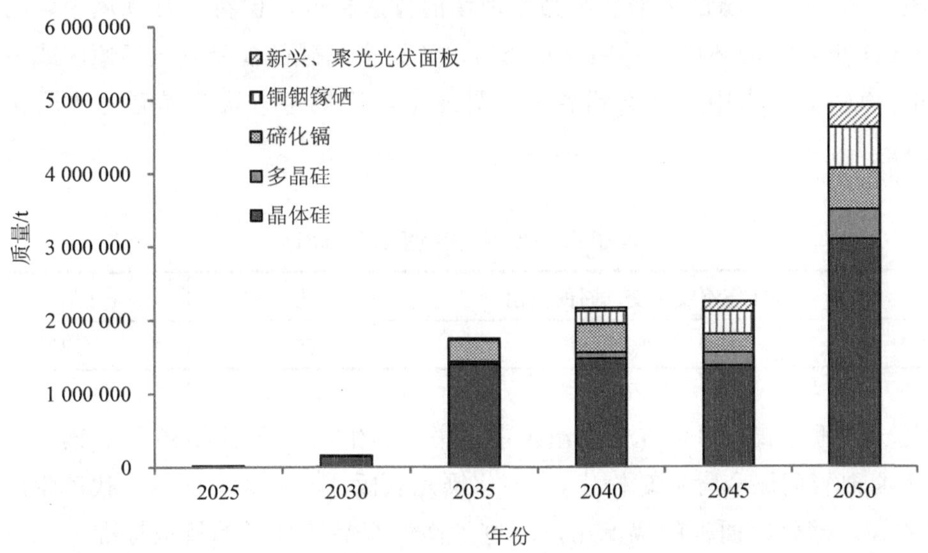

图 5-4　使用 Ökopol 公司的转化系数计算出的各技术下的光伏废品质量

① 在 Ökopol 公司的研究里，有多位专家（EPIA、生产商、研究人员等）确认了这一转化系数。

13 附件 F：环境影响——假设与补充信息

13.1 镉和铅滤出

光伏板中含有少量的镉和铅，还有其他危害人类和环境的危险物质。下面讨论光伏板中含有这些物质的数量以及它们对环境的影响。虽然其他物质也可能从光伏板中滤出，但是镉和铅对环境和人类健康影响是最大的，即使它们占光伏板的比例不足 1%。

表 5-25 多晶硅面板里铅的滤出[①]

	pH 值不发生变动时的滤出	pH 值为 6～7	pH 值为 3～4
铅（Pb）	可以忽略/LOQ	13%	90%

铅是一种重金属，非常容易在人体和环境中富集，会导致老年人心血管问题和骨质疏松症，会给胎儿和青少年带来生殖问题，还会给胎儿和儿童带来神经系统问题[②]。第一代晶体硅光伏板中含有少量的铅。表 5-25 阐释了多晶硅光伏板的铅滤出。根据 NGI 公司的化学检测，铅超过了惰性废品填埋场的排放标准，但符合常规填埋场的处置标准[①]。在 pH 值较低的环境中，铅容易滤出，如果多晶硅面板受到气候原因或者碎裂后处于 pH 值较低的水中，那么铅就很容易滤出。平均每一块多晶硅光伏板含铅量为 576 mg/kg。

表 5-26 碲化镉面板里镉的滤出[①]

	pH 值不发生变动时的滤出	pH 值为 6～7	pH 值为 3～4
镉（Cd）	7%	29%	40%

镉是一种重金属，可以在生物组织中富集，其生物半衰期为 30 年。镉非常易于造成老年人心血管问题和骨质疏松症。[②]碲化镉光伏板，一种典型的第二代薄膜面板，含有少量的镉。碲化镉面板的镉滤出，超过了惰性废品填埋场的排放标准，但是符合常规填埋场的处置标准。在各个 pH 值环境里，镉都比较容易滤出，随着 pH 值下降，镉滤出减少。

铜铟镓硒光伏板，是另外一种典型的第二代薄膜面板，也含有镉，这些镉作为玻璃片

① NGI（2010）多晶硅光伏板材料的滤出-批量试验、土柱试验和获得性试验的结果。与薄膜碲化镉光伏板对比。
② PRé（1999）生态指标法 99：生命周期影响评估的损害导向方法。

之间的缓冲材料。本研究中没有考虑这些镉，因为对铜铟镓硒光伏板中的镉数量还缺乏精确的数据，但镉含量远低于碲化镉面板。目前有一种无铅锡焊的技术趋势，但还不能确定未来的光伏技术是否会使用有毒物质。

13.2 镉和铅滤出的外部成本

表 5-27 阐释了镉和铅滤出的外部成本的计算方法。应当注意的是，应用于镉的每千克外部成本系数代表的是与空气排放相关的一个值，此时没有其他值，而应用于铅的每千克外部成本系数代表的是与土壤污染相关的一个值。这两个值都表示的是对人类健康有害。由于缺乏关于铜铟镓硒面板构成的数据，只计算了碲化镉面板中的镉滤出情况。铜铟镓硒面板中含有的镉远低于碲化镉面板，因此认为碲化镉面板中的镉含量基本上可以代表光伏板中的镉含量。表 5-27 显示，1 kg 镉的外部成本为 46 欧元（或者 46 000 欧元/t），未妥善处置的碲化镉光伏板的外部成本为 12.04 欧元/t。铅滤出的外部成本为 1 174 欧元/kg（或者 1 174 000 欧元/t），未妥善处置的晶体硅光伏板的外部成本为 348 255 欧元/t。铅和镉滤出到土壤和空气中的成本可能会更高，但本研究中仅用金钱量化了它们滤出后对人体的伤害。

表 5-27　光伏板中镉和铅滤出导致的外部成本①

	单位质量*/（mg/kg）	每个模块质量/kg	每个模块的数量/mg	每公斤的外部成本**/欧元	每吨 Cd/Pb 的外部成本/欧元	每个模块滤除出价值/欧元	每吨光伏板滤出的价值/欧元
镉（Cd）	383	12	4 596	46	46 000	0.14	12.04
铅（Pb）	576	22	12 672	1 174	1 174 000	7 662	348 255

*来源：NGI（2010）多晶硅光伏板材料的滤出-批量试验、土柱试验和获得性试验的结果。与薄膜碲化镉光伏板对比。
**来源：ADEME（2007） Monétarisation des impacts environnementaux du recyclage：méthodologie et applications。

国际癌症研究署（IARC）将镉列为第 1 组（能让人致癌），将铅列为 2B 组（可能会让人致癌）。一直以来，人们就认为铅会导致更高的外部成本，尤其是铅更容易进入人体。②铅的危险性未必低于镉，而且，较之于镉，铅更容易通过多种渠道进入人体，尤其是通过大气中的污染物，另外，铅导致的影响也很难控制。如表 5-28 所示。

① BIO 信息咨询服务公司计算得出。
② 国际癌症研究署（2010）专著分类，卷 1-100. http://monograghs. iarc.fr/ENG/Classification/classificationAlphaOrd.pdf.

表 5-28　欧盟 15 国每吨污染物排放危险系数①

类别	损害系数/（欧元/t）
二氧化碳当量	19
二氧化硫	2 939
氮氧化物	2 908
PM_{10}	11 723
$PM_{2.5}$	19 539
砷	80 000
镉	39 000
铬	31 500
六价铬	240 000
其他铬	0
铅	1 600 000
镍	3 800
甲醛	120
非甲烷挥发性有机物	1 124
主要硝酸盐	5 862
主要硫酸盐	11 723
放射性排放	50 000* [$€_{2000}$/DALY]

*伤残调整寿命年（DALY），假定等于慢性 YOLL 单位价值。

截至 2000 年，铅的危害系数被设定为镉的 41 倍。欧盟委员会 DG 研究中心研发出的 BeTa- MethodEx 方法认为镉的排放成本为 39 000 欧元/t，铅的排放成本为 600 000 欧元/t，与上面所使用的空气和土壤污染外部成本一致②。

晶体硅光伏板含铅量（每一个面板含铅 1.64～11.4 g）高于碲化镉光伏板含镉量（每一个面板含镉 0.32～11.4 g），在 pH 值较低的环境中，铅滤出（13%～90%）远远高于预计的镉滤出（29%～40%）。在对比基准情景和政策选项的外部成本时，使用的是平均滤出值。

13.3　损失资源的价格

某些技术下的光伏板含有相对稀少（如果比较少的话）但是比较昂贵的原料。光伏板中的稀有金属即银、铟、镓和锗。碲也可以视作是光伏板中的稀有金属，主要是在碲化镉

① ExterneE-Pol（2005）　能源的外部社会成本：会计架构的扩展和政策应用。

② MethodE 项目（2007 年 2 月）BeTa-MethodEx – 卷 2。

面板中含有。由于这些原料自然含量比较少，导致价格波动大，但本研究并不认为在可以预计的将来，这些原料会出现短缺。[①]关于光伏板中稀有金属的更多信息，可以参见 Ökopol 公司 2007 报告，以及报告 *Etude de potential de recyclage de certains métaux rares* 第 1 部分和第 2 部分，这是 BIO 信息咨询服务公司提供给 ADEME 公司的报告。表 5-29 阐释了本分析中这四种稀有金属在各个光伏板技术中的存在情况。

表 5-29　光伏板中的稀有金属[②]

稀有金属	含有稀有金属的光伏板的类型
银（Ag）	晶体硅
铟（In）	非晶硅、铜铟镓硒面板
镓（Ga）	铜铟镓硒、聚光光伏（CPV）以及新兴技术面板
锗（Ge）	非晶硅、聚光光伏（CPV）以及新兴技术面板

*2011—2050 年，每 10 年用一次价格增长系数。

表 5-30 展示了本分析里这 4 种稀有金属的当前价格（截至 2011 年 2 月）。在计算未妥善处置光伏板导致的潜在经济损失时，本报告使用的是目前的市场价格，因为对未来的市场价格趋势还不明确。

表 5-30　光伏板中的稀有金属以及市场价格信息（目前—2011 年 2 月）[②]

原料	每千克原料价格[③]/欧元	含有稀有金属的光伏板类型
铝	1.20	晶体硅、非晶硅、铜铟镓硒、新兴技术
玻璃		
稀有金属		
银	650	晶体硅
铟	442	硅、铜铟镓硒面板
镓	515	铜铟镓硒、聚光光伏（CPV）以及新兴技术面板
锗	957	非晶硅、聚光光伏（CPV）以及新兴技术面板

另外一个假设，但本报告没有使用，认为未来的价格会上升，因此再循环的收益会提高。为了帮助理解系数是如何影响潜在的市场价格转变的，本报告分析了目前的存量、未来开采的可能性、未来需求、价格波动以及再循环的可能性，参见表 5-31。考虑到这些因

---

① Ökopol et al.（2007）《光伏产品回收系统开发研究》。

② BIO Intelligence Service for ADEME（2010）　Etude de potentiel de recyclage de certains métaux rares：Partie 2。

③ 金属价格网（2001 年 2 月评估）　http：//www.metalprices.com/.

素，本研究分别判断了 4 种金属的市场价格提升可能性，以 10 年为一个间隔，从目前到 2020 年、2030 年、2040 年和 2050 年。表 5-32 显示了 2010—2050 年，每 10 年一个间隔，银、铟、镓和锗预计的市场价格。例如，预计每 10 年银的价格会上升 20%。从 2011 年 2 月的 650 欧元/kg，提高 20%，2020 年达到 780 欧元/kg；到 2030 年，价格在 2020 年的基准上提高 20%，达到 936 欧元/kg。

表 5-31　稀有金属市场价格系数评估①

稀有金属	目前自然界储藏量	按目前使用情况继续生产的可能性	预估未来需求	价格波动	目前回收利用率	未来价格变动系数
银（Ag）	非常有限	13 年（从 2008 年）	强势上升趋势	高	30%～50%	20%
铟（In）	相当有限	19.3 年（从 2007 年）	略有上升趋势	中	有限，不过在发展中	15%
镓（Ga）	几乎无限，但提取/处理技术是一个限制	9 000 年	强势上升趋势	中	20%	10%
锗（Ge）	有点有限	缺乏信息	略有上升趋势	低	30%	5%

* 2011—2050 年，每 10 年用一次价格增长系数。

表 5-32　光伏板中稀有金属预计未来价格②　　单位：欧元

稀有金属	目前价格（2011 年 2 月）	2020 年价格	2030 年价格	2040 年价格	2050 年价格
银（Ag）	650	780	936	1 123	1 348
铟（In）	442	508	585	672	773
镓（Ga）	515	567	623	685	754
锗（Ge）	957	1 005	1 055	1 108	1 163

对光伏板中的传统资源铝和玻璃进行了类似的分析。该评估考虑到了未来的预计需求，价格波动，以及目前的再循环率，以便专业地评价铝和玻璃市场价格潜在的增长趋势，同样地，以 10 年为一个间隔，从目前（2011 年 2 月）、2020 年、2030 年、2040 年和 2050 年。图 5-5 和图 5-6 是欧盟玻璃的市场价格趋势信息。

---

① BIO Intelligence Service for ADEME（2010） Etude de potentiel de recyclage de certains métaux rares：Partie 1。
基于 USGS 公司的数据：欧洲环境署（2010）欧洲环境：状况与展望 2010，原料资源与废物 http：//www.eea.europa.eu/soer/europe/material-resources-and-waste。

② BIO 信息服务公司计算得出。

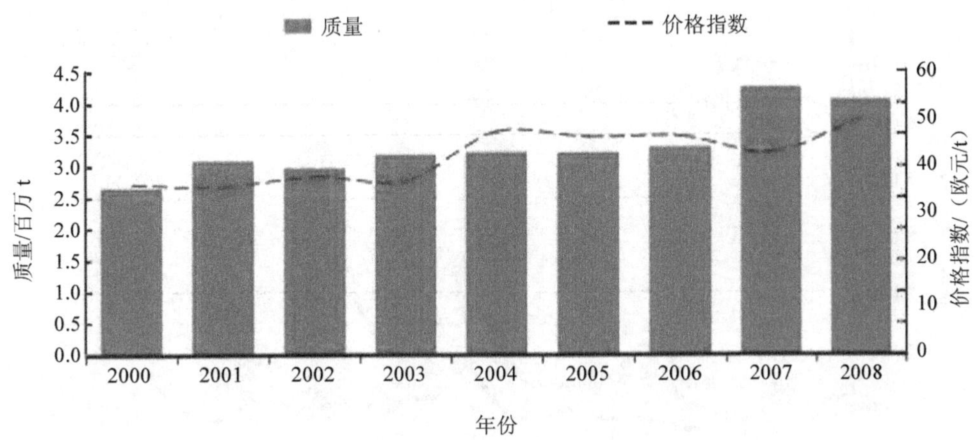

图 5-5　欧盟 27 国废玻璃质量和价格指数①

来源：环境废物数据中心。

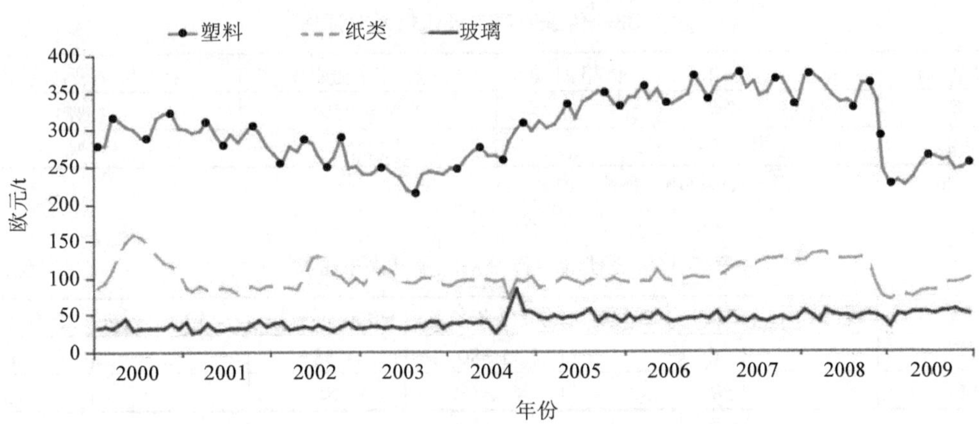

图 5-6　欧盟部分废品价格变化②

图 5-7 阐释了铝的市场价格趋势。欧盟大约有 40%的光伏产品要用到再循环后的铝，铝的再循环仅使用其所需能源的 5%。

① Eurostat（2010）欧洲环境数据以及描述 http：//epp.Eurostat.ec.europa.eu/cache/ITY_OFFPUB/KS-32-10-283/EN/KS-32-10-283-EN.PDF。

② 欧洲环境署（2010）欧洲环境：状况与展望 2010，原料需求与废品 http：//www.eea.europa.eu/soer/europe/material-resources-and-waste。

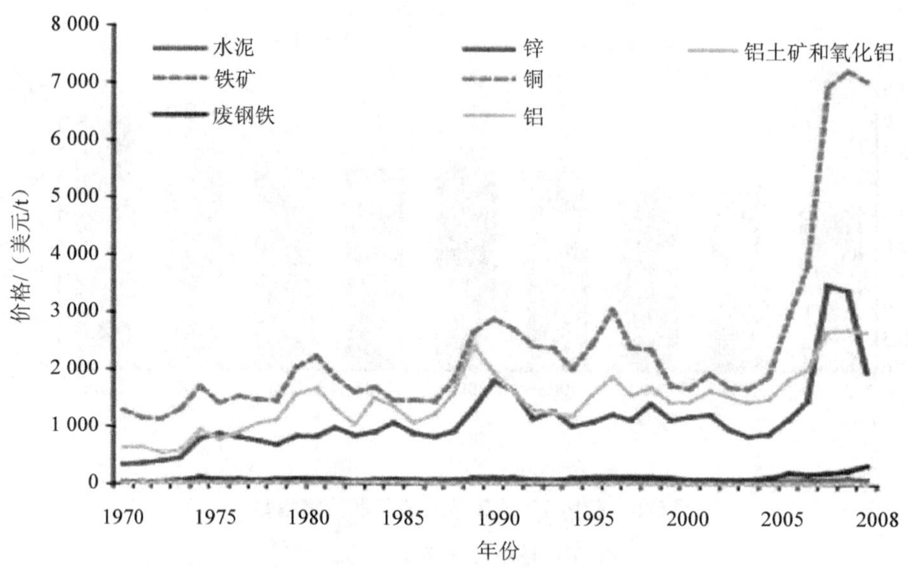

图 5-7 商品价格趋势（1970—2009 年）[①]

表 5-33 传统资源市场价格系数评估[②]

常规资源	预估未来需求	价格波动	目前回收利用率	未来价格变动系数*
铝	强势上升趋势	中	41%～95%	15%
玻璃	略有上升趋势	低	54%	10%

* 2011—2050 年，每 10 年用一次价格增长系数。

表 5-34 光伏板中传统资源预计未来价格[③]

单位：欧元

常规资源	目前价格（2011 年 2 月）	2020 年价格	2030 年价格	2040 年价格	2050 年价格
铝	1 200	1 380	1 587	1 825	2 099
玻璃	50	55	61	67	73

13.4 潜在的经济损失

本研究使用了 Ökopol 公司《2007 光伏产品回收系统开发研究》中关于晶体硅和非晶硅光伏板的构成信息，估计了因为未妥善处理和再循环报废光伏板导致的潜在经济损失。[④]之所以选择这两种光伏板技术，是因为目前有这两种光伏板的构成数据，且这两种光伏板可

① 基于 USGS 公司的数据：欧洲环境署（2010）欧洲环境：状况与展望 2010，原料资源与废物 http：//www.eea.europa.eu/soer/europe/material-resources-and-waste。

② OECD（2009） OECD 环境数据：2006-2008 概略，废品 http：//www.oecd.org/dataoecd/22/58/41878186.pdf。

③ BIO 信息咨询服务公司计算得出。

④ Ökopol et al.（2007）《光伏产品回收系统开发研究》。

以分别代表晶体硅光伏板系列和薄膜光伏板系列。假定稀有金属（即银、铟、镓和锗）占各个所考察面板的 1%，这已经是稀有金属在光伏板中的最高比例了。因此，对于晶体硅光伏板样品，假设银占 1%，而对于非晶硅光伏板，假设铟和锗的含量为 1%（即铟占 0.5%、锗占 0.5%）。在将来，光伏板中的稀有金属含量可能会下降，因为稀有金属价格会上升，还有替代物质开发了出来。

在计算潜在经济损失时，假定了光伏板里各种原料的损失程度不同，100%的原料投入再循环，对于政策选项 A 和 B，铝的再循环产出率为 100%，玻璃的再循环产出率为 95%，稀有金属的再循环产出率为 30%；而对于基准情景 B，再循环产出只有 95%的玻璃碴。[1]得出经济损失数字是为了了解潜在经济价值的指标，这些经济价值可以通过高效的原料再循环获得。

表 5-35 详述了源于 Ökopol 公司报告的原始 kg/Wp 数据的计算方法，以便得到“价格/Wp”数据。其中的“原料价格/kg”反映的是目前的价格。对于稀有金属来说，银的价格用于晶体硅面板，铟和锗的平均价格用于非晶硅面板。

用于两种光伏板的样品质量，反映的是表 5-36 中的价值，该表源于 Ökopol 公司的报告。样品晶体硅面板的质量为 22 kg，是一系列独立的非晶硅面板质量的平均值，Ökopol 报告中非晶硅面板的具体质量并不是质量数据，而是构成数据。因此，表 5-36 中，非晶硅面板的质量被假定为 15.85 kg，平均值介于 11.7～20 kg。

表 5-35 目前情景的因为没有妥善处理和再循环光伏板而导致的经济价值损失（各面板）——所有原料的高效再循环、不同回收率[2]

			晶体硅（第 1 代）		a-Si 模块（第 2 代）	
材料	价格/（欧元/kg）	回收率/%	质量/（kg/Wp）	价格/（欧元/Wp）	质量/（kg/Wp）	价格/（欧元/Wp）
玻璃	0.05	95	0.073 4	0.003 7	0.237 1	0.011 9
铝	1.20	100	0.010 7	0.012 8	0.000 1	0.000 1
稀有金属	变化的*	30	0.000 3	0.198 9	0.000 9	0.608 6
共计				0.22		0.62
				46.31 欧元/平均模块		37.23 欧元/平均模块
				2 105 欧元/t		2 349 欧元/t

* 估计晶体硅面板（含银）为 650 欧元，多晶硅面板（含铟和锗）为 700 欧元，基于 2011 年 2 月的市场价格。

① 关于基准情景 B 里所使用的再循环假设的更多信息，可以参见附件 H 第 15.3 节。

② BIO 信息咨询服务公司计算得出。

14　附件 G：其他补充信息和数据

14.1　光伏板的构成

虽然没有目前市场上各种类型的光伏板的详细信息，但是本研究试图对各种光伏技术产品构成的现有信息进行重新分组。由于目前正在开发新兴技术，但是还没有投入使用，因此很难精确地了解这些光伏板的构成和规格。表 5-36 概述了晶体硅面板以及 3 种薄膜技术产品的质量、容量和尺寸范围。关于这 3 种类型技术产品里每一种产品的详细构成信息，参见表 5-37。表 5-36 和表 5-37 中的构成信息源于 Ökopol 公司的《2007 年研究报告》，该研究是 BIO 信息咨询服务公司完成的，提供给 ADEME，内容是关于稀有金属的，而 EPIA 和绿色和平的研究报告题目为《2011 年太阳能发电》。关于光伏板构成的更多信息以及规格，可以参见下面的技术分类。

表 5-36　按技术划分的光伏板规格①②

	晶体硅模块	薄膜模块		
		a-Si	CdTe	CIS/CIGS
每个模块的总质量	5～28 kg	11.7～20 kg	9～15 kg	10.2～20 kg
正常容量	120～300 Wp	60～120 Wp		
尺寸规格	常见尺寸为 1.4～1.7 m^2，最大可达到 2.5 m^2	1.4～5.7 m^2	0.6～1.0 m^2	

表 5-37　常见光伏产品构成举例①②③

材料	晶体硅模块	薄膜模块		
		a-Si	CdTe	CIS/CIGS
玻璃	74%	86%	95%	84%
铝	10%	＜1%	＜1%	12%
其他组件（包括稀有金属）	16%	14%	4%	4%
其他主要材料（占 1%以上的成分）	EVA、特能（Tedlar）背板薄膜、硅、胶黏剂	多元醇（polyol），MDI	EVA	EVA
包括稀有金属	银	铟、锗		铟、镓
存在镉和铅	铅		镉	镉

① Ökopol et al.（2007）《光伏产品回收系统开发研究》。

② EPIA & Greenpeace（2011） 太阳能发电 6：太阳光伏电主宰全球。

③ BIO Intelligence Service for ADEME（2010） Etude de potentiel de recyclage de certains métaux rares：Partie 2。

表 5-38 是源于 Ökopol 公司报告的详细信息，阐释了晶体硅光伏板的构成。第 13.4 节在计算经济损失时（因为晶体硅光伏板里玻璃和铝之类的原料损失），以及计算光伏板原料回收预期收益时，都使用了这些信息，参见表 5-44。表 5-39 提供了关于非晶硅构成的信息，可用于薄膜面板经济损失和再循环收益的计算。非晶硅被用于作为薄膜面板的代表，因为目前缺乏其他薄膜光伏板详细的构成信息。表 5-40 概述了所考察的这两种光伏板的规格。

表 5-38 标准晶体硅面板构成示例（215 WP）①

组件	根据 Ökopol 2004 得出的组成比例（2003）/%	2007 年	
		%	kg/kWp
玻璃	62.7	74.16	77.3
框架（如硅酸铝镁）	22.0	10.30	10.7
EVA	7.5	6.55	6.8
太阳能电池	4.0	3.48	3.6
背膜（特能）	2.5	3.60	3.8
接线盒	1.2		
胶黏剂、封装化合物	没有数据	1.16	1.2
质量/kWp	103.6 kg/kWp		102.3
铜	0.37	0.57	
银	0.14	0.004～0.006	
锡	0.12	0.12	
铅	0.12	0.07	
硅	没有数据	3	

表 5-39 标准非晶硅面板构成示例（60 WP）①

材料	厚度	每个模块质量/g	表面质量/（g/m^2）	输出质量/（g/Wp）
玻璃	3+2.2 mm	3.483	12.480	249.6
二氧化锡		0.96	3.45	0.069
锡（作为氧化物）	约 500 nm	0.76	2.72	0.054 485 7
硼		1.18×10^{-5}	4.23×10^{-5}	8.46×10^{-7}
硅	约 400 nm	0.26	0.92	0.018 4
磷		1.21×10^{-7}	4.33×10^{-7}	8.66×10^{-9}
铝	＜600 nm	0.452	1.62	0.032
铝条	0.05 mm	0.988	3.54	0.07
丙烯酸树脂	0.15 mm	19	68.00	1.63
热熔胶		0.8	2.87	0.057
电缆		40	143.00	2.86
多元醇		285	1 021.00	20.3
MDI（二苯基甲烷二异氰酸酯）		215	770.00	15.4
总计		4 046	14 497	290

① Ökopol et al.（2007）《光伏产品回收系统开发研究》。

表 5-40 晶体硅和薄膜光伏板规格示例①

规格	晶体硅	薄膜
总重/kg	22	15.85（11.7 和 20 的平均数）
一般容量/Wp	215（潜在范围：120～300）	60（潜在范围：60～120）
尺寸/cm	165×99	120×60
尺寸范围/m^2	1.4～1.7	1.4～5.7

14.2 目前的再循环实践

光伏板的基本处置选项见表 5-41。由于光伏板是多种原料构成的，所以再循环流程必须考虑到多种废物的特征。

表 5-41 光伏板处理和再循环的基本操作①

处理方式	涉及的潜在处理步骤
物理/机械处理	破碎 磨损 密度分离 浮选 吸附 辐射 金属隔板 其他
化学处理	酸/碱处理 溶剂处理 其他
热处理	焚烧 热解 熔化、造渣 其他
生物处理	
辐射	
处置	回收利用到相同的产品 回收利用到另一种产品 有机层热处理的能量回收 矿物组分体积再利用（如混凝土骨料、道路施工） 垃圾填埋场 其他

目前已经有多种不同的再循环和处理方法，各厂商的再循环和处理方法不尽相同，由

① Ökopol et al.（2007）《光伏产品回收系统开发研究》。

于光伏技术的类型不同，这些再循环和处理方法也不尽相同。表 5-42 概述了一些已知的再循环活动，目前正在开发之中，已经完成了大部分所需的实验室测试。

表 5-42　一些已知的再循环活动（主要的实验室测试已经完成）[①]

运营商	程序	发展规模/阶段	光伏技术
Deutsche Solar AG	热分离，化学处理	试点生产，生态考虑	晶体，薄膜技术在实验室阶段
First Solar（Solar Cells Inc.），BNL	在惰性气体中热分解	实验室	晶体
Isofoton	电池回收 溶胀 破碎 可修复模块	实验室	晶体
AIST，Sharp，Asahi	无机酸回收晶片 溶剂溶胀（Cellsepa 过程） 可修复模块	实验室	晶体
Photovoltech	可修复模块	实验室	晶体
BP Solar，Soltech，Seghers	无机酸回收晶片 在流化床中回收晶片	实验室/技术学院	晶体
Pilkington Solar International	热分离	实验室/技术学院	晶体
Siemens Solar，Shell Solar，Showa Shell	硅铁合金生产 高压水喷射	实验室	晶体，薄膜
其他公司	模块粉碎 机械分离 酸处理 冶炼厂 混凝土骨料、道路施工	实验室	晶体，薄膜
处置	拆除框架和电缆、处置、焚烧	生产	所有

虽然目前全球范围内正在修建大量的光伏板处理和再循环设施[②]，但是，只有两种处理和再循环方法经过了测试而且投入应用：Deutsche Solar 公司的流程（以前在德国运行）主要是用于处理晶体硅面板[③]，First Solar 公司的流程（目前主要在美国、德国和马来西亚运行），主要是用于处理碲化镉（CdTe）面板。由光伏行业资助的一个欧洲光伏协会“PV Cycle”实施了一个回收和再循环项目，而且提供再循环服务。

① Ökopol et al.（2007）《光伏产品回收系统开发研究》。

② 目前已经有多种不同的再循环和处理方法，各厂商的再循环和处理方法不尽相同，由于光伏技术的类型不同，这些再循环和处理方法也不尽相同。附件 G 第 14 节表 5-42 概述了一些已知的再循环活动，目前正在开发之中，已经完成了大部分所需的实验室测试。

③ Deutsche Solar 公司的处理流程，于 2003 年推出，由于成本问题（因为报废光伏板数量少）已经停止了；不过，公司考虑在以后的某个时候建立一个示范性工厂。

光伏板的处理和再回收流程与液晶显示屏、投影屏玻璃、镜子、汽车挡风玻璃、其他夹层玻璃以及气体放电灯等的处理和再回收方式类似，因为这些产品的玻璃比重都比较大。

14.2.1 Deutsche Solar AG 公司的处理流程

2003 年以来，Deutsche Solar AG 公司的晶体硅处理流程一直是一个试点项目，但是后来停止了，因为光伏板再循环成本太高，而成本太高的原因在于目前报废的光伏产品数量少。不过该公司考虑在未来设立一个示范性工厂。2000 年收购的 Deutsche Solar AG 公司，是 SolarWorld AG 公司的子公司，总部位于德国波恩。Deutsche Solar 公司开发出来的处理和再循环流程，要通过热处理除去光伏板中的塑料成分，然后人工分离剩下的原料，如太阳能电池、玻璃和金属等。玻璃和金属，包括铝、铁和铜等，投入相关的再循环流程，被重新蚀刻成晶圆。太阳能电池通过多个化学步骤的清洗后，成为崭新的硅晶圆。重新处理的晶圆如果能够达到标准质量要求，就可以重新加工为太阳能电池和面板。该蚀刻流程包括如下顺序的步骤：金属去除，AR 层去除，同向去除，n+和 p+涂料，表面抛光，漂洗，染色。对于已经破损的太阳能电池，回收破损晶圆中的硅，用于结晶。

值得注意的是，这一过程中，可能会从面板中回收到完好的晶圆。平均再循环率为 80%，如果不考虑塑料成分的热分离。如果过程进展无误，那么可以回收到完好的玻璃。表 5-43 描述了晶体硅面板里各种材料的典型再循环和再利用情形。在进行再循环的过程中，Deutsche Solar AG 公司再利用了处理过程中回收的硅颗粒，将其出售或者送去再循环其他原料。Deutsche Solar AG 公司及其母公司 SolarWorld，在回收和处理报废光伏板或者受损的光伏板时，采用了一个“纳入”系统。[①]图 5-8 和图 5-9 阐释了晶体硅面板再循环过程中的输入和输出情况。

表 5-43 再循环终端产品和残余物以及目标[②]

硅片	出售
硅粒	出售、自用
银	出售、金属回收利用
铝	出售、金属回收利用
铁	出售、金属回收利用
铜	出售、金属回收利用
玻璃	出售、金属回收利用
包装材料	处置、回收利用
残余	处置（混合废物）

① Larsen，Kari（2009 年 8 月 3 日）：“光伏板寿命到期：如何处置？再循环太阳能光伏板，”可再生能源重点 http://www.renewableenergyfocus.com/view/3005/endoflife-pv-then-what-recycling-solar-pv-panels/。

② Ökopol et al.（2007）《光伏产品回收系统开发研究》。

图 5-8 破损的太阳能电池用于再循环[①]

图 5-9 再循环回收的硅颗粒[①]

① Ökopol et al.（2007）《光伏产品回收系统开发研究》。

14.2.2 First Solar 公司的处理流程

First Solar 公司的碲化镉处理流程是 20 世纪 90 年代在美国研发出来的，于 2003 年创建，到了 2007 年，满负荷运转时每天可以处理大约 10 t 产品。目前，First Solar 公司有 3 个生产点在运行该处理流程：美国、德国和马来西亚。截至 2011 年，First Solar 公司的再循环工厂主要是处理生产废物，因为目前报废的光伏板数量非常有限。为了处理预计 2025 年或者 2030 年将会大量出现的报废光伏板，First Solar 公司需要扩容。

收集的光伏板被粉碎以后，投入锤磨机中以确保这些玻璃碎片能够粉碎成为 4～5 mm 的小片，小的碎片足够确保层压带被粉碎。然后，将原料碎片投入旋转的不锈钢容器中，加入酸和双氧水，这一步可以去除半导体薄膜，这样，玻璃从废物流中分离出来。然后使用振动筛将玻璃从层压材料（此前将两层玻璃黏合到一起）碎片中分离出来。清洗玻璃，以便洗去任何残留的半导体材料，这样就可以打包用于再循环了。废物中的液体部分倒入沉淀池，液体中金属复合物通过不断提高 pH 值（加入氢氧化钠）分三步沉淀出来。将沉淀下来的原料集中在浓缩池中，进行脱水处理，得到未经加工的半导体材料，可以打包，供第三方处理，生产新光伏板需要的半导体组件。[①]从半导体废物中回收的主要原材料是碲和镉。

First Solar 公司的流程大约能够回收光伏板组件中 90%的玻璃，用于生产新的玻璃产品，如光伏板或者多种其他产品；该流程还可以回收大约 95%的半导体材料，在光伏板中可以再利用。每一块收集的光伏板，有大约 90%（按质量）可以回收回来。因为 First Solar 公司的流程使用的是粉碎的光伏板原料，所以这一流程不仅仅可以再循环报废完好的光伏板，还可以再循环破损的光伏板或者废物碎片。

First Solar 公司提供了一个免费的再循环和收集项目，用于再循环和处理该公司售出的光伏板。First Solar 公司在售出的各个光伏板的背面附上了再循环联系信息，为消费者收集和再循环都是免费的。First Solar 公司提供包装材料，消费者可以将陈旧的光伏板运到最近的 First Solar 公司生产基地。报废或者破损的光伏板的收集以及运输到综合再循环点等物流问题，由 First Solar 公司进行管理。[②]

该项目的融资方式是在售出各个面板时，在托管信托账户中存一笔钱，这笔钱的金额等于面板的收集、运输和再循环成本。从 2003 年开始第一次商业再循环运营时起，到 2009 年，First Solar 公司合计投入了 8 600 万美元来资助面板的收集和再循环。

① Ökopol et al.（2007）《光伏产品回收系统开发研究》。
② First Solar（2011）面板收集和再循环项目 http：//www.firstsolar.com/en/recycle_program.php。

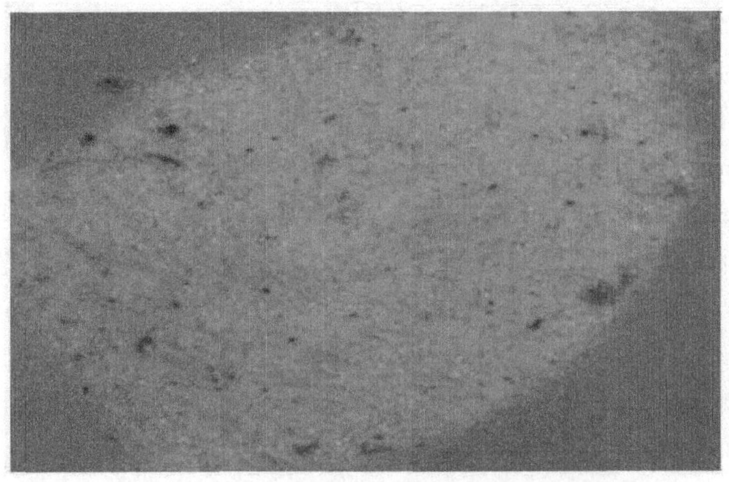

图 5-10 铜铟镓硒光伏板玻璃研磨和压碎以后的粉碎[①]

图 5-11 铜铟镓硒光伏板其他组件研磨和压碎以后的粉碎[①]

14.2.3 光伏板再循环现状

目前光伏板的再循环从经济上不具有可行性，因为所产生的废物的数量还很少；但是随着时间的推移，有了经济收益，以及扩大生产商责任的理念，这种状况就会改变。[②]目前，环境外部成本还没有引入碳税收和碳价格，因此，尽管生产光伏板时需要很高的能量，

① Ökopol et al.（2007）《光伏产品回收系统开发研究》。

② Larsen，Kari（2009 年 8 月 3 日）："光伏板寿命到期：如何处置？再循环太阳能光伏板，" 可再生能源重点 http：//www.renewableenergyfocus.com/view/3005/endoflife-pv-then-what-recycling-solar-pv-panels/。

生产光伏板时使用未经加工的原材料还是要便宜一些。虽然对于以硅为原料的光伏板来说确实如此（因为硅作为原料可以大量供给），但是铜铟镓硒光伏板和碲化镉光伏板有潜在的更大的经济动力，因为铟和碲比较稀少，尤其是较之于以后日益增长的光伏行业。

据 SolarWorld Group 集团下的子公司 Sunicon 公司的 Karsten Wambach 博士介绍，2003 年以来，Deutsche Solar 公司运营了一个试点项目来再循环以硅为原料的光伏板，但是后来停止了，因为目前报废的光伏产品数量少。SolarWorld 公司正在考虑未来设立一个示范性工厂，再循环以硅为原料的光伏板；不过目前，要让再循环从经济上有吸引力，就需要将面板存储起来，等存储到一定量时再进行再循环处理。Wambach 博士预计，光伏板再循环从经济上可行的最低量是每年 2 万 t，并认为每年 4 万～5 万 t 会更为现实一些，这个数量的光伏板再循环也更具有经济吸引力。

目前大量的报废光伏板是源于生产过程中的，或者生产出来后一两年就破损了的，主要原因在于没有正确安装。目前，切实进行的再循环实践，主要是在注重生产废物，是通过多种现有的再循环和处理设施进行管理的，这些设施负责了玻璃的再循环和材料的回收。大量报废光伏板被填埋了。虽然生产废物数字是敏感信息，生产商不愿意公布出来，但是 SolarWorld 的分公司 Sunicon 公司的 Karsten Wambach 博士，以及 Ökopol 公司的 Knut Sander 先生，认为目前（2010 年）德国的报废光伏板数量大约为 15 000 t。[①]这一数字包括生产废品、破损的光伏板以及报废光伏板。15 000 t 报废光伏板中，报废光伏板占 3 000～5 000 t。Ökopol 公司的 Knut Sander 先生预计目前报废光伏板的收集率为 20%～30%，而几乎所有收集起来的光伏板都会进行再循环。因为各种技术的再循环可能性不尽相同，Ökopol 公司认为，理想的情况下，光伏板可以分类收集进行再循环。

由于目前产生的报废光伏板数量非常有限，那么光伏板再循环面临的一个挑战就是安排收集以及运输到综合处理和再循环点的成本问题。Wambach 博士表示，在短期内将报废光伏板存储起来，一直到有大量的报废光伏板进入市场，是一个可能的选项。

除 Deutsche Solar AG 公司及其母公司 SolarWorld 提供了再循环项目外，First Solar 公司（2007 年成立）和 PV Cycle（欧洲一个从事报废光伏板的自愿回收和再循环的组织）也成立了。2009 年 5 月，PV Cycle 与 Chevetogne 公司、电力公司 Nizet 在比利时合作，开始了第一次大规模拆卸报废光伏板。[②]截至 2011 年，PV Cycle 报告了欧洲 91 个具有资格的光伏板收集点，发展了 180 多个会员公司。这些会员公司向 PV Cycle 缴纳年费，部分是根据他们所生产的面板的质量，这些年费还包括运输和再循环成本。2010 年，PV Cycle 一共

① 2011 年 3 月 3 日的采访，2011 年 3 月 16 日的采访（Karsten Wambach 博士），2011 年 3 月 3 日的采访，2011 年 3 月 14 日的采访（Knut Sander）；德国是欧盟 27 国里面安装光伏板最多的国家，因此这一数据基本上可以代表目前欧盟 27 国。

② PV Cycle（2010）让光伏行业“双倍绿色” http：//www.pvcycle.eu/fileadmin/pvcycle_docs/documents/membership/PVCYCLE_11_2010.pdf。

收集了 80 t 报废光伏板，预计 2011 年可以收集 1 500 t。PV Cycle 收集所有技术下的光伏板用于再循环，但是不收集生产废物。

14.2.4 光伏板再循环的未来发展

Deutsche Solar AG 公司的流程一直用于多种类型和尺寸的硅制光伏板，First Solar 公司与其他生产商共享技术信息，已经测试了其他碲化镉面板流程，目前正在完善铜铟镓硒技术的测试。然而，通过这些再循环流程的产品并不能代表目前安装的产品，因此还很难预测这些流程是否适用于未来的报废光伏板。

虽然目前有关于光伏板和新的再循环技术的研究、开发和测试工作，但是这些工作的结果如何还很难评估。目前正在开发无铅锡焊光伏板。正在开发的、以后极具潜力的光伏技术包括：

- 染料敏化太阳能电池
- 有机太阳能电池
- 湿式电池

染料敏化太阳能电池从如二氧化钛（外面覆盖一层吸光颜料）中放电；有机太阳能电池由可生物降解的材料构成，因此带来了材料降解和不稳定的风险；湿式电池，以及目前市场上的多种其他技术产品，可以视作与目前市场上的再循环技术产品类似的产品。

15 附件 H：经济成本假设——其他补充信息和数据

15.1 关于物流和再循环成本的假设

在分析基准情景 A 和 B 以及政策选项 A 和 B 时，所考虑的主要经济成本是运输（收集）成本、妥善处理（依据 WEEE 指令第 8 条和附件 II 的要求进行处理）成本以及再循环（回收贵重金属）成本。在基准情景 A 中，物流和再循环成本被假定为 0，因为报废光伏板被假定为留在自然环境中，不需要收集、处理或者再循环。在基准情景 B 中，假定要进行再循环，但是仅仅依据最低的质量要求，也就是说，在浮式玻璃工厂或者类似的玻璃工厂中进行预处理和再循环，从而控制性地处置铅和镉，以及回收玻璃。在政策选项 A 和 B 中，假定要进行高效的再循环，因此再循环成本较高，不过与此同时，材料回收也会产生较高的收入。基准情景 B 中的简单再循环以及政策选项 A 和 B 中的高效再循环所涉及的假设，参见图 5-12 的概述。在这两种流程里，都有物理分离，但在简单再循环中，物理分离之前要进行粉碎，而在高效再循环中，之前可以粉碎（如 First Solar 公司的流程），也可以不粉碎。在高效再循环中，原料分离过程中涉及互连器（如条纹板和连接线）的分离，但是在简单再循环中，就可以没有这一步。在简单再循环中，回收的只有玻璃，而在高效再循环中，多种原料被回收，包括铝、玻璃、镉、铅和稀有金属。两种预处理和再循环流程的主要区别就在于：高效再循环中有热流程，因此可以回收和处理铅、镉以及稀有金属等。在简单再循环中，一些有潜在危险的物质（如铅和镉等）没有回收，没有进行处理以备再利用，但是依据 WEEE 指令第 8 条和附件 II 的要求，以控制性的方式进行了处置，因此避免了不加控制地排放到自然环境，以及滤出到土壤或者排放到空气中的可能性。然而，不论是在低效再循环和高效再循环中，铅和镉因为滤出而进入自然环境的可能性都没有了。

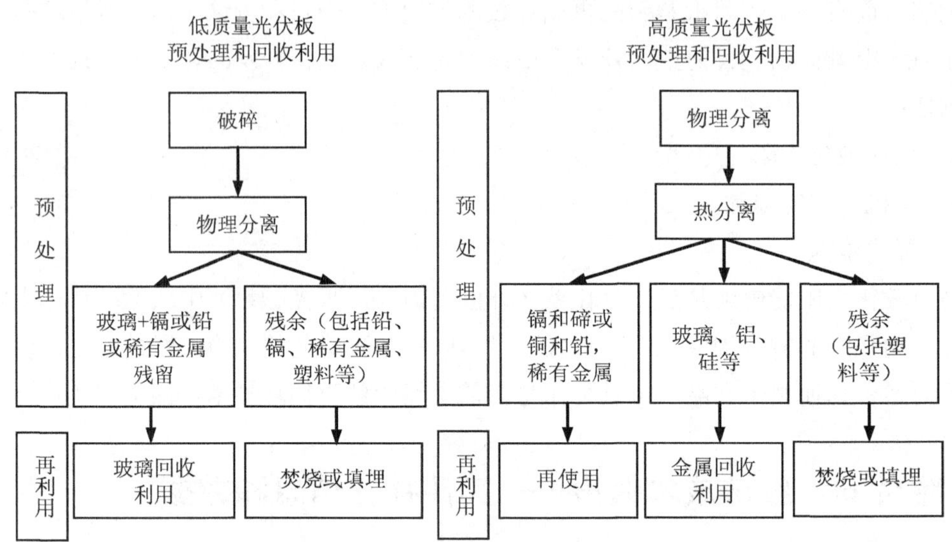

图 5-12　光伏板的预处理和再循环流程

所有技术下的光伏板以及所有的情景中，都假定收集光伏板的物流成本是一样的。根据 PV Cycle 报告的第一年的收集和运输经验，估计这些成本为 150 欧元。表 5-46 概述了各种情景下的物流和再循环成本假设。关于各种情景下的假设的详细情况，可以参见下文。

应当注意的是，一旦实现了规模经济，大量报废光伏板进入市场，物流和再循环成本都会下降。物流成本要取决于收集系统的建立方法，以及收集点与再循环中心的距离。再循环成本还会因为再循环质量的不同而不同；基本的玻璃再循环需要成本很低，而原料分离和回收可能会导致很高的再循环成本。由于还不确定这些成本波动的性质以及程度（因为规模经济以及使用新的再循环技术），本研究使用的是目前可以获得的数据来代表 2050 年可能出现的情况。

在估计光伏板的物流和再循环成本时，本研究没有考虑开发和测试新的再循环技术所需的研究成本和开发成本以及鼓励人们收集报废光伏板（以便增加废品数量，实现规模经济）所采取行动的成本。

15.2　关于材料回收收入的假设

在基准情景 A 中，原料回收的收益假定为 0，在基准情景 B 中，原料回收的收益也假定为很低；但在政策选项 A 和 B 中，原料回收的收益则被假定为很高，不过也随原料的不同而不同。在计算再循环的潜在收益时，使用的是截至 2011 年 2 月的价格。虽然未来的市场价格可能会变化，再循环技术也可能会发展，但是基于目前可以获得的信息，该模式可以代表到 2050 年的光伏板再循环情况。

根据位于比利时切维图根的 PV Cycle 的光伏板生成器（建成于 2009 年）的拆卸经验，以及目前的再循环流程信息（源于 Ökopol 公司《2007 年研究》），可以假定铝的再回收率为 100%，玻璃的再回收率为 95%。

假定稀有金属的回收率为 30%，与所咨询专家（咨询内容：高效回收报废光伏板产生的预计潜在收入）的预计一致。来自于 Ökopol 公司的 Knut Sander 预计目前或者不远的将来，稀有金属的回收率可以达到 60%。①假定稀有金属是回收率为 30%是一种比较保守的假设。

表 5-44　用各种原料的回收率和目前的市场价格（2011 年 2 月）估计光伏板高效再循环可以实现的收益②

			晶体硅（第 1 代）		a-Si 模块（第 2 代）	
材料	价格/（欧元/kg）	回收率/%	质量/（kg/Wp）	价格/（欧元/Wp）	质量/（kg/Wp）	价格/（欧元/Wp）
玻璃	0.05	95	0.073 4	0.003 7	0.237 1	0.011 9
铝	1.20	100	0.010 7	0.012 8	0.000 1	0.000 1
稀有金属	变化的*	30%	0.000 3	0.198 9	0.000 9	0.608 6
共计				0.22		0.62
每个平均模块				46.31		37.23
每吨				2 105		2 349

* 估计晶体硅面板（含银）为 650 欧元，多晶硅面板（含铟和锗）为 700 欧元，基于 2011 年 2 月的市场价格。

高回收率的高效再循环可以视作是光伏板再循环情景的最佳范例，本研究使用了这一范例来展示通过回收光伏板中的传统资源和稀有金属，可以获得很高的收益。高质量原料

① 2011 年 3 月 3 日采访，2011 年 3 月 14 日采访。

② 铝回收率 100%，玻璃回收率 95%，稀有金属回收率 30%；基于 PVCycle 公司和 Ökopol 公司《2007 年研究》里的数据。

再循环的替代性选项可以是假定再循环是在一个浮式玻璃再循环工厂进行，这就意味着回收到的是低质量的玻璃原料，无法回收铝和稀有金属，即基准情景B的内容。

本研究没有考虑光伏板的质量可能会下降，尽管有趋势显示未来光伏板的尺寸和质量会下降，但由于很难评估这种改变的程度和性质，所以没有将其纳入假设的经济损失因素中。将来，光伏板中的稀有金属含量可能会下降，因为稀有金属价格会上升，或有替代物质开发了出来。由于对这一趋势还不确定，所以本研究没有考虑这些因素。

表 5-45 各个情景下的物流和再循环成本①　　单位：欧元

基准 A			
	物流单元成本	回收处理单元成本	全部成本（收集每吨产品）
c-Si	0	0	0
a-Si	0	0	0
CdTe	0	0	0
CIGS/CIS	0	0	0
基准 B			
	物流单元成本***	回收处理单元成本*	全部成本（收集每吨产品）
c-Si	150.00	25.00	175.00
a-Si	150.00	25.00	175.00
CdTe	150.00	25.00	175.00
CIGS/CIS	150.00	25.00	175.00
政策 A			
	物流单元成本***	回收处理单元成本**	全部成本（收集每吨产品）
c-Si	150.00	140.00	290.00
a-Si	150.00	60.00	210.00
CdTe	150.00	119.00	269.00
CIGS/CIS	150.00	120.00	270.00
政策 B			
	物流单元成本***	回收处理单元成本**	全部成本（收集每吨产品）
c-Si	150.00	140.00	290.00
a-Si	150.00	60.00	210.00
CdTe	150.00	119.00	269.00
CIGS/CIS	150.00	120.00	270.00

*来源：Sunicon 公司 Karsten Wambach 博士根据 PV Cycle 公司的 2010 年收集经验报告。

**来源：2007 Ökopol 研究。

*** 来源：基于 PVCycle 公司报告的 2010 年来的收集和运输成本。

① BIO 信息服务公司计算得出。

15.3 物流/再循环成本以及基准情景 B 的再循环收入

表 5-46 概述了原料再循环的单位物流和再循环成本、收益及其净成本(以 1 t 为基准)。在基准情景 B 中，假定会进行基本的预处理和浮式玻璃再循环，那么每吨报废光伏板通过浮式玻璃厂进行预处理和再循环会产生 25 欧元的成本，15 欧元的收益。在此情景中，只有低质量的玻璃得到了回收，再循环成本超过了再循环收益，见表 5-49 中净成本一列。虽然铝在某些情况下也可以再循环，但并不一定是一直在再循环，因此本研究仅仅考虑了玻璃碎片的低质量再循环。这种再循环会发生，是由于光伏板生产商关注品牌化和更多的责任，尤其是太阳能被视作“绿色”能源。关于预处理和再循环假设的详情，可以参见第 15.1 节。

表 5-46 原料再循环的单位物流成本、单位再循环成本、收益以及净成本（基准情景 B）① 单位：欧元/t

	运输和回收处理成本	材料回收利用收益	净成本
c-Si 光伏模块	175	15	160
a-Si 光伏模块	175	15	160
CdTe 光伏模块	175	15	160
CIGS/CIS 光伏模块	175	15	160

15.3.1 敏感性分析——再循环收益

根据 Deutsche Solar 公司的专家以及其他咨询专家，低质量玻璃再循环的收益可以假定为 0～25 欧元，在计算回收收益时使用了 15 欧元来代表平均值。由于未来将有越来越多的报废光伏板要投入再循环，再加上回收的原料质量越来越高（因为技术在进步），再循环的单位光伏板的收益会增加。

在基准情景 B 中，如果预估收益为 0 或 25 欧元，那么低质量玻璃再循环的成本平衡会发生变化。如表 5-47 所示，因为再循环收益等于成本，若预估收益为 0，再循环的净成本为 25 欧元。若预估收益为 25 欧元，则再循环的净成本为 0。如果假定每吨光伏板的收益为 15 欧元，那么就可以反映一种介于这两种极端情形之间的情况，在此情况下，低质量的玻璃循环会产生收益，但收益会低于再循环成本。

在此情况下，生产商进行再循环的一个主要原因是责任问题以及公司的品牌问题。报废光伏产品的再循环是作为光伏板生产商提供“绿色能源”的证明来源，在整个运营过程中，树立关注环境的形象是非常重要的。

① BIO 信息服务公司计算得出。

表 5-47 再循环收益假设的敏感性分析（基准情景 B） 单位：欧元

光伏板低质量回收利用收益	净成本（2050 年）
回收利用的收益为 0	25
回收利用的收益为 25	0

15.3.2 敏感性分析——铝的回收

在基准情景 B 中所应用的简单的再循环并不会回收铝，虽然铝在某些情况下也可以再循环，但是并不假定是一直在再循环，因此本研究仅考虑了玻璃碎片的低质量再循环。然而，如果铝在简单再循环中得到了回收，假定成本与再循环成本相同，那么再循环收益则会发生变化。如表 5-48 所示，对于基准情景 B，虽然到 2050 年，铝再循环收益将会使得整体资源收益提升到 1.9 亿欧元，但这仍然不会使再回收收益高于总成本（3.8 亿欧元）。因此，在简单再循环情景中即使假设将铝投入再循环，也不会改变整体的成本-收益平衡。

表 5-48 铝的再循环假设的敏感性分析（基准情景 B）

光伏板低质量回收利用收益	2050 年回收利用总收入/亿欧元
玻璃回收利用收益	0.3
铝回收利用收益	1.6

15.4 物流/再循环成本以及政策选项 A 和 B 的再循环收益

在政策选项 A 和 B 中，假定了原料会高效再循环，再循环成本高，收益也高。假定再循环是高效的，其代表就是铝回收率 100%，玻璃回收率 95%，稀有金属回收率 30%。

表 5-49 概述了物流和再循环的净成本（原料回收收益已经从物流和再循环成本中扣除），尽管收益极力补偿了成本，但是净成本仍然是一个很大的负数。

表 5-49 原料再循环的单位物流成本、单位再循环成本、收益以及净成本（政策选项 A 和 B） 单位：欧元/t

	运输和回收处理成本	材料回收利用收益	净成本
c-Si 光伏模块	290	2 105	–1 815
a-Si 光伏模块	210	2 349	–2 139
CdTe 光伏模块	269	2 349	–2 080
CIGS/CIS 光伏模块	270	2 349	–2 079

16 附件Ⅰ：政策选项分析——其他补充信息和数据

16.1 基准情景 A

表 5-50 欧盟 27 国各年光伏板数量（基准情景 A）

光伏板技术	*a* 产生的废物量/百万 t			*b* 收集率/%			*c* 适当处理后回收利用量/百万 t（*c*=*a*×*b*）			*d* 没有适当处理和回收利用的量/百万 t（*d*=*a*–*c*）		
	2030 年	2040 年	2050 年	2030 年	2040 年	2050 年	2030 年	2040 年	2050 年	2030 年	2040 年	2050 年
c-Si	0.20	2.00	4.21	0	0	0	0.00	0.00	0.00	0.20	2.00	4.21
a-Si	0.02	0.33	1.57	0	0	0	0.00	0.00	0.00	0.02	0.33	1.57
CdTe	0.01	0.79	1.49	0	0	0	0.00	0.00	0.00	0.01	0.79	1.49
CIGS/CIS	0.00	0.05	1.89	0	0	0	0.00	0.00	0.00	0.00	0.05	1.89
总计	0.22	3.18	9.16	0	0	0	0.00	0.00	0.00	0.22	3.18	9.16

16.2 基准情景 B

表 5-51 欧盟 27 国各年光伏板数量（基准情景 B）

光伏板技术	*a* 产生的废物量/百万 t			*b* 收集率/%			*c* 适当处理后回收利用量/百万 t（*c*=*a*×*b*）			*d* 没有适当处理和回收利用的量/百万 t（*d*=*a*–*c*）		
	2030 年	2040 年	2050 年	2030 年	2040 年	2050 年	2030 年	2040 年	2050 年	2030 年	2040 年	2050 年
c-Si	0.20	2.00	4.21	20	25	30	0.04	0.50	1.26	0.16	1.50	2.95
a-Si	0.02	0.33	1.57	20	25	30	0.00	0.08	0.47	0.01	0.25	1.10
CdTe	0.01	0.79	1.49	20	25	30	0.00	0.20	0.45	0.01	0.59	1.04
CIGS/CIS	0.00	0.05	1.89	0	0	0	0.00	0.00	0.00	0.00	0.05	1.89
总计	0.22	3.18	9.16	18	25	24	0.04	0.78	2.18	0.18	2.39	6.98

由于目前报废的面板数量很少，少量的报废光伏板很难形成经济刺激，光伏板原料再循环的技术相对比较缺乏，以及各成员国之间的基准设施和再循环设施数量不尽相同，很难建立一个确定的基准情景 B（自愿行为）。假设是基于 2030—2050 年的再循环率，没有铜铟镓硒技术光伏板的处理和再循环，因为目前缺乏这些类型的模板的再循环流程，而且

还不能明确到2050年，这些类型的光伏板的技术再循环开发技术方向。

16.3 政策选项A

表5-52 欧盟27国各年民用光伏板数量（政策选项A）

光伏板技术	*a* 住宅光伏模块装置产生的废物量/百万t			*b* 收集率/%			*c* 适当处理后回收利用量/百万t（*c*=*a*×*b*）			*d* 没有适当处理和回收利用的量/百万t（*d*=*a*–*c*）		
	2030年	2040年	2050年	2030年	2040年	2050年	2030年	2040年	2050年	2030年	2040年	2050年
c-Si	0.17	1.72	3.62	85	85	85	0.14	1.46	3.08	0.03	0.26	0.54
a-Si	0.02	0.29	1.35	85	85	85	0.01	0.24	1.15	0.002	0.04	0.20
CdTe	0.01	0.68	1.28	85	85	85	0.01	0.58	1.09	0.001	0.10	0.19
CIGS/CIS	0.00	0.04	1.63	85	85	85	0.00	0.03	1.39	0.00	0.01	0.24
总计	0.19	2.73	7.88	85	85	85	0.16	2.32	6.70	0.03	0.41	1.18

表5-53 欧盟27国各年商用光伏板数量（政策选项A）

光伏板技术	*a* 商用光伏模块装置产生的废物量/百万t			*b* 收集率/%			*c* 适当处理后回收利用量/百万t（*c*=*a*×*b*）			*d* 没有适当处理和回收利用的量/百万t（*d*=*a*–*c*）		
	2030年	2040年	2050年	2030年	2040年	2050年	2030年	2040年	2050年	2030年	2040年	2050年
c-Si	0.03	0.28	0.59	20	25	30	0.01	0.07	0.18	0.02	0.21	0.41
a-Si	0.002	0.05	0.22	20	25	30	0.000 5	0.01	0.07	0.002	0.04	0.15
CdTe	0.001	0.11	0.21	20	25	30	0.000 2	0.03	0.06	0.001	0.08	0.15
CIGS/CIS	0.00	0.01	0.27	0	0	0	0.00	0.00	0.00	0.00	0.01	0.27
总计	0.03	0.44	1.28	20	25	24	0.006	0.11	0.31	0.02	0.34	0.98

表5-54 欧盟27国各年光伏板总量（民用和商用）（政策选项A）

光伏板技术	所有（民用和商用）光伏模块装置产生的废物量/百万t			收集量/百万t			没有适当处理和回收利用的量/百万t		
	2030年	2040年	2050年	2030年	2040年	2050年	2030年	2040年	2050年
c-Si	0.20	2.00	4.21	0.15	1.53	3.25	0.05	0.47	0.96
a-Si	0.02	0.33	1.57	0.01	0.26	1.21	0.004	0.08	0.36
CdTe	0.01	0.79	1.49	0.01	0.61	1.15	0.002	0.19	0.34
CIGS/CIS	0.00	0.05	1.89	0.00	0.03	1.39	0.00	0.01	0.51
总计	0.22	3.18	9.16	0.17	2.43	7.00	0.05	0.74	2.16

敏感性分析

如果基准情景 A 的假设（不处理光伏板）应用于政策选项 A（而不是应用于基准情景 B）中的不在 WEEE 指令管辖范围内的商业光伏板，其影响的差异是有限的。虽然空气污染和土壤污染以及资源损失较高，但是整体影响非常小，因为产生的报废光伏板有 86%在 WEEE 指令之内，其中有 85%被收集和再循环。如表 5-55 所示，这是一个铅滤出的例子，如果应用了基准情景 A 或者基准情景 B 中的假设，该表就显示了区别大小。

表 5-55　再循环假设的敏感性分析（政策选项 A）

c-Si 光伏板模块中铅滤出	2050 年
对非民用太阳能电池板的回收利用率为 0%	85～587 t
对非民用太阳能电池板的回收利用率为 20%～30%	72～495 t

16.4　政策选项 B

表 5-56　欧盟 27 国各年光伏板数量（政策选项 B）

光伏板技术	*a* 产生的废物量/百万 t			*b* 收集率/%			*c* 适当处理后回收利用量/百万 t（*c*=*a*×*b*）			*d* 没有适当处理和回收利用的量/百万 t（*d*=*a*−*c*）		
	2030 年	2040 年	2050 年	2030 年	2040 年	2050 年	2030 年	2040 年	2050 年	2030 年	2040 年	2050 年
c-Si	0.20	2.00	4.21	85	85	85	0.17	1.70	3.58	0.03	0.30	0.63
a-Si	0.02	0.33	1.57	85	85	85	0.02	0.28	1.33	0.003	0.05	0.24
CdTe	0.01	0.79	1.49	85	85	85	0.01	0.67	1.27	0.001	0.12	0.22
CIGS/CIS	0.00	0.05	1.89	85	85	85	0.00	0.04	1.61	0.00	0.01	0.28
总计	0.22	3.18	9.16	85	85	85	0.19	2.70	7.79	0.03	0.48	1.37

敏感性分析

为了做此假设的敏感性分析，进行了如下对比：85%的收集率以及所收集的报废光伏板有 100%进入再循环设施；对比 85%的收集率，其中所收集的报废光伏板的 85%进入再循环设施（也就是说，进入再循环设施的光伏板占报废光伏板的 72%）。表 5-57 以铅滤出为例，显示了 85%的再循环率和 72%的再循环率之间的差异。影响之间的差异很大，接近 100%（与被处置的废弃物的数量比例相同，最终处置的废物量从 15%增加到了 28%），再循环率为 85%的情况下（投入再循环的废品占全部废品 72%），其影响几乎是再循环率为 100%（投入再循环的比例占全部废品 85%）的 2 倍。但基准情景 A 和 B 之间的差异要小得多，因此本研究的结论不会受到影响。

表 5-57 再循环假设的敏感性分析（政策选项 B）

c-Si 光伏板模块中铅滤出	2050 年
回收利用率为 85%	47～327 t
回收利用率为 72%	88～611 t

16.5 摘要表——2030 年和 2040 年

表 5-58 情景和政策选项评估概述表（2030 年）

2030 年	基准情景 A “最坏的情况”	基准情景 B “志愿行动”	政策选项 A “WEEE 中的民用光伏板”	政策选项 B “WEEE 中的所有光伏板”
数量				
产生的光伏板废物量/百万 t	0.22	0.22	0.22	0.22
收集的光伏板模块经过妥善处理并回收利用的量/百万 t	0.00	0.04	0.17	0.19
没有妥善处理的光伏板废物的量/百万 t	0.22	0.18	0.05	0.03
政策行为带来的环境效益				
土壤和大气污染/t				
c-Si 光伏板模块铅溶出	15～102	12～82	4～25	2～15
CdTe 光伏板模块镉溶出	0.22～1	0.18～1	0.053～0.21	0.03～0.19
土壤和大气污染（平均外部成本）/10 亿欧元				
c-Si 光伏板模块铅溶出	–0.07	–0.05	–0.02	–0.01
CdTe 光伏板模块镉溶出	–0.000 034	–0.000 027	–0.000 008	–0.000 005
外部成本总计	–0.07	–0.05	–0.02	–0.01
资源增益（回收利用输入）/百万 t				
c-Si 光伏板模块和薄膜*模块中的玻璃	0.00	0.03	0.13	0.15
c-Si 光伏板模块和薄膜模块中的铝	0.00	0.004 1	0.016	0.018
c-Si 光伏板模块和薄膜模块中的稀有金属	0.00	0.000 4	0.001 7	0.001 9
资源增益（回收利用输出）/百万 t				
c-Si 光伏板模块和薄膜模块中的玻璃	0.00	0.03	0.12	0.14
c-Si 光伏板模块和薄膜模块中的铝	0.00	0.00	0.016	0.018

2030 年	基准情景 A “最坏的情况”	基准情景 B “志愿行动”	政策选项 A “WEEE 中的民用光伏板”	政策选项 B “WEEE 中的所有光伏板”
c-Si 光伏板模块和薄膜模块中的稀有金属	0.00	0.00	0.000 5	0.000 6
资源增益（回收利用输出）/10 亿欧元				
c-Si 光伏板模块和薄膜模块中的玻璃	0.00	0.000 5	0.006	0.007
c-Si 光伏板模块和薄膜模块中的铝	0.00	0.00	0.019	0.021
c-Si 光伏板模块和薄膜模块中的稀有金属	0.00	0.00	0.34	0.38
资源增益总量	0.00	0.000 5	0.36	0.40
政策行为的经济成本				
成本				
物流成本/10 亿欧元	0.00	–0.008	–0.05	–0.05
妥善处理以及回收利用成本/10 亿欧元	0.00	–0.001	–0.02	–0.03
成本总计/10 亿欧元	0.00	–0.01	–0.07	–0.08
社会影响				
对就业的影响（创造的工作数量）				
创造的工作数量	0	100	3 250	5 000
净收益				
独立净收益/10 亿欧元	–0.07	–0.06	0.27	0.31
基准 A 下的净收益/10 亿欧元	N/A	0.01	0.342	0.384
基准 B 下的净收益/10 亿欧元	N/A	N/A	0.337	0.378

*薄膜指的是非晶硅、碲化镉和铜铟镓硒技术。

表 5-59 情景和政策选项评估概述表（2040 年）

2040 年	基准情景 A “最坏的情况”	基准情景 B “志愿行动”	政策选项 A “WEEE 中的民用光伏板”	政策选项 B “WEEE 中的所有光伏板”
数量				
产生的光伏板废物量/百万 t	3.18	3.18	3.18	3.18
收集的光伏板模块经过妥善处理并回收利用的量/百万 t	0.00	0.78	2.43	2.70
没有妥善处理的光伏板废物的量/百万 t	3.18	2.39	0.74	0.48
政策行为带来的环境效益				
土壤和大气污染/t				
c-Si 光伏板模块铅溶出	150～1 037	113～778	35～243	23～156
CdTe 光伏板模块镉溶出	21～121	16～91	5～28	3～18

2040 年	基准情景 A “最坏的情况”	基准情景 B “志愿行动”	政策选项 A “WEEE 中的 民用光伏板”	政策选项 B “WEEE 中的 所有光伏板”
土壤和大气污染（平均外部成本）/10 亿欧元				
c-Si 光伏板模块铅溶出	−0.70	−0.52	−0.16	−0.10
CdTe 光伏板模块镉溶出	−0.003	−0.002	−0.001	−0.000 5
外部成本总计/10 亿欧元	−0.70	−0.53	−0.16	−0.11
资源增益（回收利用输入）/百万 t				
c-Si 光伏板模块和薄膜*模块中的玻璃	0.00	0.64	2.01	2.23
c-Si 光伏板模块和薄膜模块中的铝	0.00	0.05	0.161	0.178
c-Si 光伏板模块和薄膜模块中的稀有金属	0.00	0.01	0.025	0.028
资源增益（回收利用输出）/百万 t				
c-Si 光伏板模块和薄膜模块中的玻璃	0.00	0.61	1.91	2.12
c-Si 光伏板模块和薄膜模块中的铝	0.00	0.00	0.16	0.18
c-Si 光伏板模块和薄膜模块中的稀有金属	0.00	0.00	0.007 5	0.008 4
资源增益（回收利用输出）/10 亿欧元				
c-Si 光伏板模块和薄膜模块中的玻璃	0.00	0.01	0.10	0.11
c-Si 光伏板模块和薄膜模块中的铝	0.00	0.00	0.19	0.21
c-Si 光伏板模块和薄膜模块中的稀有金属	0.00	0.00	5.05	5.60
资源增益总量	0.00	0.01	5.33	5.92
政策行为的经济成本				
成本				
物流成本/10 亿欧元	0.00	−0.14	−0.67	−0.75
妥善处理以及回收利用成本/10 亿欧元	0.00	−0.02	−0.31	−0.34
成本总计/10 亿欧元	0.00	−0.16	−0.98	−1.09
社会影响				
对就业的影响（创造的工作数量）				
创造的工作数量	0	240	7 800	12 000
净收益				
独立净收益/10 亿欧元	−0.70	−0.67	4.19	4.73
基准 A 下的净收益/10 亿欧元	N/A	0.03	4.89	5.43
基准 B 下的净收益/10 亿欧元	N/A	N/A	4.87	5.41

*薄膜指的是非晶硅、碲化镉和铜铟镓硒技术。

16.6 社会收益

本研究中的社会收益，指的是创造的潜在的就业机会，已经根据咨询专家（预计未来创造工作岗位的可能性）提供的信息进行了评估，现在已经采取了更加有力的光伏板收集行动，并制订了再循环计划。由于没有其他信息来了解让越来越多的光伏板投入再循环会创造多少工作岗位，因此政策选项 B 中使用了该信息。其他的就业潜力的估计，通过按比例缩小光伏板再循环整个比例（投入再循环的光伏板对比市场上报废全部光伏板）的方法，进行了计算。

在基准情景 A 中，预计不会创造工作岗位，因为没有收集或者再循环光伏板。在基准情景 B 中，创造了工作岗位，主要原因是越来越多的报废光伏板进入了市场，而且会在玻璃厂中进行预处理和再循环。在政策选项 A 和 B 中，假定会进行高效的再循环，因此创造更多的工作岗位会更多。

表 5-60 欧盟 27 国物流、预处理和再循环成本与再循环收益的对比，以及净成本平衡（政策选项 B）

	基准情景 A “最坏的情况”	基准情景 B “志愿行动”	政策选项 A “WEEE 中的民用光伏板”	政策选项 B “WEEE 中的所有光伏板”
总回收率/%	0	24	76	85
创造的工作数量				
2030 年	0	100	3 250	5 000
2040 年	0	240	7 800	12 000
2050 年	0	400	13 000	20 000

六、新版欧盟 WEEE 指令范围审查报告

Review of the scope of the Directive 2012/19/EU on Waste Electrical and Electronic Equipment （WEEE） Final report

由欧盟委员会在其欧盟官方网站首次发布英文版本

http: //ec.europa.eu/environment/waste/weee/events_weee_en.htm

文档信息

客户	欧盟委员会- DG 环境
报告标题	最终报告
	项目名称　2012/19/EU 指令报废电子电气设备（WEEE）范围的审查
项目团队	BIO 情报局
项目官员	Maria Banti
时间	2013 年 10 月
作者	Sylvian Sourrisseau
	Andreas Mitsios
	Thibault Faninger
	Blandine Chenot
	Véronique Monier
主要联系人	Blandine Chenot
	blandine.chenot@biois.com
	或者
	Véronique Monier
	vm@biois.com

免责声明：

项目组不承担因使用此报告或其内容造成的直接或间接的损害的任何责任。本报告中的结果系作者个人研究成果，并不代表欧盟委员会观点。

请将这个出版物引用为：

BIO 情报局（2013 年），2012/19/EU 指令报废电子电气设备（WEEE）范围的审查，为欧洲委员会准备的最终报告-DG 环境

图片来源：@pre Ola Wiberg

摘要

关于报废电子电气设备（WEEE）的 2012/19/EU 指令（修正）（在本报告中下称“新版 WEEE 指令”）在 2012 年 8 月 13 日生效，在 2014 年 2 月 14 日被各成员国转化到国内法令。将 2002/96/EC 指令（在本报告中称为“旧版 WEEE 指令”）第 2（1）条中的范围扩大至所有电子电气设备（EEE），从而开启了一个开放的范围。

2012/19/EU 指令提到：“2015 年 8 月 14 日之前，欧盟委员会应审查本指令的范围。”因此，本研究的目的是通过分析范围变化可能造成的影响（包括或不包括此前 2002/96/EC 指令未涉及的某些特定的电子电气产品组），来确定某些范围的变化是否适当。同时，该研究基于相关的费用和效益分析，考虑改变区别本指令的附件三中设备大小的参数的可行性。

该方法基于：

- 通过咨询专家和分析文献来分析范围变化，并确定产品组因范围变化受到的影响；
- 通过收集和处理市场数据，发展了定性和定量评估收益和 “开放范围”中的三大产品组成本的方法。

A. 比较新旧 WEEE 指令的范围

新版 WEEE 指令包括额外的三款产品（即光伏板、家庭用照明设备以及未经批准的电动两轮车），并明确了在旧版 WEEE 指令被排除的电子电气设备。

新版 WEEE 指令第 2（1）条已对旧版指令未覆盖的范围进行了定义。

对过渡时期（例如，从 2012 年 8 月 13 日至 2018 年 8 月 14 日）以及 2018 年 8 月 15 日之后都进行了分析。总结结果见表 6-1。

从 2018 年 8 月 15 日及以后明确提及在新版 WEEE 指令范围排除的电子电气设备（如大型固定设备），一般认为在旧指令的范围中已经排除，预计过渡时期也同样被排除。可以确定的是，新旧版 WEEE 指令的范围不存在明显的不同。此外，新版 WEEE 指令明确地提出了在“开放范围”期间排除在范围之外的设备，澄清了旧指令存在的问题并确保可以统一实施。

评估旧指令扩大到新版 WEEE 指令第 2（1）条范围的费用和效益：

对列入范围内的家用照明设备和电动自行车进行了研究，来评估从旧指令扩大到新版 WEEE 指令第 2（1）条范围的费用和效益。由这两种产品的例子可见，扩大 WEEE 指令的范围可带来较高的环境效益（废物收集和回收利用、减少碳排放和资源消耗），还可能会产生更多的经济和社会效益，如支持电动自行车创新。

表 6-1 范围变更对电子电气设备类别的影响（新旧 WEEE 指令比较）

更改	电子电气设备	电子电气设备的例子
包括在指令范围内	光伏板	光伏板
	家庭灯具	可调节床头、台灯
	非批准类型的电动两轮车辆	自行车、电动踏板车、滑板车、滑板
明确提到从2018年排除在适用范围之外	设备设计成可发送进入太空	卫星、火箭
	大型固定设备，以及特殊设计并安装作为大型固定设备的零件	电梯、货梯、自动扶梯、只为大型建筑而设计归入作为大型固定设备的电气设备，电力传输网络，分站等，射电望远镜设备、铁路基建、冷藏展示橱柜与集中式连接冷却站（如果是大型固定设备）、冷藏库（冷藏房间）、滑雪缆车、浪涌阻隔装置、红绿灯安装、人行道、风力发电机组站（机舱、翅膀、设备塔、起重机）
	人或货物的运输工具，不包括未批准型号的电动两轮车	飞机和直升机、船、火车
	仅为专业用途的非道路移动机械	不在报废车辆范围的商务车、旅游车等，电动叉车、专业电动割草机
	基于企业及企业基础，为研究和开发专门设计的设备	开发板，只为研发而设计的结构设备
	安装在教堂的管风琴	安装在教堂的管风琴
已被排除，并有更多受限范围	专门设计和作为零件安装到已被排除或不在本指令范围之内的设备类型的产品，这些产品只有作为上述设备的零件才具有其功能	汽车收音机和其他设计的设备，安装在某些产品之中，这个产品属于 EVL 的范围，仅当它是该产品的一部分时才具有其功能

B. 新版 WEEE 指令和新版 RoHS 指令（关于限制在电子电器设备中使用某些有害成分的指令）之间的范围比较

它们的主要区别涉及电子电气设备的定义，即是否包括依靠电流或电磁场实现预定功能或者主要（基本）功能的设备。

在新版 RoHS 指令（2011/65/EU 指令）中，电子电气设备的定义涵盖了依靠电流或电磁场来实现预期功能的设备，包括需要电流或电磁场来实现次要功能的设备。

此外，新版的 RoHS 指令没有明确地排除下列电子电气设备，而新版 WEEE 指令已经排除：

- 安装在教堂的管风琴；
- 灯丝灯泡；
- 医疗设备和体外诊断医疗设备，这些设备预计在使用寿命前被使用。

此外，“拟通过设计和专业安装，在公共场所、商业、工业和住宅中永久使用的太阳能光伏板”，属于新版 RoHS 指令范围之外，但属于新版 WEEE 指令范围之内。

进一步修改 WEEE 指令的范围，使其部分调整到新版 RoHS 指令的适用范围，评估上述修改的费用和效益：

明确确定使用电力来实现次要功能的设备属于指令范围之内的影响，是以内燃机动力园艺设备为例来进行研究的。

考虑到利益相关方报告的现状（回收率已报道达到 80%左右），把内燃机驱动的园林设备列入 WEEE 指令的范围，将在废物收集和回收利用方面降低指令发挥环境效益的作用，这也可能误导有关成员国的目标。从经济角度来看，将产品列入 WEEE 会造成制造商和零售商的额外成本（如产品注册的行政费用），并且该方法可能不符合国家层面的成本效益。总之，将使用电力来实现次要功能的设备列入指令范围缺点大于可能的优点。

C. 评估区分附件三中设备“大”与“小”的“尺寸”参数的影响

尺寸参数似乎是废物收集和管理工作（如在集装箱和货车），以及报废的处理工作的一个关键因素，甚至比质量更重要，是一个比较不频繁变动的限制性因素。废物收集方案和报废处理以及相关基础设施，都根据设备的不同大小而有所不同。

WEEE 管理机构的工作有一些实际限制[如实际容积由容器（托盘箱）表示时，是在 1/2～1m^3]，特别是对 WEEE 的调节和运输。在这种情况下，降低 50 cm 的阈值将提高 WEEE 指令的目标，但是不保证在实践中可以实现。根据 WEEE 管理组织的反馈，50 cm 是一个适当指标和量级的阈值。从理论的角度来看，显然没有一个绝对的数值能将所有类型的设备完全区别开，这也使得使用寿命管理更有意义。现有阈值是符合使用寿命管理的实用限制。

D. 结论

分析形成了以下结论：

（1）新旧 WEEE 指令的范围不存在显著的不同。此外，新版 WEEE 指令对某些电子电气设备是否落入范围内提供了有益的和明确的澄清。

（2）新版 WEEE 指令扩大了指令的范围，将家用灯具和电力自行车纳入指令范围，可带来更多的行政和经济利益，预计执行成本很小且不会造成社会福利降低（如就业、医疗）。

（3）新版 WEEE 指令与新版 RoHS 指令相比是基于“电子电气设备具有次要功能”的不同概念，这个不同是由于指令各自的不同任务而产生，而且如果这两个指令在此概念上保持一致，将不会产生显著的额外好处。

此外，对于大多数情况和其余少数的情况下，新版 WEEE 指令的“电气和电子设备”的定义是清楚的，成员国必须利用自己的最佳判断和技术能力对逐个情况进行分析。

（4）尺寸是将电子电气设备分类的有用的标准。显然没有绝对的尺寸值，可以完全适合所有类型的设备。但是，一种可能替代尺寸的参数（如体重），或者说降低 50 cm 的阈值，不会带来环境或者社会和经济方面的任何额外益处。

50 cm 阈值的选择是合理和可行的。

1 背景和目标

1.1 背景

电子电气设备生产是西方世界制造业增长最快的领域之一。电子电气设备的高度多样性，加上随着产品迅速过时和家用设备的水平日益提高，已导致电气和电子设备废弃物（WEEE）产生量显著增加。在欧洲[①]，这种废物量预计每年增长 3%～5%。

如果未妥善处理 WEEE，其所含的有害物质将会造成环境和健康风险。WEEE 回收不仅可以减轻这些风险，而且还为市场提供了二手原材料。

这些因素导致了欧盟委员会和欧洲议会采纳 2002/96/EC 指令，被称为 WEEE 指令，建立了一个建立在各成员国的 WEEE 的分类收集和处理的欧洲监管框架。2002/95/EC 指令，被称为 RoHS 指令（关于限制在电子电器设备中使用某些有害成分的指令），通过限制有害物质在电气和电子设备的使用，完善了 WEEE 指令。

2008 年，为了进一步提高电子电气设备的收集和处理量，欧盟委员会提出重新修订 WEEE 指令。

据此，新版 WEEE 指令（2012/19/UE）于 2012 年 8 月 13 日生效，并规定在 2014 年 2 月 14 日前由成员国转化为国家立法。该指令包括一个主要的（重要的）修改：扩大指令中电子电气设备的范围至所有电子电气设备（“公开范围”）。

1.2 目标

基于上述情况，本研究有 3 个目的：

- 确定不属于旧版 WEEE 指令（2002/96/EC）范围内，但属于新版 WEEE 指令（2012/19/EU）范围的电子电气设备；并对 2012/19/EU 的公开范围和新版 RoHS 指令 2011/65/EU 的范围的不同之处进行比较。
- 评估指令范围变化带来的潜在的经济、社会和环境的影响。
- 提出新版 WEEE 指令能够改变的范围和适当的法律措施。

2 电子电气设备范围变更的影响

简介：本节介绍鉴定电子电气设备受新旧指令范围变化影响，以及新版 WEEE 指令的

① 欧盟统计局。

开放范围与新版 RoHS 指令的范围之间的差异影响的结果。如摘要所述，新旧指令的范围似乎没有很大的不同。此外，新版 WEEE 指令和新版 RoHS 指令主要的区别是对“电子电气设备次要功能”概念的处理方面的不同。

2.1 新旧 WEEE 之间的范围比较

2.1.1 旧版 WEEE 指令范围的讨论

2.1.1.1 电子电气设备的定义

旧版指令定义电子电气设备是“依靠电流或电磁场实现正常工作的设备，以及附件 IA 内设备类别所列的产生、转化和测量这种电流和磁场的设备，以及设计用于额定电压不超过 1 000V 的交流电和 1 500V 直流电的设备”。附件 IA 详细列出了这 10 个类别于表 6-1 中。该指令的附件 IB 提供了纳入上述类别的不完全名单产品，并作为该指令所涵盖的电气和电子设备类型，“至少附件 IB 引述的设备的特定类型明确纳入在指令范围之内”①。

表 6-2 旧版 WEEE 指令范围

10 类设备	
1	大型家用电器
2	小家电
3	IT 和电信设备
4	消费类设备
5	照明设备
6	电气和电子工具
7	玩具、休闲和运动设备
8	医疗器材
9	监测和控制仪器
10	自动售货机

2.1.1.2 范围之外的设备

旧版指令明确排除的只有少数产品：

- 灯丝灯泡（明确从第 5 类排除）；

① 欧洲委员会（2005 年），指令 2002/95/EC 指令的常见问题解答，关于在电子电气设备中限制使用某些有害物质指令（RoHS）和指令 2002/96/EC 关于报废电气和电子设备（WEEE）。2006 年 8 月最后更新。见网站：http: //ec.europa.eu/environment/waste/pdf/faq_weee.pdf。

- 家庭灯具（明确从第 5 类排除），包括“家庭中的各类灯具”；[①]
- 大型固定工业工具（明确从第 6 类排除）；
- 被植入的和被感染的医疗设备（明确从第 8 类排除）；
- 与保护各成员国安全基本利益的设施相关的设备，如武器、弹药和战争材料（其中不包括非军事目的产品）（见指令第 2.3 条）；
- 设备是另一种类型产品的零件，这种产品不属于指令范围内（见指令第 2.1 条）。

此外，该指令的第 3 条规定，“第 7（3）条和附件 IB 进行的适当修改（尤其有可能增加家庭灯具，灯丝灯泡及光伏产品，如太阳能电池板），[……]，应按照条约第 14 条（2）的程序进行采纳”。其结果是，虽然光伏板未明确排除在旧版指令的范围之外，可以理解为属于范围（旧版指令）以外的设备。

2.1.1.3 范围内可能存在的“灰色”区域

事实上旧版指令范围的定义方式（如产品类别不详尽和这些类别中未专门提到的产品，可能仍然归属为该指令的范围内），成员国对灰色地带的存在负有责任，因为成员国负责定义指令范围内的产品类型，而产品类型取决于各成员国和经济从业者的解释，导致了可能存在的“灰色地带”。应该指出的是，本次研究并不打算详尽概述各个成员国怎样解读旧指令，以及他们如何定义设备是否归属该指令的范围。然而，通过对法国专家进行的关于 WEEE 指令的采访（与初步文献审查同时进行），可见设备类型的识别容易受到影响，这个影响来自于指令范围内产品解释的变化，即

- 产品不是以电力为主要的动力（如带电子钟的煤气电磁炉）；
- 含非主要功能的电气或电子元件的产品（如音乐贺卡或电子元器件毛绒玩具）；
- 电子电气设备是另一种类型的设备的零件，这种类型的设备不属于本指令的范围内（例如，汽车收音机及其他设计用于在汽车中使用的设备）。

2.1.1.4 由欧盟委员会提供的指导

关于指令中的 WEEE，欧盟委员会通过常见问题解答（FAQ）文件提供了不具约束力的建议，意图帮助主管部门和经营者解释指令和限制可能的“灰色地带”。

电子电气设备的定义中，FAQ 文件解释了“设备依靠电流或电磁场才能正常工作”的意思。欧盟委员会认为，“依靠”是指：

- 在“设备需要电力作为主要能源，以实现其基本功能”；

① 欧洲委员会（2005 年），指令 2002/95/EC 指令的常见问题解答，关于在电子电气设备中限制使用某些有害物质指令（RoHS）和指令 2002/96/EC 关于报废电气和电子设备（WEEE）。2006 年 8 月最后更新。见网站：http: //ec. europa.eu/environment/waste/pdf/faq_weee.pdf。

- “当电流断开时，设备无法实现其基本（主）功能”。

此外，为澄清旧版 WEEE 指令的适用范围，FAQ 文件进一步明确了具体的产品类型（如下所列）：

- WEEE 中所包括的电池。
- 设备上的无线射频识别芯片（当它们只是被放置在设备的包装上时，排除在范围之外）。
- 天线和电缆：包括内置的和/或用作扩展的或连接的，且当它们被丢弃时仍是设备的组成部分。
- 第 3 类“IT 和电信设备”中的模块化布线系统下的语音、数据和视频应用。
- 设备硬件中的视频游戏。

同时，欧盟委员会的 FAQ 文件提供了如何解释 WEEE 是否被排除在旧版指令范围之外的指引。例如，下列产品包含在指令范围外：

- 设备不需要电力作为主要能源以实现其基本功能，如压电点火，燃烧发动机点火，汽油驱动剪草机，气动工具。
- 电子电气设备使用/需要电能只为支持或控制功能，例如，带电池的泰迪熊。
- 设计用于额定电压超过 1 000V 交流电和 1 500V 直流电的设备）（例如＞1 500V 的压电点火装置和高压开关）。
- 石油平台（属于大型固定工业工具）。
- 固定装置，如供热设备和工业设备。
- 电梯。
- 石油和天然气电子设备中采用的控制和监视设备：永久仪表和钻孔仪器的测量仪表。
- 汽车收音机和设计用于某产品的其他设备，此类产品属于指令 2000/53/EC 中关于报废车辆的范围之内。
- 未被安装的无线射频识别芯片。
- 用于固定设施的电缆。
- 不符合电子电气设备的定义的软件设备（如卡、光盘）。

若使用在某产品中的变频器，该产品属于（旧版）指令的范围时，变频器也同样适用。根据这些组件的应用决定组件是否包括或排除在指令范围。这些情况应逐个进行评估。

2.1.1.5 欧洲专业协会提供的指引

欧洲工程行业协会（ORGALIME）提供了一个实用指南来了解旧版指令的范围[①]。指

① 请访问：http：//www.schneider-electric.com/documents/rohs/en/shared/rohs-orgalime-guide-en.pdf。

引中提到欧盟委员会的 FAQ 文件明确表示，开关和插座被排除在该指令的适用范围之外。

2.1.1.6 各成员国提供的指引

尽管有欧盟委员会的指导，对产品是否在范围之内的疑问和不确定性可能仍盛行。在这种情况下，欧盟法院却没有一个明确的裁决，使得欧盟各成员国可以各自决定对范围的解释，这可能导致欧盟内部的不一致。例如，联合研究中心（JRC）关于 WEEE 指令在欧盟（2006 年）①的执行情况中揭示了在所关注的行业中，一些成员国可以采用最宽松的范围，尽量不限制自己去选择那些在附件 1A 中含的产品类型。

与欧盟委员会的 FAQ 文件相同，许多成员国审议了可能存在的“灰色区域”产品，并制定了准则来协助运营商决定其产品是否属于指令范围之内（如法国、英国）。在下文中将介绍法国和英国所提供的例子，这些例子表明这两个成员国的解释差异：法国解释的范围比英国严格解释的范围更广。

在由英国政府②贸易和工业部准备（DTI）的政府指引备注中提到，采用“决策树”帮助生产者决定产品是否属于 WEEE 指令的范围之内。

“决策树”就一些排除的标准来说，“当 WEEE 指令并没有明文规定排除这些产品时，英国贸工部认为他们可以采用决策树决定”。这样的案例有：

- 电力不是该设备的主能源（即主功能不需要使用电力实现）：“如果电力仅用于设备的控制或支持功能，该产品可以认为被排除在范围之外”。
- 不需要电气或电子组件来实现主要功能的设备：“一些设备，特别是含有电气或电子组件的玩具和新奇物品，组件提升了产品的附加价值。经常有类似的产品在市场有着同样的功能，但不含此类组件。例如，包括含有电子/电气组件的音乐剧贺卡或毛绒玩具，在没有这些电子部件时仍然可实现其主要功能，因此可以被认为属于 WEEE 指令规定的适用范围之外。”

根据这一最新解释，英国贺卡协会③决定将含有电气/电子元件的贺卡归为旧版指令范围之外，因此依靠电流或电磁场来实现其主要功能④的设备属于 WEEE 的限制范围。

在法国政府的例子中，指导文档定义电子电气设备是必须消耗电力实现其功能的设备，而不论其使用或能量转移的目的。由上述理由，无源设备（如开关、插座、电缆）被排除在 WEEE 指令的范围之外，而有源设备确定在范围之内。根据该解释，法国电力和能

---

① DG 联合研究中心和前瞻性技术研究所（2006 年），在欧盟 25 国实施报废电器实现电气设备指令。作者：Matthew Savage，Steve Ogilvie，Joszef Slezak，Eniko Artim，Josefina Lindblom（ed.），Luis Delgado（ed.）。请访问：http：//ftp.jrc.es/EURdoc/eur22231en.pdf。

② 英国贸工部，政府指引。2007 年 2 月，请访问：http：//webarchive.nationalarchives.gov.uk/+/http：//www.dti.gov.uk/files/file38209.pdf。

③ 见 http：//www.greetingcardassociation.org.uk。

④ 请参阅：http：//www.greetingcardassociation.org.uk/news/weee-and-RoHS。

源领域专业协会 GIMELEC 认为在专业指导文件①中包含的开关和墙壁插座不属于指令范围。此外，法国政府认为电力不是主要能源（即不用电力来实现主要功能），但电力被用于实现控制或支持功能的产品，若该类产品属于十个类别之一，则包含在指令的范围之内。所以在这种情况下，带电子钟的煤气灶，由于炊具属于第一类“大家电”，因此含有电子组件的燃气灶具都属于指令的范围之内；而含有电子元件的贺卡不属于指令十类设备之中，则排除在指令范围之外，但解释与英国政府提出的解释不同。跟英国情况一致，德国生产带有电气与电子组件燃气灶具的厂商认为此类产品被排除在指令范围之外。

在法国，指引提供了如何解释“家庭灯具”是否属于指令范围，进一步指出了成员国之间的解释差异。家庭灯具一般不属于国家转化立法的指令范围。但在法国，当设备发光，即使照明不作为主要功能（如照明装饰），该设备仍然包括在指令的适用范围之内。

总之，这些例子说明了欧盟委员会、各成员国或经营者确定电子电气设备是否在旧版指令的适用范围之内，所使用的标准存在显著的差异（表 6-3）。

表 6-3 比较欧盟委员会、欧洲工程工业协会、英国和法国对于某些类型的电气和电子设备的解释

	欧盟委员会	欧洲工程工业协会（ORGALIME）	英国	法国
电力不是主要能源的产品（不需要电力来实现主要功能）（如含电子组件的煤气电磁炉）	该产品被排除在指令范围之外	不认为是电子电气设备	该产品可以认为被排除在范围之外	该产品属于十类产品之一，则属于范围之内；否则，被排除在范围之外
不需要电气或电子元件实现主要功能的产品（如带电池的泰迪熊，电子元件的贺卡，衣柜用灯）	该产品被排除在指令范围之外	不认为是电子电气设备	该产品可以认为是被排除在范围之外	该产品属于十类产品之一，则属于范围之内；否则，被排除在范围之外。（如家具、衣服或鞋等）
家庭灯具	所有类型的家庭灯具都被排除在范围之外	所有类型的家庭灯具都被排除在范围之外	所有类型的家庭灯具都被排除在范围之外	所有类型的家庭灯具都被排除在范围之外。除非灯具发光不作为其主要功能（如照明装饰）
墙面插座开关	无信息	排除在外，因为不属于上述十类	无信息	排除在外，被认为是无源设备

① 专业指南，报废电子电气设备指令对 GIMELEC 企业的影响（2006）。请访问：http：//extranet.gimelec.org/docs/1/MOGPOFDDGHMDBIMFPHEGLFKALAQKHG5L5D2PB6BNQ7VD/GIMELEC/docs/Gimelectechnique/Archived/Guideweee05mai06internet-2006-00375-1-.PDF。

2.1.2 新版指令范围的讨论

2.1.2.1 电子电气设备的定义

新版 WEEE 指令规定电子电气设备是“依靠于电流或电磁场来实现正常工作的设备，以及产生、转移和测量这种电流和磁场的设备，以及设计用于额定电压不超过 1 000V 的交流电和 1 500V 的直流电的设备”。相比于旧版指令而言，对于电子电气设备的定义是相同的，不同之处在于它没有提及属于指令范围内的电子电气设备的具体类别。其结果是新版 WEEE 指令的范围没有限制，也就是说新版 WEEE 指令有一个“开放式范围”。其结果是在过渡期之后（从 2012 年 8 月 13 日至 2018 年 8 月 14 日），并从 2018 年 8 月 15 日开始，所有的电子电气设备必须按新版 WEEE 指令的附件 3 中所提出的类别中进行分类（见表 6-4）。

表 6-4 属于新 WEEE 指令的电子电气设备类别（附件 3）

设备的新 6 大分类	
1	热交换设备
2	表面积大于 100 cm^2 的屏幕、监视器和含有设备的屏幕
3	灯
4	大型设备（任何外部尺寸大于 50 cm）包括，但不限于： 家用电器；IT 和电信设备；消费类设备；灯具；播放声音或图像的设备、音乐设备；电气和电子工具；玩具、休闲和运动设备；医疗器材；监测和控制仪器仪表；自动售货机；发电设备。该类别不包括包含在 1～3 类的设备
5	小型设备（外部尺寸均不超过 50 cm）包括，但不限于： 家用电器；消费类设备；灯具；播放声音或图像的设备、音乐设备；电气和电子工具；玩具、休闲和运动设备；医疗器材；监测和控制仪器；自动售货机；发电设备。该类别不包括包含在 1～3 类和 6 类的设备
6	小型 IT 和电信设备（外部尺寸均小于 50 cm）

2.1.2.2 排除在范围之外的设备

新版 WEEE 指令明确了被排除在适用范围之外的某些产品。如上述“关于修订关于 WEEE 指令的问题与解答”①，某些排除在外的产品已经在旧版指令中被排除，或者由 FAQ 文档解释后排除在范围之外。新版 WEEE 指令明确地排除了以下产品：

---

① 欧盟委员会的新闻稿，“关于修订指令关于废弃电子和电子设备（WEEE）的问题与解答”，MEMO/08/764，2008 年 12 月 3 日发布，可在如下网站查询：http：//europa.eu/rapid/press-release_MEMO-08-764_en.htm。

- 用于保护成员国国防安全的设备，包括武器、弹药和用于具体军事目的战争材料；
- 经过专门设计和安装作为另外一种不包含在指令范围内的设备的部件，并且只有依附于该设备才能实现其功能的设备；
- 灯丝灯泡。

此外，从 2018 年 8 月 15 日及以后新版 WEEE 指令明确增加了以下排除的产品：

- 太空设备；
- 大型固定工业工具；
- 大型固定装置，除了并非专门为该装置设计的零件设备；
- 人或货物的运输工具，未批准的类型（如电动自行车）除外；
- 仅供专业人士使用的非道路移动机械；
- 只在企业对企业层面专门为研究和开发而设计的设备；
- 医疗设备和体外诊断医疗设备，在使用寿命结束之前可能具有感染性或引起潜在感染的医疗和有源植入式医疗设备。

明确提及排除在新版 WEEE 指令的适用范围的设备，2018 年 8 月 15 日开始及以后一般认为是被排除在范围之外（在旧版指令和过渡期内）。新版指令通过明确提出“开放式范围”期间被排除在范围之外的设备，阐明了问题并确保了统一实施。

2.1.3 范围变更的确定

2.1.3.1 在过渡时期应用的新旧版指令之间的比较

将在过渡期的旧版指令附件 IA 所列的类别和新版 WEEE 指令的同类别进行比较，结果列于附件 1 的表中。结果显示，该类别内的产品实例是相同的（除了一些特定的设备的几个措辞修订）。然而，过渡期间的指令范围有一处显著修订：光伏板被明确列入第四类“消费设备和光伏板”。这表示从 2014 年开始，新版 WEEE 指令将光伏板纳入范围之内。

2.1.3.2 2018 年开始的新旧版指令之间适用情况的比较

（1）两个范围的重叠

①包括在两个范围内的电子电气设备。

附件 2 中的列表对旧版指令的附件 IB 所列类别内的电子电气设备的实例，以及新版 WEEE 指令中的附件 3 和附件 4 的相同类别进行了比较。比较的主要结论为：

- 大多数旧版指令作为实例给出的电气和电子设备也作为实例（类似地或术语相近）列在新版 WEEE 指令中，但它们被分为新的 6 个类别。为说明了这一说法，表 6-5 列出属于旧版指令第 1 类“大家电”的电子电气设备实例，以及它们在新版 WEEE

指令中的分类情况。

- 旧版指令第 5 类“照明设备”内的电子电气设备，现在可以分为新版 WEEE 指令的三个不同类别：第 3 类“灯”，第 4 类“大型设备”，第 5 类“小设备”。

表 6-5 旧版指令第 1 类的一些电子电气设备实例和这些实例在新版 WEEE 指令中的情况比较

2002 年旧版指令类别内的电子电气设备的实例	2012 年新版 WEEE 指令范畴之内的电子电气设备的例子（2008 年开始修订）（见附件 3 和附件 4）					
1.大家电	1. 热交换设备	2.屏幕，显示器，和含面积超过 100 cm^2 屏幕的设备	3.灯	4.大设备（任意外部尺寸超过 50 cm）	5.小设备（外部尺寸小于 50 cm）	6.小型 IT 和电信设备
大型家用降温设备	除湿设备；空调设备					
冰箱冰柜	冰箱冰柜					
用于冷藏、保存和贮存食物的大家电	可自动提供冷饮制品的设备			洗衣机		
干衣机 洗碗机				干衣机 洗碗机		
厨具				炊具		
电炉				电炉		
电热板				电热板		
微波炉					微波炉	

②同时在两个范围之外的电子电气设备。

已经明确在旧版指令范围之外的一些具体的电子电气设备，仍然排除在新版 WEEE 指令范围之外（表 6-6）。

表 6-6 同时排除在两版指令范围外的电子电气设备

电子电气设备	2002 WEEE 指令	2012 WEEE 指令
灯丝灯泡	排除	排除
大型固定工业工具	排除	排除
与成员国国防安全相联系的设备，包括武器、弹药和预期专门用于军事目的作战物资	排除	排除
医疗装置和体外诊断医疗器械，在使用寿命结束之前可能具有感染性或引起潜在感染的医疗器械和有源可植入医疗设备	排除	排除

（2）范围的变化

①明确排除在旧版指令范围外，但纳入新版 WEEE 指令范围内的电子电气设备。

表 6-7 列出了 3 类电子电气设备已被明确排除在旧版指令的范围外，但现已被纳入新版 WEEE 指令的范围内。

表 6-7 新纳入新 WEEE 指令范围内的电子电气设备

电子电气设备	2002 WEEE 指令	2012 WEEE 指令
光伏板	排除	包括（从过渡期）
家庭灯具（如可调节床头灯或台灯）	排除	包括（自 2018 年）

②明确排除在新版 WEEE 指令范围之外的电子电气设备。

旧版指令未明确提及排除在范围之外的一些电子电气设备，现已明确地从 2018 年开始排除在新版 WEEE 指令范围之外（表 6-8）。

表 6-8 新近以明确的方式排除在新版 WEEE 指令范围的电子电气设备

电子电气设备	2002WEEE 指令	2012 WEEE 指令
太空设备	没有提到	排除（自 2018 年）
大型固定装置，除非不是专门为这些大型固定装置而设计和安装的设备	没有提到	排除（自 2018 年）
运输的人或货物的工具，不包括未经批准的电动两轮车*	没有提到	排除（自 2018 年）
专业使用的非道路移动机械	没有提到	排除（自 2018 年）
专门研发而设计的设备，且只基于企业对企业的基础	没有提到	排除（自 2018 年）
安装在教堂的管风琴	没有提到	排除（自 2018 年）

*必须指出的是，此定义导致未批准类型的电动两轮车（如电动自行车）包含在新版 WEEE 指令的范围之内。

然而，需要注意的是，明确提及从 2018 年排除在新版 WEEE 指令范围外的电子电气设备，被认为在旧版指令已被排除，过渡期也将采取相同的方式处理。

③明确了一些电子电气设备的“灰色地带”。

旧版指令对于一些排除在指令范围外的电子电气设备的解释存在变化，新版 WEEE 指令对此进行了澄清。

新版 WEEE 指令提供了排除一些设备的澄清“该设备是其他类型产品的零部件，此种其他类型的产品已经被排除或者未纳入本指令的范围”。这也包括只有安装在其他类型产品上才能实现其功能的设备（表 6-9）。这种中性判断可能在解释时会发生变化，例如，汽车收音机或其他设备，这是专门用于汽车而设计的，但在不作为汽车零部件时也可以使用，最近被纳入新版 WEEE 指令的范围。

表 6-9 已经排除在指令范围之外的电子电气设备

电子电气设备	2002 年 WEEE 指令	2012 WEEE 指令
作为其他类型设备的零部件，这种其他类型的设备已被排除在范围之外或未纳入本指令的范围	排除："设备被认为是其他类型设备的零部件，这种其他类型的设备未纳入本指令的范围"	排除："设备是其他类型设备而专门设计和安装的零部件，而这种其他类型的设备已经排除在范围之外，或未纳入本指令范围，只有当设备是这些其他类型设备的零部件时，设备能够实现其功能"

2.1.4 结论：电子电气设备受到新旧版指令范围变化的影响

表 6-10 列出了电子电气设备受到指令范围变化影响的情况。

表 6-10 范围变更影响的电子电气设备的类别

电子电气设备	电子电气设备	电子电气设备的例子
包括在范围内的	光伏板	光伏板
	家庭灯具	可调节的床头灯、台灯
	未批准类型的电动两轮车辆	自行车、电动踏板车、滑板车、滑板
明确提到自 2018 年从适用范围排除的	太空设备	卫星、火箭
	大型固定装置，除非不是专门为这些大型固定装置而设计和安装的设备	电梯、货梯、自动扶梯、只为大型建筑而设计归入作为大型固定设备的电气设备、电力传输网络、分站等，射电望远镜设备、铁路基建、冷藏展示橱柜与集中式连接冷却站（如果是大型固定设备）、冷藏库（冷库房间）、滑雪缆车、浪涌阻隔装置、红绿灯安装、人行道、风力发电机组站（机舱、翅膀、设备塔、起重机）
	人或货物的运输工具，不包括未批准型号的电动两轮车	飞机和直升机、船、火车
	仅为专业用途的非道路移动机械	商务车、旅游车等不在报废车辆范围的、电动叉车、专业电动割草机
	只在企业对企业层面专门为研究和开发而设计的设备	开发板、只为研发而设计的结构的设备
	安装在教堂的管风琴	安装在教堂的管风琴
已经排除，具有更加严格的范围	设备是为其他类型设备而专门设计和安装的零部件，而这种其他类型的设备已经排除在范围之外，或未纳入本指令范围，只有当设备是这些其他类型设备的零部件时，设备才能够实现其功能	设计用于某产品的汽车收音机和其他设备，这个产品在 EVL 之内。设备只有作为零部件时才能实现其功能

从新旧版指令范围的比较中可以得出结论，除了把 PV、家用灯具和电动自行车纳入范围后，新版 WEEE 指令的“公开范围”与旧版指令没有实质性的不同。然而，新版 WEEE 指令澄清了一些“灰色地带”，该“灰色地带”是由生产商和成员国解释指令的不同而导致的。

此外，新版 WEEE 指令明确证实排除一些电子电气设备，此类设备已经被认为是排除在旧版指令范围之外。

2.2 新版 WEEE 指令和新版 RoHS 指令之间的范围比较

2.2.1 比较电子电气设备的定义

新版 WEEE 指令定义电子电气设备为“依靠电流或电磁场工作的设备和产生、转化和测量电流及电磁场的设备，还有设计用于额定电压不超过 1 000V 特的交流电、1 500V 特直流电的设备”。

旧版 WEEE 指令欧盟委员会的 FAQ 文档中明确了“依靠”的含义，新版 WEEE 指令在其 FAQ 文件中再次明确了这个含义如下：

- 在“设备需要电力作为主要能源，以实现其基本功能”；
- “当电流切断时，设备无法满足其基本（主）功能”。

如前所述，尽管欧盟委员会提供了澄清，电子电气设备的中性定义仍导致各成员国的解释存在差异。部分成员国未限制依靠电力实现其主要功能的某些电子电气设备。在新版 WEEE 指令中，电子电气设备的定义与旧版指令一致，对于“依靠”的定义仍未解释。

在新版 RoHS 指令中，电子电气设备的定义也不断发展。电子电气设备的“主要功能”定义已被删除。现在指令范围包括依靠电流或电磁场为实现任何预期功能的设备。例如，任何有电子元器件的贺卡列入 2019 年 7 月 22 日的“公开范围”之内时，将纳入新版 RoHS 指令范围。这一定义显著扩大了 RoHS 指令的范围。

这是新版 WEEE 指令和新版 RoHS 指令范围变化的主要区别，RoHS 指令范围明确包含依靠电流或电磁场来实现某个功能的设备，包括非主要功能，而新 WEEE 指令受到“依靠电流或电磁场来实现正常工作”条款限制。

由于新版 WEEE 指令和新版 RoHS 指令的目标不同，这两个指令之间的此种差异是有道理的。

2.2.2 比较电子电气设备的类别

新版 RoHS 指令给出电子电气设备的类别如下：

①大型家用电器；

②小家电；

③IT 和通信设备；

④消费类设备；

⑤照明设备；

⑥电气和电子工具；

⑦玩具、休闲和运动设备；

⑧医疗设备；

⑨监测和控制仪器，包括工业监测和控制仪器；

⑩自动售货机；

⑪其他不属于上述任何类别的电子电气设备。

该类别与旧版 WEEE 指令的类别相似，除了增加的第 11 类“其他不属于任何以上类别的电子电气设备”。RoHS 指令依靠这最后的类别成为“开放式范围”。

从 2018 年 8 月 15 日开始，新版 WEEE 指令范围内的电子电气设备分为 6 大类。从新旧 WEEE 指令的重叠范围的分析（第 2.1.3 节）可以看出，新版 WEEE 指令包含的电子电气设备类型和新版 RoHS 指令相同，只是分类方式不同。

2.2.3 排除/纳入范围的电子电气设备比较

根据第 2.2.1 节的分析，新版 RoHS 指令范围对于依靠电流或电磁场来实现任何预期功能的设备是开放的。这导致了新版 WEEE 指令和新版 RoHS 指令的范围差异，现总结于表 6-11。

表 6-11 依靠电力才能正常工作的电子电气设备的范围比较

电子电气设备	新版 WEEE 指令	新版 RoHS 指令
设备依靠电流或电磁场实现其基本（主要）功能	包括	包括
设备依靠电流或电磁场实现支持或控制功能（例如，非主要功能）	排除*	包括 例如： ● 第 4 类“消费设备”：躺床、躺椅 ● 第 7 类“玩具、休闲和运动设备”：有小型电气功能的玩具（熊与手表/蜂鸣按钮或讲功能，玩具娃娃的房子用灯），运动鞋用灯 ● 第 11 类“其他”：自动门、箱包用电池充电器、服装用电器功能（如与水接触时发亮的救生衣）、带灯的行李箱、带灯衣柜或其他电器功能的衣柜（如领带旋转器）等

*：根据解读欧盟委员会关于旧版 WEEE 指令的 FAQ 文件，并根据新版 WEEE 指令的 FAQ 文件草案。

表 6-12 为被明确排除在新版 WEEE 指令和新版 RoHS 指令范围的电子电气设备比较。

表 6-12 排除或包含在新 WEEE 指令或新的 RoHS 指令范围的电子电气设备比较

电子电气设备	新版 WEEE 指令	新版 RoHS 指令
无差异		
与成员国国防安全相联系的设备，包括武器、弹药和预期专门用于军事目的的作战物资	已排除（在过渡期）	排除
设备设计成可送入空间	在过渡时期没有明确排。然而，该电子电气设备已经在旧版指令和过渡期后排除。 自 2018 年明确排除	排除
大型固定工业工具	已排除（在过渡期）	排除
人或货物的运输工具，不包括未批准型号的电动两轮车	在过渡时期没有明确排。然而，该电子电气设备已经在旧版指令和过渡期后排除。 自 2018 年明确排除	排除
专供专业用途的非道路移动机械使用	在过渡时期没有明确排。然而，该电子电气设备已经在旧版指令和过渡期后排除。 自 2018 年明确排除	排除
基于企业对企业，为研究和开发专门设计的设备	在过渡时期没有明确排。然而，该电子电气设备已经在旧版指令和过渡期后排除。 自 2018 年明确排除	排除
有源植入式医疗器械	已排除（在过渡期）	排除
家庭灯具	包括（自 2018 年）	包括（未明确排除）
不同范围		
安装在教堂的管风琴	过渡期没有明确排除 排除（自 2018 年）	包括（未明确排除）
在使用寿命结束之前可能具有感染性或引起潜在感染的医疗器械	排除	包括（未明确排除）
用于的太阳能灯的光伏板，它们通过设计和专业安装，并在公共、商业、工业和住宅中永久使用	包括	排除
设备属于其他类型设备的零部件，这种其他类型设备排除或未纳入本指令	排除："设备属于其他类型设备的零部件，这种其他类型设备排除或未纳入本指令"	排除："设备专门设计和安装于其他类型设备，这种其他类型设备被排除或未纳入本指令，设备只有成为其他类型设备的零部件时才能实现其功能"

2.2.4 结论：新版 WEEE 指令和新版 RoHS 指令的范围变化对电子电气设备的影响

分析表明，新版 WEEE 指令和新版 RoHS 指令之间的主要区别之一在于：新版 RoHS 指令的范围明确包括了依靠于电流或电磁场来实现它们的非主要功能的设备，而按照“依靠于电流或电磁场来实现正常工作”的解释，它却被排除在新版 WEEE 指令范围之外。然而，由于两个指令的目标不同，该差异是合理的。

本研究报告的第 4 部分还开展了进一步的影响分析，关于部分调整 WEEE 指令范围来适应新版 RoHS 指令范围的影响。

2.3 选择电子电气设备来评估 WEEE 指令范围改变的费用和效益

最终确定选择三个具体的产品组，来评估 WEEE 指令范围改变的费用和效益，有关每种类型的电子电气设备在范围变更后的风险关系已经确定。

为此，收集范围变更内各产品组的市场规模的信息和数据信息（指在欧盟的售量水平），以及受当前环境影响（指当前或预计回收利用率）的 WEEE 信息。在此基础上，对风险（低、中或高）的意义进行了讨论。此外，已对进行成本收益分析的数据的可用性进行了估计。最后，已经确定了中、高风险的产品组，此类产品介绍如下。

表 6-13 新纳入新版 WEEE 指令范围的产品组

产品种类	产品组（示例）	销量（欧盟）	回收率	数据可用性**	风险
家庭灯具	可调节床头灯			（中）	高
	台灯			（中）	高
非认证类型的电动两轮车	自行车：未批准类型的自行车，必须在 250W 功率以下工作，最高辅助的速度每小时 25 km，而且当骑车人停止蹬踏，必须有一个踏板传感器切断电机运行	130 万台 （19.5 亿欧元营业额）* 这组数据大约为 95%的电助力自行车	NA	（中）	高

*资料来源：RoHS 修正案 IA，对应的平均估计。

**来自于相关欧盟的 RoHS 修正案 IA 研究。

表 6-14 根据电子电气设备的定义，可能导致不同解释的产品种类

产品组（示例）	销售量（欧盟）	回收	数据可用**	风险
自动门和普通大门	每年 350 万台，（不包括大型固定设备）*	高回收率，回收率可预计*	（低）	中
带有非主要电子功能的家具	每年 2 万～3 万套*（2.77 亿套无电动功能。假设：其中 1%带有电子功能）	只有 10%*	（非常低）	中
内燃机园林设备	每年 800 万台*	至少 80%*	（中）	中：不是最高等级，因为其循环利用率已经很高了，但仍然与研究程度相关
带有非主要电气功能的玩具	15 万～30 万台*	极有可能被弃为定期生活垃圾而不是被再循环（约回收 30%）*	（低）	高

注：所有 PRODCOM 数字是欧盟内部企业的产品，不包括进口产品。有些产品已出口。

*资料来源：RoHS 修正案 IA，对应的平均估计。

**来自于相关欧盟的 RoHS 修正案 IA 研究。

颜色代码：风险及及其颜色的关联性，以评估范围变化的成本与收益，高中低。

经与欧盟委员会协商选中 3 组产品，进行接下来的范围变更内的所有电子电气设备类型的风险分析。由于 WEEE 指令的范围变化，在下面的章节中将对产品组的变化相关的费用和效益造成的影响进行评估，该类产品组是：

- 家庭灯具；
- 未批准类型的电动两轮车；
- 带有电气功能的内燃机动力花园设备。

3 评估扩大 WEEE 指令适用范围的影响

简介：本节介绍了扩大 WEEE 指令范围的费用和效益的评估结果，并分析了受该变化影响的两个产品：电动自行车及家用照明。根据这两种产品的分析情况，WEEE 指令的范围不断扩大带来的环境影响效益更大，但又不会降低现有的经济和社会效益。

3.1 方法

对以下政策选项的影响（费用和效益）进行了评估：

- 政策选项 1：修改（即扩大）旧版 WEEE 指令范围至新版 WEEE 指令第 2 条（1）B。在这种情况下，对家用灯具和两轮车辆（已包括电动自行车的具体例子）的费

用和效益进行了评估。

家用灯具和两轮车辆纳入新版 WEEE 指令的适用范围在下面进行了讨论。

两组产品受到影响的费用和效益的评估情况见表 6-15。

表 6-15 影响指标

环境	经济	社会
废物产品/产生/回收	内部市场运作和竞争	就业
气候	竞争力	健康
材料消耗	企业和公共机构的成本和行政费用（包括重新审查立法的成本和关于对重新开放创建范围审查的讨论在法律上的不确定性成本）	第三方国家的社会影响
国际环境影响	运营成本和企业/中小企业的行为	
	公共部门 创新与研究消费者和家庭	

由于缺乏数据，采取了一些假设，来提供定量的估算，例如，产品寿命和他们的材料组成。

在 3 组产品的分析中，已进行了基准情况的比较(即产品不在旧版 WEEE 指令范围内，但是已经纳入新版 WEEE 指令的范围；不在收集和回收的目标，或者只在少数成员国中进行收集和回收)，而基准情况基于新版 WEEE 指令要求的回收率不同而变化。

3.2 电动自行车

在本章中，在电动自行车的产品组是指未通过型式核准的两轮产品。

3.2.1 关键问题

电动自行车未被纳入旧版 WEEE 指令的范围。新版 WEEE 指令第 2.4 条（d）排除运输人或货物的各种交通工具，未批准类型的电动两轮车除外，即未批准类型的两轮车现在明确列入了新版 WEEE 指令的范围内。在本章中，将研究新旧 WEEE 指令范围变化的费用和效益。

3.2.2 背景

产品范围

电动自行车是在欧洲增长迅速的一个产品组，它们采用可再充电电池的小型电动马达来协助用户。主要有两种类型的电自行车①：

① 为什么骑车？网站资料，电动自行车，2012 年，请访问：http：//www.whycycle.co.uk/bike_styles/electric_bikes/。

- 智能电动车：用户需要电机协助踩踏板。传感器集成在车辆上，并决定提供多少助力。当车速到达 25 km/ h 和骑车者停止蹬踏时，电机停止自动协助。欧洲电动自行车市场几乎全部是智能电动车（95%），此类电动车约 95%是两轮车[①]。
- 电动自行车：电机协助用户行走，不一定需要踩踏板。骑自行车的人自己决定助力的大小，通过手把的单独控制阀进行操作。

根据指令 2002/24/EC [②]，只有电机最大连续额定功率为 0.25 kW，且行走加速中其功率输出会不断降低，并最终在达到 25 km/h 的速度时停止输出的智能电动车才是电动助力车，并且不需要通过类型批准[③]。在 WEEE 的范围内，唯一的未批准类型的电动自行车，仅对两轮智能电动车进行了评价。这类智能电动车包括大约 95%的电动助力自行车。市场上更大马力或/和更快的电动助力自行车只有 5%，该 5%的自行车带有辅助电机或其他轻型电动车都属于已通过类型认证的类别[④]。

大约 95%的智能电动车使用了轮毂电机，电机位于前轮或后轮轮毂中。这个位置是常规自行车不经常使用的空间，意味着只需要很小的工程或设计变更就可以实现，其组装及采购流程和常规自行车十分相似。轮毂电机的制造商主要是在欧洲、亚洲和北美[⑤]。电动自行车的其他电子电气设备是电池、显示器、传感器、控制器以及在某些情况下的齿轮系统。

研究表明，大部分智能电动车使用者和乘客都超过了 65 岁，但是智能电动车买家的平均年龄在持续降低。常规自行车一般受骑行 7 km 的限制，智能电动车可以更远距离地骑行。同时，货运自行车用量也在增加，即自行车可以用于人和货物的运输，这表明这些自行车比其他较大的车辆更好地用于道路。

按照电动自行车 2011 年全球报告（EBWR），购买电动自行车的主要原因有以下几种：

- 不断上涨的燃料价格和运输成本；
- 世界上大部分城市地区的停车场拥堵；
- 城市化加速；
- 政府支持的增加。

关于最后一点，一些成员国政府对于电动自行车的支持显著提升。举例来说，德国的“电动机动性示范地区 ”（Modellregionen Elektromobilität）于 2009 年推出计划，作为德国

---

① 2013 年 7 月，通过 ETRA 贡献的利益相关者咨询。

② ETRA（2012 年），电动自行车——规则和立法，网址为：http：//www.gopedelec.eu/cms/dmdocuments/GoPedelec LegalIssues PrestoDoUpdatedAnnickRoetynckOct2012.pdf。

③ “具有踏板协助的自行车，它们配备有辅助电动机具有最大持续输出功率为 0.25kW，速度达到 25 km/ h，或者更早，如果骑车者停止蹬踏，电机输出逐渐减少，最后切断”，2002 年 3 月 18 日的指令 2002/24/EC，关于型式认证的两个或三个轮机动车。

④ 同①。

⑤ PRESTO 骑自行车的政策导向，给骑自行车助力，2010 年，请访问：http：//www.presto-cycling.eu/images/policyguides/presto_cycling%20policy%20guide%20electric%20bicycle.pdf。

运输部支持八个地区引进电动车计划的一部分。这八个地区中的四个有计划开展相关智能电动车的引进计划。另一个例子是，巴黎议会扩大对购买电动摩托车和电动自行车的补贴，来增加流动性和公众健康，同时降低空气和噪声污染。

电动自行车的关键特征

电动自行车和智能电动车和普通自行车的区别仅在于，它们具有电动机、电池、电机的电子控制系统以及用于检测曲柄运动的传感器，大部分车型还配备了一个电池充电指示灯和一个电机功率装置。在某种程度上，电池包括在指令 2 066/66/EC（即电池指令）的范围内，需从收集到的 WEEE 中移除。因此，这个组件不属于目前的评估范畴。然而需要指出的是，电池包含在 WEEE 中时，是基于收集 WEEE 的同时被收集起来的。

除配备了电动机和电池外，智能电动车和普通自行车一样，通常采用质量轻、防腐蚀的铝制材料制成。使用钢铁作为零部件的材料，如拨链器、链条和辐条。框架和车叉子也可以由钢铁材料组成，尽管比铝和碳纤维材料重很多。钢铁材料为主的自行车通常售价较低，适合消费者为休闲运动而购买。

更昂贵的自行车使用碳纤维实现轻量化。许多用户的主要兴趣在于自行车运动，因此更喜欢质量极轻的自行车。小批量的生产反映出该类自行车的价格水平。此外，电动自行车以及自行车的踏板和座椅可能含有塑料部件。表 6-16 和图 6-1 总结了电动自行车的主要特点。

表 6-16 电动自行车的主要特点（不包括电池）

电动自行车的特点	
主要材料	铝：用于自行车车架、前叉、脚踏板 钢铁：用于自行车车架、前叉、链条、辐条、STIM、变速器 碳纤维：用于自行车车架、前叉 塑料：用于座位 橡胶：用于轮胎、空气管
质量（无电池）	从 16.9 kg①到 22.6 kg②；另一参考数据估计质量为 17.8 kg 本研究中应用平均质量，19 kg
使用寿命	电动自行车产品的平均寿命为 5～7 年③，取决于电池的寿命，常规的自行车大约 15 年④ 本研究中实用平均寿命 6 年⑤

① 电动自行车 CYBIEN 网站：http：//www.cybien.fr/。

② VELO ELECTRIQUE MINI PLIABLE 250W-36VLITHIUM-POLYMERE.

③ 2012 年 1 月，通过 ETRA 贡献的利益相关者咨询。

④ DAVE，SHREYA，通勤者交通选择的生命周期评估，2010 年，美国麻省理工学院技术（MIT）。

⑤ 同③

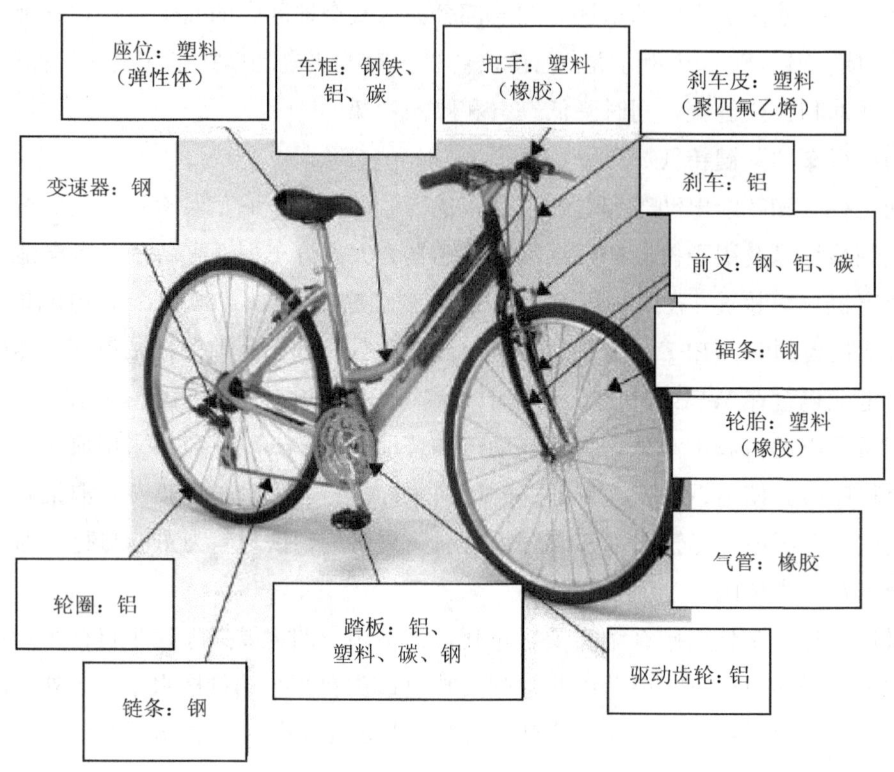

图 6-1 用于自行车部件的材料

法律背景

具有最高连续额定功率为 0.25 kW 的电机，并在车速达到 25 km/h 时电机停止辅助行驶的电动自行车，受机械指令 2006/42/EC、电磁兼容（EMC）指令 2004/108/EC、电池指令 2006/66/EC 和 CEN 技术标准 EN 15194 管制。[①]除电池指令要求收集、回收、处理或处置电动自行车或组件，其他的指令未对此有要求。

关于指令 2011/65/EC（对 2002/95/CE 指令的重新修订）规定的关于电子电气设备中使用某些有害物质的限制（RoHS），仅适用于电动自行车的电气和电子零件。影响评估表明，将电动自行车纳入 RoHS 指令Ⅱ的范围，在环境、经济和社会方面预计有非常有限的影响。例如，将电动自行车列入范围，可使国内市场受益，但制造商可能会面临更多的合规成本和行政费用。

关于 WEEE 立法，虽然带有电气或电子部件的运动设备被列入旧版 WEEE 指令的范围，但似乎所有类型的电动自行车都不包括在旧版指令的适用范围内，不论是智能电动车

① 2013 年 7 月，通过 ETRA 贡献的利益相关者咨询。

或电动自行车。虽然没有被明确排除在指令范围之外，而是否纳入范围取决于它们是不是属于指令的某个产品类别。然而，在 WEEE 指令范围的扩大使得现在电动自行车归属于 WEEE 指令 2012/19/EU，见第 2.4 章（D）如下描述："……本指令不作用于以下电子电气设备：

- （……）；
- 未批准型号的运输人员或货物的工具"。

这样的安排使得未批准型号的电动两轮车归入新版 WEEE 指令范围，并因此明确了智能电动车属于新版 WEEE 指令范围，而排除了更快速的电动自行车。

然而，并不是新版 WEEE 指令在应用时，其范围内的所有要求不会妨碍联盟其他废弃物管理的立法，特别是 2006/66/EC 指令关于电池和蓄电池以及废旧电池和蓄电池的内容。电池属于 WEEE 的一部分，将基于新版 WEEE 指令的基础进行收集。然而，在收集后基于新版 WEEE 指令，它们将被从电子电气设备中移除，并计为电池指令的收集对象。按照电池指令的要求，需进行再循环利用。

WEEE 指令的主要条款如下：

- 所有制造商（或其他任何在欧盟市场上的零售商）负责支付用来收集、处理和回收利用最终报废设备的费用；
- 提高 WEEE 的再利用/回收率；
- 确保 WEEE 的分类收集；
- 让公众了解他们在处理 WEEE 中的角色。

市场销售数据

2011 年，约有 130 万辆电动自行车在欧盟出售，平均零售价为 1 500 欧元，成交金额为 19.5 亿欧元。作为对比，2010 年欧盟市场传统自行车售出约 22 万辆，若平均价值为 450 欧元，成交额为 90 亿欧元[①]。2012 年欧盟的销售水平，估计约为 160 万辆[②]，其中在法国，大约有 46 000 辆电动自行车售出，相比 2011 年，预计增长 15%，销售额在 7 年增长了约 11 倍[③]；德国和荷兰是电动自行车的最大市场；而在各成员国，特别是东欧仍然几乎没有电动自行车[④]。2015 年 EBWR 项目的全球电动自行车销售为 4 000 万辆[⑤]。表 6-17 说明，中国是迄今为止世界上最大的市场，在 2012 年售出约 3 100 万辆电动自行车，而在欧洲销售量仅为 160 万辆。

---

① ETRA 从 2011/65/EU 指令范围的批准型号中排除电动自行车的声明。

② EBWR 全球量情景 2011。

③ FPS 和 CNPC（2013），马尔凯杜周期 2012。

④ PRESTO 骑自行车的政策导向，推动骑自行车，2010 年，请访问 http：//www.presto-cycling.eu/images/policyguides/presto_cycling%20policy%20guide%20electric%20bicycle.pdf。

⑤ http：//www.ebwr.com/ .

表 6-17 全球电动自行车销售（估计值） 单位：千辆

年份	2009	2010	2011	2012	2013
中国	24 000	27 000	29 000	31 000	34 000
印度	60	70	120	150	200
日本	325	390	400	425 000	450 000
欧洲	754	1 021	1 294	1 632	1 839
台湾	11	12	14	15	15
东南亚	50	60	70	85	100
美国	70	80	100	120	150
总计	25 270	28 563	30 998	33 427	36 754

资料来源：2011 年 EBWR 全球销售量情景。

中国销售量如此庞大，部分原因是中国一些城市已依法取缔汽油发动机轻便摩托车和踏板车。中国电动自行车市场以非踏板助力的电动自行车为主而不是像欧洲那样以智能电动车为主[①]。

2012—2013 年电动自行车在欧洲销售量的平均增长速度为 12%，估计为全球销量的 9%[②]。假设在欧洲主要城市将支持增加自行车出行的方式，这将会增加电动自行车的销售。

常规自行车的二手市场交易是众所周知的，法国有 25%的自行车是二手交易的[③]。然而，由于电动自行车有更多的附加值，需要特殊的组件和特定的维护，法国自行车行业欧盟委员会的代表（Conseil national des professions du cycle）估计这些产品的二手市场成交量可能不太显著。

回收市场

关于回收市场，没有任何机构处理传统自行车的废弃物。目前大多数这些产品废弃物被填埋处置。当地机构的再使用部门可以与填埋业主合作（公众地方当局、私营老板）来向消费者提供二手自行车，而常规自行车结束寿命后被填埋。电动自行车似乎大多数仍在市场上，未进入处置的过程。

进口和出口

关于进口和出口，没有确切可用的统计数字。在一般情况下，大多数最终产品不是进口的。许多欧洲生产商在亚洲采购零部件，特别是在中国进行采购，仅在欧洲装配最终产品。

① PRESTO 骑自行车的政策导向，推动骑自行车，2010 年，请访问 http：//www.presto-cycling.eu/images/policyguides/presto_cycling%20policy%20guide%20electric%20bicycle.pdf。

② 欧洲：（1 839–1 632）/1 632=0.12 和全球：（36 754–33 427）/33 427=0.09。

③ Van de Walle Isabelle，Hébel Pascale，Siounandan Nicolas，Les Secondes Vies des objets：les pratiques d’acquisition et de délaissement des produits de consommation，Paris：Crédoc（Cahier de recherche n° 290），janvier 2012.

制造商和经销商

电动自行车行业由少数大公司和众多的中小企业组成，许多公司仍处于研发阶段，而那些已经在生产仍倾向于投入较高的研发成本①。电动自行车销售的潜在增长使得更多的厂商准备并愿意进入市场，例如，有些生产常规自行车的公司西马诺、巨人，或其他聚焦于电动自行车市场的比昂克斯（bion-X）、科林移动（Clean Mobile）、柯里（Currie）、OHM 自行车、超级机车（Ultra Motor）、瓦特世界（Watt World）。

据估计，欧洲自行车经销商的数量为 30 000～35 000 辆。电动自行车是通过独立的自行车经销商店售出，销售电动自行车和传统自行车的商店和只销售电动自行车的商店之间没有区别。另外，像生产商逐步增加一样，零售店数量也随着电动自行车市场而逐渐增加。例如，在荷兰，事实上几乎所有的自行车经销商都出售电动自行车，电动自行车占营业额 40%以上②。

就业

电动自行车行业在欧洲的官方就业数据无法得知。然而，在 2011 年共出售了 1 700 万辆普通自行车，电动自行车销售量为 125 万辆。基于在一般情况，欧盟共有 90 000 人在制造和分销自行车行业就业，这个数据对应于在欧洲总共有 6 300 个工作岗位与制造和销售电动自行车相关③。若根据营业额，而不是自行车销量，就业岗位的数量将增加到 16 200 个。因此可以假设在电动自行车行业的就业数量为 6 000～25 000 个。

3.2.3 将电动自行车纳入新版 WEEE 指令范围的费用和效益

在本节中，对电动自行车纳入新版 WEEE 指令范围的费用和效益进行了评估。

环境影响

WEEE 指令对环境影响的最大风险与设备报废管理相关，由材料成本和产品设计、组织方案的实施、用户行为来决定。

废物产生/生成/再利用

如前所述，电动自行车的平均产品寿命为 5～7 年④。本报告编制时，未收集到关于过去和目前电动自行车报废处置的数据。根据 WEEE 指令，电动自行车车主必须在使用寿命内交还车辆才能免收税费。

为了估计在将电动自行车纳入新的 WEEE 指令范围后，对电动自行车废弃物生产、产生和回收的影响，做出了如下几个假设：

---

① PRESTO 骑自行车的政策导向，推动骑自行车，2010 年，请访问：http: //www.presto-cycling.eu/images/policyguides/presto_cycling%20policy%20guide%20electric%20bicycle.pdf。

② 2013 年 7 月，通过 ETRA 贡献的利益相关者咨询。

③ 与 ETRA，2012 年 3 月的电子邮件交流。

④ 2012 年 1 月，通过 ETRA 贡献的利益相关者咨询。

● 从新版 WEEE 指令的分类产生了新的收集目标。

指令的附件 4 中关于电动自行车未明确，似乎第 4 类“大型设备（任意外部尺寸大于 50 cm）”比其他类型更适合电动自行车。

因此，2018 年，该指令将对电动自行车生效。

● 电动自行车的寿命。

电动自行车寿命与电池寿命密切相关，根据上述解释，其寿命估计为 5～7 年。

在此平均寿命计为 6 年，这意味着从 2012 年已进入、正进入市场的电动自行车，将要按照新版 WEEE 指令进行收集。

● 电动自行车平均销售率。

通过观察欧洲的销售数据，2012—2013 年，自行车销售量上升率为 12%。然而，通过查看世界整体的平均销售量，这种增长趋势可能会在 10 年间的后期稍微减缓，从 2014 年到 2025 年平均增长率约为 10%（没有数据）。

● 电动自行车的平均质量。

根据产品使用的材料和部件不同，电动自行车的质量有很大差异。不包括电池的电动自行车质量为 16.9 kg①到 22.6 kg②。

考虑到已有实例的情况，采用了电动自行车平均为 19 kg 的质量数据作为研究。

● 电动自行车的组成材料。

由于缺乏关于材料构成的详细数据，本研究建立了几个方案：

✧ 方案①：铝 70%、钢材 10%、20%塑料；

✧ 方案②：钢材 50%、铝 40%、10%塑料；

✧ 方案③：碳纤维 60%、铝 20%、钢材 10%、塑料 10%。

● 已实现的收集率。

新版 WEEE 指令第 7（1）条中提到的收集率，不是针对特定产品类别的单独设置的收集率，而是指成员国要达到的 WEEE 的总体收集目标，而不是每个 WEEE 分类的收集目标。在此背景和程度之下，成员国没有任何收集率已经到位（假设），使用 3 个回收率对应不同的方案针对在特定年份回收 6 年（假设和估计的使用寿命）前进入市场的电动自行车的情况。

✧ 基准情景：0%收集（视为基准情景）；

✧ 方案 A：50%收集；

✧ 方案 B：75%收集；

✧ 方案 C：100%收集。

---

① 电动自行车 CYBIEN 网站：http：//www.cybien.fr/。

② VELO ELECTRIQUE MINI PLIABLE 250W-36VLITHIUM-POLYMERE.

通过建立这些假设，可以估算出 2018 年之后每年收集和重新获得的材料数量。表 6-18 为 2018 年的结果。在 2018 年实现 50%收集率的情况下，可收集 155 t 电动自行车。考虑到在 2014—2020 年，销售额每年将增加 10%，并且在 2025 年将回收率达到 75%，大约可收集 464 t 的电动自行车①。

表 6-18 基于上述假设 2018 年电动自行车主要材料的收集数量

2012 年自行车售出数量/千辆		1 632			
		基准方案	方案 A	方案 B	方案 C
2018 年达成的收集目标		0%	50%	75%	100%
2018 年自行车收集量/千辆		0	816	1 224	1 632
年收集质量/t		0	155	232.6	310.1
方案 A	钢材/t	0	31.0	46.5	62.0
	铝/t	0	108.5	162.8	217.1
	碳纤维/t	0	0	0	0
	塑料/t	0	15.5	23.3	31.0
方案 B	钢材/t	0	77.5	116.3	155.0
	铝/t	0	62.0	93.0	124.0
	碳纤维/t	0	0	0	0
	塑料/t	0	15.5	23.3	31.0
方案 C	钢材/t	0	15.5	23.3	31.0
	铝/t	0	31.0	46.5	62.0
	碳纤维/t	0	93.0	139.5	186.0
	塑料/t	0	15.5	23.3	31.0

资料来源：由 BIO IS 计算。

将电动自行车纳入新版 WEEE 指令的范围，可以增加材料收集的质量，提升回收潜力。然而根据材料的组成，废弃物的回收潜力也有所不同。铝和钢是 100%可回收的，因为这些材料保持其固有特性（即导电性、电阻等）；但欧盟尚未有可用的技术来回收碳纤维；铝在非分类收集时，也难以回收，增加铝的分类回收，将会产生效益。

塑料可回收程度也越来越大，即使各种塑料存在着一些差异。回收塑料，降低了初级原料的生产，并限制对环境造成的影响。

因此，我们假设所有收集的铝、钢材和塑料将被导向到再循环流程，来减少这些材料生产数量。同时，因为欧盟现有技术不能回收利用碳纤维，假定碳纤维将不会面向回收，而将其列入填埋处置的范围内。将电动自行车纳入新版 WEEE 指令可能促进有关材料循环利用的技术进步，如碳纤维。

例如，在方案 B 的内容提到 2018 年达到 75%的回收目标，假设钢材、铝和塑料 100%被回收，可以估算“非生产”的 116.3 t 钢材，93 万 t 铝和 23.3 万 t 塑料的环境效益。“非

① 通过 BIO IS 计算。

生产”的效益包括：

- 避免生产过程中的 CO_2 和 PFC（全氟化化合物）排放；
- 减少生产过程中所需的原料；
- 减少生产过程中所需的水和能量。

另外，需要弄清楚每种材料的假设情况，来估算气候和资源枯竭的环境影响，但由于缺乏数据不能估计全部的环境影响。

关于铝，2009 年估计生产 1 t 粗金属产品释放 1.941 tCO_2 当量[①]，包括 CO_2 和 PFC（全氟化化合物）的排放。然而，这仅仅是与非生产铝有关的环境效益的一部分。废气排放也来自粗金属产品和再生铝生产工艺的其他步骤。

关于钢铁，每吨铸钢生产估计排放（2007 年和 2008 年平均产量）1.8 t CO_2。[②]

用于自行车的塑料弹性体，可根据使用弹性材料的类型来追踪一些碳痕迹。根据资料统计，每吨材料生产的碳痕迹在 1.3 t[③]至 2.76 t[④] CO_2 当量。因此，可以估算生产自行车所需的每吨弹性体平均释放 2 t CO_2 当量。

通过上述假设，解释了由于将电动自行车纳入新版 WEEE 指令范围内所带来的避免生产而造成污染的数据，按 CO_2 当量推断的环境影响见表 6-19。

表 6-19　按避免排放的 CO_2 当量计算 2018 年每个方案的环境效益　　单位：tCO_2 当量

方案	材料	生产每吨材料的排碳量	达到的目标			
			基准方案 0%	方案 A 50%	方案 B 75%	方案 C 100%
方案 A：生产每吨材料排放的 CO_2 当量	钢材（CO_2）	1.8	0	55.8	83.7	111.6
	铝（CO_2+PCF）	1.941	0	210.7	316.0	421.3
	碳纤维	—	—	—	—	—
	塑料（弹性体碳痕迹）	2	0	31.0	46.5	62.0
方案 B：生产每吨材料排放的 CO_2 当量	钢材（CO_2）	1.8	0	139.5	209.3	279.1
	铝（CO_2+PCF）	1.941	0	120.4	180.6	240.7
	碳纤维	—	—	—	—	—
	塑料（弹性体碳痕迹）	2	0	31.0	46.5	62.0
方案 C：生产每吨材料排放的 CO_2 当量	钢材（CO_2）	1.8	0	27.9	41.9	55.8
	铝（CO_2+PCF）	1.941	0	60.2	90.3	120.4
	碳纤维	—	—	—	—	—
	塑料（弹性体碳痕迹）	2	0	31.0	46.5	62.0

资料来源：由 BIO IS 计算。

① 欧洲铝业协会（2010 年），“欧洲铝工业的可持续发展”，网址为：http：//www.alueurope.eu/pdf/2010%20Sustainability%20of%20the%20European%20aluminium%20industry.pdf。

② 世界钢铁协会的数据，请访问：http：//www.worldsteel.org/steel-by-topic/sustainable-steel/environmental/climate-change.html。

③ http：//training4ecf.eti.hku.hk/sourcemap/parts/epdm-elastomer。

④ http：//training4ecf.eti.hku.hk/sourcemap/parts/pbr-elastomer。

电动自行车目前未进入处置流程，其大部分还留在市场，而普通自行车废弃后被填埋处置。由于目前没有环境效益，这可能会降低将电动自行车纳入电子电气设备的范围后获得的环境效益的估算。

最后，在避免 CO_2 和 PFC 的排放量方面，可以估计将电动自行车纳入指令范围后，将在 2018 年产生 119～595 t 的 CO_2 环境效益。

表 6-20 在 2018 年每个方案避免排放 CO_2 的环境效益（摘要） 单位：t

	方案 A	方案 B	方案 C
方案 A	297.5	446.2	595.0
方案 B	290.9	436.4	581.8
方案 C	119.1	178.7	238.2

其他环境效益（回收带来的非生产的材料）列于表 6-21，以回收钢为例。

表 6-21 回收钢材的环境效益

	回收 1 t 钢材①	116.3 t 回收的钢材（2018 年方案 2 和方案 B）
原料	1.92 t 铁矿石 0.63 t 焦炭（煤）	223.3 t 铁矿石 73.3 t 焦炭（煤）
水	11.57 m^3	1 345.6 m^3
电	4.46MWh	518.7MWh

资料来源：由 BIO IS 计算。

为了更好地评估将电动自行车纳入指令范围后的环境效益，将基于该数据减去与回收过程的相关数据，计算结果将在最终报告中呈现。

国际环境的影响

如前所述，目前对欧洲进口和出口的电动自行车还没有确切的统计数据。中国是世界上最大的电动自行车市场，但它不是像欧洲那样以智能电动车为主，而是以不一定需要踏板协助的电动自行车为主。因此，可以认为欧洲电动自行车的出口是有限的。因此寿命期内电动自行车主要还是在欧洲，在第三国的可能性较低。

电动自行车二手交易量估计比传统自行车低。假设发展中国家出口二手电动自行车的量可以忽略，同样寿命期内二手电动车在欧洲的可能性大于在其他第三国家。

最终电动自行车产品的进口也可能是有限的，大多数欧洲制造商主要采购地点在亚

① 来源：ECO-EMBALLAGES 网站：http://www.ecoemballages.com/le-tri-des-emballages/du-recyclage-au-recycle/acier/。

洲，大部分是在中国，然后制造商在欧洲自己组装零部件。ETRA 估计，有 80%～85%的零件是从亚洲进口的。

相对于现有的局面，将电动自行车纳入新版 WEEE 指令的范围将不会导致国际环境影响的具体变化。

经济影响

内部市场的运作和竞争

将电动自行车列入指令范围对于这部分的费用和效益难以定量的评估。

明确将电动自行车纳入 WEEE 指令范围，应会对国际市场产生中立/积极的影响，例如，所有制造商和电动自行车零售商都要遵守相同的规则。

但是，各成员国的电动自行车市场成熟度有所不同，所以因遵守指令所造成的影响也不同。例如，德国、荷兰是欧盟最大的电动自行车市场，可能是受电动自行车纳入新版 WEEE 指令范围的影响最大的国家。同时，一旦当电动自行车企业在东欧国家增长时，WEEE 指令就会影响到这些国家。

此外，那些早已在电动自行车市场上运行较好的中小企业（生产商或销售商），可以支付因实施指令条款的要求造成的额外负担和成本。然而，正在进入市场的中小企业，则难以负担大量额外增加的投资和成本。这种差异可能导致内部市场的不平衡。

竞争力

如上所述，目前没有可用的欧洲电动自行车的进出口数据①，这使得难以对竞争力的潜在影响进行分析。和欧洲的产品意义，进口的电动自行车也必须符合 WEEE 指令，这就意味着对欧洲企业的竞争力没有任何影响。

成本和行政费用

可以预期的是，该指令将提高制造商和经销商的成本，因为要求他们收集、处理和回收会的成本较高。为了估计总体成本，忽略了电动自行车回收至循环利用步骤相关的成本和行政费用。

然而，有些成员国可以设置一个“生态参与”方案，将提高公司的产品价格来负担收集和回收这些产品的成本。这将反映回收电动自行车的全球成本。例如，考虑 1～2 欧元的生态参与费，在 2018 年回收率达到 75%时，扩大指令范围带来的成本为 122.4 万欧元（1 欧元的生态参与费）至 244.8 万欧元（2 欧元的生态参与费）②。需要注意的是，公共当局设立的生态参与计划，可能无法全部达到产品收集和回收利用的全部费用。另外，最终消费者也会部分支持成本和回收过程。

① 2011 年 10 月 28 日，创建了新的代码 8711 89 10 的 25 km/ h-250W 踏板辅助自行车的结合命名。其结果是，将成为未来提供进口和出口数据。利益相关者的协商，通过 ETRA 贡献，2012 年 6 月。

② 随着电动自行车销售每年增加 10%估算到 2018 年（这项研究中的假设由 BIO IS 提供）。

由于整个行业要遵守机械指令、EMC 指令、EN 标准、电池指令、REACH、RoHS 指令、联合国规章等，业内普遍认为已经负担了足够多的行政管理费用。然而，可以注意到的是在这样的背景下，对于法规的熟悉也是一个好处。实施 WEEE 指令的要求时也可以比从未在欧盟法规下工作过的情况下耗时少。

电动自行车行业由许多大公司和众多的中小企业组成。规模较大的企业可以有特定的员工来对规则问题开展工作，这样能够更有能力支付这些额外的费用，但是对中小企业来说则可能需要更多的努力。按业界的说法是，确保合规性不仅是成本问题，还是可行性的问题。

公共机构

公共机构也会受到将电动自行车纳入指令范围的影响，这是由于设备的报废管理和基础设施可能需要进行调整，来实现符合 WEEE 指令的要求。这就需要更多的基础设施和服务来收集和回收废旧电动自行车来带动可能的经济活动的发展。

创新与研究

不少电动自行车生产企业仍处于研发阶段，而那些已经生产的企业往往都有较高的研发成本①。因此，创新及研究是制造商的重要课题。将电动自行车列入新版 WEEE 指令，可能促进生态设计的改进，增加产品回收的潜力，也可能会促进有关材料循环再利用的技术革新，如碳纤维。

消费者和家庭

为实现收集、处理、回收或处置产品的新要求，预计电动自行车制造商或经销商的管理成本将会增加，这些他们制造或销售的产品均属于新纳入新版 WEEE 指令的范围。成本的增加可能会导致对消费者的价格上涨的出现，但很难估计制造商或经销商的行政费用增加的具体数字，同样也很难估计该指令将影响消费者和家庭的程度。

然而，按照上面的建议，在一些成员国由生产商（或销售商，当产品来自非欧盟时）可能会成立生态参与方案，通过上涨产品价格部分或全部向消费者转移额外的成本。根据其购买的电子电气设备的类别，其生态参与费用通常由立法进行规定。产品自身的收集和处理的成本越高，其生态参与的费用也会越高。

关于消费者和家庭的预期效果，由于已经考虑到收集、回收和处理的成本，产品价格已经较高，增加的价格将不会对消费者产生显著的影响。相比较于 1 500 欧元（ETRA 估计）的价格，1～2 欧元的生态参费用对消费者来说是微不足道的。与此同时，因为规模经济的增长以及研发成本的降低，很多厂商在早期阶段的研发费用相当大，电动自行车的价格预期随着上述费用的降低在未来将降低售价。

① PRESTO 骑自行车的政策导向，推动骑自行车，2010 年，请访问：http：//www.presto-cycling.eu/images/policyguides/presto_cycling%20policy%20guide%20electric%20bicycle.pdf。

社会影响

就业

将电动自行车纳入新版 WEEE 指令的范围，可以在废物管理和回收行业创造就业岗位，但没有废弃物回收量和就业之间相关联的数据。EERA 估计在欧洲 WEEE 回收和再处理行业提供的就业岗位超过 10 000 人[①]。因此，可以假设 WEEE 指令的新范围，将会使得就业人数随着废物收集再利用的数量增加而增多。此外，电动自行车的收集和再利用的增长对二手车市场似乎没有影响，此类产品比传统自行车使用寿命更短，作为二手车的实用性不大。

健康

相对于不处理，电动自行车的报废管理的增加和改进会降低对健康的影响。

在第三方国家的社会影响

由于与电动自行车有关的废弃物不能出口到第三方国家（或出口量非常少），将电动自行车纳入指令范围不会导致对第三方国家社会影响的变化。

在第三方国家允许用回收材料替代用原始材料生产相关材料后，才会进行材料的回收，这可能会导致采矿缓解就业数量的降低，而在材料的处理/循环利用环节创造就业潜力。

3.2.4 结论

如上述章节的描述，修改（扩大）旧版指令的范围至新版 WEEE 指令第 2（1）节的范围，以电动自行车为例，带来的主要费用和效益的影响总结如下。

简而言之，将电动自行车列入指令范围将带来显著的环境效益，无论从废弃物收集和回收利用，还是在减少碳排放和资源消耗方面的作用都十分明显。经济利益体现在指令范围的扩大支持和发展了收集和回收利用活动，支持了自行车行业的研发，但现在没有对生产商成本进行定量估计。扩大指令范围对循环利用工业创造了就业机会。

表 6-22　将电动自行车列入 WEEE 指令范围内的主要费用和效益

	效益	成本	中性影响
环境	非生产的材料量，可避免二氧化碳的 PFC 排放，节省水和电力，并减少原材料的提取。由于分离回收，增加材料回收利用的潜力（如铝）	额外数量的回收利用造成的环境影响	国际环境影响方面没有变化
经济	支持研发活动； 支持废弃物收集和再利用的相关活动	增加了企业运营和管理成本，但实施环境参与计划被消费者接受情况较好。正在加入市场的中小企业支付额外增加的成本较难	对二手市场无影响（二手电动自行车尚不存在/程度低）
社会	在回收和循环利用工业创造就业		对二手市场无影响（二手电动自行车尚不存在/程度低）

① EERA，2012 年，《会员招股说明书》，http：//eera-recyclers.com/sites/default/files/EERA%20PROSPECTUS%20FOR%20MEMBERSHIP.pdf。

3.3 家用灯具

3.3.1 关键问题

家用灯具被明确排除在旧版 WEEE 指令适用范围之外。在新版 WEEE 指令附件 3 中包含此产品，并将其划分为 3 个不同类别：第 3 类“灯具”，第 4 类“大装备”，以及第 5 类的“小设备”。本章评估此产品纳入新版 WEEE 指令范围后所带来的环境、社会和经济影响。

3.3.2 背景

产品范围

根据欧洲标准 EN 12665，灯具被定义为一个“散布、过滤或转变来自一个或多个灯泡发射的光源的装置，包括除灯泡外，其他所有必要的固定和保护灯泡的部件，以及必要的连接灯泡和电源的附属电路”①。

本研究只针对家用灯具。据新版 WEEE 指令［第 3（h）条］提供的定义，“私人家庭的 WEEE”是指来自私人家庭以及从商业、工业、机构和其他来源的 WEEE，因为它的性质和数量与私人家庭的情况类似。私人家庭和其他用户使用的电子电气设备在任何情况被认为是来自私人家庭的 WEEE。

在此情况下，本研究的家用灯具包括那些符合 EN 12665 定义和能用于私人家庭以及其他使用地点（如办公室、宾馆、饭店等）的所有灯具，除不考虑家庭和商业目的使用的不同设计以外，这样定义使灯具基本都一样或具有相同功能和技术特征。

家用灯具关键特点

本节重点介绍了与家用灯具有关的 WEEE 影响的主要特征。

本研究主要关注产品所含材料的数量和类型，用主要特征来评估其影响。因此家庭灯具能源消耗的特征还未被提及。

家用灯具主要作用是为了容纳光源和其控制装置。同时家用灯具也有装饰作用。基于这种条件，灯具重新设计的周期取决于其多变的特征，包括工艺的变化（如灯、控制装置、材料等）、造型和生产周期。特别是生产周期根据生产线情况而变化，其关键影响因素是可用的库存和备用零件数量，还与采购合同有关。在引进照明光源之后，其生产周期长度可能缩短至仅为数月。

家用灯具基于不同的特性进行分类如下：

① VITO 和 BIO 智能服务等（2009 年），筹备研究的耗能产品，19 批次的生态设计要求：家用照明设备。

- 灯泡工艺（如白炽灯、荧光灯、紧凑型荧光灯、LED 等）；
- 照明设备的功能（如书桌、桌子、床边、落地式）；
- 发光的类型（如开放式直射灯具、屏蔽照明系统、间接照明系统等）。

家用灯具的 PRODCOM 类别见表 6-23。

表 6-23 家用灯具欧洲共同体产品分类

代码	描述
31.50.22.00	台灯、床边或落地灯
31.50.22.03	家用和住宅用灯具（不含聚光灯）：白炽灯
31.50.22.05	家用和住宅用灯具（不含聚光灯）：放电灯
31.50.22.09	家用和住宅用灯具（不含聚光灯）：其他灯
31.50.25.30	枝形吊灯和其他天花板或墙壁电动照明装置（不包括那些用于开放空间或街道的公共照明）
31.50.25.31	家用及住宅用灯具（不含聚光灯）：白炽灯
31.50.25.32	家用及住宅用灯具（不含聚光灯）：卤素灯
31.50.25.33	家用及住宅用灯具（不含聚光灯）：紧凑型荧光灯灯具
31.50.25.34	家用及住宅用灯具（不含聚光灯）：其他灯
31.50.25.47	聚光灯、显示屏照明：白炽灯
31.50.25.48	聚光灯、显示屏照明：用于其他灯
31.50.25.79	其他照明灯具：灯具（室内）、N.E.C.
31.50.34.30	塑料等材料的用电灯具及照明装置、钨丝灯、管形荧光灯
31.50.34.35	房屋和花园使用的外部灯具：白炽灯
31.50.42.50	零部件（不包括玻璃或塑料）灯具及照明装置等

欧洲共同体产品分类不适合本研究的目的，这些类别不是按所含材料类型分类的（除描述了灯具的灯泡类型以外）。

欧盟产品的研究基于在产品目录和网站上刊登的商业术语，对家用照明灯具进行分类。表 6-24 列出了这种分类制度情况。

表 6-24 根据光源分配情况的灯具分级制度

分类	安装类型	光源分配情况
嵌灯（凹进安装）	集成吊顶	定向配光
悬架灯（枝形吊灯）	集成吊顶	任意
墙壁和天花板灯	表面安装	任何（不包括窄波束射灯）
书桌灯	表面自由站立	定向配光
台灯	表面自由站立	非定向配光
地板灯	表面自由站立	任意
射灯	表面安装	窄波束定向配光
户外灯	表面安装/地面站立	定向配光（常见）或非定向（罕见）

欧洲共同体对产品的这种分类并不能表示出灯具所含材料的种类和数量。

材料成分

根据对家用照明的 EuP 指令的研究①，灯具包括以下功能元素：

- 插座；
- 内置的光源控制装置；
- 外部光源控制装置（非安装）；
- 调光控制；
- 光反射器。

由于技术的发展，灯和灯具一起被投放到了市场。在此背景之下，灯泡被认为是产品内置的部分。外置的调光器则不被视为灯具的一部分，因为一般来说灯具废弃时这些设备不能与它们一起处理。

除了产品的功能元件，照明灯具还包括支撑和装饰结构，如：

- 箱；
- 装饰；
- 横杆；
- 灯具基座；等等。

本研究将包含在支撑和装饰结构在内的所有材料都将考虑在影响评估内。

在用料方面，灯具含有大量的铝、钢和铜，该类材料的高价格是回收的动机。另外，灯泡特别是紧凑型荧光灯 CFL 含有的组分（如玻璃、金属零件、磷光体和汞）可以回收利用，但利润很低。一般来说，家用灯具比商业用的 LFL 和 HID 灯回收率要低。

根据行业数据②，家用灯具所采用的主要材料是钢材、黄铜、铝、玻璃、塑料和陶瓷。以法国为例，家用灯具由以下材料组成：

- 铝/不锈钢，21%；
- 金属，20%；
- 塑料，10%；
- 玻璃，10%；
- 木材，6%；
- 陶瓷，10%；
- 其他，23%。

在本研究的背景下，该材料组成适用于所有成员国。当考虑到在各个成员国有很多型号的灯具销售时，以及许多不同国家运营的大型零售连锁店也在销售（如宜家），该假设

① VITO 和 BIO 智能服务等（2009 年），筹备研究的耗能产品，19 批次的生态设计要求：家用照明设备。
② 与英国照明电器行业协会，2013 年 7 月的电子邮件交流。

是适用的。成员国之间不同的气候条件对材料组成不会造成影响。即使由于家庭收入和时尚文化程度方面的不同会造成一些不同，然而还没有获得这方面的数据。

使用寿命

灯具的寿命在很大程度上依赖于时尚的变化[①]。灯具在技术方面所被强行施加的限制不太明显，有些灯具甚至在古董店出售。根据英国灯具行业提供的信息[②]，2008 年，灯具的平均寿命估计为 20 年。不同类型的灯具寿命存在巨大的差异，但这部分的数据无从获得，英国灯具平均使用寿命的估计值将用于本次报告对英国市场的研究。据此，2018 年最早一批受到新版 WEEE 指令影响的灯具是在 1998 年进入市场的。

灯具可供出售（市场寿命）的时间在很大程度上取决于灯具的类型。对于传统照明灯具（如水晶和青铜灯具）中，市场寿命是无限的，但该类型的灯具很少。灯具的设计和低廉的价格在很大程度上取决于产品的时尚类型，一般它们的市场寿命不超过 3 年。相比第一种类型，后面这种类型的灯具数量明显更多。此外还有其他类型的灯具用于特定的装饰目的（如圣诞灯），该类型的灯具市场寿命可能不会超过一个季度。EuP 指令的研究假设灯具的市场寿命为 3～4 年。

法律背景

在旧版 WEEE 指令中，商用灯具和灯泡被纳入了一个单一的类别，具体为第 5 类（照明设备）。2018 年，家用灯具将被纳入 WEEE 指令的范围。新版 WEEE 指令的 FAQ 文件草案中所述："排除'私人家庭使用的灯具'……不再适用。""在新版 WEEE 指令的开放范围中，照明设备按照类型和尺寸分为三个不同的类别（附件 4）：

- 灯泡属于附件 4 的第 3 类；
- 灯具可以属于第 4 类'大型设备'或第 5 类'小设备'的附件四，取决于它的尺寸。"

照明行业已经显示出了对新版 WEEE 指令第 2 条（5）范围的关注，尤其是对新版 WEEE 指令提出的分类。特别是在新版 WEEE 指令的分类中家用灯具可能会分为 3 个不同类别：灯泡、大型设备和小型设备。

由于技术的发展，灯具和光源（灯泡）作为一个产品被投入市场，因此废弃时灯具可能仍包含其照明装置（灯泡）。据业内人士反映，要求按照指令要求来区别灯泡和灯具或不同灯泡类型，新的分类变化给制造商造成了困难。同时，消费者也难以区分不同类型技术的灯具或灯泡和灯具的区别。因此，行业支持根据电子电气设备定义的能够产生光辐射的任何"电子或电气设备"是灯泡，都属于第 3 类：新版 WEEE 指令中的"灯泡"：例如采用 LED、（O）LED 技术的光源，包括 LED 改型灯具（这是 "传统"灯的替代产品）

① VITO 和 BIO 智能服务等（2009 年），筹备研究的耗能产品，19 批次的生态设计要求：家用照明设备。

② 与英国照明电器行业协会，2013 年 7 月的电子邮件交流。

和不可移动的 LED 集成的光源。

此外，由于商业灯具已经在旧版 WEEE 指令的范围内，新版 WEEE 指令的第 3（h）条中特别规定了包含家用和商用双重用途的照明灯具，避免了旧版指令可能导致从 WEEE 中完全排除家用灯具的风险。该风险在于商业灯具可能按家用灯具上报，来逃避旧版指令的要求。据业内人士反映，所有成员国对明确区分家用和商用灯具都存在一定的困难。在法国，有的设备可以发光但照明不作为主要功能（如照明装饰），该类设备仍然包括在指令范围内。

据灯具行业提过的信息显示，旧版 WEEE 指令将家用灯具排除在指令范围外的做法存在明显的漏洞，并且这种不一致的情况造成了法律的不确定性。

新版 WEEE 指令的目标是使家用灯具能够适用于指令，这取决于该产品的注册类别。具体地说，从 2018 年 8 月 15 日开始实行的最低目标将参照以下所列附件 3 类别进行分类：

- 在灯泡（第 3 类）的情况下（根据对电子电气设备定义，这个类别中也应该包含任何“电气或电子设备”，产生光辐射而与其尺寸无关），80%将被回收；
- 家用灯具属于“大设备”（第 4 类），85%应当予以回收，80%应为再利用和回收做准备；
- 家用灯具属于“小设备”（第 5 类），75%应当予以回收，55%应为对于重复使用和回收做准备。

目前没有对投放市场的每种家用灯具占所有灯具的比例的数据。出于这个原因，为了对影响程度进行评估，本研究采用平均目标为 82%的产品回收，72%的产品再利用和循环使用。

市场数据

销售

影响评估所需市场数据是 1998 年销售的灯具数量。采用灯具销售增长情况来估计家庭灯具列入新版 WEEE 指令范围后的长期影响。

PRODCOM 仅有生产数据，而在出口和进口数据方面仅有产品价值数据，而没有产品数量。此外，15 类家庭灯具（见表 6-23）中只有 3 个类别灯具的生产数据，具体为：

- 台灯、床头或落地灯；
- 吊灯和其他天花板或墙壁灯具；
- 灯具及配件。

据 EuP 指令对家用照明市场的研究，这三类产品的市场份额分别为 5%、76%和 19%。该研究提供了行业对于灯具的不同分类，以及它们的市场份额如下：

- 筒灯（暗装），11%；

- 射灯，18%；
- 悬架灯，19%；
- 墙壁和天花板灯，22%；
- 办公桌灯，5%；
- 台灯，4%；
- 地板灯，5%；
- 户外灯，16%。

表 6-25 显示了英国灯具行业对于市场不同方面的估计，由于对家用、商用和专用灯具进行分类有一定的难度，进行估计时存在一定局限性。

- 由于遵守 WEEE 指令和其他义务存在成本，可能造成一些生产商将非家用灯具销售申报为家用灯具进行销售；
- 销售装饰灯具产品的商业属性存在灰色地带，如酒店和餐馆，不同生产商根据销售的潜力进行不同的分类；
- 产品经由批发商供给，但最终用户是未知的。

此外，表中提供的估计是基于一些假设，这些假设已被用于估计评价值。

表 6-25 英国家庭灯具市场数据

市场方面	估计	误差范围
家庭灯具市场价值	84 700 万欧元（73 000 万英镑）/年	±5%
灯具年销售量	2 200 万只/年	±5%
英国供应商数量（包括直接进口零售商）	280 个	±10%
销售质量（声明为家用）	33 000 t	±20%

为了估测影响程度，必须估算投入市场的材料质量的数据。由于文献中没有可用的信息，欧盟 27 国的家用灯具销售的估计基于英国照明行业提供的数据。由家庭数量推断欧盟 27 国的家用灯具销售水平，来进行上述相应的估计。

这只是粗略的估计，因为：

- 仅基于一个成员国（英国）的估计；
- 英国的估计具有相当大的误差（±20%）；
- 欧盟统计局的数据只提供 2005 年后的家庭数量，而 1998 年的数据（基准年）是根据线性外推所得。

表 6-26 列出了这些情景。

表 6-26 2008 年在欧盟 27 国家用灯具安装量

国家	家用灯具质量/t	家用灯具数量/只
欧盟 27 国	224 582	149 721 477

根据业内人士提供的资料显示，法国在 2012 年的灯具销售量大约是 1 800 万只。根据欧盟统计局统计的 2012 年住户数据，从理论上估计法国 2012 年灯具销售量大约 2 100 万只。欧盟统计局的估计比行业估计高约 16%，但还是在表 6-25 所给出的误差范围之内。需要指出的是，基于英国和法国的可用数据来对欧盟的灯具销售进行估计是不适用的，因为这两个国家不能代表成员国的不同群体。英国和法国的家用灯具市场和中东欧国家没有预期的显著不同，而和西欧国家相比则可能会存在一些不同（如由于资金的限制）。

基于所提供的材料组合估计情况，对 1998 年欧盟市场灯具所含每种材料的废弃数量进行了估计。

表 6-27 欧盟的家用灯具材料组成和每种材料的质量

材料	组成比例/%	家用灯具质量/t	材料	组成比例/%	家用灯具质量/t
铝/不锈钢	21	47 162	木材	6	13 475
金属	20	44 916	陶瓷	10	22 458
塑料	10	22 458	其他	23	51 654
玻璃	10	22 458			

对于灯具市场的未来发展趋势，总体来说有增加的趋势，原因如下：

- 越来越多的福利使消费者可以安装更多数量的照明光源；
- 中欧和东欧国家的市场增长，很有可能达到与其他欧盟国家类似的灯具数量水平；
- 由于越来越多的人独居，使得生活空间不断增长。

需要重点说明的是，这些趋势在 2009 年进行的关于家用照明的 EuP 指令研究中已经进行了定义，但并没有考虑到随后发生的金融危机的影响。

这一增长没有物理局限性，因为人类能够接受更高水平的灯具，而目前家用灯具提供的照明水平远远低于日光。灯具市场增长的限制性体现在专用技术上，特别是卤素灯具，存在眩光和灯泡发热的现象。

专用技术的市场趋势，将转向更节能的灯具发展，如 LED-R 和 CFLi-R。但目前这些技术还比较昂贵或表现很差。在此情况下，改进这些方面可能造成不同技术的转变。

基于行业将逐渐摆脱传统产品并减少废弃物基数的趋势，甚至认为灯具的销售似乎有上升趋势。由于缺乏产品市场趋势和废灯具产出的废弃物数量的数据，假设用于灯具生产的材料用量跟随各自用户数量的趋势而变化。

市场细分

关于市场细分，全球照明行业包括很多企业，从跨国公司到小型私人公司。根据关于国内照明的 EuP 指令研究，行业协会 CELMA 代表了 16 个国家工业协会和 11 个成员国灯具行业大约的 1 200 家企业。

这些公司包括许多中小企业，它们总共雇用了大约 10 万名员工，年营业额约 80 亿欧元。该行业协会代表了约 90%的灯具生产商和电工零器件公司。

该行业提供的数据表明，英国灯具市场 30%是大公司，60%是中小企业，10%是小微企业。在这种情况下，本研究假定这种市场细分代表了欧盟的情况。

据欧盟统计局的数据，2007 年，产量居前的成员国是：

- 意大利，27%；
- 德国，11%；
- 西班牙，11%；
- 英国，7%；
- 法国，5%。

但该估计数据没有覆盖到整个欧盟的 27 个成员国，同时该数据暂时还处于保密状态或仍是估计数据。

目前废弃家用灯具的处理

关于家用灯具废物处理，可用的数据表明，仅意大利收集了一小部分废弃物碎片，主要原因是很难区别家用和商用灯具。据行业提供的 2010—2012 年的数据显示，大约 3 000 t 家用灯具废弃物已被收集（即每年 1 000 t）。考虑意大利 1998 年家用灯具投入市场的数量（大约 28 500 t），该回收数量是微不足道的。并且该收集率并不是欧盟平均水平，因为有些成员国根本不回收家用灯具，或者为了遵守 WEEE 指令而将一些商用灯具冒充家用灯具来进行申报。更有甚者，将灯具和其他 WEEE 一起进行普通回收，这对灯泡的单独回收没有任何贡献。

由于缺乏数据，假设目前欧盟的家用灯具平均收集率是微不足道的，在本研究中的影响评估中认为是零。

3.3.3 将家庭照明纳入新 WEEE 指令的适用范围的费用和效益

将家用灯具纳入新版 WEEE 指令范围带来的影响，将按如下方式进行评估：

- 对环境影响的评估，假设基于新版 WEEE 指令下，1998 年投放于市场的产品将在 2018 年回收。在此基础上，估计回收的材料数量（按材料类型）和回收类型。使用之前研究中确定的影响因素来计算环境影响（如生命周期分析研究）。
- 经济上主要是运营成本（收集、分类和循环利用），还有行业和国家主管部门的管理成本的影响。同样，也是基于过去经验而进行估计的。

- 社会影响主要是就业和健康情况的影响。基于成员国的经验估计产生新就业岗位的数量，然后将此估计外推至欧盟平均水平。

将家用灯具纳入 WEEE 指令范围内，并不意味着 2018 年开始的关于废弃家庭灯具命运的确定性，这主要是由于目标实施方面的不确定性。具体来说，由于技术和其他类型的限制，目标可能无法实现（由于便利回收的设计原则缺乏应用，导致灯具的低可回收性），尤其是在 2018 年后的第一年。

通过考虑可被分类收集的家用灯具在附件 3 中三大类别的平均目标，在下列情况下进行分析，以评估其影响：

✧ 基线情景：0%回收（被视为基准情景）；

✧ 方案 A：50%，实现回收目标（回收率达到约 41%）；

✧ 方案 B：75%回收（回收率达到约 61%）；

✧ 方案 C：100%回收（回收率达到约 82%）。

家用灯具产品发展的另一个显著不确定性涉及材料组成，由于技术发展和时尚变化以及消费者的喜好而发生改变。然而，由于缺乏数据，且不可能开发不同组分，因此根据在法国市场的估计，假定组合成分是稳定的（见表 6-27）。

环境影响

在 WEEE 指令的背景下，环境影响最大的风险与设备的报废管理有关。风险程度的波动受材料成本和产品设计、所实现的组织方案、用户的行为等影响。

废物产生/生成/再利用

通过应用前述部分的假设，对每个方案的材料收集量进行了估测。

表 6-28 家用灯具的主要材料在 2018 年的收集量

在 1998 年出售的家庭灯具数量/只	149 721 477			
在 1998 年出售的家庭灯具质量/t	224 582			
	基准方案	方案 A	方案 B	方案 C
预定目标	0	41%	61%	82%
每年收集的质量/t	0	91 704	127 557	183 409
铝/不锈钢/t	0	19 258	28 887	38 516
金属/t	0	18 341	27 511	36 682
塑料/t	0	9 170	13 756	18 341
玻璃/t	0	9 170	13 756	18 341
木材/t	0	5 502	8 253	11 005
陶瓷/t	0	9 170	13 756	18 341
其他/t	0	21 092	31 638	42 184

资料来源：由 BIO IS 计算。

“其他”类别包含的材料还不太明确。据推测，该类别包括通常用于灯具制造的其他材料，如橡胶、纸和织物。

气候

基于用二手材料来生产产品，对比用初始材料生产这些产品的情况减少的 CO_2 当量，对灯具材料的回收率增加的效益进行了估测。

PROGNOS 进行了 CO_2 当量因素的研究，用来估计欧洲进行废弃物管理带来的资源节省和 CO_2 的减少情况①。这些因素只是一个粗略的估计，并未进行在逐个国家基础的区分。

表 6-29　按估计的 CO_2 当量考察每个方案的环境效益（2018）

材料	生产每吨材料的比例/%	预期目标/t CO_2			
		0%（基准）	41%	61%	82%
铝/不锈钢	6.050	0	116 510	174 766	233 021
金属	1.180	0	21 642	32 463	43 284
塑料	0.952	0	8 730	13 095	17 461
玻璃	0.180	0	9 170	13 756	18 341
木材	0.348	0	1 913	2 869	3 826
陶瓷	0.000	0	0	0	0
其他	0.165	0	3 489	5 234	6 979

资料来源：由 BIO IS 计算。

铝和不锈钢的 CO_2 当量因素是各自因素的平均值，假设不锈钢的因素值与钢材相同。为了实现本研究的目的，假设金属的 CO_2 当量因素与铜的因素相同。本类别具体包括的金属种类还不明确，但铝和不锈钢是从此类别分开上报的。其他金属（如铁、基本金属等）无 CO_2 当量因素，也已被辨识出来。陶瓷的 CO_2 当量因素，是参考毁坏的矿物废弃物的因素进行考虑的。该因素代表了两种不同处理工艺之间的 CO_2 当量节省情况：移动设备进行切碎和破碎（来提取材料）和获取初级金属材料。PROGNOS 研究估计上述工艺的影响程度相当。

资源消耗

在本研究的情况下，资源消耗指的消耗材料来用于家用灯具的制造，并且不对材料进行回收。由于将家用灯具纳入新版 WEEE 指令范围，估计可避免的资源消耗量见表 6-30。估计按锑当量的吨数来计量，该影响因素由 BIOIS 进行的关于贯彻和实施包装的基本要求的研究获得②。

① PROGNOS（2008），欧洲废弃物管理的资源节省和二氧化碳减排潜力和可能促进 2020 年二氧化碳减排目标。

② BIOIS（2011），关于包装和包装废弃物的实施和执行的最基本需求的认识和交流。

这些影响因素不可用于所有因素，因此表 6-30 仅列出了部分估计的数量。

表 6-30 估计可避免的资源消耗量

材料	生产每吨材料的比例/%	预期目标/t Sb			
		0%（基准）	41%	61%	82%
塑料	0.038	0	348	523	697
玻璃	0.007	0	64	96	128
钢材	0.02	0	8	12	15

资料来源：由 BIO IS 计算。

关于钢材消耗量的估计，假定包括在类别“铝/不锈钢”的废物量一半是钢材。

国际环境的影响

可以合理假设部分 WEEE 最终会通过现有的非法出口途径出口。非法出口的高风险存在于，出口的家用灯具废弃物将不会进行妥善的处理或只对最有价值的部分进行回收。影响的大小取决于努力取缔这一非法行为的有效性。

经济影响

如前面假设，欧盟市场 30%的企业是大型公司，60%是中小企业，还有 10%为小型和微型企业。据估计，在英国的 280 个供应商的营业额大约为 8.5 亿欧元。基于欧洲统计局数据，英国市场大约占欧盟市场的 7%。据此估计整个欧盟的 4 000 家公司的营业额大约在 1 200 亿欧元。该估计是假设成员国市场的大小类似于英国市场，这只是粗略的估计，因为采用的数据具有高度不确定性。

内部市场运作的和竞争

若在欧盟境内经营的所有公司是进行公平竞争的，则内部市场运作的影响通常应该是中立的。然而，目前可能存在为避免指令的要求将商业灯具按家用灯具来上报的风险。成员国定义家用灯具的困难也增加了这种风险。由于缺乏透明度，强化了内部市场的障碍。随着 2018 年所有灯具将纳入指令范围，预期这种风险将被排除。

竞争力

由于缺乏出口和进口的数据，对竞争力的影响不可进行详细评估。然而，考虑到进口的产品也必须符合 WEEE 指令要求，预计将家庭灯具纳入新版 WEEE 指令范围后，将不会对欧盟产业产生任何影响。

行业的成本和行政费用

根据业内人士提供的数据，意大利已经收集了部分家用灯具，制造商用于收集和处理废物的成本估计为 0.1 欧元/件（不含税）。假设每个灯具平均质量为 1.5 kg（由表 6-25 数据估计），该费用大约为 66 欧元/t。类似生产商参与法国生产者责任自发回收利用计划[①]，需要支付 52 欧元/t 来收集商业灯具（不含税）。通过采用这两个估计数据的平均值，按照在 1998 年在整个欧盟投入市场的灯具数量，估计生产商可能需要支付约 1 300 万欧元。粗略估计在 2018 年投入市场的产品数量，费用将增至 1 700 万欧元。这个估计假定 2018 年投放市场的产品数量将随着家庭数量而增长。这个增长是相比 1998 年的数据，预计 2018 年投放市场的灯具将有一定增加。部分或全部费用将可能转移到消费者身上。

必须指出的是，只要产品是如下所述的投入市场的产品，对于历史废弃物的收集和处理不收取任何费用会一直适用。假设产品评价寿命为 20 年，这部分产品也就是 1998—2018 年家用灯具投入市场的产品。通过提升价格，这部分费用由工业和消费者承担。增加的费用包括直接在价格内，或专门为历史废弃物的收集和处理而采用支付费用的形式，由每次消费者购买家用灯具（法国如“生态参与”费）时支付。

具体说到行政费用，企业已经受到将商业照明纳入 WEEE 范围的影响。目前还没有关于既生产商用灯具又生产家用灯具的厂商数量的数据，但是由于这两种产品的技术相似，可以假设这部分厂商的比例较大。因此，将家用灯具纳入 WEEE 指令的范围，不会带来实质性的行政费用，大部分厂商已经纳入旧版指令的相关要求（如监测和报告的要求）之下。将来家用和商用照明的分化将会取消，这可能消除当前区分这两种类型废弃物的困难。

公共部门的成本和行政费用

来自意大利业界的一位代表表示，他们预计将新版 WEEE 指令转化到国内法律后的将不会有任何更改。事实上，公共机构通过经验来推行指令和监督商业灯具，应该不会遇到任何显著的成本和行政费用。此外，消除商用和家用照明设备的区别，将简化监控程序。

创新与研究

可以预期，将家用灯具纳入指令，可以助推研发以减小家庭灯具的平均质量和增加回收利用率。灯具的设计目前主要集中在时尚和产品的市场化方面，但纳入 WEEE 指令范围之后，可能会转移部分目前费用的支出到对灯具材料组成和其他与产品报废等方面的研发（或发明新的产品）。

消费者和家庭

如本节所述工业企业的成本和行政费用情况，预计费用（约 1 700 万欧元）将通过价格增加或通过实行特定的“手续费”部分或全部转移给消费者。即使假设在 2018 年这笔费用将由消费者完全承担，对消费者的影响也是微乎其微的，因为这个费用的平均成本仅

① http：//www.recylum.com/producteurs/bareme-des-eco-contributions/。

为人均 3 美分。政府当局为新版 WEEE 指令的监测和执法活动承担了额外的费用，也将影响欧盟公民（如通过税收的增加），但不会造成显著的影响。

社会影响

就业

如电动自行车的例子，将家用灯具纳入新版 WEEE 指令的范围，预计影响将产生于废弃物管理和回收环节创造的就业机会方面。从就业人数方面来看，希望产品和材料被收集并循环利用的数量更多。不过同样需要考虑的是废弃物环节的工作机会的流失，因为资金投向了循环再利用环节（因此不提供在其他部门的资金）。就业人数基于实际达到的目标，并在方案 A、方案 B 和方案 C 都有不同。

关于新的就业机会的质量问题似乎有矛盾的信息。一些研究认为，在废弃物管理工作质量更高，而其他来源资料表明，在废弃物管理部门的一般工作都是工资低、技术要求低的工作。

健康

与灯具废弃物处理相关的主要健康风险是小部分废弃物可能是含汞灯具。此类废弃物需要使用保护措施，以减少接触汞的风险。假定在所有回收处理灯泡的设施都应用了这样的防护措施。

在第三方国家的社会影响

假设只有不危险的生活垃圾将被合法出口至第三方国家，因此工人在非欧盟国家没有显著的健康风险。但有证据表明，垃圾非法出口至第三方国家仍然是一个显著问题，非法和不恰当的处理含汞家用灯具废弃物的风险并未消除。

在就业方面，在第三方国家创建新的就业岗位来满足 WEEE 出口的增加，这些工作的数量和质量在很大程度上取决于废弃物处理设施是否符合标准规定。

3.3.4 结论

据上面章节的陈述，修改（即扩大）旧版 WEEE 的范围，将家用灯具纳入新版 WEEE 指令第 2（1）b 条，造成的主要费用和效益见表 6-31。将上述产品纳入新版 WEEE 指令的范围有显著效益。家用灯具纳入指令范围将带来显著的环境效益，体现在垃圾收集、处理、减少碳排放和资源消耗方面。经济利益体现在支持和发展收集和回收活动，以及支持研发的活动，对生产厂商的费用没有定量估计。新版 WEEE 指令将家用灯具纳入指令范围可以在回收行业创造就业机会。

表 6-31 将电动自行车纳入 WEEE 指令范围的主要费用和效益

	优点	费用	中性影响
环境	非生产材料吨数，在避免 CO_2 和 PFC 的排放方面，减少水和能源消耗，并减少原材料提取 分类收集将增加材料的回收潜力（如铝）	增加废弃物的回收数量在回收过程带来的环境影响	国际环境影响没有变化
经济	支持研发活动； 支持废弃物收集和回收的相关活动； 简化监控程序； 减少行政费用和相关费用	增加企业运营和管理费用	
社会	在收集和回收行业创造就业		

3.4 结论

新版 WEEE 指令导致产品适用范围扩大（即灯具家庭、非型式认证的电动双轮车）。通过对新版 WEEE 指令范围扩大（纳入家用灯具和电动自行车）的分析，表明扩大范围将带来额外的环境、管理和经济效益，并且造成的费用较小，还不会减少社会福利（如就业、医疗）。

4 评估进一步修改新版 WEEE 指令范围的影响

简介：本章讨论进一步修改新版 WEEE 指令范围的影响，以便将其部分重新调整到新版 RoHS 指令的范围。对明确纳入指令范围的内燃机动力园林设备的影响进行了分析。分析结论认为，这种范围变化产生的额外环境效益非常有限，但经济成本却很高。

4.1 方法

对以下政策选项的影响（费用和效益）进行了评估：

- 政策选项 2：进一步修改新版 WEEE 指令范围以便其部分重新调整到新版 RoHS 指令的范围。将不“依靠于电流或电磁场来正常地工作”（即产品仅用电能实现支持或控制功能）的设备纳入指令范围，如花园设备与用电相关的功能设备（特别内燃机驱动的园林设备）。分析了这种范围变化的费用和效益。

在此后将讨论明确将带有与电有关功能的园林设备纳入指令范围的案例研究。

由于缺乏数据，采取了几个假设以便能够定量估算，例如产品寿命和材料组成。

4.2 内燃机动力园林设备

重要提示：在以下章节中，内燃机动力园林设备的产品组指产品包含电或电磁的功能。大部分数据和信息由利益相关方提供，并从“根据新版 RoHS 指令的范围变更，实现范围变更的措施和其他影响的评估”的研究报告中提取，该报告是 BIO 情报咨询服务公司为欧洲欧盟委员会进行的研究①。

4.2.1 关键问题

新旧 WEEE 指令中涉及带有次要电气功能的内燃机动力园林设备没有明确的变化。因为没有关于电子电气设备定义的澄清（特别是产品使用电力实现非主要功能的产品），这部分设备归属到新版 WEEE 指令的范围，但成员国之间仍会存在不同的解释，该解释在于实施 WEEE 指令时，对带有次要电气功能的产品组的差异，例如内燃机动力园林设备。新版 WEEE 指令 FAQ 草案文件②对此进行了澄清，明确排除带有非主要电气功能的产品：“从指令范围排除不需要电力来实现主要功能，但是需要电力实现次要功能的设备，例如点火启动机器，包括汽油割草机和打火机，燃气灶只需要电子点火器。”

本节将评估进一步修改新版 WEEE 指令范围的影响，以便使电子电气设备的定义与新版 RoHS 指令相符：

- RoHS 指令第 3.1 章和 WEEE 指令第 3.1 章（a）条解释为：“‘电子和电气设备’或‘电子电气设备’是指设备依靠于电流或电磁场正常工作，以及产生、转移和测量这种电流及电磁场的设备，以及设计用于使用额定电压不超过 1 000V 交流电和 1 500V 直流的设备”；
- 只有 RoHS 指令 3.2 章对术语“依靠”进行了更详细的解释：“用于第一点提到的目的，‘依靠’是指电子电气设备需要电流或电磁场实现至少一个预期功能。”这意味着 RoHS 指令范围包含所有只要有电气或电磁功能的产品，甚至只是非主要的电气功能。

新版 WEEE 指令给属于“依靠”的解释留有余地，例如尽管旧版指令在旧 FAQ 文档中解释：“‘依靠’是指设备需要电力（如果没有汽油或天然气）作为主要能源来实现其基本功能。这也意味着，当电路断开时设备不能实现其基本功能。假如电力只用于维持或控制的功能，这类设备不属于指令 2002/96/EC 的范围”。例如，汽油驱动的割草机由于此原因被排除在指令范围之外，但该解释在成员国之间并未达成共识。出于对环境保护的原因，

① BIO 情报咨询服务公司（2011），措施得到执行和有关范围变化的其他影响评估，根据新版 RoHS 指令，协同 ERA 科技为欧洲委员会编制的最终报告，DG ENV。

② http：//ec.europa.eu/environment/waste/weee/pdf/faq_weee2.pdf。

在成员国实施 WEEE 指令的情况下，只要采取符合欧盟法律的措施（如商品自由流动的原则），成员国都有权利在国家法律范围内纳入其他附加产品。在调整新版 RoHS 指令“依靠电力或电磁场正常工作”意思的假设条件下，带有非主要电气功能的内燃机动力园林设备将被明确纳入新版 WEEE 指令中。

按照新版 WEEE 指令 2012/19/EU 的 FAQ 草案文件的解释，内燃机动力园林设备被再次排除在指令范围之外。文件期望可以避免将来产生解释的差异，即使成员国仍可以有他们自己的解释。在调整新版 WEEE 指令至符合新版 RoHS 指令的情况下，内燃机动力园林设备将按照其尺寸而分在第 4 类产品中“大型设备（任一尺寸超过 50 cm）”或第 5 类“小型设备（外部尺寸小于 50 cm）”。

只对用于非专业或双重用途的此类设备进行了评估，因为新版 WEEE 指令第 2.4（e）条排除了这类专用设备（“专业用途的非道路移动机械”）。

本章评估了明确将这些产品纳入 WEEE 指令范围造成的环境、社会和经济影响。

4.2.2　背景

产品范围

由于园林工作的多样性，内燃机动力的园林设备组包含的设备范围较大。用于园林设备的内燃机可以分为两类：火花点火或燃烧点火（柴油发动机）。2010 年和 2011 年柴油发动机销售量占总欧盟市场园林设备的 3%。①

下文首先对火花点火式内燃机进行了分析，但总体的结论估计也适用于柴油发动机设备。大多数类型的设备都有非专业和专业生产线。设计允许但不需要限定其应用的范围：专业的设备可作住宅用途，同时专业人士也可以使用非专业的设备。因此，包含标记为“专业”的所有产品都可通过普通消费者的销售渠道进行采购，不需要满足许可/专业培训的要求，消费者个人或专业人士都能购买和使用。

本次分析的纳入指令范围的产品以设计用于非专业或两用的产品为代表。只有明确供专业人士的产品会按新版 WEEE 指令第 2.4（e）条排除。专业用途是指产品不向消费者出售，而是向企业或特定用途（基于控制条件）的符合条件用户出售（如机场跑道割草机）。采用许可证的方式来使用单独为专业人士使用的设备是一个很好的例子，如仅持有许可证的专业人士才可以使用顶部手柄的链锯。此外，还可以与专业人员订立特别的服务合同。专业设备是否设计为仅供专业人士使用或两用，区别在于专业设备设计的使用寿命更长并且售价更高。目前没有法律/参考定义“专业人士使用”。然而，专门设计和专业使用用途的产品偶尔被消费者购买，也应该被认为是专业产品，并从第 2.4（e）条中排除。根据利

① BIO 情报咨询服务公司（2011），措施得到执行和有关范围变化的其他影响评估，根据新的 RoHS 指令，协同 ERA 科技为欧洲委员会编制的最终报告，DG ENV。

益相关方提供的信息，从数量上计算，专业供应市场大约占市场总量的 10%。

属于内燃机动力园林设备产品主要包括：

- 割草机：手扶式和乘坐式剪草机或带有剪草附件的设备，这种切割设备以大致平行于地面为工作平面或以地面作为工作平面来确定切割高度，这个高度即车轮、气垫或垫木等装置的大小，这种设备使用发动机或电动马达为动力。切割部件是刚性切削元件，或非金属长丝线，或自由摆动非金属切割器（多个），各自动能均大于 10 J[①]。也包括手扶式或坐式剪草机或带剪草附件的设备，它们的切割装置绕着一个横轴转动，来进行剪切和停止刀杆或刀片（气缸割草机）的动作。
- 灌木清除机和割草机（或修剪机）：内燃机驱动的便携式手持式设备，装有金属或塑料的旋转叶片来割草、灌木、小乔木和类似植物。切割设备的工作平面大致与地面平行。
- 绿篱修剪机：手持式动力设备，内燃机整体驱动，设计利用一个或多个直线往复刀片，专门修剪绿篱和灌木。
- 链锯：内燃机驱动，通常是便携式设备，其切削齿连成一条连续的链条。主要用于砍树和除枝。包含一个发动机、一个驱动机构、一个导杆和具有锋利小刀片的切割链。这些工具在发动机高速度运行下，驱动链条快速的切割木材表面。
- 园林耕种机：内燃机驱动园林器具，用在播种前（进行土壤透气）或在作物开始生长之后，搅拌和粉碎土壤。
- 清洁设备：

✧ 鼓风机：内燃机驱动机器，由高速气流合适的清除草坪、路径、道路、街道等的叶子和其他材料。设备可以是便携式（手持）或移动式。

✧ 叶收集器：内燃机驱动机器，采用抽吸装置收集树叶和其他碎屑。它是在机器内部产生真空，由吸嘴和容器来收集物料。设备可以是便携式（手持）或移动式。

✧ 高压清洁器。

✧ 其他杂项产品：土壤/冰螺旋钻、切割锯、切割轮、劈木机、多功能园林机械等。

大部分产品都具有手动或电动的替代设计，只要将内燃发动机替换成电动机。据利益相关方的估计，电动设备大约占园林设备的 44%。这是由于电动马达更安静，不排放燃烧副产品，而内燃机提供动力的设备更有力并且受电线长度的限制。鉴于电动工具是在新旧 WEEE 指令的范围内，生产内燃机和电动机的制造商已经对 WEEE 的关注点非常熟悉。然而，还有许多制造商，只生产内燃机驱动的设备。

此类产品需要的安全性和废气排放标准较高。除了火花点火系统或燃料预加热系统

① 1997 年，采用 EN786：1997，附件 B 确定的动能。

（如柴油发动机），出于安全和舒适的原因（如电热把手），最常见的电气特征已经被引入内燃机动力的园林设备。例如，绿篱修剪机通常设计有安全装置，只有当操作者双手置于手柄位置时，机器才开始工作，这些安全特征和设计，用来防止操作人员受伤，并经常由国际/欧盟法规和标准强行推行。

内燃机动力的园林设备的关键特点

本章重点关注把内燃机动力的园林设备纳入新版 WEEE 指令范围内所造成的费用和效益相关的关键特征。重点在于产品包含的材料，其种类和数量将作为环境影响评估的主要方面。因此，在园林设备的使用阶段与能量消耗相关的特征没有表述。

表 6-32 提供了与内燃机动力园林设备相关的欧洲共同体产品组。

表 6-32 对非电力的花园/户外/等设备的欧洲共同体产品代码

欧洲共同体产品代码	产品分类
28241260	非电动马达的链锯
28241280	手持工具，液压或自有非电动马达的设备（不包括链锯）
28303210	松土机和耕种机
28303250	中耕机
28304030	草坪、公园或运动场的割草机，非电动，带有水平旋转的切割装置
28304050	草坪、公园或运动场的马达割草机，非电动，带有垂直平面旋转的或器杆的切割装置
28305130	马达割草机（不包括草坪、公园、高尔夫球场和运动场）
28305153	通过拖拉机拖动或运输的割草机，带有水平旋转的切割装置（不包括马达驱动的、用于草坪、公园、高尔夫球场/运动场的设备）
28305155	通过拖拉机拖动或运输的割草机（不包括马达驱动的、用于草坪、公园、高尔夫球场/运动场，以及带有水平旋转的切割装置的设备）
28305170	割草机（不包括马达驱动的、用于草坪、公园、高尔夫球场或运动场、由拖拉机拖拉或携带的设备）

在欧洲共同体产品分类关于产品的种类描述相对较精确（尤其是对于割草机），但没有提供产品包含的材料类型信息。

材料成分

一个典型的割草机由以下部件组成[①]：

- 底盘，主要材料是钢材和塑料；
- 手柄，主要材料是钢合金、钢丝、铝和塑料；
- 轮轴和悬挂；

① http：//publications.lib.chalmers.se/records/fulltext/141490.pdf.

- 电源模块、包括发动机、变速箱和启动电池。

同样地，一个典型的链锯包括发动机和壳体、把手、链条和一个运行轨道（刮板）。在材料方面，金属（钢材，铝）和塑料是内燃机动力园艺设备中最常用的材料。表 6-33 列出了一个内燃机剪草机的材料组成。

表 6-33 割草机的组成材料[①] 单位：kg

材料	底盘	把手	引擎	铅酸电池
合金钢	13.182	4.957	2.141 1	
钢线	0.628	0.594		
铁			1.641 2	
铝	0.291	0.279	5.453	
铜			0.113 8	
锌			0.000 96	
铅				0.55
二氧化铅				0.2
硫酸				0.15
聚丙烯	4.17	0.955	1.190 2	
ABS	0.545			
PVC	0.159			
其他塑料		0.11		
橡胶		0.04	0.036 2	

电锯平均质量约 7 kg。据推测，非合金钢约 5.4 kg，其余 1.6 kg 包括链（0.6 kg）和运行的轨道（刀片）。链和运行轨道是高合金钢材料[②]。

内燃机动力园林设备也可能含有一些有害物质（量非常小），可能会导致在生命周期不同阶段的健康问题：铅（焊锡，金属合金和陶瓷中含有）和六价铬（螺钉和其他钢铁部件的防腐层中含有）。

内燃机动力园林设备的可靠性和耐用性参数尤为重要。因为内燃机工作设备，与电力马达驱动设备不同，[③]有些部件会受到强烈震动和高温的影响。此类产品也会在非常低温度的环境中使用和储存，工作的温度范围可能从–20～150℃。

使用寿命

根据设备类型、使用情况的不同，内燃机动力园林设备使用期限差异较大。根据利益相关方提供的数据，典型的私人拥有机器的使用寿命可能是分段的，在使用期（2～4 年）

① http：//publications.lib.chalmers.se/records/fulltext/141490.pdf.
② ecoinvent V2.2。
③ 这些内燃机可高达 18 000 RPM（如链锯）。

的第一年作为专业性使用，然后私人分段使用或后来用作耕种。估计设备使用寿命为 10 年①，作为一个级别。联合国大学②研究的割草机和其他园林工具具有同样的数量级。表 6-34 列出了美国估计的平均数据：这些数据比 10 年略低，同时也提到澳大利亚设备成交量可能低于美国，导致设备的平均寿命为 10～12 年。因此 10 年是欧盟可以接受的一个估计值。

表 6-34 美国户外花园设备的平均使用时间和寿命③

设备（对于一般的消费者）	使用寿命/年
手扶式割草机	6～7
后置引擎乘坐式割草机	6～7
链锯	5～9
树叶鼓风机	5～9
修剪机	5～9

法律背景

本节重点介绍与 WEEE 指令和 RoHS 指令相关的法律背景。

电气和电子工具构成了 WEEE 指令的第 6 类（2002/96/EC）④。其结果是，电动园林设备已被纳入旧版 WEEE 指令范围，并仍在新版 WEEE 指令范围之内（在附件 3 的第 4 和第 5 类，取决于它们的尺寸）。内燃机动力园林设备的情况没有改变，它在电子电气设备的第 3.1（a）条中的定义没有更改或补充，RoHS 指令修正版中也没有改变。新版 WEEE 指令的 FAQ 文件草案⑤，尝试避免可能在过去发生的不同解释的现象，描述为“设备不需要电力作为主要能源，但是需要电力，例如用来点火启动，是排除在指令范围之外的。这类产品包括柴油割草机、打火机、燃气灶只需要电子点火功能的设备”。但即使这条保持到最终版本，FAQ 文档的要求也不具有约束力。因此，成员国间已有的不同解释，可能造成废弃物流的不均匀或市场扭曲。

关于新版 RoHS 指令的范围，由于欧盟委员会/成员国当局对 RoHS II 指令扩大范围的解释，所有内燃机动力的园林设备，包括仅需要电力实现次要功能的设备，从 2019 年 7 月开始都将纳入指令范围内。此类电气功能（如火花点火系统）可能从 RoHS II 指令中排除，这取决于设备工作电压［第 3.1 章（a）条］。然而，假如电火花功能需要产生高电压，则可能受第 3.1 章（a）条约束，但通常电火花只需要从低压电源经由点火线圈获得，这就

① 7～20 年供私人使用。
② 联合国大学（2007 年），2008 年关于报废电子电气设备 2002/96 指令审查——最终报告。
③ 摘自：http：//www.environment.gov.au/atmosphere/airquality/publications/pubs/outdoor-garden-equipment.pdf。
④ http：//www.weeeregistration.com/categories-of-electrical-and-electronic-equipment-covered-by-weee-directive.html.
⑤ http：//ec.europa.eu/environment/waste/weee/pdf/faq_weee2.pdf.

使得它不能归入第 3.1 章（a）条。

本次评估会考虑产品组的最严格的定义：所有内燃机动力园林设备，具有至少一个电动或电磁功能，即使只是电火花的功能。按照新版 WEEE 指令第 2.4 章（e）条，内燃机动力园林设备可以视为仅供专业用途的非道路移动设备，是被排除在 WEEE 指令范围之外的，因此不包含在本次评估之中。成为“仅供专业用途的设备”涉及产品使用目的和销售。

用于内燃机动力园林设备的新版 WEEE 指令的目标，将基于产品注册时的类别，调整到与 RoHS 修正版相符合。即参考附件 3 中的类别，从 2018 年 8 月 15 日开始分类的产品最低处理目标为：属于附件 3 第 4 类的，85%应予以回收，80%应准备再利用和再循环；属于附件 3 第 5 类的，75%应予以回收，55%应准备再利用和再循环。

并不是所有的产品组件都将纳入新版 WEEE 指令范围内，因为执行新版 WEEE 指令的同时也不能损害其他的联盟废弃物管理立法，特别是关于电池、蓄电池和废弃电池和蓄电池的 2006/66/EC 指令。

市场数据

销售

影响评估所需的市场数据的类型是内燃机动力园林设备销售量，如果销售进一步显著增长，可用于估计长期影响的演变。

欧洲整体层面没有关于官方收集园林设备的数据。该市场与其他市场相比的特殊性在于，销售情况与气候条件有关，受植物和树木生长的影响，每年的销售量都会有变化。每年约在欧洲销售 600 万台割草机、450 万台链锯、300 万台灌木清理机和 300 万台绿篱修剪机[①]。该数据没有区分产品的能源（电力、内燃发动机），也不区分使用目的（非专业、专业），因此本次评估没有对产品进行严格限制。

表 6-35 列出从欧洲共同体产品数据库中提取的 2010 年欧盟 27 国的产品销售数据（按数量和价值），此类别包含的产品可能属于内燃机动力园林设备（非专业用途）。产品仅包括无动力手持工具，电力工具或专业用途工具都不包括在内。无具体产品类别的一些园林设备（灌木清理机、绿篱修剪机等）已经确定，并且在上文已给出这些产品类别的欧共体产品编码。

在欧盟 27 国的表观消费量也按欧共体的数据进行计算。“修剪草坪、公园或运动场的非电动割草机，带有水平旋转切割装置的设备”和“自带非电动马达的链锯”是销量最大的产品类别。应谨慎对待这些数据，因为某些成员国的数据存在数据差异。

① http：//www.egmf.org/en/economic-information/.

表 6-35 用于花园、户外等的非电动园林设备在欧洲共同体的产品市场数据，并按欧盟 27 国表观消费价值分类（EU-27，2010）①

产品分类②	生产		进口		出口		欧盟 27 国表观消费情况③	
	数量/个	价值/欧元	数量/个	价值/欧元	数量/个	价值/欧元	数量/个	价值/欧元
用于草坪、公园或运动场的非电动割草机，采用水平旋转切割装置	3 441 137	920 173 070	2 114 466	398 094 530	426 144	79 884 820	5 129 639	123 838 2 780
非电动马达链锯	2 337 564	563 459 130	2 797 798	191 640 460	96 208	12 679 600	5 039 154	742 419 990
手持工具，液压或非电动马达（不包括链锯）	1 982 085	191 003 780	—	266 656 670	—	162 504 810	—	295 155 640
松土机和耕种机	131 947	288 211 011	867 435	45 380 980	35 653	57 843 470	963 729	275 748 521
用于草坪、公园或运动场的非电动割草机，采用垂直旋转切割装置或与切割器杆	26 539	40 091 124	530 709	99 173 750	9 897	9 987 130	547 351	129 277 744
电机割草机（不包括用于草坪、公园、高尔夫球场和运动场的割草机）	92 940	81 294 413	20 584	6 445 120	27 269	11 260 610	86 255	76 478 923
中耕机	240 000	89 869 363	141 001	19 343 500	122 304	33 127 570	258 697	76 085 293

① 数据库见网站：http：//epp.eurostat.ec.europa.eu/portal/page/portal/prodcom/data/database。

② 不是所有在目前分类的产品都系统地纳入在本次影响评估的范围，但有一些产品始终包括：例如，用于公园的马达割草机可能专供专业人士使用，但用于草坪的马达割草机在本次进行了分析。

③ 表观消费量=产量+进口量–出口。

产品分类[②]	生产		进口		出口		欧盟 27 国表观消费情况	
	数量/个	价值/欧元	数量/个	价值/欧元	数量/个	价值/欧元	数量/个	价值/欧元
割草机（由拖拉机拖拽或携带，不包括用于草坪、公园、高尔夫球场或体育场的马达割草机）	2 217	12 841 146	36 399	5 687 870	106 200	14 554 070	–67 584	3 974 846
由拖拉机拖拽或携带的割草机，采用水平旋转切割装置（不包括用于草坪、公园、高尔夫球场和运动场的马达割草机）	—	—	—	—	—	—	—	—
由拖拉机拖拽或携带的割草机（不包括用于草坪、公园、高尔夫球场和运动场的马达割草机，采用水平旋转切割装置）			—	—	—	—	—	—

基于 EUROMOT 数据（见表 6-36），JRC-IES 研究[69]列出了欧盟 15 国火花点火发动机的市场数据。业余使用设备主导了市场（专业产品未在下表中呈现，未将它们纳入本次分析）。

表 6-36 2015 年欧盟 15 国的家用内燃机动力花园设备的市场数据①②

发动机类型（仅业余用途）	年销售量/台	库存量/台	平均功率/kW	发动机级别
割草机	2 317 032	23 170 320	2.5	SN3
链锯	1 022 220	8 177 760	1.8	SH2
修剪机	681 480	5 451 840	1	SH2
其他	397 530	3 180 240	1	SH2
乘坐式割草机	263 506	2 635 056	10	SN4
欧盟 15 国合计	4 681 768	42 615 216	—	—
根据人口③和市场份额统计欧盟 27 国的总数④	7 150 000	65 000 000	—	—

这些数字大致符合欧洲共同体产品的预期。EGMF 还估算 2010 年欧盟 27 国市场内燃机动力园林设备（包括业余和专业用途）的总量为 865 万台。

设备使用的内燃机几乎全部是火花点火发动机（市场销售的 97%），因此，可将所有产品进行分析（作为至少含有一个电气功能的产品）。柴油发动机的内燃机动力产品，通常不用于消费市场。因此，每年销售的不适合专业用途以及至少有一个电气功能的内燃机动力园林设备，大约有 800 万台和 65 万台库存。根据 EGMF，具有附加电动功能（除了火花点火系统等）的内燃机动力割草机，年销售额变化取决于割草机的类型：20%～100%为专业设备，不到 5%为私人用户⑤。利益相关方描述内燃机动力园林设备市场是一个成熟的市场。有研究假定直到 2030 年，市场销量增幅为每年 2%⑥。鉴于其他数据（销售、账单成本）的不确定性，这一增长速度将在成本/效益估计中忽略不计。

市场细分

对于市场的细分，园林设备行业似乎只包括相当有限的大型企业。欧洲园林机械工业

① NRMM1997/68/EC 指令 2007 年技术审查和由 2002/88/EC 指令还有 2004/26/EC（2008 年）修订版，DG JRC-IES。请访问：http：//ec.europa.eu/enterprise/sectors/mechanical/files/nrmm/final_report_nrmm_review_part_ii_en.pdf。

② 引擎类属 SH1、SN1 和 SN2 都没有出现，因为相比于其他类他们的市场份额微不足道。

③ 2004 年欧盟 15 国为 381 781 620 个居民，2007 年在欧盟 27 国为 494 296 878 个居民，忽略此期间成员国的发展增速 29.5%。资源：http：//en.wikipedia.org/wiki/Statistics_relating_to_enlargement_of_the_European_Union。

④ 从非 EUROMOT 成员的生产厂商金矿的产品不计算。目前数字构成市场约 85%。

⑤ 数据具有很高的不确定性。

⑥ NRMM1997/68/EC 指令 2007 年技术审查和由 2002/88/EC 指令还有 2004/26/EC（2008 年）修订版，DG JRC-IES。请访问：http：//ec.europa.eu/enterprise/sectors/mechanical/files/nrmm/final_report_nrmm_review_part_ii_en.pdf。

联合会（EGMF）代表 20 个欧洲制造商和 8 个国家协会[1]估计欧洲的此类产品约占世界市场的 35%，其主要生产国是英国、德国、法国、瑞典和意大利。

进口和出口

关于进口和出口，没有确切可用的统计数字。制造商估计欧盟 27 国的产品约有 70% 会出口到非欧盟国家。欧洲联盟制造商主导着手持产品的世界市场（如电锯和树篱修剪机），其在全球市场的占有率约为 75%。具体来说，产品已出口到美国、俄罗斯、南美各国，尤其是巴西。对于轮式产品（如剪草机），美国的产品占全球市场份额的 70%。据估计，欧盟 27 国销售的割草机 80%来自欧盟外部的进口（特别是美国，还有日本和中国），而对于其他产品组，进口约占销售量的 35%。

就业

统计认为与内燃机动力园林装备工业的直接和间接的就业数量较少。制造商的估计表明整个非道路移动机械领域约有 20 万个职位（直接和间接），在小型火花点火发动机领域有 6 亿个职位（直接和间接）。由于专业设备明确限于专业人士使用的限制不多，行业整体的就业数量几乎全部与本次评估范围内的产品相关（即家用和双重用途设备）。

目前内燃机动力园林设备废弃物的处理方式

关于收集率和报废内燃机动力园林设备的处理方式，目前没有官方数据。回收产品中的高价值材料的回收市场已经存在，如金属（卖给废品金属经销商），而复杂的塑料部件和电子部件进入现有的回收计划。另外，二手设备公司（不是由制造商控制的）和专门修理零部件和整机的公司已经存在，特别是东欧。

生产厂家不负责排除在 WEEE 指令（2002/96/EC）范围外的报废产品的管理。根据利益相关方介绍，通过经销商（返回 50%产品）和个人用户将其产品送至回收站，至少有 80%的内燃机动力园林设备报废后进入回收利用。材料价格高（如含有高价值金属的印刷电路板）是收集的主要动力，但由于环氧树脂密封，设备的点火模块很难被回收利用。

4.2.3 将内燃机动力园林设备纳入 WEEE 指令范围的费用和效益

按照如下方面，开展将具有次要电气功能的内燃机动力园林设备纳入 WEEE 指令范围的费用和效益的评估：

- 对环境影响评估：假设新版 WEEE 指令的回收目标将被实现，包括分为两类的园林设备作为附件 3 中的回收目标，与之相关的，对回收材料数量（按材料类型）和他们的回收方式也进行了假设。

① http：//www.egmf.org/en/members/companies/.

- 经济影响：主要对运营（收集、分类和回收）成本和整个行业和国家主管部门行政费用的估计。
- 社会影响：主要是指就业情况。基于具体成员国的类似举措的经验，估计新增就业岗位数，然后在欧盟层面上将估计进行适当的外推。

将内燃机动力园林设备纳入新版 WEEE 指令的范围，并不意味着 2018 年后废弃物的命运和相关影响的确定性，不确定性的主要原因是目标的实施。具体来说，由于技术和其他方面的限制，这些目标可能无法实现，特别是 2018 年后的第一年。

环境影响

关于在 WEEE 指令背景下的环境影响，最大风险在于报废设备的管理，受产品的材料成本和外观设计、组织方案的实现和用户行为等的影响。

废弃物产生/生成/再利用

2018 年 8 月 15 日后，参考附件 3 中分类产品的最低目标为：

对于属于附件 3 第 4 类的 WEEE［大设备（任一外部尺寸大于 50 cm)］，85%予以回收，以及 80%的应准备再利用和再循环；对于属于附件 3 第 5 类的 WEEE［小设备（无外部尺寸超过 50 cm)］，75%予以回收，55%应准备再利用和再循环。

如前所述，据利益相关方透露，至少有 80%的内燃机动力园林设备在报废后进入再循环处理，部分原因是产品所含材料的种类和价值。这是不同成员国解释指令范围的不同造成的。估计大多数内燃机动力园林设备的外部尺寸大于 50 cm，至少割草机和链锯是如此①。它们大部分归属于附件 3 第 4 类，但远远代表不了销售的主要份额。

虽然其目标比第 5 类更宏大，这将意味着实施强制性目标可能在实践中不能直接影响再使用/回收利用率（已估计为 80%），对回收率影响也有限，如果回收率没达到 85%（至少）。回收率不能保证报废产品的适当处理，因此对温室气体排放减少和节能（再生材料产品）没有确切的影响。

由于这些有限的影响，没有对因新版 WEEE 指令的实施而多收集的材料进行定量估计。此外，企业回收和循环的努力（通过自然资源枯竭效益驱动），也将在未来以这种方式继续，不需要新的立法。在此情况下，新版 WEEE 指令实施的影响没有任何效益。

最后，按利益相关方所说，对于石油和燃料的内燃机产品，电器产品收集站不具备处理这种类型的有危害废弃物。在此情况下，具有电气功能的内燃机包含在 WEEE 指令范围内，由于对这种废弃物缺乏经验和处理能力，可能导致其他环境影响。如果欧盟成员国制定新的机制/基础设施来处理这些类型的报废产品，将此类产品纳入指令范围可能带来环境效益。然而，这些额外的效益是在增加回收利用成本和基础设施建设

① 例如家用链锯，推荐的导向杆的长度至少为 30 cm，含把手和电机，电锯长度大于 50 cm。http: //www.stihlusa.com/products/chain-saws/homeowner-saws/。

费用的基础之上。

国际环境的影响

鉴于利益相关方对报废产品的废物管理方案的反馈，在欧盟 27 国外似乎没有进行内燃机动力园林设备的有效处理（回收或填埋）。

虽然可能存在废弃物未充分处理，非法出口到第三方国家的风险，但欧盟 27 国的地区和国家存在回收市场，大多数东欧国家也存在二手市场，国际环境影响可以忽略不计。产品报废在欧盟 27 国有重大意义，但第三方国家的作用较小。

经济影响

假设一个典型产品价格为 500 欧元，年销售量为 800 万台，全行业每年成交将达到 40 亿欧元。

内部市场运作和竞争

在欧盟 WEEE 指令应该平等的影响内燃机动力园林设备的所有制造商，这意味着在欧盟内部没有竞争的压力。明确列入这些产品，可能会更清晰地认识指令的范围，避免在成员国之间关于火花点火的问题造成不同的解释。

内燃机动力园林设备的分类为两种不同的类别（附件 3 的第 4 类和第 5 类），这可能导致由于各公司对这两个类别设置了不同的目标而带来公司之间不同要求的风险。同时也可能存在一些内燃机动力园林设备可能按照专业设备申报的风险，这样的申报可以避免指令的要求，而实际上这些产品是由私人购买的。

竞争力

从理论上来说，WEEE 指令纳入内燃机动力园林设备，应对欧盟企业在欧盟市场上的竞争力没有影响，因为销售的所有产品都受到了同样的规定。进口产品在欧盟 27 国的销售量相对较大（80%剪草机，其他产品 35%）。但考虑到进口产品也必须符合 WEEE 指令的要求，预计指令纳入内燃机动力园林设备不会对欧盟产业造成影响。不过，据利益相关方透露，内燃机动力园林设备是一个竞争的市场，许多产品来自中国大陆和台湾地区，但他们的产品并不符合欧洲法规和安全标准。在指令的所有要求没有正确执行和监测的情况下，非标准制造商（欧盟内外）可以在 WEEE 指令的实施中获益。

商品出口是欧盟企业的重点，欧盟 27 国约 70%的产量出口到非欧盟国家。欧盟制造商主宰着手持设备的全球市场（如链锯、树篱修剪机），全球市场占有率约为 75%。实施 WEEE 指令，会导致提高产品价格来补贴额外的成本，欧盟制造商可能会受到来自欧盟 27 国市场之外的竞争。

最后，在将内燃机动力园林设备纳入 WEEE 指令范围后，电动园林设备现有市场的扭曲（因为实施 WEEE 造指令成的额外费用）可能会减少。因为电气和内燃机动力设备用途不同，使得它们存在本质上的不同，因此积极的影响也十分有限。

行业的成本和行政费用

到目前为止，未从业界获得生产者收集和处理废弃物成本的信息。法国实施了生态参与计划，将电动园林设备作为一个基准来估计这些成本。对于电动工具，收集组织收集小型电动工具需要的费用为0.17欧元，大型电动工具为1.25欧元[①]。由于内燃机动力园林设备比一般电动园林设备更重、更大，可以假定生态费用略高，每个产品1～2欧元。基于欧盟层面800万台的年销量，生产企业需要每年支付额外的800万～1 600万欧元来收集和处理这些设备。此外，在2018年实施WEEE指令前卖出的设备（即从2008年出售）的报废将导致额外成本，而且不能够获得生态参与计划的支持。

此外，也将成为制造商和零售商额外的行政费用（如用于产品注册）。对于电动园林设备生产厂家，其产品已经在WEEE指令的范围内，这些额外费用可以在组织内共摊，比专门生产内燃机动力园林设备的生产厂家费用更小，同时也是由于他们可能更熟悉WEEE指令。

最后，将此类设备纳入指令范围以及新分类的相关产物注册，将导致额外的行政费用。

公共机构的成本和行政费用

公共机构也将受到内燃机动力园林设备纳入指令范围的影响，报废管理和基础设施可能需要进行调整来实施WEEE指令。一方面，基础设施和服务需满足收集和回收内燃机动力园林设备废弃物的需求，可能带动当地经济活动的发展。另一方面，这样的投资可能不符合成本效率：现有的回收利用率说明当前的废物流和处理方案是有效的。WEEE指令的实施可能会废除现有功能，但不保证最后更有效。

从WEEE指令的报告来看，有些产品可能不是完全属于WEEE指令的回收目标，这样会引发一些汇报数量的混乱（与设定的目标相比，高估实现的结果）。如果某一设备只有一小部分具有电气功能而整个设备都被认为是包括在指令范围内，当此整体设备（有时质量很大）纳入国家的收集目标时，可能会误导成员国收集的成果。

创新与研究

研发在工业领域里是相当重要的（特别是在内燃机动力园林设备的能源消耗和排放领域），内燃机行业经常从事这种研究工作。鉴于目前的回收利用率和产品的材料组成，不太可能需要较明显的研发工作（特别是在生态设计方面）来满足WEEE指令的目标。

消费者和家庭

无法统计内燃机动力园林设备的平均售价，其价格可以从20欧元到55 000欧元甚至更高。此种大范围的变动是由于各种产品的型号和尺寸不同，并没有实际平均价格可以计算。

---

① http：//www.eco-systemes.fr/documents/Bareme.pdf.

预计内燃机动力园林设备生产厂家或销售商的行政费用将会增加，增加的费用可以用来负担收集、处理和循环利用或者处置他们自己生产或销售的产品，此类产品是新纳入 WEEE 指令的范围。增加的费用可能导致消费者购买产品的价格升高。然而，很难估计生产厂家或销售商增加的管理费用，以及新版 WEEE 指令如何影响消费者和家庭用户，但可以估计这些费用可能略高于实施关于电动园林设备的 WEEE 指令带来的影响。

在一些成员国由生产商（或经销商，当产品是来自非欧盟国家时）设立生态参与计划，并通过提高产品价格部分或全部转移给消费者。根据所购买的电子电气设备的种类不同，其生态参与费用通常由立法来确定。产品回收和处理的费用越高，生态参与费用也越高，但是不能确定该费用是否含在最终售价内。当设备的售价已经很高时，其增加的价格是作为回收、循环和处理的费用则不会对消费者有明显的影响（例如，我们假设每台平均售价 500 欧元的设备，其生态参与费用为 1～2 欧元）。

社会影响分析

就业

目前没有途径获取材料回收质量和就业情况之间的数据和信息，以及内燃机动力园林设备在回收率和循环方案的详细信息。但鉴于目前的回收率，将内燃机动力园林设备纳入新版 WEEE 指令可能不会对在废弃物管理和回收环节创造的就业数量产生很大的影响，甚至利用处理不同类型的 WEEE 有可能抑制就业。

健康

设备的报废管理可能会导致对环境和健康的重大影响，该影响取决于产品的材料组成和材料的管理方式。一些发展中国家采用了不适当的或危险的 WEEE 再循环（尤其产品包含有害物质），从而对健康造成威胁。尽管已有立法防止 WEEE 的非法出口，但欧盟的部分 WEEE 还是被运输到了发展中国家来进行循环利用。但据利益相关方透露，园林机械并不是出口的进行循环利用的主要 WEEE 类型。

电动自行车报废管理的轻微增加和完善将减少对健康的影响。然而，考虑到内燃机动力园林设备不包含许多有毒有害物质，并已经有较高的回收率，预计新版 WEEE 指令实施后造成的影响有限。

在第三方国家的社会影响

根据对报废产品的废物管理方案的利益相关方的反馈，在欧盟 27 国外的国家对内燃机动力园林设备废弃物似乎没有进行有效处理。可能有小部分非法出口至发展中国家采用不安全的处理方法进行循环利用，但由于出口数量很少，预计该情况对第三方国家的总体影响非常有限。

4.2.4 结论

根据上述介绍，修改（即扩大）新版 WEEE 指令的范围，纳入具有（任何）电气功能的内燃机动力园林设备（符合新版 RoHS 指令）导致的主要的费用和效益总结如下。由利益相关方提供的现行做法来看，在废弃物收集和回收利用方面，纳入内燃机动力园林设备导致的环境效益有限。从经济的角度来看，在 WEEE 指令中新增其他产品将导致制造商和零售商承担一些额外成本，而且根据国家层面的现有计划，这可能不符合成本效率。出于类似的原因，也不能保证在废弃物收集、处理部门创造和新增就业岗位。

表 6-37 内燃机动力园林设备纳入 WEEE 范围的主要费用和效益

	效益	成本	中性影响
环境	增加回收率的有益影响有限	新增再循环基础设施费用	对国际环境影响无改变
经济	指令范围更明确，更好地影响国际市场	欧盟企业竞争力下降，新增运营和管理费用，这些费用可能全部或部分向消费者转移，公共设施投资没有成本效率的风险	对革新和研发状况、二手市场（已经发展良好）无影响
社会	增加回收率对健康方面的有益影响有限		在回收和循环利用行业的就业影响不确定，对第三方国家二手市场无影响

新版 WEEE 指令和新版 RoHS 指令之间的这种差异是合理的，由于各自不同目标，以及这两个指令的不同“属性”。根据产品不同的技术性能/特异性，不使用电力作为主要能源但具有次要电气或电磁功能的许多产品可能有一些不同的配置。例如，内燃机动力园林设备具有次要电气功能，回收率和循环利用率高，但实施 WEEE 指令的环境和社会效益却非常有限。因此，将其纳入 WEEE 指令会造成额外的成本，对于生产厂家和消费者来说影响要比环境方面有益的影响大得多。

然而，在电子电气设备的定义中，关于设备的主/次要功能，可能会在解释时留有模棱两可的余地。绝大多数产品定义是明确的，其余模棱两可的情况，将其纳入指令范围的具体产品还不明确，成员国必须在案例的基础上使用技术能力判断和分辨。具有不同功能的衣柜就是一个模棱两可的例子，内部具有小型照明装置的衣柜应该明确不属于 WEEE 指令的范围，将其纳入指令范围将导致明显的负担和很小的环境效益。然而，如果衣柜具有大量和昂贵的内部照明装置，或自动开门的电子/电气装置，可能就需要列入指令的范围。但两者之间的分化只能在具体的案例基础上进行，由各成员国执行机构在出现问题的具体案例中分辨。

5 评价采用“大”与“小”的参数区分电子电气设备的优点和缺点

简介：改变用于区分新版 WEEE 指令附件 3 中的“大”和“小”设备的区别的参数造成了一些影响，本章介绍了对这种影响进行评价的结果。尺寸判据似乎是区分大型和小型设备的显著参数，电子电气设备对不同类别的分类采用 50 cm 的尺寸是合理的。

电子电气设备在新版 WEEE 指令附件 3 的新分类考虑材料与尺寸的标准为：

- 材料：产品组的组成材料具有某些特殊性，而被分组在一起（1.热交换设备，2. 屏幕、监视器和含表面积大于 100 cm^2 屏幕的设备，3 灯，6 小型 IT 和电信设备），在需要时执行特殊报废处理（热交换设备的制冷剂、灯泡的汞等）；
- 尺寸：在新版 WEEE 指令附件 3 定义的 3 类电子电气设备类别都是以尺寸为依据的：
  - ✧ 第 4 类，大型设备（任一外部尺寸超过 50 cm）；
  - ✧ 第 5 类，小型设备（无外部尺寸超过 50 cm）；
  - ✧ 第 6 类，小型 IT 和电信设备（无外部尺寸超过 50 cm）。

其中小型 IT 和电信设备是唯一从类型和标准（材料和尺寸）来进行分类的。

第 4 类、第 5 类和第 6 类的分类，可以考虑材料的均一性（金属、塑料、……）。因此，为改善 WEEE 指令的实施效果，已经选择大小来区分产品。

此外，在第 5（2）（c）条还提及“非常小的 WEEE（无外部尺寸超过 25 cm）”。

实施 WEEE 指令的实际利害关系，可在新版 WEEE 指令中见到，特别是对于小型设备，指令中提到特别成果和目标：

- 第 5.1 条规定在分类收集，“各成员国应采取适当的措施，以尽量减少对未分类的城市废弃物中的电子废物处置，以确保正确的处理所有收集的 WEEE，实现 WEEE 高水平的分类收集，需要注意的是，需作为优先处理的对象是，含有臭氧消耗物质和氟化温室气体的热交换设备、含汞的荧光灯、光伏板和附件 3 第 5 类和第 6 类的小型设备”。
- 第 5.2 条（c）规定，“各成员国应确保经销商对来自私人家庭的 WEEE 进行收集，在销售电子电气设备的零售商店至少 400 m^2 范围内或在其紧邻的区域内，将非常小型的 WEEE（外形尺寸不超过 25 cm）免费提供给最终用户，且最终用户没有义务购买同等类型的电子电气设备……”。
- 最后，通过分类来定义未来的收集目标，第 7.6 条留下了未来手机目标的可能性：“欧盟委员会应在 2015 年 8 月 14 日，向欧洲议会和理事提交关于复试情况的报告，关于收集率期限（见第 1 段）和附件 3 中某个或多个类别的设置分类收集率的可能性，特别是对热交换设备、光伏电池板、小型设备、小型 IT 和电信设备和含有汞的灯。在适当的情况下，应由立法提议跟随该报告。”

因此小型设备被认为是一个特殊的和优先的类别。是目前数量正在上升的废物流，但回收和循环利用率仍较低，对此指令进行了特别的考虑。

这些类别和标准与对 WEEE 收集和处理的监测、报告和管理有影响的产品分类相匹配。欧盟委员会在向议会的信函中指出：“……在将来，分类将基于理事会，不再决定范围的定义，但是继续将回收和再利用目标分化，若改变分类不会导致回收/循环利用的目标，而且不会造成不必要的行政费用。欧盟委员会可以接受 WEEE 分类定义的改变。”①

以下小节对大、小型设备之间区别的标准的两种不同变化的影响进行了评估：首先，由另一个参数替换尺寸参数（如质量）；其次，改变大小的阈值。

由于缺乏数据，不能为研究提供定量评估。然而，消费者和经营者面临通过废物流更适用的标准的确定来实现回收和再循环目标的实际限制，定量的评估已不能为分析提供数值。

5.1 用另一个参数替换“尺寸”参数的影响

用另一个参数替换“尺寸”参数，如质量，将出现下面的情况：

- 小而重的电子电气设备（如音乐扬声器，尺寸 50 cm 以下和大约 10 kg 的质量）将属于最重的电子电气设备的类别；
- 小而轻的电子电气设备将属于最轻的电子电气设备的类别；
- 大型和重型电子电气设备将属于最重的电子电气设备类别；
- 大型和轻型电子电气设备（例如卤素灯，外部尺寸大于 50 cm 而低于 5 kg 的质量）将属于最轻的电子电气设备类别。

将“尺寸”的参数变为“质量”，某些电子电气设备的类别将改变。由于附件 3 的类别不具有相同的回收和循环利用的目标，将尺寸参数变为另一个参数，将对 WEEE 指令的目标产生影响，因为改变参数前后某个类别可能包含的产品完全不同。

如上所述，欧盟委员会重新修订 WEEE 指令中关于改变 WEEE 分类定义的谈判的必需条件是该变化不会导致回收/循环利用目标的变化。这意味着欧盟委员会仅可以接受的变化是将低回收目标的产品分类（第 5 类和第 6 类，从 2018 年 8 月 15 日开始），换至高回收目标的产品分类（第 4 类）。实际上，很难确保其他参数不与尺寸成正比变化，例如，产品分类变化总按其他的方式进行，从高回收目标至低回收目标的种类，从而降低这些产品的回收目标。

---

① http：//eur-lex.europa.eu/LexUriServ/LexUriServ.do？uri=COM：2011：0478：FIN：EN：PDF.

环境影响

废物产生/生成/再利用

具体而言，将电子电气设备从一类转移到另一类意味着按类别收集的 WEEE 的总质量将改变。一些 WEEE 将从低的回收和再利用目标的分类换至高目标的分类。相反的情况也可能发生。例如，小而重的电子电气设备（如音乐扬声器）可能改变产品分类，对应于高或低回收/再利用目标（基于分类而决定）。基于一个类别的 WEEE 的质量，以及这些分类的回收目标，对环境效益的影响将产生变化，该变化体现在 CO_2 当量的排放量和资源消耗量的减少。

在家用灯具的情况下，可以假设一半的产品将属于“轻型电子电气设备”的分类，而另一半属于“重型电子电气设备”（如用木头或石头制成的家用灯具）。假设：①WEEE 属于“轻型电子电气设备”的范畴之内，75%应回收，55%准备再利用和再循环；②WEEE 属于“重型电子电气设备”类别范围内，85%应回收，80%准备再利用和再循环。考虑家用灯具的一半将归属于降低收集和回收目标的分类，这将降低环境效益。

但是，由于缺乏可用的数据，不能推定在这项研究中分类变化的 WEEE 的质量，也不能够估计当前 WEEE 的质量和回收/循环利用的相关材料的质量之间的差异，因此，因收集 WEEE 量的变化而产生的环境效益也同样不能确定。

报废处理

此外，分类方法也对 WEEE 的报废处理具有有一定的影响，更进一步地对环境造成影响。WEEE 指令的主要目标之一就是增加 WEEE 的回收、再利用和再循环利用率。当前电子电气设备在报废后不能充分处理的原因是 WEEE 的异质性（在尺寸和材料方面）造成的报废管理的实际问题。

在实践中，分类收集和废物管理活动的关键因素是设备尺寸，例如，用于收集的集装箱和卡车，尺寸甚至比质量更为重要，尺寸是一个不太频繁变动的因素。尺寸参数也适用于家庭：如将 WEEE 送到收集站时，设备容易用车装载（大部分设备可以由 1～2 人搬运），但当设备更大时，可以基于家用设备回收的计划而实施。同样，各类设备的报废处理过程都不同：

- 对于大型设备，净化过程比较简单，仅需要拆除几个组件，使废弃物适合后续处理；大可以理解为体积庞大的并可一次性进行处理。大型设备通常被送到金属粉碎处理。
- 对于小型设备，它较为复杂，且需要采用特定工艺。可选择金属粉碎处理，或用专用粉碎进行特别的拆解流程（塑料、非铁金属）。

在实践中，一些负责收集和处理 WEEE 的组织机构会由于某些实际的原因将大型设备（如烤箱、电加热器）混入小型设备。这些组织的反馈表明，附件 3 的新分类很符合当前的废物流，当这些组织实施报废处理时尺寸是一个合适的参数，它代表设备的体积和便携性，这也将作为设备实际处理的关键参数。在市场供应的分类和实际报废处理都适用的参数具有积极的意义。

从负责收集和处理 WEEE 的组织适用的角度来看，将尺寸参数变更为另一参数不会带来好处，也不会产生额外的环境效益。假如标准出现变化，将产生不适当的废物流分类，报废管理的组织可以不理会在实际中的新类别以及失去的市场和 WEEE 产品之间的相互适应。

经济影响

在可预见情况下参数的变化，对内部市场运作和竞争、企业竞争力、创新和研究以及对消费者和家庭没有影响。

参数的变化不应该影响到指令的总体范围，制造商的整体成本和行政费用保持不变为好。

考虑到报废管理，从组织的角度来看，组织机构负责收集和处理 WEEE 可能会受到影响，这样也将导致经济影响。如果类别发生变化，它们可能必须适应目前附件 3 中分类（除了第 6 类，目前它不存在废弃物流量中，因此第 5 类可能会发生同样的情况）的处理流程（如果可能），从而导致过渡期的额外费用。

社会影响

由于废物管理组织方面原因（见上文），变更尺寸参数造成唯一的社会影响与消费者相关。根据 WEEE 废物流的不同，消费者须按照不同的方式处理和处置报废的产品。如前面章节所述，尺寸参数能够适用于用户遇到的实际困难的类别，变更尺寸参数可能会产生负面影响，造成投入市场的产品类别和废物流类别之间不同（这个问题与 WEEE 管理机构的组织原因相关）。

5.2 改变尺寸参数“阈值”的影响（50 cm）

下面将分析改变尺寸参数阈值的影响。鉴于欧盟委员会重新修订 WEEE 指令时接受 WEEE 定义变更的谈判，其先决条件是，此变更不会造成回收/循环利用目标的改变。区分大型和小型设备的阈值——50 cm 不能提高，因为这会造成一些大型设备（高回收和循环利用目标）变为小型设备的分类（低回收和循环利用目标）。因此，唯一的可能是降低该阈值。

环境影响

废物产生/生成/再利用

降低该阈值意味着更多的电子电气设备将纳入类别“大型电子电气设备”，其具有较高的收集和回收目标，将导致 CO_2 当量储能更低并减少资源消耗。

但是，不能保证在实际中有更多的 WEEE 被转移到大型设备的类别，WEEE 管理机构的活动也会有许多实际限制，特别是 WEEE 的调节和运输。已经存在一个容积的阈值是 1/2～1 m^3 的容器（托盘箱），在此尺寸以下，能放入托盘箱的设备就是小型设备。另一个在英国相似尺寸的例子显示，阈值量级的相同规定："垃圾收集车的底部安装了小隔间，可以装入不大于 35 cm×40 cm 的小型电子设备。"①根据一些 WEEE 管理机构的反馈，50 cm 应是一个适当的阈值，只要将它理解为分类和量级规定。实际上，运营商精确测量每件设备，并且检查它是否大于或小于 50 cm 是不可能的，所以建议目前的 WEEE 指令 FAQ 草案应给出更精确的指导（如需要公差区间的定义）。

报废处理

理论上，显然没有可以将所有类型设备分流的绝对阈值，但从报废管理来看还是有意义的。

如上所述，在实践中，尺寸是收集和废物管理的一个关键因素，如它适用于集装箱和卡车。然而，减少现有的尺寸参数，对改进收集率或报废处理方面，预计不会有更积极的效果。

从负责收集和处理电子废物的机构反馈来看，附件 3 的新分类可以很好地符合这些机构在报废设备的处理方案中所实施的当前废物流的情况，并且尺寸阈值和报废运营商的实际限制相符合，代表了产品的体积和便携性，也是处理方案的关键因素。因此，对投入市场的分类和报废处理使用方面的一致性有积极作用。

因此，从这些机构的角度来看，尺寸阈值的降低不会带来任何好处，也没有任何额外的环境效益。

经济影响

与之前的评估类似，在可预见的情况下，尺寸参数值的变化，对内部市场的运作、竞争、企业竞争力、创新和研究以及对消费者和家庭没有影响。

改变该参数的值不会影响到指令的整体范围，即制造商的总成本和行政费用不变。

对于报废的管理，从负责收集和处理的报废电子电气电器设备的组织机构的角度来看，尺寸参数作为附件 3 中的分类参数不会带来显著的影响。

如果减少该阈值，很可能由于实际原因，报废产品的运营商不会对产品处理工艺进行任何改变，从而对经济没有任何影响。

社会影响

与尺寸参数变化的影响分析类似，减少 50 cm 的阈值将不会产生预期的社会影响。

用户不会改变他们对报废产品的行为，因为他们受与报废产品运营商同样的实际限制

① http：//www.woking.gov.uk/environment/wasterecycle/householdwaste/weee.

（如车和收集箱的尺寸）。

如前面章节所示，尺寸参数使得产品分类和用户受到的实际限制相同。因此替换尺寸参数可能造成负面的影响，但是减少目前的尺寸参数将不会获得更多的效益。

5.3　结论

根据上述分析，将区分新版 WEEE 指令附件 3 中的电子电气设备分类的尺寸参数设置为 50 cm 的选择是合理和可行的。

显然没有绝对的数值可以完美的符合所有设备类型，但是用另一个参数替代尺寸参数（如质量）或者将 50 cm 的阈值减少，将不会获取任何额外的环境或社会-经济效益。

6　结论

本书的目的是确定审查新版 WEEE 指令范围是否合适，分析了范围可能的变化的影响（即纳入或不纳入某些特定的，没有在旧版 WEEE 指令 2002/96/EC 范围内的电子电气产品组），以及改变参数来区分新版 WEEE 指令附件 3 中的大型和小型设备的选择。

在此基础上研究得出以下结论：

结论 1：新版 WEEE 指令的范围与旧版 WEEE 指令的范围没有实质上的不同（除光伏板 PVs 和以下具体案例以外），而关于一些电子电气设备是否属于指令的范围，新版 WEEE 指令提供了有用和明确的澄清。

从新、旧版指令范围之间的比较（第 2 章）可以得出结论，除了光伏板和具体提到的情况以外（家用灯具、电动自行车），新版 WEEE 指令的“公开范围”和旧版指令的范围差别不大。但是，新版 WEEE 指令澄清了一些“灰色地带”，此“灰色地带”是由于生产商和成员国对于指令范围的不同解释而产生的。此外，新版 WEEE 指令明确证实排除那些普遍已经排除在旧版指令范围的电子电气设备。

结论 2：新版 WEEE 指令范围的扩大带来更多的环境、管理和经济利益，而不会降低社会福利。

新纳入的电动自行车具有明显的环境效益，对行业和公共机构也没有潜在的风险或困难。在家用灯具的案例中，可能已在旧版 WEEE 指令排除，但随着技术进步将其纳入新版 WEEE 指令范围是合理的。此外，部分家用灯具已经引入其他灯具的废物流中，将家用灯具纳入 WEEE 范围将带来显著的环境效益。此外，这样解决了指令关于所有灯具都应立即报告的漏洞。因此，通过减少现有的解释和执行的差异，将带来管理和经济效益。

总之，将家用灯具和电动自行车纳入新版 WEEE 指令表明了范围扩大将带来额外的环境、管理和经济效益，预计实施成本将会减小，但同时社会福利不会受到降低（如就业、医疗）。

结论 3：新版 WEEE 指令与新版 RoHS 指令相比，指令范围是“电子电气设备具有次要功能”的概念的差异，但由于目标不同这两个指令存在不同也是合理的，基于这个观点，保持两个指令的一致性可能不会带来明显的额外的效益。

通过分析纳入内燃机动力园林设备，详细研究了调整新版 WEEE 指令和新版 RoHS 指令纳入采用电力实现次要功能的设备的影响。鉴于利益相关方报告的目前实际情况，这种范围的扩大，在废弃物收集和回收利用方面对环境产生的效益是有限的，同时它误导了成员国目标的实现。从经济效益的角度，将其他产品纳入新版 WEEE 指令的范围将导致制造商和零售商额外的成本，在国家层面的现有方案中不符合成本效率。总之，将采用电力实现次要功能的设备纳入指令范围，缺点大于优点。

然而，电子电气设备的定义关于考虑到设备的主要/次要功能时，可能会在一些模棱两可的案例中留下解释的余地。绝大多数情况下该定义是明确的，对于其余模棱两可的情况，成员国将不得不利用自己的最佳判断和技术能力对案例逐一分析。

总之，改变新版 WEEE 指令的范围，纳入采用电力实现辅助功能的设备，既不需要也不理想。在新版 WEEE 指令中，“电子电气设备”的定义在大多数情况下已经明确。对于“依靠”的解释，与辅助功能相关，真正遇到模棱两可的具体案例时，成员国当局应充分利用他们的技术能力来进行分析。

结论 4：电子电气设备之间的尺寸差别有助于促进新版 WEEE 指令的实施。

对于电子电气设备的分类，尺寸参数是一个适用的标准。显然没有绝对的尺寸数值，可以完全适合所有类型的设备。但是，用一种可能的参数替换尺寸参数（如质量），或将 50 cm 的阈值适当地减小将不会取得额外的环境或社会-经济效益。50 cm 的阈值是合理可行的。

七、在欧盟外进行 WEEE 回收处理的等价条件报告

Study on equivalent conditions for WEEE recycling operations taking place outside the European Union

由欧盟委员会在其欧盟官方网站首次发布英文版本

http: //ec.europa.eu/environment/waste/weee/events_weee_en.htm

文档信息

委托人	欧盟委员会-环境总司
合同号	Specific contract N° 07.0 307/2013/650 485/ETU/C2 实施框架合同 ENV.G.4/FRA/2008/0112
报告题目	最终报告
项目名称	在欧盟以外进行报废电子电气设备回收处理的等价条件
项目团队	生物智能服务公司
项目主管	Maria Banti，环境总司
日期	2013 年 10 月 15 日
作者	Shailen dra Mudgal Katherine Salès Sarah Guilcher Sarah Lockwood Valerie Morgan
主要联系人	Shailendra Mudgal sm@biois.com Katherine Salès katherine.sales@biois.com
免责声明	本研究中陈列的信息和观点是作者本人的，不一定反映了欧盟委员会的官方意见。欧盟委员会不能保证本研究中包含的数据的准确性。欧盟委员会和任何代表欧盟委员会的人都不为包含在本研究中的信息的使用承担责任。

请引用这个出版物：

生物智能服务公司（2013），在欧盟以外进行报废电子电气设备回收处理的等价条件，总结报告，欧洲委员会-环境总司

图片来源：cover @ Per Ola Wiberg

生物智能服务公司 2013

摘要

背景

报废电子电气设备包含超过 1 000 多种不同的物质，其中许多对人类健康和环境是有害的，如铅、汞、砷、铬、镉和塑料。报废电子电气设备的处理造成的排放可能会释放有害物质进入到环境中，如二噁英和呋喃等。因此，为了确保适当的回收或者处置，电子电气设备需要特定的报废处理方式。

传统上认为，报废电子电气设备是一种复杂的废物流。相比于其他的废物流，由于报废电子电气设备的异质性和许多参与该领域的利益相关方，很难确定有多少电子电气设备投放到市场上和有多少电子电气设备成为报废电子电气设备。然而，预计到 2020 年，欧盟的报废电子电气设备总量将达到约 1 230 万 t。尽管现有的有约束力的欧盟收集目标是人均 4 kg 报废电子电气设备（相当于每年约 200 万 t），也很难确定实际有多少报废电子电气设备按照有关国家和欧盟的标准进行回收和处理。一定数量的报废电子电气设备确实绕过正式的官方途径（国家或者生产商的系统），形成了补充流（上门交易、二手店、按家庭废物处理）。据估计，除了 15%出口到其他国家，只有 1/3 的报废电子电气设备是在本国进行处理的，主要是用来再使用。但是，很难确定从欧盟非法出口的报废电子电气设备的数量。

指令 2002/96/EC①在 2012 年被重新修订（通过指令 2012/19/EU②），这一实质的变化是为了更好地反映电子电气设备市场的扩张带来的问题以及促进和确保更优质的回收利用。新版报废电子电气设备指令（WEEE 指令，2012/19/EC）第 10 条专门为报废电子电气设备运送到欧盟成员国之外进行处理提供了可能，规定了允许这种运输可能发生的条件。首先，第 10.1 条规定了出口报废电子电气设备必须符合欧盟废弃物运输规定（EC）1013/2006（WSR）及相关规定（EC）1418/2007；第二，第 10.2 条规定从欧盟出口的报废电子电气设备只计入回收目标。如果符合规定（EC）1013/2006 和规定（EC）1418/2007，出口商就可以证明发生在以上情形的处理等价于新版 WEEE 指令的第 8 条、附录 7 和附录 8 的处理要求。

根据新版 WEEE 指令的第 8 条，必须对所有单独收集的报废电子电气设备进行适当地处理。最低额度在附录 7 中有选择性的处理要求，而处理设施应该符合附录 8 的技术要求（报废电子电气设备的储存和处理的技术要求）。

① 2003 年 1 月 27 日由欧洲议会和理事会制定的关于报废电子电气设备指令 2002/96/EC。
② 2012 年 7 月 4 日由欧洲议会和理事会制定的关于报废电子电气设备指令 2012/19/EU。

研究背景和研究目的

本研究的主要目的是在授权法案的基础上，由委员会根据新版 WEEE 指令第 10（3）条关于什么被认为是在欧盟以外进行报废电子电气设备回收处理的"等价处理条件"。为此，本研究的目的如下：

- 通过识别第 10（2）条的"等价处理条件"来确定不同的补充选项；
- 分析这些不同选项的适当性和充分性；
- 根据分析结果，给最好的政策选项提供建议。

按照欧盟和国际的水平，确定潜在的选项

这项研究确定了用于证明"等价处理条件"的 13 个政策选项，作为独立的选项或者组合，按照欧盟和国际的水平，符合欧洲委员会的建议和案头研究、文献综述以及专家和利益相关方的磋商（个别谈话）。选项的初步筛选去掉了一些选项，同时也保留了一些。

去掉的选项

根据以下内容，7 个选项被抛弃：

- 实施所需要的复杂性和不确定性：基于其巨大的可变性（报废电子电气设备的范围不同），缺乏联邦国家的统一规定，在特定国家的法律中潜在的非立法或无效的设备，难以保证恒定的等价性（如 WEEE 指令的修订）以及国与国之间可能存在的贸易扭曲，"非欧盟国家等效立法"的选项被排除。同时，符合电子电气设备再循环的 eWASA 技术准则（南非）或者报废计算机设备的环保材料回收/再循环的 PACE 准则的选项也被排除在外，这是基于其狭隘性和/或有限的地理区域，而且还因为其潜在的无效的申请可能会导致因缺乏标准和/或缺乏的（国际）承认以证明符合准则的过程。
- 报废电子电气设备的狭窄的覆盖范围以及与其他选项的相似性：对于包含氯氟烃的制冷设备的非制造的质量保证，是一个关注于包含氯氟烃的制冷设备的私人认证。据报道这相当于欧洲电工标准化委员会（CENELEC）制定的欧洲标准 EN50574：2012 的要求，该标准涵盖了"对包含挥发性碳氟化合物或者挥发性碳氢化合物的报废家庭设备的收集、物流和处理要求"。
- 与 WEEE 指令相比，处理步骤的范围比较狭窄：PAS141 只涵盖了报废电子电气设备的再利用，加拿大的电子再利用和翻新标准只涵盖了报废电子电气设备的再利用和翻新。
- 由于横跨加拿大的省级规定导致跨省的材料范围不一致：因此该项目去掉符合加

拿大回收资格程序的政策选项。

保留的选项

为了证明在欧盟外进行报废电子电气设备处理的条件等同于指令的要求，6 个选项被报废电子电气设备出口商所保留，具体选项如下：

- 事后审查合规报告（符合等同于指令 2012/19/EU 的要求的处理条件，该要求通过独立验证、现场检查得到认证）①：为了证明在第三方国家的处理设施能够符合 WEEE 指令 2012/19/EU 的处理要求，需要有事后审查及审查报告报告，证明每个报废电子电气设备的具体装运符合要求。
- 符合 WEEELABEX：2011（卓越报废电子电气设备标签）关于报废电子电气设备处理的标准，该标准由欧盟电子电气设备回收协会与来自制造商的社区和加工工业的利益相关方合作制定，该标准由 EU LIFE 项目共同资助。该标准由 2013 年 4 月成立的 WEEELABEX 组织承担实施。
- 符合 R2/RIOS 标准：R2：2013 标准负责用于认证项目的再循环（“R2”）实践，评价电子产品（仅仅计算机和音响设备）回收商的环保、安全和安全实践。一个 R2：2013 电子回收公司是注册到一个或更多已通过 R2 方案批准的环境、健康和安全管理体系标准，因此，R2 方案已经显著地核准了回收行业操作标准（RIOS）。
- 符合负责电子设备的回收和再利用的电子管理（e-Stewards）标准：该标准在“电子管理计划”下发展的特有的行业标准，是巴塞尔行动网络（BAN）的一个项目，且是国际认可协会（IAF）认可的标准。
- 符合报废电子电气设备处理的欧洲标准：在 WEEE 指令 2012/19/EU 的第 8（5）条款中，欧洲委员会要求欧洲标准化组织（ESO）制订用于报废电子电气设备处理的标准。这些标准将由 CENELEC 制定。
- 符合关于“报废电子电气设备的收集、储存、运输和处理”的澳大利亚/新西兰标准 AS/NZS 5377：2013：该标准确定了家用电器、电脑、电信设备、电视机、电动工具、照明和其他类型的产品的安全环保回收的原则和最低要求。

---

① 这项研究是指事后检查。然而，该选项相当于任何包含合规性检查的选项，合规性检查由一个独立的验证者进行现场检查：要么在报废电子电气设备实际装运之前进行检查（事前检查），或者在报废电子电气设备装运之后进行检查（事后检查）。事前审计有利于主管当局能够在报废电子电气设备实际装运之前进行合规性认证。然而，事后检查只有事后检查确认第三国接受报废电子电气设备的设施满足报废电子电气设备指令的要求。如果事后检查，只有每批报废电子电气设备得到证明才能符合要求。这是为了确定一个合适的数量，该数量能够计入符合指令 2012/19/EU 的第 11 条和附件 5 的达成回收目标。

选项分析的方法

为了确保能达到 WEEE 指令的第 10（2）条的等价处理条件的所选择选项的适当性和充分性，我们对所有保留的选项进行评估和若干标准的比较。这确定了与每个政策选项相关的优势、劣势、机会和威胁（SWOT 分析）。用于评估标准的选项如下：

- 政策选项的实施状况：用于确定政策选择的实际效果的水平，以及是否是目前适用的或是只能在以后的日期中适用的。
- 地理范围：用于确定政策选项是否只在有限的地理范围内实施，或者它是否有一个宽泛的地理范围，是否已经在其他国家实施，或者计划在未来实施。
- 出口控制（经济合作与发展组织/非经济合作与发展组织）：用于确定政策选项是否包含关于符合废物运输条例和规定（EC）No 1418/2007 的要求。该标准不是作为在任何情况下只涉及合法出口的等价处理条件的排除标准。该标准仅用于为政策选项是否包含关于符合废物装运的欧洲法律的规定提供附加信息。不符合废物运输条例的报废电子电气设备的出口是非法的，不计入指令第 11 条规定的义务和目标的实现量。
- 出口的报废电子电气设备的可追溯性：用于确定政策选项是否包含用于确保报废电子电气设备进入和离开不同的处理阶段的正确文件和保存记录的规定。
- 材料范围：用于确定政策选项是否包括所有的报废电子电气设备，即政策选项规定的报废电子电气设备的范围和定义与 WEEE 指令规定的是相同的，或者仅限于特定类别的报废电子电气设备。
- 政策选项所包括的报废电子电气设备处理的阶段：用于确定政策选项是否提供了特定处理操作，是否包括超越指令要求的规定，WEEE 指令第 8 条以及附件 7 和附件 8 规定的要求（例如，来自报废电子电气设备的材料回收）。该研究提供了超出指令要求规定的信息，这些信息仅作为附加信息，但不用于抛开不具有任何相关规定的政策选项。
- 环境管理系统（EMS）的建立：用于确定一个特定的政策选项是否提供报废电子电气设备处理设施的环境无害化管理（ESM），以及是否规定了对于环境管理系统、工人健康和/或安全认证的特定义务。
- 处理要求：用于确定政策选项是否涵盖了按照指令第 8 条和附录 7 适当处理的最低要求，以及对于处理条件中最佳可用技术和设备的使用，指令附录 8 规定了这类应用。该标准是用来为与指令等价的每个政策选项规定的处理条件提供信息。
- 符合性评定：用于确定每个政策选项的符合性评定，即出口的报废电子电气设备是否已经按新版 WEEE 指令的技术要求的等价技术条件进行了处理。符合性评定可能是第一方、第二方或者第三方（认证/查核），后者是用于确保最可靠的符合性评定中的最高独立性的方法。

- 审计员的专业能力：用于确定每一个政策选项的审计员是否有关于 WEEE 指令处理要求的相关培训和知识，以及审计员的独立性是否通过避免利益冲突得到保证。
- 费用：用来确定与每个政策选项的实施相关的成本的性质和数量。

作为一般先决条件，假定处理设施接收的 WEEE 被授权在根据所在国的国家法律或国家程序进行 WEEE 处理操作。

政策选项的分析和比较

在分析上述选择保留的政策选项的标准后，项目团队创建了每个选项的比较概述，总结在表 7-1 中，使得该项目团队能够为欧洲委员会提供建议，该委员会提供了在欧盟以外的报废电子电气设备回收操作的等价条件的单独或者结合在一起的政策选项。

表中还列出了关于标准的信息，这些标准没有考虑政策选择的排序，仅考虑信息。

表 7-1　政策选项的比较

主要标准 / 政策选择	实施状况	地理范围	出口控制（经合组织/非经合组织）（信息）	可追溯性	材料范围		处理阶段		环境管理体系	处理要求		符合性评价		检查员能力		费用
					WEEE定义	其他限定（处理）	WEEE处理	来自WEEE的材料处理		最低要求	处理设施的最佳可行技术/技术要求	核实	认证	培训	独立性	
事后检查																
WEEE LABEX																
R2/RIOS																
e-Stewards																
欧洲标准	*		*	*												
澳大利亚/新西兰标准																

说明：

- （深色）新版报废电子电气设备指令的要求的高等解释/高水平要求/高费用；
- （浅色）新版报废电子电气设备指令的要求的中等解释/中水平要求/中等费用；
- * 新版报废电子电气设备指令的要求的低等解释/低水平要求/低等费用；
- （空白）不适用/没有信息

结论和建议

基于层次分析法的 SWOT 分析法，对于基本标准和要求，所有保留的选项都有其优点和缺点。任意一个都适合于在某些条件下为报废电子电气设备的等价处理提供条件，这些条件用于确保 WEEE 指令 2012/19/EU 的所有相关的要求都能完全覆盖，保证一个公平的竞争环境是必要的。

项目团队建议给成员国和出口国提供一个可能的选择列表，而不是一个最佳的选择列表。当报废电子电气设备的出口商能够证明这些政策选择中的任何一个应用到目的地国家的处理设施时，证明是在等价于 WEEE 指令要求的条件下进行处理。为了确保最大的效率，项目团队建议所提出的政策选项之一的申请应该附有以下内容：

- 符合的陈述/声明：

i WEEE 指令 2012/19/EU 的处理要求，或者等价于指令的处理要求；

ii 废物运输条例（EC）No 1013/2006；

iii 废物运输条例（EC）No 1418/2007。

- 说明接收报废电子电气设备的设施按照国家法规或者国家程序进行报废电子电气设备处理操作的一份授权声明。申报适用时，应该附有相关的文件说明。
- 表明接收报废电子电气设备的第三方国家，适用于提出的任何一个政策选项的证据。至于符合可能的选项的符合性评定，可以是一个用来避免利益冲突的强制性的拥有最严格要求的第三方评估。第三方评估是最严格的要求，但这就意味着会带来非常显著的管理成本。

此外，项目组提出了下列额外建议，具体到每一个保留选项：

- 等同于指令 2012/19/EU 要求的处理条件要求的事后检查/合规性，该要求通过独立的现场检查得到认证：该选项将确保一定程度的灵活性，然而，由于这样的检查并不一定依据具体而详细的标准，而是依据 WEEE 指令和相关的法律仅有的要求，符合这些要求的评估在没有任何指导下可能是相当主观的。CENELEC 制定的技术要求或提出的政策选项规定的指导文件可以用来指导检查员的工作。
- 报废电子电气设备处理的欧洲标准：一旦完成这些标准，它们将是非常有价值的。倘若符合废物运输要求的上述声明能够实现出口控制和可追溯性要求，那么 CENELEC 的欧洲标准很有可能作为出口报废电子电气设备的一个独立的政策选项被保留。
- 关于“报废电子电气设备处理”的 WEEELABEX：2011 标准：该标准已经建立和完善。虽然它不是一个认证计划，而是第二方或者第三方认证，但报废电子电气设备标准的实施是一个相关的选项。

- R2/RIOS 标准：该标准在全球范围内应用，包括非经合组织国家。但它没有覆盖属于 WEEE 指令范围的所有报废电子电气设备。对于该政策选项，等价处理条件应限于由 R2/RIOS 覆盖的报废电子电气设备。
- “负责电子设备的回收和再利用”的 E-Stewards 标准：该标准由于其材料范围而有明显的缺点。对于该政策选项，等价处理条件应限于由该标准覆盖的报废电子电气设备。
- 关于“报废电气和电子设备的收集、储存、运输和处理”的澳大利亚标准/新西兰标准 AS/NZS 5377:2013：该标准中包含的要求基本等价于 WEEE 指令 2012/19/EU 中的要求，甚至超越涵盖报废电子电气设备处理和来自报废电子电气设备的材料处理的指令中的强制处理要求。

术语表

AMDEA	（英国）家用电器生产商联合会
ANAB	美国国家认可委员会
BAN	巴塞尔行动网络
BAT	最佳可行技术
BATRRT	英国最佳再生处理和回收技术
BIR	国际回收局
BREF	最佳技术参考文件
BSH	博世和西门子家用电器
BSI	英国标准学会
CB	认证机构
CECED	欧盟委员会对国内设备生产商
CEN	欧洲标准委员会
CENELEC	欧洲电工技术标准委员会
C&F appliances	冷却和冷冻设备
CFC	含氯氟烃
CRT	阴极射线管
EEA	欧洲环境署
EEE	电子电气设备
EERA	欧洲电子回收协会
EFC	加拿大电器联合会

EFTA	欧洲自由贸易联盟
EH&S	环境健康与安全
EHSMS	环境健康与安全管理体系
EoL	报废
EMS	环境管理体系
EN	欧洲标准
EPA	（美）环境保护局
EPAT	中国台湾环境保护部门
EPR	延伸生产者责任
EPRA	电子产品回收协会
EPSC	加拿大电子产品监管
ERRS	加拿大电子产品重用和翻新标准
ERS	加拿大电子产品回收标准
ESM	环境无害化管理
ESO	欧洲标准化组织
ETC/SCP	欧洲主题中心的可持续生产和消费
ETSI	欧洲电信标准协会
EU	欧盟
eWASA	南非电子垃圾协会
FM	关注材料（低于 R2 标准）
GWP	全球变暖潜力
HC	烃类
HCFC	氢氯氟烃
HEW	危险电子废物
HFC	氢氟烃
IAF	国际认可论坛
IEC	国际电工技术委员会
IED	工业排放指令（2010/75/EU）
IPPC	综合污染防治与控制
ISO	国际标准化组织
ISRI	（美国）废料回收工业协会
IT	信息技术
ITAC	加拿大信息技术协会
ITU	国际电信联盟

JAS-ANZ	澳大利亚和新西兰联合认可体系
LCD	液晶显示器
LHA	大型家电设备
OECD	经济合作与发展组织
OHSAS	职业健康安全评价体系
MS	成员国
NGO	非政府组织
NZ	新西兰
PACE	计算机设备法案合作关系
PAS	公开规范
PCB	多氯联苯
PCT	多氯三联苯
PDCA	计划-执行-检查-方法
PWB	印刷线路板
R2	可靠再循环
R2S	可靠再循环解决方案
RIOS	回收行业操作标准
RQO	回收资质办公室
RQP	对报废物回收的加拿大回收商资格认证程序
RRW	（中国台湾）废物回收规范
SHA	小型家用电器
SWOT	优势，劣势，机会，威胁
UBA	德国联邦环境部
UEEE	使用过的电子电气设备
UKAS	英国皇家认可委员会
UNEP	联合国环境规划署
UNU	联合国大学
VHC	挥发性烃类
VFC	挥发性碳氟化合物
WEEE	报废电子电气设备
WEEELABEX	报废电子电气设备卓越标签
WFD	废弃物框架指令（2008/98/EC）
WRAP	携手创建世界无废物方案
WSR	废物运输条例（No. EC 1013/2006）

1 研究背景与研究目的

1.1 研究背景

电子电气设备（EEE）包含多种需要进行特殊报废处理的材料，最主要的是铅、汞、砷、铬、镉和塑料，这些材料能够释放二噁英和呋喃等有害物质。因此，在电子电气设备报废时需要采取特殊的处理以确保其合理的回收与处置。高回收和处理成本使得报废电子电气设备（WEEE）流出发达国家并流入了低成本的处理处置点。假设废物已被处理而不是直接倒入垃圾填埋场，但低成本通常意味着在处理过程中的监管力度小。

2008 年环境影响评价指令 2002/96/EC 的审查表明，超过半数收集的报废电子电气设备可能存在不当处理和非法出口。即使所收集的报废电子电气设备被妥当处理，但也没有全部上报。这导致了宝贵的二次原料的损失、环境恶化以及提供数据的不一致（欧洲委员会，2008）。

由于 EEE 市场的扩张，随着创新周期的缩短、设备更换的加速以及 WEEE 对环境和人体健康的影响得到日益关注，欧盟（EU）决定通过引入实质性的改变来重修修订旧版 WEEE 指令（2002/96/EC）①。指令 2012/19/EU（以下简称新版 WEEE 指令）于 2012 年 7 月 4 日获得通过，2012 年 8 月 13 日生效并于 2014 年 2 月 14 日由成员国（MS）转化到国内法令。重新修订指令的主要目标之一是确保 WEEE 的适当再循环和回收，这对于优化资源管理是很重要的，并且将优化资源供应。

新版 WEEE 指令第 10 条预计 WEEE 的处理操作也可在欧盟成员国以外开展，前提条件是 WEEE 的运输应按照废物运输的相关法规［法规（EC）1013/2006 号和法规（EC）1418/2007 号］。更具体地说，第 10 条（2）款规定，如果符合以上废物运输的相关法规，出口欧盟的 WEEE 将计入回收目标指令。“出口商能够证明该处理的条件是等同于该指令要求的条件下发生的。”

根据 WEEE 指令的第 10 条（3）款，直到 2014 年 2 月 14 日委员会才通过一个授权法案，该法案为第 10 条（2）款中提到的等价条件制定了评价标准。

1.2 研究目的

本研究的主要目的是为授权法案奠定基础，该法案根据新版 WEEE 指令的第 10（3）条被委员会通过。为此，本研究的目的如下：

① 2003 年 1 月 27 日由欧洲议会和理事会制定的关于报废电子电气设备的指令 2002/96/EC。

- 通过第 10（2）条的“等价处理条件”来确定可以补充的不同的选项，包括在本研究的招标规格确定的政策选择；
- 分析不同选项的适当性和充分性；
- 根据分析结果为最好的政策选项提供建议。

2 WEEE 废物流概述

在本章中，为了确定产生 WEEE 的主体及其数量、WEEE 收集和处理的关键因素，首先要更深入地了解欧盟 WEEE 废物流。

2.1 WEEE：一种复杂的废物流

根据新版 WEEE 指令［第 3（e）条］，WEEE 是废弃的 EEE，包括废弃时它的所有部件、子组件和耗材。在国际上，WEEE 也被称为电子垃圾。

WEEE 是一种传统意义上的复杂废物流。与其他废物流相比，由于其自身的异质性和涉及的利益相关方的多样性，很难确定投放市场的 EEE 的数量和所产生的 WEEE 的数量。同时也很难确定按照国家水平收集和处理的 WEEE 的数量（由当地或地方当局的国家回收商报告），以及存在多少其他的补充收集流（如小型上门交易、二手商店）。此外，很难得到来自家庭或企业的剩余废物中的 WEEE 的数据，也无法得到非法出口的 WEEE 的数据。因此，本节特别提供欧盟国家 WEEE 市场结构的概况用于了解哪些参与者的利益受到威胁，以及收集和处理 WEEE 的主体。

2.1.1 欧盟产生的 WEEE 的数量

联合国大学的预算指出，2008 年欧盟的 27 个成员国产生了大约 950 万 t 的 WEEE（Huisman，2010）。应用一些预测性假设应预测 WEEE 总量每年增长 2.5%～2.7%，到 2020 年达到约 1 230 万 t（联合国大学，2007 年 8 月）。由联合国大学计算的欧盟产生的 WEEE 的平均组成构成如图 7-1 所示（联合国大学，2007 年 8 月）。

新版 WEEE 指令确定了两种类型的 WEEE 废物流，私人家庭丢弃的产品和来自仅用于专业用途/应用的设备的废弃物，以及建立了一个从 2019 年开始实现每个家庭收集 WEEE 约 20 kg 的宏大目标（约 1 000 万 t 的 WEEE）。欧盟现有的收集目标是每个家庭 4 kg WEEE，即每年约 200 万 t，少于欧盟每年收集大约 1 000 万 t WEEE。

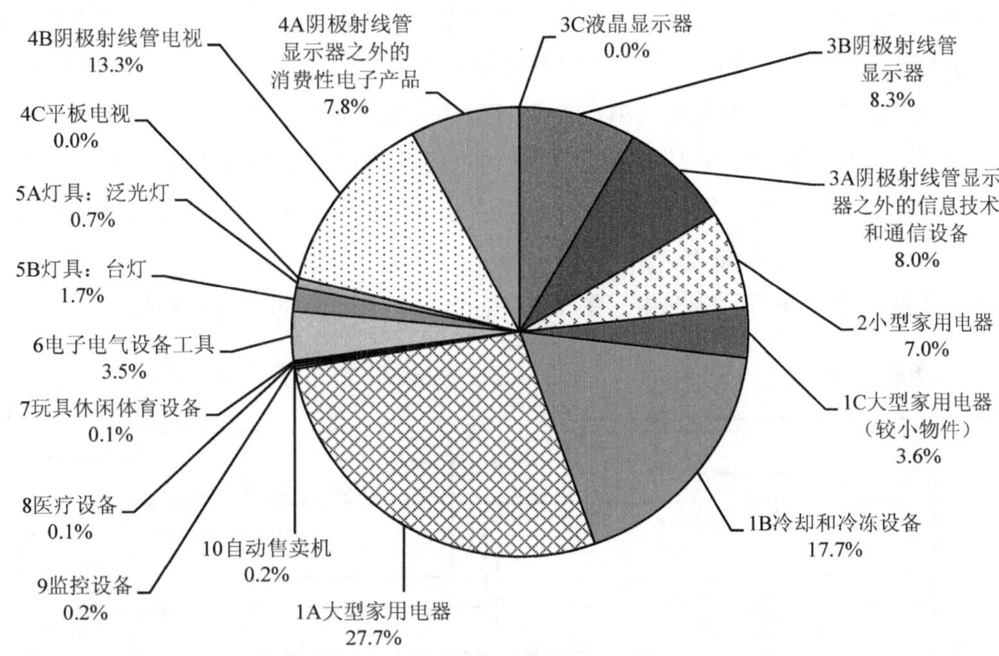

图 7-1　在 2005 年增加的 WEEE 的构成[①]

2.1.2　WEEE 市场构成

在 WEEE 的收集、交易和再循环中有许多参与者。

通过结构简化，图 7-2 展示了主要参与者和他们之间的关系。WEEE 废物流从消费者/家庭和企业开始：他们在第一时间决定 WEEE 是否转移到国家和/或生产商的收集系统[②]。例如，家庭住户可以把 WEEE 送到市政回收点（或者垃圾回收站）或者零售回收点。

根据法律规定，各市必须至少为家庭住户提供一个可以丢弃 WEEE 的场所，生产者系统或合规方案（即“国家”系统）已经与各市签订合同收集和回收利用收集的所有 WEEE。另外，联合国大学 2012 年关于荷兰 WEEE 的研究显示，家庭住户也可以把 WEEE 送到当地废钢处理器（作为黑色金属购买的 WEEE）或送货上门的收集者（联合国大学和 Wecycle2012）。在市区里，丢弃在路边的 WEEE 绝大多数被废金属交易商收走。WEEE 还被安装工带回（如水管工或者为零售商工作的承包商），他们直接卖给废金属交易商。此外，也有一些人从零售商或市政收集点偷可供出售的 WEEE，然后卖给废金属收集点。一般来说，此类 WEEE 连同其他黑色金属在金属粉碎机中终止流动。在这一点上，WEEE

① 来源：联合国大学，2007 年 8 月。

② 在欧洲，有两种常见的法定的产品回收形式：（i）生产商操作体系，其中国家规定了生产商确定的回收目标；（ii）政府操作体系，其中生产商或消费者通过回收费负担回收费用。

变为难以识别的 WEEE。联合国大学称这些替代方案为 WEEE 的补充流（在图 7-2 中虚线箭头所示），这是由于 WEEE 除了卖给官方机构（国家或生产商体系）外还卖给其他组织。最后但同样重要的是，小型家电（SHA）有时也和家庭废物一起丢弃。

与消费者一样，商家也通过不同的渠道处理自己的 WEEE。商业 WEEE 主要通过 WEEE 处理商、翻新商、区域废金属处理商流动或者直接进入国家回收站。通常情况下，几乎所有的 WEEE 最终进入了补充流。

需要注意的是，在实际情况中，图 7-2 中各链的参与者之间有多重路径。

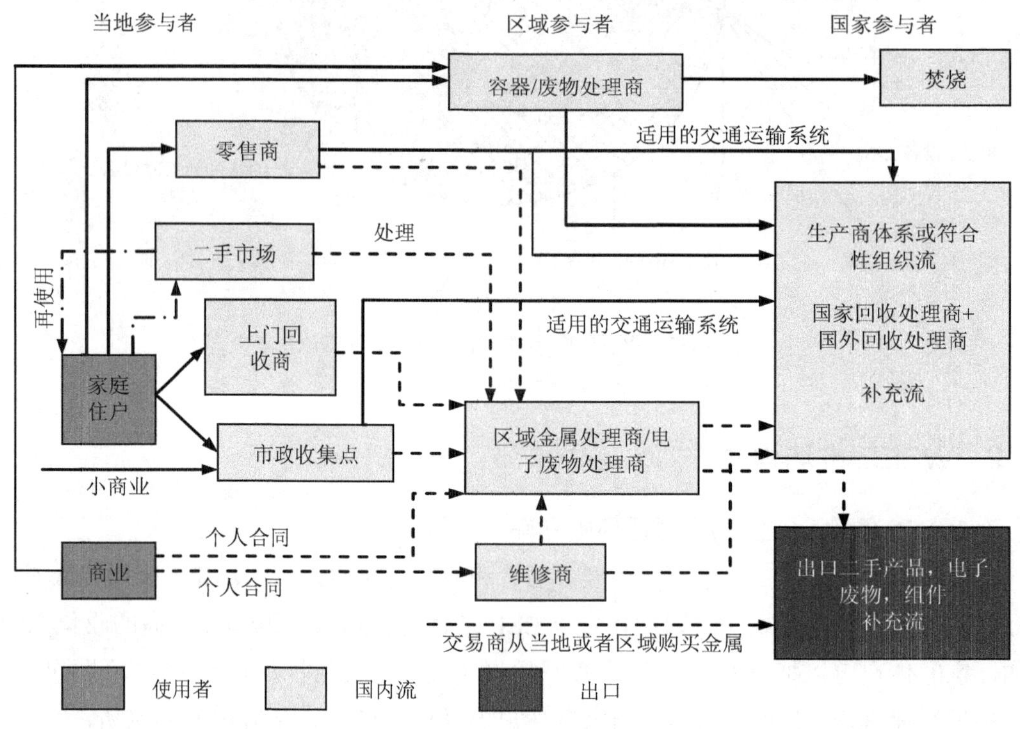

图 7-2 在欧盟成员国中的典型的 WEEE 流①

图 7-3 绘制了在欧洲的使用过的 EEE（UEEE）和 WEEE 的流动路径。右边是生产商体系（回收体系），该体系从市政和零售商收集。据报道②，该渠道收集了大约 1/3 的 WEEE。左边的流动路径平行于生产商流，但未被报道也未被计入统计量。最佳的一些研究显示，大约 40%的 WEEE 通过该渠道被收集和再循环。③

① 受到联合国大学/Wecycle 2012“荷兰报废电子电气设备流”研究中的荷兰报废电子电气设备市场的联合国大学图示的启发。

② “报废电子电气设备指令正在辜负它最初打算做的事情”（MRW.com 2008）；“研究者说，不到 1/3 的报废电子电气设备在国内再循环，而大多数进入填埋场”（EurActiv.com 2012）。

③ See UK 2011 EA Data，NL 2012 Wecycle and UNU data（Dutch WEEE Flows study），DE 2010 EAR Data，France OCAD3E and ADEME 2012 data（study conducted by BIO Intelligence Service and expected to be released in Sept. 2013）.

图 7-3 显示，最终用户所产生的部分 WEEE 进入未分类的市政垃圾（约 10%）。另外大约 15%的使用过的 EEE 被出口，主要用于再利用。使用过的 EEE 中有一部分在运输过程中变成了 WEEE（例如，在运输过程中对产品未采取适当的保护），另外一部分在到达目的国后短期内变成 WEEE。

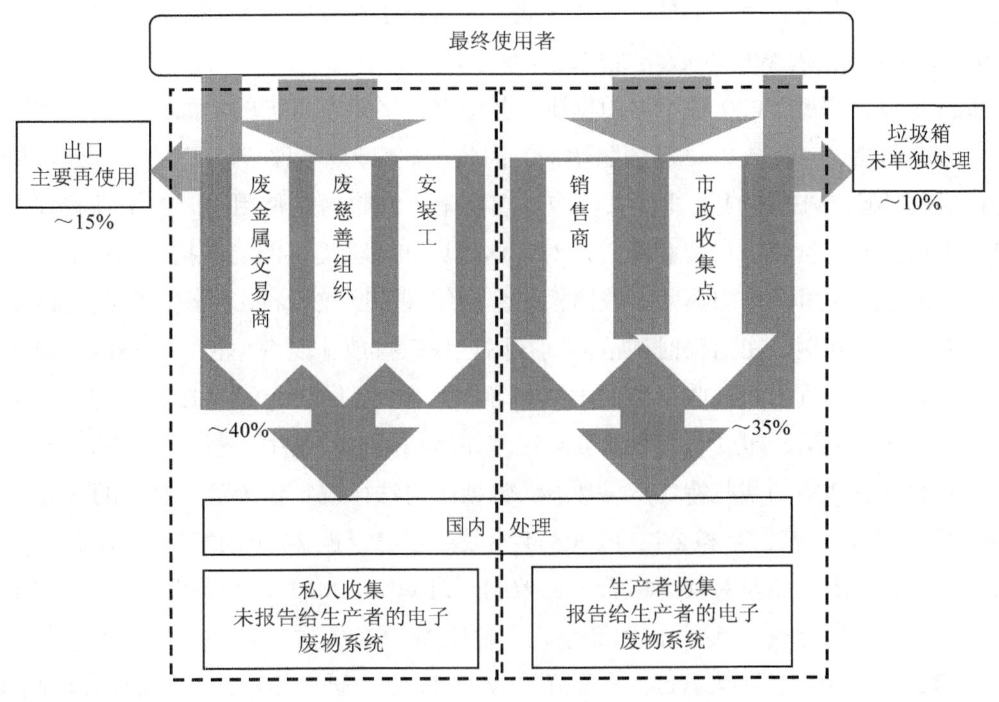

图 7-3　在欧盟只有 1/3 的 WEEE 的回收被报道①

2.2　欧盟出口的 WEEE

欧洲环境署（EEA，2009）、欧洲可持续消费和生产主题中心（ETC/SCP，2008）、丹麦环境保护局（Danish EPA，2006）和德国联邦环境局（UBA，2010）都分析 WEEE 流失的问题（即没有在生产商的 WEEE 系统中报道的流），由欧洲可持续消费和生产主题中心（2012）编制，例如，欧洲环境署和欧洲可持续消费和生产主题中心已经证明在 2005 年 15 万 t 的彩电从欧盟出口到了非洲国家（欧洲环境署，2009；欧洲可持续消费和生产主题中心，2008）。根据欧盟的贸易统计，此类设备的平均价值极低，平均一台 28 欧元，这表示它们是使用过的产品而不是新产品。这些使用过的产品并不拥有完整的功能，在使用很短一段时间后，或者如果在没有采取适当的保护方式下（例如，如果屏幕没有包装好，在运

① 来源：Hieronymi，2012。

输过程中则可能会破损），甚至在到达目的地之前，它们有可能最终成为 WEEE（欧洲环境署，2012）。WEEE 伪装成 UEEE 的出口是一种普遍现象，为了消除此现象，新版 WEEE 指令附录 6 为被怀疑为 WEEE 的 UEEE 的运输提出了最低要求。本研究并没有进一步提及 UEEE 和 WEEE 之间的区别，重点是对从欧盟合法出口 WEEE 的处理要求。对于任何非法运输，没有进一步考虑处理条件，以及这些是否等价于在欧盟的处理条件，因为非法出口的 WEEE 不能被计入 WEEE 收集处理统计量中。

WEEE 包含超过 1 000 种不同的物质，其中有许多是有毒害的，如铅、汞、砷、镉、硒、六价铬和燃烧时释放二噁英的阻燃剂。因此，被称为“回收后院”的任意处置和非正规部门回收处理 WEEE 成为主要关注点。事实上，回收后院使用过时的工具和方法回收 WEEE 中包含的有价值的材料和组件，对人体健康和环境提供的防护措施很少甚至没有，例如，非正规工人用明火加热印刷线路板来分解组件和回收铅料，裸露的印刷线路板被酸浴处理来回收金和铜，在结束时酸溶液则在附近任意排放［研究单位（Larrdis）2011］。

一些国家意识到因粗回收导致的健康和环境危害，已经禁止了 WEEE 的进口，如尼日利亚、柬埔寨、中国、印度、马来西亚、巴基斯坦和越南。其中一些禁令是基于巴塞尔公约附录 8 和附录 9 中的某些特定危害废物，包括国内法律规定作为危害物质的部分 WEEE（Li et al. 2012），以及巴马科公约（2008 年生效；它已经被 24 个国家批准），促进了非洲 WEEE 进口禁令的实施及对其跨境管理的控制（Li et al. 2012）。根据欧盟规定 1418/2007（在 3.2.1 中进一步讨论），这些国家还禁止非危险 WEEE 的进口。

2012 年联合国大学/Wecycle 关于荷兰 WEEE 流的研究显示，从欧盟出口到非洲的 UEEE 主要包括冷却冷冻设备、阴极射线管显示器和阴极射线管电视。实际上，在非洲修理冷却和冷冻设备相当容易，而阴极射线管或者后者的零部件则用于修理其他电器。出口到东欧的 WEEE 则涉及更多的大型家用电器，包括洗碗机、烘干机、小家电和信息技术设备。

根据欧盟的法律，UEEE 和 WEEE 的运输需遵守在接下来的章节中提到的特殊规定和要求。

3 WEEE 的法规和关键要求

本章介绍了关于废弃物的国家法规以及欧盟内部相应废弃物的指令和法规的概述。本章的目的是对现有立法有一个全球的概览以及它们是如何相互联系的，以便更好地理解 WEEE 的出口以及在欧盟以外处理的关键要求，特别是关于处理条件的要求。

3.1 国际法规

3.1.1 对于装运废弃物的国际法规

如前所述，20 世纪 80 年代末和 90 年代初，将废弃物运输到海外的趋势为开始控制危险废物的越境运输提供了背景。由于 WEEE 是危险废物的一个重要来源，着眼于废弃物越境运输控制的相关法规是非常重要的。

图 7-4 提供了有关危险废物装运的 3 个相关的国际文书的图形概览：巴塞尔公约，经济合作与发展组织（OECD）决议 C（2011）107 和欧盟废物运输条例[WSR，（EC）No 1013/2006]。

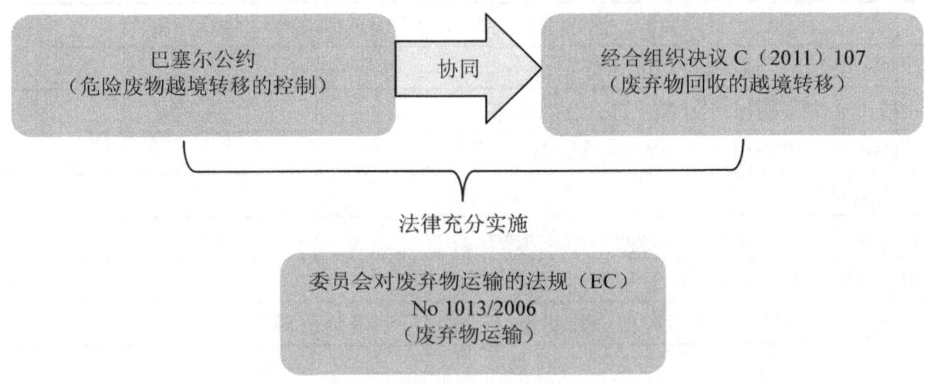

图 7-4　关于废弃物装运的国际文书

3.1.1.1 巴塞尔公约

巴塞尔公约是影响 WEEE 运动的最重要和最广泛的倡议[①]，于 1992 年生效，被认为是“控制电子废物管理的国际法规”（Oliveira，2011）。该公约创建的目的是保证在国家范围内危险废物的处理能力。

巴塞尔公约是在生产者责任延伸制（EPR）的核心理念下执行的。EPR 被定义为环境政策的方法，产品生产者的责任延伸到消费后阶段，包括其最终的处置（Oliveira，2011）。该方法有两个主要的目的：将政府管理废弃物的责任转移到行业；鼓励发展更可持续的产品和更具成本效益的可持续利用和回收过程，降低生产者对废弃物的管理成本。鉴于巴塞尔公约充当着电子废物立法的保护伞，EPR 在废弃物管理中作为一种新的传播模式就不足为奇了。国家和立法者逐渐采用 EPR 政策来管理各种废弃物，这在欧盟废弃物立法上体现得也很明显（在下面分段讨论）。

① 签署的控制危险废物越境转移及其处置巴塞尔公约。该公约于 1989 年 3 月 22 日开放供签署，并于 1992 年 5 月 5 日生效。

在电子废物的框架中，巴塞尔公约包含了两个废弃物的清单，清单 A（附件 VIII）定性为危险废弃物，清单 B（附件 IX）定性为非危险废弃物。这两个列表展示电子废物没有具体的分类成不同类型的电子废物，这样就会存在一个缺点：允许不同解释，不利于国际执行的严格性（Oliveira，2011）。

巴塞尔公约规定了该公约下的废物环境无害化管理（ESM）的技术准则（见下文）。然而，虽然公约规定了废物装运的规则和指南，但是并没有规定发生侵权案件的处罚规定。这些都留给了各个国家来颁布。表 7-2 介绍了巴塞尔公约条款和废物代码的概述。

表 7-2 巴塞尔公约条款和废物代码的概述

巴塞尔公约条款和废物代码
1. 减少越境转移降到最低
2. 禁止或不允许废物出口到有进口禁令的国家
3. 禁止或不允许废物出口到没有 ESM 的国家
4. 非法贩运是犯罪
5. 不允许向非缔约方国家出口或进口危险废物
附件 VIII 废物（A-代码）：定性为“危险的”
附件 IX 废物（B-代码）：非危险的，除非含有一定程度的危险材料

3.1.1.2 关于拟作回收处理的废物越境转移的控制的 OECD 决议

在巴塞尔公约生效的同一年经合组织委员会通过了一项适用于在经合组织成员国之间废物越境转移的决议①。该决议的目的是协调经合组织决议的程序和要求从而消除与巴塞尔公约之间对应的重复性活动。2002 年，经合组织发布了修订后的委员会决议 C（2001）107/FINAL，为原决议中的一些术语作了修订。

经修订的决议的附件被分为“绿色”和“琥珀色”名单（G 和 A 代码），是巴塞尔公约代码轻微的调整。废物被归为绿色控制程序通常不表现出危险的特性并且被认为所构成的危险比较轻微。而废物落入琥珀色代码是由于其危险性而从属于特定性控制程序。该决议在经合组织成员国中具有法律约束力。OECD 决议禁止向非经合组织成员国出口危险废物。

表 7-3 介绍了经济合作与发展组织决议 C（2001）107 的概述与其废物代码。

① 决议 C（92）39/FINAL 是关于废弃物越境转移去往回收运作的控制（1992 年 3 月 30 日）。

表 7-3 OECD 决议 C（2001）107 的概述与其废物代码

遵守经济合作与发展组织的国家和废物代码
在经济合作与发展组织区域内废物越境转移回收目标的控制
欧盟 成员国
欧洲自由联盟（EFTA）国家（挪威、瑞士、冰岛）
美国、加拿大、澳大利亚、新西兰、日本、韩国、土耳其
绿色控制程序：巴塞尔公约中附件 IX 内的废物再加上一些额外的废物（G-代码）——对人体健康和环境呈现低风险的废物，相对于应用于那些正常的商业交易程序，它们不受任何程序控制
琥珀色控制程序：巴塞尔公约中附件 VIII 内的废物再加上一些额外的废物（A-代码）——废物呈现出足够的风险来证明其受控制

3.1.2 WEEE 处理的国际法规和指导方针

3.1.2.1 巴塞尔公约的技术准则

巴塞尔公约还规定了该公约下的废物环境无害化管理（ESM）技术准则。

以对环境无害化方式管理危险废物或其他废物是巴塞尔公约缔约方的基本职责。帮助各缔约方应用环境无害化管理（ESM）原则的工作正在贯彻实施，特别是在发展中国家。不具有法律约束力的技术准则已被巴塞尔公约制定为特定的废物流，例如旧轮胎、塑料废物、铅酸电池、船只、医疗废物。在经合组织手机合作伙伴关系中，关于报废手机[①]的环境无害化管理准则是由包括手机制造商[②]在内的一个工作小组开发的。这一准则对于废物管理基础设施仍处于初期阶段的发展中国家是非常适用的，因为它们可能不具备环境无害化管理所需的环境的专门知识和技术要求。在《框架文件》（1994 年巴塞尔公约秘书处）中详细地描述了这一概念，包括预防、最小化、废物在环境无害化的方式下回收与处置的目标，同时考虑到社会、科技和经济约束。为了实现环境无害化管理目标，许多方法和实践行动被推荐，例如，使用更清洁的技术，减少废物的越境转移，预防和控制非法贩运，促进制度和技术能力建设，环境无害化技术向发展中国家转移，培训和信息交流的发展等。

除了手机合作伙伴关系，准则还通过了作用于计算机设备（PACE）的合作伙伴关系，于 2008 年在巴塞尔公约缔约方大会第九次会议推出。作用于计算机设备的合作伙伴关系

① 更多的信息请查看手机合作伙伴关系的指导性文件：http：//archive.basel.int/industry/mppi/gdfd30Jun2010.pdf。

② Fonebak，ReCelullar，MICORE，HOBI International，France Telecom Orange Group，沃达丰，摩托罗拉，诺基亚，夏普和索尼-爱立信。

是关于报废计算机设备[①]的环境无害化材料的回收/再利用，只涉及计算机设备（计算机及外围设备，如中央处理单元、台式机、笔记本电脑、使用CRT和LCD平板显示器技术、键盘和鼠标、打印机、扫描仪显示器）。

3.1.2.2 OECD准则

在经济合作与发展组织决议C（2001）107中，建立了一个具体的经合组织环境管理体系废物管理准则[②]（《经合组织建议》），概述了对经合组织政府关于废物环境无害化管理的具体建议。在结构上，委员会建议根据一般政策“原则”（委员会建议书《建议部分》），结合六类措施，以实现政府设想的设施水平。由于意识到实施环境无害化管理所需的努力对于从国家到国家，从站点到站点以及从废物的类型到废物的类型都是非常重要的，无法律约束力的办法优先于强制性的方法。因此，成员国都采纳了该建议，虽然没有法律约束力，但胜过仅一个《决议》。为了促进所建议的政府和废物处理设备实施，经合组织颁布了一份指导手册[③]，并没有特别指定WEEE的处理，然而，该准则指的是欧盟新版WEEE指令，主要是有助于环境无害化管理。

与经合组织建议平行，其他地区的关于环境无害化管理的经合组织工作也同时开展，特别是对于一条特殊的废物流——旧的和报废的个人电脑产生的特定的环境无害化管理指令[ENV/EPOC/WGWPR（2001）3/FINAL]。[④]

3.1.2.3 其他技术准则

除了上述提到的从属于巴塞尔公约或经合组织中已经采用的准则，对于处理WEEE的技术准则在非欧盟国家也已经被采用了，这样的准则的案例如下：

- 拉丁美洲WEEE管理准则，由地区公-私圆桌会议于2011年制定并公布[⑤]：包括应采用一个“在其整个生命周期中处理WEEE协议”（第3章）特别列出的WEEE管理的基本准则。
- 肯尼亚电子废物管理准则于2010年12月由肯尼亚环境与矿产资源部（国家环境管理局）[⑥]公布：该文件主要提供了电子废物的技术处理准则（电子废物的一级、二级和三级处理），以及为电子废物建立的单元处理设施，综合加工处理设施的处

---

① 指导方针地址 http：//rchive.basel.int/industry/compartnership/docdevpart/ppg21DraftGuidelineFinal-2011-03-15.pdf。

② http：//acts.oecd.org/Instruments/ShowInstrumentView.aspx？InstrumentID=51&InstrumentPID=48&Lang=en&Book =False.

③ 关于废弃物管理的经合组织环境管理准则可参考此网址 http：//www.oecd.org/env/waste/39559085.pdf。

④ http：//search.oecd.org/officialdocuments/displaydocumentpdf/？doclanguage=en&cote=ENV/EPOC/WGWPR（2001）3/FINAL.

⑤ 本文件是由RELAC平台对协调拉丁美洲电子废弃物管理以及国际发展研究中心（IDRC）的支持的区域项目背景下制定的：http：//www.basel.int/Portals/4/Basel%20Convention/cop10/side-events/e-Waste-initiative_Wednesday/ guidelines.pdf。

⑥ http：//www.gesci.org/assets/files/E-Waste%20Guidelines_final%20copy27jan2011.pdf.

置场的准则。

- eWASA 关于 EEE 回收利用准则（南非）①：南非电子废物协会是一个工业协会，成立于 2008 年的以管理建立南非可持续发展的电子废物环境无害化管理系统的非营利组织。该技术准则是南非电子废物协会与一家回收公司签订的电子废物环保处理合同的一部分。
- 电子废物环境无害化管理准则由印度环境与森林部——中央污染控制委员会②于 2008 年颁布：该准则的目的是识别不同种类的 WEEE，规定管理程序，以环境无害化的方式处理和处置电子废物。该参考文件只是对特定的废物提供指导大纲，并没有具体的处理和处置方法。

3.2 对于废物的欧盟法规

欧盟有一系列关于废物的指令和法规。WEEE 的管理最初是基于 EEE 制造商回收或无偿回收报废产品的责任，目的是减少进入垃圾填埋场的废物量。这一倡议在 WEEE 指令中有所概述。然而，了解适用于 WEEE 的其他欧盟废物法规之间的相互联系是非常重要的，图 7-5 介绍了欧盟电子废物立法的时间表，灰色显示的是与本研究相关的。

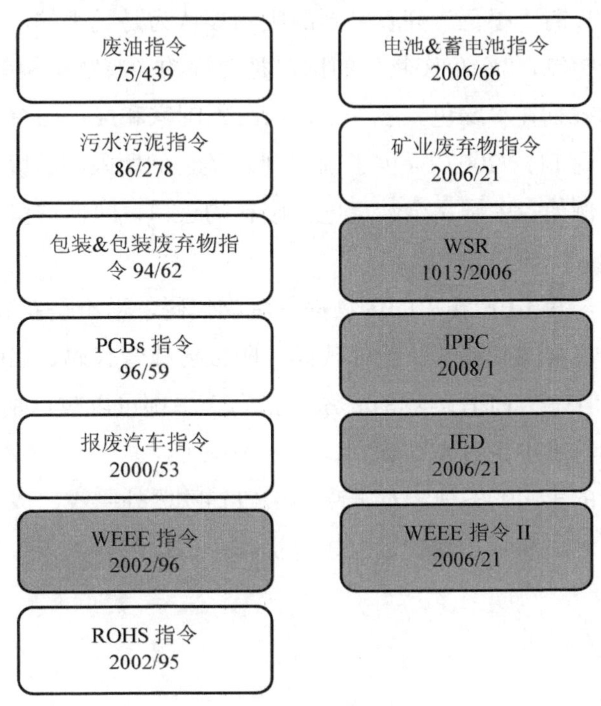

图 7-5　欧盟立法的时间表

① 详见：http：//www.ewasa.org/downloads/files/Techical%20Guidelines%20eWASA.pdf。

② 详见：http：//www.cpcb.nic.in/latest/27.06.08%20guidelines%20for%20E-Waste.pdf。

3.2.1 装运废物的规定（EU）No 1013/2006

废物运输条例通过欧盟在 2006 年[①]提出的废物装运的法定程序和控制机制来“协调”（废物运输条例第 5 条）巴塞尔公约和经合组织决议（引用于法规附件 VIII）。是具有法律约束力的法规，在 3.1 节中详细介绍了两项国际协定衍生的废物分类。表 7-4 提供了废物运输条例的目标概述和废物代码。

表 7-4 废物运输条例的目标概述和废物代码

1. 保证运输和处理/回收不危害人体健康和环境 2. 若从欧盟出口必须进行环境无害化管理 3. 若有理由相信废物将不会进行相应的管理，禁止其进出口［废物“管理”指的是可作为参考的 IPPC[②]指令的最佳技术参考文件（BREFs）］
附件 III：“绿色列表”由经合组织决议 G 代码和巴塞尔公约 B 代码组成——废物运输的一般信息要求
附件 IV：“琥珀色列表”包括巴塞尔公约选择的 A 代码清单——废物运输需服从实现书面通知并赞成的程序

在废物运输条例的第 36 条禁止废物出口处置和出口危险废物到非经合组织国家（附件 V 列出）。在 WEEE 的“绿色”列表类别的废物被认为是无害的，只要进口国允许，或者是允许其进行特殊控制，“绿色废物”的出口是允许的（废物运输条例第 37 条）。

尽管特定的废物被列在“绿色列表”上，第三方国家和成员国有合法权利禁止或限制此类废物。相应的法规 1418/2007[③]提供了国家列表及它们所限制的废物的类型，其中一些国家中包括 WEEE（例如，中国完全禁止电子废料的进口，即使这些电子废料被认为是列在废物运输条例上的“绿色”废物）。

废物运输条例为与 WEEE 相关的废物提供废物代码，而不是新版 WEEE 指令所定义的 WEEE，如有电子废料的代码、装配件代码、阴极射线管代码、铅酸电池代码和铜合金代码等。这些代码不但在 WEEE 运输的联系人指南 1 中都可以被识别，在关于电子废物的巴塞尔公约技术准则草案中也可以被识别。

在废物运输条例的第 49 条规定对于废物出口到欧盟外回收，成员国必须确保接收废物的设施需按照人类健康和环境保护标准进行操作，该标准应“大致相当于共同体法规建立的标准”。

① 2006 年 6 月 14 日欧洲议会及理事会关于废弃物运输的法规（EC）No 1013/2006。
② 2008 年 1 月 15 日欧洲议会及理事会关于综合污染防治与控制指令 2008/1/EC。
③ 2007 年 11 月 29 日关于列在附件 III 或 IIIA 的特定废弃物回收的法规（EC）No 1418/2007，欧洲议会及理事会确定的经合组织决议对废物越境转移的控制并不适用的国家。

3.2.2 废物框架指令（2008/98/EU）

2008年废物框架指令（WFD）（2008/98/EC）确定了有关废物管理的基本概念和定义，如废物、回收和再利用①的定义。规定了废物管理要求的总体框架，并确定了欧盟基本的废物管理的定义。连同废物管理定义，废物框架指令运用了如下的废物管理层次：预防、准备再利用、再循环、回收和处置。另外，为废物处理建立了一个法律框架，废物处理设施必须获得许可和注册运营（23条）。同时，废物框架指令包括危险废物控制要求（17条），以及危险废物的混合禁令（18条）、标记（19条）和记录（21条）。

3.2.3 国际植物保护公约指令/工业排放指令和废物处理的最佳可行技术

为了防止达到对人类健康和环境造成危害的临界排放的程度，欧盟法规包含了一些有关危险废物的处理和管理的条款，涉及具体的危险废物流（即WEEE）或引用具体处理操作的要求（即危险废物的焚烧和填埋）。

国际植物保护公约指令（指令编码2008/1/EC），2014年7月被工业排放指令2010（IED，2010/75/EU②）废除，③通过他们的最佳技术参考文件为成员国提出了最低要求。这将有可能影响WEEE的处理条件，因为（i）最佳可行技术的结论应该为设定许可条件作参考［14（3）条］，（ii）最佳技术参考文件可以针对WEEE按照国际植物保护公约/工业排放指令的处理来定义，正如新版WEEE指令所预期的。④

然而，特别指出的是，该指令下处理设施的要求仅针对指令相关的范围内的要求，并不是对欧盟所有的WEEE处理设施的要求。

3.2.4 新版WEEE指令 2012/19/EU

旧版WEEE指令（2002/96/EC）在2003年1月27日被采用，现在已经被重新修订。新版WEEE指令2012/19/EU覆盖了所有类型的EEE，建立了不同的类别并且制订了收集、回收和再循环的目标。根据新版WEEE指令的第10（2）条，WEEE从欧盟出口必须遵照废物运输条例［和相关指令（EC）1418/2007］，与巴塞尔公约和上述的经合组织决议形成了统一。只要出口商能够证明废物的处理是在指令要求的条件下发生的，从欧盟出口的WEEE将计入再循环/回收目标。

---

① 2008废弃物框架指令废除了2007废弃物框架指令（指令编码75/442/EEC），并合并了危险废物指令（91/689/EC）和废油指令（75/439/EEC）。

② 2010年11月24日关于工业排放的欧洲议会及理事会的指令2010/75/EU，OJ L 334，17.12.2010，p.17。

③ 工业排放指令，81条。

④ 2012/19/EU指令提出：“回收和再循环的最佳处理技术应该被应用，只要它们可以确保人体健康和高的环境保护水平。现有最佳回收和再循环处理技术可以根据指令2008/1/EC的程序被进一步定义”。

在欧盟范围内的 WEEE 需用处理设施处理已被成员国相关权威机构批准。

3.3 新版 WEEE 指令的关键要求

这一节分析了在欧盟内部 WEEE 处理的关键要求。3.3.1 节概括了 WEEE 的定义及新版 WEEE 指令对 WEEE 的分类要求。3.3.2 节侧重于 WEEE 的处理与其在废物框架指令的出口规定之间的相互关系。3.3.3 节介绍了新版 WEEE 指令概述的 WEEE 的妥善处理与处置。

3.3.1 WEEE 的定义和新版 WEEE 指令的要求的类别

新版 WEEE 指令的第 3（1）（a）条将 EEE 定义为"依赖于电流和电磁场正常工作的设备，这一设备用于产生，传输和测量电流和电磁场并且其设计运用的额定电压不能超过 1 000V 交流电和 1 500V 直流电"。而 WEEE 在第 3（1）（e）条中被定义为"电子或电气设备在指令 2008/98/EC 的第 3（1）条中认为是废弃的，包括产品在丢弃时的所有部件、配件和耗材"。

新版 WEEE 指令中包含两个产品分类清单：

- 目前的 10 种，其中包括太阳能板，从 2012 年 8 月 13 日到 2014 年 8 月 14 日（过渡时期）适用。
- 6 类（开放范围）将从 2018 年 8 月 15 日起适用。

图 7-6 阐明了 10 个过渡期的分类被汇编入 6 个开放范围的分类（新版 WEEE 指令的附件 III）：

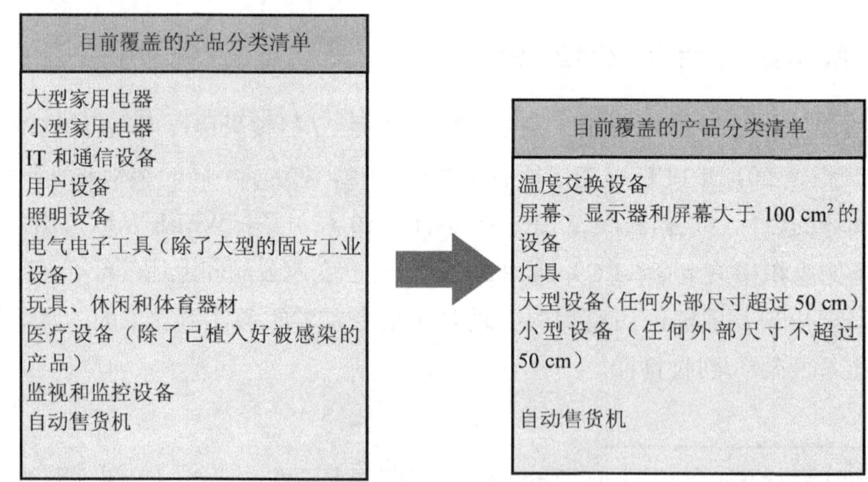

图 7-6 新版 WEEE 指令所涵盖的类别的当前列表和未来列表

3.3.2 WEEE 的出口

新版 WEEE 指令第 10（1）条提出 WEEE 的运输必须遵照废物运输条例和相应的法规（EC）No 1418/2007，[①]关于由废物运输条例附件定义的危险废物和非危险废物运输到经合组织和非经合组织国家的限制性。

从 2016 年开始，成员国将需要收集占投放市场的 EEE 平均质量的 45%。从 2019 年以后，成员国需要收集在成员国境内 85%的 WEEE。目前，欧盟人均收集的 WEEE 大约有 4 kg，到 2020 年，WEEE 的人均收集目标为 20 kg（因为电子废物量一直在增长）。

WEEE 的出口和回收目标高度相关。2014 年开始，WEEE 出口商必须证明在欧盟外处理的 WEEE 符合处于同等条件下废物收集和回收目标率指令的要求。

3.3.3 WEEE 的合适的处理和处置

新版 WEEE 指令第 8 条提出成员国必须确保所有分别收集的 WEEE 经过了妥善的处理。最低限度包括完全除去液体和根据指令的附件 VII 和附件 VIII 选择性的处理。

表 7-5 列出了 WEEE 存储和处理的技术要求。

表 7-5 WEEE 存储和处理的技术要求

新版 WEEE 指令，附件 VIII 技术要求
1.WEEE 在其处理要求之前的储藏点（包括临时储藏）
适当不透水表面区域提供溢出收集设施，合适的滗析器和清洁剂——脱脂剂
适当区域防雨覆盖
2. WEEE 处理点
处理废物质量的衡量尺度
不透水表面和防水覆盖适当区域提供溢出收集设施，合适的滗析器和清洁剂——脱脂剂
拆卸零部件的合理储存
储存电池的合理容器，含有 PCBs/PCTs 的容器及其他危险废物如放射性废物
符合健康和环境法规的水处理设备

附件 VII 概括了 WEEE 的材料和组件的最低选择性处理。

① 前面提到，法规（EC） No 1418/2007 陈列了一些国家的列表以及它们分别禁止进口的废弃物。

表 7-6　WEEE 的材料和组件的选择性处理

1.作为一个至少下列物质，混合物和部件必须从任何单独收集的 WEEE 中除去：
含有 PCB 容器要符合 1996 年 9 月 16 日的委员会指令 96/59/EC
含汞的组件，例如开关或背光灯
电池①
一般的手机印刷线路板和印刷电路板的表面大于 10 cm^2 的其他设备
硒鼓、液体和膏体以及彩色调色剂
含有溴化阻燃剂的塑料
含有石棉的石棉废物和组件
阴极射线管
氯氟化碳（CFC）、氯氟烃（HCFC）或氢氟碳化物（HCF）、烃类（HC）
气体放电灯
表面积大于 100 cm^2 并且背后有气体放电灯的液晶显示器（和其合适的包装）
外部电缆
1997 年 12 月 5 日委员会指令中描述的含有耐火陶瓷纤维的组件
包含放射性物质的组件，除了理事会指令 96/29/Euratom 附件 I 第 3 条中指定的低于免征阈值的组件
含有相关物质的电解电容器（高度＞25 mm，直径＞25 mm，或比例类似的容器）。这些物质，混合物和组件必须要按照废物框架指令来处理或回收
以下分别收集的 WEEE 组件必须按如文所示处理：
阴极射线管：荧光涂层必须被去除
包含有消耗臭氧或有一个全球变暖潜能值（GWP）大于 15 的气体的设备，例如，那些含有泡沫和制冷电路的设备：气体必须要正确的提取并妥善的处理。消耗臭氧的气体必须按照法规（EC） No 1005/2009 进行处理
气体放电灯：汞必须被去除

新版 WEEE 指令没有对超出前面列表范围的 WEEE 给出具体的处理标准。但是，它规定了（第 9 条）成员国必须确保任何机构或企业进行 WEEE 处理业务时应取得主管部门根据废物框架指令的第 23 条颁发的许可证。

这就意味着许可证至少要列出以下内容：

（a）可能要处理的废物的类型和数量；

（b）每种类型所允许的操作、技术以及相关处理地点的其他要求；

（c）必须采取安全和预防措施；

（d）用于每种操作的使用方法；

（e）必要的包含监测和控制操作；

（f）必要的终止和善后规定。

成员国还要确保许可证包含的所有条件必须按照新版 WEEE 指令第 8（2）、（3）和（5）条的要求，并且要实现新版 WEEE 指令第 11 条提出的回收目标。

① 欧盟关于电池和蓄电池的特定指令（2006/66/EC），其废弃物所需的最低处理标准。

4 政策选项的识别和分析

本章旨在分析有关证明的政策选项，该证明是指从欧盟合法出口的 WEEE 的处理条件应等价于新版 WEEE 指令中的第 10 条（2）和（3）的要求。

因此本章：

- 确定潜在的政策选项，并提供一个进行彻底分析过的选项名单。
- 评估每个入围的选项，突出每个选项之间的主要差异，并分析它们各自的优势、劣势、机会和威胁（SWOT 分析），以此作为建议的基础。

4.1 潜在的政策选项的确定

4.1.1 方法

本文列出了以下选项，这些选项在下文第 4.2 节进行分析：

- 关于符合特定废物运输要求的事后检查报告，由个人或者各成员国授权的组织进行。
- 符合关于“WEEE 的处理”的 WEEELABEX 标准（WEEE 卓越标签）。
- 符合 R2、RIOS 或 e-Stewards 标准。
- 符合 WEEE 处理的相关欧洲标准。

其他的政策选项是通过以下确定：

- 关于现存的国家和国际程序、标准、准则和立法的案头研究，当为在欧盟外进行的 WEEE 处理的“等价条件”确定潜在的选项时此类程序、标准、准则和立法是相关的。
- 关于每一个确定的程序、标准、准则或立法的文献综述。
- 按欧盟和国际水平，专家和利益相关方的咨询（个别访谈的形式）。附件中提供了受咨询的专家和利益相关方的名单。

对于所有其他确定的政策选项，为了确定用于进一步分析的选项（候选名单）和丢弃与本研究的目的无关的选项，团队对每一个选项的相关性，特别是它们的范围、兴趣和实施做了进一步的分析。

4.1.2 确定的选项

根据上一节所描述的方法和招标规范，项目团队确定了 13 种可适用于进一步分析的选项：

- 符合事后检查报告（符合指令 2012/19/EU 的要求的标准，通过一个实地检查的独立验证）；

- 符合 WEEELABEX：2011 关于 WEEE 处理的标准；
- 符合“可靠再循环”（R2）和“回收行业操作标准”（RIOS）（R2/RIOS）；
- 符合关于“电子设备可靠再循环和再利用”的 e-Stewards 标准；
- 符合关于 WEEE 处理的欧洲标准；
- 符合非欧盟国家的等同立法；
- 符合关于“WEEE 的收集、储存、运输和处理”的澳大利亚/新西兰标准 AS/NZS 5377：2013；
- 符合关于二手的和报废的 EEE 的再利用的公开规范 PAS 141（UEEE and WEEE re-use standard，UK）；
- 符合加拿大电子产品再利用和翻新标准（ERRS）；
- 符合加拿大回收认证程序（RQP）；
- 符合对于含氯氟烃的制冷设备拆解的 RAL 质量保证（德国认证计划）；
- 符合关于 EEE 回收的南非电子垃圾协会技术准则（南非）；
- 符合关于报废计算设备的环保材料回收/再循环的计算机设备法案合作关系准则。

对这些选项进行审查，去掉其中的一些，同时保留其他选项。

4.1.3 丢弃的选项

符合非欧盟国家的等同立法

项目团队考虑非欧盟国家的法律是否可被认为关于根据新版 WEEE 指令规定的 WEEE 处理的保证的等价条件。

大多数确定的非欧盟国家的法律都来自经合组织国家，虽然有少数来自非经合组织国家，如中国。已经审查的法律的例子（非详尽名单）包括：

- 国家强制性电子产品回收计划（USA）：目前 25 个州实施 WEEE 立法，但没有统一的联邦法律。
- 加拿大省级 WEEE 立法：在加拿大没有全国性的 WEEE 立法，但是在 2004 年由来自各省和地区的部长组成的加拿大环境部长委员会批准了一系列的生产者延伸责任原则，以帮助各省制订统一有效的 WEEE 法律；部分省份已经通过了该立法（如艾伯塔省、不列颠哥伦比亚省、新斯科舍省、安大略省和萨斯喀彻温省）。
- 韩国有效促进资源节约和再循环修正法案：建立了 EPR 系统，该系统适用于特定的产品（包括电子产品、电池和荧光灯泡）和包装材料。根据 EPR 系统，生产商和进口商必须支付产品强制回收的费用。

- 特定家电回收法（日本）：根据此法，对于空调、电子管电视机、冰箱、洗衣机，再循环是强制性的，自 2008 年开始液晶/等离子电视机和衣物烘干机的再循环也是强制性的。
- 中国台湾废物处理法（1979 年，1997 年修订）：规定对于选定的城市固体废物或者规定的可回收废物（RRW）需要进行再循环和资源回收；中国台湾环境保护部门（EPAT）建立了一个再循环计划，包括 WEEE 在内的所有规定的可回收废物必须按照中国台湾环境保护部门的标准进行回收（2002 年颁布，2007 年修订）。
- 中国法律：关于废弃电器电子产品的回收和处理管理的电子信息产品与调控污染控制管理办法。

如上文所提到的，对确定的和潜在的相关立法的审查，导致排除了非欧盟国家等价立法的选项：

- 不是所有被欧盟立法涵盖的 WEEE 必然被非欧盟国家的立法涵盖（例如，一些立法仅涵盖电子垃圾，其他只能涵盖家用电器等）。
- 联邦国家缺乏统一的法规（如美国、加拿大）。
- 立法可能是复杂的或者难以理解的：通过立法并不总是独立的立法，也可以包含各种法律文书。
- 有关废物处理要求的新版 WEEE 指令或者其他欧盟立法进行了修正，已确定的非欧盟国家立法不一定对应于修正版。此外，修改法律可能会相当烦琐。
- 用于评估处理条件的等价性的非欧盟国家立法的评价，可能被看作是对国家司法权的干扰事项。假定 WEEE 被出口到的处理设施，被授权按照国家立法或者设施所建设的国家程序进行操作。处理设施关于授权条款符合性的检查是在国家司法权的范围内。
- 非欧盟国家立法的“相互承认”将要求对所有国外法律进行全面审查，以确保国家之间没有贸易反常（例如，如果一个选用 WEEE 等价处理条件的国家被不合时宜地忽视）和技术要求严格等价于新版 WEEE 指令。

符合有限的材料或地理范围和潜在的无效应用指南

项目团队已经确定了与 WEEE 处理有关的处理指导方针。然而，由于狭窄的范围和/或有限的地理区域，它们被看作为与本研究的结构无关，但也是因为潜在的无效应用，此类应用可能是在证明符合指导方针时缺乏标准和/或（国际）公认的程序。

- 关于 EEE 回收的 eWASA 技术准则（南非）

南非电子垃圾协会（eWASA）是成立于 2008 年的行业协会和非营利性组织，以管理建立南非可持续环保电子废物管理体系。

该技术准则是关于 WEEE 的环保处理的回收合约的组成部分，该合约由 eWASA 和回收公司缔结（准则第 A.1.3 条）。eWASA 技术控制委员会通过每年两次的检查，对符合包括这些技术法规在内的要求进行评估（准则第 A.1.4 条）。然而，该准则不包括 eWASA 技术控制委员会怎样建立或者其运作方式的任何信息，无法进行相关的进一步研究。[①]

因此，虽然 eWASA 技术准则可以初步被认为是相关的，但是在证明处理设施符合准则时它的地域限制和国际公认程序的缺乏（包括关于技术控制委员会缺乏透明度），说明与从欧盟 WEEE 的出口是不相关的。

- 关于报废计算设备的环保材料回收/再循环的 PACE 准则

该准则由计算机设备法案合作关系（PACE）制定，[②]仅涉及计算设备（计算机及其外围设备，例如中央处理单元、台式机、笔记本电脑、使用 CRT 和 LCD 平板屏技术的监视器、键盘和鼠标、打印机和扫描仪），范围比新版 WEEE 指令的范围更狭窄。

出于该原因，而且由于缺乏可证明符合该准则的程序/机制，PACE 准则被认为与本研究无充分的相关性。因此，PACE 准则从后续章节进行深入分析的范围中排除。

符合有限的材料或者地理区域的标准

项目团队已经确定了适用于 WEEE 的其他标准。然而，由于狭窄的范围和/或有限的地理区域，一些标准被认为与本研究的结构无关。

- 关于二手的和报废的 EEE 的再利用的公开规范 PAS 141（英国）

PAS 141：2011 是关于二手的和报废的 EEE 的一个工艺管理规定，由来自新家电和再利用组织的行业专家制定。尽管在 2011 年就已经被批准，PAS 141 的认证计划在 2013 年 2 月才举行。认证机构（CB）是由英国国家认可机构、英国皇家认可委员会认可，也是进行评估的检查员。技术咨询委员会负责监督该计划的持续运作，并提供技术咨询、战略方向和指导[③]。PAS141：2011 标准已经由英国标准协会出版[④]。

该标准包括关于电子设备及元器件的处理、追踪、隔离、储存和保护的规定，也包括如何准备再利用的规定。一些受访的利益相关方强调指出，PAS 141：2011 检测可以用于再利用的二手的和报废的 EEE 的功能，但是如果在翻新时产品的一些元器件已经被更改就不适用了。

该标准的范围被认为过于狭窄，原因如下：

✧ PAS 141：2011 被制定用于涵盖家用设备，而不是专业设备，而且它本身的范围比新版 WEEE 指令的范围狭窄；

✧ PAS 141：2011 仅仅涵盖 WEEE 的再利用，这只是新版 WEEE 指令的一小部分，但不解决有关 WEEE 处理的方面的问题。

---

① 南非电子垃圾协会的网址不包括这方面的任何信息。技术控制委员会仅在该准则中被提到。

② 准则地址：archive.basel.int/industry/compartnership/docdevpart/ppg21DraftGuidelineFinal-2011-03-15.pdf。

③ PAS 141 认证计划工作的组织结构图：www.wrap.org.uk/sites/files/wrap/How%20the%20scheme%20works.pdf。

④ PAS 141 可以在这里付费查看：shop.bsigroup.com/en/ProductDetail/？pid=000000000030245346。

- 加拿大电子产品再利用和翻新标准（ERRS）

加拿大电子产品再利用和翻新标准的目的是“促进电子产品再利用和翻新的负责任的环境、安全和社会管理实践，确保通过此计划认证的再利用的产品以负责任的方式处理，从而有利于在报废电子产品处理前长时间使用电子产品”。①

对于本研究的目的而言，ERRS 的范围被认为过于狭窄，因为它仅涵盖 WEEE 的再利用和翻新，不解决有关 WEEE 处理方面的问题。因而，合格的机构只包括进行再利用和/或翻新的机构，不包括回收机构。

- 德国认证计划：RAL

对于包含含氯氟烃的制冷设备的非制造的质量保证，是一个全球性的私人认证，针对经营包含含氯氟烃的废旧制冷设备的公司。②

RAL 的范围被认为过于狭窄，原因如下：

- ✧ RAL 认证关注包含含氯氟烃的制冷设备，而且它本身的范围比新版 WEEE 指令的范围狭窄。
- ✧ RAL 认证等价于由 CENELEC 制定的欧洲标准 50574：2012 的要求，该要求涵盖“含挥发性碳氟化合物或挥发性碳氢化合物的报废家电处理的收集、运输和处理要求”。由于欧洲标准政策选项在下面的章节将进行检查和分析，所以分析 RAL 认证将是多余的。

4.1.4 保留的选项

- 事后检查（符合指令 2012/19/EU 的要求的认证，独立检查者现场检查）

根据该选项，为了符合新版 WEEE 指令的处理要求，需要进行事后检查并提交一份报告。

该选项能够用来为 WEEE 每一个特定的运输证明符合指令的要求，这将有助于决定一个特定的废物运输是否计入指令第 11 条和相关的附件的回收目标中。

符合性评定必须由具有相应资质的独立检查者进行现场检查。

注意：该项研究是指事后检查。然而，该选项等价于包括符合由独立检查者进行现场检查的任何选项：在 WEEE 实际装运之前进行检查（事前检查），或者在 WEEE 装运之后进行检查（事后检查）。事前审计有利于主管当局能够在 WEEE 实际装运之前进行合规性认证。然而，事后检查只有事后检查确认第三国接受 WEEE 的设施满足新版 WEEE 指令的要求。事后检查，只有每批 WEEE 得到证明才能符合要求。这是为了确定一个合适的数量，该数量能够计入符合指令 2012/19/EU 的第 11 条和附件 5 的回收目标。

---

① 电子产品环境评估工具和绿色电子委员会，选定的报废电子产品处理程序和 IEEE 1680 中关于报废电子产品处理要求的比较，见：arcadiansolutions.com/wp-content/uploads/R008-EOLE-Comparison-2012-12-21.pdf。

② 进一步的信息可以在这里找到：www.ral-online.org/html_engl/verantwortung.html。

- 符合关于“WEEE 处理”的 WEEELABEX：2011 标准

WEEELABEX 是一个为期 4 年的项目，该标准由欧盟电子电气设备回收协会（WEEE Forum）与来自生产者的社区和加工工业的利益相关方合作制定，该标准由欧盟生活项目（LIFE07 ENV/B/000041）共同资助。WEEE Forum 成立于 21 世纪初，代表 39 个 WEEE 符合认证计划的欧洲非营利协会的制造商[①]。WEEELABEX 项目的目的是：（i）为欧洲国家制定一套统一的标准，反映新版 WEEE 指令的立法要求；（ii）制定了一套用于确保统一的符合性认证的规则和监管程序。

WEEELABEX 标准于 2011 年 4 月被引进，为了帮助实现欧洲的这些标准，随后建立了一个正式的 WEEELABEX 组织。被核准的 WEEELABEX 标准包括关于 WEEE 处理的收集标准和物流标准[②]。WEEELABEX 组织主要培养审查符合 WEEELABEX 的检查人员，并促进欧盟的操作人员和成员国采用这些标准。到目前为止，26 个组织已经加入了 WEEELABEX 组织，同时 WEEE Forum 的所有 39 个制造商符合性计划已经自愿致力于该标准的实施。

图 7-7 展示了 WEEELEBAX 组织如何与 WEEE 论坛和 CENELEC 联系。

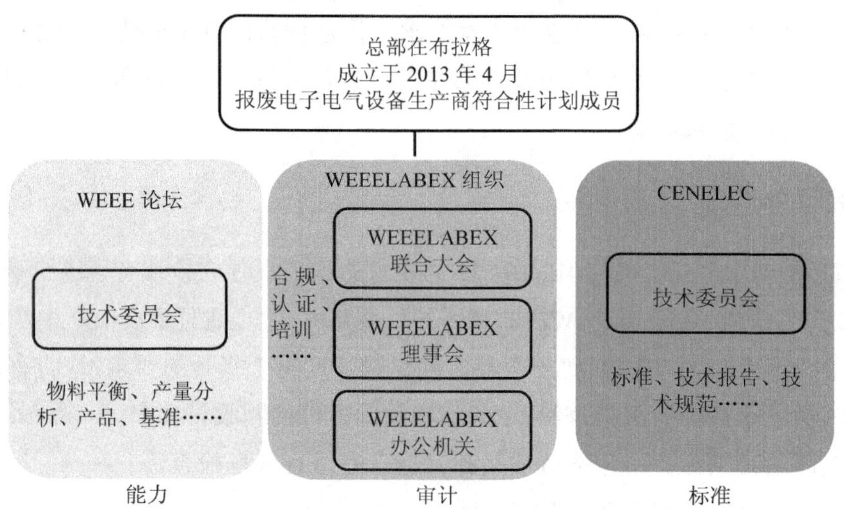

图 7-7 WEEELABEX 的组织机构[③]

由该项目制定的标准和准则仍然是自愿的，不替代法律义务。

WEEELABEX 标准的地理区域包括欧盟成员国和一些欧洲自由贸易联盟的国家（即

① 39 个非营利组织的总部设在奥地利、比利时、捷克共和国、丹麦、爱沙尼亚、法国、德国、希腊、意大利、爱尔兰、立陶宛、荷兰、挪威、波兰、葡萄牙、罗马尼亚、斯洛伐克、斯洛文尼亚、西班牙、瑞典、瑞士和英国。

② 报废电子电气设备卓越标签标准的文件可以在欧盟电子电气设备回收协会的网站下载（http：//www.weee-forum.org/news/weeelabex-standards-for-sustainable-weee-management）。

③ 受欧洲报废电子电气设备协会的报废电子电气设备卓越标签组织图表启发得到的图片。

冰岛、列支敦士登、挪威和瑞士)。

● 符合“R2”和“RIOS”的标准

R2：2013 标准制定了“可靠再循环”规定和安全规定，“可靠再循环”规定用于评估电子产品（仅计算机和音频设备）回收商的环保、安全的认证程序。回收商包括但不限于电子产品经销商、翻新商、回收商、再制造商、资产回收商和经纪人，以及从事这些活动的租赁公司。该认证向客户证明，电子设备按最高的环保、工人健康和安全、数据隐私和设施安全的标准进行回收。

R2 是一个由电子产品回收利益相关方组成的基广泛的协会制定的。这些利益相关方包括美国环境保护局、州政府、制造商、回收商、贸易团体和非政府组织。R2 理事会，一个由来自所有利益相关方组成的独立管理机构，负责标准的未来更新（理事会的所有工作向公众开放审查和评论）。可靠再循环解决方案（R2S）是 R2 标准的拥有者，是为管理和促进 R2 标准的非营利性组织。R2 技术咨询委员会是一个由有关利益相关方组成的志愿团体，被 R2S 董事会任命，并负责维护 R2 标准及相关准则的完整性和有效性。

用于评估电子产品回收者的认证程序的 R2 规定是一个开源文档，该开源文档可以用在任何评估电子产品回收的认证程序（R2S 2013）。目前有多个用 R2 规定的程序，该规定没有拥有者。

一个 R2 的电子产品回收商被认证为一个(RIOS)或者多个认证(国际标准化组织 14001 和职业健康安全评价系列 18001 的组合)，以满足职业健康安全管理体系的要求。虽然国际标准化组织 14001 和职业健康安全评价系列 18001 的组合也可以使用，R2 标准却批准了 RIOS。RIOS 是关于质量、环境、健康和管理体系的回收行业标准。RIOS 为所有废物材料的废物（包括电子产品废物）回收商提供了一个框架，以提高他们的质量、环境、健康和安全性能以及最低限度。RIOS 认证已经被废物回收行业协会认证，并且可以从由美国国家认可委员会认可的第三方认证机构处得到。①

● 符合对于“电子设备的回收和再利用”的 e-Stewards 标准

e-Stewards 计划是巴塞尔行动网络的一个项目。巴塞尔行动网络是一个总部位于美国西雅图的非营利性慈善组织。巴塞尔行动网络成立于 1997 年，后年更名为巴塞尔公约。

2008 年年底，巴塞尔行动网络推出了 e-Stewards 认证计划，该计划在 2009 年 7 月 1 日出版，之后由 e-Stewards 缔造者和多部门的领导者修订，是一个国际认可协会认可的标准。有资格成为 e-Stewards 认证的是电子产品回收商（即那些仅回收计算机和音响设备的回收商)、翻新商、资产管理商、精炼者和电子产品处理商。经纪人、运输公司或者仅从事 WEEE 收集的人不在此范围内。

① 查阅废弃物回收行业协会的网站：www.isri.org。

e-Stewards 标准的第一个版本仍然有效，但是第二个版本定于 2013 年 9 月 1 日生效。

- 符合关于 WEEE 处理的欧洲标准

在新版 WEEE 指令第 8（5）条的应用中，欧洲委员会授权欧洲标准化组织（CENELEC、欧洲标准化委员会和欧洲电信标准协会）来为 WEEE 的处理（包括回收、再循环和再利用的准备）制定标准。①

这些标准正在由 CENELEC 制定，具体为委员会 CLC/TC111X（环境）第 6 工作小组——根据委员会授权来制定标准的主要技术机构。

当前 CENELEC 的 33 个成员是国家组织，该组织受电工标准化组织委托，由代表标注其国家的利益，按国家和欧洲水平受到承认。该工作小组的成员是生产者、符合计划的生产商、WEEE 回收商、金属回收商、合格评定机构和化学和塑料领域的其他专家，以及 EEE 特定类别的专科专家。CENELECCLC/TC 111X 工作项目目前包括关于 WEEE 处理的一系列标准的制订："WEEE 的收集、运输和处理的要求"欧洲标准 50625 系列。②

✧ 欧洲标准 50625-1：WEEE 的收集、运输和处理的要求——第 1 部分：一般处理要求。

✧ 欧洲标准 50625-2-1：WEEE 的收集、运输和处理的要求——第 2-1 部分：灯具的处理要求。

✧ 欧洲标准 50625-2-2：WEEE 的收集、运输和处理的要求——第 2-2 部分：包含阴极射线管和平板显示器的 WEEE 的处理要求。

✧ 欧洲标准 50625-2-3：WEEE 的收集、运输和处理的要求——第 2-3 部分：包含挥发性碳氟化合物或挥发性碳氢化合物的 WEEE 的处理要求。

✧ 欧洲标准 50625-2-4:：WEEE 的收集、运输和处理的要求——第 2-3 部分：光伏板的处理要求。

其他的欧洲标准也由 CENELEC 准备和制订，用来满足 WEEE 原始指令的要求（2002/96/EC），例如：

✧ EN 50574：2012"对于含挥发性碳氟化合物或挥发性碳氢化合物的报废家用电器的收集、运输和出的要求"（CENELEC2012）。

该标准仅适用于适用除了水作为热传递介质的家用电器，即冰箱、冰柜、热泵滚筒式烘干机、加湿器和便携式空调。然而，该标准只描述了要取得的结果，没有详细说明结果如何取得，也没有规定任何特定技术的使用。

一些成员国已经认可，并准备在国内立法要求出口的 WEEE 回收处理的操作者将需要

---

① 欧洲委员会环境总司授权欧洲标准化组织为报废电子电气设备制订标准（报废电子电气设备指令 2012/9/EU），2013 年 1 月 24 日，Ref. M/518 EN。

② 该信息由欧洲委员会环境总司提供。

遵守 WEEELABEX/欧洲标准。据报道，荷兰正是这种情况。[①]

- 符合加拿大回收商认证程序（RQP）

初步筛选选项后，考虑到加拿大各省之间相关立法的异质性，加拿大回收商认证程序可能有一些不足之处。例如，该异质性允许在各省之间 WEEE 材料上有显著的差异。尽管如此，由于加拿大回收商认证程序是一个行业领导标准，所以是令人关注的（至少在目的分析），从而可以提供一些相关的见解。

2003 年，加拿大电子产品管理（EPSC）由两个行业领导的组织（加拿大信息科技协会（ITAC）和加拿大电器联合会（EFC））建立。EPSC 是一个非营利的行业领导组织，用来推广和实施对于报废电子产品（EOLE）的回收利用的可持续解决方案。

2004 年，EPSC 制定了《电子产品回收标准》（ERS），其目的是确保收集的报废电子产品能通过省级管理项目以一种安全、环保和负责的方式处理。由于加拿大各省发布的 EPR 规定，因此出于需要制定了电子产品回收标准。此规定并不一定包含用于确保这些材料安全环保回收的规定。ERS 为电子产品回收商提供了最低要求，用来解决环保、健康和安全法规不存在、不充分的或不被执行的地方，以确保这些材料的充分控制和适当管理。

ERS 已经修订了 3 次，其最新版本正在被纳入一个更广泛的计划——回收商资格认证计划（RQP）。回收商资格认证计划是由回收商资质机关（RQO）管理，回收商资格机关在电子产品回收协会（EPRA）领导下运行。EPRA 是一个由加拿大电子产品行业创建的全国性非营利组织，以提高加拿大行业和规定的电子产品管理计划的效率和有效性，其董事会包括来自惠普、索尼、东芝、三星、百思买、伦敦药房、斯台普斯、加拿大零售商协会、电脑基因公司和计算机中心公司的高级管理人员，是加拿大电子产品管理的一个成员。

对处理材料感兴趣的主要回收商，代表省级项目，被要求由回收商资质机关进行审查，并被要求核实按照回收商资格认证计划的要求进行操作。

RQP 出版了八个部分，定义了电子产品监管计划的最低要求以及审核和批准报废电子产品的方法。第一部分是哪里可以包含电子产品回收标准，回收商可以确保报废电子产品能够以环保和社会可接受的方式处理，这种方式保护环境并保障工人的健康和安全。

符合关于“WEEE 收集、运输、处理”的澳大利亚/新西兰标准 AS/NZS 5377：2013。

关于“WEEE 收集、运输、处理”的澳大利亚/新西兰标准（AS/NZS 5377，于 2013 年出版）概述了电子废物安全环保处理的最低要求。它用于 WEEE 的收集、储存、运输和处理。它规定了家用电器、电脑、通信设备、电视机、电动工具、照明产品和其他形式的 EEE 的安全环保回收的原则和最低要求。根据澳大利亚标准（澳大利亚非政府组织标准），新标准将有助于确保从 2014 年中期开始收集的所有电子垃圾的 90%被回收。

---

① 欧洲电子产品回收商协会区域思想会议，布加勒斯特，2013 年 6 月 27 日，由 Norbert Zonneveld 展示，在此可以查看：www.eera-recyclers.com/news/invitation-eera-regional-thought-meeting-bucharest-27-june-2013。

该标准的制定是由澳大利亚发起的，以支持 2011 年的澳大利亚产品管理方案，并为新西兰提供了一个与澳大利亚在电子产品回收领域合作的机会。该标准受到新版 WEEE 指令的启发，也受到关于英国最佳回收和再循环技术（BATRRT）准则、WRAP 电子废物准则（“为没有废物计划的世界共同工作”，英国政府资助的计划）和新西兰 WEEE 准则的启发。

该标准是由新西兰和澳大利亚的利益相关方制定，新西兰的 5 名帮助制订标准的代表来自中央政府、社区回收商网络（NGO）、废旧金属协会、地方政府、易贷信托（学术界）；19 名来自澳大利亚代表国家、州和当地政府、电子产品制造商、认证机构、工作场所健康安全代表、非政府组织，以及来自回收废物行业的人。

该标准还包含了关于处理电子垃圾的工人培训的准则和其他元素，如标志。

4.2 保留的选项的比较分析

4.2.1 方法

为了确定和建议最合适的选项，以确保出口到欧盟外的 WEEE 的处理能按照欧盟内的等价条件进行，项目团队采取的方法是选择一些被认为与本研究目标最相关的标准，对所有入围的政策选项进行了评估。

前面的章节已经提供了每个选项的概述，对这些选项和选定的标准的分析，使项目团队能够比较和评估其针对性和相关性，以证明出口的 WEEE 在目的地国家按照等价条件（正如它们在欧盟）进行了处理。建立了一个 SWOT 分析，借此项目团队确定与每个政策选项相关的优势、劣势、机会和障碍。该分析是基于文献综述和专家/利益相关方的咨询（个人采访）。[①]

以下列出和解释了所选择的标准：

政策选项的实施状况的评估，包括其附加值（如有效的合规要求或烦琐的要求）

该标准的基本原理是确定政策选项的实际有效性水平，即选项是否已经在实践中实施或者是否还有待检验，需要确定政策选项当前是否适用或者是否只有在稍后的时间有可能实施。

地理范围

该标准的目的是确定政策选项是否是仅适用于一个有限的地理范围，或者是否适用于广泛的地理范围。该政策选择可能已经在不同的国家（经合组织或非经合组织国家）应用，或具有适用于这些国家的潜力。

---

① 在附录中可以查看受采访的专家和利益相关方的列表。

出口控制（经合组织或非经合组织国家）

如第 3 章所述，废物的国际运输有一定的要求限制。这些要求根据目的地国家是经合组织或非经合组织国家，也根据要出口的废物的类型（危险或非危险）而改变。

因此，政策选项是否包括要求或保证，出口控制是一种附加标准，以补充 “符合性声明”。该声明构成每个政策选项的常用措辞，并确保切实遵守废物运输条例和规定（EC）1418/2007。需要明确的是，这是一个在考虑范围内的标准，因为它提供了额外的信息，但不能用来作为一个排除标准预留，不会有任何相关规定的政策选项。这是因为 WEEE 的合法运输在任何情况下必须遵循 WEEE 合法运输的要求，任何确定的政策选项都应该考虑这些情况。

出口的 WEEE 的可追溯性

该标准关注政策选项是否包括用于确保出口的 WEEE 的可追溯性的规定，从 WEEE 离开欧盟境内到在目的地国家的处理，WEEE 的可追溯性确保收集目标率的准确性。根据新版 WEEE 指令第 11（4）条，可追溯性是必需的，以确保出口的 WEEE 计入指令设定的回收目标。可追溯性要通过适当的文件和保管 WEEE 的记录来确定，各种追塑性技术都可以使用，例如，在 WEEE 回收试点项目里，新的 RFID 溯源技术，证明能降低碳排放量和增加回收目标率（欧洲委员会环境总司，2013）。

材料范围

为了确保出口的 WEEE 按新版 WEEE 指令的等价条件处理，政策选项涵盖所有的 WEEE 是必要的，即政策选项规定的 WEEE 的范围和定义和新版 WEEE 指令规定的范围具有同样的广度。这意味着分析适用的欧盟法规中的 WEEE 和其他相关方面（EEE、处理等）的定义是否和政策选项中的等效，是否涵盖新版 WEEE 指令列出的所有 EEE 和材料（见图 7-6）。

政策选项所涵盖的 WEEE 处理的阶段

为了本研究的目的，将 WEEE 回收价值链分为三个步骤：收集、材料回收准备（主要类似于新版 WEEE 指令第 8 条和附录 7 和附录 8 中的 WEEE 的处理，以及在本研究中提到的“处理”）和材料回收（WEEE 中的材料的回收）。材料回收/处理的准备包括诸如 WEEE 的分解、粉碎和机械分离，其目的是将 WEEE 中的材料分解成小部分，以便在随后的工艺中被再利用。

WEEE 材料的回收是通过冶金过程来完成的，如在熔炉中冶炼和精炼以便回收在材料回收准备阶段产生的组件和小部分中的材料（如印刷电路板）。WEEE 材料的回收似乎超越了新指令第 11（2）条中的回收目标的范围，然而该范围可能根据新指令第 11（6）条给出的特别授权被修改。

该标准的目的是确定每个政策选项对 EEE 的处理包括哪些规定，特别是政策选项是否仅为特定处理提供规定，或者是否包括超越新版 WEEE 指令第 8 条、附录 7 和附录 8 中规定的指令要求。

环境管理系统（EMS）的建立

新版 WEEE 指令第 8（6）条要求，管理系统鼓励进行处理操作的企业或事业引进废物环境无害化管理（ESM）和认证的环境管理系统（EMS）。

该标准允许提供关于一个具体的政策选项是否提供对于 WEEE 处理操作的环境管理系统应用的信息，如规定一个处理设施应进行 ISO14001（环境管理系统标准）认证，该标准从而符合欧盟法律规定的要求，也允许确定政策选项是否规定环境管理系统、工人健康安全认证（EHSMS/EH&S）的具体义务，比如 OHSAS 18001 标准规定的要求认证，或两者。

处理要求

- 妥善处理的最低要求

第 3 章强调，根据新版 WEEE 指令 2012/19/EU 第 8（2）条，收集的 WEEE 应该进行妥善的处理，该处理包括按照附录 8 去除所有液体和选择性处理的最低限度。每一个政策选项按照妥善处理的最低要求的标准进行评估，根据新版 WEEE 指令第 3（1）（1）条包含的“去除”的定义[①]，以及附录 7 中的规格（见第 3 章表 3-5）。

- 最佳可行技术（BAT）和处理设施的技术要求的使用

根据新版 WEEE 指令第 8（3）条，生产商或代表他们利益的第三方应建立能提供 WEEE 回收最佳可行技术的系统。处理设施应符合附录 8 中的技术要求（这些技术要求见表 4）。

因此，各种政策选项分析的目的是确定是否规定了最佳可行技术的使用，以及处理设施的技术要求是否得到履行。

该标准是用来提供关于何种程度每种政策选项规定的处理条件能被认为等价于指令中的要求的信息。通常认为 WEEE 出口到处理设施需被授权按照国家法律或处理设施所建立的国家程序进行操作。标准的作用不是用来评价国家许可证的条款，而是用来评价何种程度政策选项本身提供能被认为等价于新指令中的要求的处理要求。

符合性评定

符合性评定对于确定出口的 WEEE 是否已经按等价于新版 WEEE 指令 2012/19/EU 的要求进行处理是必不可少的。

符合性评定的性质可能会变化，因为它可能是：[②]

---

① “去除”是指人工、机械、化学或冶金处理结果，有害的物质、混合物和组件包含在可识别的流中或者是处理程序的流的可识别部分。如果一种物质、混合物或组件被监视以验证环保安全处理，那么它是可识别的。

② 关于符合性评定的 ISO/IEC 17000 标准——词汇和一般原则（步骤计划 2012）。

- 第一方符合性评定（即自我评价）：由提供物品或服务的个人或组织进行的符合性评定（例如，WEEE 处理商）。
- 第二方符合性评定：由对物品或服务有兴趣的人或组织进行的符合性评定（例如，和 WEEE 处理商缔约的制造商）。
- 第三方符合性评定：由独立于提供物品或服务和对物品或服务有兴趣的个人或组织进行的符合性评定（例如，认证）。

在第一方和第二方符合性评定的情况中，可能会出现利益冲突。因此，第三方符合性评定是用来确保进行符合性检查时的最高独立性以及最可靠的方法。

因此，对于每一个政策选项，标准用来确定符合性评定的性质。在第三方符合性评定的情况下，分析区别和/或强调该政策选项是否属于下列的一个或多个（阿卡迪亚解决方案 2012）①：

- 认证：是组合符合特定要求的一个认证，由认证机构进行的认证（通常是检查），认证机构本身也要被认证机构认证（例如，IAF）。
- 核实：通常由行业或非营利组织的管理，使用第三方未经认可的验证过程。

检查人员的职业能力

该标准是指分析关于符合性评定的框架内进行的检查的客观性和有效性两个主要方面，即

- 专业技术：检查人员是否有新版 WEEE 指令规定的处理要求的培训和知识，以确保用健全和彻底的方式进行检查。
- 是否具有通过避免利益冲突得到保证的独立性。

该标准是很重要的，以确保执行检查的最高客观性。因此，该标准是新版 WEEE 指令规定的要求的“等价条件”的最精确的评价。

费用

证明出口的 WEEE 处理的等价条件的一个政策选项的实施必然是附加费用的一个来源。这些费用可能包括（取决于所考虑的政策选项）：

- 内部准备费用（如培训）；
- 与外部检查相关的费用（如认证机构的费用）；
- 市场营销和许可费用（如在使用认证标识的情况下）。

费用也可以根据设施的大小而变化。例如，材料和人力资源以及规模经济的机会较少的小型和中型企业，可能要承担比大型企业相对更高的费用，特别是如果政策选项提倡法案具体条款的实施，而不是通过灵活的方式设置主要目标。

---

① 见电子产品环境评估工具和绿色电子产品委员会，报废电子产品的认证过程协议，2012：http：//arcadiansolutions.com/wp-content/uploads/R007-eole-certification-process-2012-12-21.pdf。

“费用”标准的应用能使项目团队确定与政策选项实施的费用是否构成一个潜在的负担，该负担可能是选项实际实施的一个障碍。

4.2.2 政策选项的分析

应用上一节中所定义的选择标准对每一个保留的政策选项进行分析，表 7-7 提供了所有选项的比较概述，相关信息将在下节提供。

表 7-7 政策选项的比较

主要标准 / 政策选择	实施状况	地理范围	出口控制（经合组织/非经合组织）（信息）	可追溯性	材料范围		处理阶段		环境管理体系	处理要求		符合性评价		检查员能力		费用
					WEEE定义	其他限定（处理）	WEEE处理	来自WEEE的材料处理		最低要求	处理设施的最佳可行技术/技术要求	核实	认证	培训	独立性	
事后检查																
WEEE LABEX																
R2/RIOS																
e-Stewards																
欧洲标准	*		*	*												
澳大利亚/新西兰标准																

说明：

新版报废电子电气设备指令的要求的高等解释/高水平要求/高费用；

新版报废电子电气设备指令的要求的中等解释/中水平要求/中等费用；

* 新版报废电子电气设备指令的要求的低等解释/低水平要求/低等费用；

不适用/没有信息

表 7-7 根据和强调各个提供关于某些特定条件的信息的政策选项的优势和缺点进行分析比较。在下面的章节，提供的每个政策选项的分析将会更深入，也将包括 SWOT 分析以确定机会和威胁。

4.2.2.1 符合事后检查报告（符合指令 2012/19/EU 的要求的标准，通过一个跟随实地检查的独立的验证）①

实施状况

通过现场检查的事后检查的开展和检查报告本质上和标准或认证计划的实施是不相关的，该检查可能根据关于对于等价处理条件的整个报废电子电气指令要求立即实施，而不必等到一系列标准生效或者处理设施按照标准进行认证。

地理范围

事后检查可以在任何国家进行。如果是合法的 WEEE 的运输，就可以对从欧盟出口的 WEEE 进行处理操作。然而，事后检查只能凭经验确认回收 WEEE 的处理设施是否满足新版 WEEE 指令规定的要求。

出口控制（经合组织/非经合组织国家）

考虑到将进行对于特定废物运输的事后检查，就没有全面的出口控制制度，检查人员必须按照提供的“符合性声明”来核实废物运输条例和规定（EC）1418/2007 已经被应用。然而，在 WEEE 的运输和处理已经发生后，检查就要进行，而且仅根据文件复查，因此，伪造文件可能是一个不能排除的风险。

出口的 WEEE 的可追溯性

可追溯性是根据新版 WEEE 指令的一个要求。因此，检查人员必须审查所有相关文件。然而，没有要求处理设施有一个一般性可追塑性系统，因此在国外的处理设施可能有两种级别的可追溯性：一个用于从欧盟进口的 WEEE，另一个（或缺乏的一个）用于从其他国家进口的 WEEE。

材料范围

检查的目的是确定出口到欧盟外的 WEEE 的处理是否等价于在欧盟范围内所进行的处理，故评价将根据欧盟立法的要求，尤其是新版 WEEE 指令。因此，欧盟立法中列出的 WEEE 的相关定义和种类将应用，新版 WEEE 指令范围内的所有 WEEE 将由一个专门的检查涵盖。

处理阶段

对于该选项，在它是否只涵盖 WEEE 的处理或者 WEEE 的处理和来自 WEEE 的材料的回收操作之间没有优先的区别，因为没有确定的框架。如果有的话，检查可以涵盖所有的处理阶段。

---

① 这项研究是指事后检查。然而，该选项等价于包括符合由独立检查者进行现场检查的任何选项：要在报废电子电气设备实际装运之前进行检查（事前检查），或者在报废电子电气设备装运之后进行检查（事后检查）。事前审计有利于主管当局能够在报废电子电气设备实际装运之前进行合规性认证。然而，事后检查只有事后检查确认第三国接受报废电子电气设备的设施满足报废电子电气设备指令的要求。如果事后检查，只有每批报废电子电气设备得到证明才能符合要求。这是为了确定一个合适的数量，该数量能够计入符合指令 2012/19/EU 的第 11 条和附件五的达成回收目标。

环境管理系统（EMS）

事后检查是在给定的时间和地点进行评估，因此无法保证废物的环保无害管理是全面进行的。然而，检查要求证据的复查，证据能显示关于 WEEE 的环保无害管理的现有的和认可的准则的要求能够实现。

是否对人类健康和环境无害的证据可以由目的地国家提供的操作许可证规定，提供这样的许可证是在那里建立了设施的国家的国家立法要求。

处理要求

审计人员必须确定检查处理设施时，所在地的处理条件是否等价于或遵循新版 WEEE 指令第 8 条和附录 7 中规定的关于适当处理的要求。

该评价根据现有的欧盟立法，而不是根据具体的标准，除非在指令第 8（5）条第 4 款的应用程序中委员通过了奠定最低质量标准（特别根据欧盟标准）的实施法案。因此，在精确的标准缺乏的情况下，在审计的必要性和同等条件的基础上，审计就必然会有一部分的主观性。

注意事项也适用于最佳可行技术和新版 WEEE 指令附录 8 规定的处理设施的技术要求。

符合性评定

根据该政策选项，审查必须由一个独立的核查人员进行，该核查人员必须熟悉检查所进行的国家的法律和规定，必须值得注意的是，审查是根据国家法律授权的业务。①

符合性评定可能采取由第三方进行认证的形式，从而保证了利益冲突风险的降低。然而，如前文所提到的，符合性评定认证将在一个给定的日期进行，无法保证条件全年是永久性的以及回收商（即外国的回收设施）没有承担直接处罚（不论其性质）。与认证计划相比，这是一个劣势。在认证计划中，不符合认证标准可能导致回收商失去认证和客户（当认证是客户的要求时）。

检查人员职业能力

- 训练

在事后检查的情况下，检查人员的职业能力和技能是重要的。因为检查者必须充分了解欧盟 WEEE 立法规定的一般法律和技术要求，因此，经认证的独立检查者应具备相应的训练，接受 WEEE 处理设施的检查的专门训练是重要的。

- 独立性

检查人员的独立性是至关重要的。在事后检查的情况下，如一个预期的政策选项就是

① 在欧盟以外进行的检验者可根据规定（EC）765/2008 从国家认证机构寻求认可，或者从欧盟以外的认证机构寻求许可。该认证机构是国际实验室认可合作组织（ILAC）的相互认可协议的一个缔约者。这些机构的列表可以在此找到：http：//www.european-accreditation.org/mla-and-bla-signatories#6 和 https：//www.ilac.org/documents/mra_signatories.pdf。规定（EC）765/2008 第 11（20）条预计，国家当局将承认由已成功进行平行评价的认证机构提供的服务的对等性，从而接受这些机构的认证证书和由他们认可的符合性评定机构提供的证据。

一个第三方认证。为了证明独立性和资质，独立检查人员应符合 ISO/IEC 17020 标准中第三方检查结构的要求，该要求概述了各种检查机构执行检查的操作要求。这样的话，检查人员的报酬支付是一个重要的问题，必然影响检查人员的独立性水平。处理设施所有者有责任来选择独立检查人员，并与其签订合同以及支付相关的费用。处理设施所有者和独立检查人员之间的合同必须赋予后者能以独立的方式开展所有所需的活动来检查和报告处理设施是否符合指令 2012/19/EU 中的等价处理条件，后者不得以任何方式阻止独立检查人员的合同义务或限制其活动。

费用

根据预期的政策选项，符合欧盟立法的声明必须是“结合关于符合具体废物运输和处理要求的事后检查报告”。外部检查所产生的费用会有所不同，例如每次运输是否都需要检查，或者年度检查就足够了，只要涵盖了特定年度内特定设施处理的所有 WEEE。

内部检查费用将不会和外部检查一样高，例如一个认证检查，费用往往与认证标准（他们所提出的训练要求）的实施造成的行政负担（和人力资源）相关。此外，没有涉及市场和许可费的费用。

实际的费用可能会根据进行这样检查的人或组织而有所不同，也会根据个人/组织的内部政策而有所不同（不同的费用取决于设施的规模）。

表 7-8 对于事后检查选项的 SWOT 分析

事后检查	
优势	劣势
不必等到一系列标准生效或者处理设施按照标准进行认证，能够立即实施。 宽阔的地理范围（只要允许运输，基本上任何国家）。 考虑到该标准的特别本质，涵盖了所有的 WEEE 和所有的处理阶段。 第三方符合性检查的可能性	根据具体分析的方法（即特定废物运输的检查），不能确保公平竞争的环境。 没有环境管理体系。 没有要求的可追溯性体系。 具体标准/准则的缺乏导致检查人员在等价条件评价时更大的主观性。 谁为检查人员付费时不明确的（利益冲突）
机会	威胁
关于出口 WEEE 在哪里能被处理和涵盖的处理阶段，引入了灵活性。 出口 WEEE 管理和处理标准到可能不存在这些标准的国家，改进当地处理设施。 某特定标准下认证引起的低成本可能吸引更多的处理设施（尤其是中小型企业）	作为一种事后检查，主要是根据关于 WEEE 本身运输的书面证明，因此更容易受到潜在的欺诈。 有 WEEE 被送到没有全面管理体系的处理设施的风险，从而对于相同的设施可能有不同等级的要求。 可追溯性体系的缺乏可能导致相同的处理地点多种体系存在（欧盟 WEEE/非欧盟 WEEE）。 符合性认证在一个给定的日期和场地，无法保证条件一直保持（例如，环境无害化管理）。 检查人员腐败的潜在风险，如由回收商支付费用

4.2.2.2 WEEELABEX：2011 WEEE 处理标准

实施状况

迄今为止，WEEELABEX 组织已经开展了一些试点审计，其目的是检验“合格性验证”计划。然而，真正的审计尚未开展。2013 年 7 月 10—11 日，根据试点阶段收到的反馈，第一拨检查人员（约 20 人）参加了培训。后续为期一周的培训在 2013 年年底开始。根据 WEEE Forum 管理的 WEEELABEX 代表的倡议，尽管大多数的设施将被审查并且没有达到 100%遵从 WEEELABEX 的要求，试点审计的结果仍是积极的。为了鼓励经营者参与这一计划，在他们的计划持续改善的背景下，WEEELABEX 组织决定申请人最初只需满足一些 WEEELABEX 要求，然而这些临时豁免条款仍有待定义，因为需要确定可能被选择的豁免要求以及豁免时间。

地理范围

WEEELABEX 标准的地域范围是欧盟成员国和欧洲自由联盟成员国（冰岛、列支敦士登、挪威和瑞士），任何生产者符合这些国家接受 WEEELABEX 责任的方案①都可以加入该组织。

然而，也有欧洲以外的其他组织的意向书，这些组织是为了追求一个相互认可的 WEEE 检查人员培训项目。根据欧盟委员会对国内设备制造商（CECED），埃及已经显示出了对 WEEELABEX 方案上的兴趣。②

出口控制（经合组织/非经合组织国家）

正如关于“WEEE 处理”的 WEEELABEX：2011 标准的第 4.7.3～4 节所述，除非被测试和准备再利用的（根据第 4.6 节），按照指令 2002/96/EC（WEEELABEX 不明确参考新版 WEEE 指令）的附录 2（WEEE 的材料的选择性处理）去除的组件不得在欧盟和欧洲自由贸易联盟外出口，除非操作者在目的地能够证明符合 WEEELABEX 处理规范和指令 2002/96/EC。

出口的 WEEE 的可追溯性

WEEELABEX 标准（5.9.2 条）要求处理运营商要保持质量平衡，包括所有材料流（WEEE 或 WEEE 小部分流入和流出交货的概述）所在的考虑储存量的年度审查文件。但是，不要求进入下游处理设施（材料回收阶段）的 WEEE 的记录。

材料范围

WEEE 在标准中的定义和在新版 WEEE 指令中是一样的，WEEELABEX 标准覆盖了

① 生产者合规方案是一个非营利性组织，它的制造商和分销商（这是所谓的“生产者”，即那些把电子电气设备投入市场）为与生活垃圾回收中心有关的报废电子电气设备的收集和回收缴纳年费。

② 在本研究的框架中项目团队对利益相关者进行咨询时，国内设备制造商提供的信息。

指令中确定的所有的 WEEE 以及所有部件和部分（组件和耗材）的类别直到满足废物的最后处置阶段或直到 WEEE 或组件适合再利用或部分被回收或处理。

处理阶段

WEEELABEX 标准和新版 WEEE 指令类似，涵盖了为再利用操作、分拣、储存（特别是危险材料）、收集、运输和处理，但是没有材料回收阶段。在 WEEELABEX 标准的 5.5.2 条，WEEELABEX 标准仅指出如果未去除污染的 WEEE 或部分由签订的第三方处理，随后的处理操作员必须从随附文件中获悉潜在存在的危险材料。

环境管理系统（EMS）

WEEELABEX 标准要求管理系统必须符合环境、质量、健康和安全要求（EH&S）。这包括关于 WEEE 的操作、存储、去除污染、去除污染的监测，进一步处理和相关的包含危险废物（危险废物不应该与其他类别的危险废物或其他类型的废物混在一起）的部分，储存部分和组件，再循环和回收，部分的处理和相应的文件。这些要求与 2002/96/EC 指令相符。其中的一些要求（设施处理的人员培训，下游的监控、记录、存储和处理技术参数）从最佳可行技术关于废物处理和废物循环利用的最佳可行技术参考文件制定的启发。

能源回收（通过焚烧）和垃圾填埋场可能在有适用的法律和特定的设施条件下才被考虑，设施具有材料回收和处置的许可，然而，再利用和材料回收应该首选从废物中回收能量。

处理要求

- 适当处理的最低要求

具体的要求设计阴极射线管显示设备、平板显示器、制冷电器（温度交换设备）和需要特殊要求的灯具。目前 CENELEC 在制订含有挥发性氟化烃（VFC）或挥发性烃（VHC）的私人家庭的 WEEE 处理要求，作为欧洲标准，据报道该标准完全是基于 WEEE Forum、CECED 和欧洲电子产品回收商协会（EERA）在 2008 年制定的自愿说明来制定的。①

- 最佳可行技术的使用和处理设施的技术要求

该标准的制定，考虑了 BREF 制定的废物处理和再循环的最佳可行技术。

处理设施的技术要求是根据 WEEE 指令 2002/96/EC 的附录 3，并涵盖了新版 WEEE 指令附录 8 的要求。

符合性评定

“符合性评定”的审核每年都进行，初次审核预计是最全面的，随后的审计被认为是后续审计，审计工作为“WEEELABEX 程序”或“WEEELABEX 设施”授权的决定做基础，并在 WEEELABEX 办公室的网站上确定。此外，满足要求的设施和站点将通过视觉

① 在本研究的框架中项目团队对利益相关者进行咨询时，欧盟电子电气设备回收协会提供的信息。

标识符（或符号或品质标签）来识别，由 WEEELABEX 组织签发。

检查人员能力

● 培训

WEEELABEX 组织培训的检查人员，经过实践培训后必须通过理论考试。这些专业人士的选择是基于他们展现的专业技能和接收的针对 WEEELABEX 要求的理论信息。

● 独立性

WEEELABEX 组织要求第三方合格性验证（而不是认证），第二方验证在过渡时期也是被考虑的。根据 WEEE Forum 代表，"这一过渡时期是有必要的，因为一些市场的审计业务与其他市场相比还不太成熟，并且一些审计机构或认证公司还没有 WEEE 处理专家"①。

费用

实施 WEEELABEX 标准将为运营商构成巨大的不符合欧盟立法的经济负担（即使在适用的法律上都是法律要求的）。然而，定义费用是什么还为时过早，这将取决于操作者规模大小和处理类型而有所不同。

表 7-9　对于 WEEELABEX 的 SWOT 态势分析法分析

WEEELABEX	
优势	劣势
EEE 的适当的范围。 专注于处理条件而不是具体技术或工序（技术导向）为标准提供了灵活性。 由经过培训的 WEEELABEX 检查人员进行的符合性评定必须被 WEEELABEX 组织中的其他符合性计划认可（避免来自该组织的其他成员进行新检查）。 报告将遵循一个共同的模板和原则，该模板和原则允许回收商计算和沟通在 WEEE 系统的再循环和回收配额。 符合性评定的第三方认证（原则上）	直到 2014 年 12 月 31 日，检查人员可以是第二方检查人员。 认证，没有符合性评定的认证
机会	威胁
所有的 WEEELBEX 标准将来转变为官方的欧洲标准。 修改标准不像修改立法那么烦琐。 欧洲以外的其他组织表达了兴趣，这些组织正在寻求进入 WEEE 检查人员培训项目的相互认可	整个欧盟的标准的应用将取决于每个成员国做出的选择。如果某些成员国不采用或承认 WEEELABEX 标准（如英国），那么它可能抑制其作为项目研究的可能性之一

① 在本研究的框架中项目团队对利益相关者进行咨询时，欧盟电子电气设备回收协会提供的信息。

4.2.2.3 “R2”标准和“RIOS”标准（R2/RIOS）

实施状况

R2 标准已经完全实施。由 R2（参考了 RIOS）认证的第一个设施在 2010 年认证。

地理范围

目前在北美大约有 400 个设施、在欧洲有 5 个设施、在亚洲有 8 个设施已经由 R2 认证。

出口控制（经合组织/非经合组织国家）

R2 尊重每一个国家通过与发展中国家的合法合作伙伴进行贸易来建立合法电子产品回收行业的权利。

第 3 节要求一个组织有识别和证明合法性的计划，按照“关注材料”和未经检验的或无功能的包含关注材料的设备或组件的所有国际运输的出口国、运输国和进口国的法律。“关注材料”通过 R2 电子产品回收商的实施或控制。在运输之前，回收商必须确认正在接受或转运这类货物的国家[①]获得这类国家在法律上接受这样的货物的证明文件，并证明每一批货物符合适用的进出口法律。该文件必须是电子产品回收商所能理解的语言，并包含从进口或出口的主管部门的原始文件或法律、法院判决的复印件，证明进口国法律上允许接受这样的进口和出口国法律上允许这样的出口（3.A.2）。需要明确的是，经合组织或非经合组织国家的 WEEE 运输的出口控制并不意味在相应的外国等价处理得到控制。

出口的 WEEE 的可追溯性

虽然该标准不包括记录控制系统，但第 7a 节要求回收商保存设施进出的设备、组件和材料的运输商以及与任何中介交易的最少 3 年的商业合同、提货单或其他商业接收的文件。

材料范围

R2 的范围包括设计用于储存或传送信息的所有类型的设备，以及这些设备的配件，即计算机和音响设备。大型和小型家用电器，特别是冷冻设备，不在它的范围内。

第 5 节把关注物质定义为 WEEE 的材料，在回收、翻新、材料回收、能量回收、焚烧和/或处置过程中保证更大的关注，因为如果材料没有按适当的保证措施进行管理，它们的毒害性或其他对工人健康、安全、公共卫生或环境潜在的不利影响可能会出现。

关注的材料包括：

- ✧ 多氯联苯；
- ✧ 汞；
- ✧ 阴极射线管玻璃，除了汞含量少于 5%的玻璃；

① 这包括经合组织国家和非经合组织国家。

✧ 荧光粉、阴极射线管细粉、涂料和玻璃原料；

✧ 电池；

✧ 全体或切碎的线路板，除了不含铅料的全体或切碎的线路板，经过安全和有效机械加工或人工拆卸以去除汞和电池。

卤代化合物和铍中不包括在 R2 的关注材料的定义内。

处理阶段

R2 涵盖了包括组件、碎片和颗粒等的关注材料的处理、储存和去除。

“再循环链”涉及所有一线的下游处理商，处理已经通过 R2 电子产品回收商的设施或控制的 WEEE、组件或材料，包括但不超过材料回收商设施，如冶炼厂。

环境管理系统（EMS）

贯穿它的 R2 认证的持续期，一个 R2 电子产品回收商必须经过认证，由 R2 方案批准的一个或多个环境管理系统和环境健康安全管理系统标准。自 2013 年 7 月 1 日起，R2 方案已经批准了回收行业操作规范（RIOS-回收行业管理系统的质量、环境和健康安全的标准），或者 ISO14001 和 OHSAS18001 的组合，以满足这一要求。今后，更多的环境管理系统和环境健康安全管理系统标准可能被批准。

处理要求

- 适当处理的最低要求

在设备切碎或设备组件材料回收之前，关注材料（以及打印盒）应该用安全和有效的机械加工或人工拆解的方法去除，但有两个例外：

✧ 项目包含汞，如果：

○ 太小而不能以合理的费用安全去除；

○ 工人免受处理汞的潜在风险；

○ 材料回收可以使用满足回收和汞处理的适用规定的要求的设施，使用安全和有效管理包含汞的设备或组件的技术。

✧ 用于材料回收的设备或组件中包含的阴极射线管、电池和电路板在粉碎和/或材料回收前不必去除，如果粉碎和/或材料回收在满足接收这些关注物质的适用规定要求的设施，或安全和有效管理包含这些关注物质的设备或组件的技术设施。

然而，经过安全和有效机械加工或手工拆解以去除关注物质的设备、组件或材料（整体或碎片）仍然保留关注物质的最低豁免，并且不受由关注物质存在引发的 R2 要求。①

- 最佳可行技术的使用和 WEEE 处理的技术要求

① 注意：在标准中没有定义最低豁免，尽管在可靠再循环指导文件中最终被讨论，这些文件本质上把它描述为“安全和有效机械加工或手工拆解”的“合理期望保持接下来利用的量”。这根据所使用的技术而有所不同。

该标准的第 8（a）节要求 R2 的电子产品回收商储存 WEEE 和组件时，以以下方式：

✧ 保护他们免受合理的可预见的不利的气象条件和洪水，包括集水系统；

✧ 完全符合法规；

✧ 免受于未授权的访问；

✧ 在明确贴标签的容器和/或储存区域。

尽管在 R2 指导文件（R2 方案 2012）①中详细描述，关于处理设施的 R2 要求涵盖了新版 WEEE 指令的附录 8，但以下情况除外：

✧ 衡量处理的废物质量的规模；

✧ 用于水处理的设备符合环境管理系统涵盖的健康和环境规定。

符合性评定

符合性评定是一个认可的认证过程。

在一天半内检查人员首先参观该设施，以确保设施已经准备好进行检查。几周后检查人员返回进行一个 3～5 天的检查（取决于设施的规模），来决定是否认证该设施。

一旦取得认证，认证机构将进行年度设施检查，证书必须每 3 年更新一次，目前 R2 授权了 3 个认证机构。

检查人员职业能力

● 培训

R2 检查人员培训课程是一个对于 R2 外部检查人员或内部检查人员的 8 小时的网上课程（费用：225 欧元），以达到 R2 的要求，该课程是根据加速学习原则，并遵循计划、执行、检查、改进（PDCA）的方法来指导和学习。代表们把 R2 原则和要求应用于结构化的案例研究，最终基于过程检查的方法来进行交互模拟检查。

“R2 检查列表”是确保设施操作符合标准制定的规则的一个有用的工具。

● 独立性

回收商的所有认证都是通过独立的被 ANAB-认可的认证机构雇佣的第三方检查人员。

费用

与 R2 认证有关的费用是认证机构检查的费用和年度许可费用（自 2013 年 6 月）。通常情况下，这些费用在 6 000～15 000 美元（4 500～11 400 欧元）或者更多，取决于正在进行的活动和设施的规模。然而，该费用不包括符合进入该标准的费用，例如建立自己选择的环境管理系统。其他的费用还包括聘请一个帮助确定与检查相关文件的顾问的费用。

① http：//www.r2solutions.org/clientuploads/R2_2008%20Standard%20Guidance%20%20v.1.0%206-16-12.pdf.

表 7-10　对于 R2/RIOS 的 SWOT 态势分析法分析

R2/RIOS	
优势	劣势
综合的环境管理系统和环境健康安全，和 ISO 14001 和 OHSAS18001，或 RIOS 有直接联系。 经认可的第三方认证，检查人员认证培训。年度检查	并未涵盖新版 WEEE 指令范围中的所有 WEEE。 卤代化合物和铍中不包括在 R2“关注材料”的定义中。 尽管有要求的信息，但没有关于可追溯性的记录控制系统
机会	威胁
标准已经在欧盟之外应用	总的原则表明 R2 的出口将遵守出口国、过境国和进口国的法律。然而，原则上 R2 应表明 140 个非经合组织巴塞尔（发展中）国家不能与美国进行有毒害废物（将再循环或处理）的合法贸易。 如果一些成员国不认为该标准是提供等价处理条件的可能选项，对于本研究的目的来说这可能抑制它的应用

4.2.2.4　“负责电子设备回收与再利用”的 e-Stewards 标准

实施状况

截至 2013 年 7 月 9 日，有 3 个经合组织国家的 115 个设施经过了 e-Stewards 认证，另外还有 68 个设施拥有签约资格认证。据回收商的经验，实施该标准是不容易的（特别是如果他们没有通过 ISO 14001 认证），但重要的是在于精简业务和提高对人类健康和环境的保护以及市场竞争力。①

到目前为止，该程序已经暂停一个许可证，并禁止了另一个回收商的认证，该程序包含一个针对严重不合格的政策，该政策允许认证计划程序管理人员（目前巴塞尔行动网络）暂停或撤销不符合的认证。

地理范围

e-Stewards 已经编写为国际适用，可供所有的国家使用，但是如果认证机构希望在非经合组织国家（如巴塞尔公约附录 7 所列）认证，必须首先获得 e-Stewards 程序管理人员的书面许可。该标准目前仅是英文，然而为了美国—墨西哥边境 2020 项目，美国环保局现在正在把一些 e-Stewards 文档翻译成西班牙文。

出口控制（经合组织/非经合组织国家）

e-Stewards（第 4.4.6.7 节）只允许符合经合组织国家的决定和协议、巴塞尔公约、巴塞尔公约修订的有害电子废物（HEW-巴塞尔规定的废物和额外国家划定的危险废物）的

① 在本研究的框架中项目团队对利益相关者进行咨询时，巴塞尔行动网络提供的信息。

出口和关于这样的贸易的其他适用的国家和国际法律。有以下几点要求：

- 有害电子废物从经合组织/欧盟国家和列支敦士登出口和通过在同一组的其他国家；
- 有害电子废物不能在巴塞尔缔约国和美国或其他任何巴塞尔非缔约国进行贸易，除非所有有关的国家都是经合组织的成员国或已经缔结了特殊的双边或多边协议；
- 如上未被禁止的出口是可以接受的，如果被进口和过境国的主管部门批准并完成了完全符合经合组织决定、巴塞尔公约或其他国际协定或执行这些协议的国家立法。

e-Stewards 程序独自监管回收商（除了认证机构），并和进口国家的国际刑警组织和政府合作来制止电子垃圾的非法运输。[①]

出口的 WEEE 的可追溯性

该标准（第 5.9.2 节）要求进来和出去材料（100%的物料平衡）的证明文件和对于有害电子废物的所有下游处理设施的预先批准，直到它们不再是废物（如同巴塞尔公约定义）。

有害电子废物的最终处理的整个回收链的直接控制和问责制的文件系统必须包括：a）执行初始尽职调查，b）与下一个下游回收商签约，c）确保持续的一致性，d）核实中介机构指导到原目的地的运输，e）给客户提供信息透明度（当客户问时）。

下游的处理商[②]需被 e-Stewards 认证，或具有以完全的透明度、记录和控制来处理有害电子废物的业务和技术能力（第 4.5.1.1 节）。

材料范围

e-Stewards 的范围仅仅是计算机和视听设备。除了一些诸如真空吸尘器的小型国产设备，所有其他的设备都不在范围之内，因此 e-Stewards 的设备范围和新版 WEEE 指令的范围是不等价的。

标准中的有害电子废物的定义是根据巴塞尔公约的定义，以便有效地对巴塞尔规定的电子垃圾的越境转移实施巴塞尔公约和禁令修订案。

处理阶段

e-Stewards 标准涵盖了包括组件、碎片和颗粒等任何形式的有害电子废物（见下文适当处理的最低要求）的处理、储存和去除，不涵盖收集和运输。

该标准没有规定来自 WEEE 处理的材料的回收要求，但是对接收这些废物的预先通过认证的设施有一些要求（例如，许可的、允许的、检测和控制排放、汞蒸馏设备必须捕获 99.99%的汞，某些类型必须检测烟道气的二噁英/呋喃）。

环境管理系统（EMS）

该标准的第 4.1 节要求按 ISO 14001 认证的环境管理系统，第 4.1.1 节要求该系统包括

① 在本研究的框架中项目团队对利益相关者进行咨询时，巴塞尔行动网络提供的信息。
② 处理商、翻新商、熔炼者等。第一层电子管理的下游被认为是“下游回收商”。

或涉及职业健康安全体统。①

此外，OHSAS 18001 将是 e-Stewards 标准第 2 版的一项具有约束力的先决条件，e-Stewards 标准第 2 版将于 2013 年 9 月公布。②

在有敏感的嵌入数据的有毒害电子产品的回收中，它禁止使用监狱劳工。

处理要求

● 适当处理的最低要求

e-Stewards 标准（在第 4.4.6.4 节 a 中）要求去除和单独处理多氯联苯、含汞设备（包括气体放电灯）、电池、墨和调色剂、石棉、阴极射线管、打印机和复印机、其他含硒和/或砷的设备和以乙醇酸为基液的冷却液（例如，在背投 CRT 显示设备中）。该标准禁止此类材料的粉碎（在任何情况下），然而专门的终端处理商被允许做这些，完全许可和认可进行汞处理操作。

再利用是选项层次的首选管理选项（第 4.4.6.4 节）。然而，在某些情况下回收可能在再利用之前，因为在非经合组织国家的 e-Stewards 认证的设施不允许出口的 WEEE 用于再利用。

✧ 最佳可行技术的使用和处理设施的技术要求

该标准的第 4.4.6.4（b）节规定，第 4.4.6.4（a）节中列出的所有去除的条款必须被巩固、储存、准确地贴上标签、运输和管理，有毒、有害或者危险的废物符合当地的州/省和联邦/国家关于巩固的材料的要求和该标准中下游的要求。去除的材料必须按合适的方式储存和运输：

✧ 适当保护他们免受不良气象条件和洪水的影响，包括避免风、雨和雨水收集系统；

✧ 减少意外泄漏或破损；

✧ 免予未经授权的入口或访问；

✧ 包括适合储存材料的明确贴标签的容器和/或储存区域；

✧ 有热释放或爆炸风险的电池必须分开储存和运输，以避免无意的释放。

处理设施的 e-Stewards 要求涵盖了新版 WEEE 指令附录 8，但以下情况除外：

✧ 测量处理废物的质量；

✧ 用于水处理的设备符合环境管理系统涵盖的健康和环境规定。

符合性评定

e-Stewards 程序要求所有的认证组织被 e-Stewards 认证机构独立地认证，e-Stewards 认证机构是由 IAF-成员认证机构认可的（即对于所有的认证和认可机构，满足全球的标准、

① 电子管理标准不要求符合或认证 SA8000（社会文章标准，一个基于国际劳工组织协议、联合国和国家法律的来衡量社会责任的人类权利标准）。然而，电子管理的管理政策对于他们自己的操作应该体现 SA8000 标准中描述的价值和原则，无论是直接引用 SA8000 标准中的原则的承诺，或者列出 SA8000 中发现的合适的细节（例如，禁止使用童工、强迫劳动、组织权等）。

② 在本研究的框架中项目团队对利益相关者进行咨询时，巴塞尔行动网络提供的信息。

规则和准则）。没有该独立的认证，任何单位不得声称符合 e-Stewards 标准。一个公司拥有的所有 WEEE 处理设施都需认证和现场检查，对一个 3 年的周期中每年 1 次（初次认证，其次是两年度的最低监督审核），然后重复 3 年的周期。

对于认证和认可机构，要求所有最低的全球程序（IAF 强制性文件），附加的 e-Stewards 规则应到位（标准的附录 B），关于诸如所有 e-Stewards 检查的最低人-日检查要求、所有检查人员的要求（包括正式的强制性检查人员培训和现有的 ISO14001 检查人员认证）、使用 e-Stewards 名称和标识的许可以及更多的程序。设施可能不会减少这些程序。

此外，培训机构提供回收商内部检查人员培训和实施培训（例如，如何建立一个符合 e-Stewards 标准的环境管理系统）。

检查人员职业能力

- 培训

对于所有的 e-Stewards 检查人员、认证机构和认可机构，有一个专业培训机构（SAI Global）组织的严格的 3.5 天培训。

此外，所有的检查人员必须是 ISO 14000 认证的检查人员。

- 独立性

检查人员是符合性评定的第三方，巴塞尔行动网络的代表帮助许多认证认可机构检查以确保符合性评定的质量和一致性。

费用

费用包括：

- 内部准备费用（培训）；
- 建立符合 e-Stewards 标准的环境管理系统；
- 支付给认证机构的检查费用（根据全球 ISO 标准中的支付给认证机构的费用限制）；
- 对于 e-Stewards 回收商的认证认可机构、标准修订、问题解答、市场、立法和资源的正在进行的监管，给巴塞尔行动网络一定浮动的营销和许可费用。这笔费用仅基于电子回收的收入（500～90 000 美元每年，即 400～70 000 欧元）；
- 额外的一次性费用（根据每年许可费用的 50%，不超过 10 000 美元，约 7 000 欧元）。

总费用根据要检查的公司或设施的规模会有所不同，可能如下：

- 对于一个小工厂，5 名员工，手工加工：约 5 000 美元（3 800 欧元）；
- 对于一个稍大的工厂，20 名左右的员工，轻自动化：约 10 000 美元（7 500 欧元）；
- 对于 5 个设施，100 多名员工，重自动化：约 20 000 美元（15 000 欧元）。

进行认证的过程是设施认证的一个重要的风险，因为在认证之前它要承担许多费用，但该设施的认证却不一定会被授权。

表 7-11 对于 e-Stewards 选项的 SWOT 态势分析法分析

e-Stewards	
优势	劣势
要求的环境管理系统（特别是 ISO14001）。 出口控制和可追溯性的规定。 因为 e-Stewards 描述将要取得的结果、灵活性；没有详细说明它们将如何实现，也没有规定任何特定技术的使用。 第三方符合性评定（认可的认证）。年度检查。 巴塞尔行动网络是当前的和活跃的	不涵盖新版 WEEE 指令范围内的所有 WEEE；不包括 LHAs，尤其是 C&F 的电器。 该标准在非经合组织国家还没有实施。 费用可能非常高
机会	威胁
给客户全面避免 e-Stewards 威胁的信心：全球污染、数据丢失、工人接触、违反国际法和品牌受损。企业通过使用认证的 e-Stewards 回收商可以减少它们内部的回收商资格、尽职调查和控制成本。 一些发展中国家要么是感兴趣要么积极寻求技术能力的发展（尼日利亚、加纳、肯尼亚、巴西、特立尼达和多巴哥等）。在这些国家的处理设施在将来可能被 e-Stewards 认证	如果一些成员国不认可把 e-Stewards 作为证明等效处理的可能选项，对本研究的目的来说这可能抑制它的应用

4.2.2.5 关于 WEEE 处理的欧洲标准

实施状况

CENELEC 根据最初的 WEEE 指令（2002/96/EC）制定了欧洲标准，并根据已经接受的 2013 年 1 月 24 日欧洲委员会的授权，正在为 WEEE 的处理制订具体的标准。

一些欧盟成员国，如荷兰，已经在其国内立法采用或表示会采用未来的欧洲标准。因此，欧洲标准将转变为国家标准。然而，其他成员国，如英国，则表示至少短期内在其国内立法不会参照 CENELEC 的欧洲标准。

据称英国倾向于放宽管理和最低的措施。[①]然而，欧洲委员会可能在将来根据新版 WEEE 指令的第 5 条，通过奠定最低质量标准的基础实施法案。最低质量标准是根据欧洲标准化组织（和 CENELEC）制定的欧洲标准。

CENELEC 的欧洲标准正在制订中，在 2014 年 2 月 14 日之前可能不会完成，但那时欧盟成员国必须已经把新版 WEEE 指令转变成了自己的国家立法。欧洲委员会的授权对于它的执行制定了截止日期。

表 7-12 新版 WEEE 指令执行截止日期

验收 24 个月后	第一套标准出版
验收 36 个月后	所有套标准出版

① 在作为本研究的框架的一部分进行的利益相关者咨询时，AMDEA（英国电器制造商联合会）提供的信息。

地理范围

为了目前的 28 个欧盟成员国和欧洲自由贸易联盟成员国，欧洲标准正在制订。然而，CENELEC 与国际电工委员会（IEC）有一个《关于新的工作和平行选举的共同计划的协议》（被称为德累斯顿协议），[①]国际电工委员会是对于电工的国际标准组织。因此，CENELEC 可能提出欧洲标准，国际电工委员会采纳该标准作为国际标准，将为 WEEE 回收商创建一个全球的公平竞争环境。若关于 WEEE 处理的国际电工委员会标准和欧洲标准不同并需要一个较低的处理水平，对于欧盟外的欧盟 WEEE 的回收商，实行符合欧洲标准将为源于欧盟的所有 WEEE 提供一个公平竞争的领域。

此外，根据欧洲委员会的授权，在适当的情况下，应保证在国际电信联盟（ITU）和 ISO/IEC 中的等价活动。

由于应考虑适当采用或将采用欧盟以外的相关立法，确保全球设备市场。

出口控制（经合组织/非经合组织国家）

正在制订的欧洲标准是技术性的，本身不为出口控制系统提供要求。根据该政策选项，出口控制仅采用符合废物运输条例和规定（EC）1418/2007 声明的形式。

出口的 WEEE 的可追溯性

关于出口控制的上述考虑也适用于可追溯性的问题，因为可追溯性本身不是处理要求，所以欧洲标准中没有规定可追溯性，但是可追溯性是用于计算回收目标的一个要求。因此，通过任何对处理设施符合欧洲标准的检查可进行合格证书的发放，无须考虑出口的 WEEE 的可追溯性（符合性声明中可以涵盖）。

材料范围

欧洲委员会的授权明确规定，标准必须涵盖新版 WEEE 指令的扩展范围内的所有产品的处理。因此，指令中的 WEEE 和其他相关条款的定义适用于欧洲标准的详细阐述。

处理阶段

欧洲的最后一套标准将必须涵盖 WEEE 的处理，包括回收、再循环和准备再利用。此外，该标准将涵盖 WEEE 的收集，收集的关键是以特定的方式进行收集，以便于进行适当的处理（例如，荧光灯）。

因此，CENELEC 标准将涵盖 WEEE 的处理和来自 WEEE 处理的材料（如铜和贵金属）。

环境管理系统（EMS）

虽然 CENELEC 标准将不提供环境管理体系，委员会的授权不要求环境管理系统，但是在阐释标准中的处理要求时他们仍然会考虑环境、健康和安全方面，特别是因为这些标准必须反映目前的技术水平。

---

① 德累斯顿协议的信息可查询 www.cenelec.eu/aboutcenelec/whoweare/globalpartners/iec.html 和 ftp：//ftp.cencenelec.eu/CENELEC/Guides/CLC/13_CENELECGuide13.pdf。

处理要求

委员会给欧洲标准化组织的授权包含所有的处理要求。根据委员会的授权，欧洲标准的目的是帮助有关操作者履行新版 WEEE 指令的要求，因此对他们的要求是具体的，尽管可能有不同的处理方案可供运营商处理。因此，CENELEC 制定的欧洲标准涵盖新版 WEEE 指令附录 8 提供的最低要求规定。也可能提供额外的技术准则，但是欧洲标准将必须区分来自指令 2012/19/EU（特别是附录 8）法律文本的标准处理要求和超越指令 2012/19/EU 严格要求的非标准处理要求。

符合性评定

由正式的认证机构制定的标准，如目前正在由 CENELEC 制订的标准，以便供第一方、第二方或第三方使用。但是，要获得谁，操作者必须预先被第三方检查。

CENELEC 不是一个认证机构，它仅制订用于认证机构认证的标准，此类认证机构将发布（或不发布）符合遵循符合性评定检查的欧洲标准的认证。

欧洲标准并不指出符合性评定必须进行的时间间隔。

检查人员职业能力

- 培训

检查人员需要进行培训来评价符合欧洲标准，培训通常是由认证机构进行（例如，法国的 AFNOR）。他们可能会由 WEEELABEX 组织进行培训（即使他们不是符合性计划的成员），或者由参与制定欧洲标准的其他专家进行培训。

- 独立性

原则上，检查费可以由以下支付：

✧ 认证机构；

✧ 制造商；

✧ 符合性计划，当它们存在时（如在德国，没有符合性计划）；

✧ 直接由 WEEE 回收商。

当检查人员是由认证机构而不是处理设施（随着腐败现象的增加，特别是在发展中国家）或者制造商支付费用时，可能会有影响检查人员独立性的利益冲突。利益冲突的另一种情形是，如果检查人员从财政上检查操作者，他们也检查符合 CENELEC 欧洲标准的符合性评定：可能会有利益冲突，因为操作者至少在财政检查上是检查人员的客户，而且检查人员可能通过各种手段来保持其客户。

费用

据来自欧洲电子回收协会的一位代表所说，欧洲标准的费用将取决于致力于这项工作的员工的数量，检查将花费 500～2 000 欧元，设施的总成本在 25 000～30 000 欧元。

表 7-13 对于欧洲标准选项的 SWOT 态势分析法分析

欧洲标准	
优势	劣势
涵盖了所有的 WEEE。 在欧洲标准的详细阐述中考虑了环境健康安全方面。 涵盖了处理的所有要求。 检查人员的培训通常由认证机构进行。 标准可能为不同的操作者提供不同的处理选项	欧洲标准大体上不会在 2015 年前出版。 根据可得到的信息，由于欧洲标准的技术本质，欧洲标准不会明确提及出口控制和可追溯性要求。 根据可得到的资料，目前欧洲标准不要求环境管理系统（不在欧洲委员会的授权范围之内）。 费用可能成为一个沉重的负担
机会	威胁
通过 CENELEC 给国际电工委员会的建议，为国际标准的采用确保一个公平的竞争环境。 标准可能在出版日期之前修改，以包含新版 WEEE 指令设定的最低标准	如果过于精确，没有留给非欧盟国家使用的其他技术的空间。 如果检查人员由认证机构而不是制造商或回收商支付费用，会有利益冲突的风险

4.2.2.6 加拿大回收商认证程序（RQP）

实施状况

回收商认证程序已经在加拿大实施。回收资质办公室（RQO）公布了已经成功完成评价并按回收商认证程序核实的组织的列表。目前，在回收商认证程序的网页上有 37 个组织被列为“回收商认证程序核实的”。①

地理范围

回收商认证程序和加拿大省级立法有着内在的联系。目前，回收商认证程序的地理范围涵盖了加拿大的 9 个省。新不伦瑞克政府正在审查管理方案，而西北地区、育空和努纳武特则没有规定 WEEE。

出口控制（经合组织/非经合组织国家）

回收商认证程序的第 4.5.4 节和第 4.5.5 节规定了材料（包含 WEEE）或组件的出口。与新版 WEEE 指令类似，材料（包含 WEEE）的出口只允许位于一个国家的下游厂商，这些厂商有接收材料或组件的法律许可。

正如回收商认证程序的第 16.14 节所规定的，优先考虑的是国内材料的加工，尽可能减小跨境转移以限制与这样的转移相关联的其他环境影响。然而，材料（包含 WEEE）的某些出口可能被允许通过下游回收商逐一处理，但仅限于主要的回收商能证明在他们各自的管理方案中存在适当的处理设施。回收商认证程序有自己的下游回收商认证程序，其中主要的回收商必须用来确定下游回收商按照电子产品回收标准以安全环保的方式处理废物的能力。

① 见 www.rqp.ca/VerifiedRecyclers.html。

主要回收商向回收资质办公室提供回收商认证程序的符合声明，该符合声明指出下游回收商按照电子产品回收标准进行操作。

回收材料的出口

该标准概述了回收过程中的清洁及回收的材料出口的要求，此类材料在国外是被用于制造的原材料。在此情况下，如果材料经历了一定的处理（即没有要求材料进行额外的预处理，已经在经合组织/欧盟国家进行清洁）并将在制造过程中完全消耗掉，则原材料使用在制造过程中是允许的，并不接受检查。新版 WEEE 指令没用指定在国外用作原材料的回收材料。

出口的 WEEE 的可追溯性

回收商认证程序标准在第 6 节（操作控制）明确规定，回收商必须维持跟踪和报告回收、处理和运输的材料（包括 WEEE）数量以及产销监管链的过程，并规定对于所有材料的回收标准。

回收商认证程序的第 12 节规定，下游的回收商必须由主要回收商证明和评价，以确保他们按照电子产品回收标准的最低要求以安全环保的方式进行操作。

材料范围

回收商认证程序定义报废设备（本文中提到的 WEEE）为“按照管理计划用于回收不需要的或丢弃的电子设备”。

每个省定义其用于再循环或回收的材料[①]，范围变化比较明显，例如，不列颠哥伦比亚省在他们的名单中包括家用电器，而其他省份，如阿尔伯塔省，没有包括家用电器。电子产品回收协会管理产品说明的条款。该组织还公布特定产品的列表[②]，以详细说明它们是否属于各省的回收规定。如前所述，某些电子产品与所有的区域都不相关。因此，与欧盟立法相比，WEEE 的范围不能在加拿大国家层级决定，仅在各省的层次。

处理阶段

回收商认证程序把回收定义为“来自报废设备用于新产品制造的材料的回收”。与新版 WEEE 指令不同，回收商认证程序本身不考虑收集。回收商认证程序有一个关于收集的单独认证程序（收集场所认证程序）。

该政策选项概述了材料处理层级，以及可接受的加工和材料回收的最终处理。该信息在一个表 7-14 中给出，其中材料被分为 3 类：电子产品碎片、无害的和关注物质（包括油墨/调色剂、含铅玻璃等）。

环境管理系统（EMS）

回收商认证程序要求回收商实施并保持具备证明文件的第三方认证的环境健康安全管理系统（EHSMS）。虽然回收商认证程序没有定义环境健康安全管理系统的一个精确框

① www.epsc.ca/images/provincial%20regulations%20and%20obligated%20products_march%2028%202013.pdf.

② 见 www.eprassociation.ca/pdfs/product_clarifications/Product%20Clarification%20Tracking%20Sheet.pdf。

架，但 ISO 14001 的结构被认为是一个普遍接受的标准（回收商认证程序第 13.1.5 节），要求回收商在 2013 年 1 月前证明环境健康安全管理系统的第三方认证/核实。

处理要求

- 适当处理的最低要求

回收商认证程序通过表 7-14 中给出的材料处理层级为特定材料（包括 WEEE）提供了处理准则。该表指出了取决于废物种类的最终处理的可接受流程和可接受的点。此外，在第 16.16 节，报废回收商认证程序指出必须从汞灯和电池中回收的特定材料。

表 7-14　对于 RQP 的材料处置层次和可接受的流程

		处理层级			可接受加工&最终处理要点							
		要求的材料回收	许可的能源回收	许可的其他处理	人工分解和材料分离	机械材料分离	抽取/净化/翻新	熔炼回收材料	EFW 焚烧（用材料作为能源的替代品）	填埋	有害垃圾填埋	出口到非经合组织/欧盟国家处理
电子产品碎片	报废	★			√	√	×	×	×	×	×	×
	组件（硬盘、芯片等）	★			√	√	√	√	×	×	×	×
	电线/电缆	★			√	√	√	√	×	×	×	×
	铜钯	★			√	√	√	√	×	×	×	×
	电路板	★			√	√	√	√	×	×	×	×
	金属/塑料薄片	★			√	√	√	√	×	×	×	×
无害的	金属	★							×	×	×	×
	混合金属	★							×	×	×	×
	金属粉尘（集尘室）	★							×	×	×	×
	无铅玻璃	★						×	×	×	×	×
	塑料		★	★				×			×	×
	混合塑料		★	★				×			×	×
	木材		★	★				×			×	×
	皮革、棉花和其他纤维		★	★				×			×	√
	绝缘（纤维玻璃/复合材料）		★	★				×			×	√
关注物质	含铅玻璃	★			√	√	√	√	×	×	×	×
	洗涤含铅碎玻璃	★			×	√	√	√	×	×	×	×
	汞灯	★			×	√	√	×	×	×	×	×
	汞	★			×	√	√	×	×	×	×	×
	电池	★			×	√	√	√	×	×	×	×
	墨粉/碳粉盒		★		√	√	√	√	√	×	×	×
	墨粉/碳粉		★		×	√	√	×	√	×	×	×
	荧光粉			★	×	√	√	×	×	×		×
	乙二醇			★	×	√	√	×	×	×		×

按照处理层级，对于所有除了带有“★”的材料，材料回收总是优先于其他处理方法的。允许材料可用于能量回收，或者其他处理方法是允许的，它们标记为“★”		
	根据废物运输条例，加工/应用是不允许的	×
	根据废物运输条例和现场检查加工/应用是允许的	√
	根据废物运输条例和文件复审和认证加工/应用是允许的	

- 最佳可行技术的使用和处理设施的技术要求

回收商认证程序指出，材料（包含 WEEE）的处理必须在室内进行。此外，还制定了对处理设施的具体要求，包括储存规格等。

对于特定处理，没有最佳可行技术的参考文件。

符合性评定

要求回收商在 2013 年 1 月前证明环境健康安全管理系统的第三方认证/核实。环境健康安全管理系统不受回收资质办公室承担。在申请被回收商认证程序认证之前，回收商必须证明他们有环境健康安全管理系统的认证/核实。

对于回收商认证程序标准的其他部分，回收资质办公室通过文件核查、现场检查和下游检查来进行符合性评定。此类检查包括回收商认证程序的法定要求、可追溯性要求、风险评估要求、数据安全要求、整改计划等符合性评定。评定每 3 年进行 1 次。

检查人员职业能力

- 培训

回收资质办公室的检查人员通过回收资质办公室进行内部培训。

- 独立性

回收资质办公室的检查人员是内部认证的检查人员。如果需要，回收资质办公室会与回收资质办公室以外的认证的检查人员订立合同。

费用

没有关于费用的信息。

表 7-15 对于 RQP 标准选项的 SWOT 态势分析法分析

回收商认证程序标准	
优势	劣势
关于出口控制和可追溯性的要求。 回收商的环境健康安全管理系统必须有第三方认证/核实，回收商可自由旋转各自的环境健康安全管理系统程序。 出口的材料（包含 WEEE）的处理被认为逐一进行。 回收商认证程序给出了某些物质或材料废物的可接受加工的材料层级	回收商认证程序是基于省级特有的加拿大立法，因此很难在国际上实施。 没有统一的 WEEE 的定义（取决于所采用的加拿大省级立法）。 回收商由回收资质办公室在电子产品回收协会领导下进行检查，电子产品回收协会是一个包含大型电子产品制造商的行业领导的非营利性组织。 回收商认证程序的材料层级允许填埋某些材料，没有这些材料的明确回收目标
机会	威胁
选择环境健康安全管理系统的自由允许灵活性，对于处理设施是成本划算的。 回收商认证程序的材料层级允许操作者灵活处理某些材料	利益冲突：回收资质办公室检查人员是内部人员。 回收商认证程序的材料层级可能导致某些材料的漏洞。 回收认证程序作为证明等价条件的一个选项的可能不认可可能抑制本研究的目的

4.2.2.7 关于“WEEE 收集、运输、处理”的澳大利亚/新西兰标准 AS/NZS 5377

请注意，下面的分析是基于澳大利亚/新西兰标准的草案，因为最终的版本是不可自由访问的。

政策选项的实施状况

该标准于 2011 年制定，并于 2013 年之前在澳大利亚全面实施。

该标准已经在澳大利亚实施，按照 IT/TV 条例从事“认可的处理”的所有回收商必须遵循该标准，这意味着被归入国家电视和电脑回收计划的材料将参照此标准准则（这仅仅是电视、电脑、打印机和计算机产品）。

然而，该标准在新西兰是自愿的，在新西兰该标准的采用是一个商业决定。特设的决定可能会加剧不公平的竞争，而一个自愿的方案会更加灵活。对于电子垃圾项目，遵守该标准是受来自垃圾最小化基金财政上的鼓励。

地理范围

AS/NZS 5377 目前在澳大利亚和新西兰实施。有一些接收澳大利亚和新西兰出口的 WEEE 的东南亚国家也应考虑该标准“出口”的认证，但是，这不是固定不变的。

出口控制（经合组织/非经合组织国家）

澳大利亚和新西兰拥有非常有限的 WEEE 处理技术，同时没有对来自 WEEE 的有害材料的处理。因此，处理（对于整个设备和 WEEE 的组件）是在海外进行。运输 WEEE 的运营商必须尊重国内立法和国际立法（特别是巴塞尔公约）。表 7-16 提供了从新西兰运输到海外进行处理的 WEEE 的组件/碎片的类型清单。

表 7-16 新西兰电子垃圾海外处理①

电子垃圾	处理地点
无溴化阻燃剂塑料	中国
印刷线路板	日本、新加坡、比利时
完整单元	新加坡
阴极射线管	韩国、荷兰、澳大利亚、英国许可待定
电子垃圾（所有类型）	韩国、新加坡
电池	韩国

① 来源：新西兰环保部关于新西兰电子垃圾的介绍。

在新西兰，国家环保局出版了一个出口危险电子垃圾许可的和从国外进口危险电子垃圾许可（和相应废品的许可）的公司列表[①]，以及被允许以新西兰为中转站的从一个运输到另一个国家的废物的列表。新西兰也和一些亚洲国家有交换环境信息和良好做法的一些环境合作协定。[②]

该标准还概述了一个主要回收商必须承担评估他们的下游处理商的具体程序。主要回收商必须证明下游处理商提供数据的能力，并确保到最终处理能保持适当的操作。证明的过程必须包括由操作者或独立检查人员进行的年度检查，以评估立即成为下游的处理商的操作的环境、健康和安全影响。

出口的 WEEE 的可追溯性

来自 UEEE[③]的材料处理的质量和流向回收的设施到最终处理下游必须被报道。

下游流必须通过下游处理商被追踪到最终处理，包括产品在每个点如何处理的细节、回收百分比和被送到下游处理商的以及被下游处理商回收的已加工材料的百分比。

材料范围

澳大利亚/新西兰标准的 WEEE 范围涵盖了设计用来电源不超过 1 000 V 交流电和 1 500V 直流电的 EEE。该标准为所有相关的项目的列表提供了一个附录（附录 A）。如果该范围没有比新版 WEEE 指令规定的范围更加全面，该范围就是等价的，因为 WEEE 的唯一的范围限制是一个相对高的电源电压和交流电流。

处理阶段

涉及再循环的所有阶段：收集、储存、运输、再利用、再循环、处理、材料回收（对于某些组件）和最终处理。

环境管理系统（EMS）

虽然该标准没有明确规定处理设施必须具有特定的环境管理系统认证/验证，但是它确实要求回收商遵守国内的职业健康安全法规和环保性能法规。该标准有其他组织要求，操作人员必须有书面的风险评估和管理流程。该标指出 ISO 31000[④]是比较适用的方法。

- 适当处理的最低要求

该标准提供了处理前必须去除的组件的列表，与新版 WEEE 指令类似。列表呈现于表 7-17 中。

① www.epa.govt.nz/Publications/Exports_imports_transits_permits_20130709.pdf.

② www.mfe.govt.nz/laws/trade/trade.html.

③ 在该标准中，使用过的电气和电子设备被定义为“被认为是废弃物的电气和电子设备，包括所有组件、电池、电源、子组件和消耗品”。

④ ISO 31000 提供了风险管理的原则和统一准则，以识别和确保与实体操作相关的任何潜在的环境健康或安全危害。

表 7-17 预处理的组件的澳大利亚/新西兰标准 5377

必须在处理前去除掉的组件
含汞的灯和地球仪
气体放电灯
墨盒和碳粉盒
电池
含有耐火陶瓷纤维的组件
石油产品
石棉
含制冷剂的组件
含铍的组件

此外，该标准在第 5 节提供了关于特定 WEEE 和来自 WEEE 的碎片的最低可接受的加工、最终使用和处理方法的列表。如下：

✧ 电池；
✧ 阴极射线管、液晶显示屏、发光二极管和背投灯；
✧ 印刷电路板；
✧ 电缆和电线；
✧ 含多氯联苯的组件；
✧ 含石化产品的组件；
✧ 含放射性物质的组件；
✧ 含诸如石棉等工程材料的组件；
✧ 有色金属和非有色金属；
✧ 热交换单元（即氯氟烃、氢氯氟烃）；
✧ 墨盒和碳粉盒；
✧ 包含灯具的地球仪；
✧ 塑料；
✧ 包装；
✧ 含硒或砷的打印机和复印件。

附录 B 提供了关于材料处理的附加准则（如下面的章节所示）。

- 最佳可行技术的使用和关于处理设施的技术要求

没有超过标准本身的最佳可行技术和技术要求指导性文件。但是，该标准的附录 B 提供了 WEEE 的最低可接受的处理、最终使用和处置方法的详细综述，在第 5 节的表中进行了进一步的阐释。

符合性评定

澳大利亚和新西兰的政府任命的联合认证系统授权符合性评定结构（澳大利亚标准、新西兰标准）按标准检查回收商。年度检查加上撰写报告通常需要 3 天的时间。标准的符合性评定是由符合性评定结构进行的。

该标准还规定下游回收的评价可以由操作者本身（第二方报告合规）或者第三方检查人员进行。这在于操作者决定他们是否有评价他们下游回收商的第三方检查人员。

检查人员职业能力

检查人员必须是符合性评定机构的成员，并成为合格的环保检查人员。

费用

在新西兰，环保检查费用为 5 000～10 000 新西兰元（3 000～6 000 欧元）。

没有在澳大利亚实施的类似相关的费用信息。

表 7-18　对于澳大利亚/新西兰标准 5377 选项的 SWOT 态势分析法分析

澳大利亚/新西兰标准（AS/NZS 5377：2013）	
优势	劣势
涵盖了所有的 WEEE。 涵盖了处理要求。 规定符合性评定由符合性评定机构进行	符合性评定可能是第二份评价
机会	威胁
该新标准有可能“出口”到回收许多澳大利亚/新西兰 WEEE 的东南亚国家	自愿性标准可能意味着新西兰政府必须提供进一步的财政刺激以促进企业吸收和实施

5　结论和建议

本章是根据第 4 章的分析得出的一般结论，并且提出以最佳政策选择的建议以确定发生在欧盟以外处理的新版 WEEE 指令要求的“等价条件”。

5.1　结论

SWOT 分析结果为每个预期进行了政策选择，但没有选项可以证明是 WEEE 同等处理条件唯一适合的选择。对于基本标准和条件，各自都有其优点和缺点，因此：

- 有些政策选择可能会被立即执行，是由于其有成功应用的经验（如 R2、e-Stewards、RQP 和 AS/NZS 5377）或者由于其具有更好的灵活性（如事后检查）而更容易实施，而其他的政策选择还正在测试（WEEELABEX）或处于发展阶段（欧洲标准）。

- 不是所有的方案都有广阔的地域范围：R2/RIOS 的设施认证已经用于经合组织国家和非经合组织国家；其他的一些仅仅在经合组织国家被认证，但是有进一步发展潜力（如 e-Stewards，AS/NZS 5377）；一些目前仅限于欧盟，但还可以拓展适用的区域（WEEELABEX，欧洲标准）。按极端的说法，一个选项可能潜在地适用于任何国家（事后检查），而其他的则因其不同的地方性而被限制（RQP）。
- 一些政策选项包括强劲的出口控制和可追溯性要求（e-Stewards，RQP，AS/NZS 5377 和 WEEELABEX），而其他的则具有更温和的要求（R2/RIOS）或无要求（欧洲标准）。在事后检查的情况下，出口控制和可追溯性必须由检查人员进行评估，但不归属于一个特定的系统。
- 被列为新版 WEEE 指令的 WEEE 并不完全包含在每个政策选项之内。因此，如果政策选项的材料范围等价于该指令的事后检查 WEEELABEX、欧洲标准和 AS/NZS 5377，则 R2/RIOS、e-Stewards 和 RQP 的材料范围则更为狭窄。
- 一些政策选项涵盖了所有的 WEEE 的处理阶段，即 WEEE 的处理和源于处理材料的回收（事后检查-虽然在缺乏具体的标准来评估的情况下具有一定主观性-欧洲标准和 AS/NZS 5377），其他的仅涵盖了 WEEE 的处理（WEEELABEX、R2/RIOS、e-Stewards、RQP）。在新版 WEEE 指令中，没有提到对从 WEEE 中移除或源于 WEEE 处理的材料的特殊要求，该要求似乎超出了新的新版 WEEE 指令中第 11（2）条中回收目标的范围。基于指令第 8 条和附件 VII 和 VIII 描述的处理要求是本研究的基础，即提出等价选项。
- 如果所有的政策选项必须考虑废物的环境无害化管理，虽然只是间接（欧洲标准）或由于直接适用国际法（事后检查），只有少数要求特定的环境无害化管理要基于例如 ISO 14001 和 OHSAS 18001（R2/RIOS、e-Stewards、RQP）所认可的标准。其他的特别要求环境管理体系（EMS）（还有 EH&S 情况）之外明确地关于现有标准（WEEELABEX，和在较小程度上的 AS/NZS 5377）的实施。
- WEEELABEX、欧洲标准、AS/NZS 5377、R2/RIOS、e-Stewards 和 RQP 提供了在新版 WEEE 指令（指令第 8 条和其中的附件 VII 和 VIII）下的等价处理要求。至于事后检查，检查人员必须要确定在新版 WEEE 指令要求基础上的等价条件。
- 对于大部分的选项，符合性评定是第三方评估，可能是一个验证（WEEELABEX、RQP、事后检查）或一个认证（R2/RIOS、e-Stewards）。然而，它们可以是这个或那个，甚至是第一方或第二方评估（欧洲标准、AS/NZS 5377、WEEELABEX 的第二方验证的过渡时期）。认证可能被限定于一个特定的方面，如环境管理体系方面（如 RQP）。

- 检查人员通常都是经过充分培训的，对于每个标准他们必须要合规地评估。然而，对于事后检查可能会更加困难，因为检查人员在评估时没有遵从的确切标准和参考：这将取决于检查人员/检验者个体的经验水平。
- 检查人员报酬支付方并不总是很清楚。检查人员由认证机构支付的独立性是很好的保证（R2/RIOS、e-Stewards）；在某些情况下，验证机构被直接或间接地和企业联系在一起（WEEELABEX、RQP）；也可能会有一些利益冲突，检查人员可能由对符合性评定的积极结果有特定兴趣的一方支付，例如生产者或回收站（如事后检查、欧洲标准、AS/NZS 5377）。
- 成本估算并不适用于所有的政策选项，由利益相关方提供的评估未必包含相似的方面：有的只提及检查本身的成本，而检查包含的费用和日常产生的内部费用符合一个特定的标准（如事后检查、欧洲标准）。因此，鉴于目前可用的资料对诸如环境管理体系的影响尚不清楚。

5.2 建议

根据对 7 个政策选项的分析，项目组建议排除被认为足以证明“等价条件”中的 1 个，剩下的 6 个可以被保留。在某些情况下，这对于确保新版 WEEE 指令的所有相关要求被完全涵盖以及确保一个公平竞争的环境是有必要的。

5.2.1 对排除某些确定的选项的建议

经项目组进行关于优点和缺点的分析，建议 RQP 不被保留。

在上述第 4.2.2.6 节和前面结论中显示，RQP 有一些非常令人关注的方面，尤其是在出口控制和可追溯性系统，还有处理要求方面。

然而，一个非常限制性的问题是标准的地域范围狭窄。有必要回想，RQP 和加拿大立法特别是省立法相互交错，由于没有联邦监管，不太可能在国际上被执行。这还意味着在 RQP 里的 WEEE 没有普遍接受的定义和分类，这些定义和要求取决于被认证的设施所在位置的具体省立法。

因此，RQP 不被认为是证明出口的 WEEE 在等价于新版 WEEE 指令要求下被处理的一个适当的政策选项。

5.2.2 对能够证明“等价处理条件”而保留的政策选项的建议

项目组认为每一个保留的政策选项都可以被认为是一个提供 WEEE 等价处理条件的合适的政策选项，为此，建议委员会建立一个多重选项而不是只有一个首选选项的清单。

尽管具体的政策选项可以被认为是证明 WEEE 出口到欧盟以外有关的“等价处理条

件”，它们都应该具有以下所提到的共同方面。对所有政策选项共同建议方面，第 5.2.2.1 节列出了每一个保留下来的政策选项的特定建议。

项目组认为以下方面为确保任何政策选项的最大效率是很重要的，这些政策选项被采纳来证明出口 WEEE 的处理条件等价于 WEEE 指令的要求：

- 所有的政策选项将至少包括一个符合声明（所有选项通用）：

i. WEEE 指令 2012/19/EU 的处理要求或等价于指令的处理要求；

ii. 关于废物运输条例（WSR）法规（EC） No 1013/2006；

iii. （EC）No 1418/2007 法规。

- 所提出的任何一个政策选项的应用都应该伴随着一个声明，WEEE 的出口要在所建设施的国家的国家立法和国家程序的授权下进行运作。
- 关于符合性评定的类型，项目组没有立场就是否应该要求第三方进行符合性评定或是否进行另一种类型的评估（如自我声明和责任声明）做出客观的建议。

应该注意的是“第三方评估”是指由一个独立的个人或组织机构为用户利益相关的对象或服务提供的符合性评定。一个第三方的评估可能是：

✧ 一个认证，认证机构评估证明一个实体符合特定标准的要求，而该认证机构本身也是被认可机构所认证；

✧ 一个验证，使用第三方未经认可的评估过程。

符合性评定可以强制第三方评估以避免利益冲突，因为很显然第三方评估是更为严格的要求（有些可能支持这种选项），但是可能带来非常显著的管理成本（有些可能支持一个更为轻便的系统）。

除了这些方面，项目组为每一个保留下来的选项提出了具体建议，其宗旨是为了确保一个公平的竞争环境。

5.2.2.1 对每个保留的政策选项的具体建议

通过下面对每个选项的分析，项目组并不认为一个单一的选项会比另一个更相关。因此，以下段落旨在突出每个所述选项的附加方面都要被考虑到以确保其充分性。

事后检查（符合指令 2012/19/EU 的要求的认证，独立检查者现场检查）

合规的事后检查关于源于欧盟的 WEEE 的装运处理要确保一定的灵活性，即此选项不受任何地域的限制，因为它可以在任何一个合法接收 WEEE 处理的国家实施。

然而，这样的检查并不一定会根据具体而详细的标准，但会基于新版 WEEE 指令和相关立法的要求。在这方面，处理要求未必非常详细，所以，符合这些要求的评估在没有任何指导的情况下可能是相当主观的。

因此，为了确保一个公平的竞争环境，项目组建议由欧洲电工技术标准委员会制订关于 WEEE 的处理的技术规范或任何其他所提出的合适选项的技术指南都可以用来作为检查人员评估处理条件合格的指导。

WEEELABEX 的 WEEE 处理标准

虽然 WEEELABEX 不是一个认证计划，却是一个第二方或第三方认证，WEEELABEX 标准中的 WEEE 处理标准的应用是 WEEELABEX 中的相关的选项且在认证框架中是非常全面并且是现存的。

“R2”标准和“RIOS”（R2/RIOS 标准）

R2/RIOS 具有正在全球实施的明显优势。然而，这一标准按照新版 WEEE 指令的要求具有一定的不足（即没有涵盖属于新版 WEEE 指令范围的所有 WEEE）。

因此，项目组建议限制涵盖在 R2/RIOS 内的 WEEE 从属范围内的 WEEE 的等价处理条件的识别。

负责电子设备的回收与再利用的 e-Stewards 标准

与 R2/RIOS 相类似，e-Stewards 标准对其材料范围有显著的不足。大型电器设备（特别是冷却和冷冻设备）就不在其范围内。然而，大多数从欧盟出口到非经合组织国家的无害的 WEEE 是 IT 和音响设备，所以 e-Stewards 仍然被保留了。

因此，项目组建议限制 e-Stewards 所包含的 WEEE 等价处理条件的识别。

关于 WEEE 处理的欧洲标准

CENELEC 欧洲标准作为 WEEE 出口的独立的政策选项而得以被保留，提出了出口控制和可追溯性要求的实现是通过“法规（EC） No 1013/2006 和法规（EC）No 1418/2007 陈述的关于废物运输要求的符合声明”（如上所述，为所有政策选项提建议）。

一旦采纳当前由 CENELEC 制定的欧洲标准将会非常有价值，因为它们将覆盖 WEEE 处理的所有技术方面，并且将要确定遵守 WEEE 指令的必需的要求，从信息处理的要求到超越了旧版指令的严格要求。

CENELEC 标准目前正在起草，现在还不能被实施，但这并不是问题，因为这些标准最终都会被确认并且公布。

关于“WEEE 收集、运输、处理”的澳大利亚/新西兰标准 AS/NZS 5377

AS/NZS 5377标准是相关的选项是因为它是受欧盟新版WEEE指令显著授意的，因此，所包含的要求可以等价于新版 WEEE 指令所述的 WEEE 的处理和源于 WEEE 材料处理的要求或甚至超出了指令所涵盖范围处理要求。

根据上述，对该项政策选项的附加性建议为：若进行符合性评定，必须由第三方来实施。

参考文献

[1] Alejandra Sepúlveda，Mathias Schluep，Fabrice G. Renaud，Martin Streicher，Ruediger Kuehr，Christian Hagelüken， Andreas C. Gerecke. “Environmental Impact Assessment Review-A Review of the environmental fate and effects of hazardous substances released from electrical and electronic equipments during recycling；Examplesof China and India.” 2008.

[2] Arcadian Solutions. Comparison of selected end of life electronics processing programs with the requirements of the IEEE 1680 series of Standards for end of life electronics processing. Prod. EPEAT and the Green Electronics Council. 2012.

[3] Arcadian Solutions. “Understanding the Certification Process for End of Life Electronics.” Summary Report to Inform the IEEE 1680.1 Working Group. 2012.

[4] “Basel Convention on the Control of Transboundary Movements of Hazardous Wastes and Their Disposal.” 1992.

[5] Basel Convention Secretariat. Framework document on the preparation of technical guidelines for the environmentally sound management of wastes subject to the Basel Convention. Geneva：UNEP/94/3，SBC/94/5；Basel Convention Series/SBC N° 94/005，1994.

[6] Bolton，Helen. Presentation on New Zealand e-waste. New Zealand Ministry of the Environment. 2013.

[7] CENELEC. CENELEC Guide 13，IEC - CENELEC Agreement on Common planning of new work and parallel voting. Paris，n.d. — “Collection，logistics & treatment requirements for end-of-life household appliances containing volatile fluorocarbons or volatile hydrocarbons（EN 50574：2012）.” www.cenelec.eu.2012.

[8] Doucette，et al. “Known and Suspected routes of E-waste dumping.” Silicon Valley Toxics Coalition，2005.

[9] EEA. “MovementsofwasteacrosstheEU'sinternalandexternalboarders.” 2012.

[10] Eminton，Steve. “Chinese authorities maintain GreenFence pressure.” May2013.

[11] Euractiv. Une nouvelle loi limitera la mise en décharge des déchets électroniques. Euractiv.fr. 13 August 2012.

[12] European Commission. “Commission Staff Working Paper accompanying the Proposal for a Directive of the EU Parliamant and of the Council on WEEE.” 2008. http：//eur- lex.europa.eu/LexUriServ/LexUriServ.do？uri=SEC：2008：2933：FIN：EN：PDF.

[13] European Commission DG Environment. Keeping track of WEEE. March 2013. http：//ec.europa.eu/environment/ecoap/about-eco-innovation/good-practices/eu/20130326- keeping-track- of-weee_en.htm.

[14] European Commission. “Directive 2002/96/EC of the European Parliament and the Council of 27 January2003 on waste electrical and electronic equipment（WEEE）.” Brussels，2003.

[15] European Commission. “Directive 2008/1/EC of the European Parliament and of the Council of 15

January2008concerning integreatedpollution control.” 2008.

[16] European Commission. “Directive 2008/98/EC of the European Parliament and of the Council of 19 November2008onwasteandrepealing certain Directives.” 2008.

[17] European Commission. “Directive 2010/75/EU of the European Parliament and of the council of 24 November 2010 on industrial emissions（integrated pollution prevention and control） Recast.” 2010.

[18] European Commission Directorate General of the Environment. “Mandate to the European standardisation organisations for standardisation in the field of Waste Electrical and Electronic Equipment.” n.d.

[19] European Commission. “Regulation（EC）No 1013/2006 of the European Parliament and the Councilof14 June2006onshipmentsofwaste.” 2006.

[20] Ford，Peter. “China puts up a green wall to US trash.” The Christian Sciences Monitor，2013.

[21] Hieronymi，Klaus. How do we reach the WEEE II collection targets？ A producer's view. Global Resource Efficiency and Circular Economy Strategies，Hewlett Packard，2012.

[22] Huisman，Jaco. “WEEE recast：from 4kg to 65%：the compliance consequences.” United Nations University，2010.

[23] Li，Jinhui，NLopez，et al. “Regional or global WEEE recycling.Where to go？ ” 2012.

[24] MRW. WEEE fails to deliver，claims recycling firm. 8 November 2008.

[25] Oliveira，Bernardes，Gerbase. “Collection and recylcing of electronic scrap：A worldwide overview and comparison with the Brazilian situation.” Elsevier（WasteManagement），2011：1592-1610.

[26] Ongondo，Francis O.，and Williams D Ian. “Are WEEE in Control？ Rethinking Strategies for ManagingWaste Electrical and Electronic Equipment.” 2088.

[27] R2 Solutions. Guidance：R2 Standard 2008 Version 1.0. June 2012.

[28] R2Solutions. “R2CodeofPractices.” 2013：20.

[29] Research Unit（Larrdis）. E-Waste in India. Prod. Raiva Sabha Secretariat. New Dehli，2011.

[30] State Key Joint Laboratory of Environment Simulation and Polution Control（SKLESPC）. Regional or global WEEE recylcing. Where to go？ School of the Environment，Beijing：Tsinghua University，2012.

[31] Step Initiative. “Recommendations on Standards for Collection，Storage，Transport and Treatment of E-waste.” StEP Green Paper. August 2012.

[32] UNEP and Basel Convention. Guideline on Environmentally Sound Material Recovery/Recycling of End of Life Computing Equipment. 2011.

[33] United Nations University. “2008 Review of Directive 2002/96/EC on WEEE.” August2007.

[34] United Nations University and Wecycle. “Dutch WEEE Flows.” 2012.

[35] United Nations University. E Waste in China，a country report. Step Green Paper Series，2013.

附录：利益相关方咨询列表

项目团队联系了列表上的 45 个利益相关方，其中 22 人作出了回应。下面的列表给出了受访的利益相关方的身份、他们的组织和他们所在的国家。

表 7-19 利益相关方咨询列表

组织	类型	联系人	国家
综合科技工业联盟	生产商和回收商（行业协会）	Patrick Van den Bossche	比利时
（英国）家用电器生产商联合会	生产商	Richard Hughes	英国
博世和西门子家用电器	生产商	Christian Dworak	德国
欧盟家用电器协会	生产商（行业协会）	Korrina Hegarty	比利时
Dataserv	回收商	Amit Sardana	印度
电子废物系统有限公司	回收商	Martin Nielson	美国和英国
欧洲能源研究联盟	回收商（行业协会）	Norbert Zonneveld	荷兰
欧洲能源研究联盟	回收商（行业协会）	Shelagh Kerr	加拿大
欧洲电子回收商协会	标准	Sarah Westervelt Jim Puckett	美国
欧洲金属工业协会	生产商（行业协会）	Marc Guiraud，Lighting Europe Klaus Meyer-Pohl，Zumtobel Zoltan Pilter，GE Lighting Andreas Adam，Osram Nigel Harvey，Recolight/LIA	比利时
新西兰环境部	国家主管当局	Helen Bolton	新西兰
电子再循环国家中心	回收商（协会）	Jason Linnell	美国
东北回收委员会	回收商（非政府组织）	Lynn Rubinstein	美国
欧洲金属工业联络组织	生产商（行业协会）	Sigrid Linher	比利时
R2 Solution	标准	John Lingelbach	美国
RIOS	标准	David Wagger	美国
北美再循环组织	回收商（行业协会）	Anne Peters	美国
三星电子	生产商	David Scuderi	英国
解决电子废物问题组织	智囊团	Ruediger Kuehr	德国
优美科公司	生产商	Dr. Christian Hegeluken	比利时
欧盟 EEE 回收协会	标准	Pascal Leroy	比利时

八、WEEELABEX——收集标准

WEEE Forum 规范性文件 2011 年 5 月 2 日

前言

自 2009 年 WEEELABEX 项目开展以来，有关 WEEE 的收集、物流以及处理过程中所需遵守的规范性要求一直是欧盟电子电气设备回收协会（WEEE Forum）与电子电气设备制造商以及废弃电子电气设备处理者关注的重点。因此，2011 年 4 月 1 日，在阿姆斯特丹举行的 WEEE Forum 大会通过了 WEEELABEX 标准 9.0，该标准包括 10 类废弃电器电子产品，对收集、物流和处理等活动进行了规定，适用于 WEEE Forum 的参与者及同适用于 WEEE Forum 参与者签订合同实施废弃电器电子产品收集、回收和处理的单位，发布的标准含有前期版本中的一些修订建议。

2011 年和 2012 年，WEEELABEX 项目将专注于整合验证。在交付使用过程中，需要建立审计报告模板、输入测量协议、取样和分析方案、审计手册、一致性声明方式、目标和浓度值的定义、审计档案的定义以及其他准则。为了帮助 WEEELABEX 项目管理执行这些任务，创建了一个需要进一步研究的“观察名单”列表（根据之前制订规范性文件时强调指出的说明和意见），列表中的选项为与整合验证相关或需要进一步考虑的内容。

此外，还计划成立一个专门的 WEEELABEX 组织，用以讨论治理结构和经营模式。审计人员将接受培训，参照 WEEELABEX 符合性验证进行审计，除其他事项外，审核员的个人资料将涉及保密性和公正性要求。由 WEEE Forum 开发的 WF_RepTool 工具的使用，对运营商的 WEEE 再利用回收处理率的报告形式进行了统一。

WEEE Forum 的成员组织以及其他可能加入 WEEELABEX 的组织（以下简称 WEEE 系统），要求将这一规范性文件应用到其与运营商合同的所有条款中。WEEE 系统应只与符合本规定规范性文件或可证明其符合规格相当的运营商签订合同。

于 2011 年 4 月 1 日召开的阿姆斯特丹会议中，欧盟 WEEE 系统决定，他们将要求与之有合同关系的运营商从 2013 年 12 月 31 日（老成员国）和 2014 年 12 月 31 日（新成员国）起遵守 WEEELABEX 规范性要求。

标准在发布后的 18 个月内即 2012 年 10 月 1 日前不会进行修改，由 WEEE Forum 的成员检验该标准的效果，并提出反馈意见。与 CENELEC（或同等标准化组织）关于 WEEELABEX 规范性要求的正式讨论需在对指令 2002/96/EC 进行重新修订后再进行。

绪论

该 WEEELABEX 规范性要求通过制订收集、储存和处理报废电子电气设备（WEEE）的措施来预防和缓解 WEEE 对环境和人类健康和安全造成的不利影响。它定义了集成到其他管理要求的运营商技术和管理要求，以帮助企业实现正确处理 WEEE 的需求。

遵守 WEEELABEX 规范性要求不等同于法律义务的豁免。该规范性文件，不是为了创造贸易壁垒，也不增加或减少组织的法定义务。其目的是将规范性文件将用于所有类型和规模的组织并适应各种不同的地理、文化和社会条件。

规范性文件的结构是按照对规范性文件的结构和编写的一般规则。第 1～3 条为简介及定义，第 4 条是所有运营商的管理和组织原则，第 5 条涵盖收集设施的技术要求。

本规范性文件包含有关准备再利用方面的相关表达，然而，准备再利用的需要涉及不在本规范文件范围内进入市场准备再利用的设备在此将不予讨论。一般认为，任何与进入市场准备再利用的设备相关的标准应当要求当事人将准备进入市场的再利用设备进行标注，维护原制造商与任何对此再利用设备的声明无关并同时对此进行法律保障。生产者或当事人应向有关当局提供能够与之签约的一个有再利用资质的企业清单。在此情况下，本文件中的规范性要求与国家或地方法律或法规的规定有所不同，其要求会更加严苛。

2011 年 4 月通过的标准版本（v9.0）在发布后的 18 个月内即 2012 年 10 月 1 日前将不会被修改，但一份基于长远考虑关于响应立法或不断发展的技术和工作实践的新发展研究的“观察名单”将会提出，为 WEEELABEX 项目进行下一阶段的审查管理做准备。

1 范围

1.1 该规范性文件适用于所有在处理之前的 WEEE，即第一个物理性改变之前。

1.2 该规范性文件规定了所有的收集操作方式，包括 WEEE 收集、处理、分拣、存储以及在 WEEE 收集设施的运输准备。

1.3 该规范性文件指出在收集过程中所有的运营商都必须遵循条款 1.2 中的规定，无论其规模大小、主要的活动、地理位置、WEEE 业务的规模或者运营商在业务中的法律地位。

1.4 该规范性文件适用于欧盟及欧洲自由贸易联盟的所有成员。

1.5 该规范性文件的目的主要在于：

- 使 WEEE 得到有效收集，从而阻止污染传播，降低污染辐射；
- 防止 WEEE 的不当处置；
- 保护人类健康安全，以及其生存环境；
- 防止 WEEE 的非法越境运输；
- 防止运营商对处理未遵守本标准或同等条件处理的 WEEE 的非法越境运输；
- 为 WEEE 利益链中所有运营商创造公平的竞争环境。

这将会通过以下规则实现：

- 统一监督、测量和报告措施，以及促使 WEEE 在收集、装卸、分拣以及储存时实现环境无害化（法律规范性文件）；
- 规范现有的法律、原则以及最优方法。

1.6 该规范性文件基于社区环境政策，其主要目的是保护和改善环境质量，保护人类健康以及自然资源的谨慎合理利用。本政策基于谨慎原则，对环境有损害的污染源和污染人员进行重点处理，采取必要的措施进行纠正。规范性文件要求处理操作人员对各项活动进行严格评估，对于此评估要求所有参与公司对其自身以及商业合作伙伴进行透明性监督。

2 规范性引用文件

无

3 术语及定义

对于本文档，下列术语和定义适用：

3.1 收集

WEEE 的聚集，包括将 WEEE 运输到处理设施之前对 WEEE 的初步分选和储存。

注 1：术语“收集”源于指令 2008/98/EC。

注 2：聚集包含从最终用户或者其他收集设施中收回。

3.2 收集设施

指定收集来自私人家庭的 WEEE 以便于分类收集的地点。

注 1：术语“来自私人家庭的 WEEE”源于指令 2002/96/EC，术语“收集和分类收集”源于指令 2008/98/EC。

注 2：收集设施需注册或列入目录中，或按照国家立法实施指令 2002/96/EC 被核准、被指定的。

3.3 组件

具有不同功能的设备元件，作为一个更大的单元装置的一部分。

注：WEEE 的典型组件为电池、电容、印刷电路板、CRT 和硬盘。

3.4 CRT 显示设备

含有一个阴极射线管（CRT）或 CRT 偏转线圈的整个电视机或计算机显示器。

注：CRT 显示设备包括商用设备，如医院的监控、银行的提款机、示波器等。

3.5 平板显示器

大于 100 cm^2 的薄屏幕设备，采用别的显像工艺而不是阴极射线管来产生图像。

注：平板显示器的例子包括液晶电视、等离子电视、液晶显示屏、显示器和笔记本电脑。

3.6 组分

WEEE 处理过程中产生的物料流，包括去污、拆解或其他处理过程。

3.7 灯具

气体放电灯和在指令 2002/96/EC 范围内的改造 LED 灯。

注：改造的 LED 灯是指用于代替 CFL 或 GLS 灯的 LED 灯，其主要是为了适应插座要求。

3.8 物流设施

接收 WEEE 的地点，并在此设施处进行分类、储存后准备运输到处理处置设施。

3.9 操作人员

按照标准文件进行 WEEE 处理实际操作的人。

注：WEEE 的操作包括收集、装卸、装运、分拣、仓储、运输、贸易、处理或准备再利用。

3.10 准备再利用

检查、清洁或维修作业，由已成为废物的产品或零部件的制备，使它们可以被重新使用，而无须任何预处理。

注：准备再利用包括但不限于选择、视觉检查、安全和功能测试，根据指令 2002/96/EC 规定的符合再利用的 WEEE 的归档、记录和标签。

3.11 再利用

基于不浪费原则对产品或组件进行二次利用的任何操作。

注：术语“再利用”在指令 2008/98/EC 中定义。

3.12 处理

回收或处置操作，包括在回收或处置前的准备工作。

注：术语“处理”在指令 2008/98/EC 中定义。

3.13 废弃物

被持有人丢弃或打算丢弃或者被要求丢弃的任何物质。

注：术语“废弃物”在指令 2008/98/EC 中定义。

3.14 WEEE

电气或电子设备废物，包括所有组件、配件及耗材，在丢弃时是产品的一部分。

注：术语“WEEE”源于指令 2008/98/EC。

4 管理和组织要求

4.1 法律规则

4.1.1 经营者应当遵守欧洲共同体立法及其相应的变换。操作人员应根据法律法规进行文件记录，并将其应用于现场所有活动的法律和监管义务的合规性。

4.1.2 经营者应根据法律要求建立和维持一个程序，保证所有的活动、服务和过程的环境、健康和安全。经营者的活动和有关法律规定的记录应当由有关部门控制，并颁发有效的经营许可证。

4.2 技术和基准设施先决条件

4.2.1 经营者应具备适合进行现场活动特点的基准设施，规模技术和操作。对现场进行的所有任务的操作风险管理过程进行评估，包括风险识别、风险评估和风险的消除或减少，以及文件的管理工作。

4.2.2 在灯具装卸过程中，员工应采用个人防护装备降低风险发生概率。

4.2.3 收集设施包括仓储区域应设计、组织和维护提供进出口安全通道，以避免未经授权的人访问。

4.2.4 收集设施应防止 WEEE 和其部件的损坏和盗窃。

4.3 培训

4.3.1 所有人员在进入收集设施时须熟悉该设施运行所需的环境、健康及安全政策，特别是收集 CRT 显示设备、平板显示器、热交换器和破损灯具时。参与经营的员工和承包商必须接受培训，完成分配给他们的任务。

4.3.2 应在工作场所提供员工培训材料和信息以便于工作人员可随时获得相关信息。有关 CRT 显示器、平板显示器、热交换器和灯具的具体风险的材料和信息应制作成文件。

4.4 物流链末端监管

4.4.1 收集者应当追踪和记录 WEEE 在进入第一步处理之前的物流链末端动态。根据本规范性文件条款 5 的规定，后续处理过程也应记录。

注：灯具的跟踪是在收取容器的基础上进行的。

4.4.2 物流链末端监管的责任在将 WEEE 移交处理商/拆解商或越境转移时仍然存在。

4.5 准备再利用

4.5.1 收集者只准与获得授权的第三方签订准备再利用活动的协议，同时第三方应当确保不被再利用的 WEEE 及其组分应返回收集设施。

4.5.2 如果收集者参与准备再利用活动，应当遵守处理标准中的第 4.6 条。

4.6 运输

4.6.1 WEEE 在越境转移时应当遵守指令 2002/96/EC 的要求。

4.6.2 收集者不允许发起、参与或者允许转移可能导致不符合本标准目标和指令 2002/96/EC 要求的处理行为。

4.6.3 最低限度的转移监管要求应严格参照指令 2002/96/EC 和规定 1013/2006 在废物装运方面的要求。

注：灯具常被归类为危险废物（EWC），但根据 ADR，他们不属于危险废物的范畴。

5 技术要求

5.1 装卸

5.1.1 WEEE 的装卸和储存应谨慎避免由于损伤和泄漏使有害物质释放到空气、水和土壤中。

注：装卸包括装货和卸货。

5.1.2　在装卸和贮存期间应特别注意：

- 热交换器，避免热交换系统的损坏；
- CRT 显示器，避免破裂和荧光粉涂层的逸散；
- 灯具及电器中所含灯具，防止破裂导致汞的释放；
- 灯具在处理或者分类成线性和非线性时，应防止灯具的破损；
- 烟雾探测器，其可能包含放射性成分；
- 含有油和其他液体构成内部环路的电器或矿物油和合成机油的电容器，避免泄漏和其他释放；
- 含有石棉或陶瓷纤维的器具，避免石棉或陶瓷纤维的释放。

注 1：含灯具的电器包括日光浴床位和平板显示器。

注 2：含石棉的电器包括加热器和炉子。

注 3：热交换器包括冰箱、冷冻机、自动制冷机、除湿器、空调设备和热泵。

5.1.3　所有 WEEE 的装卸都包括使用适当的工具和容器进行装卸和运输，以避免 WEEE 损坏。

5.1.4　禁止倾卸含 CRT 显示器、平板显示器、热交换器和灯管等的容器。

5.1.5　在再使用准备、污染物移除和资源化过程中禁止使用标准文本中禁用的装卸行为。

5.1.6　WEEE 处理前禁止粉碎和压缩。除了灯具，禁止其他 WEEE 处理前的拆解，除非满足 LABEX 合格验证的物流链末端处置商有明确要求。所有的 WEEE 和组件（已分开）应提交至处理商。

5.2　储存

5.2.1　收集设施的储存场地需要：

- WEEE 的所有储存场地须含有防渗设施；
- 未覆盖场地的渗漏液收集设施；
- CRT 显示器、平板显示器、热交换器和灯管的防水覆盖物。

处理前储存的没有防水覆盖物的 WEEE 数量不应超过每月的平均供应量。

注：防水覆盖包括屋顶和有盖的容器。

5.2.2　储存准备再利用的 WEEE 的场地应当具有防水覆盖物。

5.2.3　在储存 CRT 显示器、平板显示器、热交换器和灯管时，应当放在容器内或以稳定的形式储存避免损坏或破裂。

5.3 分类收集和分拣

5.3.1 在收集过程中，WEEE 不能和其他类型的废物混杂在同一个容器中。如果收集者能确保处理前可以进行再次分离或符合国家、地区级法规规定的，则可以进行混合收集。

5.3.2 WEEE 应按照目录进行分拣，也可依据相关法规或与其他组织、客户签订的合同要求进行分拣。

5.3.3 灯具必须经过人工取出，从其他装置中拆卸灯具应按照部件的环境友好回收资源化要求，且不能妨碍整个设备的恢复。

5.4 CRT 显示设备和平板显示器运输前的准备工作

5.4.1 CRT 显示设备和平板显示器运输前的准备和装载应当确保在运输过程中不被破坏。

5.4.2 运输过程中应当采取一些适当的措施避免平面显示设备的破裂。

5.5 存档

5.5.1 收集设施的操作者应当通过磅码单、件数、大小和容器的填充程度等记录收集和转运的废弃电器电子产品数量，应附有关称重和数据提供地点的协议。

5.5.2 电子文档和记录应至少保留 3 年，除非主管当局、废弃电器电子产品回收机构或其他客户规定更长的期限。

参考文献

[1] Directive 2002/96/EC of the European Parliament and of the Council of 27 January 2003 on waste electrical and electronic equipment（WEEE）(Official Journal of the European Union（OJ）L 37，13.2.2003）.

[2] Directive 2008/98/EC of the European Parliament and of the Council of 19 November 2008 on waste and repealing certain Directives（OJ L 312，22.11.2008）.

[3] Regulation 1 013/2006 of the European Parliament and of the Council of 14 June 2006 on shipments of waste（OJ，L 190/1，12.7.2006）. Regulation as last amended by Commission Regulation（EC） No 1379/2007（OJ L 309，27.11.2007，p. 7）.

九、WEEELABEX——物流标准

WEEE Forum 规范性文件 2011 年 5 月 2 日

前言

自 2009 年 WEEELABEX 项目开展以来，有关 WEEE 的收集、物流以及处理过程中所需遵守的规范性要求一直是欧盟电子电气设备回收协会（WEEE Forum）与电子电气设备制造商以及废弃电子电气设备处理者关注的重点。因此，2011 年 4 月 1 日，在阿姆斯特丹举行的 WEEE Forum 大会通过了 WEEELABEX 标准 9.0，该标准包括 10 类废弃电器电子产品，对收集、物流和处理等活动进行了规定，适用于 WEEE Forum 的参与者及同适用于 WEEE Forum 参与者签订合同实施废弃电器电子产品收集、回收和处理的单位，发布的标准含有前期版本中的一些修订建议。

2011 年和 2012 年，WEEELABEX 项目将专注于整合验证。在交付使用过程中，需要建立审计报告模板、输入测量协议、取样和分析方案、审计手册、一致性声明方式、目标和浓度值的定义、审计档案的定义以及其他准则。为了帮助 WEEELABEX 项目管理执行这些任务，创建了一个需要进一步研究的“观察名单”列表（根据之前制订规范性文件时强调指出的说明和意见），列表中的选项为与整合验证相关或需要进一步考虑的内容。

此外，还计划成立一个专门的 WEEELABEX 组织，用以讨论治理结构和经营模式。审计人员将接受培训，参照 WEEELABEX 符合性验证进行审计，除其他事项外，审核员的个人资料将涉及保密性和公正性要求。由 WEEE Forum 开发的 WF_RepTool 工具的使用，对运营商的 WEEE 再利用回收处理率的报告形式进行了统一。

WEEE Forum 的成员组织以及其他可能加入 WEEELABEX 的组织（以下简称 WEEE 系统），要求将这一规范性文件应用到其与运营商合同的所有条款中。WEEE 系统应只与符合本规定规范性文件或可证明其符合规格相当的运营商签订合同。

于 2011 年 4 月 1 日召开的阿姆斯特丹会议中，欧盟 WEEE 系统决定，他们将要求与之有合同关系的运营商从 2013 年 12 月 31 日（老成员国）和 2014 年 12 月 31 日（新成员国）起遵守 WEEELABEX 规范性要求。

标准在发布后的 18 个月内即 2012 年 10 月 1 日前不会进行修改，由 WEEE Forum 的成员检验该标准的效果，并提出反馈意见。与 CENELEC（或同等标准化组织）关于 WEEELABEX 规范性要求的正式讨论需在对指令 2002/96/EC 进行重新修订后再进行。

绪论

该 WEEELABEX 规范性要求通过制定报废电子电气设备（WEEE）物流的措施来预防和缓解 WEEE 对环境和人类健康和安全造成的不利影响。它定义了集成到其他管理要求的运营商技术和管理要求，以帮助企业实现正确处理 WEEE 的需求。

遵守 WEEELABEX 规范性要求不等同于法律义务的豁免。该规范性文件，不是为了创造贸易壁垒，也不增加或减少组织的法定义务。其目的是将规范性文件将用于所有类型和规模的组织并适应各种不同的地理、文化和社会条件。

规范性文件的结构是按照对规范性文件的结构和编写的一般规则。第 1～3 条为简介及定义，第 4 条是管理和组织原则，第 5 条涵盖物流设施的技术要求。

本规范性文件包含有关准备再利用方面的相关表达，然而，准备再利用的需要涉及不在本规范文件范围内进入市场准备再利用的设备在此将不予讨论。一般认为，任何与进入市场准备再利用的设备相关的标准应当要求当事人将准备进入市场的再利用设备进行标注，维护原制造商与任何对此再利用设备的声明无关并同时对此进行法律保障。生产者或当事人应向有关当局提供能够与之签约的一个有再利用资质的企业清单。在此情况下，本文件中的规范性要求与国家或地方法律或法规的规定有所不同，其要求会更加严苛。

2011 年 4 月通过的标准版本（v9.0）在发布后的 18 个月内即 2012 年 10 月 1 日前将不会被修改，但一份基于长远考虑关于响应立法或不断发展的技术和工作实践的新发展研究的“观察名单”将会提出，为 WEEELABEX 项目进行下一阶段的审查管理做准备。

1 范围

1.1 该规范性文件适用于所有在处理之前的 WEEE，即第一个物理性改变之前。

1.2 该规范性文件规定了所有的物流操作方式，包括第一步处理之前的 WEEE 装卸、分拣、存储和运输。

1.3 该规范性文件指出在物流过程中所有的运营商都必须遵循条款 1.2 中的规定，无论其规模大小、主要的活动、地理位置、WEEE 业务的规模或运营商在业务中的法律地位。

1.4 该规范性文件适用于欧盟及欧洲自由贸易联盟的所有成员。

1.5 该规范性文件的目的主要在于：

- 使 WEEE 得到有效收集，从而阻止污染传播，降低污染辐射；
- 防止 WEEE 的不当处置；
- 保护人类健康安全，以及其生存环境；

- 防止 WEEE 的非法越境运输；
- 防止运营商对处理未遵守本标准或同等条件处理的 WEEE 的非法越境运输；
- 为 WEEE 利益链中所有运营商创造公平的竞争环境。

这将会通过以下规则实现：

- 统一监督、测量和报告措施，以及促使 WEEE 在收集、装卸、分拣、储存，以及运输时实现环境无害化（法律规范性文件）；
- 规范现有的法律、原则以及最优方法。

1.6　该规范性文件是基于社区环境政策，其主要是目的是保护和改善环境质量，保护人类健康以及自然资源的谨慎合理利用。本政策基于谨慎原则，对环境有损害的污染源和污染人员进行重点处理，采取必要的措施进行纠正。规范性文件要求处理操作人员对各项活动进行严格评估，对于此评估要求所有参与公司对其自身以及商业合作伙伴进行透明性监督。

2　规范性引用文件

无

3　术语及定义

对于本文档，下列术语和定义适用：

3.1　回收

WEEE 的聚集，包括将 WEEE 运输到处理设施之前对 WEEE 的初步分选和储存。

注 1：术语“收集”源于 2008/98/EC 中的指令。

注 2：聚集包含从最终用户或者其他采集设备中收回。

3.2　组件

具有不同功能的设备元件，作为一个更大的单元装置的一部分。

注：WEEE 的典型组件为电池、电容、印刷电路板、CRT 和硬盘。

3.3　CRT 显示设备

含有一个阴极射线管（CRT）或 CRT 偏转线圈的整个电视机或计算机显示器。

注：CRT 显示设备包括商用设备，如医院的监控、银行的提款机、示波器等。

3.4 平板显示器

大于 100 cm^2 的薄屏幕设备，采用别的显像工艺而不是阴极射线管来产生图像。

注：平板显示器的例子包括液晶电视、等离子电视、液晶显示屏、显示器和笔记本电脑。

3.5 组分

WEEE 处理过程中产生的物料流，包括去污、拆解或其他处理过程。

3.6 灯具

气体放电灯和在指令 2002/96/EC 范围内的改造 LED 灯。

注：改造的 LED 灯是指用于代替 CFL 或 GLS 灯的 LED 灯，其主要是为了适应插座要求。

3.7 物流

为得到妥善处理而进行的过程规划、实施以及 WEEE 废物流的有效控制。物流包括分拣、装卸、储存和送至处理设施的准备运输。

3.8 物流设施

接收 WEEE 的地点，并在此设施进行分拣、储存以及准备运输到处理处置设施。

3.9 操作人员

按照标准文件进行 WEEE 处理实际操作的人。

注：WEEE 的操作包括收集、装卸、装运、分拣、仓储、运输、贸易、处理或准备再利用。

3.10 准备再利用

检查、清洁或维修作业，由已成为废物的产品或零部件的制备，使它们可以被重新使用，而无须任何预处理。

注：准备再利用包括但不限于选择、视觉检查、安全和功能测试，根据指令 2002/96/EC 规定的符合再利用的 WEEE 的归档、记录和标签。

3.11 再利用

基于不浪费原则对产品或组件进行二次利用的任何操作。

注：术语“废弃物”在指令 2008/98/EC 中定义。

3.12 处理

回收或处置操作，包括在回收或处置前的准备工作。

注：术语“废弃物”在指令 2008/98/EC 中定义。

3.13 废弃物

被持有人丢弃或打算丢弃或者被要求丢弃的任何物质。

注：术语“废弃物”在指令 2008/98/EC 中定义。

3.14 WEEE

电气或电子设备废物，包括所有组件、配件及耗材，在丢弃时是产品的一部分。

注：术语“WEEE”源于指令 2008/98/EC。

4 管理和组织要求

4.1 法律规则

4.1.1 经营者应当遵守欧洲共同体立法及其相应的变换。操作人员应根据法律法规进行文件记录，并将其应用于现场所有活动的法律和监管义务的合规性。

4.1.2 经营者应根据法律要求建立和维持一个程序，保证所有的活动、服务和过程的环境、健康和安全。经营者的活动和有关法律规定的记录应当由有关部门控制，并颁发有效的经营许可证。

4.2 管理原则

4.2.1 经营者应当保证管理体系的所有活动都要做到健康、安全、环保和高品质。

4.2.2 经营者应当通过审查保证其经营是在不断改进的。政策也应定期更新或修订保证其监测和评估的有效性。

4.3 技术和基准设施先决条件

4.3.1 经营者应具备适合进行现场活动特点的基准设施，规模技术和操作。对现场进行的所有任务的操作风险管理过程进行评估，包括风险识别、风险评估和风险的消除或减少，以及文件的管理工作。

4.3.2 在灯具处理过程中，员工应采用个人防护装备降低风险发生概率。

4.3.3 物流设施包括仓储区域应设计、组织和维护提供进出口安全通道，以避免未经授权的人进入。

4.3.4 物流设施应防止 WEEE 和其部件的损坏和盗窃。

4.3.5 物流操作人员应根据经营性质和经营规模来确保有足够多的保险或其他金融资源。保险或财务应满足法律法规的要求，其要求最小可覆盖的风险和责任为：

- 工厂雇员、承包商、访客或周边邻近的人的身体伤害；
- 邻近设施的损坏；
- 因意外污染物的排放而造成的损失，该财产的所有人负有责任；
- 关闭设施以保证场地和所有 WEEE 的适当清理。

4.4 培训

4.4.1 所有人员在进入处理设施时，须熟悉该设施运行所需的环境、健康及安全政策。参与经营的员工和承包商，必须接受培训，完成分配给他们的任务。

4.4.2 培训应包括制订紧急应变计划、保护职业健康安全的措施、对现场进行的相关操作。应定期检查培训的有效性和适用性。培训方案应以合适的形式、方式和语言向学员教授。

4.4.3 工作人员在工作现场可以获得员工培训材料和信息，包括技术指导文件、风险评估、安全报表、信息图表、信息表、照片或电子组件实例，以及有害化学成分的安全数据表。

4.5 物流链末端监管

4.5.1 收集者应当追踪和记录 WEEE 在进入第一步处理之前的物流链末端动态。根据本规范性文件条款 5 的规定，文件记录应进行适当的处理。操作人员需要确定 WEEE 的源头，如果下游处理商是根据本规范性文件核准的独立实体则不需要特殊记录。

注：灯具的追踪是在追踪收取容器的基础上实施的。

4.5.2 物流链末端监管的责任在将 WEEE 移交处理商/拆解商或越境转移时仍然存在。

4.6 准备再利用

4.6.1 收集者只准与获得授权的第三方签订再利用准备活动的协议，同时第三方应当确保不被再利用的 WEEE 及其组分应返回收集设施。

4.6.2 如果收集者参与再利用准备活动，应当遵守处理标准中的第 4.6 条。

4.7 运输

4.7.1 WEEE 越境转移时应当遵守指令 2002/96/EC 的要求。

4.7.2 收集者不允许发起、参与或者允许转移可能导致不符合本标准目标和指令 2002/96/EC 要求的处理行为。

4.7.3 最低限度的转移监管要求应严格参照规定 1013/2006 的要求。

注：灯具常被归类为危险废物（EWC），但根据 ADR，他们不属于危险废物的范畴。

5 技术要求

5.1 装卸

5.1.1 WEEE 的装卸和储存应谨慎避免由于损伤和泄漏使得有害物质释放到空气、水、土壤中。

注：装卸包括装货和卸货。

5.1.2 在装卸和贮存时应特别注意：

- 热交换器，避免热交换系统的损坏；
- CRT 显示器，避免破裂和荧光粉涂层的逸散；
- 灯具及电器中所含灯具，防止破裂导致汞释放；
- 灯具在处理或者成线性和非线性分类时，应防止灯具的破损；
- 烟雾探测器，其可能包含放射性成分；
- 含有油和其他液体构成内部环路的电器或矿物油和合成机油的电容器，避免泄漏和其他释放；
- 含有石棉或陶瓷纤维的器具，避免石棉或陶瓷纤维的释放。

注 1：含灯具的电器包括日光浴床和平板显示器。

注 2：含石棉的电器包括加热器和炉子。

注 3：热交换器包括冰箱、冷冻机、自动制冷机、除湿器、空调设备和热泵。

5.1.3 所有 WEEE 的处理都包括使用适当的工具和容器进行装卸和运输，以避免 WEEE 损坏。

5.1.4 禁止倾卸含 CRT 显示器、平板显示器、热交换器和灯管等的容器。

5.1.5 在准备再使用、污染物移除和资源化过程中的搬运禁止使用标准文本中禁用的搬运行为。

5.1.6 WEEE 在处理前禁止粉碎和压缩。除灯具外，禁止其他种类 WEEE 处理前的拆卸，除非满足 LABEX 合格验证的物流链末端处置商有明确要求。所有的 WEEE 和组件（已分离）应当被提交至处理商。

5.2 储存

5.2.1 收集设施的储存场地需要：

- WEEE 的所有储存场地须含有防渗设施；
- 未覆盖场地的渗漏液收集设施也是必需的；
- CRT 显示器、平板显示器、热交换器和灯管的防水覆盖物。

处理前储存的没有防水覆盖物的 WEEE 的数量不应超过每月的平均供应量。

注：防水覆盖包括屋顶和有盖的容器。

5.2.2 储存准备再利用的 WEEE 的场地应当具有防水覆盖物。

5.2.3 在储存 CRT 显示器、平板显示器、热交换器和灯管时，应当放在容器内或以稳定的形式储存避免损坏或破裂。

5.3 分类收集和分拣

5.3.1 在收集和运输过程中，WEEE 不能和其他类型的废物混杂在同一个容器中。如果收集者能确保处理前能进行再次分离或符合国家、地区级法规的规定，则可以进行混合收集。

5.3.2 WEEE 应按照目录进行分拣，也可依据相关法规或与其他组织、客户签订的合同要求进行分拣。

5.3.3 灯具必须经过人工取出，从其他装置中拆卸灯具应按照部件的环境友好回收资源化要求，且不能妨碍到整个设备的恢复。

5.4 CRT 显示设备和平板显示器运输前的准备工作

5.4.1 CRT 显示设备和平板显示器运输前的准备和装载应当确保在运输过程中不被破坏。

5.4.2 运输过程中应当采取一些适当的措施避免平面显示设备的破裂。

5.5 存档

5.5.1 收集设施的操作者应当通过磅码单、件数、大小和容器的填充程度等记录收集和转运的 WEEE 数量，应附有关称重和数据提供地点的协议。

5.5.2 电子文档和记录应至少保留 3 年，或按照主管当局、WEEE 回收机构或其他客户规定的更长的期限。

5.5.3 物流设施的经营者应当确保运输者记录所收到的 WEEE 的数量以及来源，同时还要记录运往目的地的 WEEE 的数量。

5.5.4 运输者应按照国际、国家和地方法律的要求保存文件和记录。运输者应执行指令 2002/96/EC 和 2006 年 6 月 14 日由欧洲议会颁布的有关废物运输的第 1013/2006 号法规规定的最低监控要求。

参考文献

[1] Directive 2002/96/EC of the European Parliament and of the Council of 27 January 2003 on waste electrical and electronic equipment（WEEE）.（Official Journal of the European Union（OJ） L 37，13.2.2003）.

[2] Proposal for a recast of Directive 2002/96/EC of the European Parliament and of the Council of 27 January 2003 on waste electrical and electronic equipment（WEEE） {SEC（2008） 2933} {SEC（2008）2934}.

[3] Directive 2008/98/EC of the European Parliament and of the Council of 19 November 2008 on waste and repealing certain Directives（OJ L 312，22.11.2008）.

[4] Regulation 1013/2006 of the European Parliament and of the Council of 14 June 2006 on shipments of waste（OJ，L 190/1，12.7.2006）. Regulation as last amended by Commission Regulation（EC）No 1379/2007（OJ L 309，27.11.2007，p. 7）.

十、WEEELABEX——处理标准

WEEE Forum 规范性文件 2013 年 5 月 7 日

前言

自 2009 年 WEEELABEX 项目开展以来，有关 WEEE 的收集、物流以及处理过程中所需遵守的规范性要求一直是欧盟电子电气设备回收协会（WEEE Forum）与电子电气设备制造商以及废弃电子电气设备处理者关注的重点。因此，2011 年 4 月 1 日，在阿姆斯特丹举行的 WEEE Forum 大会通过了 WEEELABEX 标准 9.0，该标准包括 10 类废弃电器电子产品，对收集、物流和处理等活动进行了规定，适用于 WEEE Forum 的参与者及同适用于 WEEE Forum 参与者签订合同实施废弃电器电子产品收集、回收和处理的单位，发布的标准含有前期版本中的一些修订建议。

2011 年和 2012 年，WEEELABEX 项目将专注于整合验证。在交付使用过程中，需要建立审计报告模板、输入测量协议、取样和分析方案、审计手册、一致性声明方式、目标和浓度值的定义、审计档案的定义以及其他准则。为了帮助 WEEELABEX 项目管理执行这些任务，创建了一个需要进一步研究的“观察名单”列表（根据之前制订规范性文件时强调指出的说明和意见），列表中的选项为与整合验证相关或需要进一步考虑的内容。

此外，还计划成立一个专门的 WEEELABEX 组织，用以讨论治理结构和经营模式。审计人员将接受培训，参照 WEEELABEX 符合性验证进行审计，除其他事项外，审核员的个人资料将涉及保密性和公正性要求。由 WEEE Forum 开发的 WF_RepTool 工具的使用，对运营商的 WEEE 再利用回收处理率的报告形式进行了统一。

WEEE Forum 的成员组织以及其他可能加入 WEEELABEX 的组织（以下简称 WEEE 系统），要求将这一规范性文件应用到其与运营商合同的所有条款中。WEEE 系统应只与符合本规定规范性文件或可证明其符合规格相当的运营商签订合同。

于 2011 年 4 月 1 日召开的阿姆斯特丹会议中，欧盟 WEEE 系统决定，他们将要求与之有合同关系的运营商从 2013 年 12 月 31 日（老成员国）和 2014 年 12 月 31 日（新成员国）起遵守 WEEELABEX 规范性要求。

标准在发布后的 18 个月内即 2012 年 10 月 1 日前不会进行修改，由 WEEE Forum 的成员检验该标准的效果，并提出反馈意见。与 CENELEC（或同等标准化组织）关于 WEEELABEX 规范性要求的正式讨论需在对指令 2002/96/EC 进行重新修订后再进行。

绪论

该 WEEELABEX 规范性要求通过制定处理报废电子电气设备（WEEE）的措施来预防和缓解 WEEE 对环境和人类健康和安全造成的不利影响。它定义了集成到其他管理要求的运营商技术和管理要求，以帮助企业实现正确处理 WEEE 的需求。

遵守 WEEELABEX 规范性要求不等同于法律义务的豁免。该规范性文件，不是为了创造贸易壁垒，也不增加或减少组织的法定义务。其目的是将规范性文件用于所有类型和规模的组织并适应各种不同的地理、文化和社会条件。

第一部分（一般要求）涉及所有 WEEE 处理的经营者。这个标准的框架是参照规范文件结构的一般规则。第 1～3 条介绍和格式化文件，第 4 条是所有运营商的管理和组织原则，第 5 条涵盖的技术要求，本标准附件提供了详细的要求、工作过程说明和工具。处理场地。

第二部分包括 CRT 显示设备、平板显示设备、冷却和冷冻设备（温度交换设备，以及灯具）的具体处理要求。这些具体要求覆盖第一部分的一般要求。针对来自私人家庭含有挥发性氟化碳氢化合物或碳氢化合物的 WEEE 处理的有关要求，目前基于 WEEE 论坛、CECED 和 EERA 制定的关于含 HC、CFC、HCFC 和 HFC 的废家庭温度设备处理的自愿性规范正在开发 CENELEC EN 标准。EN 标准将在正式采用后取代这些自愿性规范。

本规范性文件包含有关准备再利用方面的相关表达，然而，准备再利用的需要涉及不在本规范文件范围内进入市场准备再利用的设备在此将不予讨论。一般认为，任何与进入市场准备再利用的设备相关的标准应当要求当事人将准备进入市场的再利用设备进行标注，维护原制造商与任何对此再利用设备的声明无关并同时对此进行法律保障。生产者或当事人应向有关当局提供能够与之签约的一个有再利用资质的企业清单。在此情况下，本文件中的规范性要求与国家或地方法律或法规的规定有所不同，其要求会更加严苛。

2011 年 4 月通过的标准版本（v9.0）在发布后的 18 个月内即 2012 年 10 月 1 日前将不会被修改，但一份基于长远考虑关于响应立法或不断发展的技术和工作实践的新发展研究的“观察名单”将会提出，为 WEEELABEX 项目进行下一阶段的审查管理做准备。

第一部分 总要求

1 范围

1.1 该规范性文件适用于所有 WEEE，以及所有电子配件和组分直至结束其最终废物，或直到 WEEE 和其配件被重新再利用以及电气组分被回收或最终处置。

1.2 该规范性文件指明了 WEEE 所有的处理方式，包括准备再利用、装卸、分拣、存储以及处理（包括危险组分的完整处理）。

1.3 该规范性文件指出在处理过程中所有的运营商都必须遵循条款 1.2 中的规定，无论其规模大小、主要的活动、地理位置、WEEE 业务的规模或者运营商在业务中的法律地位。

1.4 该规范性文件适用于欧盟及欧洲自由贸易联盟的所有成员。

1.5 该规范性文件的目的主要在于：

- 使 WEEE 得到有效收集，从而阻止污染传播，降低污染辐射；
- 防止 WEEE 的不当处置；
- 保护人类健康安全及其生存环境；
- 防止 WEEE 的非法越境运输；
- 防止运营商对处理未遵守本标准或同等条件处理的 WEEE 的非法越境运输；
- 为 WEEE 利益链中所有运营商创造公平的竞争环境。

这将会通过以下规则实现：

- 统一监督、测量和报告措施，以及促使 WEEE 在收集、装卸、分拣以及储存时实现环境无害化（法律规范性文件）；
- 规范现有的法律、原则以及最优方法。

1.6 该规范性文件基于社区环境政策，其主要目的是保护和改善环境质量，保护人类健康以及自然资源的谨慎合理利用。本政策基于谨慎原则，对环境有损害的污染源和污染人员进行重点处理，采取必要的措施进行纠正。规范性文件要求处理操作人员对各项活动进行严格评估，对于此评估要求所有参与公司对其自身以及商业合作伙伴进行透明性监督。

2 规范性引用文件

EN 14899：废弃物特性—废弃物取样—抽样计划的编制和应用框架，2005。

PAS 141：2011，废旧电器电子设备再利用（UEEE 和 WEEE）—过程管理—规格。

3 术语及定义

对于本文档，下列术语和定义适用：

3.1 背光照明

在一些平板显示技术中的可以照亮面板使图像清晰可见的部分平板模块。

3.2 批量

确定量的 WEEE 的手工或机械加工过程，以确定得率和所得到的输出组分的组合物和去污性能

3.3 收集

WEEE 的聚集，包括将 WEEE 运输到处理设施之前对 WEEE 的初步分选和储存。

注 1：术语“收集”源于指令 2008/98/EC。

注 2：聚集包含从最终用户或者其他收集设施中收回。

3.4 收集设施

指定收集来自私人家庭的 WEEE 以便于分类收集的地点。

注 1：术语“来自私人家庭的 WEEE”源于指令 2002/96/EC，术语“收集和分类收集”源于指令 2008/98/EC。

注 2：收集设施需注册或列入目录中，或按照国家立法实施指令 2002/96/EC 被核准、被指定的。

3.5 组件

具有不同功能的设备的元件，作为一个更大的单元装置的一部分。

注：WEEE 的典型组件为电池、电容、印刷电路板、CRT 和硬盘。

3.6 CRT（阴极射线管）

包含电子枪的真空管和用于从荧光屏发出光的荧光屏。

注：CRT 电子管包含屏幕、椎体、熔块玻璃、荫罩（只用于有色 CRT）、反堵塞金属架和电子枪。

3.7 CRT 显示设备

完整的电视机和电脑显示器都含有阴极射线管（CRT）或与 CRT 相关的偏转线圈。

注：CRT 显示设备包括商业间设备，例如医院监测设备、银行取款机、示波器等。

3.8 去污

危险废物及其他组件在 WEEE 去除过程中的选项性处理。

注：术语“去污”指的是指令 2002/96/EC 附件 II 中 WEEE 材料和组分的选项性处理。

3.9 处置

任何非回收性的操作，即使在操作中，对物质或能量的回收会产生二次结果。

注：术语“处置”在指令 2002/98/EC 中定义，指令 2008/98/EC 附件 I 中列出了处置的详细清单。

3.10 终端废弃物

废弃物组分可能不再成为废物，而是作为回收或再循环操作后的副产品，以符合指令 2008/98/EC 第 6 条的特殊规定。

注：术语“终端废弃物”在指令 2008/98/EC 中定义。

3.11 能量回收

主要用燃料或其他方式来产生能量，包括作为燃料使用的材料的再加工。

3.12 平板显示

薄屏幕设备，大于 100 cm^2，用于无阴极射线管下的图像产生和显示技术。

注：平板显示器的例子包括液晶电视、等离子电视、液晶显示屏、显示器和笔记本电脑。

3.13 组分

WEEE 处理过程中产生的物料流，包括去污，拆解或其他处理过程。

3.14 危险废物

显示出一个或多个危险特征的废物。

注：指令 2008/98/EC 附件 III 中指出了危险废物的特征。

3.15 灯具

在 2002/96/EC 指令范围内的气体放电灯和改造 LED 灯。

注：改造的 LED 灯是指用于代替 CFL 或 GLS 灯的 LED 灯，其主要是为了适应插座要求。

3.16 物流

为得到妥善处理而进行的过程规划、实施以及 WEEE 废物流的有效控制。物流包括分拣、装卸、储存和送至处理设施的准备运输。

3.17 物流设施

接收 WEEE 的地点，并在此设施进行分拣、储存以及准备运输到处理处置设施。

3.18 材料回收

不包括能量回收和被用作燃料的材料再加工的回收操作。

3.19 平板显示模块

平板显示器中产生图像的组件部分，包括照明和扩散元素和包括外壳、印刷电路板和扬声器。

3.20 操作人员

按照标准文件进行 WEEE 处理实际操作的人。

3.21 平板

平板显示设备中用于产生图像的平板模块部分。

3.22 准备再利用

检查、清洁或维修作业，由已成为废物的产品或零部件的制备，使它们可以被重新使用，而无须任何预处理。

注：准备再利用包括但不限于选择、视觉检查、安全和功能测试，根据指令 2002/96/EC 规定的符合再利用的 WEEE 的归档、记录和标签。

3.23 回收

任何操作的主要结果是废物可以代替其他材料来提供一个有用的目的，在工厂或更广泛的经济中用来完成一个特定的功能或正在准备履行这一功能。

注：根据指令 2008/98/EC，指令 2008/98/EC 附件 II 中列出了回收操作的不完全列表。

3.24　再循环

任何被加工成产品、材料或物质用于原用途或其他用途的废物的回收操作。包括回收有机物质，但不包括能量回收和被用作燃料的材料再加工或者是回填作业。

注：术语“再循环”在指令 2008/98/EC 中定义。

3.25　移除

有害物质、制剂或组件通过手工、机械或冶金方法的处理，在处理结束时可以成为一个可以识别的物质流（部分）。

注：根据指令 2002/96/EC，如果物质、制剂或组件可以被监测，以证明被环境无害化处理，则其为可识别的。

3.26　再利用

不是作为废物，而是根据设想以同样的目的对产品或组件进行二次利用的任何操作。

注：术语“废弃物”在指令 2008/98/EC 中定义。

3.27　处理

回收或处置操作，包括在回收或处置前的准备工作。

注：术语“废弃物”在指令 2008/98/EC 中定义。

3.28　处理设施

承担 WEEE 处理的设施。

3.29　UEEE（使用过的电子电气设备）

UEEE 是电子电气设备已投入使用，随后被停止使用但没有被作为废物丢弃。

注：UEEE 包括二手设备，过量或过时设备，服务或保修服务，库存。

3.30　废弃物

被持有人丢弃或打算丢弃或者被要求丢弃的任何物质。

注：术语“废弃物”在指令 2008/98/EC 中定义。

3.31　WEEE（报废电子电气设备）

电气或电子设备废物，包括所有组件、配件及耗材，在丢弃时是产品的一部分。

注：术语“WEEE”在指令 2002/96/EC 中定义。

4 管理和组织要求

4.1 法律规则

4.1.1 经营者应当遵守欧洲共同体立法转化法规。操作人员应根据法律法规对现场所有活动进行文件记录。

4.1.2 经营者应根据法律要求建立和维持一个程序，保证所有的活动、服务和过程的环境、健康和安全。经营者的活动和有关法律规定的记录应当由有关部门控制，并颁发有效的经营许可证。

4.2 管理原则

4.2.1 经营者应当保证管理体系的所有活动都要做到健康、安全、环保和高品质。

4.2.2 经营者应当通过审查保证其经营是在不断改进的。政策也应定期更新或修订保证其监测和评估的有效性。

4.3 技术和基准设施先决条件

4.3.1 经营者应具备适合进行现场活动特点的基准设施、规模技术和操作。对现场进行的所有任务的操作风险管理过程进行评估，包括风险识别、风险评估和风险的消除或减少，以及文件的管理工作。

4.3.2 根据条款 4.3.1 的要求，灯具在处理过程中，员工应采用个人防护装备降低风险发生频率。

4.3.3 处理设施包括仓储区域应设计、组织和维护提供进出口安全通道，以避免未经授权的人访问。

4.3.4 处理设施应防止 WEEE 和其部件的损坏和盗窃。

4.3.5 物流操作人员应根据经营性质和经营规模来确保有足够多的保险或其他金融资源。保险或财务应满足法律法规的要求，其要求最小可覆盖的危机和债务为：

- 工厂雇员、承包商、访客或周边邻近人的身体伤害；
- 邻近设施的损坏；
- 业主对因意外污染物的排放而造成的损失的责任；
- 关闭设施以保证场地和所有 WEEE 的适当清理。

4.4 培训

4.4.1 所有人员在进入处理设施时，须熟悉该设施运行所需的环境、健康及安全政策。参与经营的员工和承包商，必须接受培训，完成分配给他们的任务。

4.4.2 培训应包括制订紧急应变计划、保护职业健康安全的措施、对现场进行的相关操作。应定期检查培训的有效性和适用性。培训方案应以合适的形式、方式和语言向学员教授。

4.4.3 工作人员在工作现场可以获得员工培训材料和信息，包括技术指导文件、风险评估、安全报表、信息图表、信息表、照片或电子组件实例，和有害化学成分的安全数据表。

4.5 物流链末端监管

4.5.1 收集者应当追踪和记录 WEEE 在进入第一步处理之前的物流链末端动态。根据本规范性文件条款 5 的规定，文件记录应进行适当的处理。操作人员需要确定 WEEE 的源头，如果下游处理商是根据本规范性文件核准的独立实体则不需要特殊记录。

4.5.2 物流链末端监管的责任在将 WEEE 移交处理商/拆解商或越境转移时仍然存在。

4.6 准备再利用

4.6.1 如果运营商参与准备再利用活动，应取得相关机构的许可并遵守欧洲标准规定 UEEE 和 WEEE 的处理过程。同时应具备适用于设备的测试、准备再利用过程以及记录的适当的基准设施和训练有素的操作人员。

注：PAS 141：2011 中对 UEEE 和 WEEE 处理是一个公开提供的规范示例。

4.6.2 如果运营商参与信息和通信技术设备的准备再利用，存储在信息和通信技术设备存储器中的个人数据将被销毁。

4.6.3 用于准备再利用的电子电气设备应符合安全、环保和立法的要求。

4.6.4 根据 4.6.2，WEEE 准备再利用的文件应包含对设备进行测试文件，标记副本以及 WEEE 准备再利用的目的、受体、总数和类型。

4.7 运输

4.7.1 WEEE 及其组分在跨境运输应遵守规定 1013/2006/EC，终端废弃物标准应遵循指令 2008/98/EC 第 6 条中关于废物的规定。

4.7.2 若运营商没有拿到出货允许就不能对 WEEE 及其组分进行处理，否则不符合本规范性文件的目标和指令 2002/96/EC 的要求。

4.7.3 若 WEEE 及其组件的组成中含有放射性废物时，其不得出口到欧盟和欧洲自由贸易区境外。

注：1992 年 2 月 3 日发布的理事会指令 92/3/Euratom 监管和放射性废物控制和成员国之间的货物进出社区联营。

4.7.4 包含在 WEEE 中或被移除的组件应符合指令 2002/96/EC 附件 II（WEEE 材料和组件的选项性处理）的要求，除非可以证明符合 4.6 部分的测试或准备再利用的要求，否则不得出口到欧盟和欧洲自由贸易联盟的之外的地方。

4.7.5 须严格遵守废物运输规定条例 1013/2006 规定的最低监测要求。

5 技术要求

5.1 装卸

5.1.1 WEEE 的装卸和储存应谨慎避免由于损伤和泄漏使有害物质释放到空气、水和土壤中。

注：装卸包括装货和卸货。

5.1.2 在装卸和贮存时应特别注意：

- 热交换器，避免热交换系统的损坏；
- CRT 显示器，避免破裂和荧光粉涂层的逸散；
- 灯具及电器中所含灯具，防止破裂导致汞释放；
- 灯具在处理或者成线性和非线性分类时，应防止灯具的破损；
- 烟雾探测器，其可能包含放射性成分；
- 含有油和其他液体构成内部环路的电器或含有矿物油和合成机油的电容器，避免泄漏和其他释放；
- 含有石棉或陶瓷纤维的器具，避免石棉或陶瓷纤维的释放。

注 1：含灯具的电器包括日光浴床和平板显示器。

注 2：含石棉的电器包括加热器和炉子。

注 3：热交换器包括冰箱、冷冻机、自动制冷机、除湿器、空调设备和热泵。

5.1.3 所有 WEEE 的处理都包括使用适当的工具和容器进行装卸和运输，以避免 WEEE 损坏。

5.1.4 禁止倾卸含 CRT 显示器、平板显示器、热交换器和灯管等的容器。

5.1.5 在准备再使用、污染物移除和资源化过程中的搬运禁止使用标准文本中禁用的搬运行为。

5.2 储存

5.2.1 WEEE 的最大存储量应符合法律和监管要求。如没有相关规定时，其最大存储量不能超过 6 个月内可以处理的最大 WEEE 的量。

5.2.2 WEEE（在不违背理事会指令 1999/31/EC 的要求）在处理前的储存（包括临时储存）位置需满足指令 2002/96/EC 附件 III 的要求。

● 储存区表面不得透水，溢出的水应进行收集，并在适当情况下，采用滗水器和清洁—脱脂剂。

● 适当覆盖防雨设备。

注：防雨设备包括屋顶，关闭有盖的集装箱。

5.2.3 在此标准文件中，CRT 显示设备、平板显示器、温度交换设备和灯具只能储存在含防水装置的区域中。

5.2.4 WEEE 在处理前的设计储存量不得超过 WEEE 的月平均供给量。

5.2.5 WEEE 的设计再利用储存区域应设防水设备。

5.2.6 CRT 显示设备、平板显示器、温度交换设备以及灯具应放在储存容器内或以一种稳定的方式堆放，防止损坏或破损。

5.3 污染物去除

5.3.1 根据指令 2002/96/EC 第 8（2）条和附件 II（WEEE 材料和组件的选择性处理），处理操作人员在处理时应去除 WEEE 中包含的所有液体、物质、制剂和组件。

注：附件 A（污染物去除指导）和附件 B（污染物去除监测）为 WEEE 的去污提供了指导，标准文件的第二部分详细叙述了 CRT 显示设备、平板显示器、温度交换设备和灯具的处理过程。

5.3.2 在去污过程中，不可损害或破坏组件使危险物质释放到环境中，除非认为被处理的危险物质是安全的。

5.3.3 在信息和通信技术设备的处理过程中，存储在设备上的个人数据将被销毁。

5.3.4 将 WEEE 的组分或物质列为危险废物，不得添加其他类型的废物或非废物材料，而使总废物量低于危险废物分类（禁止稀释）的限制。

5.3.5 根据条款 5.3.1，物质、制剂和组件或者包含这些的部分应被去除，从而保证物质流的完整性，并进行清晰的识别、标记，并记录在相关文件中。

5.3.6 如果不确定 WEEE 及其部件中是否含有有害物质，将其视为含有有害物质的 WEEE 及部件进行处理。特别是不确定：

- 温度交换设备是否含有如氯氟烃（CFC）、氢氯氟烃（HCFC）和氢氟碳化合物（HFC）的挥发性化合物；

- 电容器是否含多氯联苯（PCB）；
- 溴化阻燃剂的塑料组分的含量是否低于附录 B 中给出的限值（除污染监测）；
- 平板显示器是否配有背光灯。

5.4 污染物去除监测

污染性能的监测须由下列三种方法中的一个或几个确定：

- 输出流的量化以及与目标值或评估进展的比较；
- 建立一个输入和输出流之间的质量平衡；
- WEEE 处理相关的具有代表性的样本分析。

注：与第一个方法相关的基准和目标值可以建立在收集的数据和统计分析的基础上，质量守恒评估可以通过批量或年度数据的比较得出。

5.5 进一步的处理

5.5.1 含有危险废物的 WEEE 及其相关组分应与其他废物分开处理。危险废物不得与其他类别的危险废物混合，也不能与其他类型的废物、物质或材料混合，除非：

- 该混合操作是由一个已获得该活动的有关当局许可证的操作人员进行的；
- 混合操作不会对人体健康、安全或环境产生不利影响。

5.5.2 如果没有去污的 WEEE 或其部分是由签约第三方处理，需在附加文件中告知后续的处理操作人员危险材料附文件在的可能。

5.6 组件与组分的存储

5.6.1 所有含有有害化学成分的物质，应以能够防止有害物质扩散到环境的方式进行储存。

5.6.2 电容器、含汞原件、电池、电路板、硒鼓、石棉废弃物和含石棉的零部件、阴极射线管、灯具、含有耐火陶瓷纤维成分和含有放射性物质的应存放在防雨罩内。此外，法律的特殊要求也应遵守。

5.7 再循环与回收

5.7.1 处理操作人员应证明达到指令 2002/96/EC 中的回收目标。

5.7.2 具有不同的回收及再循环的目标的产品类别一同处理，回收和再循环指标应根据附件 D 中规定的方法进行计算（确定回收和再循环率）。

5.7.3 要确定再循环率和回收率，按附件 C 规定进行批量处理（关于批次要求），在一个地方的每个类型产品至少每两年执行一次。在输入质量显著变化或处理技术的重大变化之后，应进行附加评估批次。

注：如果只有一个连续的质量 WEEE 处理类别已处理并具有独立的文件，年度数据或等同的批处理方法可以被用来确定再循环和回收率。

5.7.4 根据附件 C（要求有关的条款和 c.4.3 c.4.2 批次），对非纯组分的批次外部分离过程应当从下游运营商开始，如果这部分代表超过任何 WEEE 处理范畴的总输入的 20%。

5.7.5 再循环和回收率的计算需按照附件 D（再循环和回收率测定）中所描述的进行。

5.8 组分处置

5.8.1 应设置优先处置权，以避免垃圾填埋场的长期排放。应采用适当的技术来破坏有机碳，减少被污染的渗滤液和垃圾填埋场的碳排放量，并减少馏分的体积。

注：在某些成员国填埋能力不足和法规要求需要有机碳组分的埋场。

5.8.2 有害物质或制剂处理应销毁或固定在垃圾填埋场处置前授权。

5.8.3 运往堆填区的废物应被处理，以满足在授权和控制的垃圾填埋场处理的要求。

5.8.4 材料含有汞、卤代化合物、铍不得被焚烧，除非法律要求的处置方式，废物应转化为能源或是填埋处理，或禁止 2012 年 12 月 31 后出售的电子电气设备的使用。

5.9 记录

5.9.1 操作人员应处于一个合适的位置进行简单易懂的文件记录，其主要包括：

- 记录要符合法律和法规的相关要求，适用于操作现场的所有活动；
- 记录内部管理程序、管理评审及改进过程、下游监控结果；
- 根据条款 4.6 的记录准备的重复使用文件；
- 根据条款 4.3.5 记录急救措施和应急预案，包括保险或财务记录；
- 风险评估文件和记录处理紧急事件、事故、疾病、泄漏、火灾、损坏；
- 记录用于灯具储存的装置的清洗和净化；
- 培训、健康、安全和环境监测记录；
- 指令、提示、处理步骤和手动拆卸；
- 单步执行和相关组分的工艺流程图；
- 场所修正及机械维修；
- 内部控制和污染监测结果（附件 B CRT 显示设备、平板显示器、灯和含 VFC/VHC 电器处理的具体要求）；
- 根据附件 C（有关批次要求）批次的结果；
- 根据附件 D（回收率和再利用率的确定）的报告。

说明：一方面，在 WEEE 系统中不能影响运营商之间的契约自由的原则，另一方面，要求操作者对 WEEELABEX 中内容保密，只能将其提供给受保密协议保护的人员。

5.9.2 操作人员应保持质量守恒，其中包括考虑存储量的所有的物质流文件（所有传入和传出的 WEEE 和 WEEE 组成）的年度审查文档。

5.9.3 所有文件必须安全地存储并符合 WEEELABEX 规范性文件中的要求。所有文件应保存 5 年，除非法律或当局规定更长的时间。

参考文献

[1] Directive 2002/96/EC of the European Parliament and of the Council of 27 January 2003 on waste electrical and electronic equipment（WEEE）.（Official Journal of the European Union（OJ L 37，13.2.2003）.

[2] Directive 2008/98/EC of the European Parliament and of the Council of 19 November 2008 on waste and repealing cer tain Directives（OJ L 312，22.11.2008）.

[3] Regulation 1013/2006 of the European Parliament and of the Council of 14 June 2006 on shipments of waste（OJ，L 190/1，12.7.2006）. Regulation as last amended by Commission Regulation（EC） No 1379/2007（OJ L 309，27.11.2007，p. 7）.

[4] Council Directive 92/3/Euratom of 3 February 1992 on the supervision and control of shipments of radioactive waste between Member States and into and out of the Community.

[5] Council Directive 1999/31/EC of 26 April 1992 on the landfill of waste（OJ L182 16.7.1999）.

[6] Council Directive 96/59/EC of 16 September 1996 on the disposal of polychlorinated biphenyls and polychlorinated trephines（PCB/PCT）.

[7] Council Directive 87/217/EEC of 19 March 1987 on the prevention and reduction of environmental pollution by asbestos.

[8] Council Directive 96/29/Euratom of 13 May 1996 laying down basic safety standards for the protection of the health of workers and the general public against the dangers arising from ionizing radiation.

[9] Guidance document on Annex II and Ar ticle 6.1 of Directive 2002/96/EC of 3 November 2005.

[10] Council Directive 89/391/EEC of 12 June 1989 on the introduction of measures to encourage improvements in the safety and health of workers at work（OJ L 183，29.6.1989，p. 1-8）.

[11] Council Directive 98/24/EC of 7 April 1998 on the protection of the health and safety of workers from the risks related to chemical agents at work（fourteenth individual Directive within the meaning of Article 16（1） of Directive 89/391/EEC）（OJ L131 05.05.1998，p.11-23）.

[12] Commission Decision 95/320/EC of 12 July 1995 setting up a Scientific Committee for Occupational Exposure Limits to Chemical Agents.

[13] IEC 61619 Insulating liquids – Contamination by polychlorinated biphenyls（PCBs） – Method of determination by capillary column gas chromatography.

[14] Fundación Ecolec – Proyecto de investigación，Condensadores empleados en grandes electrodomésticos no frío – July 2007.

[15] EMPA – Concentrations of RoHS substances in plastics from waste electrical and electronic equipment – Final report – 17 September 2010.

附件 A

（规范性的）

污染物处理指南

A.1 前言

A.1.1 本附件来源于 WEEELABX 规范性文件处理——第一部分（总体要求）污染物去除条款 5.3，并对有害物质及其组分进行附加说明。其处理过程符合指令 2002/96/EC 附件 II（WEEE 及其组分的选项处理）中 WEEE 去污（WEEE 及其组分的选择性处理）和 2005 年 11 月 3 日发布的关于指令附件 II 和第 6.1 条的指导性文件的要求。

A.1.2 本附件目的是帮助操作人员按照指令 2002/96/EC 附件 II（WEEE 及其组分的选项处理）中的要求进行 WEEE 的污染物去除。本附件中所述的关于有害污染物处理的种类并不完整。

A.1.3 根据指令 2002/96/EC 附件 II（WEEE 及其组件的选择性处理）和第 6.1 条的指导性文件的要求，所有物质、制剂和组分可以被手动、机械或化学、冶金方法去除，其必须按照指令 2002/96/EC 附件 II（WEEE 及其组分的选择性处理）有害物质处理流程进行。若物质、制剂或组分可以在监控下进行处理，说明其在处理时是对环境无害的。因此，“必须除去”两个不同的类别在本附件中的区别在于：

- 作为处理过程中的第一步，物质、制剂和组件是要 “必须除去”的。根据指令 2002/96/EC 第 6.1 条的要求，所有液体都应被去除。

注 1：第一步“必须除去”的物质、制剂和组件包括：外部电池电容器、汞开关、铍氧化物组分、石棉和陶瓷纤维零件。

- 在处理过程中，物质、制剂和组件作为可识别的废物流（一部分）“必须被去除”。

注 2：可被作为一个可识别的流（一部分）“必须被去除”的物质、制剂和组件包括：含溴化阻燃剂的塑料、印刷电路板和内部的电池（内部不被用于消费者更换的电池）。

A.1.4 此附件中没有规定危险物质的装卸、分类、储存、运输和处理的相关要求。但这些操作应满足规范性文件 WEEELABX 规范性文件处理——第一部分（总体要求）中的要求。

A.1.5 本规范中的第二部分对以下物质的处理进行了详细说明：CRT 显示设备、平板显示器、灯具和温度交换设备，其满足规范性文件 WEEELABX 规范性文件处理——第二部分（特殊要求）中的要求。

A.2 电容器

A.2.1 指令 2002/96/EC 附件 II（WEEE 及其组分的选择性处理）指出，以下 WEEE 需单独收集处理：

- 理事会在 1996 年 9 月 16 日颁发的指令 96/59/EC 中规定的：多氯联苯（PCB），含多氯联苯和多氯三联苯（PCB/PCT）的电容器处理。
- 含矿物或合成油的电容器。
- 含有关注物质的电解电容器（高度＞25 mm，或直径＞25 mm，或与上述成比例的）。

注：含多氯联苯电容器（PCB）的电容介质是浸入放在铝导线两端 PCB 油的一张平板。现代电容器用陶瓷、塑料和特种硅酸盐矿物作为电介质材料。

A.2.2 没有明确标识有无 PCB 的电容器，应视为含有或疑似有 PCB 的电容器。如果符合下列标准之一，则可被认为是无 PCB 电容器：

- 1986 年之后生产的，或来自于 1987 年后生产的电器中；
- 如果被申报并标记为无 PCB；
- 如果有文件证明其是无 PCB 的生产公司；
- 如果导体两端标记明显的“+”和“–”（电解质电容）。

注 1：Fundación Ecolec 有调查表明，用塑料罩或外壳电容器不含有 PCB。

注 2：电解电容器是一种特殊结构的电容器，其不含 PCB，而是将液体作为正极和铝（或钽）作为负极导体。电介质层存在于电容板的金属氧化物层的表面上，在构成液体和铝之间形成电化学反应。电解电容器存在极化（标记为“+”和“–”）。常用的液体是无机和有机酸和含添加的上述物质。电解电容器可提供很高的电容，因此被广泛用于电力和空调。

A.2.3 如果操作人员不能根据不可条款 A.2.1 电容器结构描述的要求分离不同类型的电容，则所有的电容都应除去。

注：家用电器电容器存在于：洗衣机、温度交换设备、洗碗机、抽油烟罩、烘干机干燥柜、微波炉、灯具的镇流器设备、复印设备、供电设备、低压系统的镇流器单元和许多其他电子元件，如屏幕。

A.3 含汞组分

A.3.1 指令 2002/96/EC 附件 II（WEEE 及其组件的选择性处理）指出，含汞的 WEEE 需单独收集处理，如开关或背光灯。

A.3.2 含汞开关应在处理过程第一步被除去。

注 1：开关的物理位置和汞的物理特性可以决定汞开关在电路中的电流的连接或断开。这项技术只在 1985 年之前使用，例如，汞倾斜开关或继电器（空气间隙开关）。

注 2：含汞开关不易识别。蒸汽压开关或倾斜开关中，汞通常存在于一个玻璃胶囊中。在电子开关（也称为继电器开关）通常也含汞，但其是不可见的。有时这些开关都含有“汞”、“Hg”、“HG”或“MC”标志的外壳。

注 3：含汞的倾斜开关或蒸汽压力开关通常存在于旧锅炉、洗衣机、冰箱、咖啡机、熨斗以及旧的电话装置。含汞的继电器开关存在于旧的高质量的电器和先进的监控设备中。

A.4 电池和蓄电池

A.4.1 指令 2002/96/EC 附件 II（WEEE 及其组件的选择性处理）指出，含电池的 WEEE 需单独收集处理。电池分类应根据本文本中的条款 A.1.3 进行。

注 1：在 WEEE 电池处理过程中，电池拆卸是电池后续处理的第一步。外部电池是指电池中很容易获得的，但内部电池获得不容易，且不能由消费者更换。

注 2：某些原装的（一次性）和可充电电池（蓄电池）中可能含有镉、汞、铅等有害物质。即使是非常小的硬币电池中也含有大量的汞。按照欧盟要求，此类电池都应以危险废物处理。

注 3：电器中包含的电池：通常所有的便携式消费电子产品，无线和可充电的家用电器都含有，如吸尘器、卷发器、电动牙刷、剃须刀、钟表、手表、计量器、笔记本电脑、平板电脑、便携式和桌上计算器、手机、收音机、视频摄像机、钻头和其他无线可充电式工具、电动玩具、视频游戏机和视频游戏、便携式电动运动器材、烟雾探测器、加热器以及其他控制和监控设备。

注 4：可能含有电池的电器：所有小型电子设备和大型印刷电路板。

A.4.2 在处理含锂电池和其他混合电池时，应特别采用特定的预防和安全措施。

注：公共收集箱或 WEEE 中回收的锂电池占总量的 3%～5%（2010 年）。

A.4.3 锂电池在搬运、分类、贮存和运输过程中避免暴露于热、湿度、阳光、水造成的破碎和损坏。在处理过程的第一步中，锂电池应被移除且不能被损坏。

注：锂离子电池（标 Li-ion 或 LIB）需要特别注意。锂离子电池是一种具有大容量的可充电电池，通常存在于便携式电子设备中，如移动电话。不同种类的锂电池的化学和安全特性不同。锂电池在高温、长时间的光照、安全装置（外壳）破损、水或含湿量大的空气中可能会引起破裂、燃烧或爆炸。因此，大多数的锂离子电池有锂离子标记的封装外壳。

A.4.4 锂电池在装卸、储存或存在物理损坏时的所有场所，须有风险应急措施（D 级额定灭火器和个人防护设备）。所有相关的员工应进行锂电池火灾的风险告知和相关培训。

注 1：电池应在一个单独的区域内存储，远离任何其他的废物流（固体或液体）。

注 2：粉末状的铜金属粉末是涉及锂和锂合金首选的灭火用品。

注 3：锂电池和其他电池（所有类型），包括含锂电池的混合物的电池都被列为危险品（UN 3090 包含的锂电池和 UN 3480 包含的可充电锂离子电池）。在海陆空的运输中其均要遵循国家和相关国际公路和铁路危险货物运输的欧洲协议，按照公路（RID/ADR）以及海上运输模式（IMDG）的相关要求。在空运时，禁止运输废锂电池。

A.5 印刷电路板

指令 2002/96/EC 附件 II（WEEE 及其组件的选择性处理）指出，含印制电路板的表面积大于 10 cm^2 的 WEEE 需单独收集处理。

注 1：含铅、锡、锑、铍的氧化物和铬的氧化物，含镉的印刷电路板，限制溴化阻燃剂的塑料应考虑进一步处理。在印刷电路板的机械加工过程中，应注意粉尘和重金属在工作场所空气中弥散。

注 2：印刷电路板广泛存在于电子设备中，包括大型和小型家用电器、运动设备和医疗器械。

A.6 某些含溴化阻燃剂的塑料

A.6.1 指令 2002/96/EC 附件 II（WEEE 及其组件的选择性处理）指出，含有溴化阻燃剂塑料的 WEEE 需单独收集处理。

注：塑料分类应符合条款 A.1.3 处理要求。

A.6.2 在塑料回收的情况下，需要得到塑料的终端废弃物产品。下游的监测和审计应跟踪塑料组分，直到达到终端废弃物状态。塑料回收操作人员应当遵循塑料组分从 WEEE 到结束废弃物状态的相关产品立法。不符合有关产品立法的塑料，应作为废物处理或依法处置。废塑料的终端废弃物最低标准应符合 B.4 中的标准。

注 1：对于在温度交换设备和非制冷的大型家用电器的塑料组分，对终端废弃物状态相关产品法规的监督是不需要的。

注 2：所有其他类别，下游监测和核查应按照 A.6.2 履行。

A.6.3 有产品相关法律的规定不得通过混合多个 WEEE 塑料组分，除非有混合后将溴化阻燃剂的分离的记录，且废物的混合标准满足指令 2008/98/EC 的相关描述。

A.7 挥发性碳氟化合物和挥发性碳氢化合物

A.7.1 指令 2002/96/EC 附录 II（材料和元件的 WEEE 指令选项性处理）要求含氯氟烃（CFC），含氢氯氟烃（HCFC）或氢氟碳化合物（HFC），碳氢化合物（HC）应当从分类收集的 WEEE 中提取出来。

注：本条款适用于全球变暖潜能值（GWP）高于 15 的碳氢化合物（HC）。

A.7.2 含有一个或多个在 A.7.1 提到的物质的 WEEE 需被分拣为一类单独的废物流，并送到专门的处理设施。

注 1：通常含有挥发性碳氟化合物和挥发性碳氢化合物的包括冰箱冰柜设备、热泵烘干机、除湿器和常见的私人家庭便携式空调。

注 2：自 2005 年以来投放市场的热泵滚筒式烘干机在其热交换回路包含氟气体和油的热交换电路。该信息通常是放在机器的背面，声明设备中包含京都议定书下的氟化气体。

A.7.3 绝缘泡沫应含有一个或一个以上在条款 A.7.1 提到作为发泡剂的泡沫绝缘物质的热水锅炉中去除。去除的泡沫应在具有权限的焚烧厂进行处置，或者以其授权方式破坏 A.7.1 中所提及的危险物质。

注：含绝缘泡沫卤代烃的热水锅炉在 1995 年之前就被投放市场。

A.8 石棉

A.8.1 指令 2002/96/EC 附件 II（WEEE 及其组件的选择性处理）指出，含石棉和石棉废弃物料的 WEEE 需单独收集处理。

A.8.2 在处理过程中，应将石棉废物及其组件在第一步中除去。

注：石棉是一种白色或微灰色纤维矿物，由于其纤维强度和耐热性能，在电子电气设备中作为绝缘材料和阻燃材料使用。当含有石棉的电器损坏或修复、处理或拆卸时，微观纤维进入空气，可吸入肺部，可能会导致重要的健康问题。

A.8.3 含石棉的设备或组件应与其他设备分开。处理时应避免石棉纤维的排放。含有石棉的 WEEE 应有防渗膜密封并同时清晰地标出石棉相关危险的标签。

A.8.4 操作人员只能按照指令 87/217/EEC 及其转化法规的授权描述进行石棉的拆除和处置。

注：可能含有石棉的电器包括：炉子、电加热系统、电热水器、烤面包机、吹风机以及任何在 1985 年之前投放市场的热隔离系统电气设备。

A.9 含放射性物质的组分

A.9.1 指令 2002/96/EC 附录 II（材料和元件的 WEEE 指令选项性处理）要求含放射性物质的组件，除低于理事会指令 96/29/Euratom 中设定的豁免额度的组件以外，应从任何分类收集的 WEEE 中移除。

注：指令 96/29/EC 中对工人的健康和免受电离辐射所产生的危害的防护进行了规定。

A.9.2 在处理过程中，应将含有放射性物质的组件在第一步中除去。

A.9.3 处理含放射性物质的 WEEE 设施应按照立法进行监测。

注 1：该条款可以使用专门的监测器来检测放射性材料或零部件含有的放射性物质，或检测员工需经过培训后才能鉴定含有的放射性单位并进行排序，检测新流入的 WEEE 流。

注 2：具有放射性物质或组件的单元，一般都标有“放射性危险”标签。含有放射性物质或含有放射性物质成分的器具包括烟雾探测器、医疗设备和实验室设备。

A.9.4 含放射性物质需单独分类后按照理事会指令 96/29/Euratom 及其转化法规在相

应权限的公司进行后续处理。

A.10　其他物种

A.10.1　指令 2002/96/EC 指出，按照 A.1.3 处理过程中的第一步，下列有害物质应去除：

- 硒鼓、液体和膏体以及彩色墨粉的打印机设备；
- 灯具；
- 含耐火陶瓷纤维的组件；
- 油。

按照 A.1.3 处理流程，以下部分可以作为下一个处理流程进行：

- 任何电子设备的表面面积大于 100 cm^2 的平板模块；
- 阴极射线管；
- 外部电缆。

注：充油散热器的油很少受到印刷电路板污染，通常含小于 50 ppm（$1ppm=10^{-6}$）的 PCB 板散热器，与相关标准要求相同。

A.10.2　应避免粉尘爆炸的有害物质的扩散。如果回收或再利用的材料的处理不可预见时，应在授权下进行焚烧或填埋。

A.10.3　WEEELABEX 规范中对灯、液晶显示器和阴极射线管的具体要求见第二部分。

附件 B

（规范性的）

污染物去除监测

B.1　引言

B.1.1　该附件源是 WEEELABEX 规范性文件处理——第 I 部分第 5.4 条的污染物去除监测（总体要求），制订监测处理污染性能的规则。虽然只有选定的危险物质和组件在本附件中进行说明，但所有的危险废物都应按照指令 2002/96/EC 附件 II 中描述的从 WEEE 中移除。

B.1.2　对于温度交换设备、灯具、CRT 显示设备和平板显示器的污染物去除的监测，除本附件外，WEEELABEX 处理的规范性文件——第 II 部分的具体要求也将作为附加。

B.1.3　所有废物流的电容器、电池和印刷电路板的污染物去除的质量监测和控制基于两个不同的方法。首先，批量结果将与 WEEELABEX（第 B.1.2 条款）提供和维护的基准系统进行相比。其次，在 B.3 中定义的粉碎机轻馏分需要进行化学分析，并与 B.3 中规定的限值进行比较。

B.1.4 本文件附件 C 中描述了批处理的运行要求。

B.2 电容器、电池和印刷电路板

B.2.1 根据 WEEELABEX 规范性文件处理——第 I 部分（总体要求）的条款 5.7 和附件 C，在批处理中移除的电池、电容器和印刷电路板都将单独称量并且和批次输入量进行比较。

B.2.2 在移除电池、电容器和印刷电路板达成批量目标值时验证污染物去除的质量。目标值是由 WEEELABEX 开发的一个基准系统建立的。

注：基准系统是基于在不同的输入类别或不同的混合物或不同的地理区域中的批量的经验数据，特殊的调查或年度质量平衡得来的经验数据，经 WEEELABEX 协调、批准和更新。

B.2.3 如果处理设施未能达到去除电容器、电池和印刷电路板的目标值，应立即采取补救措施以降低污染。

注：如果操作人员能证明未能达到目标值与输入材料的成分有关，则不需要对去污染过程进行改进。

B.2.4 操作人员应通过批量与日常情况相比较的去污染结果文档展示成果，报告包括以下内容：

- 每年交付的电池、电容器和印刷电路板；
- 电池、电容器和印刷电路板在每年年底的存储量；
- WEEE 的相关的输入类别。

当印刷电路板作为一个或多个输出部分的一部分时，应评估印刷电路板的总数量。

相关的称重记录和供应记录应记录在案。

B.3 粉碎机的轻馏分

B.3.1 除了监测方法（B.2），污染物除去的质量可以通过在微细组分和非金属粉碎组分（粉碎轻组分）化学分析的基准上进行检测来计算得出。

注：粉碎机的轻馏分是空气分离的结果，纤维、光塑料和灰尘为主要部分，有时分化为绒毛轻馏分和灰尘。

B.3.2 应选出一个混合样品的代表并至少每年进行一次分析。代表性是指时间周期和采用的材料，以及根据 EN 14899 或等效的标准的采样方法。

B.3.3 为了验证机械除污染的质量，以下在第一步机械处理操作的初始限值将被应用于粉碎机的轻馏分：

- 铜（Cu） [10.000]mg/kg
- 镉（Cd） [100]mg/kg
- 多氯联苯（PCB） [50]mg/kg

如果后续处理中包括铜的分离，可不遵循铜的限制值。

化学分析应在授权的实验室中进行，并分析废物组成成分。

注 1：DIN 51 527 第 1 部分中的 PCB6 同系物应按照理事会指令 96/59/EC 对多氯联苯和 PCT 和标准和国家立法规定来确定和评估。随后修订的标准 IEC 61619，应作为绝缘液体中多氯联苯的测定参考方法。

注 2：极限值不能覆盖所有在粉碎的轻组分中可能的污染物，只能为了可能高效去污染指标的污染物建立极限值。

B.3.4 当 WEEE 和其他废物一起处理时依照 B3.3 遵守监控要求和极限值是必需的。在此情况下，操作者可以借助批处理证明污染不是由于 WEEE，而与其他废物污染物稀释可以在 WEEE 批处理中的粉碎机轻组分的监测中排除。

B.3.5 如果操作者人员未能达到在破碎时的轻馏分的目标值，应立即采取补救措施以改善污染情况。

B.4 含溴化钾阻燃剂的塑料

B.4.1 塑料终端废弃物中多溴联苯（PBB）浓度不得超过 50 ppm。八溴联苯醚（五溴二苯醚）的浓度不得超过 1 000 ppm。

B.4.2 代表性的产品采样时，应至少进行一次分析并记录在规范文件中。分析应包含 B.4.1 中的物质。

注：通过 WEEE FORUM 的调查表明，塑料组分在温度交换设备和非冷却大型家用电器中，终端废弃物状态的立法监督是不必要的，但塑料组分在 WEEE 所有其他类别时，下游监测和核查应按照 A.6.2 履行。

附件 C

（规范性的）

批量要求

C.1 引言

C.1.1 本附件是引用 WEEELABEX 规范性文件处理——第 I 部分（总体要求）污染物去除监测第 5.7.3 条款的要求，并制订计划进行批量处理评估。

C.1.2 与正常的日常情况相比，批处理可以对输入的材料进行组合加工。WEEE 处理时不得改变原成分。操作人员员须以分批方式记录已收集的资料。

C.2 输入材料

C.2.1 分批输入材料时需根据下列分类和最小输入量进行。

表 10-1 输入材料

大型电器	● 2 h 的平均处理能力（40～50 t/h），最小规模为 50 t ● 2 h 的平均处理能力，但特定的 WEEE 破碎机的最小规模为 10 t ● 手工拆解 5 t（100 个单位）
CRT 显示设备	● 2 h 的平均处理能力，但特定的 CRT 显示设备破碎机的最小规模为 10 t ● 手工拆解 5 t（250 个单位）
冷却、冷冻设备	● 一步处理（假设为批处理）：2 h 的平均处理能力，但最小规模为 5 t ● 两步处理：采用特殊的冷冻、冷却设备破碎装置，2 h 的平均处理能力，但最小规模为 10 t ● 无（H）（C）FC 储柜的大规模破碎时最小规模为 50 t
小型电器	● 2 h 的平均处理能力（40～50 t/h），最小规模为 50 t ● 2 h 的平均处理能力，但特定的 WEEE 破碎机的最小规模为 10 t ● 手工拆解 5 t
灯具	● 在灯具特定处理厂为 5 t
WEEE 组分	● 组分特殊处理时最小规模为 2 h 的平均处理能力 ● 手工处理的一整天的处理量

C.2.2 输入材料的总质量应由不可消除的登记方法记录。

C.2.3 在材料输入时，应避免水的存在，且存储时也应覆盖防雨设施。与正常的用品相比，应对输入材料混合度和一致性进行检查、评估和记录。

C.3 过程

C.3.1 污染物批量处理的详细步骤见附件 A，在进行批量机械处理时，应先进行手动污染物去除，去除的污染物需称量并使用类似机械处理过程的程序记录相关过程（见 C.4）。

C.3.2 开始批量机械加工之前，处理操作人员应先投入 10%的输入量或清空破碎机。

C.3.3 为了确定新的输出量，每次都应对空容器和收集的输出量进行称量。

C.3.4 在批量处理中，当输入和输出材料质量差大于 5%时，应进行检查。若没有合理理由，应重复该批次。设备出现破坏和故障时应进行记录（见条款 C.5）。

C.4 输出组分

C.4.1 组分的总质量应由不可消除的登记方法进行记录。应对典型批量中的组分和水含量进行检查和视觉评估。

C.4.2 当金属组分含量不超过总质量的 2%时，其非金属组分（塑料和无机材料）可视为纯组分，因此不需要进行进一步的组成分析。在纯金属混合物或金属化合物的情况下，应估计金属的份额。纯度标准也适用于非金属组分，非目标材料则被认为是杂质的。

C.4.3 没有组分的数据，应被视为最终产物进行处置。

C.4.4 非纯组分（金属、塑料或无机材料）应进行进一步分离或最终的回收操作，其操作应符合以下方法：

- 代表性样品的化学分析；
- 记录执行下一步分离或热回收的外部操作人员；
- 对代表性样品进行手动的金属和非金属分离，并进行分析称重；
- 如果批量分离产率高于 20%，应遵循条款 5.7.5 中的要求。

注：如果上述分析不能实现（如组分烦琐不能手动分离，或量太少不能分析），将可接受最优的组分判断。

C.4.5 为采集有代表性的混合组分样品，应采用锥形堆取样方法。

注：EN 14899 记录了锥形采样法：污染物特性—废材料的取样—编制采样计划和应用框架。

C.5 文档和验证

C.5.1 操作者应很好地理解和记录批量信息，内容包括以下方面：

- 根据不同处理目标，处理流程和代表性对输入材料的描述和图片（电器类型和种类）；
- 进行批量输入输出质量平衡时应考虑损失组分；

- 对输出组分处理技术的描述说明，包括质量流流程图量表、后续外部分离、处理或处置；
- 对输出部分进行描述和存档（图片），包括输出物质量；
- 混合输出物组成：评估方法和结果。

C.5.2　在批量处理完一个月内准备文件报告，并将所有文件保存 5 年。

C.5.3　根据 WEEELABEX 要求，应对批量处理的一致性进行验证。验证应符合文件的附件要求，包括批处理过程中的目测评估，所有输入输出量的目测评估及文件的确认。

附件 D

（规范性的）

再循环率和回收率的测定

D.1　目标和定义

D.1.1　本附件来源于 WEEELABX 规范性文件处理——第 I 部分（总体要求）条款 5.7.5 中的再循环和回收，并对批量和年度回收率进行计算和测定。

D.1.2　根据指令 2008/98/EC 中第 6 和 3.1 条的规定，电子设备作为特殊废物，应根据特殊标准进行回收，包括再循环。操作应符合具体标准：

- 用于特殊目的的物质；
- 此物质或目标存在市场需求；
- 采用特定技术可以生产出符合法律和标准的具体物品；
- 该物质或物体不会对环境和人体健康产生不利影响。

注：如果满足废物标准，可简化回收和再利用结果的确定。

D.1.3　根据技术要求进行最终组分和组件分类时，不应偏离此范围内的模型分类结果。如果需要法律或法规的要求，则可按国家要求（国家分类）进行分类。

注 1：模型的分类指在最终技术要求下进行组件处理，包括准备再利用、回收、其他材料的再循环、能源热量回收或填埋处置。

注 2：本附件的目的是对处理结果的报告，跟踪和覆盖包括采用最终处理技术进行组分分离和分类（模型分类）的整个处理过程链。

注 3：WF_RepTol 是一个由 WEEE Forum 开发的网络软件，用以支持和推动 WEEE 方案和操作人员的一致性和处理结果的比较。WEEE Forum 强烈建议其在 WEEELABX 规范性文件指导下使用该软件。

D.2 原则

D.2.1 再循环和回收率的确定过程开始于未处理的 WEEE 并结束于所得组分的终端废弃物状态（见条款 D.1.2），或通过设备的处理对组分的最终回收或处置。因此，应该考虑 WEEE 的整个处理和加工链。

D.2.2 再循环和回收率的确定应基于处理链中的每一个步骤的输入和输出进行分析。输入和输出分析包括以下内容：

- 输入材料的质量和描述；
- 处理技术的描述；
- 根据批处理结果或等效方法计算的输出部分的得率；
- 组分的后续处理过程；
- 最终组成数据。

D.2.3 根据所有组分进行回收和再循环率的测定，直至达到最终的技术。

- 组分已达终端废物状态，仅能提供最终物质和组成成分。
- 杂质含量小于总质量的 2%时被称为纯组分，主要的成分可被定义为 100%组成。在非纯组分的情况下，应提供各部分组成。
- 纯金属组分的最终受体（见条款 D.4）可以描述为“世界市场”技术可以与相关的冶炼厂进行评估。
- 对于提交最终处置的组分，则不需要组分构成数据。

D.2.4 应完成每个 WEEE 处理类别、操作人员和处理设施的再循环和回收率测定。

表 10-2 WEEE 再利用和回收目标

WEEE 种类	包含种类	再利用和再循环目标	回收目标
第 1 类、第 10 类	大型家用电器、温度交换设备、自动售货机	75%	80%
第 3 类、第 4 类	IT、电信和消费设备	65%	75%
第 2 类、第 5 类、第 6 类、第 7 类、第 9 类	小型家用电器、照明设备、电动工具、空闲玩具、运动设备、监测和控制设备	50%	70%
第 5 类	灯具	80%	—

D.2.5 两种混合的 WEEE 的再循环和回收率计算中，如果 WEEE 的输入种类确定，则混合物的处理目标应按下列公式计算：

$$T_{\text{混合种类}}=T_{\text{种类}3,4}\times S_{\text{种类}3,4}+T_{\text{种类}2,5,6,7,9}\times S_{\text{种类}2,5,6,7,9}$$

式中，T——再利用、再循环和回收的目标值，%；

S——总的输入分数，%。

D.3 计算

D.3.1 回收率和回收率计算：

- 所有输出分数的百分比，再利用和再循环量应与没处理的输入量成比例。
- 所有输出分数的百分比，再利用、回收及其他材料回收量应与未处理的输入量成比例。
- 与条款 D.5 分类相同。

D.3.2 如果没有具体的数据，表 10-3 数据作为简化条件。

表 10-3 简化条件

组分	技术	预计收益/成分	预计使用	分类标准
混合电池和蓄电池	电池回收装置	50%金属 50%非金属	完成	50%循环 50%热量处置
混合电缆	特殊电缆破碎装置	30%Cu 70%塑料	Cu＞Cu 回收	30%循环 70%热量处置
电容	高温焚化	混合		100%热量处置
印刷电路板	炼铜熔炉或贵金属精炼	完成	危险废物焚烧	30%循环 30%能量回收 40%热量处置
发动机		完成		100%循环

D.3.3 如果再循环和回收率较高，则相应支持文本中的内容同样适用。

D.4 文档

D.4.1 操作人员应可以很好地理解文档中关于回收率的测定，其由以下内容组成：

- 一个如下面例子中，显示组分名称、产量和技术的整个加工链的流程图。

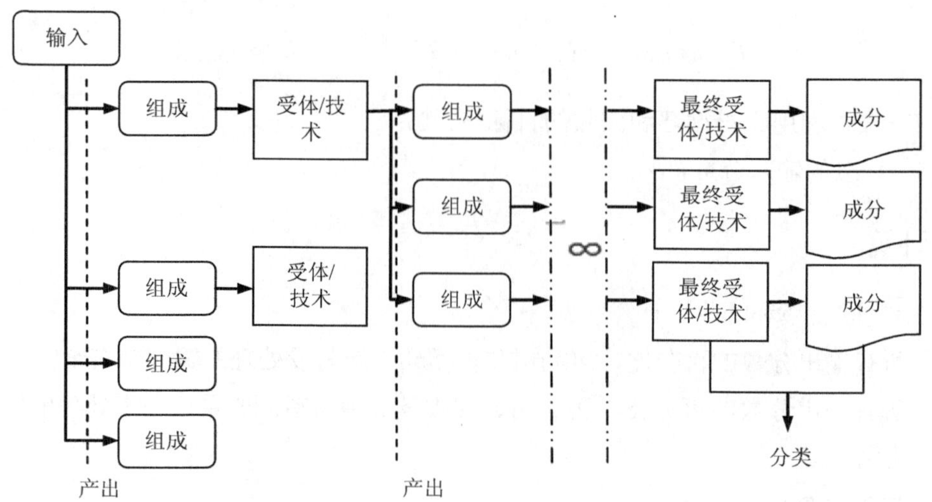

图 10-1 WEEE 再利用和回收目标

- 完整可靠且可更新的数据源列表；
- 可根据流程图进行详细计算。

D.4.2 对于已达到废物状态的部分，只要求由数据组成和可能的最终技术。未组成数据的，需要组分最终处置的要求。

注：对于纯金属部分的最终受体可被描述为“世界市场”，该技术可以被描述为“冶炼厂”。

D.4.3 回收和回收率的确定，应至少每年完成并更新一次，但在处理链中的任何变化可能影响回收率。与本程序有关的文件和记录应保存 5 年。

D.5 分类模型

D.5.1 欧洲议院以在 WEEELABX 规范性文件处理——第一部分（总体要求）条款 3 中将分类模型进行了定义。将“热处理”和“垃圾处理”（即主要的非热处理技术，其中可能包括其他处置技术）的分类进行了进一步的描述。

D.5.2 分类的选项是：

prep RU：准备再利用，包括所有准备再利用的电器和物质；

R：再循环；

OMR：其他种类的回收材料；

ER：能量回收；

TD：热量处置；

LD：土地处置。

D.5.3 表 10-4 为在最终处理技术中组分或组件分类的方法。

表 10-4 最终处理技术中组分或组件分类

部件/组分	最终利用	分类	举例
……	……	……	……

D.5.4 在“原料替代”的最后一个技术步骤中，应对组件和组分进行分类，且应满足以下要求：

- 在过程中添加废物组分时，应按废物组分的类型和在日常生活中产品或过程描述确定输入量。
- 渗滤液试验应与欧洲相关法规一致，符合有关部门的检验要求，
- 在处理过程中，通过增加废物组分的种类和比例也批准增加产品需求（例如，不增加废物组分的同时保持产品的物理稳定性）。

D.5.5 如果从 D.5.1 条款中的要求不能实现，“在最终技术中使用”中的产品和组分“没用”则被选项。

D.5.6 在最后技术步骤中，将“矿渣形成的组分”作为最终组分，则形成矿渣原料的输入量应该在其中进行记录。

D.5.7 如果 D.5.6 条款的要求没有达到，则只有构成原料的输入的渣的量才被分类为造渣组分，“在最终技术中使用”中的产品和组分 “没用”则被选项。

D.5.8 通过独立研究，条款 D.5.2 中实例的所有组件/组分都被认为是 “特殊”技术的举例。

注：组件/组分被作为特殊组分进行独立研究的一个例子是将塑料作为燃烧的还原剂。

第二部分 特殊要求

1 CRT 显示器处理的特定要求

1.1 范围

1.1.1 本规范性文件为 WEEELABEX 文件的一部分，其主要介绍废弃电子电器中荧光屏显示器的特殊处理要求。规范性文件适用于含 CRT 显示器设备处理的所有过程，包括所有的或处于终端废弃物状态的组件或组分，与指令 2008/98/EC 相同。当从 CRT 显示设备中产生的废弃物最终处理或被用在最终产品时，该规范性文件的约束范围终结。

1.1.2 本规范性文件定义了 WEEELABEX 规范性文件——收集、物流、处理中的附加要求，主要是 CRT 显示设备，包括所有的组件，其组分和相关涂料处理的具体要求。

1.1.3 本规范性文件的目的是：

- 实现有效和高效的 CRT 显示设备处理，以防止污染，减少排放，最大限度地回收可用组分。
- 保证质量、环境、健康和安全，遵守在 CRT 显示设备的装卸要求并完成相关的记录。
- 获得最大限度的 CRT 玻璃质量得率，实现最高可能的 CRT 再循环和回收率。获得 CRT 玻璃中除荧光涂层最大分离效率，避免荧光涂层排放到环境中。
- 避免铅分散到环境中。
- 防止 CRT 显示设备及其组成非法出口。
- 确定 CRT 显示设备组分报废状态的标准。

1.2 规范性引用文件

ISO 14025：2006 环境要求和声明——类型 III 环境声明——原则和程序。

1.3 术语及定义

在本文档中的术语和定义在 WEEELABEX 标准文件——第 I 部分（总体要求），以及下文。

1.3.1 CRT 显示设备

完整的电视机和电脑显示器都含有阴极射线管（CRT）或与 CRT 相关的偏转线圈。

注：CRT 显示设备包括商业间设备，例如医院监测设备、银行取款机、示波器等。

1.3.2 阴极射线管（CRT）

包含电子枪的真空管和用于影像形成的光源的荧光屏。

CRT 的各组成如下：

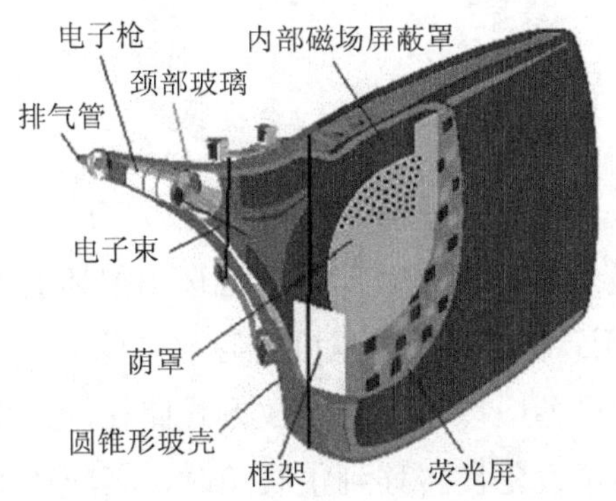

图 10-2 CRT 组成

注：CRT 电子管包含屏幕、椎体、熔块玻璃、荫罩（只用于有色 CRT）、反堵塞金属架和电子枪。

1.3.3 荧光涂层

含大量金属、稀有金属（如铕和钇）和重金属（常见的为镉）的内侧涂层。

注：指令 91/689/EEC 附件 3 中危险废物指出，荧光涂层可能含有 H6、H13、H14 的危险物质性质。

1.3.4 面板玻璃（也称为前玻璃）

含大量的钡和锶的氧化物的 CRT 前玻璃。

注：在条款 5.1.4 中指出前板含铅量不能超过 0.5%。

1.3.5 漏斗玻璃（也称为锥玻璃）

含大量氧化铅的 CRT 后部分玻璃。

1.3.6 CRT 玻璃

各类源于 CRT 的玻璃，作为单独或混合组分的。

1.3.7 CRT 玻璃清洗

没有荧光涂层的 CRT 玻璃。

注：条款 5.2.3 中指出了荧光含量限值。

1.3.8 未清洗过 CRT 玻璃

含荧光涂层的 CRT 玻璃。

1.3.9 偏转线圈

铜线圈自由放在锥体上，使电子枪发射的电子束发生偏转。

1.3.10 溶剂

冶炼或精炼过程的添加剂，可以促进渣的形成，是将形成的渣从金属中分离的重要元素。

注：常用的溶剂有：二氧化硅（SiO_2）、氧化钙（CaO）、氧化亚铁（FeO）。

1.4 管理和组织要求

1.4.1 总要求

1.4.1.1 含 CRT 的显示设备在处理前不得拆解、破碎或压实。

1.4.1.2 在含 CRT 的显示设备收集时识别，挑选出损坏的 CRT 显示设备。CRT 显示设备无损坏时，根据 CRT 显示设备月供给量确定存储，除此外无其他要求。

1.4.1.3 含 CRT 的显示设备应以稳定的堆放方式储存，防止设备损坏或破损。

1.4.1.4 当含 CRT 的显示设备被转移到集装箱时，其应在某种程度上防止设备破损。集装箱不受控制的加载和倾倒是不允许的。

1.4.1.5 当个人的 CRT 显示设备（批量的）从车辆加载和卸载时，需要防止 CRT 的任何破损。车辆在装卸过程中不可倾倒。

1.4.1.6 集装箱在装卸过程中，从车上装载或卸载时应充分小心，不得造成 CRT 显示设备的损坏和破坏。

1.4.1.7 CRT 显示设备在运输时，应使用有盖的防水集装箱或有装载空间的车辆。

1.4.2 环境、健康及安全要求

1.4.2.1 在所有的处理过程中，应特别注意防止不受控的荧光其他涂层或玻璃粉尘向空气排放，造成健康和环境损害。

1.4.2.2 设备操作人员在操作时，应注意荧光及其他涂料、玻璃粉尘对其健康和环境造成危害。

1.4.2.3 CRT 或 CRT 显示设备在进行干法破碎、粉碎、切割和清洁时应与一个高效的空气过滤系统连接，实现无尘条件的处理操作。遵守空气过滤系统的过滤级，保证排放限值。

1.4.2.4 CRT 或 CRT 显示设备采用湿法破碎、粉碎、切割和清洗过程中的工艺用水需在闭路中进行循环，不得排入污水处理系统。

1.4.2.5 处理操作人员应定期对厂里空气过滤系统的输出进行监测。粉尘和重金属（特别是铅和镉）的排放量需由经授权的实验室检测认定。

1.4.2.6 处理人员在 CRT 或 CRT 显示设备破碎、粉碎、切割或清洗的过程中，根据欧洲在健康和安全的相关法规及其相应的国家立法的周期性和方案描述，应在处理工厂建立一个内部工作环境空气粉尘的定期监测系统。

1.4.2.7 所有操作人员应定期培训在 CRT 显示设备处理过程中可能出现的健康和安全风险。

注：应特别指出在CRT玻璃破碎和磷涂层切除过程中的重金属含量的毒性危害。

1.5 技术要求

1.5.1 分离过程

1.5.1.1 在污染物去除过程中CRT或CRT玻璃处理过程中应与CRT显示设备的其他组件进行分离，避免其他物件和组分被污染。

1.5.1.2 根据国家立法和处理厂要求，CRT 玻璃和未清洁过的 CRT 玻璃应视为危险废物。

1.5.1.3 CRT显示设备在去污后，其他组件或组分不得含有CRT玻璃。除非：

- 在偏转线圈中CRT玻璃的含量小于CRT玻璃总质量的4%；
- 湿法处理过程中产生的废污泥；
- 空气过滤系统中的粉尘和筛分过程中的小粒径的废物组分；
- 已经出去荧光涂层组分。

1.5.1.4 在 CRT 玻璃组分分拣过程中，面板玻璃组分中铅氧化物的质量分数不超过0.5%，否则将不能被视为面板玻璃碎片。

1.5.2 清理过程

1.5.2.1 应将CRT玻璃中的荧光涂层清除。

注：当CRT或未清洗的CRT玻璃作为危险废物，在熔炼过程中被作为有回收能力的熔渣成型材料时，本条款例外。

1.5.2.2 除非能够证明荧光涂层符合条款3.3条，没有危险性质，否则根据国家法规和处理工厂许可证要求，清除的荧光涂层将被认为是危险废物，并作为危险废物进行处置。

注：根据废物处理层级体系，再循环或回收是荧光涂层或其化合物（如铕和钇）首选的处置方法。

1.5.2.3 处理操作应CRT显示设备的组件或组分被荧光涂层污染。CRT玻璃在处理之后，将不得含有荧光涂层组分。在检测过程中，其每千克干重中含量不得超过 [××] mg [钇/氧化钇]或每升酸浸出液中钇含量小于0.1 mg。

注：CRT显示器在粉碎的机械处理过程中，仍有被荧光涂层污染的危险。

1.5.2.4 当CRT玻璃清洁过程中荧光涂层含量符合条款5.2.3和指令2008/98/EC第6条规定的限制（废物指令）时，CRT玻璃就达到了其终端废弃物状态。但是，当CRT玻璃被运送到不符合处理许可的处理设施时，CRT玻璃仍被作为废物。

1.5.3 再循环和回收过程

1.5.3.1 根据废物处理层级，CRT 玻璃应被优先再循环或回收。在迫不得已的情况下才能进入填埋处置。

注：废物层级在指令 2008/98/EC 第 4 条中描述。

1.5.3.2 只有清洁过的 CRT 玻璃才能进入再循环或回收。

注：当 CRT 或未清洗的 CRT 玻璃作为危险废物，在熔炼过程中被作为有回收能力的熔渣成型材料时，本条款例外。

1.5.3.3 漏斗玻璃或混合物的 CRT 玻璃应优先进入回收或再循环，过程中的铅含量有防止铅扩散到其他产品和外部环境的功能。否则的话，该玻璃的使用方式应使得最终产品的铅含量不超过国家的立法规定。若玻璃没有达到产品的状态，那么废物立法对其仍应适用。

注：在 CRT 玻璃或 X 射线玻璃中，铅含量有其技术功能。

1.5.3.4 当产品中铅含量的限值不是由国家规定时，政府批准或环境产品声明（EDP）则按照 ISO 14025 的要求执行。

1.5.3.5 当 CRT 或 CRT 玻璃用于熔化或熔炼技术时，其排放过滤系统应符合国家立法和处理成许可证所规定的要求。

1.5.3.6 未清洁的 CRT 玻璃是禁止在欧盟和欧洲自由贸易联盟地区出口的。清洁的 CRT 玻璃在欧盟和欧洲自由贸易联盟境外出口时，仅允许用于再循环或回收。除欧盟和欧洲自由贸易联盟外，本规范性文件应符合欧盟立法对回收和再循环过程要求。

2 平板显示器的处理的特定要求

2.1 范围

2.1.1 本规范性文件是 WEEELABEX 文件的一部分，其主要介绍 WEEE 中平板显示器的特殊处理要求。该规范性文件适用于所有含平板显示器设备的 WEEE 及其相应的在终端废弃物状态的组件、组分和材料，与指令 2008/98/EC 第 6 款相同。

2.1.2 规范性文件定义了 WEEELABEX 规范性文件——收集、物流、处理中的附加要求，其主要是关于作为部分 WEEE 废物流的平板显示器设备的特殊处理要求，包括其所有组件、组分以及一些相关粉末、液体和气体。

注：本规范性文件所涵盖的产品包括平板显示器，如电视机屏幕、电脑显示器以及在私人家用电器中常见的类型的屏幕和视觉显示单元。

2.2 规范性引用文件

无。

2.3 术语及定义

在本文档中的术语和定义在 WEEELABEX 标准文件——第 I 部分（总体要求），以及下文。

2.3.1 背光

在一些平板显示技术中的部分平板显示技术，该技术可以照亮面板使图像清晰可见。

2.3.2 CCFL

冷阴极荧光灯。

2.3.3 平板显示

薄屏幕设备，大于 100 cm^2，用于无阴极射线管下的图像产生和显示技术。

注：平板显示器的例子包括液晶电视、等离子电视、液晶显示屏、显示器和笔记本电脑。

2.3.4 平板显示模块

含有产生图像的组件的平板显示器的一部分，包括照明和扩散元素，不包括外壳、印刷电路板和扬声器。

2.3.5 平板

平板显示的平面显示器的一部分，用于产生图像。

2.4 管理和组织要求

2.4.1 技术和基准设施先决条件

2.4.1.1 采用合适的平板显示器收集，装卸和运输方式，使其不影响显示设备的完整性，在处理之前不允许粉碎或压制。

2.4.1.2 平板显示器及其组件应存放在防雨罩下。

注 1：平板显示器组件包括：背光灯、荧光涂层和含锂电池。

注 2：防水罩示例需包括屋顶和封闭容器。

2.4.2 运输

2.4.2.1 集装箱应小心装载。当将一个容器堆叠在另一个容器上时，应注意防止下方容器中的平板显示器的损坏。

2.4.2.2 平板显示器在运输过程中应保证含有防水覆盖物。

2.4.3 信息材料

在工作场地提供员工培训信息及资料，并随时可供工人使用。其应记录在平板显示器上所有的特定风险。

注：潜在风险包括身体伤害，暴露于汞、铅和/或氧化铟锡以及吸入的灰尘和/或荧光涂层。

2.5 技术要求

2.5.1 技术要求

如果处理技术要求分离不同类型的平板显示器，员工应具备相应的资格，并进行培训，已完成分拣的任务。

2.5.2 常规污染物去除

2.5.2.1 按照本规范性文件的附件 A 和附件 B（污染物去除指南和监测）的要求，去除平板显示器中的物质和组分。

2.5.2.2 平板显示器的处理应考虑其显示器类型、组成、组件以及特殊要求：

- 汞。
- 荧光涂层。
- 铟锡氧化物（ITO）。

2.5.2.3 平板显示器的机械处理应在专用的处理设备中进行，这样可以记录在其他处理过程中没有产生污染。

2.5.3 汞

2.5.3.1 处理 CCFL 背光源的平板显示器时，应提供至少有多少背光灯中的汞被除去，占未处理设备输入量的百分数（%）。

2.5.3.2 其同样可以用于证明小于××mg/m^3 或 mg/kg 的汞含量的组分进入回收处理中，含汞浓度较高的组分进入适当的处置。

2.5.3.3 为了避免汞扩散，手工拆解破碎的 CCFL 显示器应在密闭容器中储存和运输。此容器应避免受热保存。

2.5.3.4 手工拆解的 CCFL 背光显示器，不论是否破损，其都应视为灯具进行特殊处理或按照国家法律进行合适处置。

2.5.4 铟锡氧化物（ITO）

2.5.4.1 当液晶显示板或其组分被送到处理设施，进行铟锡氧化物（ITO）富集，回收和处置时其应符合规范性处理文件 WEEELABEX——第 I 部分（总体要求）。

2.5.5 荧光涂层

2.5.5.1 平板显示器或其组分被运送到处理设施，进行荧光涂层和玻璃回收或处置时，应符合规范性处理文件 WEEELABEX——第 I 部分（总体要求）中的条款 5.8.2。

2.5.5.2 荧光涂层和含荧光涂料的组分应在填埋场处置，或进入适当设计用于有害物质处理的热处理。

2.5.6 监测

2.5.6.1 根据条款 5.2 中规定，操作人员应制定与技术适当的方案和程序，以说明污染物处理目标的实现。

2.5.6.2 平板显示器的加工应在可控的环境中进行。合适的通风设备和过滤器应确保重金属和粉尘在任何时候都要遵守职业接触限值（OEL）和空气污染物排放限值。在灰尘中重金属的累积也应定期测量。

2.5.6.3 根据欧洲各国各自的健康和安全法规的描述中，应定期监测 CCFL 背光液晶显示器处理场所和储存区域的汞含量。

2.5.6.4 有关员工的职业健康监测应包括通过对血液或尿液中汞浓度的分析，对员工的汞的摄入量进行测量。

3 灯具处理的特定要求

引言

欧洲议会和理事会于 2003 年 1 月 27 日颁布了指令 2002/96/EC（报废电子电气设备指令），这是欧盟首个也是最重要的灯具处理质量标准。指令的目的在于：首先，预防电子电器设备的废弃；其次，对 WEEE 的再利用，再循环以及其他形式的回收进行说明，从而减少 WEEE 的处置量。其同样是为了提高在电子电气设备生命周期中的生产者、销售者和消费者环保成效，尤其是直接参与电子电气废弃处理处置的操作者。由于灯具中含有汞，在指导文件中被认为是优先级别的 WEEE 类别，因此在本质量规范性文件中的灯具处理的规定适用于指令范围内的照明设备的处理，即

- 荧光灯；
- 节能荧光灯；
- 高强度气体放电灯，包括高压钠灯和金属卤素灯；
- 低压钠灯；
- 除灯泡外的用于灯光扩散或控制的其他照明设备；
- 除家用灯具外的由荧光灯组成的照明设备。

指令 2002/95/EC（关于限制在电子电气设备中使用某些有害成分的指令，RoHS 指令）主要涉及使用在电子电气设备中某些有害物质（包括汞）的限制。

自 2005 年欧盟推出汞战略以来，欧盟在汞污染这一全球挑战中取得了长足进展。综合战略可有效解决欧盟和全球的汞污染问题。其提供了 20 种措施用于减少汞的排放，削减汞的供应和需求，并防止汞的泄漏。其主要包括：

- 欧盟议会和欧盟理事会在 2007 年 9 月 25 日发布的指令 2007/51/EC（对理事会指令 76/769/EEC 的修改）中指出了关于汞等单一危险物种检测装置在市场交易中的限制。
- 欧盟议会和欧盟理事会在 2008 年 10 月 22 日颁布的 No 1102/2008 号规定中指出，禁止金属汞、含汞化合物和混合物的出口（2011 年 3 月 15 日），注意金属汞的储存。

这些标准文件主要限制的是 WEEE 指令中指出的灯具和改造的 LED 灯具。表 10-5 中指出了此类别下的不同类型的灯泡。

表 10-5　不同灯具说明

种类	类型	缩写	说明		素描简图
灯具	荧光灯	FL	惰性气体低压放电或以下其一： 含汞荧光粉（用于可见光照射范围）； 无荧光粉（用于紫外照射范围）	直线或不同的非线性形状	
	综合性节能灯	CFL-i		组合+综合镇流器	

<table>
<tr><th>种类</th><th>类型</th><th>缩写</th><th colspan="2">说明</th><th>素描简图</th></tr>
<tr><td rowspan="2">灯具</td><td>非综合性节能灯</td><td>CFL-ni</td><td></td><td>组合（没有综合镇流器）</td><td></td></tr>
<tr><td>高强度气体放电灯</td><td>HID</td><td colspan="2">含惰性气体、汞、钠和盐的高压（>1bar）气体放电；
含汞和钠的低压气体放电</td><td></td></tr>
<tr><td rowspan="2">改进LED灯具</td><td rowspan="2">改进LED</td><td rowspan="2">LED</td><td rowspan="2">被杯状反射板包含的二极管，一旦有电流将会产生：
（a）直光束；
（b）非直线光束</td><td>简洁的</td><td rowspan="2"></td></tr>
<tr><td>不同形式</td></tr>
</table>

3.1 范围

3.1.1 该规范性文件旨在作为规范灯具处理各环节的一个体系规范。本规范性文件定义了整个灯具处理过程的质量要求，即灯具的接收、装卸、储存、处理和回收。此规范性文件的目的是确保遵守环境、健康和安全立法，减少灯具处理对环境影响。目标可以通过以下手段实现：

- 灯具组分的无污染的分离，以用于材料的再循环和/或回收；
- 在专门的处理厂对含汞灯具的无害化处理，使其符合欧洲共同体在健康、安全和环境方面的法律法规；
- 对灯具组分的环境无害化再循环、回收和处置应符合各欧洲共同体关于健康、安全和环境方面的法律法规的要求。

本文件符合指令2002/96/EC，相应的国家法规，以及欧洲共同体关于健康、安全和环境法规中关于再循环和回收的相关要求。根据指令2002/96/EC，灯具组件、材料和物质的最低再循环和回收率需要达到灯具处理量的80%。

3.1.2 过程概述

负责灯具的处理管理的操作人员的职责超出了灯具回收过程，还包括了灯具处理步骤前后相关的职责。图10-3为一个简化的灯具处理流程图，其中所有处理步骤都在此质量规范性文件进行详述。

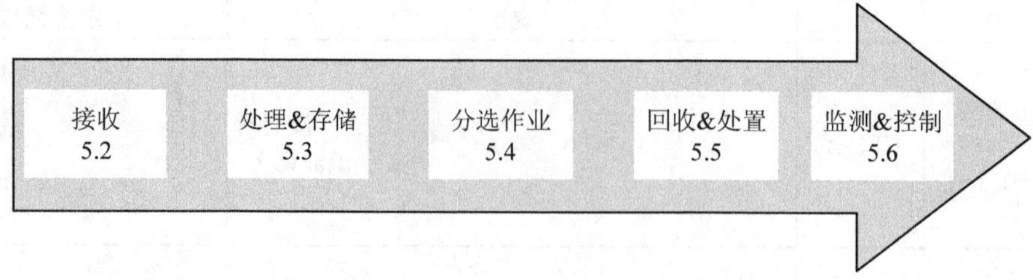

图 10-3　简化的一般灯具处理流程

3.2 规范性引用文件

无。

3.3　术语及定义

在本文档中的术语和定义在 WEEELABEX 标准文件——第 I 部分（总体要求），以及下列：

3.3.1　灯具

在指令 2002/96/EC 范围内的气体放电灯和改造 LED 灯。

注：改造的 LED 灯是指用于代替 CFL 或 GLS 灯的 LED 灯，其主要是为了适应插座要求。

3.3.2　回收

任何操作的主要结果是废物可以代替其他材料来提供一个有用的目的，在工厂或更广泛的经济中用来完成一个特定的功能或正在准备履行这一功能。

注：根据指令 2008/98/EC，指令 2008/98/EC 附件 II 中列出了回收操作的不完全列表。

3.3.3　再循环

任何被加工成产品、材料或物质用于原用途或其他用途的废物的回收操作。包括回收有机物质，但不包括能量回收和被用作燃料的材料再加工或者是回填作业。

注：术语“再循环”在指令 2008/98/EC 第 3（17）条中定义。

3.4　管理和组织要求

3.4.1　综合管理模式

3.4.1.1　灯具处理的操作人员在处理过程应符合规范性文件 WEEELABEX 中第 I 部分（总体要求）的要求。

3.4.1.2　灯具处理操作人员在处理过程中应采用适当的技术，以达到处理要求，并遵循相关的废弃灯具处理的环保措施。

3.4.1.3 灯具处理人员应采用相关处理设施及工作程序，防止汞或其他污染物的排放。

3.4.1.4 灯具处理的操作人员应从技术和组织方面最大限度地清除有害物质并实现组分的回收。

3.4.2 处理基准设施

3.4.2.1 灯具处理设施应包含如下：

- 设计防止汞外泄的组分输出存储装置；
- 可用于含汞及其他废弃灯具处理的工业真空活性炭过滤器及可锁定装置。

3.4.2.2 规范性文件 WEEELABEX 中第 I 部分（总要求）条款 4.3 对处理过程中的水、工艺水和空气处理同样做出了规定，其主要是用于控制汞的扩散。

3.4.3 职业健康安全和工业卫生要求

3.4.3.1 根据规范性文件 WEEELABEX 中第 I 部分（总要求）条款 4.3.1 要求，处理人员在操作时应根据风险评估，按规定佩戴个人防护装备（PPE）。

3.4.3.2 处理设备应包含控制操作人员接触化学、生物和物理相关试剂的措施。相应措施如下，但不仅限于此：

- 在离开工作场所前，操作人员应将个人防护设备移走并存放在指定的区域/容器中（在一天结束开始休息前），以避免污染扩散；
- 离开工作区时操作人员需要洗手；
- 在指定区域吃饭；
- 在指定区域吸烟。

注 1：灯具中的相关化学物种是汞。

注 2：个人防护装置包含：手套、眼镜、口罩和防护服。

3.4.4 意外和事故记录

3.4.4.1 在设备发生事故时，灯具处理人员应执行相应程序来识别、评估及控制事故发生过程。

3.4.4.2 规范性文件 WEEELABEX 中第 I 部分（总要求）条款 4.4.1 特别指出，所有操作人员参与应急响应培训，事故发生时明白自己的任务。

3.4.4.3 此外，规范性文件 WEEELABEX 中第 I 部分（总要求）条款 5.9.1 还要求，在事故发生后，操作人员应记录所有必要及额外的处理和清洗过程，以及这些过程的日期和时间。

3.4.4.4 处理人员应记录事故或危险事件（一些地方称为“RIDDORs”）发生的地方。

注：缩写“RIDDORs”是指“伤害报告、疾病和危险事件法律责任规定 1995”，指出雇主、雇员及管理人员在雇员死亡、重伤或超过连续 3 天不能正常工作，都应对其进行治疗及补偿。

3.4.4.5 操作人员应准备并定期更新业务连续性计划，其中包括在发生事故时进行的任务，阻止正在进行的操作。

3.5 技术要求

3.5.1 总要求

3.5.1.1 灯具特殊处理的目的是去除汞，以及组分的有效回收。

3.5.1.2 灯具处理人员应给出不断改进的处理工艺和可靠性的处理过程。

3.5.1.3 灯具处理人员应确保组分的分离和制备，以便于其回收操作。处理运营商需使用自己的处理设施或使用授权承包商的设施进行操作。

3.5.1.4 在没有明确含汞与否时，每一类型的灯具、改进 LED 以及其组件和组分都应视为含汞废物。

3.5.1.5 为了使报废灯具有更合适的处置，对其应区别对待。报废灯具须从任何分类收集的 WEEE 中分离。从电器中去除报废灯具，可实现灯具及其组件的环境无害再循环和回收。

3.5.2 接收

3.5.2.1 储存的灯具数量限定为如下：

- 根据接收废弃灯具的处理操作人员测定的灯的质量和灯具的处理能力，以及从不同的材料组分分离提取的汞的量和能力，存储数量不应超过 6 周的处理量；
- 灯具的数量应保持在 150 000 件以下。

注：15 000 只灯具中的含汞量相当于 500 g 纯汞。

3.5.2.2 在装卸过程中，应特别注意的是，有效并安全卸载废弃灯具，避免容器、灯具及其组分的损坏，保障操作人员健康安全。

3.5.2.3 在进货检验时，灯具处理人员应确认容器的内是否有提货单。如果不遵守，可以选择将其视为未定期交付的废物。

3.5.2.4 灯具处理操作人员应当确定每一次交付的质量（总的或净）和来源，并登记确定其来源。

3.5.2.5 灯具处理操作人员应使用测量设备供应商规定的校准程序和标准规定。

3.5.3 装卸和储存

3.5.3.1 在进入回收过程前，灯具在处理设施的装卸和监督需由经过培训的人员进行。

3.5.3.2 灯具储存时应避免汞外泄到环境中。

3.5.3.3 灯具的储存区域应设计和维护，以防止对环境造成危害。授权的操作人员和设备可方便进入存储区域，但进入该区域的次数应非常少。

3.5.3.4 空储存容器在使用前，应清洗干净，并无可见污染物残留。

3.5.3.5 在适当的情况下，不可重复使用的容器应被处理掉并归档。

3.5.4 分离过程

3.5.4.1 分离过程通常是按步骤执行的。步骤和可能存在的阶段之间的设计，需能够防止任何形式的汞直接释放到环境中。所采取的措施的有效性应当由操作风险评估来支持，如附件 A 和附件 C，鉴于根据质量平衡定期测量证明。

3.5.4.2 需再循环的玻璃组分，其汞含量应低于 5 mg/kg。

3.5.4.3 需再循环的其他组分，其汞含量应低于×× mg/kg。

注：灯具分离过程时应将其分为金属组分、塑料组分和荧光粉组分。

3.5.5 回收与处置

3.5.5.1 如果灯具处理人员作为第三方操作人员来回收或处置再循环组分，应满足下列条件：

- 灯具处理操作人员应与潜在的其他网点接合，以适当地回收或消除分离的部分；
- 按照有关规定，灯具处理人员应有能力进行材料组分的运输；
- 第三方应保证其有可追溯性，并确保再循环目标可以通过提供证书或记录来衡量，以验证每个组分的目的地以及组分的使用或应用。

3.5.6 监测与控制

3.5.6.1 对危险物质进行处理的员工，至少每年进行一次医疗检查，以确定暴露在含汞空气中对身体的影响。

3.5.6.2 每立方米空气中的汞（mg）的水平不得超过国家立法规定，并应保持低于国家立法规定的职业暴露限值。

3.5.6.3 对处理设施的废气排放进行监督，识别出操作故障或技术缺陷引起的排放量增加，并采取补救措施。

注：参考本文件附件 C。

3.5.6.4　所有工作区域，包括储存区，空气中的汞浓度应参照本文件的附件 C 进行定期监测，不超过由欧盟立法及其国家法令的转化规定的职业限值。

注：作为最佳实践的目标，指令 2009/161/EU 说明在处理设施的职业限值应不超过 0.02 mg/m^3，8 h TLV。

3.5.6.5　处理设施须有其处置系统，以防止在正常操作条件下，以及在紧急情况下，对雨水、空气和土壤的有害排放。废水、空气、土壤排放量应符合规定的排放限值。

注：防止有害排放物的系统示例——一个封闭的下水道系统或消防水保留水库。

3.5.6.6　由含汞细粉末和位于处理设施的细粉末组成的小组分，应储存在指定的危险废物储存点，以阻止在大气中和处理设施内汞的扩散。

3.5.6.7　在月度的基准上，在处理过程结束后的组分中残留的汞，应在本文件附件 A 中的代表混合样品的基础上进行定量和记录。

注 1：定期的测量显示出细微的差异时，每年的测量频率可能会逐渐下降。

注 2：在再利用或烧毁组分中残留的汞时，可能作为弥散性有害物质排放源。

3.5.6.8　处理设施必须符合所有会员国在其所在地点汞遏制的特殊许可。

3.5.7　文档

3.5.7.1　处理操作人员和分包商应保留操作日志和文档，并根据种类与类别记录集装箱质量、填充量以及灯具的数量。

3.5.7.2　处理人员应有记录连续的输入和输出流的能力，并能够报告灯具的季度质量平衡数据。

3.5.7.3　该规范性文件 WEEELABEX 第 I 部分（总体要求）中下游监测的要求，应适用于废弃灯具、组件组分以及容器的检测。

3.5.7.4　根据第 5.6 条记录的监测数据应记录在案。

3.5.7.5　对组分处置的可选路径应进行处理操作的风险评估，可用于正常操作中断的情况下。

参考文献

[1]　Directive 2007/51/EC of the European Parliament and of the Council of 25 September 2007 amending Council Directive 76/769/EEC relating to restrictions on the marketing of certain measuring devices containing mercury.

[2]　Regulation（EC） No 1102/2008 of the European Parliament and of the Council of 22 October 2008 on the banning of exports of metallic mercury and certain mercury. Compounds and mixtures（by 15 March

2011）and the safe storage of metallic mercury.

[3] Directive 2002/96/EC of the European Parliament and of the Council of 27 January 2003 on waste electrical and electronic equipment（WEEE）.［Official Journal of the European Union（OJ） L 37，13.2.2003］.

[4] SI 1995/3163. Reporting of Injuries，Diseases and Dangerous Occurrences Regulations，1995.

[5] RoHS Directive 2002/95/EC of the European Parliament and of the Council of 27 January 2003 on the restriction of the use of certain hazardous substances in electrical and electronic equipment（RoHS Directive）.

[6] Article 4 of Council Directive 75/442/EEC of 15 July 1975 on waste.

[7] Commission Directive 2009/161/EU of 17 December 2009 establishing a third list of indicative occupational exposure limit values in implementation of Council Directive 98/24/EC and amending Commission Directive 2000/39/E.

附件 A

（规范性的）

处理过程及相关监测点

下图为灯具后续处理过程中的一个简化的质量平衡图。每一单独过程中临界[汞]浓度在方框中给出。需要指出的是，“回收和处置”过程没详细列出。

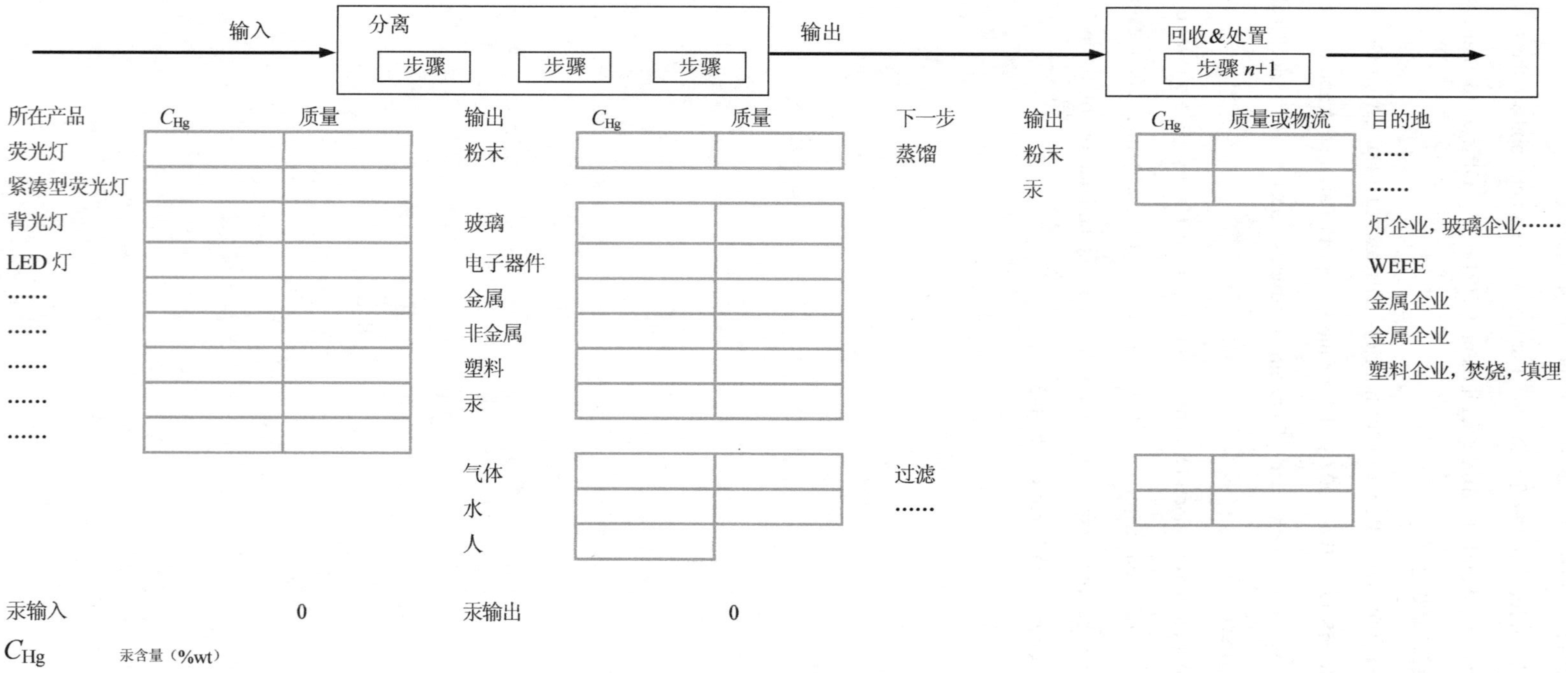

输入 → 分离（步骤　步骤　步骤）→ 输出 → 回收&处置（步骤 $n+1$）→

所在产品	C_{Hg}	质量
荧光灯		
紧凑型荧光灯		
背光灯		
LED 灯		
……		
……		
……		
……		
……		
汞输入		0

输出	C_{Hg}	质量
粉末		
玻璃		
电子器件		
金属		
非金属		
塑料		
汞		
气体		
水		
人		
汞输出		0

下一步	输出	C_{Hg}	质量或物流	目的地
蒸馏	粉末			……
	汞			……
				灯企业，玻璃企业……
				WEEE
				金属企业
				金属企业
				塑料企业，焚烧，填埋
过滤				
……				

C_{Hg}　汞含量（%wt）

不同的处理过程可能发生在不同位置。精确的测量点取决于处理设备中的产品流（如湿法或干法、粉碎前、粉碎或真空度）。

附件 B

（规范性的）

灯具组分处理方案

表 10-6 所示为废旧灯具回收材料组分及其潜在受纳体。

表 10-6 灯具废物回收材料组分及其潜在受体

<table>
<tr><th>输出组分</th><th>目标</th><th>受纳体</th></tr>
<tr><td rowspan="10">玻璃</td><td rowspan="2">制玻璃</td><td>玻璃业</td></tr>
<tr><td>灯具业</td></tr>
<tr><td>上釉</td><td>制陶业</td></tr>
<tr><td>磨砂清洁</td><td>清洁业</td></tr>
<tr><td>与黑铜融合</td><td>金属工业</td></tr>
<tr><td>熔渣</td><td rowspan="4">建筑/水泥业</td></tr>
<tr><td>沙替代品</td></tr>
<tr><td>沥青路面下</td></tr>
<tr><td>玻璃棉</td></tr>
<tr><td>硅替代品</td><td>焚化炉</td></tr>
<tr><td rowspan="3">汞</td><td>阴极</td><td>氯/烧碱业</td></tr>
<tr><td>汞</td><td>灯具业</td></tr>
<tr><td>荧光灯/荧光粉</td><td>可控填埋</td></tr>
<tr><td rowspan="2">粉末</td><td>废物</td><td>可控填埋</td></tr>
<tr><td>新用途</td><td>稀土业</td></tr>
<tr><td>金属帽和金属部件</td><td>金属铸造</td><td>金属工业</td></tr>
<tr><td rowspan="2">塑料</td><td>（混合）塑料</td><td>塑料业</td></tr>
<tr><td>塑料废物</td><td>可控填埋</td></tr>
</table>

附件 C

（规范性的）

表 10-7 残存汞浓度检测频率

<table>
<tr><th>元素</th><th>位置</th><th>频率</th></tr>
<tr><td colspan="3">输出组分</td></tr>
<tr><td rowspan="2">玻璃</td><td>中间存储</td><td rowspan="6">每月 1 次
当连续监测变化较小时改为季度监测</td></tr>
<tr><td>最终处置前</td></tr>
<tr><td rowspan="2">金属帽</td><td>中间存储</td></tr>
<tr><td>最终处置前</td></tr>
<tr><td rowspan="2">日光灯/荧光灯</td><td>中间存储</td></tr>
<tr><td>最终处置前</td></tr>
<tr><td colspan="3">处理设备操作人员（不包括管理人员）</td></tr>
<tr><td>尿液（肌酸酐）</td><td>N/A</td><td>每季度 1 次</td></tr>
<tr><td colspan="3">排放</td></tr>
<tr><td rowspan="5">空气</td><td>库存区</td><td>每周 1 次</td></tr>
<tr><td>回收装置入口</td><td rowspan="3">每周 1 次</td></tr>
<tr><td>回收装置周围</td></tr>
<tr><td>回收装置出口</td></tr>
<tr><td>办公区（无厂房区）</td><td>每年 1 次（加强情况下，每月 1 次）</td></tr>
<tr><td>水</td><td>废水外排</td><td>每季度 1 次</td></tr>
</table>

4 温度交换设备处理的特定要求

本部分列出了关于含 CFC、HCFC、HFC 和 HC 的家用冷却冷冻电器的收集、运输、储存、装卸和处理要求，由 CECED、WEEE Forum 和 EERA 共同制定，并分别于 2007 年 12 月 21 日和 2007 年 10 月 18 日公开。

本规范性文件是对这些要求的精确复述，由于他们是在 WEEELABEX 项目之前采纳的，因此本规范中某些章节中的规定与 WEEELABEX 中相关要求（包括物流和收集）不完全相同。

CENELEC EN 标准草案是现今唯一经 CENELEC 成员组织批准的关于含在挥发性碳氟化合物和挥发性烃类的家用电器处理的标准。若 WEEE Forum 大会无异议，EN 标准将取代本文件。

含 CFC、HCFC 或 HFC 家用冷却冷冻电器收集、运输、存储、处理要求

4.1 目标

要求的目的是确保：

- 家用冷却和冷冻设备非污染组分的分离，实现材料的再循环和能量回收；
- 实现 CFC、HCFC 和 HFC 的无害化处置（“控制物质”）①，意味着按规定（EC）2037/2000 去除消耗臭氧层的物质，如 CFC 和 HCFC 和危害气候的化合物——HFC、CFC 和 HCFC。
- HC 安全处理。处理 HC 精确要求的描述文件中规定了“进行含碳氢化合物（HC）的冷却和冷冻产品的收集、运输、储存和处理”。

本文遵循关于监测、再循环和回收目标相关的法律要求，按照指令 2002/96/EC 和相应的国家规定，对废弃“受控物质”回收销毁的监测，并由一个独立的审计人员进行定期的性能验证测试（见第 6 章，附件 1）。

声明：CFC、HCFC、HFC 和 HC 都是挥发性有机化合物（VOC），但在一些文件和规范中“VOC”是仅指 HC，是不正确的使用。

4.1.1 总要求

此要求适用于家用冷却冷冻设备中分离的“控制物质”的销毁。拆解和处理分为两个

① 本文中，CFC、HFC、CFC 都被称为“受控物质”。CFC-含氯氟烃（R12、R11），HCFC-氟氯烃化合物（R22、R141b），HFC-氢氟烃（R134a）。CFC 和 HCFC 是臭氧消耗物质，有很高的全球变暖潜能（GWP）。HFC 无臭氧消耗功能，但有明显的全球变暖潜能。

步骤。步骤 1，将“控制物质”和油从冷却回路中取出；步骤 2，从绝缘泡沫中提取“受控物质”，用于销毁和分离可再循环和回收的材料（金属、玻璃、塑料、电缆等）。

总体而言，该文件最低要求如下：

- 收集、储存、运输和装卸。
- 受控物质的回收与销毁。
- 产出物利用（根据指令 2002/96/EC 或未来修订版本，回收和再循环率分别为 80% 和 75%）。
- 含有不明气体的设备或部分的安全措施①包括确保设备整体或部分设备包含的任何 HC②能够得到妥善的处理。
- 质量保证（监测和报告）。
- 检验与控制。

其他法律要求，如拆解含汞开关③、含 PCB 电容器④、NH_3-水-铬酸盐⑤混合物或含 HC⑥的爆炸，也进行了说明，但并不深入。

4.1.2 收集、存储、运输和装卸

1）冷却和冷冻设备的类型分类⑦应在处理厂进行。

2）在处理过程前，报废冷却和冷冻设备的分类和监督是由培训人员按照冷却和冷冻设备的处理要求进行的。

3）本文件的签署者应承诺在与收集点或与收集设备的任何一方签订的合同中不允许对进行报废处理冷却和冷冻设备进行预分选。

4）冷却和冷冻设备在收集、储存、运输和装卸过程中应避免破损和控制物的泄漏。若控制物泄漏，应采取适当措施，以尽量减少对环境的影响。

5）所有储存和处理场所应至少符合指令 2002/96/EC 中附件 III 的要求。

6）由于含有 HC 物质，因此冷却和冷冻设备在储存、运输和装卸过程中应采取阻燃措施。由于有爆炸危险，因此需在明显地方标明，并禁止火源和未经授权的人员进入（指令 2002/96/EC 附件 III），不遵守人员将会受到惩罚。

7）在优化运输前应计算冷却和冷冻设备的原始尺寸，包括机柜，保证设备在运输时

---

① 设备或部分设备，如门丢失的部分，含有气体，或所含气体不足。

② HC，碳氢物质（如丙烷、丁烷、环戊烷、异丁烷、异戊烷）。

③ Hg-汞。

④ PCB-多氯联苯。

⑤ NH_3-氨。

⑥ 指令 94/9/EC 中规定，设备应免收周围环境不受爆晒危害。
指令 1999/92/EC 中关于操作人员免收爆炸危险，健康和环境安全的最低要求［与指令 89/391/EEC16（1）中 15 条相似］。

⑦ 电器类型根据所含物质分为：CFC、HCFC、HC 或 NH_3。

的良好状态。

8）所有的场所不允许未经授权人员的访问。

9）分离的“控制物质”应小心储存、装卸和运输，避免在其销毁之前的任何泄漏。

4.1.3 处理和输出质量的要求

所有的冷却和冷冻器具及其组成在不明确是否为 HC-类型或制冷剂是否是发泡类型时，必须将其视为 CFC、HCFC 和 HFC 型处理[①]。因此，所有类型的处理设施都应满足指令 92/1 999/EC 中的防爆要求。

分离“受控物质”可以经适当热或化学处理来销毁。此过程应由相应文件证明（如账单、送货单）。

冷却和冷冻装置的报废处理过程通常分为两个步骤：

步骤 1：CFC、HCFC、HFC 和不明气体，油压机。

1）在污染物分离处理过程中，应除去的所有液体。

2）所有制冷剂须从油中分离。

3）从制冷循环中分离的 CFC、HCFC 和 HFC 的量应大于或等于预计值的 90%（见附件 1）。

4）根据国家规定，总卤素含量小于 0.2%的压缩机油可用于材料循环再利用或常规焚烧炉[②]。

5）总卤素含量超过 0.2%的压缩机油只能进行热处理，使其中的“受控物质”安全销毁。

6）压缩机不得进行再利用。

步骤 2：CFC、HCFC、HFC 和不明组分气体，PU[③]。

1）步骤 2 中的设备（称为“柜”）只能用步骤 1 中处理过的设备进行处理。

2）从聚氨酯泡沫分离的 CFC、HCFC 和 HFC 的量应大于等于预计值的 90%（见附件 1）。

3）处理过后的聚氨酯泡沫中所含的 CFC、HCFC 和 HFC 不得超过 0.2%。

4）PU 的处理剩余物（二次利用的金属和塑料组分）应尽可能不成为“控制物质”。因此，有色金属和非有色金属中 PU 的残留量应低于 0.3%，残留组分中塑料的残留量要低于 0.5%。

4.1.3.1 再循环与回收

根据指令 2002/96/EC 的要求，冷却和冷冻设备及其组件在上述加工后每台设备都应实

---

① 用于清晰证明含 HC 的冷却冷冻设备应遵循 WEEE 论坛，CECED 和 EERA 在 2006 年 10 月公布的“含 HC 的冷却冷冻设备在收集、运输、存储、处理过程的要求”要求。
也包括所有的零件部分，一并交付处理厂（如门）

② 含 CFC、HCFC、HFC 的制冷设备的压缩机油中含有卤素，卤素含量为 0.2%时，相当于油中含有 0.18%R12。

③ PU：聚氨酯，用于冷却冷冻设备的隔离材料，包含 CFC、HFC、HCHC 或 HC。

现 80%的回收率和 75%再循环率[①]。

4.1.4 质量保证要求

1）处理公司应采用最先进的冷却和冷冻设备处理技术[②]，使受控物质的分离符合环境标准。

2）进行冷却和冷冻设备处理的公司必须通过 ISO 9001：2000 和 ISO 14001，或相同水平的质量管理体系对处理和监测过程的要求。

3）除通常的质量控制体系文件外，处理公司还应进行日常记录，登记所有输入的冷却和冷冻设备类型和类别[③]以及输出材料和控制物质。

4.1.5 年度数据（监测和记录）要求

需要准备具有如下编译信息的年度报告，包括：

- 步骤 1 中输入设备的（油和制冷剂的分离）数量、类型和类别；
- 明确完整[④]和破损[⑤]设备的区别；
- 步骤 1 处理的储柜的数量、类型和类别；
- “受控物质”的数量证明（发票、送货单），在步骤 1 和步骤 2 开始和结束是损坏设备的数量；
- “受控物质”中 PU 的残留浓度；
- “受控物质”中油的残留浓度；
- 金属和塑料组分中 PU 的残留浓度；
- “最终组分”进行最终处理的技术和地点。

4.1.6 检测与控制

分离的液体和组分的量及其专业目的地都应进行监测记录，并符合指令 2002/96/EC 在国家层面实施的监控要求。

1）质量要求的符合性由负责收回 WEEE 的收集方[⑥]和与处理设施方签订的合同决定。

---

① 欧盟会议的指令 2002/96/EC，2003 年 1 月 23 日 WEEE 理事会议，相关国家法规。

② “最先进技术”是指根据第四部分要求在安装时可回收可控物质，可以去除环戊烷的要求。

③ 冷却冷冻设备可根据大小分类：
类别 1：家用冰箱（最大 180 L，一个门）；
类别 2：家用冷却冷冻设备（最大 350 L，两个门）；
类别 3：家用冷冻设备（含储柜，小于 500 L）。

④ 完整可能表示冷却回路仍有压力。

⑤ 损坏的制冷设备仍含有一些油。

⑥ 其通常用于回收系统（WEEE 设计方案），但也可以认为是生产者（德国）或 B2B 取回。

2）推荐一个有足够冷却冷冻设备处理知识的组织对其进行年度检查，以控制以下几点：

- 公布年度报告，记录冷却和冷冻设备处理情况，拆除控制物质和储柜（见第 6 章）；
- 处理公司应符合文件的相关要求；
- 符合环境法律法规和其他要求（许可证、储存区等）。

3）定期进行性能验证测试，本文件附件 1 中所述的冷却和冷冻设备处理装置的测试应由专门人员按照步骤 1 或步骤 2 定期进行。

3.1）在与收回方签订合同后，性能验证测试应在 3 个月内实施。性能验证测试应在处理设备安装并调试后进行，将经过步骤 1 或步骤 2 处理后的设备重新安装在另一个地点。

3.2）为确保符合要求的连续性，应在适当的时间框架内进行性能验证测试。并在收回方和处理设施签订的合同中，由确定的风险评估和规定确定检验的频率。

3.3）如果性能验证测试表明，该处理装置不符合要求，应通知收回方。在该情况下，处理设施应停止其业务，并根据 7.3.1 采取适当的纠正措施进行新的性能测试。

4.1.7 修订要求

本文提出的要求是基于实践和目前的最佳可用技术。新的和更好的技术可能出现在未来 5～10 年内。签署国承诺在 5 年后或在新的发展做出修订的情况下，重新审查该文件。

4.2 再循环试验步骤 1

在再循环步骤 1 中，预期的需销毁的控制物质的量作为确定回收率的百分数可以由两个备选方案实现。测试只用于含 CFC 的电器设备。

输入下列数据：

本实验采用 100 个具有完整冷却回路和标志铭牌的样品单元，每一个设备在处理前后都要称重，分离出的 CFC 和油的质量与设备总重进行对比（根据铭牌）。被认为有缺陷的电器应被去除。需标出进入处理前后的可见的影响质量平衡的 CFC、油、水和材料的损失量。

- CFC（A）和油（B）的总质量，kg；
- 根据铭牌指示的 CFC 量的总质量（C）；
- 所有吸离部分总质量的减少量（D），kg；
- 去除的有缺陷的电器，从而影响质量平衡的数量。与预期数量的质量减少相比，每个设备的质量减少（CFC 和油）可以显示出有缺陷的冷却回路。有缺陷的电路需被去除，以获得合理的数字的质量平衡。

考虑有缺陷的设备或其他项目的数量的结果如下：

质量平衡：$A+B\rightarrow D$ 是计算整个处理厂实现质量回收的指标。结果大于 0.97 时被认为基本平衡。

CFC 回收：①A 与 C 的关系是评价 CFC 回收过程中的设备性能，结果不能小于 0.9（=90%）。②A 与（$D–B$）也是为了评价 CFC 回收过程中的设备性能，结果不能小于 0.9（=90%）。

CFC/设备：A 指每个设备可输入的 CFC 最大量，主要结果是大于 115 g/设备。

油/设备：B 指每个设备可接受的最大油量，主要结果是大于 240 g/设备。

部分有缺陷设备：根据经验，有缺陷的设备占 10%～20%。

输出数据：

根据所使用的程序和流程，至少 1 000 个冷却设备①中所含的 CFC 被处理。实现了油和 CFC 的分离。当操作结束，测量 CFC 提取前后的质量差。增量应去除压缩机自身的质量。可以检测 CFC 的回收量（g/压缩机）。结果不能低于预期值的 90%②。

4.3 再循环试验步骤 2

在再循环实验步骤 2 中，预期的需销毁的控制物质的量作为确定回收率的百分数可以由两个备选方案实现。实验应在至少 1 000 个只含 CFC 的绝缘泡沫塑料设备中进行。

称重 1 000 个设备中的 PU 输出组分和 CFC 组分。

容器在提取 CFC 前后应进行称量。称量结果中的 CFC 含量（不含水的质量！）除以设备数量，由此得到在设备中 CFC 的量（值为 A），g/设备。

处理期间设备样品的 PU 输出总量约为 1 kg，手动分成 PU 和非 PU（聚苯乙烯树脂和木质）两部分。

PU 塑料的含量占想用的 PU 泡沫输入量的 91.5%（=100%–8.5%，8.5%为 CFC 量）。残留在 PU 塑料中的 CFC 被称为基本含量，另一部分被冷凝液取代。因此 CFC 的预计总量也应考虑到 PU 塑料中的 CFC 基本含量。PU 中的 CFC 被送至实验室进行检测。

CFC 的回收总量（冷凝液和基本含量）应为预期计算的需销毁量的 90%③。

输入数据如下：

根据电器种类检测 CFC 质量（g/设备）：

种类 1：国内冷却设备（小于 180 L）；

种类 2：国内冷却冷冻设备（180～350 L）；

种类 3：国内冷冻设备（柜，小于 500 L）。

---

① 1 000 个压缩机。

② 每个国家根据实际情况确定混合量的值。在欧洲大部分国家为 115 g R12/压缩机。HC 含量不列入性能测试。

③ 每个国家根据实际情况确定混合量的值。在欧洲大部分国家为 314.5 g CFC/压缩机。

根据设备种类分类，分离 CFC 时的基准值分别为：

设备种类 1：240 gCFC/设备；

设备种类 2：320 gCFC/设备；

设备种类 3：400 gCFC/设备。

CFC 最低去除量应以混合物计算。假设以 60%/25%/15%的方式混合，其值应不小于 283 g/单位[①]。

根据实际的电器混合量，CFC 的预期回收率可以利用下式计算：

M g/设备=（X% 设备种类 1×240 g/设备）+（Y% 设备种类 2×320 g/设备）+（Z% 设备种类 3×400 g/设备）

输出数据如下：

PU 含量，kg，计算如下：

采用合适的方式分析 PU 回收过程中引入的其他杂质（a），kg。

外部实验室检测的 PU 中含的 CFC 基本含量（b），kg。

纯 PU 的量=PU 的量–引入的杂质–泡沫中仍含的 CFC 量，$P-a-b=c$ kg PU。

PU 的量可以以原始量的 91.5%（91.5%PU/8.5%CFC）计算。因此 PU 中 CFC 的原始量可根据公式[（c×100/91.5）– c]计算得到，结果为 d kg CFC。

所有的 PU 损失可计算检测得到（剩余 PU 中含的铁类金属、NE 类金属、塑料及其他输出材料），结果为 e kg CFC。

基于 PU–组分计算的回收率可由下式得到：

$$\text{回收率}=\text{SUM}(A\times 1\,000)/\text{SUM}(d+e)$$

基于输入混合物种类的回收率可由下式得到：

$$\text{回收率}=\text{SUM}(A\times 1\,000)/\text{SUM}(M\times 1\,000)$$

5 含碳氢化合物（HC）的冷却和冷冻设备收集、运输、储存和处理要求

5.1 引言

氯氟烃（CFCs）被用于绝缘泡沫和冷却及冷冻设备循环制冷系统起源于 20 世纪 90 年代中期[②]。

因此，冷却设备的生产商在开发的基础上采用纯碳氢化合物（HC）代替氟利昂作为制冷剂，如丁烷、丙烷、戊烷。

环戊烷的继续使用成为聚氨酯（PUR）沫绝缘层首选的发泡剂。

---

① 假定为：3.7 kg PU/压缩机，8.5% CFC→314.5 g →90%=283 g/压缩机。

② 欧盟规则 No 2037/2000 及 2000 年 6 月 29 日理事会认定其为大气臭氧层消耗物种。

与 CFC、H-CFC 和 HFC①相比，HC 主要的特征为其无臭氧消耗潜能值（ODP）且对全球气候变暖影响（GWP）较小（见表 10-8）。

表 10-8 聚氨酯泡沫发泡剂对环境影响

	举例	组成	全球气候变化	臭氧消耗
CFC	R11	C Cl3 F	2 400	1
H-CFC	R22	CH Cl F2	1 700	0.04～0.05
HFC	R134a	C2 H2 F4	1 300	0
HC	环戊烷	C5 H10	11	0

与 CFC 相比，HC 对环境的影响是很低的。

新的冷却和冷冻设备（即 HC-电器）日益出现在 WEEE 收集设施和后续处理过程中。据 2006 年的预估，欧洲收集和处理的新型冷却和冷冻设备占总量的 10%～30%②。

冷却和冷冻设备处理中，潜在的排放 HC 的排放量只占全年总挥发性有机化合物的排放量的一小部分。

5.2 目标

下列规则的设立是为了建立含 HC 冷却和冷冻设备的收集、运输、储存和处理要求，以实现较低的环境影响，确保必要的安全措施。

这可以在符合欧洲共同体对健康、安全和环境方面的立法的冷却和冷冻设备专业处理厂中实现。

5.3 总要求

该要求适用于通过拆解和处理进行的冷却和冷冻设备中分离的液相或气相 HC 的回收或处置③。

总体而言，本文档包含以下要求：

- 收集、储存、运输和处理。
- HC 的回收或处置。
- HC 在周边的排放。

① 含氯氟烃（CFC），氟氯烃化合物（HCFC），氟氯烃（HFC）。

② 根据估计，含 HC 废弃物在废弃电子电器设备中逐渐增加。本文中要求的技术是根据现行的最佳技术设定。在 5～10 年之后，可能会有新的更合适的技术出现。此文件在 5 年内或者必须出现新的文本时将会根据要求更新。

③ 步骤 1 用于冷却循环回路中 HC 和油质分离，步骤 2 用于回收或处置泡沫中分离的 HC，分离可循环和回收的材料（金属、玻璃、塑料、电缆等）。

- 输出组分的使用（回收和再循环率分别达 80%和 75%，此要求来源于指令 2002/96/EC 或未来的修订版本）。
- 安全措施。
- 质量要求。
- 检验与控制。

这些要求还应包括其他法律方面的内容：

①处理厂建设的安全指标 [①]。

②在整个过程中的安全预防措施[②]。

③危险物质的环境无害化处理、回收、再循环和处置[③]。

④关于 HC 排放国家法律的要求。

5.4 收集、存储、运输和装卸

①冷却和冷冻设备类型[④]的分拣应在冷却和冷冻设备的处理厂中进行。

②在处理过程前的报废处理冷却和冷冻设备类型的分拣，需由经过培训的人员执行和监督，并按照冷却和冷冻设备的处理要求进行。

③本文件的签署人应承诺其不与收集点或任何设备收集方签订对即将报废的冷却和冷冻设备进行预分拣的合约。

④冷却和冷冻设备的收集、储存、运输和装卸应仔细进行，避免设备的损坏和控制物泄漏。如果检测出油泄漏，应采取适当的措施使其对环境影响降至最低。

⑤所有储存和处理场所，应至少符合指令 2002/96/EC 附件 III 的要求。

⑥由于 HC 为可燃烃类，在储存、运输、装卸和处理过程中，需有相应的保护预防措施。可能发生危险品爆炸性的地方应特别表明。此外，禁止点火源和未经授权的人进入的标签应在相应地方贴出并执行（指令 2002/96/EC 附件 III）。

⑦运输的最优化是允许保持冷却和冷冻设备（包括储柜）的原始尺寸不被减少，并确保设备的状态良好。

⑧所有的场所必须证明他们不允许未经授权的访问。

5.5 处理

含 HC 的设备可以采用多种不同的方式处理。最合适的技术应将使爆炸危险降至最低，

① 指令 94/9/EC 中关于设备和系统潜在保证危险的内容与各成员国法律规定类似。

② 指令 1999/92/EC 给出了操作人员在面对爆炸风险时对其健康和安全的最低要求［与指令 89/391/EEC 16（1）中的第 15 条私人指令相同］。

③ 指令 2002/96/EC，欧盟议会和理事会在 2003 年 1 月 27 日通过的废电子电器设备（WEEE）或相关国家规定。

④ “电器种类”通过含 CFC、H-CFC、HC 和 NH_3 区分。

并同时具有再次利用原料的最佳分离效果。

虽然 HC 对环境的影响较低（其全球变暖潜能值低于 15），但国家空气质量对其有所限制。

如果对制冷剂和发泡剂的类型有任何的怀疑，冷却和冷冻设备必须作为含 CFC 设备进行处理。因此，含 CFC 电器设备的处理设施同样需要考虑指令 1999/92/EC 中的相关防爆措施。

冷却和冷冻设备及其部件、材料和物质在处理时，必须达到至少 80%的回收率和 75%的再循环率（按质量计）。

对于报废冷却和冷冻设备的处理通常分为两个步骤：

步骤 1（去除所有液体）：

①所有液体都可能会对分离的组分造成污染，在处理过程中和处理后应去除。

②所有 HC 制冷剂都应与油分离[①]。

③HC 的排放应符合国家的立法要求。

④所有设施均须配备保护措施，以防火灾和爆炸的发生。

如果步骤 1 和步骤 2 是在两个不同的位置进行的，处理公司须确保在收集、储存和运输过程中 HC 储柜不能与 CFC 柜混合。

步骤 2（HC 储柜进一步处理）：

⑤对于 HC 柜进行处理时，需要有相应的安全措施和员工福利。

⑥在步骤 2 中，只能处理在步骤 1 中处理过的，已经除去制冷剂和油的设备（储柜）。

⑦HC 的排放应符合国家的立法要求。

⑧如果绝缘泡沫塑料中的 HCs 的没有被去除，其排放时应符合健康和安全法规要求。特别要符合指令 1999/92/EC 的要求。

防爆措施应符合指令 92/1999/EC 要求。

工厂建设应符合指令 1999/92/EC 规定的最低要求，以保护处于易爆环境下的操作人员的安全和健康。

在实际情况中，粉碎机内的爆炸可通过以下措施避免。控制措施例如：

- 鼓入空气降低 HC 浓度。
- 采用惰性气体降低空气中氧含量[②]。
- 使用替代防爆处理技术。

---

① 用于“商业制冷设备”的 HC 制冷剂主要包含 HC-290、HC-600a、HC-1270 或 HC-290/HC-600a 混合物，“家用制冷剂”主要为异丁烷（HC-600a）。

② 不同种类的惰性气体可以选择。通常情况下使用氮气（这是处理含 HC 电器中 CFC 的主要方法）。

5.6 质量管理

①含 HC 冷却和冷冻设备的处理公司须通过 ISO 9001：2000 和 ISO 14001，或通过同等级质量管理系统审查，包括处理过程及室内监测。

②除了常规文件和质量控制体系，处理公司被要求登记所有接收的冷却和冷冻设备和输出材料的类型。

5.7 检验与控制

分离的液体和组分的数量以及它们将要被运送的位置应以可检索的方式记录，符合指令 2002/96/EC 对 WEEE 的监测要求。

①有关环境主管部门决定其是否符合质量要求，符合各自国家或其他机构对回收系统（个人或集体）的要求。

②推荐一个有足够冷却冷冻设备处理知识的组织对其进行年度检查，根据以下要求出具年度报告：

- 出版含 HC 设备处理的年度报告，去除其中所含液体和 HC 储柜。
- 处理公司的能力应符合文本提出的要求。
- 符合环境法律法规和其他要求（许可证、储存区等）。

十一、德国WEEE管理

2011年7月20日

作者
奥特玛·德伊茨尔（Otmar Deubzer）

联合国大学
可持续发展与和平学院（UNU-ISP）
可持续循环系
联合国大学波恩校区 - 兰格 欧根
赫尔曼-埃勒斯街 10 号
D-53 113 波恩
德国

电子邮箱：deubzer@unu.edu
电话：+49-30-417 258 33
传真：+49-228-815-0 299
网址：www.unu.edu

联合国大学（UNU）是联合国大会的自治机构。联合国大会致力于创造和传播知识，提高人们应对人类安全、发展和繁荣的全球性问题的能力。联合国大学通过全球科研联网和培训中心及其规划而运作。全球科研联网及培训中心和规划由东京联合国大学中心进行协调。

免责声明

本出版物中提及的名称和材料不涉及任何联合国大学关于任何国家、地区、城市或区域及其当局的法律地位和边界边线划分的观点。此外，出版物中表述的观点不一定代表联合国大学的决策或政策声明，也不涉及商标引用或对商业流程构成认可。

致谢

感谢以下人员对本文给予的宝贵知识和建议。

简・贝伦贝格（Mr. Jan Bellenberg），博世-西门子家用电器有限公司

海克・布什宏和加布里・马克门-沃纳（Mrs. Heike Buschhorn and Mrs. Gabriele Markmann-Werner）德国汉诺威下萨克森州环境和气候保护部

珀瑞因・尚瑟雷尔（Mrs. Perrine Chancerel），德国柏林工业大学

马塞尔斯・达马（Mr. Mathias Dammer），德国纽伦堡电器设备注册基金会

西尔克・霍森弗尔德和弗朗茨・海斯特曼（Mrs. Silke Hossenfelder and Mr. Franz Heistermann），德国波恩联邦卡特尔局

卡伊・克拉默（Mr. Kai Kramer），德国戈斯拉尔电子电气设备回收有限公司

克里斯汀・科赫（Mrs. Kristine Koch），德国德绍联邦环境署

鲁迪格・科尔（Mr. Ruediger Kuehr），德国波恩联合国大学

帕斯卡・勒罗伊（Mr. Pascal Leroy），比利时布鲁塞尔 WEEE 论坛

瑞赫・瑞德（Mr. Sören Rüd），墨西哥墨西哥城国际合作学会（GIZ）有限公司

克里斯托夫・沃斯-克海恩贝格（Mr. Christoph Werth-Kreienberg），NOEX AG，莱茵废场处理公司

乔基姆・伍特克（Mr. Joachim Wuttke），德国德绍联邦环境

名词释义

收集分组

根据 ElektroG 2005，将一种或多种 WEEE 收集到一个容器内。

电子电气设备（EEE）类别

依据 WEEE 指令 2003 附录 IA 定义的电气电子设备（EEE）类别。

处置

任何非回收性的运作，即使这项运作具有物质或能量回收作为次要结果。废物指令 2008 附录 I 规定了处置作业的不完全清单。

销售商

任何以商业为基准，向用户提供新电子电气设备的个人或法人实体。任何有意识地销售新的来自于非注册生产者的电子电气设备的销售者都被认为是生产者。

报废全面服务提供者（ESP）

一个提供与电子电气设备报废相关服务的实体，服务可能包括物流、储存、处理、处置，以及行政性服务，例如，生产者在信息交换中心注册和向信息交换中心做报告。

生产者责任延伸（EPR）

将产品的更多生命周期，除制造和使用安全性、可靠性外，包括在生产者责任里。根据 WEEE 指令，将产品报废也包括到生产者责任里。

电子废物

处于报废阶段的电子电气设备，报废时间从最后使用者处置或拟处置电子电气设备开始算起。

来自私人家庭的电子废物

来自私人家庭的电子废物和来自商业、工业、公共机构以及其他来源的性质和数量与来自家庭的电子废物相似的电子废物。

买方垄断

只有一个买方，但有很多具有某种产品或服务的卖方的交易，是一种不健全的竞争模式。

生产者

任何与所用销售技术无关的个人或法人实体，包括远程销售，包括 ElektroG 2005：

- 在德国市场上第一次使用自己的品牌制造和投放的电子电气设备。
- 在德国自己的品牌下转售其他供应商生产的电子电气设备。如果生产者的商标出现在设备上，转售者不被认为是生产者。

- 第一次在德国进口电子电气设备，并将其投放在市场中，或将其出口到其他欧盟成员国并在该国直接提供给用户。

回收

以废物再次利用作为主要结果的工作，废物通过替换其他在工厂或更广泛的行业里用于满足某种功能的材料或废物本身用于满足某种功能，实现再次利用。废物指令 2008 附录 II 规定了回收作业的不完全清单。

再循环

不论是为初期目标还是其他目标，废物材料通过回收工作，被再加工成产品、材料或物品。再循环包括有机材料再加工，但不包括能量回收和用于燃料和回填的材料再加工（废物指令 2008）。

小型报废电子设备

来自于小型的家用电子电气设备，例如电动剃须刀、搅拌机、烤面包机、咖啡机、移动电话、收音机的报废电子设备。

处理

WEEE 被移交到某设施，准备进行再利用、去污染、拆解、粉碎和机械分离、回收或处置的活动，以及其他为回收和/或处置相关的行动（WEEE 指令）。收集、运输和储存不属于处理的范畴。

设备类型

在某一类别内的电子电气设备，在使用和功能上具有可对比的特征。WEEE 指令附录 IB 和 ElektroG 2005 附录 I 列出了 EEE10 种类别中的设备类型的范例。

术语表

B2B	企业对企业
B2C	企业对消费者
CG	收集分组
CTS	集体回收方案
EEE	电子电气设备
EoL	报废
ESP	报废全面服务提供者
EPR	生产者责任延伸
EU	欧盟
FCA	“Bundeskartellamt”，联邦企业联合管理局
FNA	“Bundesnetzagentur”，联邦网络局
GDR	德意志民主共和国
ICT	信息通信技术
IBTS	个体品牌选项性回收计划
INTS	个体非选项性回收计划
PBB	多溴化联苯
PBDE	多溴联苯醚
PCB	多氯联苯
PM	贵金属（金、银）
PoM	投放市场
PuWaMA	公共废物管理机构
PWB	印刷线路板
UBA	“Umweltbundesamt”，联邦环境署

1 摘要

2008年，约1千万t的电子电气设备（EEE）被投放入欧盟成员国的市场。随着时间推移，这些设备产生的废物量以每年约1千万t的幅度上升，尤其是WEEE，根据Huisman的研究报告（Huisman，2008），欧盟出售的EEE数量每年都会增长2.5%～2.7%。为了应对这种情况，环境友好地收集和处理WEEE，《WEEE指令2003》在2003年颁布。它延伸了生产者对产品报废的责任，并且设置了收集、回收、再循环WEEE的最低指标。

欧盟成员国将WEEE指令转化为本国法律。成员国可以在一定范围内自主调整和实施WEEE指令的规定，因此以WEEE指令为总纲，每个成员国设置了各自的报废电子电气设备（也称“WEEE”）法规。

本书介绍了欧洲背景下德国的WEEE管理体系，解释了管理体系的主要参与者及其作用，展现了整个体系的运行情况和过去5年里获得的正面和负面的经验。

在WEEE指令颁布之前，德国以有关废物的法规和基准设施为依据，收集和处理WEEE。公共废物管理机构（PuWaMA）负责WEEE的收集和处理，消费者对其处理处置付费。

在这之后，德国根据《WEEE指令2003》制定了ElektroG 2005，改变了生产者的责任范畴。从2006年起，消费者可以免费将WEEE送到市政收集点。PuWaMA进一步负责收集，并将其移交给生产者，其责任就结束了。生产者组织并资助WEEE的运输、处理和处置。

每个生产者负责回收的WEEE数量与其在德国市场上投放的EEE市场份额息息相关。生产者需要建立回收WEEE体系或其他组织对WEEE进行回收。德国与大部分欧盟成员国的不同之处在于，德国的收集回收系统并不普及，生产者一般直接联系报废服务提供者（ESPs）来组织WEEE的运输、处理和处置，按照投入市场的份额负责。

德国电子废物管理系统超过了《WEEE指令2003》规定的收集、处理和处置最低指标。然而，德国收集到的WEEE不到总产量的50%，处理者对收集成效不满，由于损坏的WEEE难以适当处理。WEEE收集需要更好的财政机制，来提高收集的效率和成效。较高的收集率也能够减少德国向发展中国家非法越境运输WEEE，这是德国和其他发达国家一直都存在的问题。

处理者每年需要在第三方审查下进行审核和认证，确保有足够的技术、专业技能和组织能力进行最先进的WEEE处理。然而，处理者是否在日常操作中应用了自己的能力是很难评估的。竞争和财务上的压力可能会导致处理成效下降。因此，WEEE处理的质量标准亟待推出，来加强处理者行为的透明度。

WEEE 的处理需要卓越的专业知识和经验。处理方法需要与待处理 WEEE 的类别相适应，才能达到更好的经济和环境效益。由于德国和大部分欧洲国家的劳动力成本很高，因此 WEEE 处理是高度机械化的。然而，环境友好的 WEEE 处理技术需要手工劳动和高科技处理技术相结合，来同时满足法律和经济的要求。

2 德国废物管理研究背景

从 20 世纪 50 年代起，电子电气设备（EEE）越来越多地影响着人们的生活，尤其是在发达国家。在私人家庭和专业企业方面，EEE 目前已经逐渐成为一个日常生活中不可分割、不可缺少的一部分。2008 年，约 1 千万 t EEE 投入了欧盟成员国的市场。[①]

近年来在欧盟，这些设备产生的废弃物量以每年约 1 千万 t 的幅度上升，尤其是 WEEE。并且根据 Huisman 的研究（Huisman，2008），欧盟出售的 EEE 数量每年都会增长 2.5%～2.7%。WEEE 包含高度混杂的不同类别的设备，从洗衣机到计算机和移动电话，都属于这个范畴。EEE 的结构和组成是非常复杂的，它含有有毒物质如铅、镉，还有稀缺又宝贵的资源如贵金属[②]。避免污染和节约宝贵的资源需要明确的 WEEE 处理方法。

20 世纪 90 年代，一部分成员国和欧盟委员会开始考虑如何适当地收集和处理越来越多的 WEEE。于是，2003 年 WEEE 指令颁布，成员国将其转化为本国法律。但 WEEE 指令允许成员国在调整立法过程中设置本国优先权，因此根据 WEEE 指令，每个欧盟成员国设置了各自特定的 WEEE 管理体系。

本书介绍了欧洲背景下德国的 WEEE 管理体系，解释了管理体系的主要参与者及其作用，展现了整个体系的运行情况和过去 5 年里获得的正面或负面的经验借鉴。

2.1 德国废物管理的政治与行政能力和职责

在德国，联邦和各州政府以及其他公共机构对 WEEE 和其他废物管理所担负的责任和作用是有相互联系的。为了理解德国的 WEEE 管理，首先需要了解一些背景，涉及政治和行政结构和废物管理权限责任。

图 11-1 提供了德国行政和政治结构的概况。

---

① Eurostat：http：//epp. eurostat. ec.europa. eu/portal/page/portal/waste/data/wastestreams/weee；last accessed 29 May 2011.

② StEP-Initiative，What is e-waste？，http：//www.step-initiative.org/initiative/what-is-e-waste.php；last accessed 25 June 2011.

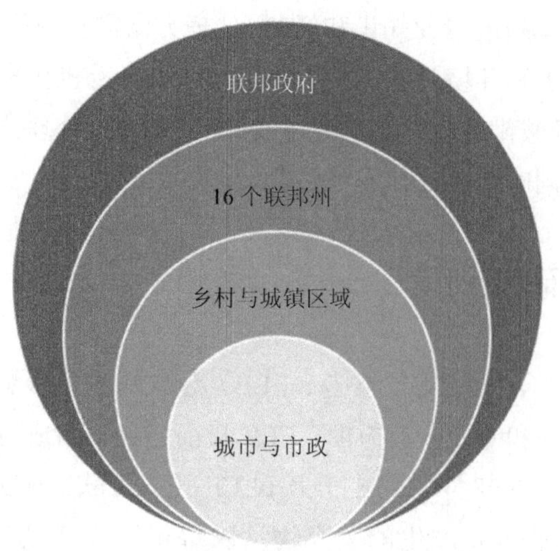

图 11-1 德国行政和政治结构概要①

德国是一个联邦共和国，联邦政府在首都柏林。该联盟由 16 个“Bundesländer”（联邦州）组成，每个联邦州有自己的政府和议会。在联邦政府下一级，各个联邦州具有不同的行政和政治结构，乡村与城镇区域，以及城市与市政，是一般行政单元。②

联邦政府和联邦州的立法权限

联邦政府和联邦州政府都具有立法权限，这在“Grundgesetz”（基本宪法），即德意志联邦共和国宪法③中是有规定的。

在某些特殊领域，如外交和国防，联邦政府具有专属立法权。在其他领域，如教育和文化，联邦州具有唯一的立法权。④在大部分领域内，联邦政府和联邦州政府共同享有立法权。⑤

- 联邦政府制定法律框架，各联邦州在自己的立法中将其细化和具体化（以水资源管理和自然保护为例）。由此，导致了 16 个联邦州的法律是不相同的。

---

① Ernst Klett Verlag GmbH，Stuttgart：Online-Magazin Politik/Wirtschaft；http：//www.klett.de/sixcms/list.php?page=miniinfothek&node=Deutschland+-+Politisches+System&miniinfothek=Online-Magazin%20Politik/Wirtschaft&article=Infoblatt+Administrativer+Aufbau+der+Bundesrepublik+Deutschland；last accessed 11 May 2011；in German language only.

② 同①

③ Bundeszentrale für politische Bildung（BPB，Federal Center for Political Education）：Infoblatt Gesetzgebungskompetenzen（Info Sheet Legislative Competences）；http：//www.bpb.de/files/QR63OR.pdf；last accessed 11 May 2011，in German language only.

④ 同③

⑤ Ernst Klett Verlag GmbH，Stuttgart：Online-Magazin Politik/Wirtschaft；http：//www.klett.de/sixcms/list.php?page=miniinfothek&node=Deutschland+-+Politisches+System&miniinfothek=Online-Magazin%20Politik/Wirtschaft&article=Infoblatt+Administrativer+Aufbau+der+Bundesrepublik+Deutschland；last accessed 11 May 2011；in German language only.

- 共同享有的立法权使得联邦州拥有制定法律的权利，但联邦政府行使立法权时除外。联邦政府立法高于联邦州立法。从 1972 年起，废物管理属于共同享有的立法权范畴。

德国废物管理的作用和责任

1994 年，联邦政府颁布了“促进封闭式物质循环废物管理和保障环境友好型废物处置法”（《循环经济法 1994》）。虽然现在有一些修正，但仍然对德国的废物管理做出了全面详尽的规定（Wuttke，2011）。

联邦各州按照联邦循环经济法的规定（Wuttke，2011）实施措施。

- 指定主管部门在州内以行政手段实施循环经济法。
- 指定公共废物管理机构具体执行和指挥地方一级的废物的收集、运输、处理和处置。

以此为代表，各联邦州颁布法律，强制实施联邦设立的循环经济法。在所有的联邦州里，乡村与城镇区域进行废物处理和处置，但是收集当地废物，并将其运输到各个州的回收和处置设施所在地是城市与市政的职责（Wuttke，2011）。

乡村与城镇区域以及城市与市政制定地方性法规，对联邦州级法律进行补充，规定细节，例如收集频率和方式、城市垃圾收集点的设施，企业和私人家庭如何提供给公共废物管理机构（PuWaMA）适宜的废物和他们需要为收集、处理和处置废物付出的费用（Wuttke，2011）。

自从 WEEE 指令在德国的转化法令 ElektroG 指定公共废物管理机构负责德国 WEEE 的收集，ElektroG 的履行利用了德国的政治和行政结构，《循环经济法》的规定也应用于 WEEE 的收集和储存，但在 ElektroG 另有规定的除外。

2.2 私人家庭废物的管理

德国废物管理主要依据《循环经济法 1994》和联邦州的强制实施细则。公共废物管理机构（PuWaMA）全面负责废物的收集、运输、妥善处理和处置。《循环经济法 1994》强制要求私人家庭将适当的废物交给 PuWaMA，不允许私人家庭与第三方订立废物收集、处理和处置的合约。在废物处理或销售有利可图的情况下，例如，废纸和新引入的贵重物品箱，这种与第三方订立合约的行为实际上发生过。德国联邦行政法院最近禁止了这种行为。①

① Federal Administrative Court decree BVerwG 7 C 16.08，http：//www.bverwg.de/enid/0，ff33a4655f76696577092d0964657461696c093a09636f6e5f6964092d0931323137380 93a095f7472636964092d0931333332 32/Entscheidungen/Entscheidung_8n.html，and http：//www.kostenlose-urteile.de/BVerwG-Kampf-ums-Altpapier-Entsorgunggrundsaetzlich-durch-oeffentlich-rechtlichen-Entsorgungstraeger.news8025.htm；last accessed 6 May 2011；both sources in German language only.

通常情况下，《循环经济法 1994》允许 PuWaMA 与第三方订立合约进行废物收集、处理和处置。然而，PuWaMA 仍然是责任方。同时有一些私人企业在德国废物收集处理领域内活动。

私人家庭废物分类

德国私人家庭将废物分成几个类别。地区和城市的分类有一定差异，最普遍的分类方法如下：

- 包装材料："Gelbe Tonne"，黄色废物箱，由使用包装材料的产品生产者提供资金）。
- 玻璃：不同的白色、绿色和棕色的玻璃容器。
- 有机废物。
- 废纸和纸板。
- 剩余废物（以上类别之外的私人家庭废物）。

一些城市意图增加一种垃圾分类箱（"Wertstofftonne"，贵重物品废物箱[①]），私人家庭可以在其放置金属、木材、织物、塑料等不属于包装材料的物品，还可以放置小型报废电子电气设备，例如，取出电池后的烤面包机、搅拌机、电动剃须刀、手机。下一步措施是允许私人家庭处置小型报废电子电气设备、其他贵重材料，以及属于黄色废物箱的包装材料。[②]

剩余废物箱一般放置在私人家庭的私有场所，然而其他类别的废物箱有时会放置在私人家庭附近的公共场所。

废物的公共收集

PuWaMA 直接从私人家庭或公共场所收集剩余废物箱和其他废物箱，包括包装材料的废物箱（收集系统）。每个私人家庭每年为这项服务向城市付出费用，至少包括收取剩余废物箱的费用。该费用在各个城市是有差异的，一般根据废物箱的容量确定。而其他废物箱的费用，还会取决于 PuWaMA。

除了收集系统，PuWaMA 还经营市政收集点，消费者可以拿来特定的废物，例如笨重的物体、家具、地毯、化学品和各种 WEEE（拿来系统）。

部分城市有时会提供从私人家庭收集类似特定废物的服务。一种方式，他们会公布收集日期，私人家庭可以将废物放在街边，等待收集。另一种方式，私人家庭也可以联系市政废物收集机构将废物从家里带走，但这项服务一般需要付出费用。

---

① http：//www.bmu.de/abfallwirtschaft/abfallpolitik/kreislaufwirtschaft/doc/47205.php；last accessed 16 May 2011，in German language only.

② Gelbe Tonne Plus，http：//www.gelbe-tonne-plus.de/；last accessed 16 May 2011，in German language only.

由生产者负责的废物收集和处理

双重系统负责“黄色废物箱”类的包装材料收集、处理、处置。将使用包装材料的产品投入德国市场的制造商需要为包装材料的收集、处理、处置向双重系统之一付出费用。[①]生产者将这些费用分摊到销售产品的价格里。

电池不能放在任何上述的废物箱里。消费者需要免费将电池交到出售电池的店铺或特殊收集点。生产者遵照《电池法 2009》和欧洲《电池指令 2006》的德国法律规定，为了回收、处理、处置这些电池（GRS 电池[②]），建立了电池回收系统。

从 2006 年 3 月起，德国 WEEE 管理开始由 PuWaMA 和生产者共同负责，取代了之前由 PuWaMA 单独负责的制度。

2.3 德国废物和 WEEE 管理的发展进程

德国 WEEE 管理的发展史需要和一般废物的管理联系在一起，2005 年以前没有专门设立的关于 WEEE 的法律。在德意志联邦共和国（西德）和德意志民主共和国（GDR，东德）统一之前，每个德国地区都有自己的废物管理法。从 1990 年 12 月 3 日德国统一开始，西德法律，包括废物管理法，逐渐传播到前东德的领土。因此以下讨论主要侧重于西德。

2.3.1 1972 年之前的废物管理

废物（包括 WEEE）管理一直都是市政责任。人们没有意识到废物会对污染和资源造成影响。20 世纪 70 年代，私人家庭和企业的废物，包括危险废物，都是未经处理，直接倾倒在西德的 5 万个市政垃圾填埋场里，很多垃圾填埋场都是有危险性的（Wuttke，2011）。

在私人家庭里，小型和大型家用电器如洗衣机、冰箱在 60 年代末期已经迅速增长，即使它们在 50 年代初才开始发展（Handrick，2004）。除了电视、收音机、录音机，以及后来的音响设备和视频播放器，家用电子设备并不普及。因此，50 年代到 70 年代初，WEEE 量应该是很低的。没有资料显示这项统计。

在德国，市政和市区每周收集私人家庭废物的行为还没有普及所有地区。至少农村就仅限于一年收集几次大件物体（“Sperrmüllabfuhr”），然后直接在垃圾填埋场处置这些未经处理的废物。

---

① List of officially acknowledged Dual Systems in Germany（https://www.ihk-veregister.de/inhalt/duale_systeme/index.jsp）；last accessed 9 May 2011.

② Stiftung Gemeinsames Rücknahmesystem Batterien（GRS Batterien），http://www.grsbatterien.de/；in German language only；last accessed 8 May 2011.

包括电池等电子配件的 WEEE 被收集起来，然后未经处理就和其他废物一起在垃圾填埋场被处置。作者在西德乡村了解到至少在 70 年代以前，私人家庭是如何处置各种各样的如生活垃圾、建筑垃圾、大件物品废物的。这些废物包含各种各样的 WEEE，如旧冰箱和冰柜、洗衣机、电灶、电视和收音机。

2.3.2 1972 年和 1986 年的废物管理法

1972 年，西德宪法修改后，废物管理成为同期立法的主题。因此，联邦政府首次以自己的立场拥有了全西德的废物的立法权。联邦政府利用这项新的权限，在 1972 年通过了《废物管理法》。其主要目的是禁止在德国城市和区域里倾倒未受控制的废物。因此，《废物管理法》成了组织和策划废物处置的一项法律法规（Wuttke，2011），但没有具体阐述废物处理和再循环。

《废物管理法》明确规定了废物管理责任制，于是垃圾填埋厂的数量削减了。1998 年，统一后的德国只有 2 341 处填埋区还在运转（Wuttke，2011）。

1986 年，关于预防和处置废物的联邦法案颁布，第一次规定了废物预防、处理和再循环的基本原则。但 WEEE 仍然没有特别阐述（Wuttke，2011）。

1986 年颁布的法律授予联邦政府进一步颁布废物防治回收的法律法规的权限，来减少废物数量。为包装材料制定的包装条例作为德国双重系统的规范性背景，就是这项措施的一个范例（Wuttke，2011）。

2.3.3 1990 年以前的东德废物管理

废物及其再循环数量

与西德相比，东德私人家庭的生活垃圾量较低。东德建立了收集和再循环系统 SERO，消费者可以移交如旧纸、纺织品、玻璃瓶、金属和塑料的废物。[①]东德政府大力推进实行这项系统。人们移交废物能够得到报酬。因此，小规模地，孩子们由此获得了零花钱收入；大规模地，有小型私人企业也在收集废品。

① Umweltbewegung in der DDR，http：//umwelt-ddr.argus-potsdam.de/index.php？abfall，last accessed 22 June 2011，in German language only。

图 11-2 东德“VEB 结合原料收购”SERO 系统的标识①

与西德相比，SERO 系统在废物收集和再循环时更有成效。背景条件是东德货币不能在全球市场上进行流通，原材料需要用外国货币购买，因此原料非常稀缺、昂贵。两德统一之后，在新的经济条件下，SERO 系统的费用过于庞大，不再使用。

废物处置

在东德，废物处置是废物管理的一个主要问题。在 1990 年东德结束之前，填埋区的环境水准和安全水准都很低。这些处置地区经常是任人随意进出的，渗滤液也不进行收集或清洁处理。地下水经常被污染。1985 年，经过对东德 4 870 个填埋区的统计，只有 920 个填埋区符合最低标准，有 7 437 个是不安全的。这些填埋区经常靠近河流或饮用水水源地。危险废物的进口和处置加剧了这个问题，如从西德进口的危险废物。东德没有足够的能力进行彻底处理处置，但还是会从西德进口约 500 万 t 废物，包括危险废物。东德利用这些进口获得“硬通货”货币，西德用这些出口节约了资金。②

然而，随着西德和东德的统一，东德填埋区的问题也影响了西德。统一后的德国投资数十亿欧元，其中一部分就用于东德填埋区的环境卫生。

东德 WEEE 管理的具体措施已经不可考据。考虑到西德在 20 世纪 80 年代末发现臭氧空洞之后才开始采取措施，我们推测东德第一次关于 WEEE 管理的具体尝试是在德国统一之后。

2.3.4 臭氧层空洞的发现和最早的 WEEE 管理活动

1974 年，Molina（1974）发表了关于氯氟烃（CFCs）和氢氯氟烃（HCFC）对臭氧消耗的影响的研究成果，这项重要研究在 1985 年发现平流层臭氧空洞后，得到了广泛

① Wikipedia，http：//de.wikipedia.org/wiki/SERO，last accessed 22 June 2011，in German language only.

② Umweltbewegung in der DDR，http：//umwelt-ddr.argus-potsdam.de/index.php？abfall，last accessed 22 June 2011，in German language only.

关注[①]。

在 1987 年蒙特利尔议定书签订导致 CFCs 和 HCFCs 的使用受到限制之前，CFCs 和 HCFCs 作为冷却剂和塑料发泡剂使用是当时最先进的技术之一。[②]如表 11-1 所示，1988 年，几乎每个西德私人家庭都拥有一部冰箱，2/3 的私人家庭拥有冰柜。

表 11-1 1988 年西德私人家庭拥有电器的情况（Hampel，1991）

电器种类	私人家庭拥有比例
冰箱	98%
吸尘器	98%
电熨斗	96%
洗衣机	91%
电动搅拌机	86%
咖啡机	85%
电炉	77%
冰柜	66%
洗碗机	29%
滚筒式烘干机	18%

20 世纪 80 年代末 90 年代初，德国 PuWaMA 采取了第一个 WEEE 处理措施，开始收集、处理制冷和冷冻设备，以预防平流层的臭氧消耗。

2.3.5 1994 年物质循环和废物管理法

20 世纪 90 年代初，联邦政府根据欧洲废物机构指令和欧洲危险废物指令，制定了德国废物相关法律。抓住这次机遇，废物管理进一步发展，从单向物质流动转变为物质循环。1994 年的《促进封闭式物质循环废物管理和保障环境友好型废物处置法》（《循环经济法 1994》）旨在保护自然资源和环境友好地处理处置废物（Wuttke，2011）。

1994 年《循环经济法》的基点

这项新法例的基点是扩展生产者对产品报废的责任范畴，以及部分重组责任，提高私营者收集、处理、处置废物的可能性。提出生产者责任原则的目的是促使生产者在设计产品时，适应物质循环经济的要求。但是，生产者的责任不是自发地对所有产品做出规定，使其符合循环经济法法规，而是要进一步制订更加具体详细的规章制度（Wuttke，2011）。

目前，经过修订的《循环经济法》仍然是德国废物管理的主要依据。《循环经济法》

① See http：//www.antarctica.ac.uk/press/press_releases/press_release.php？id=66；last accessed 8 May 2011.

② See http：//www.epa.gov/Ozone/intpol/；last accessed 8 May 2011.

仍然没有对 WEEE 做出明确规定。然而，这项法律是德国在 1994—2006 年进行 WEEE 收集、处理、处置的依据，直到欧洲 WEEE 指令的制定和实施。

2006 年 3 月之前的 WEEE 管理

消费者可以在市政收集点移交 WEEE。一些 PuWaMA 也会周期性地，或者根据个体消费者要求，从个体消费者处收集 WEEE。然后根据《循环经济法 1994》的规定，市政机构负责环境友好地处理、处置这些废物。市政机构或者将部分或全部 WEEE 移交给私营者处理，或者将部分或全部废物自行处理。慈善机构和非营利性机构，大部分是小型非营利组织，也活跃于修复、翻新 UEEE 的领域，例如洗衣机、冰箱、电视，以及后来的电脑。他们从 PuWaMA 接收这类设备，或者自己引导消费者将这些设备交给他们。这些旧设备会被捐献给学校，或者放在二手店里出售。这个系统如图 11-3 所示。

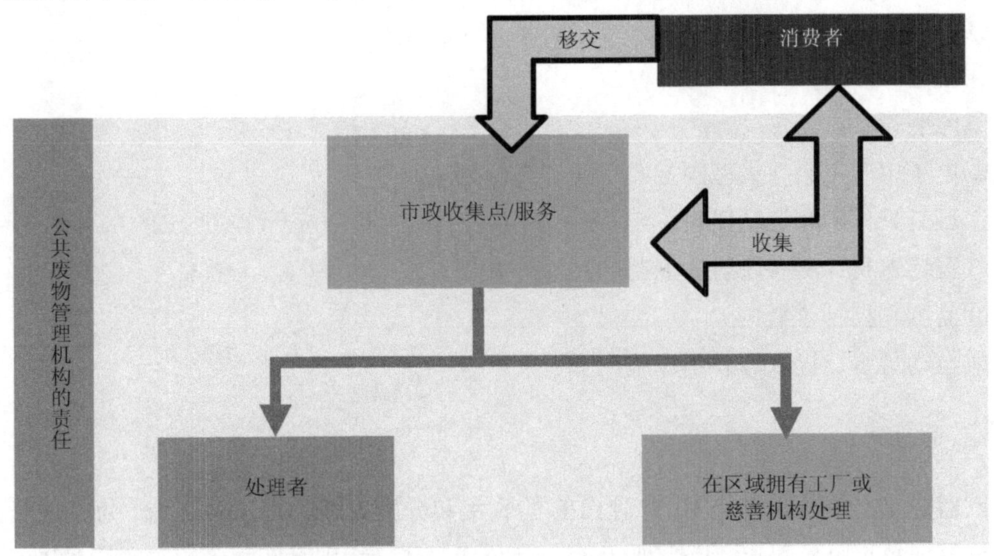

图 11-3　2006 年之前的德国 WEEE 管理①

个体消费者逐渐需要在移交 WEEE 到市政收集点时付出一定费用，至少在再生材料的售价不能抵销处理处置费用的时候，是需要付费的。

对于冷藏和冷冻设备，消费者可以以旧换新，得到一个新的冰箱或冰柜。这项服务不需要消费者付出额外的费用。

① Gabriele Markmann-Werner，Ministry of Environment and Climate Protection of Lower Saxonia，Germany；modified.

2.3.6 欧洲 WEEE 指令和德国 ElektroG

由于电子电气设备废物（EEE）数量不断增长，欧洲市场日趋一体化，欧洲 WEEE 指令在 2003 年颁布了。作为 WEEE 指令本身及其在德国法律中的转化，2005 年出台的 ElektroG 是标志着德国 WEEE 管理重大进步的里程碑。

欧洲 WEEE 指令对 WEEE 责任范畴的规定

WEEE 指令的范围涵盖了 WEEE 指令 2003 附录 IA 中规定的 10 类别电子电气设备（EEE）：

①大型家用电器；

②小型家用电器；

③计算机和电信设备；

④消费品设备；

⑤照明设备；

⑥电子电气工具（大型固定式工业工具除外）；

⑦玩具、休闲和运动器材；

⑧医疗器材（所有注射和疫苗产品除外）；

⑨监测和控制仪器；

⑩自动售货、提款等公用设施。

成员国责任

欧盟成员国应确保以上 10 类别 EEE 的收集和分类处理。从 2006 年起，每个成员国必须达到最低每个公民每年 4 kg 的收集率。部分成员国，特别是新加入的东欧成员国，有更多的时间来达到这项最低收集率。另外，成员国还应确保收集设施对最终用户和销售商是可利用和可接受的，在这里他们可以免费移交来自私人家庭的 WEEE。

销售商责任

当提供新产品时，销售商应确保最终用户能够在一对一的基础上免费将这些产品的废物重新返回给销售商。只要废弃器件类型匹配，并且在新设备上能够完全提供相同的功能，就适用于这项规定。但是，如果由此造成返还 WEEE 更加困难，并且返还 WEEE 仍然对最终持有者免除费用，成员国很可能背离这项规定。

生产者责任

WEEE 指令的核心原则是生产者责任。根据《WEEE 指令 2003》，“生产者责任制是促使生产者在设计和生产电子电气设备的同时，充分考虑到产品的修复、升级、再利用、分解和再循环，并为之提供便利的手段之一”。

生产者责任制的核心理念是生产者会尽量降低对其产品报废（EoL）的资金投入，因为他们需要组织收集和处理来自其投入市场的 EEE 的废物，并为之投入资金。生产者能够通过“报废设计”影响其产品的报废。因此，生产者责任制促使生产者为了产品报废而优化产品设计。图 11-4 表达了这项理念。

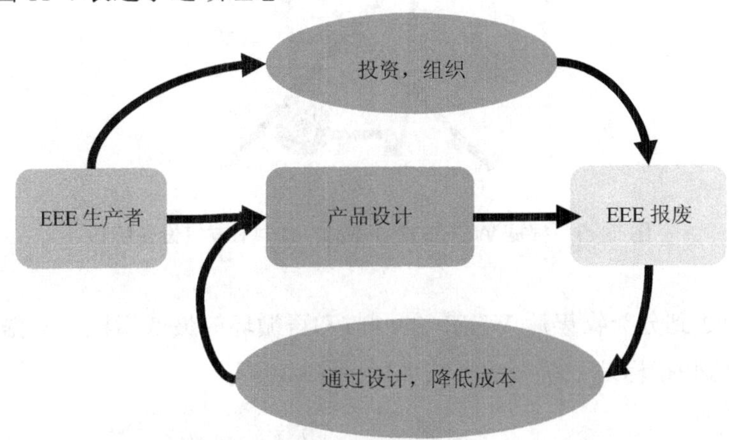

图 11-4 生产者责任制中，财务激励促使生产者为产品报废优化产品设计

报废设计的方法之一是使那些根据《WEEE 指令 2003》附录 II 规定，需要在进一步处理前从 WEEE 中取出的成分或物质便于在废物中存取。例如，设计含有汞背光源的 LCD 平板显示器时，使汞背光源能够更容易更快速地从产品中剥离出来，会节省劳动力成本，从而减少这项产品报废的费用。只要生产者需要为产品报废付出费用，这种投资激励就会促使生产者不断地为产品报废而优化产品设计。

根据《WEEE 指令 2003》，生产者责任包括运营和财务两个方面，具体如下：

- 生产者应建立 WEEE 处理体系，采用可利用的处理技术。
- 生产者应至少为来自私人家庭的经过收集设施处置的 WEEE 的收集、处理和环境无害化处置付出费用。
- 每个生产者都应为自己在 2005 年 8 月 13 日后投入市场的产品的废物处理付出费用。

生产者可以单独或者参与一个收集方案来完成以上责任内容。

除以上责任之外，生产者还需要符合更多要求：

- 每个生产者必须在将产品投入市场之前做出担保，保证为产品废物的收集、处理和处置付出费用。这项担保可以作为生产者参与到合适的投资 WEEE 管理的方案里的凭证，可以是回收保险或冻结银行账户。
- 生产者必须对 2005 年 8 月 13 日后投入市场的产品作出明确的标识，标识如图 11-5 所示。

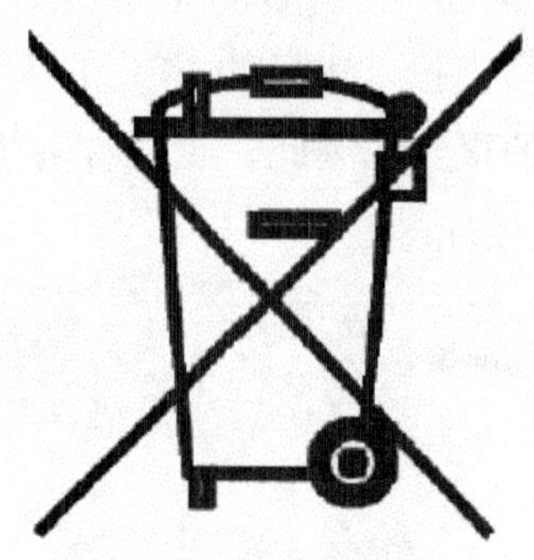

图 11-5　根据 WEEE 指令 2003 的电子电气设备标识

生产者必须达到分类收集后 WEEE 的回收和再循环的最低指标。根据 WEEE 指令附录 IA 的分类，这些指标是不统一的，具体如图 11-6 所示。

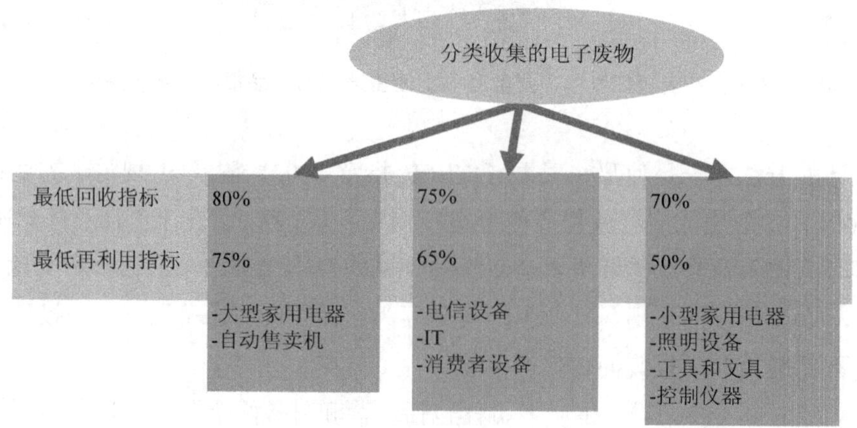

图 11-6　收集分类后的废物回收、再循环最低指标

《废物指令 2008》对废物回收和再循环做出了规定。回收是指一切主要结果是废物达到再利用目的的行为。在工业和更广泛的经济领域中，废物可能代替其他用于满足某种功能的原料，或者直接用于满足某种功能。

再循环是一种将废物再加工成产品、原料或物质的回收操作，无论是为初期目标还是其他目标。再循环不包括能量回收和用于燃料和回填的材料再加工（《废物指令 2008》）。

WEEE 指令 2003 附录 II 规定了具体 WEEE 材料及成分的选项性处理。这些规定包括：

- 从分类收集的 WEEE 中清除某些物质、配件和成分；
- 具体处理某种 WEEE 成分。

这些具体的行为应该在不妨碍设备部件或设备整体再利用的条件下进行。

欧洲的指令例如 WEEE 指令，并不直接适用于各成员国。成员国必须将其纳入自己国家的立法。欧盟成员国将 WEEE 指令转化为本国法律。成员国可以在一定范围内自主决定如何实施 WEEE 指令的规定，因此导致了各成员国具有不同的实施行为。

WEEE 指令在德国法律中的体现——ElektroG

德国 WEEE 管理是以电子电气设备销售、返还和环境无害化处置法 ElektroG 2005 为依据的。ElektroG 同时是欧洲 WEEE 指令 2003 和欧洲 RoHS 指令 2003 在德国法律中的体现。ElektroG 于 2005 年 8 月 13 日开始发挥法律效力，但一些 WEEE 的相关规定，例如，回收系统运行，被推迟到 2006 年 3 月 23 日开始生效，根据 RoHS 指令 2003 的限制危险物质的规定，于 2006 年 7 月 1 日开始生效。

德国 WEEE 指令的优化

WEEE 指令 2003 融入德国的 ElektroG 2005，受到了另一项生产者责任制方案实施经验的影响。负责收集、处理和处置包装材料的组织“德国双重系统”（DSD）从 1990 年引入直到近期，一直处于垄断地位。行业内对其高昂的价格感到不满。

这导致了 WEEE 指令的优化，具体如下：

- 促进竞争

WEEE 管理系统应避免垄断，给生产者选择如何遵守其延伸责任（EPR）的最大自由。

- 避免逃脱责任

WEEE 管理系统应该确保所有生产者致力于废物处理，并根据其在德国市场上的份额，付出相匹配的 WEEE 处置费用。

- 避免区域化

每个生产者必须在全德国境内进行收集，避免一些生产者占据大城市，而另一些生产者只能付出运输费用从乡村地区收集。

ElektroG 的规定会在第 3 章描述德国 WEEE 管理系统时进行介绍。

2.3.7 WEEE 指令的修订

现在仍在进行的 WEEE 指令修订将会是德国 WEEE 管理的又一座里程碑。欧洲欧盟委员会（Commission，2008），欧洲国会（European Council，2011）和欧洲理事会（European Parliament，2011）提交了修订 WEEE 指令的提案。但欧盟各机构和各成员国之间仍然未能成功达成政治协议。根据上述提到的不同提案，以下重要修正可以预期：

- 扩大规模

目前的 WEEE 指令 2005 在附录 I 里只限定了 10 个 EEE 类别的范围，新版 WEEE 指令可能会扩大范围，涵盖几乎所有的 EEE。

- 提高最低收集指标

目前成员国每个公民每年 4 kg 的收集指标可能会被修改。在前几年，各成员国投入市场的 EEE 的平均数量的一定比例可能会由各成员国负责收集。另外，各成员国 WEEE 的增长被提议当作这项比例的参考。收集指标可能也会有所不同，因为各种各样设备的环境影响会导致与环境相关性高的 WEEE 种类的收集指标升高。

- 提高最低再利用、回收、再循环指标

最低回收、再循环指标如图 11-6 所示，也有可能升高。或者，一个额外的关于整体设备再利用的最低指标将要出台。

- 收集费用

消费者、销售者和生产者可能都会在销售点支付一定费用，负责收集的 PuWaMA 或其他机构可能会利用这些费用来收集 WEEE、改进收集设施、加强宣传活动。另外，成员国可能会要求生产者为从私人家庭直接收集 WEEE 的活动承担更多财务责任。

- 注册和报告协调一致

成员国的生产者注册可能会被简化。通过联网注册，生产者在一个成员国注册就相当于在所有的成员国都进行了注册。生产者有义务向成员国做出报告，报告频率和形式可能会调整一致。

- 避免非法出口

从欧盟成员国向发展中国家出口 WEEE 是不合法却仍在进行的行为。面对 WEEE 处理给发展中国家造成的严重的环境和人类健康影响，欧盟委员会、理事会和议会都在其 WEEE 指令修正意见里提出禁止 WEEE 出口。[①]证明旧电子电气设备出口的检测证书仍然有效，其他相关文件应作为辅助，区别非法废物出口和为了再利用而进行的合法旧 EEE 出口。

政治进程的下一个重要步骤是欧洲议会对 WEEE 指令修正进行投票，时间可能是 2011 年 11 月 30 日。[①]

① European Parliament Legislative Observatory，http：//www.europarl.europa.eu/oeil/file.jsp？id=5723502；last accessed 15 May 2011.

3 以 ElektroG 为依据的德国 WEEE 管理

以下各节将解释各主要参与者的责任范畴和遵守 ElektroG 的远景。

3.1 主要参与者及其作用

德国 WEEE 管理体系实施的主要参与者有：

- 公共废物管理机构（PuWaMA，公共机构）；
- 电子电气设备生产者（私营机构）；
- 信息交换中心（由政府授权的私营机构）。

另外重要的参与者还有零售商和消费者，但 ElektroG2005 并没有给他们分配具体职责。

3.1.1 公共废物管理机构

从私人家庭收集 WEEE

根据 ElektroG2005，公共废物管理机构（PuWaMA）负责收集 WEEE。他们必须在其管辖地区设置收集点，使物品的最终持有者和销售商能够将来自附近私人家庭的 WEEE 返还到收集点（拿来系统）。市政机构不得向将 WEEE 返还给收集点的消费者收取任何费用。收集点数量取决于当地条件和人口密度。PuWaMA 也可以直接从私人家庭收集 WEEE（收集系统），但 ElektroG 并未对此做出规定。

如果 WEEE 具有污染性，存在安全风险，危害人类健康，那么 PuWaMA 可能会拒绝接受这些废物。这同样适用于 EEE 类别 1 到类别 3 的设备中的 20 多种配件的交付，此类交付必须与公共废物管理机构进行商议。

私营收集企业进行商业性收集是被禁止的。然而，PuWaMA 可能将收集工作委托给第三方，第三方可能是私营企业。然而，最终的责任承担者仍然是 PuWaMA（Koch，2011）。私营企业参与 WEEE 的收集是基于地区和城市级别，因而在不同地区是有区别的。

收集分类

ElektroG2005 将 EEE 归为 10 类别，与 WEEE 指令 2003 的设备类别是一致的。同 WEEE 指令一样，每个类别下的设备种类没有具体规定，而是仅仅给出一些设备种类的示例。

ElektroG 规定 PuWaMA 将产生于这 10 类别 EEE 的 WEEE 收集并储存为 5 个收集分类组，见表 11-2。

表 11-2 德国 WEEE 收集分类（修正后的 Espejo，2011）

收集分类组 ElektroG 2005	相关 EEE 类别（ElektroG 2005 和 WEEE 指令 2003 附录 I）		设备种类示例 根据（ElektroG 2005，WEEE 指令 2003 附录 I）
1	1	大型家用电器	洗衣机；甩干机；洗碗机；电炉；电热板；微波炉；其他用于烹调和食品加工的大型器具；电热设施；电热器；其他用于房间、床、座椅家具供暖的大型器具；电风扇；空调；其他扇风、通风换气和空调设备
	10	自动公用设施	自动售卖热饮、热/冷瓶装或罐装饮料、固体产品或提款的设施，所有自动提供所有种类产品的设备
2	1	大型家用电器	大型制冷器具；冰箱；冷藏柜；其他用于食品的冷藏、保存和储存的大型家电
3	3	信息和电信设施（ICT）	集中数据处理：大型机，小型机，打印机单元；个人电脑：个人电脑（中央处理器、鼠标、屏幕和键盘），笔记本电脑（中央处理器、鼠标、屏幕和键盘），超薄本，平板电脑，打印机；复制设备；电子电气打字机；便携式和台式计算器；其他通过电子手段进行信息的收集、存储、处理、演示或通讯的产品和设备；用户终端和系统；传真；电传；电话；付费电话；无线电话；蜂窝电话；应答系统；其他用电信方式传送声音、图像或其他信息的产品或设备
	4	消费品电子设备	收音机集；电视机；摄像机；录像机；高保真录音机；音频放大器；乐器；其他用于记录或重制声音或图像的产品或设备，包括声音和图像分离的信号或其他技术，不包括电信手段
4	5	照明设施	除家用光源外的荧光灯具光源；直管荧光灯；紧凑型荧光灯（节能灯）；高强度放电灯，包括高压钠灯和金属卤化物灯、低压钠灯；其他除含灯丝的灯泡外用于传播或控制灯光的照明设施
5	2	小型家用电器	地毯清扫器；其他清扫器具；用于缝纫、针织、编织和纺织品等加工的电器；熨斗等用于熨布、轧布或其他衣物护理的电器；烤面包机；油炸机；研磨机；咖啡机和用于开启或密封容器或包装的设备；电动刀具；用于理发、干发、刷牙、剃须、按摩和其他身体护理的器具；时钟、手表和用于测量、指示或记录时间的设备；秤
	6	电子电气工具	钻；锯；缝纫机；用于车、铣、磨、磨、锯、钻、切割、剪切、打孔、打孔、折叠、弯曲或者类似处理木材、金属和其他材料的设备；用于铆接、钉、拧或除去铆钉、钉子、螺丝或类似用途的工具；用于焊、焊接或类似用途的工具，用于喷涂、分散、分散或其他处理液体或气体物质的设备；用于修剪或其他园艺活动的工具
	7	玩具、休闲和运动设施	电动火车或汽车加速套装；手持式视频游戏机；视频游戏；用于骑自行车、跳水、跑步、划船等活动的计算机；有电子或电子元件的运动器材；投币机
	8	医用产品	放射治疗设备；心脏病；血液透析；肺通气；核医学；体外诊断实验室设备；分析仪；冷藏柜；受精试验；其他用于检测、预防、监测、治疗和减轻疾病、受伤或致残的设备
	9	监测和控制设施	烟雾探测器；加热器；温控器；家用或实验室用测量、称重、调节设备；其他应用于工业监测和控制的设备仪器（如控制面板）

这 5 类废物分别放在市政收集点的收集分类容器里。限制为 5 个收集分类是一种平衡，一方面保证了 WEEE 足够的分类，便于有效处理，另一方面考虑到市政收集点的实施操作能力。

WEEE 移交给生产者

公共废物管理机构将这 5 类 WEEE 免费移交给 EEE 生产者。生产者需要免费给 PuWaMA 提供容器。

但是，PuWaMA 可以选项将未经适当分类的 WEEE 交给生产者。PuWaMA 必须向信息交换中心 EAR 提供 3 个月的通知，然后承担包括回收和再循环指标以及向信息交换中心 EAR 递交报告的生产者责任。

3.1.2 生产者

ElektroG 采用了 WEEE 指令 2003 对生产者责任延伸的规定。在德国，和大多数成员国一样，生产者责任从市政收集点将 WEEE 移交给生产者，或者生产者从销售者，例如，零售商处将 WEEE 回收开始。

以 ElektroG 为依据的生产者回收

ElektroG 给了生产者 3 个主要的可能方式来回收 WEEE。生产者可以建立个体品牌选择性回收方案（IBTS），个体非选择性回收方案（INTS）或者参与一项集体回收方案（CTS），如图 11-7 所示。

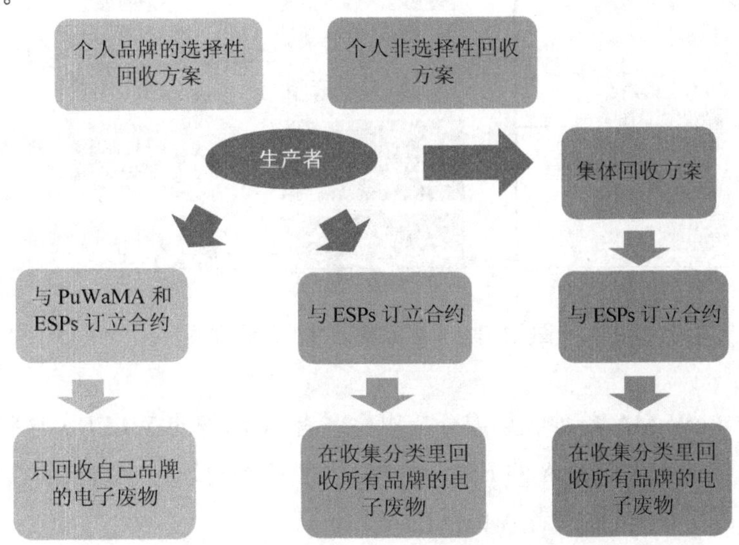

图 11-7 德国生产者履行延伸生产者责任的可能方案

注：ESP 为报废服务提供机构。

生产者一般不会自行进行 WEEE 的报废，而是与报废服务提供机构订立合约，来运输、处理和处置这些废物。在 IBTS 和 INTS 中，生产者自己与 ESPs 订合约，而如果生产者加入了某个系统，则由 CTS 承担这项任务。

在个体品牌选择性回收方案里，生产者只需要回收自己品牌的 WEEE。基于此，他们需要和 PuWaMA，还可能和从私人消费者处回收 WEEE 的销售者签订额外的合同，因为他们必须从收集到的 WEEE 中分拣出生产者品牌的废物。在 INTS 和 CTS 中，生产者需根据市场份额从收集分类处中回收所有品牌的 WEEE。下文详细介绍了这几项回收方案。

不同生产者回收方案的回收

个体品牌选择性回收方案

生产者可以建立个体品牌选择性回收方案（IBTS），只需要对自己品牌的 WEEE 负责。因此，建立 IBTS 的生产者只需要接收和处理自己品牌的 WEEE。图 11-8 表达了一个 IBTS 的示例“生产者 A”及其投入德国市场的自己品牌的 EEE。

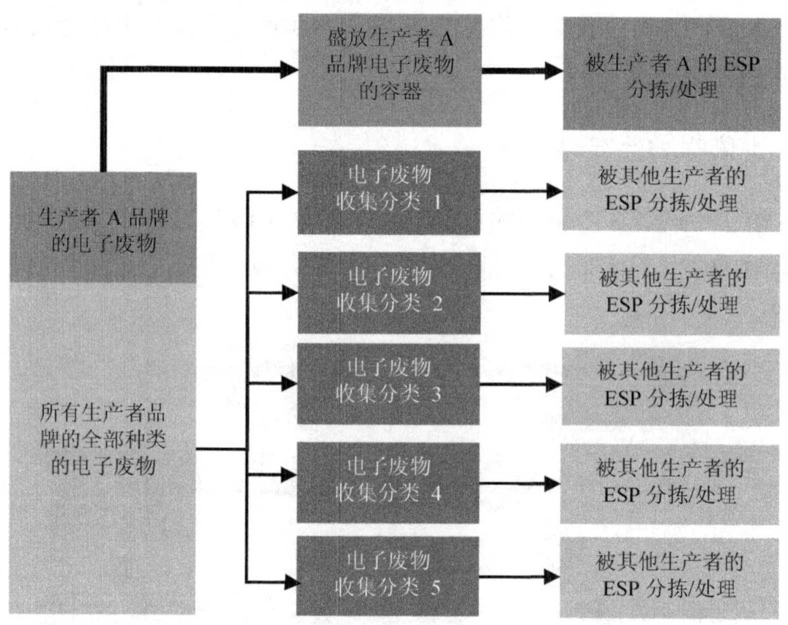

图 11-8 个体品牌选择性回收方案

IBTS 要求 PuWaMA 单独收集或分拣出生产者 A 品牌的 WEEE。这些收集的 WEEE 必须单独存放，以便于生产者 A 的 ESPs。另外，生产者 A 可以建立自己的收集点，PuWaMA 和消费者可以在这里移交生产者 A 品牌的 WEEE。

生产者需要对 PuWaMA 不在 ElektroG 规定责任范围内的额外工作作出补偿。

生产者可能直接与一个或多个报废服务提供机构（ESPs）订立合约。然而，需要强调的是，这些 WEEE 的法律责任仍由生产者承担。

生产者根据其投入德国市场的 EEE 份额，负责一定量的已收集的 WEEE 处理。市场份额由信息交换中心 EAR 进行计算。EAR 会周期性地评定生产者 IBTS 实际收集的 WEEE 数量是否与其根据市场份额需要收集和处理的数量一致。如果生产者收集的数量少于份额，则需要补充收集和处理缺少的份额。

实施 IBTS 的生产者只需要回收自己品牌的 WEEE，前提条件是其回收的 WEEE 数量最少要与其市场份额对等。

个体非选择性回收方案

个体非选择性回收方案（INTS）与 IBTS 具有相同点，生产者直接与 ESPs 订立合约，组织和实施其产品的报废活动。但与 IBTS 不同的是，生产者不是回收自己品牌的产品废物，而是要回收根据其市场份额而在其责任范围内的 WEEE 份额。

图 11-9 表达了 INTS 的一个示例，生产者 A 将 EEE 类别 3 和类别 4 的产品投入了德国市场。这些产品收集到 WEEE 收集分类处 3。

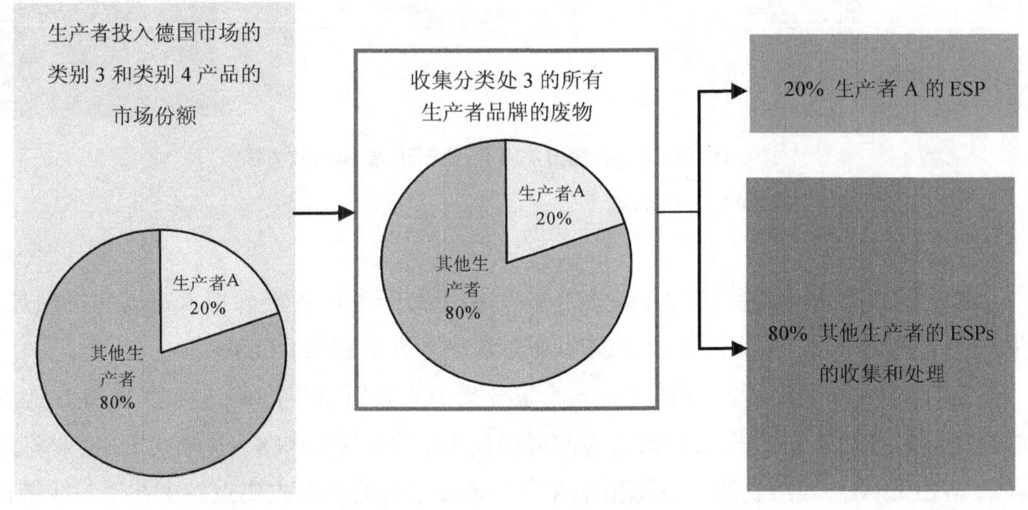

图 11-9 个体非选择性回收方案

注：POM 为投入市场。

公共 WEEE 管理系统收集的 WEEE 数量低于投入市场（POM）的数量。但是，每个生产者都必须按照 POM 份额处理这些收集起来的废物。如果生产者 A 的类别 3 和类别 4 的 EEE 总市场份额是 20%，生产者 A 必须负责收集分类处 3 的 WEEE 的 20%。另外的 80% 必须由其他生产者的回收方案处理。

PuWaMA 将类别 3 的 WEEE 收集存储在市政收集点的容器里。这些容器里包括收集分类 3 的所有生产者品牌的所有产品废物，包括在个体品牌选择性收集方案下的品牌。因此，执行 INTS 的生产者需要回收包含同一收集分类里所有生产者的 WEEE 的容器。

集体回收方案

一些生产者会设立一个集体回收方案（CTS），共同组织和出资他们的 EEE 的报废处理。图 11-10 出示了一个 CTS 示例，包括两个制造 ICT 的生产者 A 和 B，以及消费品设施（EEE 类别 3 和类别 4）。

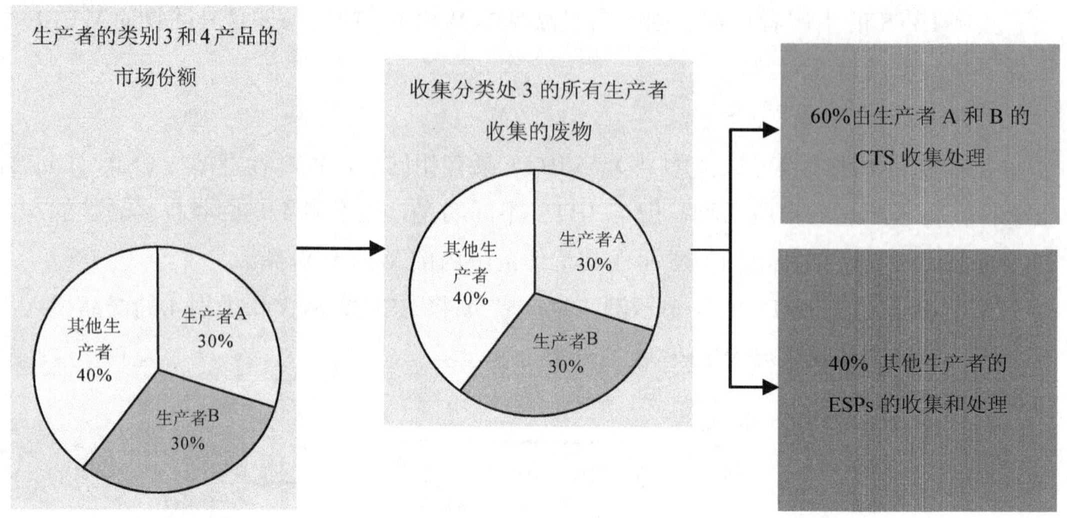

图 11-10 收集分类 3 的 WEEE 集体回收方案

注：CG 为收集分类；POM 为投入市场。

ICT 和消费品设施收集在收集分类 3 中。由于每个生产者额外投入市场的份额是 30%，生产者 A 和 B 的 CTS 负担了全德国这项收集分类的 WEEE 的 60%。

实行 CTS 的生产者回收包括相同收集分类中来自所有生产制造商的 WEEE 的容器。原则上，CTS 可能决定只回收来自内部成员的 WEEE。和 IBTS 一样，CTS 会对将成员品牌的 WEEE 从一般废物流中分拣出来并存入单独容器的市政收集点做出补偿，或者自行建立收集点。

德国对集体回收方案的特殊限制

大部分欧盟成员国只有一个 CTS 来回收所有类别的 WEEE，或者多个 CTS 每个负责回收某种类别 EEE 的废物。在德国，为了保持完全竞争，CTS 的市场份额是受限制的。例如，德国“Bundeskartellamt”（联邦企业联合管理局，FCA）建议，大型白色家电（类型 1）的生产者不准建立拥有收集分类 1 型 EEE 市场份额 25%以上的 CTS（Heistermann，2011）。

然而在德国，这个 25%的限制，不是对 CTS 的一般性限制，即使 FCA 不会允许一个

CTS 覆盖所有 WEEE 类别。各收集分类的具体 CTS 份额限制取决于对竞争影响的一个又一个案例的深入分析（Bundeskartellamt，2005）。

对以往 WEEE 和非私人家庭来源的 WEEE 的规定

以往 WEEE 是指来自于 2005 年 8 月 13 日之前投入市场的 EEE 的废物，这个日期是 ElektroG 在德国生效的时间。生产者负责根据市场份额出资和处理这些以往的 WEEE，和对待其他分类收集的 WEEE 一样。2005 年 8 月 13 日以前，即使是没有在德国市场上投放任何 EEE 的生产者，也需要承担这一责任。

除了来自私人家庭的 WEEE，生产者还需要负责非私人家庭来源的 WEEE。这些 WEEE 来自于企业对企业（B2B）机制，为不会或一般不会在私人家庭中使用的设备，例如气相色谱仪、专业的厨房和洗衣设备、数据中心的高端服务器、工业工具等。对于这样在 2005 年 8 月 13 日之后投入市场的 EEE 的 B2BWEEE，生产者必须为其回收和处置提供合理的选项。因此，生产者对于 B2BWEEE 和来自私人家庭的 WEEE 具有相同的责任。然而，EEE 的生产者和持有者可能会达成一定协议，这违背了这些规定。

对于来自 2005 年 8 月 13 日之后投入市场的 EEE 的 WEEE——以往 B2BWEEE，持有者需要为之负责。

3.1.3 销售商和消费者

销售商，如零售商，可能自愿回收 WEEE。和一些其他欧盟成员国不同，他们并没有接收 WEEE 的法律责任。在德国提供回收服务的销售者将这项服务视为一个贸易项执行。消费者会移交他们的旧设备，如果他们购买一个同类型的新设备。

ElektroG 2005 规定消费者和其他 WEEE 持有者一样，将废物放在收集点处，使之与其他未分类的生活垃圾区分开。将 WEEE 放在家用废物容器里处置是不合法的，但是很难控制。所以消费者意识是处理 WEEE 的关键。因此，PuWaMA 应告知私人家庭他们的责任，以及

- 在社区返还或收集 WEEE 的方案；
- 他们在 WEEE 再利用、回收和其他方式再循环过程中的作用；
- 电子电气设备包含的有害物质的处置对环境和人类健康造成的可能的影响；
- 这个标识的含义，如图 11-11 所示。

生产者必须在 2005 年 8 月 13 日之后投入市场的 EEE 上做出上述标识，来告知消费者这些 WEEE 禁止处置于生活垃圾容器。

图 11-11 置于欧洲 EEE 上说明分类收集必要性的标识（WEEE 指令 2003，ElektroG 2005）

这项关于单独处置 WEEE 的规定也适用于销售者。然而，他们没有义务向 PuWaMA 或生产者回收方案移交 WEEE，而是可以利用其他的可能性例如 WEEE 中间商。原则上这也适用于消费者，但仅限于相关的企业用户。企业用户可能持有大量旧 EEE，他们想将其作为二手设备销售，但是并不能确定这些旧 EEE 是否真的是 WEEE，也不确定作为二手设备是否能够运转。

3.1.4 信息交换中心

整个 WEEE 管理系统的运作一方面需要 PuWaMA 和生产者的协作，另一方面还需要私营生产者作出努力。因此，生产者建立并资助了信息交换中心，"Elektro-Altgeräteregister"（EAR），作为系统的基准。信息交换中心承担协调和高配合度的任务，例如生产者注册、报告，以及计算生产者市场份额。这些任务将在第 3.2.1 节详细介绍。

若有疑问，EAR 会判定哪种 EEE 是涵盖于 ElektroG 的。ElektroG 2005 附录 I 表明了 10 种类别的 EEE，陈列了每种类别的具体类型，这些 EEE 类型涵盖于 ElektroG 范围里。然而，附录 I 列出的 EEE 类型并不全面。如果某个具体的 EEE 类型没有在附录 I 中提及，也不能判定 ElektroG 不包含这一类型的 EEE。若有疑问，EAR 进行判定，生产者如果不赞同，可以正式提出异议，这种情况其实曾经发生过。

信息交换中心被授予了绝对权力，例如，强制生产者注册，是由政府机关联邦环境部、自然保护和核安全部（BMU）授权，受"Umweltbundesamt"（UBA，联邦环境署）监督。EAR 是基准构成和非营利机构。但是根据《成本条例》，EAR 会向生产者索取行使权力行为的资金。

EAR 的职责被严格限制在需要系统协调的任务里，不能干涉其他主要参与者在法律可预见余地内履行责任的方式。

3.2 主要参与者的合作和相互作用

3.2.1 生产者和信息交换中心的相互作用

图 11-12 表明了生产者和信息交换中心 EAR 的任务和他们之间的协作和划分。

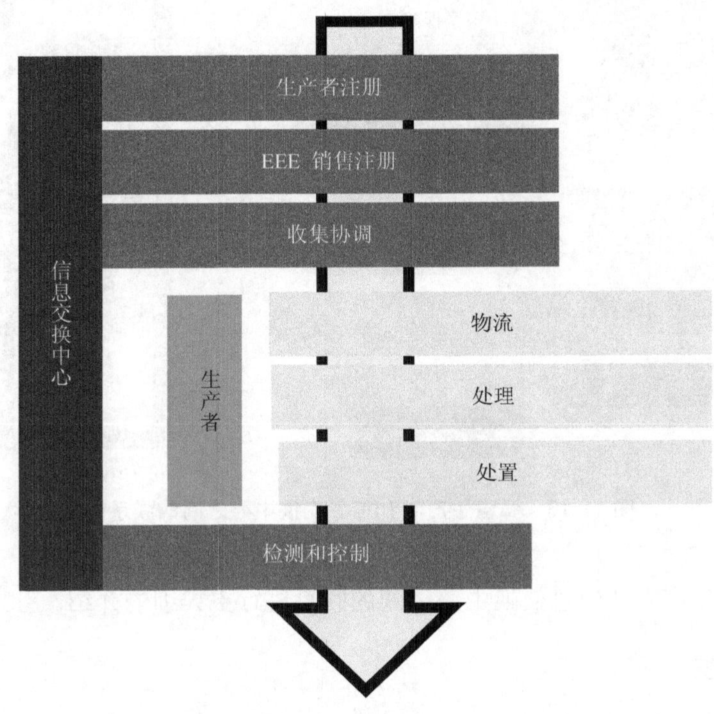

图 11-12　信息交换中心 EAR 和私营生产者的责任①

EAR 登记注册生产者和他们的 EEE 销售，将德国境内收取的 WEEE 容器分配给生产者。EAR 监督和认证生产者是否在法律可预见余地内履行了延伸责任。然而，严格禁止 EAR 篡改生产者在法律可预见余地内履行延伸责任的方式。EAR 应保持中立，禁止与任何 ESPs 或生产者订立合约。

图 11-13 更加详细地表明了生产者和信息交换中心 EAR 之间的联系。

① Gebriele Markmann-Werner，Ministry of Environment and Climate Protection of Lower Saxonia，Germany；modified.

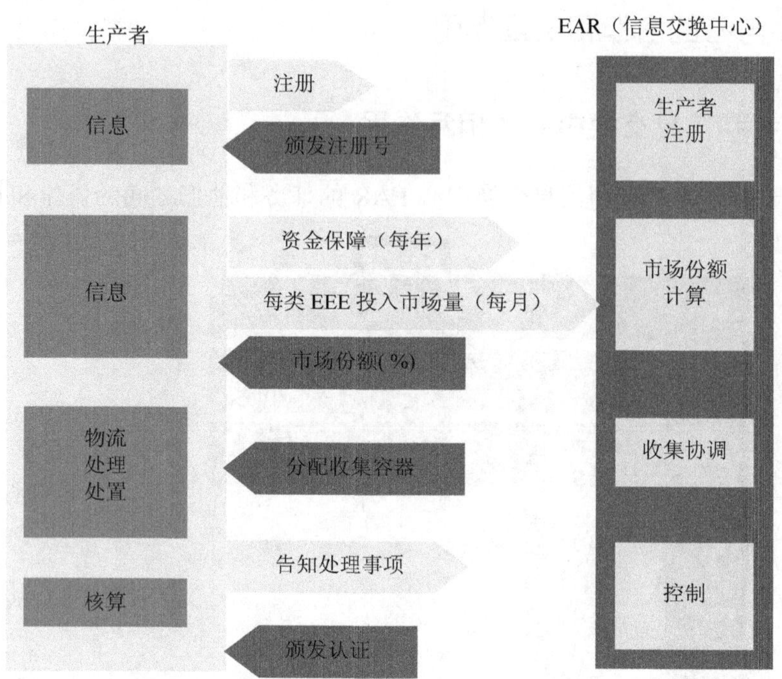

图 11-13 私营生产者和信息交换中心之间的联系[①]

下文对私营生产者和信息交换中心之间的联系进行更详细的介绍。

注册与资金保障

在将 EEE 投入德国市场之前，生产者需要在 EAR 进行注册。生产者必须对旗下每个品牌都进行注册。反过来，EAR 会颁发一个注册编号，生产者要在所有商业交易中使用到。但是，每个注册的生产者只能有一个注册编号，即使生产者注册了多个品牌。ElektroG 2005 禁止未注册或注册被撤销的生产者在德国市场上投放 EEE。EAR 在 EAR 生产者注册中发布注册过的生产者。[②]

注册后，首先以年度为基准，生产者需要为其准备在一年内投入德国市场的 EEE 提供一个破产担保。一旦生产者破产，这个财务担保会防止其他生产者或公共机构需要对这个生产者的 WEEE 付出资金。生产者估算 EEE 销售量会在年度末期被调整为与生产者实际 EEE 销售量一致。然而，这个财务担保不包括被生产者似是而非地介绍为非私人家庭常用的 EEE。这项担保可能以如下形式提供：保险单、冻结银行账户或生产者参与到一个适当

① Gabriele Markmann-Werner，Ministry of Environment and Climate Protection of Lower Saxonia，Germany；modified.

② EAR Producer Register Stiftung Elektroaltgeräte（EAR）：List of producers registered at EAR；http：//www.stiftung-ear.de/hersteller/verzeichnis_registrierter_hersteller（in German only）；last accessed 20 February 2011.

的系统里资助 WEEE。

PuWaMA 在 EAR 登记他们的市政收集点。然而，这不同于生产者注册，只是便于 EAR 能够将市政收集点的 WEEE 容器分配给生产者。

EEE 投入市场的报告和 WEEE 分配

以月度为基准，每个生产者要向 EAR 做出关于投入德国市场的 EEE 数量和类型的报告。报告的 EEE 数量必须加以区分分类，包括 ElektroG 2005 要求财务担保的来自私人家庭的 EEE，以及其他的 EEE。当所有生产者向 EAR 报告了这些 EEE 数量，EAR 可以计算每个生产者的 10 类别 EEE 的投入市场的份额。

ElektroG 2005 提供了两个可能的方法来估算市场份额：

- 根据生产者在德国市场上达到的每类别（表 11-2）的市场份额。
- 根据可明确识别的 WEEE 在根据设施类型的总 WEEE 数量中占据的已认证的份额，通过分拣或科学界公认的统计方法应用得出。然而，这个方法只适用于 2005 年 8 月 13 日以后投入德国市场的 WEEE。

生产者可以自行决定 EAR 计算其负责的 WEEE 份额的方法。

生产者市场份额的计算在“不同生产者回收方案的回收”文段有所体现。生产者负责出资和处理根据投入德国市场设备的市场份额而收集的 WEEE。

无论生产者是在当地、某区域还是全德国销售 EEE，都必须承担从全德国范围里分类收集的 WEEE。在生产者市场份额中，EAR 根据地域将待处理废物容器分配给生产者，随着时间推移，生产者会接收来自全德国的市政收集点的容器，包括来自乡村和大城市的。这种分配方式以互联网发布的科学公认的方法为依据。①

监督和控制

生产者需要承担向信息交换中心 EAR 做全面报告的责任，以便于 EAR 监督和控制生产者履行责任的情况。每个日历年度，生产者需要向 EAR 做出如下报告：

①收集的每个公共废物管理机构收集分类的 WEEE 的数量（表 11-2）；

②个体或集体回收方案收集的 WEEE 的类型和数量；

③生产者_____的每个 EEE 类别的 WEEE 数量：

- 再利用；
- 再循环；
- 回收；

---

① Stiftung EAR：Calculation of market shares and container allocation；http：//www.stiftungear.de/e1767/e1044/e2235/051123Berechnungsweise_ger.pdf；last accessed 13 March 2011； available in German language only.

- 出口。

④每年 4 月 30 日，生产者向信息交换中心提交年度报告。报告包括前一年来自初级处理设施的总 WEEE_____的数量、成分、材料或物质的数据。

- 进入处理设施时（进）；
- 离开处理设施时（出）；
- 进入回收或再循环设施时（进）。

废物数量以质量计，如果不能，则以单元数计。如果数量难以呈现，可以在报告中进行有充足依据的估算。信息交换中心 EAR 可能会要求独立的专家团对生产者提供的信息进行认证。

这些数据是评价生产者是否根据其市场份额承担和处理 WEEE，以及是否达到最低回收和再循环指标的依据。最终，EAR 认证生产者是否根据 ElektroG 履行了其延伸责任。

3.2.2 公共废物管理机构、信息交换中心和生产者的相互作用

PuWaMA 和生产者共同承担 WEEE 的责任。PuWaMA 将 WEEE 收集到市政收集点，分为 5 个类别，如表 11-2 所示，再将之免费移交给生产者。当 WEEE 被移交给生产者或他们授权的代理报废服务提供者时，PuWaMA 的责任终结。

当最低 30 m^3 体积的废物到达收集分类 1、2、3 或 5，或者最低 3 m^3 到达收集分类 4（如表 11-2 收集分类）时，PuWaMA 向信息交换中心 EAR 报告，容器已经装满，等待处理。

图 11-14 表明了 PuWaMA、信息交换中心、生产者和 ESPs 之间的联系。

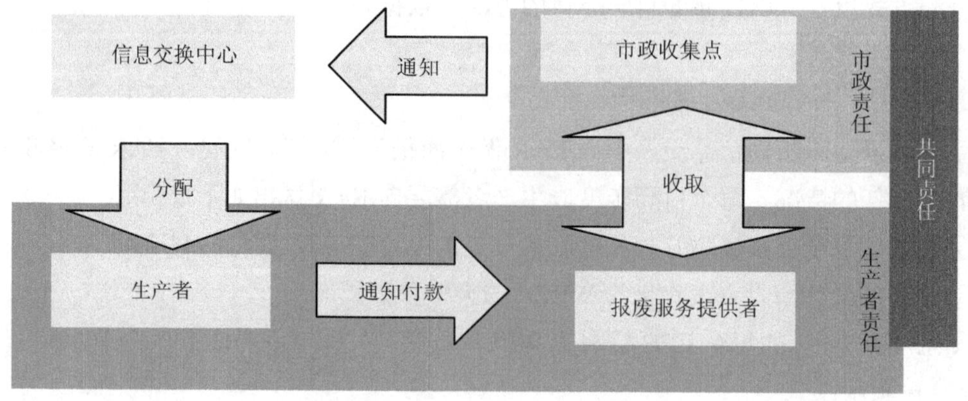

图 11-14 PuWaMA、信息交换中心、生产者和 EoL 服务提供者之间的相互影响①

① Gabriele Markmann-Werner，Ministry of Environment and Climate Protection of Lower Saxonia，Germany；modified.

EAR 将容器分配给某收集分类的一个私营生产者。生产者通知其签约的 ESP。ESP 从市政收集点收取容器，组织或指挥对 WEEE 进行适当处理处置，然后向生产者反馈报告说明已经取走并处理了 WEEE 容器。生产者在报告责任范围内，向信息交换中心 EAR 递交相关信息。

4 德国 WEEE 管理体系的实践

前述章节解释了 WEEE 管理主要参与者的作用和责任，以及遵守 ElektroG 规定的能力。这章介绍了主要参与者们，尤其是生产者，如何利用其履行责任的能力以及从 2006 年 8 月 WEEE 管理体系建立开始的几年来积攒的经验。

4.1 收集和处理

4.1.1 德国出售、收集和处理的 WEEE 数量

表 11-3 表明了 2006—2008 年每年投入德国市场的 EEE 数量，以及收集和处理的 WEEE 数量。这些数据来源于生产者。他们将收集处理数量反馈给公共 WEEE 管理系统。目前没有 2009 年和 2010 年的参考性数据。

表 11-3 投入德国市场的 EEE 和收集和处理的 WEEE（BMU，2011）

年度	投入市场	收集量			处理量		
	总数量/t	B2C/t	B2B/t	总数量/t	德国/t	其他 EU/t	总数量/t
2006	1 836 912	709 785	44 113	753 900	722 865	19 055	741 920
2007	1 612 228	517 469	69 498	586 967	573 080	7 468	580 548
2008	1 883 545	642 287	51 488	693 775	678 346	6 640	684 986

有报道表明，平均少于 10%的收集的 WEEE 来自于其他来源而非私人家庭，如代表性的 B2B 设备。WEEE 中的一小部分约平均 1%是在其他欧盟成员国处理（BMU，2011），没有涉及出口到成员国之外的 WEEE 数量。

图 11-15 表明了在德国投入市场（PoM）的 EEE 数量和 2006—2008 年收集和处理的 WEEE 数量。

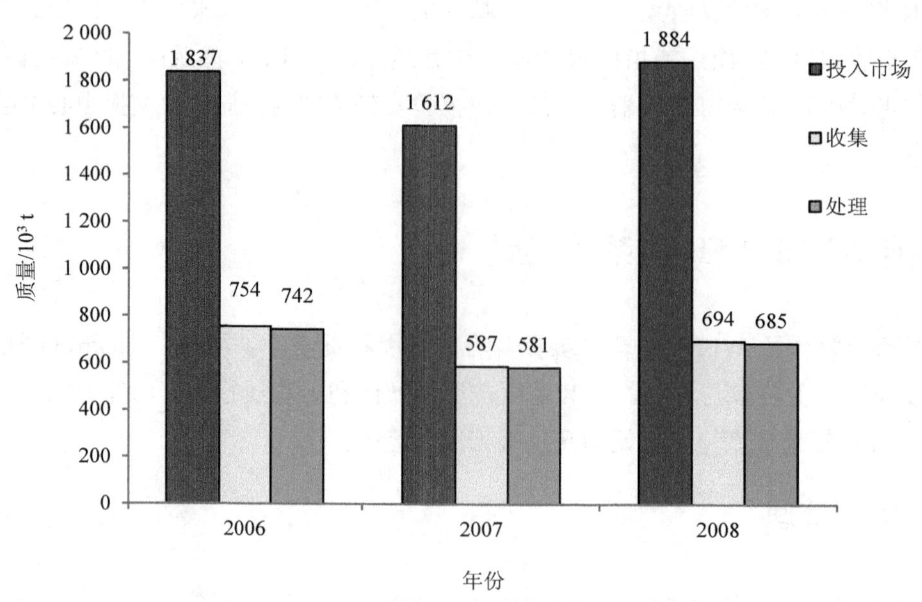

图 11-15 德国投入市场、收集和处理的 EEE 量（依据 BMU，2011）

每年至少 160 万 t 1～10 类别的 EEE 投入德国市场。目前没有全面统计 WEEE 数量的数据。然而，德国市场已经多年处于充满几乎所有类别 EEE 的饱和状态。EEE 消费的总增长率为 2.5%～2.7%（Huisman，2007），可以推测高份额投入市场的 EEE 已经消费代替了旧 EEE。对于这样一个饱和的市场，不论总数量还是不同类别 EEE 的份额，PoM 都能为 WEEE 产生给出一个总指示。

基于这个推测，德国只有 37%～41%的 WEEE 被公共 WEEE 管理机构收集。Huisman（2007）预测 2006—2008 年德国每年的 WEEE 废物产生量约 150 万 t，意味着 40%～50%的 WEEE 产生量被分类收集和处理。图 11-15 表明，几乎所有分类收集的 WEEE 都被公共 WEEE 管理体系处理。

其余的 75 万～100 万 t WEEE 去向所知甚少，没有在公共 WEEE 管理体系中提及。其中有一部分出口到了发展中国家。Sander（2010）表明每年有高达 21.6 万 t WEEE 出口（4.4 节）。有相当一部分可能在德国翻新和再利用，或者接受处理，但不在公共 WEEE 管理体系中，例如可能用于处理二手车的工厂。没有数据明确表明这类 WEEE 处理的数量和质量。私人家庭也会储存旧 EEE，尤其是小型设备例如手机。这类结果也无法统计。

图 11-16 表明了 2006—2008 年每年 PoM 和 WEEE 收集的 10 类别 EEE 的份额。3 年里，大型家用电器、消费者电子设备和 ICT 占据了 PoM 和收集量的大部分，紧随其后的是小型家用设备。

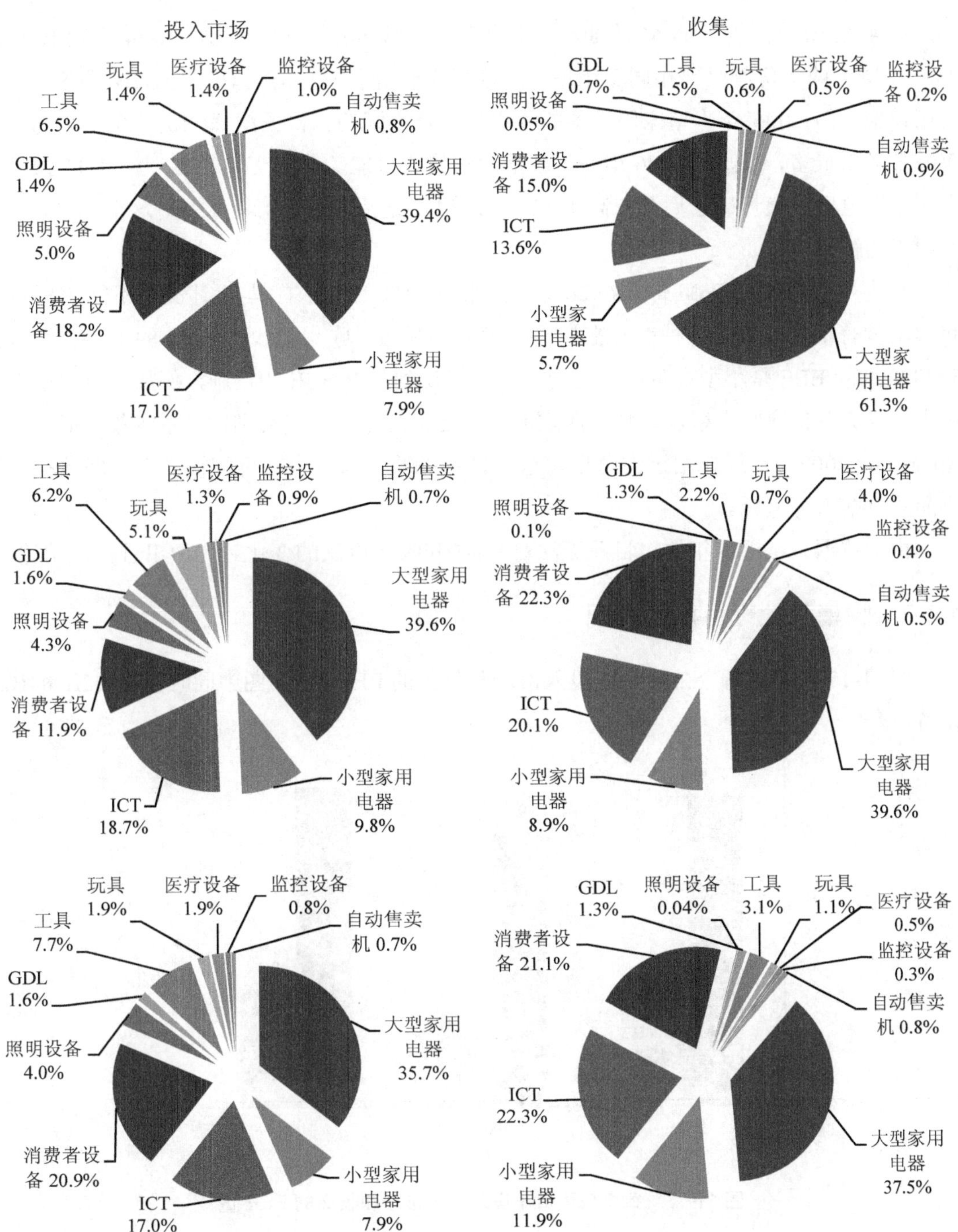

图 11-16　2006—2008 年各类别 EEE 投入德国市场和收集的份额①

注：ICT 为信息和电信技术；GDL 为气体放电灯。

---

① Bundesministerium für Umwelt，Naturschutz und Reaktorsicherheit：Elektro-und Elektronikgeräte in Deutschland，http://www.bmu.de/files/pdfs/allgemein/application/pdf/daten_elektrogeraete_2007_2008_bf.pdf；last accessed 22 May 2011.

这 4 类 EEE 占据了 PoM 的 80%，收集量的至少 90%。总的来说，这 4 类别 EEE 的 PoM 份额与收集份额呈现相同变化规律，这同样适用于主要是大型笨重 B2B 设备的自动公用设施。但 2006 年大型家用设备的收集份额是不同的。根据图 11-15，2006 年的收集 WEEE 数量最多，即使从 2006 年 3 月起德国消费者只能免费移交 WEEE。图 11-16 揭示了大型家用电器收集量比之后几年高了 50%，PoM 与之后几年差异不大。对这个现象，还没有明确的解析。

其他类别 EEE 的 PoM 份额在 20%左右，收集份额 10%左右。与上述类别不同的是 PoM 和收集量有很大差异，这种差异在灯具类上最为显著，收集量少于 PoM 的 10%。大多数 5～9 类别的 EEE 是小型设备或消费者可能未意识到是 WEEE 的设施，例如玩具。由于体积小，消费者将这些小型设备与生活垃圾一起处置，导致这些类别的设备收集率低，这是 Huisman（2007）已经介绍过的结果。这些设备中的一部分也有可能被私人家庭储存。这方面的数据不可考究。

由于数据只是近 3 年的，目前无法对 PoM 和收集份额的变化趋势做出进一步结论。

4.1.2 收集和处理目标的实现

图 11-17 表明了每个公民每年投入市场和收集的 EEE 数量。图中同时包括 B2B 和 B2C 设备。

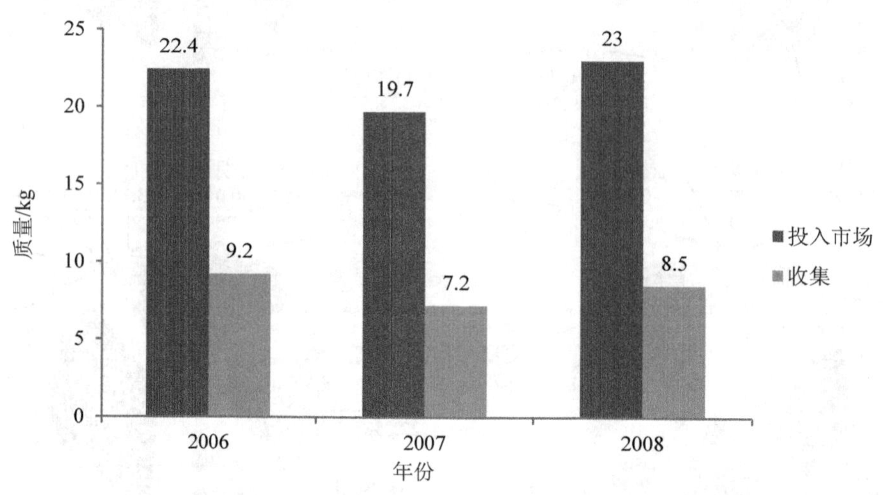

图 11-17 每个公民每年投入德国市场和收集的 EEE 量[①]

---

① Bundesministerium für Umwelt，Naturschutz und Reaktorsicherheit：Elektro-und Elektronikgeräte in Deutschland，http：//www.bmu.de/files/pdfs/allgemein/application/pdf/daten_elektrogeraete_2007_2008_bf.pdf；last accessed 22 May 2011.
Statistisches Bundesamt Deutschland：http：//www.destatis.de/jetspeed/portal/cms/Sites/destatis/Internet/EN/Content/Statistics/Bevoelkerung/Aktuell，templateId=renderPrint.psml；last accessed 29 May 2011.

收集率分布于在 7～9 kg，考虑到 PoM 高达 19 kg 以上，收集率仍有相当大的提高潜力。

WEEE 指令规定了每个公民每年从私人家庭收集 WEEE 的最低指标是 4 kg。ElektroG 采用了这个最低指标。由于图 11-17 表达了包括 B2B 设备的 PoM 和收集设备的收集量，表 11-4 只显示了来自私人家庭的收集量。

表 11-4　来自私人家庭的 WEEE 收集量

年份	2006	2007	2008
每个公民每年的来自私人家庭的 EEE 收集量/kg	8.7	6.3	7.8

德国超过了每个公民每年 4 kg 的最低收集指标。德国坐落于中部，但距离北欧国家很远。一些欧盟成员国没有达到每个公民每年 4 kg 的最低指标。然而，公平来说，特定的东欧的新成员国以前或一般来说投入市场的 EEE 数量很低。因而这些国家的 WEEE 产生量较低，因此，与西欧成员国相比，这些国家最低 4 kg 的指标是个很高的要求。WEEE 指令修正过程中正在讨论以投入市场的 EEE 比例为基准来确定收集率，原因之一是顾及各成员国之间的这些差异（2.3.7 节）。

除了最低收集指标，WEEE 指令还规定了分类收集的 WEEE 的最低回收和再循环指标（图 11-6）。ElektroG 采用了这些最低指标。表 11-5 显示了 2008 年德国 WEEE 处理达到的回收和再循环率。

表 11-5　2008 年德国 WEEE 的回收、再循环、再利用率（BMU，2011）

产品类别		回收率/%	最低回收指标/%	再循环率/%	最低再循环指标/%	整体设备再利用率（B2B 和 B2C 收集量的百分比）/%
1	大型家用电器	94	80	85	75	0.7
2	小型家用电器	92	75	73	65	1
3	ICT	95	75	82	65	3
4	消费品电子设备	94	75	80	65	0
5	灯具	96	70	75	50	63
5a	气体放电灯	99	80	99	80	0
6	电子电气工具	94	70	76	50	1
7	玩具、运动或休闲设备	93	70	77	50	2
8	医用设施	95	70	81	50	15
9	监测和控制设施	95	70	79	50	4
10	自动公用设施	96	80	92	75	7

2008 年，德国生产者收集的来自私人家庭的 WEEE 超过了最低回收和再循环指标。根据 BMU 2011，2006 年和 2007 年也是如此。

WEEE 指令 2003 不允许将整体设备的再利用计算到回收和再循环率里，但是零配件的再利用是计算到其中的。在整体设备再利用里，尤其是灯具的再利用率很高，这背后的原因无法澄清，但 BMU 2011 公布在过去几年里有同样的规律。

总而言之，德国超过了 WEEE 指令的最低收集、回收、再循环指标。每个公民每年 19 kg EEE 投入德国市场，表明收集率具有超越目前约每个公民每年 8 kg 的巨大潜力。

4.1.3 收集质量

PuWaMA 和生产者共同承担的责任导致 PuWaMA 和生产者回收方案的相互作用出现问题，影响了收集质量。

收取协调

在 ElektroG 最初实施阶段，市政收集点的容器收取工作并不顺利。2007 年 1 月，PuWaMa 抗议市政收集点 5%①的容器收取发生了延迟。这条长信息链，从 PuWaMa 经过信息交换中心和生产者，到达生产者的 ESPs（图 11-14）需要耗费时间运行。2008 年 2 月，容器收取只有 0.2%发生了延迟。

破损和分类错误的 WEEE

在 ElektroG 最初实施阶段，处理者控诉收集容器包含其他收集分类的 WEEE，例如，收集分类 5 的 WEEE 放在了收集分类 3 里。部分 WEEE 在到达处理阶段时已经破损。损坏的 CRT 电视机很难处理。损坏的 LCD 用品和冷藏冷冻设备需要特别关注，因为汞、CFCs 和 HCFCs 可能会释放到环境里。图 11-18 显示了一个有破损背光源的平板显示器的后部。

处理者表示，随着 ElektroG 实施，破损或其他损坏的设备增加了。市政收集点处理不当被认为是一个原因。WEEE 如旧电视被丢弃或扔掉，而不是把它们小心地放在容器里。ElektroG 实施前，PuWaMA 需要负责 WEEE 的进一步处理，而现在，他们将容器移交给生产者后，责任就结束了（Kramer，2011）。PuWaMA 没有为 WEEE 的收集和合理储存得到报酬，并且经常认为他们在为生产者免费完成这项工作。对生产者来说，他们与 PuWaMA 没有合约，因此没有驱动力进行强制改进。不论如何，收集质量问题阻碍了 WEEE 的充分再利用和再循环。

---

① Presseinformation Nr. 19/2008，3 Jahre ElektroG：http：//www.umweltbundesamt.de/ubainfo-presse/2008/pdf/pd08-019.pdf；last accessed 16 June 2011，in German language only.

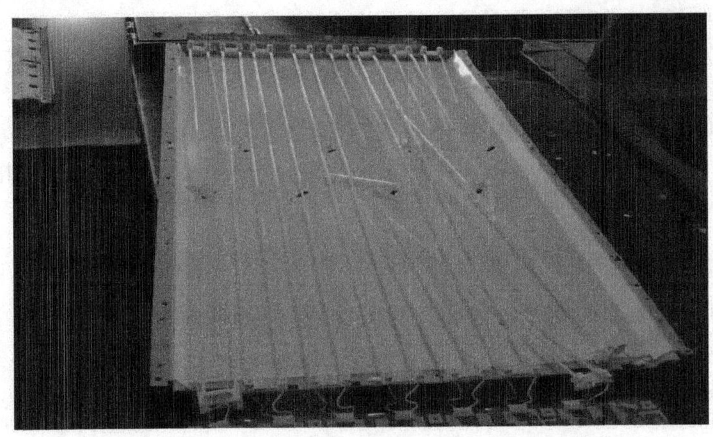

图 11-18 有破损背光源的平板显示器的后部[①]

同时，在基于 ElektroG 的 WEEE 管理 5 年多后，由于 ESPs 和 PuWaMA 处理者的密切联系和努力经营，情况似乎有所改善（Kramer，2011；Werth，2011）。然而，总体情况似乎是不均衡的。一些 ESPs 将与 PuWaMA 间的问题当作一个边缘遗留问题（Werth，2011），另一些报告坚持认为存在质量问题（Kramer，2011）。

4.1.4 处理质量

处理者控制和认证

ElektroG 2005 规定处理设施需要年度认证。这项认证应确保设施在技术上适合达到回收和再循环指标，所有需要计算和证明的回收率都以可核查的方式记录下来。该认证也验证了处理者计算回收和再循环率的方法。

审计工作必须根据 ElektroG 的规定，要求独立专家团执行。此类认证的最长有效期为 18 个月。根据 EfbV 1996 被认证为“Entsorgungsfachbetrieb”（专业废物管理公司）的设施被视为是经过认证的，如果设施遵守 ElektroG 规定通过了验证并被记录在认证书里。这类证书也要求年度审计。

处理 WEEE 的工厂可能会产生污染物排放或噪声。因此，根据德国《排放控制法》，建立废物处理工厂需要得到政府批准。该法案规定了严格的限制排放量，由主管部门进行监督和控制。

因而在德国，根据 ElektroG 2005、EfbV 1996 和《排放控制法》，处理者受到监督和控制，检测他们是否具备技术和组织能力，以及环境友好地处理 WEEE 的先进专业知识。

① Dr. Jaco Huisman，United Nations University.

这样的控制和审查有利于评估处理者达到处理成效的能力。然而，在没有审查者就位时，没有手段可以控制处理者在日复一日的工作中是否和如何利用他们的能力。最终，生产者对WEEE无害化处理负责，他们也会监督他们的处理者。暗访控制可以改善这种情况。Kramer（2011）指出，一些生产者确实经常仔细地检查他们的处理者，同时有些生产者没有做任何进一步的检查措施。

有怀疑者称，一些处理者可能没有或没有充分遵守WEEE指令附录II规定，如清除包含危险物质的成分和具体处理要求。例如，很难证明一个处理者是否在没有移除背光源里的汞的情况下，就砸碎了整个LCD显示器。这样不守规定的行为能够节省手工拆卸LCD显示器的昂贵成本，少量汞会挥发并在废物流中被稀释。

尽管有上述的控制和认证手段，疑虑依然存在，激烈的竞争和生产者对处理质量的不关注可能会导致一些处理者不完全遵守WEEE指令和ElektroG的规定。由于这种不守规定的行为很难证明，不公平竞争可能会导致处理质量竞争下滑。

计算回收率和再循环率

无论在德国还是全欧盟，没有普遍采用又公认的方法来确定如何计算回收率和再循环率。这项计算可能是基于统一指标。根据Kramer（2011）的研究，在德国最普遍使用的是源于Gallenkemper（2008）的文档“Praxishilfe Erstbehandlung nach ElektroG”（根据ElektroG，给初级处理者的实践帮助）。例如，一个硬盘驱动器经过预处理进入再循环阶段，被认为是80%再循环率和20%能量回收率，而导致了100%回收率，独立于冶炼的实际性能。Gallenkemper（2008）的数据与实际的回收和再循环性能数据是相结合的。这个过程有利于弥合数据空白，是实用性和准确性的折中，以便于减轻处理者的一部分官僚政治负担。最终，每个处理者可能有自己的计算方法。但是，计算方法是处理者认证的一部分。

4.2 德国生产者回收方案的运作

如3.1.2节所述，德国生产者可能建立个体品牌选择性（IBTS）、非选择性回收方案（INTS）或集体回收方案（CTS）。实践中，德国生产者更倾向于非选择性回收方案。

4.2.1 个体非选择性回收方案

德国个体非选择性回收方案是常见情况。生产者享有个体选择ESPs和处理者的自由，而且竞争导致价格很低。如果生产者直接和EoL服务提供者（ESPs）订立合约，他们可以制订自己的质量要求，有自行选项与以最低价格达到要求的ESPs签约的最大自由。因而生产者可以直接影响EoL处理。在向ESPs招标、签约过程中，生产者能够深入了解总EoL

成本的产生和构成，从而能够最大限度地控制成本，减少财务资源的滥用（Bellenberg，2011）。

这种方法的不利之处是，实施 INTS 的生产者需要自行建立行政管理部门来管理其负责的 WEEE。例如，一个德国家用电器的大生产商为这个任务建立一个有 5 个雇员的部门。而集体回收方案涵盖整个国家范围，只需要 25 个雇员。在这一点上，德国国家系统使小型生产商处于劣势。相对于他们的公司规模来说，小型生产商的行政负担过高，而且由于投入德国市场的 EEE 数量少，他们无法实现 WEEE 规模的经济效益，使这些 WEEEEoL 的价格高（Bellenberg，2011）。由于集体回收方案在德国并不普及，他们无法参与这样一个系统来降低成本。

另外，对于实施 INTS 的生产者来说，质量控制是复杂的。大多数处理者处理来自于几个生产者的 WEEE，原因是与集体回收方案相比，单个生产者的 WEEE 数量相对较少。因此，检查单个生产者是否遵守最低回收和再循环指标的规定是一项复杂的任务。在德国，生产者与其他相同 WEEE 收集分类的生产者一起做这项检查。为了保护 ESPs 和处理者竞争信息，生产者与第三方审计订立合约，来实施这个控制手段（Bellenberg，2011）。

因此，一方面，INTS 使生产者将价格保持在竞争水平。严格对待延伸责任的生产者能够影响处理质量，并且完全地监督其 ESPs。另一方面，INTS 很难在小型企业实行，并且将生产者置于提高 ESPs 成本压力来换取质量的位置上。

当实施 INTS 的生产者回收所有品牌的 WEEE 到自己的收集分类里时，INTS 没有能够促进设计改进的财务激励性。

4.2.2 集体回收方案和个体品牌选择性回收方案

在德国，联邦卡特尔局（FCA）限制了集体回收方案（CTS）实施的市场（Bundeskartellamt，2005）。FCA 的规定排除了 CTS 在德国涵盖某一收集分类的所有 WEEE 的可能性，甚至限制了整个德国 WEEE 的产生。

目前，除了很多 INTS，只有 1 个 CTS 在德国市场上实行，回收灯具例如 LED 和紧凑型荧光灯（节能灯）。[①] 9 个灯具生产商执行这项 CTS。这不违背 FCA 规定，因为德国市场上有更多生产者不是 CTS 的成员。FCA 显然不认为这样的 CTS 会不利于竞争（Bundeskartellamt，2005）。

在大多数欧盟成员国中，大规模集体回收方案（CTS）是常见形式，只有 1 个或几个 CTS 在国内运行。如前文所述，CTS 具有成本效益，因为减少了单个生产者的行政负担。CTS 为其成员与 ESPs 和处理者订立合约。与 INTS 相比，他们管理大量的 WEEE。因此

① lighcycle：http：//www.lightcycle.de/；last accessed 30 May 2011.

他们具有规模性经济效益，导致在与 ESPs 或处理者谈判时处于强势地位。然而，竞争是不完全的，因为 ESPs 和处理者只有 1 个或几个潜在商业合作伙伴，导致买方垄断。这些国家的生产者没有太多选择，如果他们不想建立个体品牌选项性回收方案。

对于集体回收方案，控制其订立合约对象要比在 INTS 中更加容易。CTS 从多种多样的生产者获取大量的 WEEE，因而法律规定可以适用于集体，而非每个个体生产者（Bellenberg，2011）。但是，ESPs 和处理者更希望第三方控制，来保持他们的竞争信息的保密性。

德国和其他欧盟成员国中都没提及有个体品牌选择性回收方案（IBTS）。生产者需要为 PuWaMA 从一般 WEEE 中分拣出其品牌的废弃设备并单独存放而提供资金补偿。规模性经济效益难以实现，导致处理成本高。IBTS 实施也是受到限制的。德国约有 10 000 个注册的生产者，PuWaMa 不能提供足够的空间来放置 IBTS 单独分类的容器。另外，生产者可以实施收集来自私人家庭和销售商的 WEEE，然而，这又会成为一个成本动因。

与 INTS 一样，CTS 没有能够促进设计改进的财务激励性，因为这类方案回收所有在其收集分类里的生产者的 WEEE。IBTS 设有这种激励性。但是，高成本和实际条件的约束，使 IBTS 不受生产者关注。

4.2.3　运输和处理费用

图 11-19 提供了德国 5 个收集分类的 WEEE 的报废费用概要。

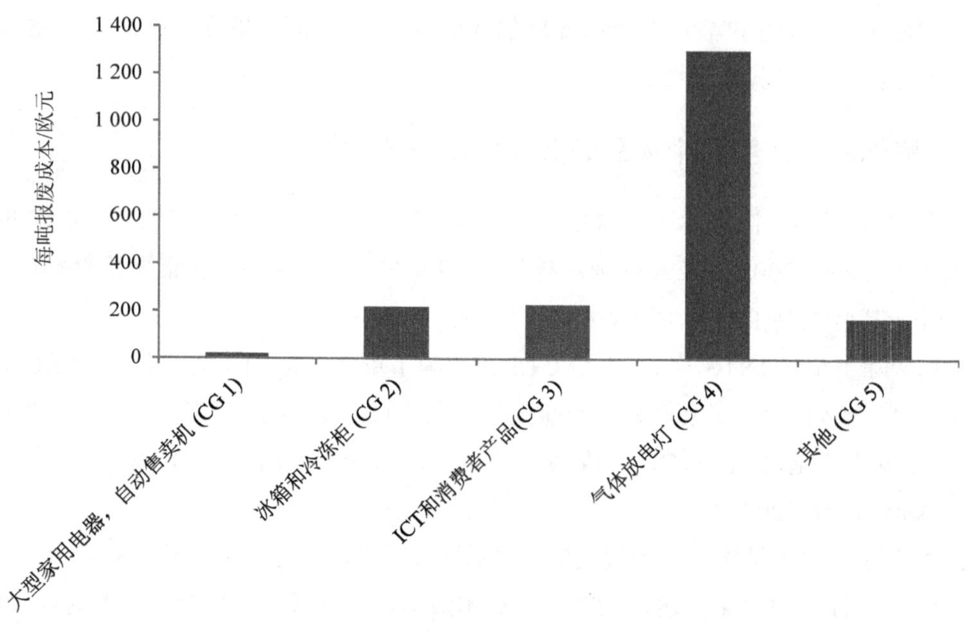

图 11-19　德国 WEEE 报废费用（2010 年 9 月）①

① Stiftung EAR，http：//www.stiftungear.de/e47/e129/e1222/e1223/regeln1243/Garantiedaten_ger.pdf，last accessed 15 June 2011.

这些费用涵盖了 WEEE 运输、储存和处理，从容器在市政收集点被收取开始，因此不包括 PuWaMA 为 WEEE 收集付出的费用。这些费用包括销售再循环材料的回报，因此取决于原料价格。2010 年 9 月，没有任何收集分类在处理时产生经济效益。不同欧盟成员国处理 WEEE 的费用已不可考。

4.3 德国转移优先权的表现

将 WEEE 指令 2003 转换为德国 ElektroG 并实施，目的在于促进竞争，避免逃脱责任和区域化。这些目标能够最大限度地实现。

促进竞争

伴随着 10 000 个注册的生产者、对 EoL 服务的需求和众多 ESPs 提供服务，众望所归的德国市场的完全竞争能够实现。与大多数其他欧盟成员国实施 1 个或几个集体回收方案不同，生产者有单独组织 WEEE 回收的自由。这样做是否能够降低或降低多少费用无法考察，因为有置信度和对比性的不同欧盟成员国的 WEEE 报废费用数据已不可考。

避免逃脱责任

大约 10 000 个[①]在德国市场投放 EEE 的生产者被 EAR 登记注册。联邦环境署（UBA）严格追查逃脱责任者。这些逃脱责任的生产者未经注册仍然把 EEE 投放入德国市场，因此逃避了与其产品报废相关的财务和其他责任。他们可能被处以高达 5 万欧元罚款（ElektroG 2005）。这样的生产者数量明显减少，自从 ElektroG 初步实施，UBA 加紧了控制。[②]"Bundesnetzagentur"（联邦网络局，FNA）在这项任务中为 UBA 提供了支持。除了其他任务，FNA 还监测投入德国市场的 EEE 是否符合一定的技术产品的具体要求[③]。在控制期间，FNA 还额外检查 EEE 生产者是否能够清晰地识别并注册在案。

除了这些机构，竞争者可以以破坏公平竞争为由起诉这些逃脱责任者，根据 ElektroG，这样可能会导致对未注册者处以高于 50 000 欧元的罚款。

避免区域化

信息交换中心 EAR 成功地避免了区域化，因为每个生产者都必须在全德国境内收取

---

① Presseinformation Nr. 19/2008，3 Jahre ElektroG：http：//www.umweltbundesamt.de/ubainfo-presse/2008/pdf/pd08-019.pdf.

② Presseinformation Nr. 19/2008，3 Jahre ElektroG：http：//www.umweltbundesamt.de/ubainfo-presse/2008/pdf/pd08-019.pdf.

③ Marktaufsicht für elektrische/elektronische Produkte durch die Bundesnetzagentur ; http : //www.bundesnetzagentur.de/SharedDocs/Downloads/DE/BNetzA/Sachgebiete/Telekommunikation/TechnischeRegulierung/InverkehrbringenGeraeteEMVGFTEG/HinweiseElektronischeProdukteInternetID15065pdf.pdf? __blob=publicationFile；last accessed 6 June 2011（in German language only）.

废物容器，既包括高运输费用的乡村地区，也包括城市地区。EAR 分配容器给个体生产者的方案已经出版①，因而分配机制已经透明化。

ElektroG 留给 PuWaMA 一个选项，接管生产者整体收集分类的责任（如“WEEE 移交给生产者”所述）。PuWaMA 在收集分类上利用了这种选择性，基于原材料价格产生了整体经济效益。因而生产者将 PuWaMA 选项视为区域性收取，将 PuWaMA 视为至少是他们付出的 WEEE 收集相关费用的部分补偿。一个更加系统化的收集财政，例如基于在销售点付出的费用，能够补偿没有选择的 PuWaMA，避免区域化，同时鼓励促进更多更好的收集。这个提议的细节，将在第 4.5.1 节介绍。

4.4 欧盟越境输出 WEEE

如上述章节所示，有大份额的 WEEE，可能是产生量约 50%的 WEEE 没有进入公共 WEEE 管理系统。对于这些设备的去向没有明确的说明。其中一部分出口到了欧盟以外的国家。Espejo（2011）介绍了德国的非正规部门，除了其他，还包括非正规收集者、非正规收集点和出口者。通常情况下，来自进口国但居住在德国的人们组织这些出口活动。Espejo（2011）发现，出口设备主要来源于企业消费者。另一个来源是街道收集。如果 PuWaMA 组织私人家庭收集，个体用户将 WEEE 放在街道上。这些非正规收集者在正规收集者之前走遍街道，取走设备。非正规收集者也会直接从个体用户处收集旧 EEE，有时甚至为此付款。Espejo（2011）没有明确的证据表明流出正规机构，进入非正规部门的 WEEE 相关数量。企业消费者、接收组织，当然还有非正规收集者都没有将这些数量告知信息交换中心 EAR 的责任，这至少为一部分数据空白提供了解释。因此德国有很大一部分 WEEE 没有进入正规的公共 WEEE 管理系统。

Sander（2010）指出，每年有约 15.5 万 t WEEE 出口到德国境外，范围在 9.3 万～21.6 万 t。主要的出口设备类型有显示器、电视机、冷藏和冷冻设备、计算机及小型电子设备，如烤面包机、混频器和剃须刀。然而，这些数据有很高的不确定性。这些出口的主要目的地是发展中国家，例如尼日利亚、加纳、中国、印度和越南。

将 WEEE 转移到发展中国家或正在进行经济转型的国家是一种可以在所有发达国家观察到的现象。欧盟已经将巴塞尔公约纳入法律，因此禁止向发展中国家出口 WEEE。出口背后的动因是这些设备在接收国家具有再利用价值。在德国，1 个手机具有 1 欧元的材料价值，对于 CRT 电视机，无害化处理费用高于再循环材料的销售费用就可以抵偿。Odeyingbo（2011）量化了价格，未经测试的手机在尼日利亚至少 5 欧元，电视机 17～35 欧元。这些设备装在容器里，被装载着旧电子电气设备的船运走，或与旧车一起出口。

① Stiftung EAR：Calculation of market shares and container allocation；http：//www.stiftungear. de/e1767/e1044/e2235/051123Berechnungsweise_ger.pdf；last accessed 13 March 2011；available in German language only.

Odeyingbo（2011）计算得出，每个容器进口到尼日利亚可以创造几千欧元的效益。这个情况与进口到其他发展中国家相似。

Espejo（2011）指出，港口处的控制最低。另外，出口 WEEE 被标记为再利用 EEE。然而根据巴塞尔公约，出口 WEEE 是违法的，越境船运再利用的二手 EEE 是合法的。然而在港口，功能性的设备很难从非功能性的 WEEE 中区分出来。即使装载容器被控制起来，非功能性设备废物从容器中被检测出来，一般也不会对出口商进行起诉。出口商需要收回在其成本内的容器，稍后可能在同一个或另一个港口再次尝试出口（Espejo，2010）。

虽然很大一部分出口设备确实被再利用了，但当失去再利用价值时，WEEE 的再循环和倾倒就会导致发展中国家严峻的环境和健康问题（Odeyingbo，2011，StEP-倡议）。

4.5 改善和激励性措施

目前德国和其他欧盟成员国的 WEEE 管理系统不提供遵守规定和改进提高的激励性措施。更高的收集率和更好的收集质量会提高 PuWaMA 和生产者的成本，PuWaMA 和生产者必须承担分类收集的 WEEE 的运输和处理费用。

尽管如此，目前的 WEEE 管理系统需要改进提高。除了其他任务，更高的收集率、更好的收集质量和 WEEE 处理的更加透明化是紧迫的任务。

4.5.1 提高改善收集成效

提高收集率

目前，只有 50%的 WEEE 产量在公共 WEEE 管理系统中被分类收集和处理。在公共 WEEE 管理系统之外的收集处理不太可能是先进的处理。另外，大部分从德国出口到发展中国家的 WEEE 没有进入公共 WEEE 管理系统。因此，达到更高的收集率是一个很重要的目标，特别是对于 WEEE 很重要，这可能会导致污染或资源损失。例如：

- 冷藏冷冻设备，产生的 CFCs 和 HCFCs 会导致全球变暖和平流层臭氧层损耗。
- 所有 WEEE 都有高含量的贵金属，例如计算机和手机。

所有对 WEEE 指令中收集目标的评估方案中指出，在大部分欧盟成员国里，收集指标应高于现有的每个公民每年 4 kg 的指标，如第 2.3.7 节所述。达到这些指标的措施可以是：

- 提高收集设施和消费者的相似性。

直接从提供 WEEE 的私人家庭将消费者与生活垃圾一起处置的小型 WEEE 和其他废物一起收集，下一个阶段再将 WEEE 分拣出来做进一步处理。类似于“Wertstofftonne”和“Gelbe Tonne Plus”（如“私人家庭废物分类”所述）的方法，直接从私人家庭将小型 WEEE

一起收集可能是个可行的办法，即使也有人对这个概念表示担忧（Bünemann，2011）。[①]

- 强制要求零售商和销售 EEE 的店铺回收 WEEE。
- 要求收集者定期进行私人家庭 WEEE 收集工作，例如 1 年 1 次。然而，必须考虑到这类收集是向发展中国家出口的旧电子电气设备的主要来源（Espejo，2011）。
- 收集者，无论是 PuWaMA 还是回收方案，可以被要求向零售商提供“一站式服务”，来降低他们向公共系统移交 WEEE 的门槛。零售商只需要通知负责其他一切事物的收集服务提供者。
- 德国 PuWaMA 需要加强提高消费者意识的宣传活动。

财务激励

欧洲议会（European Parliament，2010）提出在销售点征收费用来提高收集效果。征收的费用将用于提高消费者意识的宣传活动，来提高 WEEE 收集数量。另外，这些资金拟用于酬劳 PuWaMA 来激励提高收集质量。如图 11-21 所示的薪酬模型能够提供更强烈的激励效果。

收集者的薪酬可以按照累进式计算。收集 WEEE 每公斤的费用随着整体收集数量升高而上涨，并移交给可预见的下游运营商（图 11-21 费用 A）。

费用上涨还需要考虑环境优先作用。对于包含危险材料或昂贵材料的 WEEE，费用上涨可以始于一个更高的起点，另外，这样可以更剧烈地触发更多收集者（图 11-21 费用 C）。

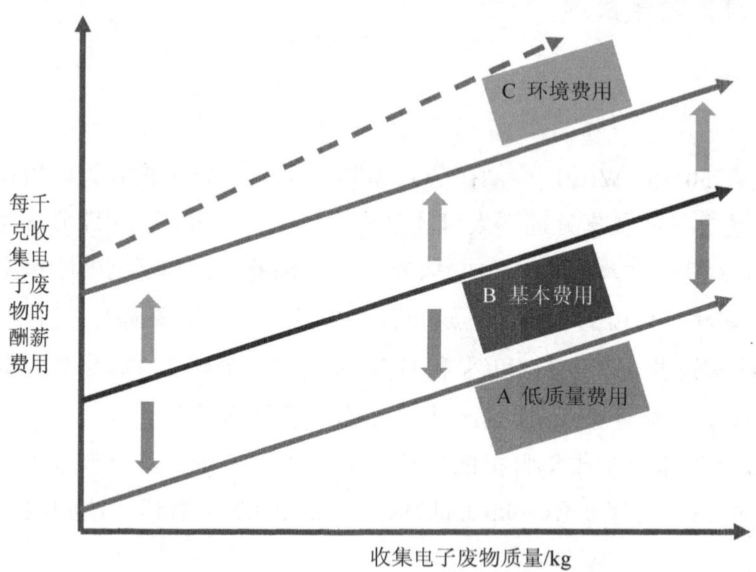

图 11-20　提供收集动力的薪酬模型

① Bundesverband Sekundärrohstoffe und Entsorgung e. V.，http：//www.bvse.de/11/4609/Kein_Elektronikschrott_in_die_Wertstofftonne；last accessed 16 June 2011，in German language only.

WEEE 收集质量也要纳入考虑，特别是环境性敏感产品。破损的 WEEE，例如 LCD 平板显示器、紧凑型荧光灯、包含 HCFCs 和 CFCs 的冰箱和冷藏设备，都会导致薪酬下降（图 11-20 费用 B）。

在评估管理成本、其他缺点和这个薪酬模型的环境效益及其他效益之后，上述建议可能会成为 WEEE 收集标准的一部分。

4.5.2 高效处理 WEEE

质量标准

WEEE 处理质量标准被认为是提高处理质量，创造质量市场透明度的一种方法。这项标准的目标在于实行法律要求，使处理者的法律行为是可检查的。实例是处理厂的质量平衡。如果进入处理阶段的 WEEE 中的汞平均含量被定期评估，它可以与工厂移交给其他处理者进行下一步处理的废物的汞含量做对比。这至少是个有置信度的检查。相关质量标准已经实施，例如 R2 2008 和 e-Stewards 2009。另一个针对整个欧洲的标准，WEEELABEX 2011，刚刚出版。但由于所有活动规范化成为合法的关键，运营商额外的行政负担是一个明显的劣势。

但是，全面发展需要 EEE 整个报废系统的规范化。预处理之前已经损坏的设备不能够被完全处理（Deubzer，2010）。欧洲议会 2011 已要求欧盟委员会为欧盟开展这类标准的制订工作。

以财政激励措施促进环保设计

德国 WEEE 管理系统超过了 WEEE 指令和 ElektroG 规定的最低收集指标和最低回收、再循环指标。然而，最初建立延伸生产者责任来激励环保设计的想法并没有实现，无论在德国还是其他欧盟成员国。德国生产者的 INTS 和 CTS 收集所有品牌的 WEEE（图 11-9）。生产者投资于环保设计并不能比同一收集分类的竞争对手获取更多的收益。一般生产者更倾向于 INTS 和 CTS 而非高成本的 IBTS，包括德国注册的约 10 000 个生产者。因为基准设施的空间限制，IBTS 不能适用于所有生产者。

欧洲议会 2010 要求 EEE 测试是否具备合理的报废设计，设计良好的 EEE 可以接受报废价格下降。这个要求即使在生产者 CTS 组织模式下也可以实施。这个方法会妨碍生产者回收方案制定报价。目前仍然不清楚这个建议是否会被修正 WEEE 指令采用。需要全面评估这个方法在不同欧盟成员国的实施条件下，是否实际，是否能够有效激励环保设计。

回收率和再循环率的统一计算

如“计算回收率和再循环率”所述，回收率和再循环率在德国境内和各欧盟成员国之间的计算方法是不统一的。因而这些处理成效并不一定反映真实情况。WEEE 指令规定，所有欧盟成员国将其处理成效数据报告给欧盟委员会。这些数据在一个文件里出版[①]，即使它们是基于不同的计算方法。因此迫切需要欧盟统一计算回收率和再循环率的方法。可对比的处理成效能够促进不同处理者和不同成员国之间的竞争，以达到更高的处理成效。

5 WEEE 处理的技术、经济和社会生态学原则

WEEE 处理的根本目标在于污染防治和资源再循环。

5.1 WEEE 处理的基本目标

5.1.1 污染防治

WEEE 可能包含危险废物。处理 WEEE 目的在于防止这些危险物质释放到环境中。

部分危险物质能够随着来自 WEEE 的其他材料一起再循环。它们仍然存在于技术范围里可以进一步利用，从而被控制，不释放到环境中。这种危险物质的实例是重金属如铅和镉。其他 WEEE 中的物质，如冷藏冷冻设备的 HCFCs 和 CFCs、某些电容里的 PCB，是无法再循环的。它们必须从 WEEE 物质流里分离出来，焚烧，来预防污染。

危险成分、制剂和物质可以被脱除：

- 在初级处理阶段，粉碎和机械分离、初始脱除之前，例如，通过 WEEE 设备拆卸或手工拆除。
- 在后续处理过程之中或者之后过程一体化脱除。

在进一步处理之前的脱除是必不可少的，如果以下条件中至少一个发生：

①危险物质或成分不能在随后的处理过程受到控制，因此有可能在处理过程中或从所得级分或材料中释放到环境里。

②这些物质或成分以其他方式干扰 WEEE、级分或材料处理过程，在初级或后续流处理中会严重干扰再循环材料的质量。

③这些物质或成分可能最终会停留在焚烧站或垃圾填埋场，但这些设施不具备接收它们的功能。

④这些物质或成分可能最终会停留在焚烧站或垃圾填埋场，即使再循环是更好的有利于环境的选项。

这些来自 WEEE 的危险物质或成分在初级阶段脱除是必不可少的，如果：

① Eurostat：WEEE – Key statistics and data：http：//epp.eurostat.ec.europa.eu/portal/page/portal/waste/data/wastestreams/weee；last accessed 24 June 2011.

①危险物质或成分能够被安全地控制、隔离和脱除，在回收和再循环操作中或之后达到充分的程度。

②如果这些脱除的危险物质随后可以处理、焚烧、处置，处理过程与之前将这些物质从 WEEE 中分离出来相比，能够防治污染到一定程度。

WEEE 指令 2003 附录 II 规定了来自 WEEE 的某些危险成分和物质。

5.1.2 再循环

所有再循环活动的基本目标都是从废弃产品中获取一定质量的尽可能接近原材料性能的材料。这些二次材料有较高的再利用价值，能够代替昂贵的原材料，因而与低质量的二次材料相比，具有较高的环境价值。由于产品一般包含不止一种物质或材料，将产品中的物质或材料分成不同级别，从而使它们得以再循环，是所有再循环活动的一个关键。对于 WEEE，分类是一个特别艰难的任务，因为废物组成复杂。[①]

5.2 WEEE 处理

以下章节将对德国 WEEE 处理进行了概述。有效的额外技术信息可以在（VDI 2 343）中查询。

5.2.1 处理概观

图 11-21 总体表明了欧洲 WEEE 处理，包括预处理和材料再循环。

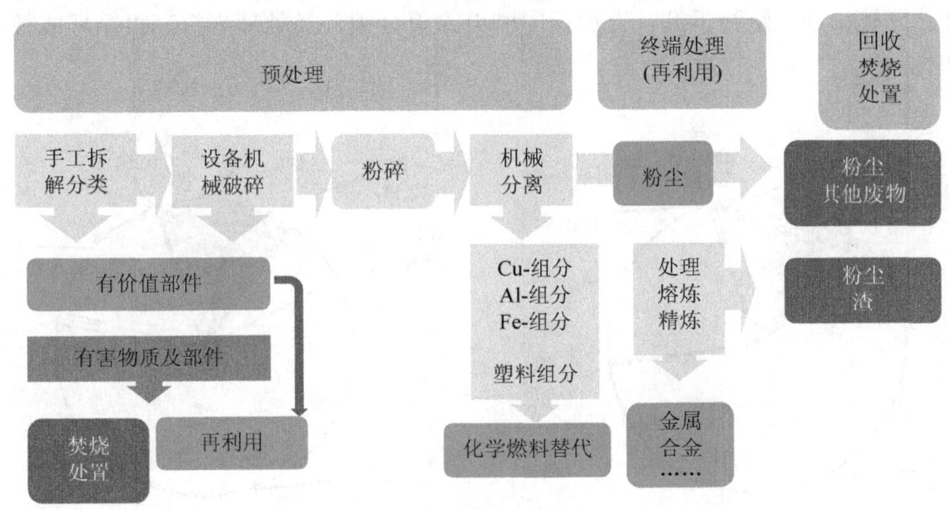

图 11-21 WEEE 处理概观

① StEP-Initiative: What is e-waste, http://www.step-initiative.org/initiative/what-is-e-waste.php; last accessed 20 June 2011.

关系图表明了一个原则，处理者需要根据处理的 WEEE 类型，适应和改进他们的操作技术和专业知识。图 11-24 表明了这类预处理过程的一个示例。

脱除危险成分和物质

根据收集的 WEEE 的组成，预处理可能开始于人工分类。例如，收集分类 3 包括 ICT 和消费品电子设备，造成了不均匀混合的 WEEE。对于部分这类设备，WEEE 指令 2003 附录 II 规定了具体处理方法和危险物质的脱除。例如收集分类 3 里的 CRT 电视机、包含汞的背光源的平板显示器、电池。这些设备必须在进一步处理前，从收集分类 3 的 WEEE 里分拣出来。否则危险物质无法被控制，可能会释放到环境中。危险物质和成分会在具体处理之前从 WEEE 中分离出来，它们可能会：

- 再循环，例如汞和电池。
- 焚烧，例如含有 PCB 的电容。
- 在特定堆填区进行处置，例如，从 CRT 电视机里分离出来的磷层。

脱除危险成分后，体积庞大的设备会进入粉碎和机械分离过程，或者破碎处于过程中的设备。例如，来源于空调和冷藏冷冻设备的压缩机，冷却液被去除，压缩机被分开处理。

有价值部件的单独处理

WEEE 设备如计算机和手机可能包含印刷电路板及其他元件，含有大量贵金属。图 11-22 示例了高级印刷电路板和普通印刷电路板的组成对比。包含这类高级印刷电路板的设备会被分拣出来，进行拆卸。而后该印刷电路板会被分类处理来提高再循环成效（如第 5.2.3 节所述）。

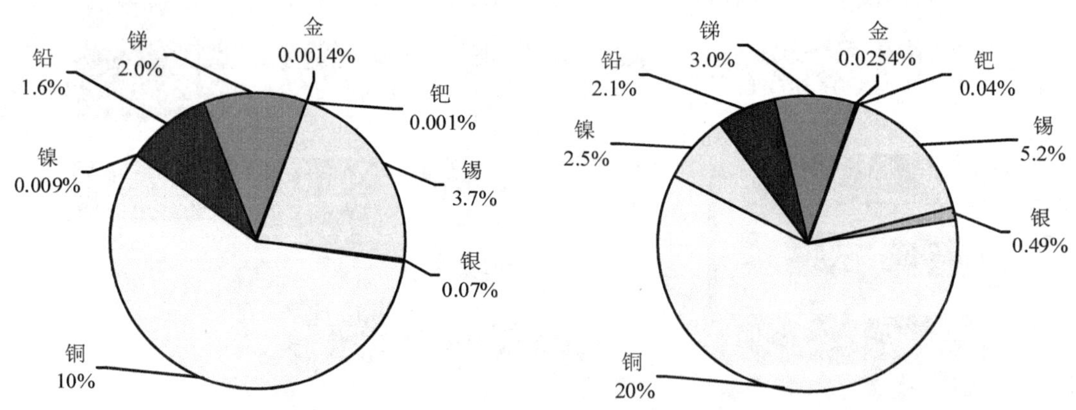

图 11-22 普通（左）和高级（右）印刷电路板含有的不同金属比例示例

注：100%中缺失的百分比：环氧树脂、玻璃纤维、塑料和其他金属（Deubzer，2007）。

大部件组成的均质材料如电视机塑料外壳也可以脱除，避免了低质量循环。这些脱除的部分可以回用替代质量相近或与原材料相同的材料。

这些部分或者直接从 WEEE 中手工脱除，或者在拆开设备但不损坏构件的机械分离过程之后脱除。而后电池、PWBs 和大型均质材料会更容易处理。

粉碎和机械分离

WEEE 的粉碎是机械分离的前处理工序。切碎是最常见的粉碎手段。机械分离会产生 4 种碎片：

- 铝碎片；
- 铜碎片；
- 铁碎片；
- 塑料碎片。

3 种金属碎片会进一步处理，准备在冶炼厂再循环利用，或直接进入冶炼过程。其中最重要的是铜碎片。

预处理和再循环过程产生的残余物主要来自于烟气过滤器。这些残余物含有金属。来自产品的玻璃，例如洗衣机、扫描仪、复印机和小型显示器，会在粉碎过程中被碾碎。大部分最终会在过滤器里和其他残余物或金属碎片混合在一起（Kramer，2011）。根据金属价格和过滤器残余物的组成，金属会从残余物中被分离再利用。另外，残余物会在填埋场进行处置。

5.2.2 预处理附产物的处理

铜碎片

除了铝和铁，铜碎片是所有金属碎片中的目标对象。铜冶炼可以再循环高比例、高质量的多种不同的金属。图 11-23 表明了铜冶炼的再循环成效。数据可以追溯到 5 个不同的欧洲铜冶炼厂的平均值，包括过滤器残余物处理和其他冶炼厂的其他碎片，例如锡冶炼厂。

图 11-23 表明，铜和贵金属（PMs）金、银、铂和钯可以从这些铜碎片中得到很好的再循环成效，再循环率达到 95%以上。对于其他金属，再循环率会降低。

铜和 PMs 能够以与原生金属单质相同的纯度和质量被再循环利用。镍可以作为硫酸盐形式再循环，例如用于电镀。大多数其他金属离开铜冶炼厂时，都会是合金形态例如锡铅合金，或者盐形态，源于此，金属可以在其他工厂进一步处理时进行再循环。

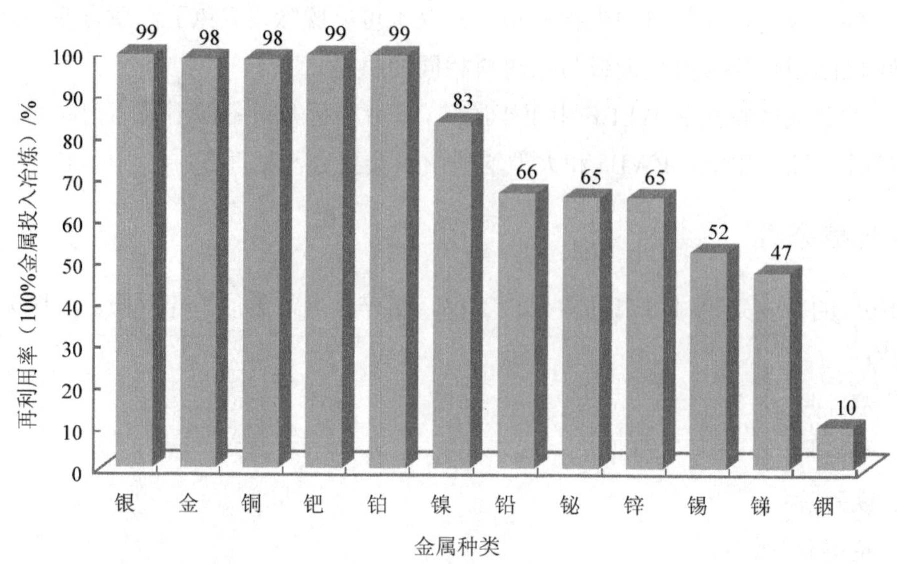

图 11-23 来自 WEEE 铜碎片的金属再循环率（Deubzer，2007）

铜碎片包含一定量的塑料、铁和铝。这些金属不能在铜冶炼时再循环，但会变成矿渣。塑料在冶炼过程中被完全燃烧。

来自铜和其他冶炼的矿渣被用于道路结构或矿井回填。

其他碎片

塑料碎片包含混合的不同的塑料，例如在德国水泥窑焚烧，这些碎片可以取代化石燃料。工厂必须设置先进的烟气清洁技术，否则二噁英和呋喃可能产生并排放到环境中。塑料碎片包含一定量的铜，会催化这些塑料合成二噁英和呋喃，特别是那些含有如 PBDEs 与 PBBs 的被 RoHS 指令 2003 禁止的溴代阻燃剂。在 2006 年 7 月以前，这些阻燃剂用于投入市场的 EEE 是合法的（Wäger，2010）。另外，先进的分拣技术可以用来区分塑料和提高其再循环性。①

铁碎片和铝碎片可能在最终再利用前，进行进一步筹备处理。与铜碎片不同，其他金属污染物如铅、锡和铜不能轻易脱除，而且再循环材料的质量要低于原生金属材料。

图 11-23 所示的铜、PMs 和其他金属来自铁、铝和塑料碎片时，正常情况下是不能进行再循环的。

① Markowski，Jens，BTU Cottbus，Germany：Rückgewinnung von Kunststoffen aus Elektronikschrott，https：//www-docs.tu-cottbus.de/aufbereitungstechnik/public/Poster/PosterKunststoffrecycling.pdf；last accessed 25 June 2011，in German language only.

5.2.3　预处理的表现

粉碎是机械分离的前处理工序。WEEE 设备被破碎和粉碎。机械分离是几个过程的组合，用于分离可利用的材料。图 11-24 显示了这个过程的一个示例。

特定的金属只能从某些碎片中提取出来再循环。因此，粉碎和机械分离起了关键作用，直接导致每种金属进入其碎片集合，从而使其能够再循环，并且将塑料从这些金属中分离出来组成塑料碎片集合。金属碎片集中的高含量塑料会导致冶炼传热出现问题。

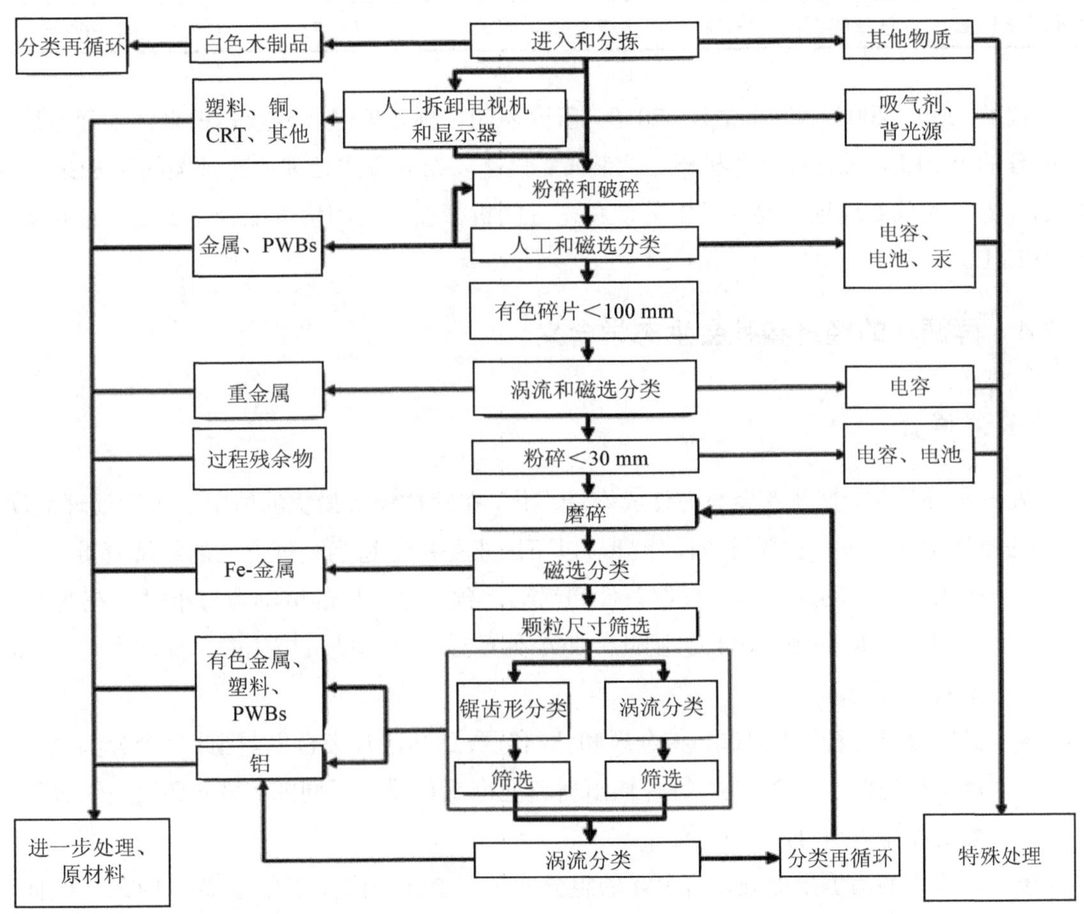

图 11-24　粉碎和机械分离预处理示例（EMPA，瑞士；修正后）

Chancerel（2009）评估了德国先进的 WEEE 预处理工厂对金、银、钯和铜的提取成效。工厂处理收集分类 3 的 WEEE。包含在处理 WEEE 铜碎片中的金和钯只有 26%被提取出来，银只有 12%。其余的分布在其他碎片或残余物中，不太可能再循环。对于铜和铁，这个过程的效率有所提高。这个过程成功地从铜碎片中导出了 60%的铜，从铁碎片中导出了

96%的铁。这个过程及其运行方式对铁取得了良好的效果，对铜取得了可接受的效果，但明显不足以完全处理富含 PM 的组分。

Schöps（2010）评估了 1 个德国和 1 个奥地利预处理商对 PCs 的商业处理方式。富含 PM 的组分，如主板、插件卡和连接器，在粉碎前就被机械或手工脱除（图 11-21），并直接在铜冶炼中处理。表 11-6 结果表明，这种处理极大地提高了 PMs 再循环性能。

表 11-6　铜冶炼脱除和直接处理富含 PM 的成分时，金、银、钯的再循环率（Schöps，2010）

	金	银	钯
处理 WEEE 中占总量的再循环率/%	70～80	49～75	41～66

Chancerel（2009）和 Schöps（2010）研究表明，预处理需要专业知识来使处理方法适应处理的 WEEE。设置粉碎和机械分离装置，只是以相同方式处理所有种类的 WEEE 是不够的。优良的预处理过程要求手工劳动和先进的机械技术互相协调配合，来处理每种类型的 WEEE。

5.2.4　再循环的经济和社会生态学含义

基本经济要素

在竞争环境中，处理者会努力使成本最小化，在整体经济最优的情况下进行处理活动。除了法律规定的处理，如脱除危险组分，以下因素是决定适当处理方法的经济基准：

- 德国人工劳动成本高。根据条件和活动，预处理工厂的劳动者每小时要花费 12～22 欧元（Kramer 2011）。因此，整个处理过程是高度机械化的，处理者尽可能减少人工劳动。
- 机械分离过程不能 100%将金属和塑料分类到其碎片集合里。因此每个分离过程的效率都是低于 100%的。每种输出材料的准确质量是不同的，另外还取决于过程的类别和输入组分。
- 直接在铜冶炼里处理富含 PM 的组分避免了 PMs 流失，因此提高了收入。然而，这些组分必须从废物流中分离出来。这需要额外的处理过程，特别是人工劳动，导致了额外的费用。
- 铝和铁不能在铜冶炼中回收。如果这些组分直接在铜冶炼中处理，来自铁和铝的收入会降低。

因此，只有来自于避免 PM 流失的收入能够补偿额外人工费用和无法在铜冶炼中回收的金属的损失费用时，直接在铜冶炼中处理组分才具有经济可行性。

这个经济要素同样适用于任何种类的组分分类如大量铁、铝的部分。来自于销售分离组分的收入必须能够补偿额外的分类过程中的费用，使整个操作工程具有经济可行性。

在其他情况下，处理者会选项机械过程来处理整体设备，除非法律规定要求脱除某些物质或成分，或者 WEEE 中的特定组分会干扰粉碎和机械分离。如 Chancerel（2009）所示，对于铁和铜，先进的粉碎和机械分离过程会对低 PMs 含量的 WEEE 产生良好的效果。

生态要素

处理程序中，经济驱动的决策方式也会影响处理的生态平衡。PMs 是稀有金属，具有巨大的生态影响。与大量金属如铁和铅，以及铜、铝相比，PMs 的开采和提炼需要转移大量的材料和消耗大量的能源。

粉碎前，从 WEEE 中分离出部分均质材料如铝、铁、铜，能够避免产生的碎片的材料流失和材料稀释。高纯度的材料有利于与原生材料相近的高质量再循环材料的使用。

低劳动成本是有利因素

Schöps（2010）表明，与表 11-6 结果相比，深入手工拆卸富含 PM 的组分可以进一步提高 PMs 再循环率。除了手动从 PC 上拆卸主板、插入卡和连接器，额外的硬盘，光盘驱动器和电源装置也要拆除，并且印刷电路板也从这些设备上移除。PMs 的再循环率提高到：

- 钯 99%；
- 金 97%；
- 银 92%。

Feng[①]在 StEP Best of Two Worlds 项目[②]中证实了这些深入人工拆卸的结果。

人工劳动成本为每小时 12～22 欧元，深入手工拆卸在德国是不具有经济可行性的。在发展中国家或市场经济正在转型的国家，劳动成本较低，可以促使提高处理效果。人工劳动可以代替和补充机械处理。最终，整体处理中每个单独过程的成效对于总体再循环成效都是很重要的，成效最差的过程决定了总体再循环率。在额外的机械分离与现代技术结合中，特别对于含有大量塑料的复杂材料和如图 11-24 所示的高效冶炼和提炼的工厂，人工拆卸 WEEE 可以促进高经济和生态效益的 WEEE 处理效果。

① Wang，Feng，et al.，United Nations University：StEP Best of two Worlds，not published.

② StEP Initiative：Best of Two Worlds，http：//www.stepinitiative.org/projects/project.php？id=72；last accessed 19 June 2011.

6 参考文献

[1] Battery Act 2009. German "Act Concerning the Placing on the Market，Collection and Environmentally Compatible Waste Management of Batteries and Accumulators"（Batteriegesetz–BattG）；http：//www.bmu.de/files/english/pdf/application/pdf/battg_en_bf.pdf；last accessed 8 May 2011.

[2] Battery Directive 2006. Directive 2006/66/EC of the European Parliament and of the Council of 6 September 2006 on batteries and accumulators and waste batteries and accumulators and repealing Directive 91/157/EEC；http：//eurlex. europa.eu/LexUriServ/LexUriServ.do？uri=CELEX：32006L 0066：EN：NOT；last accessed 8 May 2011.

[3] Bellenberg 2011. Jan Bellenberg，Bosch-Siemens Hausgeräte；information provided via e-mail on 1 March 2011.

[4] BMU 2011. Federal Ministry for the Environment，Nature Conservation and Nuclear Safety：Elektro-und Elektronikgeräte in Deutschland：Daten 2007 und 2008 zur Erfassung，Behandlung und Wiederverwendung；http：//www.bmu.de/files/pdfs/allgemein/application/pdf/daten_elektrogeraete_2007_ 2008_ bf. pdf，and http：//www.bmu.de/abfallwirtschaft/downloads/doc/5582.php；last accessed 22 May 2011；in German language only.

[5] Bünemann 2011. Bünemann，Agnes，cyclos Gmbh，et al. Planspiel zur Fortentwicklung der Verpackungsverordnung，Teilvorhaben 1：Bestimmung der Idealzusammensetzung der Wertstofftonne，Umweltbundesamt 2011，http：//www.umweltdaten.de/publikationen/fpdf-l/4074.pdf；last accessed 16 June 2015，in German language only.

[6] Bundeskartellamt 2005. "Entsorgung von Elektronikschrott"（disposal of e-waste），page 183 ff in „Drucksache 15/5790，Unterrichtung durch die Bundesregierung und Bericht des Bundeskartellamtes über seine Tätigkeit in den Jahren 2003/2004 sowie über die Lage und Entwicklung auf seinem Aufgabengebiet und Stellungnahme der Bundesregierung，22.6.2005，download from http：//dipbt.bundestag.de/dip21/btd/15/057/1505790.pdf，available only in German language；last accessed 9 February 2011.

[7] Chancerel 2009. Chancerel，Perrine，TU Berlin，et al.：Assessment of Precious Metal Flows During Preprocessing of Waste Electrical and Electronic Equipment；Journal of Industrial Ecology，http：//onlinelibrary.wiley.com/doi/10.1111/j.1530-9290.2009.00171.x/pdf；http：//ec.europa.eu/ environment/ integration/ research/newsal ert/pdf/186na3.pdf；last accessed 19 June 2011.

[8] Commission 2008. Commission of the European Communities：Proposal for a Directive of the European Parliament and of the Council on waste electrical and electronic equipment（WEEE）（Recast），3

December 2008； http： //eurlex. europa.eu/smartapi/cgi/sga_doc ? smartapi ! celexplus ! prod ! DocNumber&lg=EN&type_doc=COMfinal&an_doc=2008&nu _doc=0810； last accessed 15 May 2011.

[9] Cost Ordinance：Electrical and Electronic Equipment Cost Ordinance （ElektroGKostV）；http：//www. bmu.de/files/english/pdf/application/pdf/elektrogk ostv_lesefassung_en.pdf；last accessed 14 March 2011.

[10] Deubzer 2007. Deubzer，Otmar：Explorative Study into the Sustainable Use and Substitution of Soldering Metals in Electronics - Ecological and Economical Consequences of the Ban of Lead in Electronics and Lessons to Be Learned for the Future；PhD thesis TU Delft，ISBN 978-90-5155-031-3，Delft，The Netherlands，January 2007.

[11] Deubzer 2010. Deubzer，Otmar；Huisman，Jaco；Kuehr，Ruediger：Standards for Collection，Transport，Storage and Treatment of e-Waste；Going Green CARE Innovation Conference，8- 11 November 2010，Wien.

[12] Foundation EAR：Stiftung Elektro-Altgeräteregister（Foundation EAR，German clearing house），http：//www. stiftung-ear.de/index_ger.html，last accessed 13 February 2011.

[13] EfbV 1996. Ordinance on Specialised Waste Management Companies （Entsorgungsfachbetriebeverordnung-EfbV），http：//www.bmu.de/files/pdfs/allgemein/application/pdf/ waste manage.pdf；last accessed 8 June 2011.

[14] ElektroG 2005. Act Governing the Sale，Return and Environmentally Sound Disposal of Electrical and Electronic Equipment（Electrical and Electronic Equipment Act – ElektroG），23 March 2005，http：//www. bmu.de/files/pdfs/allgemein/application/pdf/elektr og_uk.pdf； last accessed 12 February 2012.

[15] Espejo 2011. David Espejo：Assessment of the Flow and Driving Forces of Used Electrical and Electronic Equipment from Germany to Nigeria；master thesis BTU Cottbus，supervised by Dr. Otmar Deubzer and Dr. Jörg Becker，BTU Cottbus，in cooperation with and supported by United Nations University；BTU Cottbus 2011.

[16] e-Stewards 2009. Basel Action Network（BAN）：e-Stewards Standard for Responsible Recycling and Reuse of Electronic Equipment；download from http：//e-stewards.org/certificationoverview/the-e-steward-standard/ #Excerpted%20Version；last access 15 June 2011.

[17] European Council 2011. Council of the European Union：Proposal for a Directive of the European Parliament and of the Council on waste electrical and electronic equipment（WEEE） -（recast）；23 March 2011；http：//register.consilium.europa.eu/pdf/en/11/st07/st07851.en 11.pdf；last accessed 15 May 2011.

[18] European Parliament 2010. REPORT on the proposal for a directive of the European Parliament and of the Council on waste electrical andelectronic equipment（WEEE）（recast），September 2010，http：//www. europarl.europa.eu/sides/getDoc.do? type=REPORT&mode=XML&reference=A7-2010-0229& language= EN；last accessed 25 June 2011.

[19] European Parliament 2011. European Parliament：European Parliament legislative resolution of 3 February 2011 on the proposal for a directive of the European Parliament and of the Council on waste electrical and electronic equipment（WEEE）（recast）；3. Februar 2011；http：//www.europarl.europa.eu/sides/getDoc.do？type=TA&language=EN&reference=P7-TA-2011-0037；last accessed 25 June 2011.

[20] Gallenkemper 2008. Gallenkemper，Georg et al.，INFA-ISFM e.V.：Praxishilfe Erstbehandlung nach ElektroG，Forschungsprojekt im Auftrag des Umweltbundesamtes，Publikationen des Umweltbundesamtes，September 2008；http：//www.umweltdaten.de/publikationen/fpdf-l/3641.pdf；letzter Zugriff erfolgt am 8. June 2011.

[21] Hampel 1991. Jürgen Hampel：Alltagsmaschinen - Die Folgen der Technik in Haushalt und Familie，Edition Sigma Berlin 1991，ISBN：3-89404-321-0.

[22] Handrick 2004. Guido Handrick，BTU Cottbus：Die Entwicklung der Haushaltstechnologie，2. Teil；Hausarbeit für das Seminar Technisierung des Alltags von Prof. Dr. Günter Bayerl，Lehrstuhl Technikgeschichte der BTU Cottbus，WS 2003/2004，http：//guidohandrick. info/_files/Haushaltstechnik.pdf；in German language only；last accessed 8 May 2011.

[23] Heistermann 2011. Interview Otmar Deubzer with Mr Franz Heistermann，Bundeskartellamt（Federal Cartel Agency），Germany，February 2011.

[24] Huisman 2007. Jaco Huisman，United Nations University，et al. 2008 Review of Directive 2002/96 on Waste Electrical and Electronic Equipment（WEEE），Final report，5 August 2007，http：//ec.europa.eu/environment/waste/weee/pdf/final_rep_u nu.pdf；Annexes：http：//ec.europa.eu/environment/waste/weee/pdf/final_rep_u nu_annexes.pdf；last accessed 22 May 2011.

[25] Immission Control Act. Act on the Prevention of Harmful Effects on the Environment Caused by Air Pollution，Noise，Vibration and Similar Phenomena（Federal Immission Control Act）（Bundes-Immissionsschutzgesetz - BImSchG），http：//www.bmu.de/files/english/pdf/application/pdf/bimschg_en_bf.pdf；last accessed 20 June 2011.

[26] Kramer 2011. Kai Kramer，Electrocycling，Goslar；e-mail and phone interviews between January and May 2011.

[27] Koch 2011. Kristine Koch，Umweltbundesamt，Dessau，Germany；information received via e-mail on 7 April 2011 and via phone interview on 6 May 2011.

[28] Molina 1974. Mario J. Molina，F. S. Rowland，Department of Chemistry，University of California，Irvine，California 92664：Stratospheric sink for chlorofluoromethanes：chlorine atomcatalysed destruction of ozone；in Nature 249，810 – 812（28 June 1974）；doi：10.1038/249810a0；http：//www.nature.com/nature/journal/v249/n5460/abs/249810a0.html；last accessed 8 May 2011.

[29] Odeyingbo 2011. Segun Odeyingbo：Assessment of the Flow and Driving Forces of Used Electrical and Electronic Equipment into Nigeria and within Nigeria；master thesis at BTU Cottbus，supervised by Dr. Otmar Deubzer，BTU Cottbus；Mathias Schluep，Empa，in cooperation with and supported by United Nations University；BTU Cottbus 2011.

[30] RoHS Directive 2003. Directive 2002/95/EC of the European Parliament and of the Council of 27 January 2003 on the Restriction of the Use of Certain Hazardous Substances in Electrical and Electronic Equipment；http：//eurlex. europa.eu/LexUriServ/LexUriServ.do？uri=CELEX：32002L0095：EN：NOT；last accessed 2 March 2011.

[31] R2 2008. Responsible Recycling（"R2"）Practices For Use In Accredited Certification Programs For Electronics Recyclers，status 30 October 2008；download from http：//www.decideagree.com/R2%20Document.pdf；last accessed 15 June 2011.

[32] Sander 2010. Sander，Knut，et al.，Ökopol：Optimierung der Steuerung und Kontrolle grenzüberschreitender Stoffströme bei Elektroaltgeräten/Elektroschrott；ISSN 1862-4804，Umweltbundesamt 2010，http：//www.umweltdaten.de/publikationen/fpdf-l/3769.pdf（in German language only）；press release in English language：http：//www.bmu.de/english/current_press_releases/pm/45723.php；last accessed 8 June 2011.

[33] Schöps 2010. Schöps，Dirk，Elpro AG，et al. Bilanzierung der Edelmetallverluste beim E-Schrottrecycling，TK Verlag - Fachverlag für Kreislaufwirtschaft Quelle：Recycling und Rohstoffe 3（2010）（Mai 2010），http：//www.askeu.de/Default.asp？Menue=135&Bereich=2&SubBereich=6&KW=37&ArtikelPPV=17418；last accessed 19 June 2011；in German language only，fee required.

[34] StEP-Initiative. Solving the E-waste Problem，http：//www.stepinitiative.org/index.php and http：//www.stepinitiative.org/initiative/what-is-e-waste.php；last accessed 15 June 2011.

[35] Substance Cycle Act 1994. Act for Promoting Closed Substance Cycle Waste Management and Ensuring Environmentally Compatible Waste Disposal（Kreislaufwirtschafts- und Abfallgesetz – KrW-/AbfG）；27 September 1994，last amended 11 August 2010；http：//www.bmu.de/files/pdfs/allgemein/application/pdf/promoting.pdf；last accessed 6 May 2011.

[36] VDI 2343. Verein Deutscher Ingenieure（VDI）Guideline "Recycling of electrical and electronic products"，Parts 1to 6（under review，subject to fees），www.vdi.de.

[37] Wäger 2010. Wäger，Patrick，et al.：RoHS substances in mixed plastics from Waste Electrical and Electronic Equipment，Empa，September 2010，http：//ewasteguide.info/files/Waeger_2010_ Empa-WEEEForum.pdf；last accessed 25 June 2011.

[38] Waste Directive 2008. Directive 2008/98/EC of the European Parliament and of the Council of 19 November 2008 on waste and repealing certain Directives（Waste Framework Directive，replacing

Directive 2006/12/EC and Directive 75/442/EEC），http：//eurlex.europa.eu/LexUriServ/LexUriServ.do?uri=CELEX：32008L0098：EN：NOT；last accessed 9 May 2011.

[39] WEEE Directive 2003. Directive 2002/96/EC of the European Parliament and of the Council of 27 January 2003 on Waste Electrical and Electronic Equipment，http：//eurlex.europa.eu/LexUriServ/LexUriServ.do? uri=CELEX：32002L0096：EN：NOT；last accessed 2 March 2011.

[40] WEEELABEX 2011. WEEE Forum：European standards with respect to collection，treatment，recovery and recycling of waste electrical and electronic equipment（WEEE） and monitoring the processing companies，http：//www.weeeforum.org/weeelabexproject；last accessed 15 June 2011.

[41] Werth 2011. Christof Werth，NOEX AG；phone interview 6 June 2011.

[42] Wuttke 2011. Wuttke，Joachim：“Entwicklung der deutschen Abfallwirtschaft”，Vortragsmanuskript für den Besuch einer Delegation aus der VR China im Rahmen des Programms “Umweltpolitik” der GIZ im Umweltbundesamt in Dessau- Roßlau am 30.03.2011.

附录 WEEE 相关通讯人员

Auditing and certification of treatment operators

- Heinz Böni，Empa，St. Gallen，Switzerland

Phone +41 58 765 7858，Heinz.Boeni@empa.ch

Clearing houses and producer registration in Europe

- European WEEE Registers Network，http：//www.ewrn.org/；last accessed 26 June 2011

ElektroG and WEEE Directive

- Kristine Koch，Umweltbundesamt，Dessau-Roßlau，Germany

Phone +49 340-2103-3020，e-mail kristine.koch@uba.de

- Dr. Heike Buschhorn，Niedersächsisches Ministerium für Umwelt- und Klimaschutz，Hannover，Germany

Phone +49 511 120 3162，e-mail
Heike.Buschhorn@mu.niedersachsen.de

E-waste treatment，takeback organization and recycling

- Kai Kramer，Elektrocycling GmbH，Goslar，Germany

Phone +49-5321 3367 24，e-mail Kai.Kramer@electrocycling.de

- Dr. Christian Hagelüken，Umicore，Hanau，Germany

Phone +49-6181 594 294，e-mail christian.hagelueken@eu.umicore.com

End-of-Life Service Provider and Treatment Operators

- Industrie- und Handelskammer（IHK） Wiesbaden，Germany，

http：//www.ihk-wiesbaden.de/index.php？id=entsorger#c2220；last accessed 25 June 2011

Expert database Germany

- Community of Experts，Industrie- und Handelskammer（IHK） Berlin，Germany，

http：//www.ihk-berlin.de/recht_und_fair_play/Sachverstaendigenwesen/，last accessed 9 May 2011

Producer e-waste takeback systems in Europe

- Pascal Leroy，WEEE Forum，Brussels，Belgium

Phone +32 270 68 701，e-mail pascal.leroy@weee-forum.org

Recycling technologies

- Federal Ministry for the Environment，Nature Conservation and Nuclear

Safety：Export Initiative Recycling Technologies，

http：//www.bmu.de/files/english/pdf/application/pdf/faltblatt_retech_en_bf.pdf；http：//www.retech-germany.de/english/dok/616.php；last accessed 26 June 2011

Scientific expertise and consulting on e-waste and RoHS

- United Nations University，Institute for Sustainability and Peace，Operation Unit SCYCLE，Bonn，Germany

Contact：Ruediger Kuehr，phone +49 228 815 02 13，E-mail kuehr@unu.edu

- Step-Initiative，www.step-initiative.org

Contact：Ruediger Kuehr，phone +49 228 815 02 13，E-mail kuehr@step-initiative.org

Waste management，hazardous wastes，transboundary movement of wastes

- Dr. Joachim Wuttke，Umweltbundesamt Dessau-Roßlau，Germany

Phone +49 -340 2103-3459，e-mail joachim.wuttke@uba.de

WEEE Directive and recast of the WEEE Directive

- Thorsten Brunzema，DG Environment，European Commission，Brussels

Phone +32 2 296 73 10，e-mail thorsten.brunzema@ec.europa.eu

- Karlheinz Florenz，European Parliament，

Phone +32 2 284 53 20，e-mail karl-heinz.florenz@europarl.europa.eu

十二、德国新版循环经济法

闭合循环管理及废弃物重组法案

2012 年 2 月 24 日

经联邦参议院同意，联邦议会已正式通过以下法案：

促进循环经济和确保合乎环境承受能力废弃物管理法循环经济法。

本法案是对欧洲议会和理事会 2008 年 11 月 19 日颁布的废物指令 2008/98/EC（2008 年 11 月 22 日 OJL 312 号，第 3 页；2009 年 5 月 26 日 L 127 号，第 24 页）的转化。欧洲议会和理事会于 1998 年 6 月 22 日颁布的指令 98/34/EC，制定了在技术标准及法规领域中的信息流程（1998 年 7 月 21 日 OJL 204，第 37 页），该指令对 2006 年 11 月 20 日颁布的指令 2006/96/EC 进行了修订，本法案对指令的转化需服从上述标准及规定的要求。

第 1 编 总则

第 1 条 法案目的

本法旨在促进循环经济从而实现对自然资源的保护，并确保在废弃物的产生及管理过程中对人体健康和环境的保护。

第 2 条 范围

（1）本法条款适用于：

1. 废弃物的预防；

2. 废弃物的回收；

3. 废弃物的处置；

4. 废弃物管理过程中的其他活动。

（2）本法条款不适用于：

1. 按照下述规定进行回收或处置的物质：

a）2011 年 8 月 22 日（联邦法律公报[BGBI.]第 I 部分，第 1770 页）公布的《食品安全法》中有关食品、食品添加剂、化妆品、日用品及可能与食品混淆产品的规定，及其各适用版本；

b）1997 年 10 月 9 日公布（联邦法律公报第 I 部分，第 2296 页）并于 2010 年 10 月 9 日修订法案第 4 款的《削减烟草吸食措施预备法案》及其各适用版本；

c）1990 年 7 月 25 日颁布并于 2010 年 10 月 9 日修订法案的第 22 款的《牛奶及人造奶油法案》及其各适用版本；

d）2013 年 5 月 22 日（联邦法律公报第 I 部分，第 1324 页）颁布的《动物疾病法》；

e）1998 年 5 月 14 日公布（联邦法律公报第 I 部分，第 1527 页及第 3512 页）并于 2010 年 10 月 9 日修订法案的第 14 款的《植物保护法案》（Pflanzenschutzgesetz）及其各适用版本；

f）根据上述（a）至（e）法案为基准颁布的相关条例。

2. 根据下述规定进行分拣、收集、运输、储存、处理、加工、使用、处置或出售的动物副产品：欧洲议会和理事会第 1069/2009 号规定（EC）中有关动物副产品及非食用性衍生品的健康规定及已废止的第 1774/2002 号规定（EC）（动物副产品规定）（2009 年 11 月 14 日，OJL 300，第 1 页），及其适用版本；欧共体为执行上述规定而颁布的相关法案；2004 年 1 月 25 日（联邦法律公报第 I 部分，第 82 页）颁布并于 2010 年 10 月 9 日（联邦法律公报第 I 部分，第 1934 页）修订所颁布法案第 19 款的《动物副产品处置法案》及其适用版本；或是以《动物副产品处置法案》为基准颁布的相关条例，其中用于焚烧、填埋、生物制气或堆肥的动物副产品除外。

3. 非屠宰致死的动物尸体，包括用于传染病控制而被宰杀的动物以及根据上述第 2 项中所列法规进行处理或加工的动物尸体。

4. 第 2 项中未涵盖的粪便物质、干草，以及其他用于农业、林业或生物质产能的天然、非毒性农业或林业材料，其中进行生物质产能过程所采用的工艺或方法不会对环境及人体健康造成危害。

5. 《原子能法案》规定的核燃料或其他放射性物质。

6. 处置过程受基于《放射性卫生防护预备法案》及其适用版本所颁布条例约束的物质，其中《放射性卫生防护预备法案》于 1986 年 12 月 19 日颁布并于 2008 年 8 月 1 日（联邦法律公报第 I 部分，第 686 页）修订了所颁布法案的第 19 款。

7. 直接产生于矿产资源勘探、提取、预处理和加工过程，以及受监管的相关贮存设备中的废弃物，且废弃物的回收及处置受 1980 年 8 月 13 日（联邦法律公报第 I 部分，第 1310 页）颁布并于 2009 年 7 月 31 日（联邦法律公报第 I 部分，第 2585 页）修订所颁布法案第 15a 款的《联邦矿产法》及其适用版本的管理，并符合以《联邦矿产法》为基准颁布的条例的规定。

8. 未置于容器内的气态物质。

9. 经排放或倾倒进入水体或下水道系统的物质。

10. 原位土壤，包括未经开挖的污染土壤及与地面和土壤持久接触的建筑物。

11. 建筑施工活动中开挖出的未经污染的土壤及其他天然材料，且应确保上述材料将以天然状态用于其挖出地点的建筑施工过程中。

12. 已被证实无毒，且置于地表水体内的用于水环境管理、水道维护或扩大，以及防洪或减轻洪水、干旱或土壤开垦影响的沉积物。

13. 根据国际或跨国协议受联邦或《土地法》管理的航运废弃物及货运残留物的收集及移交。

14. 军用物资的所在地选址、回收、运输、贮存、处理及摧毁。

15. 收集、运输并永久储存于二氧化碳储存设施或研究设施中的二氧化碳。

第 3 条　定义

（1）根据本法目的，废弃物指持有人丢弃，或意图丢弃，或被要求丢弃的物质或物品。废弃物回收指可回收的废弃物，不可回收废弃物则视为待处置废弃物。

（2）根据第（1）款的定义，“丢弃”应被认定为：当持有者按照附录 2 定义对物质或物品进行回收，或按照附录 1 定义进行处置，或持有者放弃物品的所有权且不将之用于任何目的。

（3）根据第（1）款的定义，“意图丢弃的废弃物”须假定物质或物品：

1. 参与能源转换，或者是物质或物品的生产、处理或使用，亦或是没有参与上述行为但有其他与目标相关的行为；

2. 物质或物品的原始用途已经消失，或被放弃，且未被用于其他新的用途。

按照惯例，生产者或持有者的意见将被作为上述意图的评估基准。

（4）在以下情况下，持有者必须根据本法或在本法基础上颁布的条文条例的规定对第（1）款中的物品或物质进行弃置，即物品或物质已不再用于原始用途，并且物品或物质的特定属性可能在目前或未来对公众利益特别是环境造成危害，而其潜在危害只能通过恰当及安全的回收，或符合公众利益的处置措施处置方可消除时。

（5）本法案所指危险废弃物应包括第 48 条第 2 句条文中规定的，或者以这些条文规定为基准所定义的废弃物。根据本法案定义，应将其他所有废弃物视为非危险废弃物。

（6）根据本法案定义，“惰性废弃物”应指满足以下条件的矿产废弃物：

1. 未进行任何有效的物理、化学或生物转化；

2. 未发生溶解、燃烧或者任何其他形式的物理或化学反应；

3. 未发生生物降解；

4. 未产生对所接触物质产生可对人体健康或环境造成不利影响的负面作用。

废弃物的渗透能力和污染物含量，以及渗滤液的生物毒性必须是微小的，特别是不应对地表水或地下水质造成损害。

（7）根据本法案定义，生物质垃圾指可生物降解的动植物废弃物或含有真菌物质的可降解废弃物，例如：

1. 园艺废弃物；

2. 景观管理废弃物；

3. 家庭、餐馆、宴会和零售点产生的厨余废物，以及食品加工厂产生的相关废弃物；

4. 在类型、属性或材料特性方面产生来源与上述第 1～3 款相似的废弃物。

（8）根据本法案定义，废弃物产生者指符合以下特征的自然人或法人：

1. 行为活动产生废弃物的人（原始废弃物产生者）；

2. 进行废弃物预处理、混合或其他操作并致使上述废弃物属性或组成产生变化的人（第二废弃物产生者）。

（9）根据本法案定义，废弃物持有者是指对废弃物具有实际控制权的自然人或法人。

（10）根据本法案定义，废弃物收集者指在商业基础上对废弃物进行收集，或在其他商业或经济活动中不以废弃物收集为目的的自然人或企业法人。

（11）根据本法案定义，废弃物运输者指在商业基础上对废弃物运输，或在其他商业或经济活动中不以废弃物运输为目的自然人或企业法人。

（12）根据本法案定义，废物经纪人是指在商业基础上对废弃物进行购买或销售，或在其他商业或经济活动中不以废弃物交易为目的自然人或企业法人，抑或是出于自身职责的公共机构；废弃物经纪人无须获得废弃物的实际控制权。

（13）根据本法案定义，废弃物经销商是指对废弃物进行商业化交易，或在其他商业或经济活动中不以废弃物交易为目的的自然人或经济团体法人，抑或是其他公共机构；废弃物经销商无须获得废弃物的实际控制权。

（14）根据本法案定义，废弃物管理是指对废弃物的弃置、收集、运输、回收及处置的规定条款，包括对上述操作流程及处置设施维护的监督，还包括对经纪人及经销商行为的管理。

（15）根据本法案定义，收集是指对废弃物的收集活动，包括将废弃物运输至处理设施期间的废弃物初级分选及贮存。

（16）根据本法案定义，分类收集是指根据废弃物类型或性质对废弃物进行分开存放以便于使用其特定的处理过程。

（17）根据本法案定义，对废弃物的非营利性收集是指根据 2002 年 10 月 15 日颁布的（联邦法律公报第 I 部分，第 4144 页）并于 2011 年 6 月 22 日（联邦法律公报第 I 部分，第 1126 页）修订法案第 8 款的《公司所得税法案》第 5 章段落（1）中编号 9 及相关适用版本规定的由免税企业、社团或实体资助的收集活动；并且根据《财务准则》第 52 至 54 章，非营利性废弃物收集指用于非营利性、慈善性或是宗教目的的募资性收集活动。当本段第一句中企业、社团或是实体委托商业收集机构进行废弃物收集，而后者在扣除成本及合理利润后将所有销售收入上缴给该企业、机构或实体时，此类废弃物收集活动也应被看作为非营利性活动。

（18）根据本法案规定，商业性废弃物收集是指以获取收益为目的所开展的收集活动。以收集者与永久建筑物内住户合同性约束为基准的收集活动也属于商业性收集范畴。

（19）根据本法案定义，循环经济是指对于废弃物的预防及回收。

（20）根据本法案定义，预防是指在物质、材料或产品成为废弃物前所采取的旨在减少废弃物产生量、对于人体健康及自然环境的负面效应或是材料及产品中有害物质含量的措施，尤其包括物质在企业内的循环使用、低废产品设计、产品再利用或是产品生命周期延伸，抑或是旨在实现低污染及低废产品的消费模式以及可再利用包装的使用等措施。

（21）根据本法案定义，再利用是指将非废弃物的产品及零件再次用于原始设计目的的行为。

（22）根据本法案定义，废弃物处理是指对废弃物的回收或处置活动，包括回收及处置前的预处理。

（23）根据本法案定义，回收是指任何操作的主要结果是废物可以代替其他材料来提供一个有用的目的，在工厂或更广泛的经济中用来完成一个特定的功能或正在准备履行这一功能。附录 2 包含了一份非穷举的废弃物回收操作清单。

（24）根据本法案定义，准备再利用是指通过检查、清洗或修复等回收方式对已成为废弃物的产品或零件进行处理，使之可不经其他任何再加工即可被再利用于其最初设计目的的活动。

（25）根据本法案定义，再循环是指通过将废弃物重新加工成产品、材料或是物质后用于其原始或其他目的的回收活动，包括对于原材料的再处理，但不应包含对能源物质的回收或是将之再次加工成材料以用作燃料或回填料的活动。

（26）根据本法案定义，处置是指任何非回收性的操作，即使在操作中，对物质或能量的回收会产生二次结果。附录 1 包含了一份非穷举的废弃物处置操作清单。

（27）根据本法案定义，填埋场是指用于废弃物的地面（地面填埋场）或地下（地下填埋场）储存的废弃物处置设施。填埋场还应包括企业用于废弃物处置的内部废弃物贮藏设施，废弃物产生者可利用该填埋场在产生地点对废弃物进行处置。

（28）根据本法案定义，最佳可行技术是指先进处理工艺、设施或是操作模式在实现对环境总体高水平保护方面的发展水平；该水平可对相关措施在限制污染物向空气、水及土壤的排放，保护设施安全性，确保废弃物管理方面具有环境兼容性，或者预防或减少废弃物其他影响方面的实际适用性给出总体可靠和正面的表征。在最佳可行技术的决策过程中应尤其对附录 3 中所列标准予以考虑。

第 4 条　副产品

（1）若生产过程的主要目的并不是某种物质或物品的生产，则在以下条件下应将该物质或物品视为副产品而非废弃物：

1. 物质或物品的进一步用途已确定；

2. 除常规的工业过程外，无须对其进行其他预处理；

3. 物质或物品的产生是整个生产过程的一部分；

4. 物质或物品的进一步用途合法，即该物质或物品满足与其特定用途有关的产品、环境及健康保护的要求，且不会对环境或人体健康造成总体的负面影响。

（2）在对相关方（第 68 条）进行咨询后，经联邦议院统一，联邦政府有权根据本条第（1）款中的规定对特定物质或物品是否可被视为副产品进行标准制定，并建立用于人体健康及环境保护的要求体系。

第 5 条 废弃物状态的终止

（1）当物质或物品已经过回收，同时其类型和性质符合下述条件时，不应继续将该物质或物品视为废弃物：

1. 通常被用作特定用途；
2. 存在市场需求；
3. 满足特定用途的所有技术要求及适用于产品的现行法律法规；
4. 物质或物品的使用不会对环境或人体健康造成总体负面影响。

（2）在对相关方（第 68 条）进行咨询后，经联邦议院授权许可，联邦政府有权根据本条第（1）款的规定，以条文规定的形式对终止特定物质或物品废弃物状态的具体条件以及对人体健康及环境保护的要求，尤其可通过限制污染物浓度的方式，进行确定。

第 2 编 对废弃物产生者、持有者以及废弃物管理公共机构的基本要求及其职责

第 1 篇 废弃物预防及管理的基本要求

第 6 条 废弃物等级

（1）废弃物的预防及管理活动应按以下顺序进行：

1. 预防；
2. 再利用；
3. 再循环使用；
4. 其他形式的回收利用，特别是能源回收及回填过程；
5. 处置。

（2）根据本条第（1）款规定的顺序并结合第 7 条及第 8 条的要求，在废弃物产生及管理过程中采取的措施应将对人体健康及环境的最佳保护置于首位，并将预防及可持续发展原则考虑在内。根据该要求，应以全生命周期为基准开展废弃物对人体健康及环境影响的观测。为此，在观测过程中必须对以下因素予以考虑：

1. 预期排放量；
2. 自然资源的保护级别；

3. 能量的产生或消耗量；

4. 在产品中、废弃物回收中或以此废弃物为原料生产的产品中有害物质的积累。

在废弃物的产生及管理中应对所采取行动的技术经济可行性及社会影响予以考虑。

第 2 篇　循环经济

第 7 条　循环经济的基本职责

（1）废弃物的预防应符合第 13 条及根据第 24、25 条颁布的条文条例的规定。

（2）废弃物的产生者或持有者有责任对其废弃物进行回收。废弃物回收过程应优先于处置操作。根据第 6 条第（2）款第 2 句和第 3 句规定，当对废弃物进行处置可最为有效地确保对人体健康及环境的保护时，上述优先原则将不再适用。不应将上述优先原则应用于研发过程产生的废弃物。

（3）必须妥善安全地开展废弃物回收工作，特别是将废弃物内置于产品中时。若废弃物的回收符合本法案及其他公共法律规定时，则可将回收工作的开展视为合理的。考虑到废弃物的性质、废弃物中污染物含量水平以及回收方式的类型，当不会对公众利益造成损害，特别是当废弃物物质循环过程中不产生有害物质累积时，可将回收工作的开展视为安全的。

（4）废弃物的回收工作应满足技术可行、经济合理要求，特别是当存在或可以为所提取物质或能量创造市场时。即便是需要进行预处理的情况下，仍应将废弃物的回收视为是技术可行的。当废弃物回收所产生的费用与处置产生的费用相当时，应将废弃物的回收视为是经济合理的。

第 8 条　废弃物回收排序及高质量回收操作

（1）废弃物回收排序及高质量回收操作考虑到第 6 条第（2）款中第 2 句及第 3 句的规定，应按照第 7 条第（2）款中第 1 句中的要求，根据废弃物的类型及性质，优先采用第 6 条第（1）款中第 2～4 项指定的可最大程度地确保对人体健康及环境保护的回收方式。废弃物产生者及持有者有权在排序相同的几种回收操作中进行选择。当根据本段第 1 句及第 2 句要求进行回收操作设计时，鼓励采取能最大限度确保人体健康及环境保护的高质量回收方式。在适当条件下，第 7 条第（4）款适用于本段的第 1 句至第 3 句。

（2） 在对相关方进行咨询后（第 68 条），经联邦议院授权许可，联邦政府有权根据第 6 条第（2）款中第 2 句及第 3 句的规定以条文条例的形式对特定类别废弃物的下述内容进行确定：

1. 回收方法的优先或平等排序；

2. 高质量回收应满足的要求。

根据本款第1句内容要求，可通过条文条例的方式特别规定废弃物回收应按照废弃物的类型、性质、数量及成分通过连续（串联使用）物质和能量回收操作进行。

（3） 当根据上文第（2）款条文条例规定不能确定能量回收操作的优先或平等排序时，根据第6条第（1）款第2项和第3项的规定，若在未经混合条件下单一废弃物热值不低于11 000 kJ/kg时，可认为能量回收与材料回收的优先级排序相同。为在有效且确保法律必然性的条件下落实第6条第（1）款的规定，联邦政府应在2016年12月31日之前，结合废弃物工业的发展水平对是否或至何种状况下继续沿用上述热值要求进行检查。

第9条 废弃物回收的分类和混合禁令

（1）在对废弃物进行单独保存和处理，需达到第7条第（2）～（4）款及第8条第（1）款中的要求。

（2）不允许将危险废弃物与其他类型危险废弃物或其他废弃物、物质或材料进行混合和稀释。但在下述条件下例外：

1. 混合行为发生在已获得本法案或《联邦排放控制法案》授权的设施内；

2. 混合行为满足第7条第（3）款中对妥善及安全的回收的要求，且混合处理不会加剧废弃物管理对人体健康及环境的负面影响；

3. 混合操作满足最佳可行技术的要求。

若在未经授权的情况下对危险废弃物进行了混合，为确保第7条第（3）款中的妥善及安全回收的要求，在必要时应对其进行分离，且分离方法满足技术可行、经济合理的要求。

第10条 循环经济要求

（1）在对相关方（第68条）进行咨询后，经联邦议院授权许可，需要满足第7条第（2）～（4）款及第8条第（1）款及第9条规定，特别是有关确保安全回收的要求时，联邦政府有权以条文条例的形式对其做出如下规定：

1. 依据废弃物的类型、性质及组分，限制或禁止将特定废弃物置于或保留在产品中。

2. 制订与废弃物分类、混合许可以及运输和贮存有关的要求。

3. 通过收集和卸载系统对与废弃物供应、移交及收集的相关活动进行规定。上述环节中的废弃物应置于标准回收箱中，或采用与相关产品相同方式回收的或产品质量相当的标准回收材料，其中回收方式符合第25条规定的返回义务。

4. 对于特定废弃物，由于其类型、性质或数量原因，对之进行回收可能造成其以某种特定方式对公众利益，即第 15 条第（2）款第二句中所列的利益，产生负面影响，则在满足以下条件时，可通过对废弃物的来源、产地或初级产品进行规定：

a）仅在废弃物达到一定数量或特定性质，或仅在用于特定目的时，方可对该种废弃物进行再循环使用或回收；

b）若该废弃物具备某种特定性质，可不对其进行再循环利用。

5. 从技术结构角度提出对矿产废物的回收要求。

（2）根据第（1）款，特别是在以下情况下也可采用条文条例的规定对所提出的检查要求进行定义：

1. 相关方按照下述要求对证明文件或登记注册文件进行保存或提交：

a）根据第 51 条的规定未颁布任何命令；

b）按照第 49 条及 50 条的某些规定，或是基于第 52 条的条文条例做出的具体规定。

2. 废弃物处理机构中负责废弃物接收及传递的操作人员，应通过某种特定方式对废弃物进行检查并将检查结果记录在证明文件或登记注册文件内；

3. 废弃物运输人员及废弃物处理操作人员应对运行台账进行保存，台账中应包含与操作流程有关且尚未被纳入永久登记册的特定信息；

4. 涉及废弃物接收及传递活动的废弃物产生者或持有者，或废弃物处理设备运行人员应根据条例要求，以特定方式对废弃物或废弃物转运容器进行标记；

5. 样品的采集、保留样品的保存以及使用某些特定的程序来进行此类行动；

6. 使用特定分析方法对个别物质或某类物质进行鉴别；

7. 根据第 5 项和第 6 项的规定，开展废弃物采样分析的单位必须委托由土地主管部门指定的专家，或该部门指定的机构或其他具备相关知识或经验的个人进行样品采集和分析；

8. 针对第 7 项中规定的采样人员的专业知识制定要求；

9. 应以电子文档形式对第 1～3 项规定的证明文件、登记注册文件及运行台账进行保存，且应按照《行政程序法案》第 3a 章第（2）款第 2 句及第 3 句规定以电子版形式提交的文件。

（3）根据第（2）款第 5～7 项的要求，可在以下情况下参考公开访问通告：

1. 条文条例中给出通告日期并提供具体信息来源；

2. 出于监管安全考虑，必须在专利与商标局对通告进行存档，并参考条文条例中提及的事实。

（4）根据第（1）款中第 4 项，可颁布条文条例对参与循环经济或进行特定废弃物回收的团体做出如下规定，其中可按照第 7 条第（2）款和第（3）款，第 8 条第（1）款及第 9 条规定根据废弃物的类型、性质或数量对其安全回收的具体要求进行规定：

1. 必须对其行为进行报告；

2. 应获得相应许可证；

3. 必须在可靠性方面达到一定要求；

4. 必须按规定流程对需具备的专业知识进行详细证明。

第 11 条 生物质垃圾及城市污泥的循环经济

（1）在有必要达到第 7 条第（2）～（4）款及第 8 条第（1）款中要求的情况下，，应至少在 2015 年 1 月 1 日前，对按照第 17 条第（1）款规定必须转移给公共废弃物管理机构的生物质垃圾进行单独收集。

（2）为促进生物质垃圾及城市污泥的回收，并履行本条第（1）款、第 7 条第（2）～（4）款及第 8 条第（1）款的职责要求，在对相关方（第 68 条）进行咨询后，经联邦议院同意，联邦政府有权以条文条例形式对下述内容进行规定：

1. 何种废弃物可被视作生物质垃圾或污泥；

2. 对生物质垃圾的分类收集制订何种要求；

3. 是否或以何种形式对生物质垃圾或废弃物进行处理，以何种方式以及需要采取何种其他措施；

4. 对于未处理的生物质垃圾及污泥、将要处理的生物质垃圾及污泥，以及已处理过的生物质垃圾及污泥的类型及性质制订何种要求；

5. 不可再循环利用或回收的生物垃圾及城市污泥的具体类型，或根据最初的物质形式、类型、性质、来源、数量、受纳土壤的受纳时间或类型、土壤的性质、处理地点的情况及使用方式，仅可以特定数量、特定状态或以特定目的进行循环使用或回收的生物质垃圾和污泥的类型。

根据第 3～5 项第 1 句要求，也可采用条文条例的形式对可与生物质垃圾及污泥进行混合回收的物质或材料类型进行规定。当与肥料相关的法律规定能够确保生物质垃圾及污泥的恰当及安全回收时，则第 4～5 项第 1 句及第 2 句中的要求不再适用。

（3）根据第（2）款第 1 句规定，可以条文条例形式规定对生物质垃圾及污泥的回收进行审查，特别是对如下内容：

1. 对于处理方法的有效性、未处理及已处理的生物质垃圾及污泥的性质、将要采用的操作方法或其他活动进行检查的职责；

2. 审查上述第 1 项中的活动所必需的检查方法；

3. 土壤检查；

4. 对于第 10 条第（2）款第 1～9 项及第（3）款中要求的检查流程。

根据第（2）款中第 1 项第 1 句规定，可颁布条文条例对参与循环经济或进行特定生物质垃圾或城市污泥回收的团体做出如下规定，其中可按照第 7 条第（2）款和第（3）款，第 8 条第（1）款及第 9 条规定根据废弃物的类型、性质或数量对其安全回收的具体要求进行规定：

1. 必须对其行为进行报告；

2. 应获得相应许可证；

3. 必须在可靠性方面达到一定要求；

4. 必须按规定流程对需具备的专业知识进行详细证明。

（4）除在联邦政府授权的情况下，国土管理部门可根据第（2）款及第（3）款的规定针对生物质垃圾和污泥回收以及生物质垃圾及污泥的土地使用颁布条文条例。根据本款第 1 句规定，国土管理部门可采取条文条例的形式将该权利全部或部分授予其他机构。

第 12 条　生物质垃圾及污泥领域的质量保证

（1）为促进循环经济并确保按照适用法律规定开展生物质垃圾和污泥生产及管理过程中对人体健康及环境的保护，质量保证机构及质量印章持有人可建立常规质量保证体系。

（2）质量印章持有者应为满足以下条件的自然人或法人：

1. 以专业手段参与生物质垃圾或城市污泥的生产、处理或回收，具备商业企业或公共机构背景；

2. 对于已产生、处理或回收的，且与其他废弃物、物质或材料混合的生物质垃圾或污泥，需要具有某个质量保证机构的质量印章。

（3）尽当满足以下条件时，方可向持有者授予质量印章：

1. 服从机构组织、人事、技术及设备的相关要求，并服从对人员可靠性、专业知识的相关要求以确保生物质垃圾或污泥的质量；

2. 服从质量保证的相关要求，特别是为减少污染，并保障疾病安全及卫生安全的情况下；

3. 向质量保证机构证明其对于第 1 项和第 2 项中规定的符合情况时。

（4）质量印章持有者只有在获得质量保障机构的授予情况下方可使用质量印章。

（5）质量保证机构是由生物质垃圾或污泥的生产者或废弃物管理经营人、具备专业知识及法律支撑的协会以及机构、单位或个人构成的群体。质量保证机构应获得主管部门的认可。质量印章的授予应基于一系列对质量证明持有者进行约束的章程、监督合同或限制规定，这些约束内容应针对质量印章持有者所产生、处理或回收的生物质垃圾或污泥，以及持有者的监督要求进行规定。

（6）为对质量因章持有者进行监督，质量保证机构应配备可靠、独立且具有用于实施监督工作的专业知识及经验的专家。

（7）在对相关方（第 68 条）进行咨询后，并经联邦议院许可的条件下，联邦政府有权以条文条例形式对生物质垃圾及污泥的质量保证进行规定。条文条例尤其可对下述内容进行规定：

1. 对质量保证的活动，包括其范围在内的要求进行规定；

2. 对组织机构和人员，技术和设备以及质量印章持有者的行为和足够的责任保险范围制定要求；

3. 对质量印章持有者及其雇佣人员，特别是对其知识经验和可靠性，以及文件编制的最低要求进行规定；

4. 对质量保证机构的活动，特别是就其建立、解散、组织及运行方式，包括对监督机构的指定、职责和权利，以及对监督机构人员的最低要求进行规定；

5. 对在质量保证机构工作的专家的最低要求进行规定，包括对其的任免、行为及控制方面内容；

6. 对质量印章，特别是质量印章的形式、内容，以及质量章的授予、撤销、逾期及取消进行规定；

7. 根据主管部门对质量保证机构认证的前提、流程、授予及撤销进行规定；

8. 对按照《行政程序法案》第 3a 章第（2）款第 2 句及第 3 句要求，需要以电子版形式保存并提交的说明、证明文件、通知或其他数据文件进行规定。

第 13 条　设施运行者职责

根据《联邦排放控制法案》，不论是否需要许可，建设或运行废弃物的预防、回收或处置设施的设施运行者都应遵守《联邦排放控制法案》条款规定的职责义务。

第 14 条　再循环及其他材料回收的促进

（1）为实现对废弃物的妥善、安全及高质量回收，在技术可行和经济合理的前提下，应在 2015 年 1 月 1 日前对纸类、金属、塑料及玻璃废弃物进行分类收集。

（2）2020 年 1 月 1 日前，市政垃圾循环再利用的处理率应高于总质量的 65%。

（3）除《废弃物清单条例》附录中废弃物编号 170504 定义的天然材料外，截至 2020 年 1 月 1 日，对于非危险建筑废弃物的循环再利用及材料回收的前处理率不应低于总质量的 70%。根据前述规定，材料回收应包括利用废弃物作为替代材料进行回填的活动。联邦政府应在 2016 年 12 月 31 日前，结合建筑业发展水平情况对本目标及建筑垃圾回收框架进行检查。

第 3 篇 废弃物处置

第 15 条 废弃物处置的基本职责

（1）对于未进行回收的废弃物，除第 17 条所列情况外，其生产者及持有者有责任对该废弃物进行处置。应对废弃物进行减量化及无害化处理，最大限度地对处置过程中产生的能量进行利用。经必要修改后，第 8 条第（1）款第 3 句适用本规定。

（2）废弃物处置不应对公众利益造成损害。特使是在以下情况下，可认为公众利益已受到损害：

1. 人群健康受到损害；

2. 动植物受到危害；

3. 水体及土壤受到不利影响；

4. 由于空气污染或噪声污染造成对环境的不利影响；

5. 未对区域规划的目标、原则及其他要求，以及自然保护区、景观管理和城市发展的利益进行考虑；

6. 公共安全及公共秩序受到威胁或影响。

（3）在需要满足第（1）款及第（2）款中要求的前提下，应对废弃物进行分类贮存及处理。经必要修改后，第 9 条第（2）款适用于本规定。

第 16 条 废弃物处置要求

在对相关方（第 68 条）进行咨询后，在经联邦议院授权许可的条件下，为达到第 15 条及最佳可行技术规定的职责要求，联邦政府有权根据废弃物的来源、产地、类型、质量及性质，对废弃物的处置进行规定，特别是对以下内容：

1. 废弃物的分离及处理要求；

2. 废弃物的供应、转移、收集、运输、贮存及存放要求；

3. 根据第 10 条第（2）款第 1～9 项及第（3）款的规定，对各项要求进行审查；

对于第 15 条中规定的在处理、收集、运输、储存和存放过程中需根据废弃物的类型、性质或数量做出特殊要求的特定废弃物，根据本章第 1 句第 1 项及第 2 项的条文条例对进行该废弃物循环利用或处置的团体做出如下规定：

1. 必须对其行为进行报告；

2. 应获得相应许可证；

3. 必须在可靠性方面达到一定要求；

4. 必须按规定流程对需具备的专业知识进行详细证明。

第 4 篇　公共法规定的废弃物管理及第三方委托

第 17 条　危险废弃物的移交职责

（1）虽然第 7 条第（2）款及第 15 条第（1）款进行了相应规定，但当私人家庭废弃物的产生者或持有者不能，或不愿在其私人土地上对废弃物进行回用时，私人家庭废弃物的产生者或持有者有责任将废弃物移交给《土地法》中规定的有义务开展废弃物管理的公共团体法人。本款第 1 句同样适用于不在其产地设施内进行处置的其他来源废弃物的产生者或持有者。在考虑到大多数公众利益的情况下，当有必要将废弃物移交给具有废弃物管理责任的公共机构时，则本款第 2 句中所述的自行处置废弃物的权利无效。

（2）废弃物的移交职责不适用于如下废弃物：

1. 根据条文条例规定有义务进行退回或接受退回的废弃物，除非废弃物管理公共机构根据第 25 条第（2）款第 4 项的规定促成退回的开展。为此，可通过提供标准回收箱或作用类似的标准化循环回收方式使得私人家庭产生的有价值废弃物可得到有效收集及高质量回用；

2. 当接收废弃物的厂家或销售者已根据 26 条第（2）款或第（6）款公布了豁免决定或申报决定时，为履行产品义务而根据第 26 条自愿接受的废弃物；

3. 通过非营利性方式收集后进行恰当且安全回收的废弃物；

4. 通过商业性收集后进行恰当且安全回收的废弃物，除非对该废弃物的收集活动与大多数公众的利益存在冲突；

第 3 项及第 4 项中内容不适用于生活垃圾及危险废弃物的混合物。同时，在此条件下，第 10 条、第 16 条及第 25 条条文条例中包含的涉及废弃物移交职责的特别规定也将不再适用。

（3）按照第（2）款第 1 句第 4 项规定，若某个收集活动的特定形式，连同其他收集活动，对废弃物管理公共机构及受其委托的第三方，或是以本法第 25 条条文条例为基准建立的退货接收系统的正常运行造成威胁，则此商业收集活动是与公共利益冲突的。在第 20 条规定的废弃物管理职责无法在平衡经济条件下得到运用，或规划确定性和组织机构责任受到明显损坏情况下，则可认为废弃物管理公共机构或受其委托的第三方的正常运行存在风险。

在以下情况下，可认为商业收集活动对废弃物管理公共机构的规划确定性及组织机构责任存在重大负面影响：

1. 废弃物管理公共机构或受其委托的第三方负责废弃物的收集，受委托的第三方采用路边或其他高质量分类的收集和回收方式；

2. 费用稳定性出现风险；

3. 废弃物管理合同的非歧视性、透明性受到明显阻碍或损害。

当商业收集者提供的废弃物收集或回收服务较废弃物管理公共机构或受其委托的第三方提供或策划的服务更高效时，上文第 1 项及第 2 项的规定不再适用。对于服务效果的评价应基于循环经济目标的评价标准，即质量和效用标准，废弃物的收集和回收范围及持续时间，以及在适当考虑公众利益的前提下，废弃物管理公共机构管辖区域内所有家庭对所提供服务水平适宜性的看法。进行服务水平评估时，不应将废弃物收集和回收服务以外的其他服务，特别是费用，考虑在内。

（4）为确保废弃物的处置的环境兼容性，当涉及危险废弃物时，政府可对废弃物的上缴及其处置赋予强制义务。政府在 1996 年 10 月 7 日颁布的危险废弃物回收上缴职责不应因此受到影响。

第 18 条　废弃物收集的通报流程

（1）实施机构应至少在其收集活动开始前 3 个月向相关主管部门通报，此处所指收集活动包括第 17 条第（2）款第 3 项中定义的非营利性收集及第 17 条第（2）款第 4 项中定义的商业性收集。

（2）商业性收集活动通告中应包括以下内容：

1. 收集者的规模及组织机构信息；

2. 收集活动的类型、范围及持续时间信息，尤其是收集活动的最大收集量及最短持续时间；

3. 需回收的废弃物的种类和数量信息，以及将要对其采取的措施；

4. 对通告时间段内提供的回收渠道的描述，包括为确保回收能力开展的必要活动；

5. 对如何通过第 4 项中所述的回收渠道实现对已收集废弃物的妥善及安全回收的说明。

（3）非营利性收集通告中应包括以下内容：

1. 有关非营利性收集机构的规模及组织机构信息，以及受委托第三方宜在何处开展收集活动；

2. 有关收集活动的类型、范围及持续时间信息。

管理机构可要求非营利性收集活动通告中包括第（2）款第 3～5 项所规定的文件。

（4）主管部门应要求受商业性或非营利性回收活动影响的废弃物管理公共机构在 2 个月时间内提供免责声明。如果废弃物管理公共机构未能在此时间期限内提交声明，则可认为其不准备就此进行声明。

（5）为确保达到第 17 条第（2）款第 3 项及第 4 项中规定的前提要求，主管部门可根据实际情况对通告的收集活动进行决策，可对其设置时间限制，抑或在必要时为之提供适用条件。若得知造成对通告的废弃物收集管理和监督机构或人员可靠性产生保留意见的事实时，或无法确保达到第 17 条第（2）款第 3 项或第 4 项中规定的前提要求时，主管部门应禁止通告中收集活动的实施。

（6）主管部门可对是否在一段特定时期内对废弃物采取商业性收集进行决策，但该时段不能超过 3 年时间。若商业性收集在未能达到本段第 1 句所规定的最短时间期限内中断，或在此阶段内由于管理机构根据第（5）款第 1 句设置的条件或指示造成商业性收集活动的类型或范围受到明显限制时，商业收集机构有责任向废弃物管理公共机构就其为收集和回收包含在商业性收集范围内的废弃物所付出的额外工作提供补偿。

（7）若某商业收集活动在本法案生效时已处于实施阶段，而在此之前该收集活动未对废弃物管理公共机构或受其委托的第三方或根据第 25 条条文规定设立的接受退货系统的正常运转造成损害，则应对第（5）或（6）款中的均衡性予以考虑，尤其应对以不间断方式进行收集的收集机构的信赖予以保护。

第 19 条　与经营场所相关的宽容职责

（1）产生废弃物且需将废弃物上缴的土地名义所有者或拥有人有责任接受废弃物收集设施的安装，并开展进入其住所废弃物分类收集和回收的监督工作。仅在为预防对公众安全及秩序造成内部风险的前提下，管理机构人员或代表可在不经所有人同意的情况下在非正常营业时间进入商业企业的经营场所、土地或办公室，以及住户房产内部。在上述情况下，住宅的不可侵犯性（《基本法案》第 13 款，第 1 段）受到限制。

（2）在进行必要调整后，第（1）款中的规定适用于为履行第 25 条规定的接受退货职责而设置的退货收集系统。

第 20 条　废弃物管理公共机构的职责

（1）废弃物管理公共机构应根据第 6 条至第 11 条或第 15 条和第 16 条的规定，对产生于或进入其管理范围的，抑或是源于其他区域欲进行处置的来自私人家庭的废弃物进行回收或处置。若根据第 7 条第（4）款的规定，无须履行回收职责而将废弃物运送至废弃物管理公共机构，若这些规定适用于该机构，则该公共管理机构有责任对废弃物进行回收。

（2）若根据第 25 条颁布的条文条例的规定，当废弃物属于接受退货的职责范围，且接受退货的适当的设施为实际可用的，则经主管部门同意后，废弃物管理公共机构可免除对该废弃物的处理。当由于性质、数量或状态原因造成不能将废弃物与生活垃圾进行混合处理时，或是根据国家废弃物管理规划内容，当其他废弃物管理公共机构或其他第三方可确保该废弃物得到安全及具有环境兼容性的处置时，上句规定同样适用于除生活垃圾之外来源的废弃物处置。在经主管部门同意的情况下，若废弃物不能满足上述所列豁免条件时，负责废弃物处理的公共机构可根据上述第 1 句及第 2 句内容对废弃物的处理豁免权予以撤销。

（3）在以下情况下，第（1）款中要求同样适用于未经合法登记的摩托车或拖车：

1. 当其停靠在公共区域或市政区域以外；

2. 无迹象表明其是偷窃或将被使用；

3. 当已有标示明确要求，但 1 个月内仍未移动者。

第 21 条　废弃物管理理念及废弃物平衡表

第 20 条规定所指废弃物管理公共机构应就废弃物的回收起草废弃物管理理念和废弃物平衡表，特别是针对在其管辖范围内产生且需移交至该机构的废弃物的准备再利用、再循环和处置。

第 22 条　第三方委托

废弃物回收和处置机构可委托第三方履行其职责。委托行为不应对该机构履行其相关职责产生影响，直至废弃物的回收或处置最终完成。受委托的第三方机构必须具备必要的可靠性。

第 3 编　产品责任

第 23 条　产品责任

（1）进行产品开发、制造、加工、处理或销售的机构应就实现循环经济的目标承担产品责任。产品的设计必须尽可能使其在生产及使用过程中的废弃物产生量得到削减，并确保由于产品使用所产生的废弃物可得到环境兼容性回收和处置。

（2）产品责任应特别包括以下内容：

1. 开发、生产及营销具备可回用特性和耐久性的产品，且在使用后可进行安全妥善且高质量地回收和环境兼容性处置；

2. 产品生产过程中优先采用可再回收废弃物或次生原材料；

3. 对含有污染物的产品进行标明，以确保使用产品后产生的废弃物可得到环境兼容性回收或处置；

4. 在产品标识中对退货、再利用和回收的相关责任，以及保证金支付协议相关信息进行规定；

5. 退货产品的接收和产品使用后产生的废弃物的接收，以及上述产品和废弃物的环境兼容性回收和处置。

（3）作为第（1）及第（2）款中产品责任的一部分，除考虑第 7 条第（4）款中要求的均衡性外，必须对涉及产品责任和人体健康及环境保护的其他法规，以及涉及商品流动性自由的《共同体法案》的规定予以考虑。

（4）联邦政府可在第 24 条及第 25 条规定的基础上以条文条例形式对必须履行第（1）和第（2）款中的产品职责的责任团体进行规定。联邦政府还应对履行产品责任需采用的方式及方法进行规定。

第 24 条 有关禁止、限制及标识的要求

在对相关方进行咨询后（第 68 条）并获得联邦参议院许可的条件下，联邦政府可就下述内容按照第 23 条规定颁布条文条例要求：

1. 特定产品，特别是具有特定性质或仅能用于特定用途且可保证其产生的废弃物得到环境兼容的回收或处置的包装或容器，可进入流通领域。

2. 在以下情况下，特定产品不可进入流通领域：无法预防或仅能以超高成本才能预防产品废弃物处理过程中的有毒物质释放时；或是当不能采用其他方法确保产品废弃物得到环境兼容性处理时；

3. 仅当特定产品处于可显著促进废弃物管理的特定形式，特别是当产品处于可再利用或可促进废弃物回收的形式时，方可进入流通领域；

4. 应以指定方式对特定产品进行标记，特别是在为确保第 7 条第（2）款和第（3）款以及第 8 条第（1）款和第 9 条规定的职责得以履行并促进对于退回产品的接收时；

5. 对于使用后废弃物中含有有毒物质的特定废弃物，仅当对其退回至生产商、分销商或指定的第三方的必要性进行注明时方可进入流通领域；

6. 对于特定产品，必须在其销售或进入流通环条时对产品的再利用可能性或对废弃物进行恰当的处理予以关注，抑或是必须对产品进行合理地标识；

7. 对于第 25 条中对退回产品的接收或对退回产品所负有的责任作出规定的特定产品，必须在其销售或进入流通环条时对产品的退回可能性予以关注，抑或是必须对产品进行合理地标识；

8. 必须对第 25 条中已做出征收保证金的特定废弃物进行标识，在必要情况下，该标识中应包括保证金的额度。

第 25 条 接收退回产品的职责及将特定产品退回的职责

（1）在对相关方进行咨询后（第 68 条），在经联邦参议院许可的条件下，联邦政府有权颁布条文条例对生产商或分销商提出以下要求：

1. 仅在提供退货可能性的条件下，生产商或分销商方可销售或流通特定产品。

2. 生产商或分销商应接收退回的产品，且应以恰当的方式提供退回服务，特别可通过建立或加入退货接收系统，或是通过征收保证金的方式。

3. 生产商或分销商必须接收将要销售或已销售产品的退货。

4. 生产商或分销商应对以下内容进行记录：废弃物的退回、所加入的退货接收系统以及所接收的回退废弃物的类型、数量、回收及处置信息。上述记录将会呈交至政府、主管部门或在第 20 条规定的管理机构，或提交给工商业联合会，抑或是在获得联合会许可的情况下提交给与参与流通的产品及其属性相关的联合会社团。

5. 生产商或分销商应按照上述第 4 项的要求提供证明文件，并对其进行保留和存放，以及按要求提交。此外，还应将其存放于当局机构、在第 20 条规定的废弃物管理公共机构、工商业联合会，或是在联合会的许可下，存放于联合会社团内。

（2）为对第 23 条的要求进行规定，并对废弃物的产生者、持有者以及循环经济框架体制内的废弃物管理责任单位的职责进行确定，可根据第（1）款的规定对以下内容颁布条文条例：

1. 退回时必须予以接收的产品在其接收、回收及处置过程中产生的费用由哪个团体负责支付。

2. 废弃物持有者必须使其所持有的废弃物可被第（1）款中规定的制造商或分销商获得，或进入根据第（1）款第 2 项的规定建立的退回产品接收系统。

3. 使废弃物具备可得性的方式方法包括废弃物的供应措施、收集措施及运输措施，还包括第 2 项所列所有人的废弃物转移职责；此外，还应为第 1 项规定的活动提供标准的回收箱或质量相当的标准可回收品收集工作。

4. 第 20 条规定的废弃物管理公共机构受委托开展废弃物接收工作时，应通过对废弃物进行收集并提供给第（1）款中规定的责任机构方。

第 26 条 退回产品的自愿接收

（1）在对相关方进行咨询（第 68 条）后，无须经联邦参议院许可，联邦环保部门、自然保护部门、建筑部门及核安全部门有权对将要在某恰当阶段实现的退回废弃物资源接收工作的目标予以确定。

（2）当接收的产品包括危险废弃物时，自愿接收退回产品以及由于产品使用产生的废弃物的制造商及分销商必须在其接收行为开始前通知主管部门。

（3）第（2）款中规定的通报主管部门应按要求对制造商或分销商保存并提供第 50 章中规定的危险废弃物的处理记录的职责予以豁免，直至对于退回的废弃物接收活动结束。上述制造商或分销商自愿接收其制造或销售的产品，这些产品使用后将在其所在的工厂或设施，或是受其委托的第三方的工厂或设施中成为危险废弃物。此外，在下述条件下，该管理部门还应对制造商或分销商满足第 54 条规定内容中的职责予以免除：

1. 为履行第 23 条规定的产品责任要求而自愿接收退回废弃物；
2. 对于退回废弃物的接收行为有助于实现循环经济目标；
3. 可确保实现废弃物的环境兼容性回收或处置。

对于本条第 1 句中退回废弃物的接收应不晚于进一步处理废弃物的设施的接收时间，除非有豁免通知提出某个更早的时间，其中将废弃物临时贮存于实施中的情况除外。豁免申请可包含在第（2）款中所述的通报内。

（4）第（3）款中的豁免情形适用于德意志联邦共和国，除非对其有有效性限制或该豁免是被限制的。负责豁免的相关部门应将豁免通知发送给接收退回废弃物国家的相关主管部门。

（5）当危险废弃物的生产者、所有者、运输者或废弃物处理运营者将废弃物退回至制造商或分销商，或者代表某机构对废弃物进行回收或处置，其中该机构已按照第（3）款的规定获得对保存并提供废弃物记录的豁免权时，则应豁免第 50 条中对上述对象在废弃物记录进行保存和提供方面的职责直至废弃物的接收工作按第（3）款的规定完成。主管部门可视情况决定废弃物是否进行退回或处理，实行日落条款或在需要时提出要求，从而确保废弃物的环境兼容性回收和处置。

（6）对于声明正在开展退回废弃物接收工作以履行第 23 条规定的产品责任的生产商或分销商，第（2）款中的主管部门应对其是否达到第（3）款第 1 句中列出的先决条件要求进行决策。在进过必要修订后，第（4）款中的规定适用于本条规定。

第 27 条　接收退货后持有者的职责

根据第 25 条的规定或自愿接受退回废弃物的制造商及分销商，应履行废弃物持有者的职责。

第 4 编 规划职责

第 1 篇 废弃物处置的规定及实施

第 28 条 废弃物处置规定

（1）进行废弃物处置时，仅可在已获得授权的处置场所或设施（废弃物处置设施）中对废弃物进行处理、贮存或填埋。但在获得《联邦排放控制法案》第 4 条中规定的许可证条件下，也允许在非废弃物处置设施中对用于处置的废弃物进行处理。在以下条件下，允许在废弃物处置设施中对用于处置的废弃物进行储藏或处理：由于造成影响的可能性小，因而该设施无须按照《联邦排放控制法案》或本法案第 16 条条文规定要求获得许可证，且《联邦排放控制法案》第 23 章中也未做出其他条文规定。根据 2009 年 7 月 31 日发布的《联邦水法》第 55 章第（3）段落（联邦法律公报，第 I 部分，第 2585 页）以及于 2011 年 10 月 6 日修订的《联邦水法》的第一款（联邦法律公报，第 I 部分，第 1986 页）及其适用版本，非废水的液态废弃物可在特定条件下与废水进行混合处置。

（2）在不至对公共利益造成危害的个别情况下，主管部门可在保留撤销权的前提下允许对第（1）款第 1 句中的要求予以豁免。

（3）当需要在废弃物处理设施外进行处理且此行为不至造成对公众利益的损害时，政府可通过条文条例的形式允许在第（1）款第 1 句指定的设施外对特定数量的特定废弃物进行处置。在上述情况下，政府也可以条文条例的形式对该处置方式的前提条件以及处置的方式方法进行规定。政府可以条文条例的形式，将该权利全部或部分地授予其他职权部门。

第 29 条 废弃物处置的执行

（1）当废弃物处置机构或管理机构无其他处置方法可供选择，或可选方法额外成本过高，且当操作者的共享使用行径合理时，主管部门可要求废弃物处置设施运营者在合理收费的条件下，允许第 15 条规定的废弃物处置机构及第 20 条中的废弃物管理公共机构与之共同使用相关废弃物处置设施。当双方无法就费用问题达成共识时，主管部门应根据实际情况做出决定。在分配理由不适用时，本段第 1 句规定的机构经申请后，获得许可的机构可在合理收费前提下，接收相同类别和相同数量的废弃物。上述许可仅在与本法案规定不存在相互冲突条件下方可有效；必须确保第 15 条中的基本职责规定得到遵守。主管部门应要求因此许可条件而受益的废弃物处置机构提交经营管理理念文件，并将该管理理念文件作为决策基准。

（2）若与废弃物处理公共机构相比，某设施运营者可以更为经济的方式对废弃物进行处理时，经该申请，主管部门可将该废弃物的处置职责转移给运营者。当申请人仅以成本价对废弃物管理公共机构负责区域内的废弃物进行处理，而该公共机构不能对剩余废弃物进行处理或仅能以不合理的高价进行处理时，主管部门可特别做出上述转移决定；但如果申请人表示处理上述剩余废弃物的额外责任不合常理时，则上述规定不再适用。

（3）矿产开采权持有机构或采矿企业以及采矿占用土地的所有权人或所有人，或是经授权开展土地处置的其他机构，有责任根据主管部门要求接受在其露天隧道设施中或其土地范围内进行废弃物处置、在工作时间进入矿区或在必要时提供或部分提供现有设备或设施。废弃物处置责任机构必须对第 1 句中规定的机构在处置活动中产生的费用予以补偿。若双方无法就费用问题达成共识，则应由主管部门按要求进行决策。矿产废弃物处置的矿物提炼优先原则可不受本规定影响。被要求接受上述规定安排的机构不应对因废弃物处置造成的危害负责。

（4）根据 1998 年 8 月 25 日发布的《禁止在公海海域丢弃废弃物及其他材料或物品法案》（联邦法律公报，第 I 部分，第 2455 页）以及在 2006 年 10 月 31 日的修订版本第 72 款规定（联邦法律公报，第 I 部分，第 2407 页），禁止在公海海域采用丢弃或焚烧方式进行废弃物处置。仅当满足本段首句法案要求的条件下，可根据疏浚弃土的成分将该类废弃物弃于公海。

第 2 篇　废弃物管理规划及废弃物防治计划

第 30 条　废弃物管理规划

（1）政府部门应就其责任区域制定符合跨区域的废弃物管理规划。废弃物管理规划中应包括对以下内容的说明：

1. 废弃物的预防及回收目标，特别是对废弃物的准备再利用、再循环以及废弃物的处置；

2. 废弃物管理的工作现状；

3. 促进废弃物回收及处置的必要活动，包括对达到该目标的能力的评估；

4. 保证废弃物得到处置的废弃物处理设施，以及对包括从国内其他区域来源收集的来自私人家庭废弃物的回收。

废弃物管理规划中应列出如下内容：

1. 第 4 条第 2 句所指的已授权废弃物处置设施；

2. 适合采用卫生填埋法、其他废弃物处置设施、以及第 4 项第 2 句所指的废弃物处置设备的地区；

废弃物管理规划中也可对选择哪些机构负责废弃物的管理工作，以及这些机构在废弃物处置过程中必须使用第 4 项第 2 句所指的哪些废弃物处置设施进行规定。

（2）需求分析应至少对未来 10 年的发展情况予以考虑。必要时，应在需求分析过程中对废弃物管理框架体系及废弃物平衡表进行评价。

（3）在满足以下条件时，可认为某区域满足第（1）款第 2 项第 3 句中定义的“合适区域”标准：相对于规划的使用目的而言，区域的位置、规模及性质不与规划区域内的废弃物管理目标冲突，且公众利益与区域的适宜性间不存在明显冲突。第（1）款第 2 项第 3 句中的选址要求不应被作为规划审批，或申请第 35 条中所列废弃物处置设施许可证的前提条件。

（4）第（1）款第 2 项中所列清单对开展废弃物处置的机构具有约束效力。

（5）废弃物管理规划必须对区域规划的目标、原则以及其他要求考虑在内。规划的制定不应对《区域发展法案》第 8 条第（6）款的规定造成影响。

（6）废弃物管理规划应至少包含以下内容：

1. 区域内产生的废弃物和可能转移出或进入德国领土的废弃物的类型、数量及来源信息，以及对区域废弃物流未来发展情况的估测；

2. 现有废弃物收集计划信息，以及适用于本法案或根据本法案颁布的条文条例中特别规定的重大的废弃物处置及回收设施，包括对废油、危险废弃物或废弃物流的特别预防措施；

3. 根据第（1）款第 1 项的规定，对采用新收集系统的需求以及现有废弃物处置设施的关闭进行评估，并按要求建造额外的设施及其附属设施；

4. 对选址标准及未来废弃物处置设施或主要的回收设施处理能力的充分说明；

5. 废弃物管理的基本战略，包括规划的废弃物管理技术及操作方式，或针对可能造成特定管理问题的废弃物的应对方案。

（7）废弃物管理规划可进一步包含以下内容：

1. 废弃物管理组织构架信息，包括对开展废弃物管理的公共或私人利益相关方之间责任划分的描述；

2. 在考虑到单一市场无障碍运作需要前提下，对以经济及其他手段解决各种废弃物相关问题的优势和适宜性的评估；

3. 对公众或特定消费团体，采用可增强意识的活动或信息；

4. 已封闭的受污染废弃物处置场所及该场地修复活动的信息。

第 31 条　废弃物管理规划的筹备

（1）政府间应就彼此的废弃物管理规划进行协调。当规划范围超越某政府所辖领域时，受影响政府应在筹备废弃物管理规划要求及措施时应达成一致。

（2）地方政府、行政区及其各自的组织机构，以及废弃物管理公共机构，应参与到废弃物管理规划的筹备中。

（3）在进行废弃物管理规划评估时，负责废弃物管理的公共机构必须按主管部门要求的废弃物管理理念框架及废弃物平衡表进行准备和更新。

（4）政府部门应对废弃物管理规划的筹备工作进行规定，并对其有效性予以声明。但第（1）～（3）款及第 32 条中的规定不应受到影响。

（5）应至少每 6 年对规划进行一次评估，并在必要时对之进行更新。

第 32 条　废弃物管理规划的公众参与及公示

（1）主管部门应允许公众参与第 30 条规定的废弃物管理规划的筹备或修订，包括特定章条，或单独的子计划，特别是在涉及危险废弃物、废弃电池和蓄电池，或包装废弃物的处理时。应通过政府公报或其他适当的方式将废弃物管理规划的筹备或修订，以及与之相关的筹备流程信息告知公众。

（2）应对新的或已修订的废弃物管理规划草案，以及草案依据的理由和根据进行为期 1 个月的公示。在公示结束后两周内，应向主管部门提交书面说明。应按照第（1）款第 2 句的方式对公示结束的时间进行通知。主管部门决定是否批准规划时，应对收集到的公众意见予以认真考虑。

（3）主管部门应在政府公报及公共网站上对是否批准规划发布通知；通知期间，还应提交总结报告，报告中应包含对公众参与流程的描述以及对所作决定基于的理由和考虑的解释。规划批准后，应进行公示；第 1 句中所指通知应能够引起公众的重视。

（4）当根据《环境影响评价法》要求，需对规划进行战略环评时，第（1）～（3）款的要求不再适用；

（5）除上述第（1）～（4）款中规定的公众参与外，政府部门还应将废弃物管理规划的进展状态告知公众。为满足现行保密性要求，信息中应包含对方废弃物管理规划的总体描述和评价，与以往规划的比较以及对后续阶段信息的预报。

第 33 条　废弃物防治计划

（1）联邦政府应制订废弃物防治计划。各政府部门可参与到废弃物防治计划的筹备工作中。在此情况下，政府部门就其各自职责制定职权范围，各政府部门的职责应包含在联邦废弃物防治计划内。

（2）当政府不能参与联邦废弃物防治计划时，需自行制订废弃物防治计划。

（3）废弃物防治计划中应包含如下内容：

1. 对废弃物预防目标进行设定，所设目标应致力于削弱由于经济增长造成的废弃物产生与对人体健康及环境造成的影响；

2. 对现有废弃物防治措施进行描述，并对附录 4 或其他适用附录中所列的废弃物预防活动的适宜性进行评估；

3. 必要时，进一步设置废弃物预防措施；

4. 为已制定的废弃物预防活动设定适宜的、具体的、定性或定量的标准，可利用这些标准对上述废弃物防治活动的进展进行监测及评估；可采用指标或其他特定的定量或定性目标作为标准。

（4）第（1）款所指政府文件或第（2）款所指政府预防计划可根据第 30 条的规定纳入废弃物管理规划中，抑或作为一个独立的环境政策计划起草或包含在某个此类计划中。若文件或废弃物防治计划包含在废弃物管理规划或其他计划中，则应对废弃物防治活动进行明确。

（5）废弃物防治计划将于 2013 年 12 月 12 日进行首次制订，每 6 年评估一次，并在必要时进行更新。根据第 32 条第（1）～（4）款的要求，主管部门在起草或修改废弃物防治计划时，应将公众意见纳入其中。应授权联邦环境部门、自然保护部门、建筑及核安全部门或其指定部门开展联邦废弃物防治计划的筹备工作。起草联邦废弃物防治计划时，应与所在区域内其他联邦政府主管部门达成一致。

第 3 篇　废弃物处置设施授权

第 34 条　场址踏勘

（1）在开展垃圾填埋场及公共废弃物处置设施选址踏勘时，土地所有者及使用方，应许可获得主管部门或废弃物管理公共机构批准的团体进入住宅范围以外的场所开展调查，进行土壤和地下水研究或其他类似工作。应及时将进入相关场所和开展上述工作的意图告知土地所有人或使用方。

（2）在完成踏勘工作后，主管部门及负责废弃物管理的公共机构必须及时对踏勘涉及的场所进行复原。允许保留踏勘期间安装的设备，但设备不再用于踏勘用途时，或设备安装起 2 年仍未做出踏勘决定且土地所有人或适用方向主管部门就留存在其土地上的设备提出异议时，可将设备移除。

（3）土地所有人和使用方可就由于第（1）款或第（2）款中措施造成的资产损失向主管部门提出经济补偿要求。

第 35 条 规划审批和许可

（1）用于废弃物处置的设施的建设和运行，以及上述设施本身或其运行过程中的重大变更，应符合《联邦排放控制法案》的许可，但无须获得根据该法案的进一步的许可。

（2）填埋场的建设和运行，以及填埋场设施本身或其运行中的重大变更行为规划应获得主管部门批准。规划审批期间应根据《环境影响评价法案》要求进行环境影响评价。

（3）仅在下列条件下，《行政程序法案》第 74 条第（6）款中有关主管部门可根据申请或依职权颁布规划许可，而非规划审批决定：

1. 填埋场的建设和运行不会对《环境影响评价法案》中第 2 章第（1）款第 2 句中规定的受保护利益方造成显著负面影响的情况下，申请非重大填埋场的建设和运行。

2. 当变更行为不会对第《环境影响评价法案》中第 2 章第（1）款第 2 句中规定的受保护利益方造成显著负面影响的情况下，申请对填埋场或其运行的重大变更。

3. 申请垃圾填埋场的建设和运行，其中填埋场主要用于新运行方式的开发和检验且许可证最大有效期为设施投入运行开始起 2 年；当该填埋场用于危险废弃物贮存时，则上述许可证最大有效期为设施投入运行起 1 年。

当重大变更不会对《环境影响评价法案》中第 2 章第（1）款第 2 句中规定的受保护利益方造成显著负面影响，且变更旨在使利益方现状得到改善时，主管部门应予以许可。根据第 1 项第 1 句，不能将规划许可颁发给以下设施：

1. 危险废弃物填埋设施；

2. 填埋处理能力为 10 t/d 或总容量为 25 000 t 以上的非危险废物填埋设施，惰性废弃物填埋场除外。

（4）在做出必要修改后，本法第 15 条第（1）款第 1 句至第 4 句，以及《联邦排放控制法案》适用，其中 15 条第（1）款第 1 句内容同样适用于第 39 条规定的填埋场。

（5）项目赞助方可就第（4）款中所列变更提出规划审批或规划许可申请。

第 36 条 颁布、担保、次要规定

（1）仅在以下条件下，可颁布第 35 条第（2）款中规定的规划审批决定或颁发第 35 条第（3）款中规定的许可证：

1. 可确保公众利益不受损害，特别是在以下情况下：

a）不致加剧对第 15 章第（2）款中规定受保护利益方的危害；

b）采取预防措施阻止对第 15 章第（2）款第 2 句中规定受保护利益造成损害，特别

是在建设相关措施、运行或组织管理措施中采用最佳可行技术时；

c） 条能高效；

2. 不存在可证明对设施运行人员，设施建设、运行管理或监督人员，或填埋场后期管理人员可靠程度产生保留意见的事实。

3. 根据第 2 条规定，上述人员或其他人员应具备其职责所需的必要知识和技能。

4. 不会对他人权益造成负面影响。

5. 已宣布生效的废弃物管理规划不应与其他项目冲突。

（2）若规划对他人权益产生负面影响，如第（1）款第 4 条所述，可通过限制或约束条件进行预防或补偿；在受影响方不对其所受影响的权益产生抗议时，则受影响方不应造成对规划审批或许可证的颁发的阻碍。若项目旨在服务于公共利益，则第（1）款中的第 4 条不适用。若已在上述情况下进行规划审批，则必须对受影响方的资产损失进行经济补偿。

（3）为实现复垦并预防或削减填埋设施关闭后对公众利益可能造成的损害，主管部门应按《民法》第 232 章规定要求填埋场运营单位提供担保或等价的抵押。

（4）第（1）款中的规划审批决定和规划许可应视情况及要求而定；为保护公众利益，可仅对有限内容颁布审批决定和规划许可。主管部门应定期或视需要对第（1）款中的规划审批及许可是否与第（1）中的第 1～3 项及第 5 项的最新要求一致进行检查。在以规划审批或许可证已颁布情况下，仍可在其中增加、修订或补充适用于填埋场或其运行要求的有关条件。在对相关方进行咨询后（第 68 条），经联邦参议员许可，联邦政府有权以条文条例的形式对主管部门开展检查的具体时间进行规定，并对第 3 句中提及的条件进行公布。

第 37 条　前期工作授权

（1）当满足以下要求时，主管部门在规划审批或许可证授予过程中可颁发有效期为 6 个月的可撤销授权许可，同意在规划获得审批或许可证前开始包括用于检测填埋场运行情况的必要措施在内的工程建设：

1. 预计审批决策结果对项目赞助方有利；

2. 前期工作授权是出于对公众利益的考虑；

3. 在审批决策颁布前，项目赞助方承诺对项目实施造成的一切损害进行修复，并且若项目未能获得规划审批或许可，则项目赞助方将对相关场址进行原状恢复。

经申请，上述授权有效期可延长 6 个月时间。

（2）在必要情况下，主管部门应要求项目赞助方提供担保，以确保其充分履行第（1）款中第 3 项第 1 句的责任。

第38条 规划审批流程及其他行政流程

（1）《行政程序法案》第72～78条规定适用于规划审批流程的管理。经联邦参议院同意后，联邦政府有权以条文条例形式对规划审批及规划许可证颁发的具体流程进行进一步规定，特别是针对以下内容：

1. 申请文件的类型及范围；
2. 与第35条第（4）款中的通知流程相关的具体要求；
3. 与第40条第（3）款中的封场决定相关的具体要求；
4. 与第40条第（5）款中的后期维护工作完成决定流程相关的具体要求。

（2）仅可在法律规定时限内以书面形式完成授权流程框架体系的目标编制。

第39条 现有废弃物处置设施

（1）主管部门可对1972年6月11日以前投入运行或开始建设的填埋场的授权期限、条件及要求做出规定。若通过限制条件或授权期限要求无法预防填埋场对公众利益造成的显著影响，则可全部或部分地禁止该设施的运行。

（2）在《联合条约》规定区域内，主管部门可对1990年7月1日前投入运行或开始建设的填埋场的授权期限、条件及要求做出规定。经适当修改后，第（1）款的第2句适用于本规定。

第40条 封场

（1）意图关闭填埋场的填埋场所有者必须在封场前通知主管部门。通知文件中必须包括封场的类型、规模及操作流程文件，以及复垦及其他用于保护公众利益的措施文件。

（2）当第35章第（2）款中的相关规定未包含在规划审批文件中，本法第35条第（3）款相关规定未包含在规划许可证中，本法第39条或适用于填埋场的环境法律条款相关规定未包含在要求条件中时，主管部门应要求填埋场运行者履行以下职责：

1. 根据第（1）款的要求对填埋场地进行复垦并承担相应费用；
2. 采取所有其他的预防措施，包括在封场后的运行维护阶段采取监督及控制措施并承担相应费用，以履行第36条第（1）～（3）款的要求；
3. 向主管部门汇报监督成果，该监督措施可对人体健康及环境产生的显著负面影响提供指示。

当有理由怀疑已明确关闭的垃圾填埋场是土壤中有害变化、造成个体或第（3）款中普通公众伤害的来源时，对该填埋场的鉴定、检查、评估及恢复应按照《联邦土壤保护法案》的规定进行。

（3）主管部门应负责对填埋场的封闭进行决策。

（4）第（1）款规定的职责同样适用于涉及危险废弃物的设施运营者。

（5）主管部门应根据申请对后期维护的完成进行决策。

第 41 条　排放申报

（1）填埋场运营者有责任按照第（2）款中条例规定的时间期限将一定时期内填埋设施排放物的性质、数量、地理及时间分布信息以及排放条件（排放申报），提供给主管部门；为与第（2）款中的条文条例保持一致，运营者应根据最新状态对排放申报进行更新。上述规定不适用于仅有少量排放物的填埋场运营者。除本段第 1 句的规定外，主管部门可在个别必要情况下视特定情况设置较短的时间期限。

（2）经联邦参议院同意后，联邦政府有权以条文条例的形式对适用于排放申报制度的填埋场及排放类型进行确定，并对排放申报的内容、范围及提交时间的要求以及排放物确定流程进行规定。条文条例中还可以规定哪些运营者可以获得第（1）款第 2 句中规定的排放申报豁免。

（3）经适当修改后，《联邦排放控制法案》的第 27 条第（1）款第 2 句，第（2）及第（3）款适用本法。

（4）第（1）款规定的排放申报职责自第（2）款规定的条文条例生效之日起实施。

第 42 条　信息获取

根据《环境信息法案》规定（第 12 条除外），公众应对第 35 条第（2）款规定的规划审批决定、第 35 条第（3）款规定的规划许可证、第 39 条的规定命令、对上述决定的驳回和修订，以及提供给主管部门的生活垃圾填埋场排放监测结果，具有知情权。《土地法》中相关规定适用于土地管理部门。

第 43 条　填埋场要求

（1）在对相关方进行咨询后（第 68 条），经联邦参议员同意，联邦政府有权以条文条例的形式进行规定，为履行第 36 条第（1）款、第 39 条和 40 条以及执行欧盟相关法案规定职责，填埋场建设、特征、运行、封场条件及运行监测必须达到第 1 条所列目标的相关要求；尤其需对以下内容进行规定：

1. 场址必须符合特定要求。

2. 填埋场必须达到特定的运行、组织及技术要求。

3. 填埋场内贮存的废弃物必须符合特定要求，贮存中，可对不能贮存哪些含有特定金属组分的废弃物及哪些废弃物可被视为惰性废弃物予以限定。

4. 填埋场产生的排放物浓度不得超过最大浓度限值水平；

5. 运行者必须在运行阶段或后期维护阶段采取特定措施或监督行为；

6. 运营单位中必须具有专业人员开展特定的测试活动：

a）填埋场建设期或填埋场启动运行前的其他时段；

b）填埋场启动运行后，或填埋场发生第 35 条第（2）款或第（5）款中所描述的变更后；

c）在固定间隔期；

d）封场期间或封场后。

7. 填埋场运营者仅在通过主管部门验收后，方可开展以下活动：

a）将填埋场投入运营；

b）对填埋场运行方式进行重大变更；

c）结束封场。

8. 一旦发生特定事件，运营者必须在特定时间期限内通知主管部门，并采取必要的措施防止对公众健康造成不良影响，否则主管部门必须责令运营者采取上述措施。

9. 运行及后期维护期间，运营者必须及时将可作为重大负面环境影响指标的监测结果以及可产生此类影响的特定事件向主管部门进行汇报，并以定期报告的形式将条文中规定的措施及监测的结果提供给主管部门。

主管部门在制订要求时，必须对负面影响在受保护利益群体间的转移予以特别考虑；需确保总体环境受到高度保护。

（2）当规划审批文件、规划许可证或国家法律法规中的条文条例开始生效时，若已存在与条文规定相比较为宽松的要求，则第（1）款中的条文条例可对过渡阶段结束之后第 15 条第（2）款第 2 句所指受保护利益群体损害的预防措施应达到何种要求予以明确。在确定过渡阶段需要达到的相关要求时，应对填埋废弃物的性质、特点和数量，场址条件，填埋场排放物的性质、特点和毒性予以特别考虑。经适当修改后，本段第 1 句及第 2 句规定应适用于第 39 条第（1）款及第（2）款中提及的填埋场。

（3）在对相关方进行咨询后（第 68 条），经联邦参议院同意，联邦政府有权以条文条例的形式对填埋场建设人员的可靠性及知识专业水平，填埋场的指导或运行监督，以及其他人员的知识专业水平，包括正在进行中的责任人员和其他员工培训所适用的要求予以明确。

（4）经联邦参议院同意后，联邦政府有权以条文条例的形式公布如下规定：

1. 要求特定填埋场运行者必须提供《民法》第 232 章中所规定的担保，或提供其他等价抵押品；

2. 结合《民法》第 232 章内容，针对第 36 条第（3）款的规定提交的担保或其他等价抵押品的性质、范围及数量颁布要求；

3. 明确第 1 项中的担保或其等价抵押品的提交期限。

（5）按照第（1）款中规定的条文条例内容对第（1）款所列要求的审查流程予以确定，特别是第 10 条第（2）款第 1～9 项和第（3）款中的流程。

第 44 条　废弃物贮存费用

（1）根据《私有法》的规定要求，废弃物填埋场运营者的收费单据中必须包含填埋场建设和运行产生的所有费用，包括运营者根据《民法》第 232 章要求提交的担保或其等价抵押品的费用，以及填埋场封场和至少为期 30 年的后期维护费用。根据 1990 年 6 月 29 日颁布的（联邦法律公报[GBI]第 I 部分编号 42，第 649 页）且在 1991 年 3 月 22 日修订了法案第 12 款的《环境框架法案》第 4 款第 3 章的豁免规定，当上句所述的费用已获得担保，则账单计算时不应将封场费用、后期维护费用及抵押品费用包含在内。

（2）运行者应对第（1）款中所指的费用进行确定，并按照主管部门设定的时间期限将相关成本费用及收费标准以概算形式提交给主管部门。

（3）负责废弃物管理的公共团体的收费标准应符合《土地法》的规定。

（4）当废弃物处置前在设施场所中的贮存时间超过 1 年，或废弃物回收前在设施场所中贮存时间超过 3 年期限时，经适当修改后，第（1）～（3）款中的规定可适用于《联邦排放控制法案》所要求的废弃物贮存许可的设施费用的支付。

第 5 编　促进销售及对废弃物的建议

第 45 条　公共部门职责

（1）联邦当局及公共法法人、特殊资产及受联邦政府监督的其他机构，有责任通过管理手段实现第 1 章中所规定的目标。上述单位及个人应特别在工作流程的设计中、材料或耐用品的购买或使用中、工程建设或其他合同中，考虑第 6 条及第 8 条规定，对是否达到下述要求进行检查：

1. 可用产品；

a）是否耐用，是否易于修理、再利用或回收；

b）与其他产品相比是否会产生较少的废弃物或污染性较低；

c）可用产品是否由处于准备再利用或再循环阶段的废弃物制造而成。

2.产品使用后产生的废弃物可被回收，并优先进行准备再利用和再循环处理。

（2）第（1）款第 1 句所列机构应在其资源框架范围内，努力确保与其具有利益关系的私有公司履行段落（1）规定的职责。

（3）在第（1）款及第（2）款职责框架范围内，应对产品或材料的使用规定以及其他法律条文中的人体健康和环境保护规定予以考虑。

第46条　提供建议的职责

（1）第 20 条定义的废弃物管理公共机构有责任在其承担的责任框架范围内，通过自我管理的方式，就废弃物的预防、回收和处置提供信息和建议。工商业公会、交易公会及农业公会同样有责任提供上述建议。

（2）主管部门应就现存合适的废弃物处置设施向本法规定的废弃物处置机构提供信息。

第6编　监督

第47条　一般监督

（1）根据以第 24 条及 25 条规定为基准颁布的条文条例的要求，对于废弃物的预防及管理活动应接受主管部门的监督。经适当修改后，《产品安全法案》第 25 条第（1）款及第（3）款，第 26 条第（2）款及第（3）款，第 27 条第（1）款，第 28 条第（1）及第（2）款和第（4）款第 1 句、第 2 句[插入语：本法的执行日期及来源]，适用于依照第 24 条及 25 条规定所颁布的条文条例的执行。当为避免对公众安全或秩序造成迫近的伤害时，第 2 句中规定的团体有责任允许在非工作时间进入其商业和运营场所或办公室以及私人住宅。对于住宅不可侵犯性的基本权利应被限制在上述规定范围内。

（2）主管部门应定期对危险废弃物产生者、进行废弃物处理的设施及企业以及废弃物收集者、运输者、经纪人和经销商进行一定程度的监督。对废弃物收集者及运输者的监督活动还应包括对已收集或运输的废弃物的来源、数量及去向的监督。

（3）以下机构应按要求向主管部门工作人员及其委托单位提供有关运行、设备、设施及其他受监督物品的信息：

1. 废弃物产生者及废弃物持有者；

2. 废弃物处理机构；

3. 开展或曾经开展废弃物处理的企业或设施的运营者或前任运营者，即使是在相关设施已关闭的情况下；

4. 废弃物收集者、运输者、经纪人及经销商。

根据本条第 1 句规定有提供信息责任的机构，应许可受主管部门委托机构的雇员在对第 7 条及第 15 条规定的职责履行情况进行检查，在非营业时间进入包括商业及运营场所和办公室在内的场所进行文件检查及开展技术调查和测试。根据本条第 1 句规定有提供信息义务的团体，为避免对公共安全或秩序造成迫近危害，还要求其允许在上述前提下进入其商业及运营场所和办公室、团体处所。对于住宅不可侵犯性的基本权利（《基本法》第13款第1段）应被限制在上述规定范围内。

（4）废弃物的回收处理者及处置设施运行者，或同时进行废弃物回收和处置的设施运行者应为主管部门的雇员或其委托机构提供设施检查的途径，提供检查所需的人力资源、工具和文件，且应按照主管部门的相关要求提供待检查设施运行条件并承担相应费用。

（5）经适当修改后，《刑事诉讼法》第55条适用于本规定中有责任提供信息的机构。

（6）第（1）～（5）款中规定的官方监督权力还应包括根据第4条及第5条中的限制性条款对特定物质或物品是否不被或不再被视为废弃物的审查。

（7）为落实第（1）～（4）款的规定，主管部门应在其主管范围内为需要授权的填埋场制定监督计划和监督项目。本段首句不适用于惰性废弃物填埋场及单日处理能力小于等于10 t且总容量小于等于25 000 t的填埋场。本段首句中所述监督活动特别应包括工程管理、现场检查、排放监测、内部报告和跟踪文件以及控制措施的审阅、运行者自身控制检查、采用的技术检测，以及对填埋场生态管理机制适宜性的检查。在对相关方进行咨询后（第68条），经联邦参议院同意，联邦政府有权以条文条例的形式对本段第1句中规定的监督计划和监督项目的内容进行详细规定。

（8）政府机构应按要求就欧洲议会及欧盟委员会2010年11月24日颁布的关于工业排放的指令2010/75/EU号指令(《综合污染预防和排放指令》)（重新修订）(OJL 334，2010年12月17日，第17页）的履行情况，特别是排放物及其他形式污染、排放限值及最佳可行技术的应用情况，向联邦环境部门、自然保护部门、建筑及核安全部门提供信息。政府机构应将上述信息制作成电子版形式。政府机构提供信息的类型和形式以及信息提交时间应根据指令2010/75/EU第72（2）款。2003年5月21日颁布的《污染物排放及转移登记协议》实施法案的第5条第（1）款第2句及第（2）～（6）款，经适当修改后，2017年6月6日颁布的2006/166号实施规定（EC）适用于本规定。

（9）若未履行第（6）款规定的信息报告职责，主管部门可要求填埋场运营者提交指令2010/75/EU中第72条第（2）款规定的信息，当且仅当由于受到其他规定约束，上述信息尚未要求提交给主管部门时。经适当修改后，2003年5月21日颁布的《污染物排放及转移登记协议》实施法案第3条第(1)款第2句及第5条第(2)～(6)款，以及2006/166号实施规定（EC）适用于本规定。

第48条　废弃物指定及危险废弃物

按照本法规定，将对废弃物处置及危险废弃物的监督制定特殊要求。为实现对欧盟法律法规的调整，在对相关方进行咨询后（第68条），经联邦参议院同意，联邦政府有权以条文条例的形式对废弃物和危险废弃物的指定进行规定，并在个别情况下许可主管部门对危险废弃物进行规定。

第 49 条 登记职责

（1）根据附录 1 或附录 2 中的操作方式对废弃物进行处理的设施运行者或企业应对附录 1 或附录 2 中运行方式的下述信息进行登记：

1. 数量、类型、来源；

2. 分类、收集频率、运输方式、回收或处置的类型，包括回收或处置的准备，当上述信息对确保废弃物得到恰当管理具有重要作用时。

（2）对废弃物进行技术处理或贮存的废弃物处理运操作者应对第（1）款中要求的信息进行记录，特别是对已完成技术处理或贮存的废弃物的类别，当为确保废弃物是根据处理设施的既定用途被处理时，还应对废弃物的进一步处理进行记录。

（3）第（1）款中规定的登记职责同样适用于废弃物产生者、持有者、收集者、运输者、经纪人及危险废弃物经销商。

（4）登记资料或登记资料中的信息应按要求提交给主管部门。

（5）废弃物产生者、持有者、经纪人、经销商和废弃物处理操作人员对全部登记记录和涉及危险废弃物的附加文件应至少归档保存 3 年，而对于废弃物运输者应自废弃物相关记录或相关附加文件开始登记起对其进行归档保存至少 12 个月，除非第 52 条中条文条例中另行规定更长的保存时间。

（6）第（1）～（3）款中的登记职责不适用于私人家庭。

第 50 条 保留记录及证据保存的职责

（1）危险废弃物生产者、持有者、收集者、运输者及处理实施者应向主管部门及危险废弃物处理中涉及的各方提供证明。证明应包括以下内容：

1. 废弃物处理开始前，包括涉及废弃物设计处理方式的废弃物产生者、持有者、收集者或运输者的声明，废弃物处理实施单位接收声明以及主管部门对设计处理方式的许可确认。

2. 废弃物处理全部或阶段性完成后，第 1 句中规定的与处理废弃物最终去向相关的责任机构的声明。

（2）当危险废弃物产生区域内存在与规定处理设施或场地相比更具地理优势和运行条件的设施，且废弃物的产生者或持有者选择在其所在区域内的废弃物处理设施进行危险废弃物处理时，第（1）款规定的证明提供责任不适用该类危险废弃物的处理。但第 49 条中规定的登记职责不受此规定影响。

（3）对于受第25条接收和退回规定限制的产品，第（1）款中的证明提供职责在产品的接收或退回工作，或是产品使用产生的危险废弃物的接收或退回工作完成后方适用。产品以及产品使用产生的废弃物的接收和退回，则当废弃物被进行进一步处理而非临时储存的设施接收后即可认为接收和退回阶段完成，除非有条文条例规定较早的时间。

（4）第（1）款中的证明提供职责不适用于私人家庭。

第51条　个别情况监督

（1）主管部门可要求除私人家庭以外的废弃物产生者、持有者、收集者、运输者、经纪人、经销商或废弃物处理运营商履行如下职责：

1. 在第49条和第50条未做出规定的情况下，对登记内容或记录进行保存和提交，或提供登记内容中的信息；

2. 必须达到第10条第（2）款第2项和第3项，以及第5～8项中规定的要求。

根据本条首句要求，可以指令形式要求对记录及登记内容进行电子版保存，并按照《行政程序法案》第3a条第（2）款第2句及第3句要求以电子版形式提交相关文件。

（2）当废弃物的产生者、持有者、收集者、运输者、经纪人、经销商或废弃物处理运营商为第56条规定的注册的废弃物管理公司或属于第61条规定的经审核企业场所时，主管部门在按照第（1）款颁布指令时应对此予以考虑，特别是在对应记录内容的范围或内容方面的可能限制。上述要求应特别包括对环境审计审阅的文件以及准备用于加入《社区生态管理及审计计划》（EMAS）文件的考虑。

第52条　与记录及登记有关的规定

（1）为履行第49条至第51条的规定职责，在对相关方进行咨询后，经联邦参议院同意，联邦政府有权以条文条例形式对记录的格式和内容、记录的保存和提交以及特定登记信息上报流程进行明确，并对第49条第（2）款规定的设施或企业进行明确。本条首句中所指的条文条例还应对下述内容进行明确：

1. 在一定的时间期限期满时，只要废弃物得到恰当处理，则可认为第50条第（1）款第2句第1项中的证明已得到确认或无须确认；

2. 按照主管部门、前持有人、废弃物处理实施单位的要求向监管部门或前持有者提交的证明；

3. 在确保废弃物可得到恰当处理的条件下，按照类别及性质对可被划分为不同级别的小规模废弃物，或个别废弃物管理运营单位、个别废弃物类别或废弃物组，针对特定要求是否适用性或适用的不同要求进行明确；

4. 当可确保废弃物得到恰当处理前提下，主管部门可申请或利用职权对团体保存并提供记录或登记的职责予以全部或部分可撤销豁免；

5. 必须对登记内容按照规定记录或按废弃物处理实践中常用的文件的主题及时间排序进行保存；

6. 记录及登记内容必须进行归档保存直至达到规定的时间期限；

7. 为实现监督的目的，废弃物运输过程必须附带有合理的信息记录。

（2）也可以第（1）款中的条文条例形式对下述内容进行规定：

1. 对记录或登记内容进行电子格式保存，按照《行政流程法案》第 3a 章第 2 级第 3 句内容规定以电子版本格式提交相关文件；

2. 建立并维护履行第 1 项中所列职责的必要基准条件；

3. 将与第 2 项规定的技术基准相关的特定信息，特别是必要通信设施接收及中断渠道相关的信息上报给主管部门或负责保存并提交记录的参与方。

第 53 条　废弃物收集者、运输者、经纪人及经销商

（1）除非具备第 54 条第（1）款中规定的操作许可证，否则废弃物收集者、运输者、经纪人及经销商在采取任何操作前应将操作活动通知主管部门。

（2）第（1）款中所涉及的操作单位的所有人，以及操作管理和监督的责任人必须是可信赖的。负责操作单位管理的所有人以及负责操作活动管理及监督人员及其他工作人员必须具备其工作所必需的专业知识技能。

（3）主管部门可视情况对收到的活动通报进行处理，可对其设置时间期限或在涉及公众利益的情况下为之提供条件。主管部门可要求通报单位就其可靠性及专业知识水平提供证明文件。若存在对操作单位所有人或管理监督责任人可靠性产生疑虑的事实，或无法获取第（2）款第 2 句中所规定的知识技能证明时，主管部门可禁止通报活动的开展。

（4）对于第（2）款中证明文件的要求，当源于欧盟其他成员国或欧洲经济区协议的其他协议方的证明文件中所做要求或文件颁发方已履行要求与其目的一致时，则可认为该证明文件与国内证明文件等效。根据前句要求，应将等效证明文件的原件或复印件提交至主管部门。主管部门也可要求对等效证明文件进行公证并提供公证过的德文版本。

（5）经适当修改后，可按照《贸易条例法案》第 36a 条第（1）款第 2 句及第（2）和（4）款第 4 句对第（2）款中所述的源于欧盟其他成员国或欧盟经济区协议修订其他协议方的专业知识进行审核；经适当修改后，《贸易条例法案》第 13a 条第（2）款第 2 句至第 5 句及第（3）款适用于对成立在欧盟其他成员国或在欧盟经济区协议其他协议方的服务提供机构的在临时活动中的专业知识技能进行规定。

（6）在对相关方进行咨询后（第 68 条），经联邦参议院同意，联邦政府有权对废弃物收集者、运输者、经销商和经纪人的通报和活动，考虑到不同运输模式、运输路线或运输

方式的特殊性，特别要对于废弃物的收集者和运输者，以条文条例形式做出如下规定：

1. 根据对可靠性、专业知识技能及其证明文件的要求，对通知的格式、内容和流程颁布规定；

2. 要求以电子版的形式进行通报，并按照《行政流程法案》第 3a 条第（2）款第 2 句及第 3 句规定的电子格式提交文件；

3. 当出于对公众利益的考虑无须进行通报时，对第（1）款中规定的通报职责的特定活动予以免除；

4. 按照欧盟法律条例对应进行通报的机构及其活动制定相关要求。

第 54 条　危险废弃物收集者、运输者、经纪人及经销商

（1）危险废弃物收集者、运输者、经纪人及经销商应具备许可证。在满足以下条件时，主管部门应颁发许可证：

1. 不存在引起对经营管理及监督责任方或责任人的可靠性产生保留意见的事实。

2. 经营管理责任方、经营管理责任人员及其他工作人员应具备从事相应工作所必需的专业知识技能。

申请人总部所在政府管理部门应作为主管部门。本段首句所指许可证对德意志联邦共和国有效。

（2）必要时，为保护公众利益，主管部门可按照附属规定的要求颁发许可证。

（3）对于以下单位，应豁免其按第（1）款首句规定获得许可证的职责：

1. 废弃物管理公共机构；

2. 对已获得授权的活动按照第 56 条进行注册的废弃物管理注册企业。

（4）当其他欧盟成员国或欧洲经济区协议的缔约方颁发的许可证与第（1）款规定的许可证具有同等价值时，应认为二者等效。当申请人符合第（1）款第 2 句中的相关要求，或证明符合签发国的相关要求且这些要求与第（1）款第 2 句要求目标基本相当时，在对第（1）款首句规定的许可证申请进行审查过程中，应对其他欧盟成员国或欧洲经济区协议的缔约方签发的证明文件视为与本国证明文件具有同等效力。应在实施相应活动前，将本款首句规定的等效许可证原件和复印件以及本段第 2 句规定的其他证明文件提交至主管部门。主管部门可要求申请人对许可证复印件及德语版本许可证进行公证。

（5）经适当修改后，《贸易条例法》第 36a 条第（1）款第 2 句及第（2）和第（4）款第 4 句适用于对第（1）款第 2 项规定的来自其他欧盟成员国或欧洲经济区协议缔约国申请人所必备的专业知识技能进行的审查；经适当修改后，《贸易条例法》第 13a 条第（2）款第 2 句至第 5 句及第（3）款适用于对成立于其他欧盟成员国或欧洲经济区协议的缔约国的服务提供方在临时活动中的专业知识技能的审查。

（6）第（1）～（4）款中规定的许可证申请流程可经由标准的中介机构代为办理。当申请人为欧盟成员国或欧洲经济区协议的缔约国国民，或者为总部设在上述国家的法人机构时，《行政流程法》第42a条适用于第（1）～（4）款规定的流程。

（7）在对相关方进行咨询后（第68条），经联邦参议院同意，联邦政府有权以条文条例形式就以下内容对许可证获取职责，以及危险废弃物收集者、运输者、经纪人及经销商的行为进行规定，特别是对于危险废弃物收集者，当考虑到其运输模式、运输路线或运输方法的特殊性时。

1. 对申请材料，颁发许可证的格式、内容及流程，对可靠性、专业知识技能及其证明文件的要求，逾期后将对申请人对于前提条件的符合性进行再次审查的截止日期进行规定；

2. 规定以电子方式进行许可证申请流程，按照《行政流程法》第3a条第（2）款第2句及第3句规定的电子格式提交相关文件；

3. 当出于对公众利益的考虑，无须执行许可证要求时，对第（1）款规定的许可证获取职责的特定活动予以豁免；

4. 对根据欧盟法律规定对获得许可证的团体及其活动制定相关要求；

5. 指定在废弃物转运中需携带相关文件以实现对转运活动的监督。

第55条　车辆标记

（1）废弃物收集者和运输者应在运输活动开始前，按照第3句的要求为行驶于公共道路上的废弃物运输机动车配备两块白色反光警示牌。第1句的要求内容不适用于经济企业内部的废弃物收集或运输。经适当修改后，2007年7月19日颁布的《废弃物运输法案》（联邦法律公报第I部分，第1462页）第10条及其适用版本，适用于机动车标记的相关要求。

（2）联邦政府有权根据第53条第（6）款或第54条第（7）款的要求就第（1）款第1句的机动车标记职责颁布豁免条例。

（3）出于危险货物运输安全原因颁布的法律规定不应因此受到影响。

第7编　注册废弃物管理企业的认证

第56条　注册废弃物管理企业的登记

（1）注册废弃物管理企业应在循环经济的促进及按照法律法规要求确保废弃物产生和管理过程中的人体健康和环境保护方面做出贡献。

（2）注册废弃物管理企业应满足以下要求：

1. 基于商业目的，在经济企业或公共机构的背景下，开展废弃物的收集、运输、贮存、处理、回收、处置、买卖或交易；

2. 经由技术监督机构或注册废弃物管理企业协会对第 1 项中所列的一项或多项活动进行登记成为注册废弃物管理企业。

（3）仅当经营机构在组织机构、人员构成、技术及其他设备、经营行为以及人员可靠性和专业知识技能方面满足相关职责水平要求时，方可颁发注册证书。注册证书中应精确指明经营机构的已注册活动，特别是涉及选址和设施的活动，以及废弃物类别信息。注册证书应附带“日落条款”。证书有效期不得超过 18 个月。技术监督机构或注册废弃物管理企业协会每年至少应就企业对第 1 句中的前提条件的符合性进行一次检查。

（4）证书颁发后，经营机构应获得由技术监督组织或注册废弃物管理企业协会颁发的印有“注册废弃物管理企业”字样监督章的授权文件，技术监督机构或注册废弃物管理协会颁发监督章时应对企业已注册活动进行指明。经营机构近在已注册成为注册废弃物管理企业的情况下，方可使用监督章。

（5）技术监督组织应具备与行业专家进行长期合作的法定资格。技术监督机构应根据监督合同向进行机构颁发注册证书及监督印章授权文件，监督合同中特别应对经营机构及其监督要求，以及对注册证书及监督印章授权文件的颁发和撤销要求进行规定。

（6）注册废弃物管理企业协会为第（2）款中所指的具有法人资格的注册废弃物管理企业的联合机构。注册废弃物管理企业协会应获得主管机构的认可。注册废弃物管理企业协会根据一系列法律规定要求向经营单位颁发注册证书和监督印章使用授权许可，这些法律规定尤其应包括对将要注册经营机构及其监督行为的要求，还应包括对注册证书及监督印章使用授权许可的颁发及撤销规定。

（7）为实现对运营机构服务的监督，技术监督机构及注册废弃物管理企业协会应配备具有开展监督活动所必备的可靠性、独立自主性以及专业知识技能的专家人员。

（8）当运营机构不再满足获取注册证书的前提条件时，技术监督组织或注册废弃物管理企业协会应剥夺颁发给运营机构的注册证书及监督印章使用授权许可，并要求运营机构退还注册证书及停止使用监督印章。若运营机构未能在技术监督机构或注册废弃物管理企业设定的时间期限内完成上述要求，则主管部门可剥夺运营机构的注册证书及监督印章的使用授权，并禁止其继续使用“注册废弃物管理企业”的称号。

第 57 条　对注册废弃物管理企业、技术监督机构及注册废弃物管理企业协会的要求

在对相关方进行咨询后（第 68 条），经联邦参议院同意，联邦政府有权以条文条例形

式对注册废弃物管理企业、技术监督机构和注册废弃物管理企业协会的要求进行制定。条文条例中特别应包括以下内容：

1. 可制定注册废弃物管理企业的组织机构、人员构成、技术和其他设备以及活动开展要求，并对机构责任保险范围进行要求。

2. 对注册废弃物管理企业所有人及雇佣人员的要求进行规定，特别是对其专业知识技术水平和可靠性的最低要求及其证明文件进行规定。

3. 对技术监督机构的行为进行规定，特别是对机构的监督合同，以及合同的结论、实施、解除和逾期最低要求进行规定。

4. 对注册废弃物管理企业协会的行为进行规定，特别是对其建立、解散、组织机构及办事方法进行规定，包括对监督机关的指定、任务分配、职权范围及其人员的最低要求进行规定。

5. 对受雇于技术监督机构或注册废弃物管理企业协会的专家及对其任命、行为管理和工作监督的最低要求进行规定。

6. 可对监督印章及注册证书，特别是其格式和内容，以及对于监督印章和注册证书的颁发、解除、逾期和剥夺的要求进行规定。

7. a）可在经主管部门同意后可对监督合同中的特殊前提条件、流程、授予和解除予以规定；b）可对主管部门对注册废弃物管理企业协会认证的特别前提条件、流程、授予和解除进行规定；在上述情况下，当对竞争限制可能造成威胁时，可撤销对注册废弃物管理企业协会的认证。

8. 可对注册证书及监督印章使用授权许可的撤销，以及按照第 56 条第（8）款第 2 句要求禁止企业进一步使用“注册废弃物管理企业”称号的具体要求进行规定。

9. 对于必要的声明文件、证明文件、通知文件或其他数据资料，指定以电子形式保管，并按照《行政流程法案》第 3a 条第（2）款第 2 句及第 3 句规定电子格式提交文件。

第 8 编　企业组织机构、废弃物管理官员及受审企业所在地要求的放宽

第 58 条　企业组织机构的通报职责

（1）对于由多个成员构成的股份制有限公司的代表机构，或已获得授权代表整个公司的具有多个合作方的合伙企业，应根据管理授权的相关规定，指定某个成员或合伙人代表公司或企业履行《联邦排放控制法案》第 4 条中的设施运行者许可证职责规定

或是第 27 条中的所有者职责规定通知主管部门，上述运营者或所有人适用于本法及以本法为基准颁布的条文条例。上述代表性机构或合伙人全部成员的总体责任不应受到影响。

（2）符合《联邦排放控制法》第 4 条定义的许可证获取规定的设施运行单位，本法第 27 条规定的所有者，或是根据第（1）款第 1 句将获得管理授权任命的人员，应将其为确保达到废弃物预防、回收及环境兼容性处置而颁布的指令要求所采取的方式方法通知主管部门。

第 59 条　企业废弃物管理官员的任命

（1）基于以下规定，适用于《联邦排放控制法案》第 4 条许可证规定的设施运营者，定期产生危险废弃物的设施运行者、废弃物固定分选、回收或处置设施运营者，以及第 27 条定义的所有者，应在必要时就相关设施类别或规模迅速指定一位或多位企业废弃物管理官员：

1. 设施中积累、回收或处置的废弃物；

2. 废弃物的预防、回收或处置中存在的技术问题；

3. 就废弃物的合理且安全回收或环境兼容性处置而言，相关的产品容量或在根据产品或货物既有用途进行使用过程中出现问题的货物。

联邦环境部门、自然保护部门、建筑及核安全部门，可在咨询相关方后（第 68 条），经联邦参议院同意，以条文条例形式对本条首句所指那些机构的所有者必须制定废弃物管理官员进行规定。

（2）当根据第（1）款首句提及的原因，委任废弃物管理官员时，主管部门可根据第（1）款第 1 句的条文中命令未要求其任命废弃物管理官员设施运行者必须任命 1 位或多位废弃物管理官员。

（3）若必须按照《联邦排放控制法案》第 53 条的规定任命排放控制官员，或必须按照《联邦水法》规定任命水污染控制官员时，可选择后者同时作为本法规定的废弃物管理管理官员履行相应职责。

第 60 条　企业废弃物管理官员的职责

（1）废弃物管理官员应对废弃物的预防和管理有重要意义的事项向运营单位及企业人员提出建议。管理官员有权开展如下活动：

1. 对废弃物从产生或运送到其回收或处置的各处理阶段进行监督。

2. 对是否遵守本法案、以本法案为依据颁布的法律法规以及是否履行现行约束限制进行监督，特别是通过定期对废弃物设施及设施内的或利用设施进行回收或处置的废弃物的类型和性质进行控制，从而发现系统缺陷，并提供消除这些缺陷的应对方案。

3. 将下述信息通知给企业人员：

a）由于设施内废弃物的产生、回收或处置引发的公众利益损害的相关信息；

b）考虑到适用于废弃物的预防、回收及处置的法律法规，与预防上述公众利益损害的设施和方法相关的信息。

4. 对于符合《联邦排放控制法案》第 4 条许可证规定的设施或定期出现危险废弃物的设施，鼓励开发和引进下述内容：

a）环境兼容的低废工艺，包括废弃物的预防、合理和安全回收或环境兼容性处置工艺；

b）环境兼容性低废产品，包括产品的再利用、回收及产品使用终止后的环境兼容性处置。

5. 参与上述第 4 项（a）和（b）提及的工艺开发和引进，特别是通过采用废弃物管理标准对上述工艺及产品进行研究。

6. 鼓励对废弃物回收或处置设施工艺进行改进。

（2）废弃物管理官员应根据第（1）款第 2 句第 1～5 项的要求，就已采取的和计划采取的措施提交年度书面报告。

（3）经适当修改后，《联邦排放控制法案》第 55 条第（1）款、第（1a）款和第（2）款的第 1 句及第 2 句，第（3）款和第（4）款以及第 56～58 条适用于废弃物管理官员及负责官员任命团体间的关系管理。在对相关方进行咨询后（第 68 条），经联邦参议院同意，联邦环境部门、自然保护部门、建筑及核安全部门有权以条文条例形式对废弃物管理官员的知识水平和可靠性要求进行规定。

第 61 条　受审计企业地点要求的放宽

（1）为促进生态管理及审计计划协会（EMAS）的职责定位，经联邦参议院同意，联邦政府有权以条文条例的形式对废弃物法律规定的申请流程文件的要求进行放宽，并对法律规定的监督要求也予以放宽，直至欧盟议会及欧盟委员会的第 1221/2009 号规定（2009 年 11 月 25 日）中有关生态管理及审计计划协会（EMAS）的机构自愿参与要求、废除的第 761/2001 号规定（EC）和欧盟委员会决议 2001/681/EC 和 2006/193/EC（2009 年 12 月 22 日，OJ L 342，第 1 页）中的相关规定与本法案中的监督及申请流程要求等效，或与以本法案为基准颁布的条文条例要求等效，抑或是与本规定中的条文条例要求等效。

（2）根据第（1）款中的条文规定，同样可对下述情况的附加前提条件进行规定：放宽限制的声明及撤销，或当不再满足放宽限制的前提条件时对已放宽的限制进行全部或部分暂停。

（3）可根据第（1）款中的条文条例规定，向被审计单位授予简化监督管理的权利，特别是针对以下方面：

1. 校准、测定、检测和测量；
2. 测量报告和其他报告，以及测量结果通知；
3. 企业废弃物管理官员的职责；
4. 提供企业组织机构信息通知的职责；
5. 当局进行监督的频率。

仅当《环境审计法案》规定的环境审核员或环境审计机构已核实被审计单位对环境法规要求的符合性且未发现该单位任何不符合规定要求的情况，并在有效性声明中对被审计单位的法规符合性进行证实后。

（4）可根据第（1）款规定的前提条件，以条文条例的形式对许可证申请流程的简化及对法律规定的注册废弃物管理企业监督的简化予以许可。

第 9 编　最终条款

第 62 条　个别情况指令

在个别情况下，为落实本法案及以本法案为基准颁布的条文条例规定，主管部门可颁布必要的命令要求。

第 63 条　保密及数据保护

法律规定的保密情况及数据保护不应受到本法案影响。

第 64 条　电子通信

按照本法案或以本法案为基准颁布的条文条例要求，以书面格式提交的文件，也可按照《行政流程法》第 3a 条要求提交电子版。

第 65 条　对欧盟法律法规的调整

（1）为实现本法第 1 条提及的目标，经联邦参议院同意后，联邦政府可颁布条文条例对欧盟体系内的法律法规进行调整，从而确保实现环境兼容的废弃物预防和管理，特别是废弃物的合理及安全回收，以及废弃物的环境兼容性处置。上述条文条例还可对通知公众的方式进行规定。

（2）经联邦参议院同意后，联邦政府可颁布条文条例对欧盟体系内的法律法规进行调换，从而对颁布许可证和许可文件的行政流程或是根据本法案或以本法案为基准颁布的条文条例规定的提供通知的行政流程进行规定。

第 66 条　德国国防军体系内的执行

（1）在德国联邦国防部体系内部，联邦国防部及其指定机构应根据本法案或基于本法案颁发的条文条例要求，对军用废弃物或存在特定军事安全价值的废弃物履行回收及处置职责。

（2）为实现废弃物的回收和处置，在出于国防原因或履行政府间职责前提下，德国联邦国防部有权根据第（1）款规定，在联邦国防部体系内许可对本法以及根据本法颁布的条文条例要求予以豁免。

第 67 条　联邦议会参与法律法规的颁布

应将根据第 8 条第（2）款、第 10 条第（1）款第 1 项和第 4 项，以及第 24 条、第 25 条和第 65 条颁布的条文条例在提交至联邦参议院前提交至联邦议会。联邦议会可对上述条文条例的修订或驳回做出决议。应将上述决议提交至联邦政府。若联邦议会在收到条文条例后的 3 周内未能对其进行处理，则应将该条文条例不做修改地提交至联邦参议院。

第 68 条　相关方咨询

当获得颁布条文条例的授权且一般行政流程中要求开展公众咨询时，则应从科学领域、受影响机构、涉及的工业领域、负责废弃物管理的最高级别国家机关，以及当地协会组织中挑选具有代表性群体进行意见咨询。

第 69 条　罚金规定

（1）违法行为是指任何人蓄意或无意实施如下行为：

1. 违反第 12 条第（4）款或第 56 条第（4）款第 2 句的规定使用指定的印条；

2. 违反第 28 条第（1）款第 1 句要求对废弃物进行处理、贮存或填埋；

3. 在未获得第 35 条第（2）款第 1 句规定的规划审批决定情况下，或在未获得第 35 条第（3）款第 1 句规划许可证条件下，进行填埋场修建或大规模调整；

4. 违反第 36 条第（4）款第 1 句或第 3 句、第 39 条第（1）款第 1 句或第（2）款第 1 句、第 53 条第（3）款第 2 句或第 54 条第（2）款中的强制执行条件；

5. 违反第 37 条第（1）款第 1 句规定的许可证强制执行限制；

6. 违反第 53 条第（3）款第 3 句规定的强制禁止规定；

7. 未获得第 54 条第（1）款第 1 句规定许可情况下进行危险废弃物的收集或运输，参与危险废弃物的交易或担当经纪人；

8. 违反如下对特定违法行为设置罚金的条文条例的规定：第 4 条第（2）款、第 5 条第（2）款、第 10 条第（1）款、第 11 条第（2）款第 1 句或第 2 句或第（3）款第 3 句的第 1 项、第 2 项，或第 3 项，第 12 条第（7）款、第 16 条第 1 句第 1 项或第 2 项，第 24 条、第 25 条第（1）款第 1 项、第 2 项或第 3 项，第 25 条第（2）款第 2 项、第 3 项或第 4 项，第 28 条第（3）款第 2 句、第 43 条第（1）款第 1 句第 2 至 5 项，或第 8 项，或第 57 条第 2 句第 1～7 或第 8 项，或是根据上述条文条例颁布的强制执行命令。

（2）违法行为指任何人蓄意或无意实施如下行为：

1. 违反第 18 条第（1）款第 1 句、第 26 条第（2）款、第 40 条第（1）款第 1 句或第 53 条第（1）款第 1 句规定，未能、通报、更正通报内容、完成通报或按时通报。

2. 违反第 34 条第（1）款第 1 句规定，未能对规定中进入房屋或开展监测的行为予以准许。

3. 违反第 41 条第（1）款第 1 句及依照第 41 条第（2）款第 1 句规定颁布的条文条例要求，未能提交排放申报、更正的排放申报或完成的排放申报，或是未能按时提交排放申报，或是未能对排放申报、更正的排放申报或完成的排放申报进行补充，或是未能按时对排放申报进行补充。

4. 违反第 47 条第（3）款第 1 句的规定，未能提供或按时提供正确、完整的信息。

5. 违反第 47 条第（3）款第 2 句或第 3 句规定，未能对进入土地或居所、商业或经营场所、进行文件检查或技术检查或检测的行为予以准许。

6. 违反第 47 条第（4）款的规定，未能提供指定设施的进入方式，或未能提供工人、工具或文件。

7. 违反第 47 条第（4）款或第（9）款第 1 句，第 51 条第（1）款第 1 句或第 59 条第（2）款中的强制执行指令。

8. 违反第 49 条第（1）款以及第 49 条第（3）款的规定，或违反第 49 条第（1）款以及依照第 10 条第（2）款第 1（b）项或第 52 条第（1）款第 1 句或第 2 句的第 3 或 5 项的要求，未能对登记证书、修正的登记证书或完成的登记证书予以保存。

9. 违反第 49 条第（2）款及依照第 52 条第（1）款第 1 句颁布的条文条例规定，未能对信息进行记录、未能对更正的信息进行记录、未能对完整的信息进行记录或未能按时对信息进行记录。

10. 违反第 49 条第（4）款，且同时违反第 10 条第（2）款第 1（b）项或第 52 条第（1）款第 1 句或第 2 句第 3 项规定，未能提交注册证书、更正的注册证书或已完成的注册证书；或未能按时提交注册证书；或未能进行通报，更正的通报内容或完成的通报；或未能准时通报。

11. 违反第 49 条第（5）款，且同时违反以第 52 条第（1）款第 2 句第 6 项为基准颁布的条文条例规定，未能或未能再规定期限内对信息或文件进行保留。

12. 违反第 50 条第（1）款，且同时违反以 52 条第（1）款第 1 句为基准颁布的条文条例规定以及以第 10 条第（2）款第 1（b）项或第 52 条第（1）款第 2 句第 3 项为基准颁布的条文条例规定，未能，或未能正确、完整，或未能按时对记录进行保存。

13. 违反第 55 条第（1）款第 1 句规定，未能，或未能正确、完整，或未能按时为机动车配套警示牌。

14. 违反第 59 条第（1）款第 1 句及以第 59 条第（1）款第 2 句为基准颁布的条文条例规定，未能或未能按时制定废弃物管理官员。

15. 违反以第 10 条第（2）款第 1（a）、第 2～7 项或第 8 项为基准颁布的条文条例规定，且同时违反第 11 条第（3）款第 4 项、第 16 条第 1 句第 3 项或第 43 条第（5）款的规定中的特定要求；违反第 25 条第（1）款第 4 项或第 5 项，第 43 条第（1）款第 1 句第 6 项或第 9 项，第 52 条第（2）款第 2 或 3 项，第 53 条第（6）款第 1 项、第 2 项或第 4 项，第 54 条第（7）款第 1 项、第 2 项或第 4 项，或第 57 条第 2 句第 9 项或依照上述条文条例颁布的强制性指令的特定要求。

（3）可对第（1）款中规定的违法行为处以最高 100 000 欧元的罚金；可对第（2）款中规定的违法行为处以最高 10 000 欧元的罚金。

（4）当出现第（1）款第 6～8 项，或第（2）款第 1 项、第 7 项、第 8 项、第 10 项～第 13 项以及第 15 项规定的违法行为时，或当未在德国设注册办事处或分公司的企业出现与以货车进行废弃物运输相关的违法行为且嫌疑人在德国无住所时，《违法行为法案》第 36 条第（1）款第 1 项规定的行政主管部门，应担任“联邦货物运输办公厅”的职责。

第 70 条　没收

当出现第 69 条第（1）款第 2～7 项或第 8 项规定的违法行为时，可依法对下述物品予以没收：

1. 与违法活动相关的物品；
2. 用于或意图用于违法活动或违法活动的准备活动；

适用于《违法行为法案》第 23 条的规定。

第 71 条　避免违反《土地法》

本法案规定的行政流程或以本法案为基准颁布的行政流程不可造成对《土地法》的违反。

第 72 条 暂行规定

（1）1994 年 12 月 27 日（联邦法律公报第 I 部分，第 2705 页）颁布且近期根据 2011 年 10 月 6 日法案第 5 款修订（联邦法律公报第 I 部分，第 1986 页）的《促进物质闭路循环废弃物管理及确保废弃物环境兼容性处置法案》第 16 条第（2）款、第 17 条第（3）款或第 18 条第（2）款中的职责转移规定继续适用。主管部门可根据上述法案第 13 条第（2）款及第 16～18 条规定，对现行职责转移规定予以延伸。

（2）对于在本法案生效前实施的商业性或非营利性废弃物收集活动，应在本法案生效 3 个月内按照第 18 条第（1）款要求进行通知。经适当修改后，第 18 条第（2）款及第（3）款中规定适用于前句规定的通知。

（3）1994 年 12 月 27 日（联邦法律公报第 I 部分，第 2705 页）颁布的《促进物质闭路循环废弃物管理及确保废弃物环境兼容性处置法案》第 29 条及其截至 [插入：第 6 款第 1 段规定的本法案生效之日]的适用版本规定，适用于 2011 年 12 月 31 日前已启动的废弃物管理规划的准备流程。

（4）自本法案生效之日起[插入：第 6 款第 1 段规定的本法案生效日]两年内，不应将第 53 条第（1）～（5）款及第 54 条第（1）～（6）款用于具备商业企业背景的废弃物收集者和运输者。

（5）根据第 54 条第（1）款的规定，1994 年 12 月 27 日（联邦法律公报第 I 部分，第 2705 页）颁布且近期根据 2011 年 10 月 6 日法案第 5 款修订（联邦法律公报第 I 部分，第 1986 页）的《促进物质闭路循环废弃物管理及确保废弃物环境兼容性处置法案》第 49 条第（1）款，以及 1996 年 12 月 10 日（联邦法律公报第 I 部分，第 1411 页；第 I 部分，第 2861 页）颁布且近期根据 2007 年 7 月 19 日法案第 5 款（联邦法律公报第 I 部分，第 1462 页）修订的《运输许可证条例》第 1 条规定的运输许可证仍继续适用直至其期满。

（6）根据第 54 条第（1）款规定，1994 年 12 月 27 日（联邦法律公报第 I 部分，第 2705 页）颁布且近期根据 2011 年 10 月 6 日法案第 5 款修订（联邦法律公报第 I 部分，第 1986 页）的《促进物质闭路循环废弃物管理及确保废弃物环境兼容性处置法案》第 50 条第（1）款规定的交易机构许可证仍继续适用直至其期满。

附录 1 处置操作

D1 存放于地下或地表（如填埋）

D2 土地处理（例如，对弃置于土壤内的液态物质或污泥进行生物降解）

D3 深井注射（例如，将可用泵抽取的废弃物注入井内、盐丘或天然形成的仓库内）

D4 地表贮存（例如，将液态或污泥态废弃物弃置于矿井、水塘或咸水湖内等）

D5 特制垃圾填埋场（例如，将废弃物置于经覆盖处理、彼此间及与环境相互隔离的分散单元内）

D6 排入除海域以外的水体内

D7 排入包括海底嵌入物在内的海域内

D8 仅在本附件中予以明确的，采用第 D1～D12 项所列操作方法对生成物进行处置的生物处理法

D9 仅在本附件中予以明确的，采用第 D1～D12 项所列操作方法对生成物进行弃置的物理化学处理法

D10 陆地焚烧

D11 海洋焚烧①

D12 永久储藏（例如，置于矿井内的容器中）

D13 采用第 D1～D12 项操作方法前的调配和混合②

D14 采用第 D1～D13 项操作方法前的再包装

D15 进行第 D1～D14 项操作期间的储存（临时储存、收集期间、废弃物产生地的贮存除外）③

---

① 欧盟法律及国际公约禁止该操作行为。

② 若无其他以 D 开头编号的分类规定时，则 D13 规定的操作也包括处置前的初步操作，包括例如，分选、粉碎、压实、磨粒、干燥、破碎等前处理操作、以及进行 D1～D12 操作前的调节或分离。

③ 根据第 3 章第（15）款的规定，临时贮存指初步储存。

附录 2　回收操作

R1　主要以燃料或其他方式产能[①]

R2　溶剂回收/再生

R3　对非溶剂用途的有机物质进行循环利用/再生（包括堆肥及弃土生物转化工艺）[②]

R4　金属和金属化合物的循环再利用/再生

R5　其他有机物质的循环再利用/再生[③]

R6　酸类或酸碱类物质再生

R7　污染治理组分回收

R8　催化剂组分回收

R9　石油二次精炼或其他再利用方式

R10　有利于农业或生态环境改善的土地处理法

R11　对第 R1～R10 项中获得的废弃物进行使用

R12　用于将废弃物提交至第 R1～R11 项[④]操作的废弃物交换

R13　用于将废弃物提交至第 R1～R12 项操作的废弃物储存，（包括临时贮存、收集期间的堆放，及废弃物产地的堆放）[⑤]

---

① a）包括用于市政固体废弃物处理的焚烧设施，仅当该设施能效大于等于：

aa）按照共同体立法，在 2009 年 1 月 1 日前批准的已建设施，为 0.60；

bb）2008 年 12 月 31 日后批准的设施，为 0.65。

b）使用下述公式进行能效计算：

能效=[E_p−（E_f=E_i）]/[0.97×（E_w+E_f）]

c）式中：

aa）E_p 指热或电形式能量的年产量。以电形式进行计量，则将电量乘以 2.6；以商用热量形式计量，则乘以 1.1（单位：GJ/年）。

bb）E_f 指系统中用于水蒸气生产的燃料年能量输入量（单位：GJ/年）。

cc）E_w 指采用废弃物净热值计算出的每年所处理废弃物中含有的能量（单位：GJ/年）。

dd）E_i 指值除 E_w 和 E_f 外的每年引入系统的能量（单位：GJ/年）。

ee）0.97 为由于底灰和热辐射造成的能量损失因子。

d）应参照废弃物焚烧最佳可得技术参考文件说明应用本公式。

② 包括将组分作为化学原料的气化和热解。

③ 包括土壤回收及非有机建筑材料循环再利用过程产生的土壤清理。

④ 若无其他以 R 开头编号的分类规定时，则本操作也包括处置前的初步操作，包括例如分选、粉碎、压实、磨粒、干燥、破碎等前处理操作、以及进行 R1～R11 操作前的调节或分离。

⑤ 临时储存指第（3）款第 10 点中的初步储存。

附录 3 最佳可行技术选项标准

选择最佳可行技术过程中，考虑到所选措施的成本和效益比例以及预防措施的基本原理，针对不同情况下特定类型处理措施，可对下述标准予以考虑：

1. 是否采用产废量小的技术；
2. 是否采用低毒物质；
3. 是否能促进对各操作单元产生和使用的物质或废弃物进行回收和再利用；
4. 企业中是否存在类似操作、设备及操作方法的成功检测案例；
5. 科学技术进步水平；
6. 产生相关排放物的性质、影响和排放量；
7. 新的或现有设施的使用时间；
8. 引进更好可得技术的时间要求；
9. 原材料消耗、各处理单元使用的原材料类型（包括水）及能效；
10. 对排放物、人体健康有害物质及环境影响的最大防治要求；
11. 预防并降低事故对人体健康及环境影响的要求；
12. 国际性组织机构公布的信息；
13. 最佳可行技术参考文件内的信息。

附录 4 符合第 33 条规定的废弃物预防措施示例

1. 影响废弃物产生基本条件的措施：

a）采用提高资源利用率的措施或经济手段；

b）促进对清洁低废产品和技术的研发，以及成果的推广和使用；

c）通过地方至国家管理层面措施实施，制定可有效衡量废弃物产生的环境压力指标体系，用于各层次水平的废弃物预防。

2. 能对设计、生产及销售各个阶段造成影响的措施：

a）促进生态设计（通过将环境因素与产品设计进行系统性整合，从而提高产品整个生命周期环境绩效）。

b）为促进最佳可得技术在工业领域实施，对废弃物预防技术进行的规定。

c）在根据本法案和《联邦排放物控制法》以及依据《联邦排放物控制法》颁布的条文条例进行许可证授予时，主管部门就废弃物预防相关要求开展的培训。

d）无须按照《联邦排放控制法案》第四章要求申请许可证的设施内包含的废弃物产生预防措施。必要时，上述措施应包括相关废弃物预防评估或计划。

e）采用认知调查措施，或对业务的金融或决策支持措施进行规定。上述措施对于中小规模企业并通过已建商业网络发挥作用时，效果格外显著。

f）采取志愿协议、消费者/生产者事务欧盟委员会或部门协商措施，使得相关企业或工业领域可自行设定其废弃物防治计划，或预防目标，或对存在浪费的产品或包装进行改正。

g）推广具有良好信誉的环境管理系统。

3. 可在消费及试用阶段产生影响的措施：

a）刺激清洁采购的经济措施，或免费提供的特定物品或包装原件的强制支付机制；

b）采用认知调查措施和针对公众或特定消费人群的信息规定；

c）生态标记促进措施；

d）与工业企业达成协议的措施，例如，采用《集成产品政策》框架规定采用的产品欧盟委员会形式，或就废弃物预防信息及低环境影响产品的可得性与零售商达成的协议；

e）对于政府及企业采购，根据欧盟委员会于 2004 年 10 月 29 日颁布的环境政府采购手册（欧盟共同体出版办公室，2005 年），将环境及废弃物预防标准整合到招标及合同阶段的方式；

f）促进对以弃置产品或其零件的再利用和维修，尤其是通过采用教育、经济、物流或其他措施手段，例如，在人口稠密地区支持或建立公共维修和再利用中心及网络。